威廉·燕卜荪传

[英] 约翰·哈芬登 著

张剑　王伟滨　译

第一卷

四川人民出版社

图进字21-2021-222号

WILLIAM EMPSON: VOLUME Ⅰ: AMONG THE MANDARINS, FIRST EDITION was originally published in English in 2005. This translation is published by arrangement with Oxford University Press. SICHUAN PEOPLE'S PUBLISHING HOUSE CO., LTD. is solely responsible for this translation from the original work and Oxford University Press shall have no liability for any errors, omissions or inaccuracies or ambiguities in such translation or for any losses caused by reliance thereon

本书中文简体版权归属于四川人民出版社有限公司

图书在版编目（CIP）数据

威廉·燕卜荪传. 第1卷 / (英) 约翰·哈芬登著；张剑，王伟滨译. — 成都：四川人民出版社，2021.9
ISBN 978-7-220-12124-1

Ⅰ. ①威… Ⅱ. ①约… ②张… ③王… Ⅲ. ①燕卜荪（Empson, William 1906-1984）—传记 Ⅳ.①K835.615.6

中国版本图书馆CIP数据核字(2020)第239325号

WEILIAN YANBUSUNZHUAN （DI YI JUAN）

威廉·燕卜荪传（第一卷）

（英）约翰·哈芬登 著　　张剑　王伟滨　译

出 品 人	黄立新
责任编辑	张 丹
版式设计	戴雨虹
封面设计	张迪茗
责任印制	祝 健
出版发行	四川人民出版社（成都市槐树街2号）
网　　址	http://www.scpph.com
E-mail	scrmcbs@sina.com
新浪微博	@四川人民出版社
微信公众号	四川人民出版社
发行部业务电话	（028）86259624　86259453
防盗版举报电话	（028）86259624
照　　排	四川胜翔数码印务设计有限公司
印　　刷	成都东江印务有限公司
成品尺寸	170mm × 240mm
印　　张	44.5
字　　数	740千
版　　次	2021年9月第1版
印　　次	2021年9月第1次印刷
书　　号	ISBN 978-7-220-12124-1
定　　价	168.00元

鸣 谢

在我在英国、美国、中国和日本为这部传记搜集资料的过程中，我要感谢的人很多。这个研究大约始于1982年，那时我鼓足勇气问威廉·燕卜荪（William Empson）爵士他是否想撰写回忆录。"有可能，有可能，"他回答道。"呃，你是否真的认为你想？"我追问道。（很长时间以来，我一直在为这个时刻的到来而紧张）"哦，可能不。"他回答道。"那么，如果我开始为撰写你的传记而搜集材料，你介意吗……"［后来我才发现，在我1973年1月16日问这个不恰当的问题之前很久，他已经写信给出版商朋友伊恩·帕森斯（Ian Parsons），虽然热情不高，但他在信中期待着将来的某个时刻，他一生的著作都已经完成，他可以开始写自传了："当我完成了所有一切，也许我将可以口授我的回忆录。"］我不记得是那一天还是后来的某个时候，他最终给予我授权，基本上就是一张手写的通知，要求图书馆和其他人员将他们管理的信件和档案提供给我使用。我还记得问过他："也许你可以读一下我写的约翰·贝里曼（John Berryman）传记？""哦，我已经读过了，"他立即说道，"我以极大的兴趣和仰慕之情读完了它……唯一的问题是，这些美国人似乎保留了他们所有的信件和日记。我没有。"这最后一句话带有一丝明显可以感觉到的快乐。在他去世之后，我了解到他曾经表达过这样一个观点：他的传记已经交到了"可靠的人手中"，我认为我不能不把这视为他水平较高的也许是最顽皮的含混之实例。

I

另一次记忆清晰的交流是我冒失地问他（那些年我非常大胆），既然在他健在时我就在为撰写他的传记而搜集材料，他是否有什么基本原则：我是否应该避免调查他的私人生活（那时我并没有意识到燕卜荪的私人生活都往往以公开的方式展开）。他跟人很少有眼神的接触——他看上去常常显得半遮半掩，或者心不在焉，或者眼睛看着天花板，仿佛在想着什么，或者似乎是对着那只趴在他怀里的黄猫（名为"猫"）的毛皮说话——但是这一次，他突然直视着我的眼睛，"基本原则？当然没有！尽管写去吧。"

我感谢他的信任，也感谢赫塔·燕卜荪（Hetta Empson）夫人，她多年来维持着那份无条件的信任，经历了我对她在汉普斯特德（Hampstead）的家（Studio House）的许多次有趣的，有时甚至是令人不安的访问。像许多传记作家一样，我在初期就决心避免对我的传记对象和他的家人造成太多亏欠，以免使公正的学术研究理想受到损害。然而，经过一段时间以后——在这段时间我差不多一个月访问一次汉普斯特德，在那里停留一天左右，以阅读燕卜荪堆在书房里的那些文件——有天晚上我喝了许多酒，醉得几乎不能找到另外一个地方过夜。我被安排睡在威廉的床上。后来，在他的床上辗转反侧看他的笔记本时，我突然发现书桌上有一个高高的、暗黄色的纸盒。带着一个传记作家困扰他人的好奇，在如此鲁莽的酩酊大醉状态中，我认为这个神秘的包裹肯定像一瓶威士忌一样含有一些特别的东西。我上前去拔出了拉环，带着一种类似于触电的震惊我发现标签上写着"威廉·燕卜荪"。更糟糕的是，就在那个时刻，门突然打开了，赫塔·燕卜荪立即伸过手来把盒子夺了过去。"不管你做什么，你不能与威廉一起睡觉！"她像奥斯卡·王尔德（Oscar Wilde）剧中的贵妇人一样说道。情况是她忘记了去火葬场取回威廉的骨灰，忘记了好几个星期：在那一天她才终于完成了那一项任务，只是在午夜之后她才想起我可能不会愿意在这样的状态中与我的传记对象同房共眠。

我感激燕卜荪家族，感谢他们长期以来的耐心，他们的友好、好客，感谢他们在赫塔·燕卜荪去世后继续将这项任务托付给我：主要感谢对象有麦格多·燕卜荪（Mogador Empson），雅各布·燕卜荪（Jacob Empson）和他们的夫人；西蒙·杜瓦尔·史密斯（Simon Duval Smith），索尔·燕卜荪（Saul Empson），本杰明·燕卜荪（Benjamin Empson），詹姆斯·燕卜荪（James Empson），已故的查尔斯·燕卜荪（Charles Empson）、查尔斯·燕卜荪（Charles Empson）爵士和莫妮卡·燕卜荪（Monica Empson）夫人。我感谢英国科学院在1989—1991年授予我研究讲师职位，后来还授予我研究补助费；感谢英国艺术委员会、作家协会、谢菲尔德大学研究基金，它们在这些年中提供的研究基金支付了我的研究费用。没有这些资助，我的工作将会寸步难行。

许多图书馆、组织和机构非常慷慨地为我提供了住宿，或者提供了不同类型的研究设施。我首先要感谢哈佛大学霍顿图书馆（1986年开始成为燕卜荪档案的管理者），具体地说要感谢Leslie Morris（手稿部负责人），Rodney G. Dennis（前负责人）和Elizabeth A. Falsey（完成了建立档案目录的艰巨工作）。我也深深地感谢北京大学的领导，在我1984年第一次访问时他们友好地接待了我；感谢英国驻北京大使馆（文化处一等秘书Alan Maley和Martin Davidson，英国文化委员会中国地区代表和文化参赞David Marler）；伦敦英国文化委员会（专家旅行部Angela Udall，Leigh Gibson；Martin Carney；英国文化委员会北京地区代表和文化参赞Adrian Johnson）；英国驻东京大使馆文化处，驻东京英国文化委员会（Katsumi Higashida）；位于雷丁市卡弗舍姆的BBC文字档案中心（文字档案部主任Jacqueline Kavanagh，咨询部主任Gwyniver Jones，咨询部助理John Jordan）；耶鲁大学拜内克图书馆；英国电影学院；大英图书馆手稿部；哥伦比亚大学巴特勒图书馆（善本与手稿部主任Bernard Crystal，前主任 Kenneth A. Lohf）；凯尼恩学院查默斯纪念图书馆（学院档案员Thomas B. Greenslade）；查托与温达斯出版社；伊顿公学图书馆（M. C. Meredith）；约克郡地区遗嘱文件登记处；中华人民共和国大使馆（大使冀朝铸，文化处Chen Huaizhia）；埃克塞特大学图书馆（Alistair Patterson）；古尔图书馆；黑利伯里学院；德克萨斯大学（奥斯丁）哈里·兰瑟姆人文学研究中心（研究图书部主任Ellen S. Dunlap，研究助理 Cathy Henderson）；位于贝弗利的亨柏塞德县档案办公室；剑桥大学国王学院（前档案管理员Dr Michael Halls）；位于华盛顿特区的国会图书馆；牛津大学玛德林学院；剑桥大学玛德林学院；麦克马斯特大学米尔斯纪念图书馆（研究图书部主任Carl Spadoni）；位于华盛顿特区的国家档案馆（Kathie Nicastro）；大英图书馆国家音像档案馆图书信息部（Lee Taylor）；剑桥大学纽纳姆学院图书馆；纽纳姆学院学籍管理部；北约克郡图书馆；普林斯顿大学图书馆（手稿部主任Jean F. Preston）；伦敦公共档案办公室；雷丁大学图书馆（Michael Bott）；位于纽约塔里敦的洛克菲勒档案中心；牛津大学圣约翰学院；伦敦东方与非洲研究院；英国作家协会；《南华早报》；剑桥大学三一学院；加拿大维多利亚图书馆（大学档案管理员、特别藏书部主任Chris Petter）；维多利亚与阿尔伯特博物馆档案部；明尼苏达大学威尔逊图书馆；温切斯特学院（档案管理员Dr Roger Custance）；剑桥大学三一学院雷恩图书馆（Dr David McKitterick）；位于贝弗利的约克郡档案馆；位于昆明的云南师范大学（1988年10月他们慷慨地邀请我参加西南联大成立50周年纪念活动）。

在各种不同职位上为我提供信息、指导和帮助的个人包括Professor Peter Alexander，A. Alvarez，Sir Michael and Lady Atiyah，Dr Charles Aylmer，Professor Bao Zhi-yi[①]，Jonathan Barker，Sebastian Barker，Robert J. Bertholf〔纽约州立大学（布法罗）诗歌与善本部主任〕，Andrew Best，卞之琳教授（已故），Professor Max Black（已故），Dr Sidney Bolt，Ronald Bottrall（已故），Mrs Margaret Bottrall，Gordon Bowker，Professor Muriel Bradbrook（已故），Baroness Brigstocke，Mrs J. J. Brodrick，Sally Brown，Arthur Calder-Marshall（已故），James Campbell，Professor John Carey，Professor Owen Chadwick，Chang Chu-Tse（1984年春他慷慨地担任我在昆明的导游），赵诏熊教授，Diana Chardin，Igor Chroustchoff，钱锺书，Ci Ji-wei，Patrick Clapham，Dr Colin Clark，Dr John Constable，Alistair Cooke（已故），Arthur Cooper，Laura Pieters Cordy，Clive W. Cornell（赫弗父子公司），Sir Hugh Cortazzi，Jenny Cowan，Mrs C. Cruickshank（费伯—费伯出版社档案管理员），Peter Currie，Dr Gordon Daniels，Hugh Sykes Davies（已故），Professor Frank Day，Lord Devlin（已故），Professor Martin Dodsworth，L. K. Duff，Elsie Duncan-Jones（已故），Professor Katherine Duncan-Jones，Professor Svetlana Rimsky-Korsakov Dyer，H. J. Easterling，Professor Richard Eberhart，Mrs Valerie Eliot，D. J. Enright（已故），Feng Cun-li，冯友兰教授（已故），Professor C. P. Fitzgerald（已故），Dr Chris Fletcher，Professor Valerie Flint，Dr Shirley Foster，D. C. R. Francombe，Mrs Paddy Fraser，Mrs Rintaro Fukuhara，Professor David Fuller，John Fuller，Milla Gapanovich，Helen Gardner（英国作家协会），Margaret Gardiner，Professor Stephen Garrett，Kathleen Gibberd，Roma Gill（已故），Reginald Goodchild，Adrian Goodman，Professor W. Terrence Gordon，T. W.

Graham, Professor Gayle Greene, Dr Eric Griffths, Ruth Gunstone, Dr Michael Halls, Ian Hamilton（已故）, Jason Harding, Claire Harman, Selina Hastings, Professor Christopher Hawkes（已故）, Professor David Hawkes, Sir William Hayter（已故）, Geoffrey Hazelden, 何兆武教授, Christopher Heywood, Andrew and Geraldine Hillier, Charles Hobday, Professor Philip Hobsbaum（已故）, Anthony Hobson, Theodore Hofmann, Dr Eric Homberger, Michael Hope（已故）, Professor Graham Hough（已故）, Professor Huang Ming-yie, Professor Huang Zhong-hua, Allegra Huston, Professor Kazuo Irie, Professor Yukio Irie, Professor John Israel, Kevin Jackson, Mark Jacobs, Lord Jay, Elizabeth Jenkins, Dr Nicholas Jenkins, Mary-Lou Jennings, 冀朝铸大使, 金隄教授（已故）, Professor Jin Fa-xin, 金岳霖教授（已故）, James Joll, John Henry（David）Jones（已故）, Professor Kai Yuzuru, Professor Ryuichi Kajiki, Kang Hong-qiu, Paul Keegan, Anne Kelly, Professor Richard J. Kelly, Professor Sir Frank Kermode, Grace Margerie Key, David Kidd（已故）, Rev. H. P. Kingdon, Robert Lazarus, Sir Desmond Lee（已故）, Lady Lee（已故）, Dr E. S. Leedham-Green, Professor Peter Levi（已故）, 李赋宁教授（已故）, Professor Li Zhiwei, H. Lintott, Lord Listowel（已故）, 刘若愚教授（已故）, 刘若端, Liu Yuan Zi, Dr Richard Luckett, Jim McCue, Anne McDermid, Dr Eric Mackerness（已故）, Professor Ian MacKillop（已故）, Lachlan Mackinnon, Mrs Miriam MacIver, Alan and Robin Maclean, Professor Charles Madge（已故）, Dr D. H. Marrian, Jeremy Maule（已故）, Professor Giorgio Melchiori, M. C. Meredith, Mrs Sybil Meredith, M. F. Micklethwait, Seitoku Minagawa（日本筑波大学行政部）, Mineo Moriya（*The Rising Generation*）, Sir Jeremy Morse, Marjorie Mosby, Professor Andrew Motion, Professor Shigehisa Narita, Stella Mary Newton, Yoshio Nakano, Professor Christopher Norris, Professor Kazuo Ogawa, Sumie Okada, Timothy O'Sullivan, A. E. B. Owen, Dr Barbara Ozieblo, Maggie Fitzgerald, Ian Parsons（已故）, Lucy Pascocello（哈考特·布雷斯出版公司版权和授权经理）, Mrs Peng Jing-fu, Peng Wen-lan, Dr Seamus Perry, David M. Petherbridge（位于巴恩斯利的阿兹利莫特堡总经理）, Dr David

Pirie, Dr Kate Price, Edwin Pritchard, Qi Sheng-qiao, 钱学熙, Quan Hui-sien, Sir Peter Quennell（已故）, Dr E. A. Radice, Craig Raine, Dr Kathleen Raine（已故）, Peter Robinson, Theodore Redpath（已故）, Dorothea Richards（已故）, Professor Christopher Ricks, Susan Rieger, Professor Andrew Roberts, Professor Neil Roberts, Lisa A. Rodensky, Derek Roper, Sachiyo Round, Dr A. L. Rowse（已故）, Professor John Paul Russo, Ray Ryan, Dr George Rylands（已故）, James Sabben-Clare, Leo Salingar, John Saxby, Professor Eitaro Sayama, Michael Schmidt, Mrs A. C. Scott, Debra Selinger, Martin Seymour-Smith（已故）, Dr C. J. Sharrock, Russell and Mary Sharrock, 申葆青女士, W. G. Shepherd, 水天同教授, John A. Simson, Norah Smallwood（已故）, Janet Adam Smith（已故）, Professor Nigel Smith, Richard C. Smith, Professor Soji Iwasaki, John D. Solomon, John Sparrow（已故）, Sir Stephen Spender（已故）, Lady Spender, Professor Jon Stallworthy, Professor Herbert Stern, Dr Alice Stewart（已故）, Professor and Mrs Harry Stoneback, Sun Yu-mei（我在北京大学时的秘书）, Alan Surridge, David Tang, Sir Keith Thomas, Mark Thompson, John L. Thorn, Anthony Thwaite, Nobuaki Tochigi, Professor Shigehito Toyama, Julian Trevelyan（已故）, Tuan Hui-sien, Jane Turner, Lindeth Vasey, John Vice, Dr Sue Vice, Igor Vinogradoff（已故）, Professor John Wain（已故）, William Wain, Earl Waldegrave（已故）, Lord Waldegrave, Stephen Wall, Jemma Walton, Wang Huan, 王岷源, Wang Mingzhu, 王世仁教授, Professor Wang Ting-bi, 王佐良教授（已故）, Dr George Watson, Andrew White, John Willett（已故）, Mrs Ann Willett, Hugh Williamson, Professor J. H. Willis, Jr., Professor John M. Willis, David Wilson, Robert Winter（已故）, Professor Lewis Wolpert, Basil Wright（已故）, 吴宝璋, 吴富恒教授（山东大学校长，已故）, 吴景荣教授, 巫宁坤教授, Air Marshal Sir Peter Wykeham, 许国璋教授（已故）, 许渊冲教授, 戴乃迭（已故）, 杨宪益, Professor Yang Yeh-chi, 杨周翰教授（已故）, Professor Shoichiro Yasuda, Mrs Vera Yorke, 袁家骅, 袁可嘉, Professor Yuan Shiban, 俞大缜教授, Zhang Xiang-bao, 周珏良教授（已故）, Zhu Gheng-gong, 朱光潜教授, Lord Zuckerman（已故）。

最后但并非最不重要的，在这些年里我从批评和编辑燕卜荪著作的同行那里学到了很多，我特别感激以下作者的工作：John Constable，Frank Day，Terry Eagleton，Paul H. Fry，Philip and Averil Gardner，Philip Hobsbaum，James Jensen，John Henry Jones（已故），Frank Kermode，Christopher Norris，Christopher Ricks，Lisa A. Rodensky，Roger Sale，Mark Thompson，John Wain（已故）。

译者注

① 有部分中国人名因无法查证出确切名字，在此保持原貌，不予翻译。

目 录

缩略表

Argufying	燕卜荪：《论争：文学与文化论文集》（*Argufying: Essays on Literature and Culture*）（伦敦：查托与温达斯，1987）
Ambiguity	燕卜荪：《复义七型》（*Seven Types of Ambiguity*）（伦敦：查托与温达斯，1930；第三版，1953）
Constable	约翰·康斯特布尔编：《威廉·燕卜荪评论集》（*Critical Essays on William Empson*）（奥尔德肖特：司格勒，1993）
Complete Poems	《威廉·燕卜荪诗歌全集》（*Complete Poems of William Empson*）（伦敦：艾伦·莱恩，2000）
EG	《〈格兰塔〉中的燕卜荪》（*Empson in Granta*）（滕布里奇韦尔斯：方德林出版社，1993）
GS	燕卜荪：《风暴将至》（*The Gathering Storm*）（伦敦：费伯—费伯，1940）
Gill	R.吉尔编：《威廉·燕卜荪：生平与作品》（*William Empson: The Man and His Work*）（伦敦：劳特里奇与基根·保罗，1974）
Houghton	威廉·燕卜荪档案，哈佛大学霍顿图书馆
JH	约翰·哈芬登
KMT	中国国民党
Magdalene	I. A. 理查兹档案，剑桥大学玛德林学院老图书馆
Milton's God	燕卜荪：《弥尔顿的上帝》（*Milton's God*）（修订版；剑桥：剑桥大学出版社，1981）
Pastoral	燕卜荪：《田园诗的几种变体》（*Some Versions of Pastoral*）
Poems 1934	燕卜荪：《诗歌》（*Poems*）（东京，1934）
Rodensky	《田园诗》（*Pastoral*）的前言（哈蒙兹沃思：企鹅，1995）
SCW	燕卜荪：《复杂词的结构》（*The Structure of Complex Words*）（伦敦：查托与温达斯，1951；第三版，1977）
SSS	燕卜荪：《莎士比亚的悍妇的力量》（*The Strengths of Shakespeare's Shrew*）（谢菲尔德：谢菲尔德学术出版社，1996）

TLS	《泰晤士报文学增刊》（*Times Literary Supplement*）
TUC	总工会代表大会（Trades Union Congress）
WE	威廉·燕卜荪

威廉·燕卜荪年谱

1906年	9月27日：生于约克弗利特庄园，位于约克郡豪登镇的古尔附近，亚瑟·雷金纳德·燕卜荪（地主和乡绅）和妻子劳拉·米克尔思韦特的儿子；兄弟姐妹包括约翰（"杰克"，1891），亚瑟（1892），查尔斯（1898），玛丽亚·埃莉诺·凯瑟琳（"莫莉"，1902）。
1914年	5月16日：长兄，皇家飞行大队中尉，死于坠机事故。
1914年	进入预备学校普雷托里亚庄园学校，位于肯特郡的福克斯通附近，数学成为他的强项。
1916年	3月15日：父亲去世，享年六十三岁。
1920年	获得奖学金进入温切斯特学院；专业为数学和科学；受到"斯温伯恩的麻醉剂"的影响。6月29日（13日？）撰写第一首诗歌《妈妈对安妮说晚安》。
1924年	12月：获得米尔纳奖学金进入剑桥大学玛德林学院。
1925年	在温切斯特学院获得英国文学奖；在校长和院士奖英语作文比赛中获得第二名，仅次于未来的工党议员理查德·克罗斯曼（约翰·斯帕罗，未来的牛津大学万灵学院院长获得第三名）。 10月：进入剑桥大学，他的数学导师是拉姆齐，数学天才弗兰克·拉姆齐和未来坎特伯雷大主教迈克尔·拉姆齐的父亲。加入人文讨论社团异教社。
1926年	2—3月：艾略特在剑桥大学三一学院作了克拉克系列讲座——《十七世纪玄学派诗人》。虽然燕卜荪没有参加所有场次的演讲，但参与与艾略特的非正式交流并受益。
1926年	6月12日：在《格兰塔》上发表第一篇文学短评。
1926年	6月：在数学荣誉学位考试第一部分获得一等成绩，获得学院奖。
1927年	2月5日：他的独幕剧《三个故事》（闹剧）在剑桥大学业余戏剧团上演，并扮演角色。
1927年	开始为《格兰塔》和《剑桥评论》撰写电影、戏剧和书籍评论。1927—1928年间，作为一个数学专业学生，成为《格兰塔》的"舵手"（文学编辑）。

1928年	6月：发表在剑桥大学创作的第一首诗歌《一只十九世纪的球》；受到17世纪玄学派诗歌，特别是约翰·多恩的影响。
	6月：在数学荣誉学位考试第二部分获得二等成绩，结果不尽如人意。
	10月：注册英语荣誉学位考试，接受玛德林学院 I. A.理查兹的指导；选修理查兹的"实用批评"课程；开始撰写《复义七型》；当选异教社社长。
	11月：创办先锋杂志《实验》，与雅各布·布鲁诺夫斯基、汉弗莱·詹宁斯和休·赛克斯·戴维斯共同主编（共出版7期，1931年5月出版最后一期）。
1929年	1月20日：在剑桥大学以《文学中的含混》为题作演讲。
	2月：在《实验》中发表《莎士比亚的含混：十四行诗第16首》（文章后来成为《复义七型》的一部分）。
	3月：在剑桥哑剧团排演的亨利·菲尔丁著《悲剧中的悲剧：伟人汤姆·桑姆的人生》中扮演主角。
	6月：在英语荣誉学位考试中获得一等"杰出"成绩；获得学院奖；被选为1929—1930年的查尔斯·金斯利副院士。
	7月：被学院的门房发现藏有避孕用品；玛德林学院行政会的特别会议决定取消燕卜荪的副院士职位，从学院名册中删除其名字。燕卜荪搬迁到伦敦马奇蒙特街65号，并在之后两年住在这里，成为一名自由撰稿人；他得到了文学家T. S.艾略特、弗吉尼亚·伍尔夫、哈罗德·门罗和西尔维娅·汤森·沃纳的培养。
	10月：《信之四》被剑桥的赫弗出版社出版，他至此所作的全部十八首诗歌中的六首被收录于《剑桥诗歌1929》，由伦纳德和弗吉尼亚·伍尔夫的霍格思出版社出版。
	11月：在《实验》中发表《艾略特先生散论》（《复义》观点的另一预告）。
1930年	11月：出版《复义七型》。
1931年	8月29日：在东京文理大学开始履行为期三年的英语教授合同；同时也在东京帝国大学教学。

1932年	2月：有六首诗歌收录于霍格思出版社出版的选集《新签名》。
1934年	《诗歌》自费由东京附近的砧村的狐狸与水仙出版社出版，印数一百册。
	7月8日：回到伦敦，其后三年成为自由撰稿人。
1935年	5月：《诗歌》在伦敦出版。
	10月：《田园诗的几种变体》出版。
	简写霍尔丹著的两本书《科学展望》和《科学与健康》，并出版其基本英语版本。
	获得剑桥大学硕士学位。
1936年	叶芝收录燕卜荪的一首诗于《牛津现代诗歌集》；迈克尔·罗伯茨收录六首诗于《费伯现代诗集》。
1937—1938年	8月：接受国立北京大学的任命，在日本刚刚开始侵华时到达中国；同理查兹夫妇一起去中国内地旅行；1937年11月至1938年2月在位于湖南省南岳由北京几所流亡大学组成的临时大学里工作；去香港旅行。
1938—1939年	远逃西南时继续执教于国立西南联大（先是在蒙自），后来去了靠近法属印度支那［越南］边境的云南省省会昆明。
	1939年秋，踏上回国之路，借道美国，在麻省的剑桥镇暂住了一段时间。（出席广播节目，谈论《科学展望》和《科学与健康》基本英语版本。）
1939年	1月28日：回到英国。
1940年	6月26日：加入英国广播公司BBC的监听部，位于伍斯特郡伊夫舍姆附近的伍德诺顿大楼，任副编辑。
	9月：《风暴将至》在伦敦出版。
1941年	调往伦敦的BBC国际部，任谈话节目助理，后任中文节目编辑，组织对中国的谈话节目以及对国内的宣传节目；与乔治·奥威尔共事两年。
1941年	12月2日：在伦敦汉普斯特德区的圣斯蒂芬教堂与南非艺术家赫斯特·亨丽埃塔·克劳斯（"赫塔"）结婚。
1942年	11月9日：大儿子威廉·亨德里克·摩加多尔出生。

1944年	9月30日：二儿子雅各布·亚瑟·卡莱出生。
1947—1952年	在国立北京大学任教，任期受到英国文化委员会资助；1948年下半年见证中国内战和历时六周的北平围城；共产党的接管和中华人民共和国的成立，包括土地改革和"思想改造"的开始。
1948年	3月24日：《威廉·燕卜荪诗歌全集》在纽约出版。
	7—8月：北京大学暑假期间，在美国俄亥俄州甘比厄尔的凯尼恩学院暑期学校任教。
1950年	再次在暑期访问凯尼恩学院暑期学校。
1951年	7月：《复杂词的结构》在伦敦出版。
1952年	夏天：举家从中国回到英国。
	12月15日：《威廉·燕卜荪诗集》在BBC广播。
1953年	10月：任谢菲尔德大学英国文学系主任，其后在这里工作了十八年，学术休假时常常到美国和加拿大的大学讲学。
1954年	5月：被聘为伦敦大学格雷沙姆学院格雷沙姆修辞学教授，以"莎士比亚的后期戏剧及其与伊丽莎白时期戏剧的关系"为题作演讲。
	6—7月：被聘为印第安纳大学（美国印第安纳州布卢明顿）学术研究院院士。
	10月27日：伊丽莎白女王二世观看《钢铁的诞生：假面轻喜剧》在谢菲尔德大学的演出。
1955年	9月29日：《诗歌全集》在伦敦出版。
1961年	2月：《威廉·燕卜荪诗歌全集》（纽约）简装版出版。《弥尔顿的上帝》出版。《威廉·燕卜荪诗歌选朗读》（LPV3唱片）发行。
1964年	秋天：被聘为加纳大学英语系（加纳阿克拉州莱贡）访问教授。
1968年	被授予东安格利亚（诺威奇）荣誉博士学位。
	获得英格拉姆·梅里尔基金会奖。
	6—8月：被聘为纽约州立大学（布法罗）英语系访问教授。

1971年		被授予布里斯托尔大学荣誉博士学位。
		夏天：从谢菲尔德大学退休。
1972年		1—2月：以《编辑一首诗的文本的选择》为题，在牛津大学玛德林学院作演讲。
		出版《柯尔律治诗选》（与大卫·佩里合编）。
1973年		被聘为约克大学（多伦多）访问教授。
1974年		复活节学期：在剑桥大学三一学院作克拉克讲座《批评的进步》。被授予谢菲尔德大学荣誉博士学位。
		任美国人文艺术研究院/全国人文艺术学院荣誉会员。
1974—1975年		被聘为宾夕法尼亚州立大学英语访问教授。
1976年		秋天：被聘为特拉华大学（美国特拉华州纽瓦克）英语系访问教授。
		被聘为英国科学院院士。
		被聘为美国现代语言学学会荣誉院士。
1977年		6月10日：被授予剑桥大学荣誉博士学位。
1979年		在新年授勋仪式上因"对英国文学的贡献"而被封为骑士。
		当选剑桥大学玛德林学院荣誉院士。
1982年		1—4月：被聘为迈阿密大学访问教授。
1984年		4月15日：在伦敦逝世。《诗歌全集》再次发行。《使用传记》出版。
1986年		《皇家野兽及其他作品》和《莎士比亚评论集》出版。
1987年		《论争：文学与文化论文集》和《浮士德和审查官：英语版浮士德书和马洛的〈浮士德博士〉》出版。
1993年		《文艺复兴文学论集第一卷：从多恩到新天文学》出版。
1994年		《文艺复兴文学论集第二卷：戏剧》出版。
1996年		《莎士比亚的悍妇的力量：论文、回忆录和书评》出版。
2000年		《威廉·燕卜荪诗歌全集》出版。
2006年		《威廉·燕卜荪诗书信选集》出版。

第一章

绪论

　　有人出版了可怜的朱利安·贝尔的生平和书信集（《论文、诗歌、书信》，霍格思出版社，1938），洋洋洒洒，而我觉得这可能会伤害他。但我的天哪，他真能写信！保存信件是怎样一回事？你保存信件吗？从许多传记判断，这肯定是一个很流行的做法，但我觉得是一个丑陋的做法。在我母亲的家里，这肯定不可能做到，任何乱放的稿子（包括我先前的两部完整的戏剧）都将立刻被处理掉。也应该如此，即使这造成了不便，我仍然感到应该。比如你认为所有跟你通信的人都在为传记和书信集保存信件吗？他们会因为这项奇怪而被动的工作而获得报酬吗？人们是多么出人意料啊！但也许朱利安之流更有可能做这样的事情。然而达尔文，虽然我记得他是一个不同类型的人，曾经说，决不毁掉任何信件的习惯对他有很大帮助。顺便问一下，达尔文患的究竟是什么病？仅仅是神经病吗？人们从来没有说过，否则他倒似乎很不像一个神经病人。[1]

　　威廉·燕卜荪（William Empson）这番高论引自他1939年5月4日写给朋友约翰·海沃德（John Hayward）的信（他时年32岁），初看会使他的传记作者感到不安。一个体面的人肯定不会刻意保留他人的信件吗？对自己的文稿进行整理记录都会有足够的难度。这种做法似乎如此令人讨厌，它只可能出自低级甚至是谋取利益的动机。也许只有"朱利安之流"——折射了布卢姆斯伯里团体（Bloomsbury Group）——才会如此以自我为中心，如此自负，以至于沉溺于如此"丑陋"但又如此"流行的做法"。这些措词使这些话像是一种极端可怕的自我贬损。但是燕卜苏在这个问题上基本平衡的态度以及他模棱两可的想法，在结尾处才显示出来，那些许自命不凡的姿态被抛开，取而代之的是英雄崇拜和直接的对人的兴趣。探究生平的本能冲动不可抗拒。如果伟大的达尔文（Darwin）存留了他的书信，那么这个令人生厌的习惯或许还有许多可取之处——回过来想想，达尔文"仅仅是神经病吗？"了解这一点将非常有趣，但为什么没人给我们提供答案？

事实上，燕卜荪非常喜爱探究生平，他自己的批评著作中充满了例证。不论是探究莎士比亚（Shakespeare）还是多恩（John Donne），乔治·赫伯特（George Herbert）还是罗切斯特（Rochester），柯尔律治（Samuel Taylor Coleridge）还是刘易斯·卡罗尔（Lewis Carroll），甚至他非常崇拜的同时代诗人迪伦·托马斯（Dylan Thomas），他都一直禁不住将他们的作品放入生平背景之中，揭示存在于文学作品这个复杂体系中心的所有人生事实和冲突。对他来说，艺术与生平不可分而论之，尽管有些批评家认为他自己就经常将纯正的、表现主义的、不可分析的诗歌美拆分得支离破碎：将审美沦为技术性细节。因此令人吃惊而具有讽刺意味的是，他一直以来被视为，而且有时仍然被视为美国批评家约翰·克罗·兰塞姆（John Crowe Ransom）所说的"新批评"的创始人，即认为文学作品完全自给自足，不能借助作者的生平、时代、意识形态和意图来分析。这种坚信文本语义自律的理论，将文学作品视为自我封闭的或有机的符号系统，是被燕卜荪视为"印刷符号为中心的、品茶式的文学观"而抛弃的理论观念。[2]例如，在《复义七型》（*Seven Types of Ambiguity*，1930）中分析赫伯特的《牺牲》（'The Sacrifice'）一诗时，他的目标就是将该诗理解为基督教教义与人类价值判断冲突上演的现场。诗歌不是学术玩偶，而是一部与真正的道德问题进行较量的"机器"。分析的目的在于"揭示诗歌效果的运转模式"。[3]在1955年回首往事时，燕卜荪坚称，"如果一首诗很好，如果能以我想要的方式去分析它，在评论家的阐释结束前，诗中没有任何细节是不相关的。我仍然认为这是一个适当的目标……说除了纸页上的文字你什么也不管（你也有权这么说，因为作者没有意图想要给你更多），这在我看来有点任性，就像是说'当然我不会去拜访他，除非他家的排水系统是一流的'。如果你足够感兴趣，你会的。首先，你也许想知道作者是否真的有过他描写的那种经历……"[4]的确，正是这种对几乎所有现代批评理论的藐视——包括新批评、解构理论、作者之死、读者"优先"——使他给搜集起来的最后一部文集（出版于1984年他去世后不久）取了一个挑衅性的标题——《使用传记》（*Using Biography*）。

同我这一代的许多学人一样，我对文学批评产生巨大兴趣，主要归功于我在学校时就阅读的《复义七型》及其中展示的如此充沛翔实、条分缕析的分析。一个词、一个短语、一个句子并不仅仅表示单个意思，我了解到，在内涵和组合上它们的意义是多重的，（似乎）会形成无限多的意思——这是有意为之，还是意外收获，我并不理会。在伟大的诗篇中，语义和句型共同作用，意思和暗示层层叠叠，它们在最大化甚至爆炸性压力下构筑感情、思想和态度。燕卜荪对诗歌的分析展示出前所未有的明晰，在1930年《复义》出版之前，还没有批评家在著述中展示过如此详细的语言效果，如此独到和充满想象力的分析，如此持续不断的细腻和洞见。起初，他对含混程度进行区分和判断的能力极大地震撼了一些批评家。他们的反应好像是说他违背了文学作品魔幻的或几乎神秘的本质：他们担心，美好的事物将不再是永恒的欢乐。甚至燕卜荪的导师I. A. 理查兹（I. A. Richards）——他认为情感比思维优先——在一本纪念文集（1974）中记录他对燕卜荪成就的欣赏时，也含糊其词地使用了一个特别含混的比喻："很久以前，当一本装订好的《七型》到达我手里时（当时是在北京），我曾经这样把它强行推荐给可能喜欢它的读者：'它将会使你感到像患了一次流感的美妙感觉——其激情就像发高烧一般，你懂吗？'"[5]燕卜荪的著作对他来说如此令人挠头，如此令人眩晕，他选择将阅读的效果比喻为生病：在所有意义上，这都是无力的赞扬。

大多数同时代的批评家仰慕该书在思想上的智性和灵巧，接受它变幻莫测的奇想和令人不安的对权威的藐视。尽管如此，还是用了整整十年时间，到20世纪40年代，它的革命性创新才被充分欣赏和发扬光大——虽然最彻底的承认来自美国，而不是英国。例如，金斯利·艾米斯（Kingsley Amis）1987年回忆说，在第二次世界大战期间的牛津大学，人人都在读两本特别的文学批评著作：要么是C. S. 刘易斯（C. S. Lewis）的《爱的寓言》（*The Allegory of Love*），要么是《复义七型》。"我深深地陷在里边，陷得如此的深，以至于偷了牛津学生会图书馆的《七型》，专家们都这样称它。〔那时（由于用纸限量）书已经绝版，我想这不但加重了这宗罪，也为它找到了借口。〕那种茅塞顿开的感觉，帮助你在诗歌中看到你以前没有臆想到的东西——为什么莎士比亚十四行诗第73首中'荒废的歌坛'是恰当的短语的十大理由——现在很难重新捕捉……"[6]同样，芭芭拉·哈代（Barbara Hardy）

1982年［在一个期刊的系列专论《那些造就了我们的批评家》（'The Critics Who Made Us'）中］回忆道，"关于1940年在伦敦大学学院（University College）的学习生涯，我记得最清楚的是首次阅读《复义七型》。我发现并获得快乐的感觉这些年来一直没有消失。"她继续说：

> 在《复义七型》中，我发现了分析——它持续、彻底、细致、机智、敏感、充满自我意识、清晰、远离教条、有感染力。关于文学，它令人兴奋；作为文学，也令人兴奋。它给人愉悦，也自我愉悦。它不是远离实际的书斋评论，而是具有科学、政治、心理和性意识的写作。它有讽刺意义和怀疑精神。它有性格、语调和感情的个人特征。

在最初的显然毫不掩饰的热情过去之后，她作了进一步思考——显得极为公正：

> 我的反应还有另一个重要层面——异议。我先前也表达过异议，但没有针对过我如此仰慕的作品的作者。燕卜荪有时显得迷人而轻浮，到了危险的程度。我不信任但又欣赏他的轻浮……有时他缺少说服力，甚至有点傻气。他追求细腻、暗示、反讽、复杂性，超出了批评常理的范围……

在总结时，她说道：

> 燕卜荪提供了最佳的刺激，既让人崇拜又让人质疑的东西。他心智活跃、充满激情、令人惊讶，同时他提醒我们文学是个性、智慧和激情的产物。[7]

1930年，燕卜荪常常被认为太过聪明，对他自己不利，是一个充满智性的艺术鉴赏家，有本事将无数的含混意思平衡在一个词汇或短语的针头上，以及一个词汇点或语法现象上。实际上，他显得如此聪明，以至于不屑进行价值判断或道德思考，当然也没有宗教信仰的空间。但令读者惊喜的是他闪电一样明亮的释义，他解决语义和语法难题、为诗歌疑难提供答案的能力。此外，他迷人的、机智的人格从未受到过质疑。事实上，在他的职业生涯中，在他的书籍中，一直存在着一个伟大的表演者，慷慨地传播着大量闪光的玩笑和同样闪光的批评珠宝。1991年，乔纳森·贝特（Jonathan Bate）教授宣布了一个大胆的主张，实际上也是无可辩驳的事实："约翰逊（Johnson）、赫兹利特（Hazlitt）、燕卜荪是他们各自时代的最伟大的英国批评家，尤其是因为他们是最幽默的批评家。"[8]这个世纪的其他批评家在心智的生机勃勃方面无人能与他匹敌。

然而为华丽的批评分析和风格的大胆张扬提供支撑的，是一种贯穿始终的、极其严肃的目的性，这一点仍然没有得到燕卜荪的评论者们应有的、充分的思考。正如哈代教授所说，他的著作有非同寻常的激情。其他人也欣赏这一点：例如，W. H.奥登（W. H. Auden）在40年代后期曾经说，燕卜荪"真正对诗歌有深刻的感觉……这个人带着如此真正的激情撰文讨论了他所讨论的诗集"[9]。对于任何一个理解燕卜荪批评论著真谛的人来说，他对诗歌的激情显而易见，但令人吃惊的是，他却经常被人责备为纯粹智性的人（不管这是什么意思），如此依靠大脑，以至于几乎没有感情。但这还不算完，最糟糕的是，燕卜荪的著作绝对并热烈地强调了对立的概念。贯穿他批评著作的关键词包括冲突、对立、矛盾、副情节、局外人、替罪羊、抵抗、潜藏、秘密、异见、孤立。对燕卜荪来说，作家与社会对立、与官方教条对立是一条公理：作家归根到底是一位批评家。他最热烈地崇敬的素质是独立的思想和隐藏的判断。

人们普遍认为他的批评生涯可大致分为两个时期：第一个时期止于《复杂词的结构》（*The Structure of Complex Words*，1951），第二个时期他似乎抛弃了对语义的兴趣，转而去批判他称之为"新基督教"批评流派的离经叛道的道德观。甚至燕卜荪本人也感到，在完成了三部关于文学含混话题的书籍——《复义七型》、《田园诗的几种变体》（*Some Versions of Pastoral*，1935）和《复杂词的结构》——后，他已经在战后的岁月里从语言学转向了伦理学。"我现在明白，我后期的著作中有一个看上去像是失败的迹象，"他在给罗杰·塞尔（Roger Sale）的信中写道：

> 就是我几乎放弃了将含混作为阐释的方法。我最好在此问题上作一个解释。《复义》出来后，评论家们告诉我，不是所有诗歌都是意义含混的，并且我也能够理解，这个方法用在那些对此过程有一些冲动或需求的作家身上效果最好。但既然它已经成为我的路数，我还是坚持在其后的两

部书中艰难地使用了它。然后我觉得在这个话题上我已经提供了一个周详的论述，如果没有被挑衅，陷入论战的话，我没有必要继续使用它。[10]

然而，正如许多评论家对他从诗歌中提炼出多重含义的做法——从诗歌的"全部意图"提炼出"可能的替代性反应"[11]——感到不安一样，他在《田园诗的几种变体》中探讨诗歌的文本完整性，不仅从心理学的角度，而且从社会关系的角度，也使许多人感到不安。在优秀的诗歌中，他后来像立法一样说，"人类经验的背景总有一种吸引力，它越无法命名，就越显示它的存在"[12]。因此他从含混类型到田园诗类型的心路历程并不像当时读者怀疑的那样是一个剧烈的转向，而是一个自然的发展，因为田园诗的传统，像含混一样，也发生在"冲突的背景"中。田园诗的作用是批判——一种怀疑的精神，判断的独立性，甚至颠覆性——同样也平衡着社会中的各种冲突。一首诗因为凸现个人的冲突而在意义上产生含混，同样田园诗在形式上的"平静"包含着社会冲突的"汹涌"。因此在《田园诗的几种变体》中，他记录下这样的真理："艺术家绝不会与任何公众保持一致。"[13]

检验燕卜荪的新奇批评方法的案例是他对霍普金斯（Hopkins）的《乘风者》（'The Windhover'）和赫伯特的《牺牲》的分析。他的分析是令人惊讶的，甚至可以说是令人震撼的，他认为这两位作者都感到应该去正视，而不是去适应基督教教条中那些给人安慰但又用心险恶的悖论。也就是说，《复义七型》不仅开创了一种方法让想象性文学接受分析理性的测试，而且最终还产生了两个挑战基督教教义的分析实例。1963年，他重申：

> 我把《牺牲》作为我书中的最后一个例子，代表最极端的一种含混，是因为它描写的耶稣一方面宽恕了那些折磨他的人，另一方面又将他们罚入地狱去接受永恒的折磨。在我现在看来，我那时的态度属于我所说的"新基督教"。很高兴发现了这么一个堂皇的例子，我在作者后背拍了一巴掌，赶着他向前，使他变得更加可恶……现在更加明白它显示的内容，我渴望着离它而去。[14]

"在赫伯特时代流传着这样的观点，即基督教的悖论在伦理上是令人尴尬的。"他评论道。

燕卜荪最终因在其出版的《弥尔顿的上帝》（*Milton's God*，1961）中表达了基督教是邪恶的观点后获得了巨大的名声，其主要论点沿袭了伏尔泰（Voltaire）、塞缪尔·巴特勒（Samuel Butler）、吉本（Gibbon）、巴克尔（Buckle）和J. M.罗伯逊（J. M. Robertson）的观点。在关键论点上他没有留下任何疑问，但是后来评论界的误解还是迫使他一次又一次地重复它。例如他在1967年的这封信中说："雪莱（Shelley）发现，他越敬重受苦受难的儿子，就越憎恶对儿子的痛苦心安理得的父亲，这很清楚。"[15]他论证方法的破绽在于——这也为一些评论家责备该书提供了把柄——他借以挑战基督教上帝的是想象性文学作品，其论点是基于这样一个有问题的假设，即弥尔顿的上帝与福音书中的"真理"能够等同。虽然C. S.刘易斯在《〈失乐园〉绪论》（*A Preface to Paradise* Lost，1942）中令人信服地为弥尔顿宗教思想的正统性进行了辩护，但其他批评家仍然发现诗歌与教义不能统一，并有充分理由责备燕卜荪将两者等同起来。因此《弥尔顿的上帝》终于碰到了一个无法预见又无法克服的反讽：正如某短评机敏地说，"燕卜荪对上帝的污辱可能最终成为对弥尔顿的赞扬"[16]。通过提出基督教极端自相矛盾和道德上极端丑恶的观点，燕卜荪赞扬了弥尔顿能够正视这个神话的尴尬之处，他因毫不避讳而使诗歌更加卓越。约翰·贝利（John Bayley）教授在以下论述中辨别出了燕卜荪方法中的核心反讽："与大多数评论家不同，刘易斯和燕卜荪坚定不移地认为弥尔顿在道德上完全前后一致。"[17]把握这首诗的力量的"障碍"，燕卜荪后来写道，"来自基督教的基本谬误，或者先前对人类牺牲的整个迷信"[18]。他又写道，"我是如此老派的学者，我赞同布莱克（Black）和雪莱的观点……我认为《失乐园》遭到非议的主要要点正是使它如此优秀的地方，因为它们构成了对基督教上帝的根本错误的深刻分析。"

在《复义》中，他针对的"读者群"是那些赞同他关于诗歌的"某些效果"的读者，他并不感到自己是一个辩论者，他只是从他称为"深层心理"的角度对文学进行了细读。在后期，他决心要重新建构所有种类的文学读者——误读的大众——因为"［他们阅读］作者的意图"，他在另一封信中坚称，"不太可能像新基督教那些崇拜折磨的人（那些三头六臂的人）的意图那么可恶。"[19]

因此，燕卜荪不仅取得了发明现代英语文学批评这个主要成就，而且还扮演了文化上的"第五纵队"，勇敢地、固执地（有人还说着魔似的）挑战生活和文学中的传统观念。"能够说出当时人们觉得非常震撼的话，这对诗人来说是非常好的事情，可以说是一种理想，"[20]他曾经在信中宣称。这肯定是对他的批评著作的准确描述——他专注于这样的观点，"即引起道德抵制的著作很可能是道德的发现，是一种发现现存制度的问题的方式"[21]——这也可以用来描述他自己的诗歌。他诗歌中的想象性议题起源于现代科学的人文暗示——天体物理学、生物学、植物学、化学、昆虫学、进化论、人类学和心理学。作为一个紧跟时代的诗人，他急切地阅读了大量新科学的文献。在1947年写给一位中国友人的信中（当时他几乎停止了诗歌写作），他惊奇地回顾道：

> 我与你分歧最大之处是关于科学。我认为当代除了在科学领域的成就外，在想象领域的工作没有什么可以引以自豪的，而且很明显，像爱因斯坦（Einstein）和埃丁顿（Eddington）这样的物理学家很好地运用了想象力。我想，一个批评家如果脱离了当代思想唯一富饶的那一个部分，就不太可能理解一部优秀作品面世时将给人带来什么感觉。至于我自己的作品，我肯定我总是发现科学家的世界图景比任何"文学影响"的世界图景更加刺激、更加有用。[22]

他对现代世界中科学的地位的理解［根据他的朋友凯瑟琳·雷恩（Kathleen Raine）的说法］使他的诗歌充满了令人沮丧的疑问：人类试图"给知识和经验领域强加秩序，而这些知识和经验领域如此矛盾，以致思考它们的心灵有可能出现紊乱——正如燕卜荪写道，这是被迫'从绝望中学到一种风格'"[23]。他给20世纪20和30年代带来的想象力"必须适应一种既令人震惊又给人灵感的新的科学世界观"，雷恩回忆道。由于坚信关于物质世界的科学知识发生的巨大转变将给传统伦理带来极大挑战，燕卜荪处理这些冲突时处于一种痛苦的困惑状态。像E. M. 福斯特（E. M. Forster）担心"20年代的战后世界不能组合起来回归理性"[24]一样，他为时代的矛盾而忧心忡忡。在生活中和诗歌中一样，重要的问题是科学不会乐意或必然地去适应人类的文化、思想、伦理结构："生活涉及在矛盾中维持自我，这些矛盾不可能用分析来解决"，他在《酒神巴克斯》（'Bacchus'）一诗的著名注释中写道。

燕卜荪从未声称他的诗歌具有极高价值——他曾经称这些诗歌"太专业

化"[25]——但是他的最佳诗作(他在一次访谈中说)都很"复杂,像真实生活一样"[26]。批评者时时责备诗人燕卜荪——正如他们责备批评家燕卜荪一样——说他太理性化,说他的诗歌像字谜,如此费脑子,以致它们脱离了真正的抒情情感。事实上,许多诗歌背后的推动力是恐惧和勇气,在某个发表的访谈中,燕卜荪公开表明,他在剑桥大学写的好几首诗都是关于"男孩害怕女孩,通常如此"。他在另一处也说道,他的诗歌来自极度的"孤独和痛苦"。我认为我作为一个传记作家的责任就是要识别和理解这些诗歌创作的思想激情和感性力量,尤其是他在性取向两难处境中的挣扎,这意味着在20和30年代他有时写的是"女孩"而不是"男孩"。不管怎样,思想激情也是强烈的个人情感的问题。T. S. 艾略特(T. S. Eliot)在给抱怨燕卜荪诗歌的A. L. 罗斯(A. L. Rowse)回信时表现出了巨大的洞察力,他不是默许罗斯的观点,而是对那些引发诗歌创作的情感磨难进行了赞扬。

> 我认为我不能赞同你关于燕卜荪的观点:我认为他那令人厌倦的形而上学姿态(而且我认为他正在抛弃这种姿态)不仅仅是"用脑过度"或者是想让人觉得他聪明过人,而是产生于一个特别扭曲、饱受折磨,而又非常痛苦的受难灵魂。旁人也只能猜测罢了。[27]

一个传记作家的使命就是试图解决一些这样的猜测问题。

燕卜荪1971年从谢菲尔德大学(Sheffield University)退休,我1975年来到该校做一名年轻讲师,因此我没能享受到与他共事的特权,但我能回忆起那种知道这是燕卜荪工作过的地方的自豪感:已故的约翰·韦恩(John Wain)有理由称之为"英语世界在我们世纪所产生的最好的文学批评家"。事实上,我只是在70年代后期才首次与燕卜荪见面,虽然我能记得有一次参加过他60年代在都柏林大学三一学院(Trinity College,Dublin)举行的诗歌朗诵会。(不幸的是,他在听众中引起了极大的骚动,因为他在朗诵中始终在嘟囔和支吾,以致有位妇女从后排愤怒地喊道:"大点声,你这个愚蠢的老家伙!"一排排的人都尴尬地将头缩到脖子里了,但后来我才听说喊话的妇女是燕卜荪的妻子——所以才没有什么问题。)

在谢菲尔德大学,我有时也会听到关于燕卜荪古怪行为的传闻。最先引起我注意的故事,我记得是他骑着红色的邮政自行车到处转悠。(有人告诉我,他的妻子赫塔喜欢住在伦敦，来看他时经常开着一辆退役的救护车。）在拉链出现之前的年代，由于没有缝补的人，他常常被迫用别针别着裤门。"我是一个自负的人，但是天哪，"据说他曾经说道，"我不是一个虚荣的人——虚荣是愚蠢的。"他住在一间不太卫生的地下室（后来以"燕卜荪地洞"而广为人知）里，里边只有一张铁床（上面没有床单，只有毛毯），一张桌子，一盏灯，一台14英寸电暖气。他常喝的酒是黑啤加杜松子酒，或者是从售货机中买的红玛丽混合酒。当他真的感到需要洗澡时，他就造访住在附近的同事弗朗西斯·贝里（Francis Berry）舒适的家。当同事邀请他共进晚餐时，他就会说，"不，告诉你实话，我不喜欢你妻子做的饭，"——为缓和这话，他会补充说，"转念一想，我也不喜欢我妻子做的饭。"虽然他有时可能表现出高傲和让人不安的坦诚，但我倾向于理解他，他实际上是一个谦逊和善的人，甚至有些腼腆和孩童似的温和。只有在与F. R. 利维斯（F. R. Leavis）、艾略特、海伦·加德纳（Helen Gardner）等人进行文学和伦理学辩论时他才显得真正好斗。

他出色的批评、他古怪的健忘以及他的慷慨都获得了尊敬和爱戴，还有他富有人情味的本能。在学院开会时，他会忘我地沉迷于涂写数学难题（"做数学题是替代手淫的好方法，"他曾经解释道）。然而在一次会上，当心理学系提出要"设计一个测量恐惧的体系"时，燕卜荪立刻问道，"是不是打算在动物或人类身上做试验？"（讨论没有深入，这个建议就过去了。）学生和同事都喜欢他文学上的敏锐和离题的旁白，不论是一句话如"霍普金斯是一个耶稣教派的僧人"，还是这样的评论"要是加入共同市场，我们就是疯了，在我们地底下，煤炭堵得像便秘一样"。［当他在凯尼恩学院（Kenyon College）说济慈（Keats）的《希腊古瓮颂》（'Ode on a Grecian Urn'）中的人物"被粘在瓮上了"时，一个学生听众狂笑起来，他自己都没有迅速识别其中的幽默。］

但是我认为，正是经过几年在谢菲尔德大学搜集不经意的小道消息之后，我才确信我可以写一本燕卜荪传记，特别是因为我在燕卜荪的纪念文集中读到了理查兹插的一句话，评点了这位给人灵感的老师和吉卜赛学人是如何成为一个传奇的：

多么希望有人能够充分地说出燕卜荪在北京逗留的那些年都干了些什么。我有足够的见证去了解这一点，但不足以解释它。一个能够教授《歌谣与十四行诗》（*Songs & Sonnets*）、从脑海里背诵其中诗篇的人，对年轻热情的热爱诗歌的学生作出的贡献比我们意识到的要多得多。[28]

 的确，我很快就会发现，燕卜苏不仅仅是一个文学天才，他还是一个很古怪的冒险家。大约是在1982年，我得到他的允许，开始为撰写传记搜集材料，但是在1984年3月我才真正严肃地开始了对燕卜苏的调研，我出发到中国和日本，花了几个星期去追踪他昔日的同事和学生。"我想我只有死后才能真正地帮到你，"燕卜苏曾经窘迫地对我这样说（可能是因为我暗示他的抽屉里面可能有文件对我有用，可以理解，他反对我到处挖掘遗失的信件——他曾经说，他还有文章要写，或者要重写，因此一切其他事情都要等待）。

 他的公共生涯经历了现代世界的许多主要政治事件——日本军国主义的兴起、中国的抗日战争、BBC的战时宣传，以及中国的内战和1949年共产党接管北平——他的朋友、相识的人、批评争论的合作者包括理查兹、J. B. S.霍尔丹（J. B. S. Haldane）、汉弗莱·詹宁斯（Humphrey Jennings）、乔治·奥威尔（George Orwell）、约翰·克罗·兰塞姆、罗伯特·洛厄尔（Robert Lowell）和艾略特等。

 他不仅是为数不多的、真正有个人魅力的伟大诗人批评家，他还是一个有着惊人精力和好奇心的人、一个真正的怪人，在非同凡响和惊世骇俗的事情面前处之泰然。在剑桥大学玛德林学院（Magdalene College）时，一个打扫床铺的清洁工发现他私藏避孕用品，这个发现使他失去了入选学院院士的资格。但是他部分创作于本科时代的《复义七型》却改变了英语文学批评，给他带来了世界声誉。

 1931年，时年25岁的燕卜苏成为东京文理大学（Tokyo University of Literature and Science）的一名英语讲师，在该校日益增长的恶性民族主义氛围中工作了三年。"你可以感觉到全民的沙文主义和官方的军国主义像重负一样压在后背上，"他说道。

 1937年，他再次去了东方，在国立北京大学（National Peking University）任教，他是乘坐日本运兵火车到达的。他深陷抗日战争之中，同北方的大学一起流亡，在他所描述的"非人生活，虱子和炸弹"中忍受了两年。事实上他是同中国大学师生一同撤出的唯一一名欧洲人，在食物极差、生活条件原始，甚至在西南遭到强盗袭击的情况下顽强地存活下来。由于没有书籍供他的学生学习，（理查兹后来说）他完成了几乎全部凭记忆教授课程的壮举，而他的学生——许多人后来在中华人民共和国获得了显赫地位——都很崇拜他。他还在中国古代诗人豪饮的传统中赢得了一个英勇慷慨的名声。

在第二次世界大战期间，他曾为BBC工作，从监听部门和他称之为"谎言学校"的部门，提升到中文编辑，同时经营着对中国的短波广播和对国内听众的专题宣传节目，这让他感到精疲力竭。他在BBC的有效工作（他在那里的朋友包括乔治·奥威尔）使得纳粹宣传家汉斯·弗里切（Hans Fritzsche）称他为"卷毛犹太人"。

结婚生子之后，他于1947年回到了北平。在那里他发现自己处于共产党对北平的包围——他甚至穿越前线，赶赴城墙外的大学去教授每周一次的莎士比亚课。他见证了毛泽东入城式和中华人民共和国成立的大典。"我在那里见证了大学与共产党人的蜜月，"他后来回忆道，"我们被严格地管理着，以保证出色地工作。"他于1952年离开北京。

从1953年开始，他在谢菲尔德大学任英国文学系主任，且比以前任何时候都更加激烈地卷入了公开论战。他认为当代文学批评的主流是错误的，想要将其纠正的欲望激励着他。尽管对元批评不太热衷，但燕卜荪以极大的热情对他的同行的愚行发起挑战，在各种原则和实践问题上给他们以鞭挞，包括"一小撮意象主义的信条"、意图谬误主义和"新基督教"文学批评。"我的任命被认为是一个大胆的决定，"他在退休时承认（带有很强烈的讽刺意味）。

"如今作家和其他艺术家尽力去保持某种世界意识很重要，"他相信。"如果没有文献，你就不可能获得一种历史感……而如今我们走钢索所需的平衡杆是世界历史，而不是国家历史。"他自己的世界意识（因他的远东经历而强化）和强烈的人道主义、机智和智慧在他的生平中充分显现。但是也许燕卜荪有一句话，在过去我与他的生平和著作共同度过的许多岁月中给我的印象最为深刻，我觉得这句话如此真实地描述了他的个人和事业，以至于我把它视为他的文学和文化活动的座右铭：

> 在道德上独立于塑造我们的社会……是文学的最宏大的主题，因为这是道德进步的唯一途径，即建立某种更加高尚的道德概念。[29]

可以看到，这个目标的开始将是他对自己的传统和阶级的反叛。

1. WE, letter to John Hayward, 4 May 1939 (courtesy of Theodore Hofmann).

2. Letter to Philip Hobsbaum, 2 August 1969 (copy in Empson Papers).

3. Untitled review of Elizabeth Holmes, *Studies in Elizabethan Imagery*, in Criterion, 9 (July 1930), 771.

4. WE, 'Still the Strange Necessity' (1955), in *Argufying*, 123, 125.

5. I. A. Richards, 'Semantic Frontiersman', in Gill, 98.

6. Kingsley Amis, 'Bare Choirs?' a (a review of *Argufying*), *Sunday Telegraph*, 29 November 1987.

7. Barbara Hardy, 'William Empson and *Seven Types of Ambiguity*', *Sewanee Review*, 90 (1982), 432, 438–439.

8. Jonathan Bate, 'Distaste for Leavis' (a letter to the editors), *London Review of Books*, 24 January 1991, p. 4. 安东尼·鲍威尔（Anthony Powell）八十六岁时第一次接触燕卜荪，他记录说他很欣赏《复义》的"喧闹争吵式幽默"。(*Journals: 1990–1992*, London: Heinemann, 1997.)

9. Alan Ansen, *The Table Talk of W. H. Auden*, ed. Nicholas Jenkins, London: Faber & Faber, 1991, 3, 44.

10. Undated letter (c. 1973) to Roger Sale (copy in Empson Papers).

11. *Ambiguity*, 2nd edn., 1947, p. x.

12. Ibid., p. xv.

13. *Pastoral*, 14.

14. WE, 'Herbert's Quaintness' (1963), in *Argufying*, 257.

15. Letter to *New Statesman*, 31 March 1967, p. 437.

16. John N. Morris, 'Empson's Milton', *Sewanee Review*, Autumn 1962, p. 676.

17. John Bayley, '...The Ways of Man to Man', *The Spectator*, 30 July 1965.

18. Letter to Karunakar Jha, 20 June 1971 (copy in Empson Papers). 参见哈罗德·比弗（Harold Beaver）："［燕卜荪］从根本上讲是一个宽容的批评家，留意追寻'体面的情感'，在性格上对讽刺性和审美性结尾感到反感，认为作者的意图（无论是弥尔顿还是乔伊斯都）'在内在层面可能是我们能够为他的作品建构的最佳、最丰富或最富人性反映的构架'。"（'Tilting at Windbags', *New Statesman*, 11 August 1978, pp. 185–186.）

19. Letter to 'Mr Montague', n.d. (copy in Empson Papers).

20. WE, letter to Christopher Ricks, 19 January 1975.

21. WE, 'Still the Strange Necessity' (1955), in *Argufying*, 126.

22. WE, letter to Qien Xuexi, 7 September 1947 (Qien Xuexi). 燕卜荪在70年代认为，"我们时代科学的发展，虽然很有可能引发灾难，但是如此之宏伟，我绝不希望早于这个时代出生，我估计大多数之前出生的值得研究的诗人也会有同感，如果他们还活着的话。"（'The Ancient Mariner': An Answer to Robert Penn Warren', in SSS 146.）

23. Kathleen Raine, 'And Learn a Style from a Despair', *New Statesman & Nation*, 5 November 1955.

24. E. M. Forster, *The Hill of Devi and Other Writings*, ed. Elizabeth Heine, London: Edward Arnold, 1983, 71.

25. 'William Empson in Conversation with Christopher Ricks', *the review*, 6 and 7 (June 1963), repr. in *CP*, 33.

26. Empson in interview with Christopher Norris and David Wilson (typescript copy kindly supplied by Christopher Norris and David Wilson).

27. T. S. Eliot, letter to A. L. Rowse, 3 March 1941 (Exeter University Library).

28. I. A. Richards, 'Semantic Frontiersman', in Gill, 98.

29. 'Volpone, (1968), *Essays on Renaissance Literature*, ii: *The Drama*, ed. J. Haffenden, Cambridge: Cambridge University Press, 1994, 72.

第二章

血脉传承：
理查德·燕卜荪爵士，威廉教授和约翰·亨利

历史是人类事务、人类生活的兴衰起伏和变化无常的记录。一个私人家庭的几年历史常常证明也是如此，正如我说王国的历史也一样。

——约翰·燕卜荪牧师给儿子约翰·威廉的信　1836年10月27/28日[1]

当约翰·燕卜荪（John Empson，1787—1861）牧师——以"飞翔的牧师"著称，因为他对狩猎有无法满足和沉着冷静的热情——着手为他父母的纪念仪式写诗歌时，他轻描淡写地从威廉·考珀（William Cowper）的《咏收到母亲的画像》（'On the Receipt of My Mother's Picture'，1790）中改写了几句双行体诗歌。如此写下的颂词因其罕见的含混效果会给予他那位最有文学才华的后人许多乐趣：

> 我们夸耀的并非我们的出生
> 来自国王，或世界的统治者：
> 而我们高傲的虚荣比这更高，
> 我们是升入天堂的父母的子孙。[2]

约翰·燕卜荪牧师试图表达的意思是，他相信他的牧师父亲和母亲一定已经成为圣人而升天，而他实际写下的是一种过分伤感与精神上的虚张声势相结合的产物。

在这个家族里有一个从事神职的悠久传统，这使得激进的反基督教后人燕卜荪——约翰·燕卜荪牧师的最小曾孙——相当不快。但实际上没有什么证据表明燕

卜苏对任神职的、拥有土地的祖先们很感兴趣。由于他与乡绅加牧师的家族传统不合拍，因此他从来没有，至少从未有意识地利用过他在英国社会里的社会地位。不管怎样，作为年迈父母五个子女中最小的儿子，他定然不会从家族的世袭土地中得到多少好处，即使他继承了家族的道德与信仰也将如此。因此他没有注定去弘扬家族历史的荣耀。至少在这个意义上，他与"飞翔的牧师"没有什么两样，后者1832年给他的父母写道，"把家族的古老传统作为骄傲的对象是荒唐的，把它作为感兴趣的研究题目是允许的。"[3]

同样，威廉·燕卜苏因为得到了在生活中想要的东西而非常感激，正如他在后来的岁月中说道。虽然他从来没有在个人举止中表现出丝毫的势利，可无论在口头还是笔头，他说话时总是带着贵族声音特有的不动声色的权威。他在文学批评中能够用这样一个奇特的个人逸事，为他拥有富庶的世袭遗产——或者正如W. B.叶芝（W. B. Yeats）的诗歌《拜占庭》（'Byzantium'）所示，他的母系传承——提供某种证明：

> 在我小时候（1906年出生），我有时会被带去拜访一位德高望重的姑祖母，晚饭后她总是拿出些精心保存的玩具，其古老程度可与她本人相比。最值得一提的是一只关在硕大的笼子中的"叶芝之鸟"，我记得，用巨大的钥匙上发条后它会鸣叫，一棵深绿色的树矗立在笼子的中央，一只闪光的小鸟在树的一侧的枝头上驻留，它的喙会随着底座的音乐盒发出的音乐开合。整个玩具很耀眼，但我不能说看到了"金枝"。它比一株涂金的树显得更漂亮，当然那只鸟在树上并不傲慢，像天堂里的撒旦那样。我记得，母亲在盛赞该玩具的伟大时代之后说，她记得在幼年时曾经在类似的下午茶后见到过它，而且她和叶芝于1865年同年出生，对比我感到震惊。我不能形象地想象维多利亚女王（Queen Victoria）送给中国的慈禧太后的那些玩具，它们在［20世纪40年代北京的］颐和园展示（后来被替换为其他珍贵展品），但是我记得它们正好像莉齐（Lizzie）姑祖母的那只，只是它们挂了许多次等宝石。考虑到它的时代，那是慈禧太后首次向伦敦派驻公使的时代，她的玩具、莉齐姑祖母的和叶芝的可能都属同一个公司制造。[4]

这样的故事的背景是绅士和特权的世界，燕卜荪一开始自然地接受了这个社会秩序，后来才拒绝了它。

关于燕卜荪的非凡的祖先，人们现已经知道很多，包括那位"圆颅党理查德"〔Richard the Roundhead，以"倔强的狄克"（Stiff Dick）著称〕，在英国内战中他站到他兄长的对立面。另一位，名叫科尼利厄斯（Cornelius），是威廉·佩恩（William Penn）的朋友，在宾夕法尼亚（Pennsylvania）得到了面积相当可观的领地。这些遥远的祖先与威廉·燕卜荪的背景和血统没有直接的关联，但他们的故事丰富而有趣（参见附录）。然而有一个传说给了他很大的乐趣。据说——燕卜荪在学生时代喜欢宣称[5]——他的家庭可能遗传自一个使这个家族臭名昭著的人：一般认定为是亨利七世（Henry VII）王朝邪恶的大臣理查德·燕卜荪（Richard Empson）爵士。的确，理查德爵士是如此的臭名昭著，以致直到1982年——他被处决四百七十多年后——才有人尝试对他一生的真假史实进行梳理。理查德·燕卜荪出生于1450年，是北安普敦郡（Northamptonshire）的托斯特（Towcester）地区的乡绅之子，从事律师职业获得巨大成功和效益，成为一名法官。1478年他被任命为兰开斯特公国（duchy of Lancaster）的检察总长，然而在最后一位约克国王时期莫名其妙地失宠（他甚至被称为"已故"的检察总长）。但是博斯沃思原野（Bosworth Field）之战三周后，他在都铎王朝的亨利国王的统治下得以重新开始，再次被任命为兰开斯特公国的检察总长。从1489年到1504年，他是北安普敦郡的国会议员；1491年他被任命为下议院议长；1505年他最终被国王选择出任兰开斯特公国的总理。他也是"法律委员会"的核心成员，委员会由皇家国务大臣组成，负责审理和裁决与国家法律和国王权利相关的案件。

他在传说中的残忍行径，是编年史作者们带着刻薄的偏见传播的故事，起源于他作为皇家追账人，作为埃德蒙·达德利（Edmund Dudley）同党的积极工作（后者的恶行远胜于他）。马克·霍罗维茨（Mark R. Horovitz）解释道："在亨利七世王朝的末期，燕卜荪和他的同人的一个主要职责就是收取和处理契约或公债券——法院和各个国务部门使用的法律文书。这些"契约"使个人处于法律意义上的债务之中，不管这个债务涉及金钱、效忠义务、地租、关税还是善行的承诺（"举止得体"）。燕卜荪的罪行，如果是罪行的话，就是强行逼债，或者说无道德原则的严厉，而不是什么叛国行为。"由于在兰开斯特公国的政府里得到训练，作为检察总长和各个政务法院的成员而积极执法，燕卜苏作为都铎王朝首要大臣之一的成功也是统治英格兰二十年的皇家权宜政策达到的顶峰。"

亨利八世（Henry VIII）即位两天后，燕卜苏和达德利就以叛国罪名遭到逮捕。分别传讯后，两人都被判处死刑，于1510年8月17日在伦敦塔监狱（Tower Hill）被执行绞刑，并且分尸示众①。"燕卜苏和达德利的名字已经成为沉重赋税和司法诡计的代名词，这一事实可以从乔纳森·斯威夫特（Jonathan Swift）写的这段话中看出［引自《为反对取消基督教而辩》］（'An Argument against Abolishing Christianity'，1708）］：'如果有一两条针对［个人］的搁置不用的老法律条文怎么办？它们现在是否有点过时，以致如果燕卜苏和达德利还活着也会发现无法执行？'"正如编年史作者们满意地写道，"许多充满辱骂的儿歌被编出来奚落燕卜苏、达德利及其同党。"⁶但是燕卜苏爵士的传记作者以宽容的，至少是更加得体的方式总结了他的一生："也许他生活的动力就是使英国的法律对国王更加有利可图。当亨利七世死亡，'还我公正'的呼声响起，都铎王朝一个大臣的忠诚和勤奋对理查德·燕卜苏来说都无济于事。"⁷

燕卜苏的名字在历史的长河中一直作为贪婪和残忍的同义词回响在耳际。的确，这个名字正是以这样的意思为威廉·燕卜苏所知。甚至迪伦·托马斯在1940年［与约翰·达文波特（John Davenport）一起］撰写他的现代愚人故事《国王的金丝雀之死》（*The Death of the King's Canary*）时，也分享了这个玩笑。他将他朋友的真实身份隐藏到另一个可怕的名字达德利后面，在诗歌《给丽达的请求》（'Request to Leda'）中他还曾经奚落过他的诗歌。⁸

想象自己是传说中的恶棍的后裔是一个具有悖论性魅力的奇想。在燕卜苏家族声称出自邪恶的理查德爵士的个案中，可能奇想多于事实。虽然理查德爵士留下了两个儿子和三个女儿（大儿子托马斯曾经上诉国王呼吁恢复他父亲的财产，该案得到亨利八世4号国会法案的通过），根据温莎·赫勒尔德（Windsor Herald）的权威说法，我们仍然需要立即承认理查德·燕卜苏爵士家族的男性传人在16世纪就已经死绝，只留下了女性传人。（虽然如此，这个断子绝孙的说法仍然可能是编造的，因为16世纪的纹章官员不但善于捏造家族传承，而且抹去某条谱系也同样在行。）尽管这样，这个家族的约克郡（Yorkshire）分支仍然可能是旁系传承。在家族的遗稿中，有一份不完整、未签名的备忘录（最迟写于1856年）记录了这个可能的联系，其简单而似乎不偏不倚的书写形式引诱世人相信这是一份真实的口述历史文件，而不是经过篡改的家族神话（即使如此，它还是犯了几个事实性的错误）：

> 理查德·燕卜荪爵士，亨利七世的总理大臣，出生于辛克利（Shinkley），达勒姆郡（Durham）的埃辛顿（Essington）卫生院。他是一位重要人士，被亨利七世封为爵士，任命为总理大臣之一，另一位是达德利爵士。亨利八世继位后，他们两人均被斩首。
>
> 理查德·燕卜荪爵士的儿子和孙子居住在约克郡斯奈斯（Snayth）附近的高尔庄园（Gowle Hall）。这个家族有乔治和理查德，两人均为高尔庄园的兄弟，在内战中乔治加入了查尔斯一世（King Charles the 1st）一方，而理查德（以"倔强的狄克"闻名）加入了国会一方，以致两人之间产生了深仇大恨。

两段引文间的空白仍然清楚地显示了缺失的一环。

约翰·燕卜荪牧师（外号"飞翔的牧师"）的第二个兄弟可能是这段历史中的一个非常重要的人物，不仅仅因为他是19世纪文坛的重要人物——《爱丁堡评论》（*Edinburgh Review*）的撰稿人和第三任编辑。威廉·燕卜荪1789年出生，在温切斯特（Winchester）上学期间，他成为托马斯·阿诺德［Thomas Arnold，拉格比公学（Rugby）未来的校长］的好友（他一生都坚决支持阿诺德的文学、教育和宗教主张），在剑桥大学三一学院，他代表1812届本科生和1815届硕士研究生作毕业演讲。后来他被林肯律师学院（Lincoln's Inn）任命为辩护律师，在中部巡回律师团和林肯郡（Lincolnshire）治安法庭任职，因此结识了托马斯·登曼（Thomas Denman，未来的大法官）和约克郡同乡、剑桥大学同学威廉·赖特森（William Wrightson），后者后来连续当选赫尔市（Hull）东雷特福德区（East Retford）议员和北阿勒顿区（Northallerton）议员［他是1843年的《谷物法案》（*Corn Laws*）的起草者］。1823年，威廉·燕卜荪开始为《爱丁堡评论》撰稿，那时弗朗西斯·杰弗里（Francis Jeffrey），即他未来的岳父，仍然是编辑。从那时到1852年去世，他一共写了六十多篇内容充实的文章，涉及各种各样的题目，包括外侨法案、贫穷阶层的生活状况、黑奴制度、国内政治、诗歌和传记，以及普通文学话题。［有些读者认为这些文章词藻华丽，过于冗长：托马斯·卡莱尔（Thomas Carlyle）和布鲁厄姆（Brougham）爵士认为他是T. B.麦考利（T. B. Macaulay）的拙劣的模仿者。］[9]燕卜荪与麦考利（他"看上去像一根攻城槌"，燕卜荪的一个学生1824年写道）[10]都是1823年的反蓄奴协会第一届委员会成员。"不管针对人的财产权是在什么正式授权的条件下合法地建立起来的，"他断言，"它绝不可能建立在那个原初的、持续不断的、使物权合法化的道德权利之上。"1827年，他成为非洲事务部（African Institution）的秘书长。1843年，他撰文对杰里米·边沁（Jeremy Bentham）作出了充满同情的评价，此年他还撰写了一篇满腔热情的文章纪念托马斯·阿诺德。"我认为［燕卜荪］从来没有像纪念［阿诺德］那样热爱和尊敬过任何一个人。"杰弗里爵士说道。[11]

1833年燕卜荪写了一篇谨慎的文章，赞扬一系列题为《政治经济的图解》（*Illustrations of Political Economy*）的"科学"寓言，后来他与作者哈丽雅特·马蒂诺（Harriet Martineau）发展出了亲密友谊，然而她却以恩赐的态度回报他的慷慨，贬损他的才智。

> 我们只是彻头彻尾的友好，仅此而已，但我无法抑制这样的感觉，即每一年，每一段经历，都使我们在思想和道德方面分离得更远。从他的心灵特质来看，他没有能力建立观点。在这种情况下，他通常倾向于惧怕那些有观点的人。在政治除外的其他一切事务中，他处于一种被当下朋友左右的永恒过程。在那里他是安全的，因为他被教条的辉格党人（Whig）包围着，他们视他为教条主义者的头领。他有丰富的文学知识，但只是一个消化理解能力极弱的饥渴读者。他没有因为阅读而变得更加聪明；但是他所能够道出的丰富知识给他的言谈，甚至给他的文章，增加了某种魅力，它们没有更多的优点，除了那么一点点总体的心灵善良。

她认为，"善良的燕卜荪先生"和"杰弗里那伙人"把她看成"浪漫的、好高骛远的、言过其实的等等"。她说得很对；与他的兄弟约翰不同，威廉·燕卜荪是顺应时代的人。马蒂诺是超越时代的人，她对所有好意的、不起作用的辉格党人没有什么耐性——包括蒙蒂格尔（Monteagle）爵士，他从学生时代起就是燕卜荪志同道合的朋友，后来升任财政大臣。今天看来，燕卜荪针对她的说教性故事写的那篇赞词读起来真像一篇彻头彻尾的旧式恩赐之作。"女性通常越少参与她们村子以外的所谓的公众生活，我们相信对所有人都越好，"他甚至在首段就这样说。［我们记得乔治·艾略特（George Eliot）将小说《米德尔马奇》（*Middlemarch*）的时间设在"改革法案"时期。］"对她们贫穷邻居危急状况的深切同情，在救济灾难和鼓励德行方面的积极善举，给她们创造了一个足够宽广的圈子。"其实，他的文章大部分看上去都是在纠正一个固执的被监护人（"难道马蒂诺女士真的认为'正确的原则'，那个凭此能体现划分'社会阶层'的优越性的原则，就是'上等的优点'，并且它还可以被普遍选举权所确认吗？"），并且有时候嘲笑她的麻木愚钝和她"有争议的观点"：

> 如果马蒂诺女士真的认为，在她的生活时代，利用她所拥有的机遇，她能够在最复杂的领域为人类重新立法——认为她能够重新解决财富的基础和转移问题——通过废弃惩戒犯罪来放弃刑法——改变社会的结构以铲除贫穷的耻辱——如果她正展望着一个女演员们不屑于上嫁国务大臣，不屑于替他们输入文件的时代——并准备好迎接她的新世纪，那时我们的女性将从我们垄断的手中接过议会和公共生活的事务——不知道一颗已经在幻想的天空飞得如此之高的心灵，最终还会飞到何处？

燕卜荪有着一种毫不留情地推理的秉性，常常配以华丽的比喻和格言般的饰音。他保守的进步主义思想建立在传统智慧、小心谨慎和冷静的逻辑之上，暂时还接受不了她那种易兴奋的、可称之为左翼激进主义思想的冲击。因此他可以给她的最好建议就是，让她"专横和自我控制的理性"战胜这种"思想的高度兴奋"。不过马蒂诺心满意足，视这篇评论为"奉承"，这倒是件好事。［但或许另一个信息也有用：肯定是燕卜荪——而不是杰弗里爵士——修改了G. H.刘易斯（G. H. Lewes）于1850年在《爱丁堡评论》上发表的关于夏洛蒂·勃朗特（Charlotte Brontë）的小说《雪莉》（*Shirley*）的评论，凸显了其中对女性的不敬。[12]］

1823年，当开始给《爱丁堡评论》投稿时，燕卜荪已经被任命为皇家文学学会第一届委员会成员。大约二十五年后，他才继麦克维伊·内皮尔（Macvey Napier）

之后成为《爱丁堡评论》的编辑，在文学的公共生涯上达到顶峰。在内皮尔和燕卜荪的领导下，这份杂志的确成为了辉格党的喉舌；"善良的燕卜荪先生本在文学上大有可图，但谦逊和举止上的意外失误耽误了他，"马蒂诺发表意见道（这是可以理解的），"以致该杂志在他的任内一期接一期地失去了特点和声誉。"但是活泼的、多才多艺的、滔滔不绝的杰弗里爵士［"杰弗里爵士带来了这些形容词，因为它们总是与他同行，"悉尼·史密斯（Sydney Smith）挖苦道］对他的编辑能力评价很好——虽然也可能因为家庭的关系有些偏袒。查尔斯·达尔文（Charles Darwin）勇敢地或者有点随意地，将燕卜荪和杰弗里列为"天才"；[13]甚至卡莱尔在1831年也称燕卜荪为"有地位的人，有很大的天赋和学问"[14]。他当然交到了合适的朋友，包括威尔伯福斯（Wilberforce）和兰斯当（Lansdowne）那个小团体。

从1824年直到去世，燕卜荪都是黑利伯里（Haileybury）东印度学院（East India College）的综合政策与英国法律教授，詹姆斯·麦金托什（James Mackintoch）爵士的继任者。政治经济学教授"明星"马尔萨斯（Malthus），一个和善、平静、彬彬有礼的人，是他最好的朋友，尽管燕卜荪诙谐地称他的理论为"不雅的学说"。燕卜荪后来向这位"人口学大师"致敬道，"他的审慎与温文尔雅、他的权威性和诱惑力，使他成为一个公共团体成员希望与之共事的最令人羡慕的同事；他的严厉与温和的美德是如此罕见，如此彻底，以至于他同样是他们崇敬和爱戴的对象。"

燕卜荪非常熟悉法律在印度实施的细节，但更好的是，他能将道德科学的基本原理、各国的法律和伦理学的原则传授给学生。他断言，"教师无法维护作为教师的权威，除非他们对自己的职业显示出应有的敬畏，用一种小心谨慎的渴望去维护他们知识的完整性与正确性、理解能力的完善性，以获得我们的信任。"《赫特福德信使报》（Hertford Mercury）有充足的理由赞扬他作为教师在黑利伯里多年作出的贡献："塑造那些年轻人的心灵对他来说是一种庄严的抑或是神圣的职责，他们许多人作为行政和施法官员将影响成千上万人的利益。他的学生一旦被调到印度任职，他们在印度教徒和穆斯林心中将不仅被认为代表着英国法律和正义，而且代表基督教本身。"[15]学生们发现他是一个和蔼的、值得尊敬的人——正如他们中的一员所说："他不仅告诉我们民法和刑法是什么，而且告诉我们它们应该是怎样的。"[16]——虽然他东拉西扯和叽里咕噜地讲那些课程的速度像飞跑，悉尼·史密斯曾经在上流社会善意地奚落这样的讲话速度。

查尔斯·梅里韦尔（Charles Merivale），后来是埃利（Ely）的院长，回忆道：燕卜荪的课程

是一个暗示和例证的永恒河流。他有异常流利的口才。他以启发性的热情，切入那个时代的政治哲学：佩利（Paley）和穆勒（Mill）的理论，宪法作者的旧式传统观点与人们在法律、政治、伦理中发现的具有颠覆意义的新思想之间的冲突。1824年的时代在人们记忆中可能成为一个政治哲学的时代，那时变革的精神正在苏醒，托利党（Tory）政府开始显示出即将衰落的迹象。燕卜荪本人是一个温和的变革人士，是一个长期哀叹政治生活阴暗面、期盼更令人满意的时代出现的辉格党人。他禁不住让我们感受了一下他的观点……[17]

1832年《改革法案》（Reform Bill）的通过使谨慎的自由主义者燕卜荪兴奋不已，其兴奋程度一点不亚于他激进的和开明的兄长约翰牧师。

另一个学生说，"燕卜荪教授非常愿意帮助那些他看重的学生，通常有一部分人在课后留下，他将以他那独特的方式讲解疑难——有时会讲二十多分钟。他时常心不在焉，懒惰的学生有时会利用这一点。例如，在法律考试的大厅里，学生一个接一个地提出试卷中存在的疑难，以诱使他无意识地解答了几乎所有考题。"[18]

他甚至死都死在他的书桌旁。令人吃惊的是——鉴于他在写作和教学上付出的巨大精力——他一生都忍受着健康不佳的痛苦，常常寻求温泉和休养治疗。然而，1852年12月，在一个令他畏惧的寒冷大厅里监考之后，他血管破裂，走向了致命的衰落。然而正如《绅士杂志》（Gentleman's Magazine）所说，"尽管身体虚弱，他仍然仔细地完成了试卷的评阅工作，并且给每一个学生评定了等级和排名。没有人比他更加忠实地倒在工作岗位上。"[19]在弥留之际他留下了最后的心愿：他的墓碑上除了姓名只有那句古老的话——"上帝是我的牧羊人，因此我什么都不缺"。[20]

1838年，以49岁的高龄，他迎娶了夏洛特（Charlotte）——他的朋友和同事弗朗西斯·杰弗里的唯一女儿（他的年龄不足以做他的岳父）。[21]威廉喜欢孩子们的陪伴，他的岳父也一样，夏洛特没有让他们失望：她一共生了五个孩子—— 一

个男孩和四个女孩，最后一个隔了八年时间于1852年出生，那年燕卜荪去世，享年六十三岁。孩子们都不健壮：老大十七岁（随她父亲之后）就死亡；老二一岁便夭折；只有老三活到了她父亲的年龄，于1906年去世。实际上，夏洛特·燕卜荪多病，而且神经过敏，可怕的流言蜚语说，托马斯·卡莱尔发现她（在成为寡妇之后）是一个"病态的腼腆类型的人"，他认为她继承了"神经质的体弱症，我确实觉得她一只手臂不好使……难以理解、多疑、怯懦、易兴奋，最终在她的父母和之乎者也的老好老公去世后，成为一个病态的排他的人物"——在她的子女中间过着深居简出的生活。[22] 但是威廉溺爱他的妻子和孩子，即使他不得不把他们当成病人，而且教学和编辑工作没有给他留下多少时间陪伴他们。也许他无意识地感到健壮的女人会给他带来威胁，他喜欢把女性当儿童一样逗乐。甚至在早期他写给妻姐的信中，他也很少费心去区分逗乐与屈就；以下是他近二十年前以相同的语调挖苦哈丽雅特·马蒂诺而写下的，因此我们不知道他是真的感到恼火还是在调情："我们肩负着制定法律和舆论的责任，你们不愚钝、不自私，对我们是有利的：幸福的女人，不由自主地被迫变得聪明一点，并且时不时地被迫变得贞节一点。但是你们中间也有人认为这是非常困难的，因为得不到国会的议席和近卫军的编制而叹息：无畏而有男子气，蔑视屈居人下的那点荣誉，懊悔在欢宴的情绪中不得不独自借酒浇愁。"不管真实情况如何，值得注意的是威廉和夏洛特的有些子女将一直与心满意足的祖父母一起生活，住在爱丁堡附近他们的家中。

所有的遗稿，包括与杰弗里和内皮尔的大量通信，都证实威廉是一个非常和蔼可亲的人，慷慨而正直；如果他有缺点，那就是过于体贴（至于他信件中显示出的那种卑躬屈膝的顺从，我们可以看作是他在这个时期的矫情）。杰弗里确实很器重他这位女婿，当面表扬过他气质温和、心地善良。甚至从威廉早期给他敬爱的萨拉（Sarah）姑妈写的一封信中，我们都能够对他的正直和仁慈获得一个深刻的印象，这大约是1821年在剑桥大学写下的：

我理解我在考试中的排名是第六……你问我是如何做到比我的同伴排名更高一点的。考试仅仅是一种针对能力大致相同的人进行的中立的能力测试……很大程度上依赖于考试时的心理和身体状态；依赖于作文和翻译题目是否属于你以前见过或思考过的那种偶然性；最重要的是依赖于你临场在完成和修改面前的考卷时所付出的劳动和用心的程度。赖特森和罗尔夫（Rolfe）在过去三年里一直真刀真枪地与我较量：我们之间寸土必争，如果某人在某方面获得优势，那么在另一方面他总是损失同样惨重。我们是如此并驾齐驱，以至于征服者总是以微弱优势胜出，或者（用代数语言来说）以忽略不计的数量胜出。我很遗憾，他们现在不能与我同属一个等级：因为那些不了解他们能力的人当然会以貌取人，但表象具有欺骗性，目前尤其如此。我升至他们之上，我没有这样的诉求；下次考试将恢复正常。我相信我不会嫉妒。如果这种情况出现，我发誓将永远不再较量。除了以怨报德，我最憎恨它，在卑劣程度上它与以怨报德有类似之处。对于我能力范围内的所有体面的雄心壮志，我会告诉我的朋友我是候选人：我将告诉他们，如果可能的话我将超过他们。如果他们超过我，嗨，对于一个哲学家和朋友来说，剩下的就是为他们的成功感到高兴，为世上有如此多比我聪明的人存在而感到高兴。[23]

这似乎不仅仅是傲慢地重复体面的话，它的确显示了他心灵非凡的高尚情怀。对他的朋友，正如对哈丽雅特·马蒂诺，他体现出巨大的善意：他是如此好心的人。

然而他的兄长约翰牧师，虽然其本人是一个老无赖，却认为威廉唯利是图，忘恩负义。例如他于1831年3月写道："在我离开罗马的路上，他对我相当残忍，他对拮据的母亲也不好，到达约克弗利特（Yokefleet）后，甚至对她很刻薄——威廉如此对待一个'将留下很多东西'的人实属罕见。"约翰有正当理由产生怨恨吗？是他嫉妒他的兄弟——一个政治学教授和著名学者？还是情况正好相反？难道威廉对他的长兄特别严厉和不友好，因为他不能原谅约翰牧师早年的恶行——特别是对其妻子、早逝的玛格丽特（Margaret）的卑鄙行径（她死时二十七岁，十八年后威廉在壮年后期迎娶了他的"查利"）？最早的证据是1814年的信件（那年约翰牧师娶了玛格丽特），信中并没有显示他不赞成他兄长的狩猎癖。那个圣诞节，在访问巴黎期间，威廉兴高采烈地写信回家："我不止一次地想到你在诺丁汉郡（Nottinghamshire）享受温和与开阔的天气，以及你在原野中进行美好的追逐；想到它我就很高兴，因为只要你狩猎，我就希望你喜欢它。一个人不管做什么，都应该做好，并从中得到快乐：而真实的情况是，许多人到了漫漫人生的终点也只是触及了皮毛，如同把坚果握在手中，却没有把壳敲开。"[24]但是他在这封信中显示出的欢快心情并不能说明，他对兄长约翰每天在乡间原野中游荡的看法在接下来的六年间不会向负面改变。

然而，很可能是这个问题还有更深层的原因。如果不把这个推测搞得过于神秘，那么有一些证据显示，殷勤的威廉那时正值二十多岁的年龄，与他的嫂子玛格丽特有一种恋情。如果事情果真如此，如果他真的爱上了她，那么这就揭示了为什么他后来对兄长如此吝啬和残酷，因为他的兄长娶了却忽视了，并提前失去了他自己爱得太迟的那个女人。可能的情况是，约翰牧师从来就不知道为什么他的弟弟对他如此刻薄。

但是还有一个证据我们不能够忽视。1825年1月10日，他的侄子约翰·威廉（John William）八岁生日前一个月（他母亲已经去世五年了），威廉给这个孩子写了一首奇怪的诗，诗句中满是感人肺腑的渴求。这首诗的值得注意之处在于，它实际上是写给孩子逝去的母亲、兄长死去的妻子的赞美诗，他在孩子的身上悲伤地看到了她的身影：

> 记忆和希望在你的四周洒满，
> 我的孩子，深深的不同的花朵，
> 百灵鸟和夜莺正在引吭高歌，
> 在你的寓所把自己的歌声唱出。
> 你生日的面孔似乎被自然装点，
> 为未来而光明，为过去而神圣。
>
> 然而记忆仍然持续——我更加
> 紧密地把你拥抱在我的怀里。
> 选择了你，我感觉到我的灵魂
> 能够躺下歇息，多么安稳！
> 更成熟，每天更可爱地成长，
> 在那里它不会被污染和夺去。

啊，许多甜蜜而可爱的回忆，
情景从我的眼前急速地消失，
一个神态、举止的细微相似，
将它们复苏，重新勾勒出来。
直到爱倚仗着想象露出微笑，
你母亲在你稚嫩的脸上显现。

在每一个时刻，无论是玩耍，
还是在平静的心情中思考，
哄骗地咬舌儿，说漂亮的话儿，
某种诙谐的举动或者态度，
都会打开那个罂粟花环，里边
密集的梦可能沉睡，不会死亡。

因为我可以整天地坐着观看
你的嘴唇上那缕苏醒的微笑
出现在你带酒窝的面颊，捕捉
你眼里的那把火炬——它的光
在你脸上堆满明亮——像战争警报，
燃烧的信号沿一座座山峰飞驰。

你不经意的、最无心的话语，
常常有一些令我惊异的东西，
你几乎注意不到，但可以触及
并震撼我心灵的深处，音乐
旋律和童话般的声音，我想
只有到天堂才能再次听到。

还有一个更高尚的相似之处，

哦，你的成长岁月将带回，
一种性格，超出了一切伪装，
真诚和自然，以至优美雅致，
严肃而活泼，谦逊而精致，
性格的甜美，心灵的尊严：

比中国出产的最轻巧的杯子
还要透明、纤薄、虚无飘渺，
她的身体盛着一个灵魂，它
可同时软化一切和叱咤风云：
纯真情感，一触即化像雪花，
它的原则顽强像下面的石头。

记忆和希望，一起活在世上！
你们不能、不必、不应该分离：
你的箭带着同一个天使的羽毛，
深深射进了我的胸膛、心脏：
像一只碗盛着你激情洋溢的美酒，
我的生命要么畅饮两者，要么放弃一切。

    从这些诗行来看，毫无疑问他爱上了玛格丽特。而且，从这首揪心的诗中，人们可以推测他是在对自己的私生子说话。有这么一种可能性，从未被证实过，威廉·燕卜荪其实是第一个威廉·燕卜荪教授的曾孙，他的生活——在很多方面——有趣地预示了威廉自己的生活，包括他的教育历程、文学生涯，甚至他对边沁的实用主义的热情。当然，这主要还是一个猜测，可能对他的声誉是一个诋毁，但我们确信威廉很喜欢他的嫂子。而想象第一个著名的文学教授威廉·燕卜荪是我们时代的更加杰出的威廉·燕卜荪教授的直接祖先，这仍然很有诱惑力。

    关于威廉·燕卜荪的祖父约翰·威廉·燕卜荪，他常被称为G.P.（祖父"grandpapa"的缩写），我们知道得很少，少于他的先祖——除了他也冷漠、厌恶他的妻子玛丽亚，对约克郡的祖先有一种负罪感，然后做了一件灾难性的错事来缓和这种负罪感。[25] 他接受的教育富有宗教色彩，一个名叫贝里（Berry）先生的特别教师尽其所能将学生赶上正确的道路。但是约翰·燕卜荪显示出思想的独立性：他是燕卜荪家族四代人中第一个拒绝任神职的人。从布拉斯诺斯学院（Brasenose College）获得硕士学位后，他在二十五岁那年与玛丽亚·艾伦（Maria Allen）结婚，并携新娘外出到罗马度蜜月。但夫妻俩没有到达罗马，他们仅仅到了巴黎，贪婪的丈夫在此购买的东西如此之多——钟和其他工艺品——以致他们的现钱用完了，不得不回到约克郡的家。有一段时间，他们试图住在他的曾曾祖父八十五年前购买的一处偏远地产——布莱克托夫特农庄（Blacktoft Grange）里。但是结果那里令人无法忍受，玛丽亚断然带着一家离开——他们的第一个孩子约翰·亨利（John Henry）于1843年出生——搬到了她自己家族那显然更经得住考验的领地。在蒂克斯伯里（Tewkesbury）附近的里普尔庄园（Ripple Hall）他们建立了一个家，约翰·威廉出任伍斯特县（Country Worcester）地方行政长官。很自然，像约翰牧师一样（牧师那时依然活得好好的，虽然已经埋葬在书籍里），约翰·威廉生活得像一个绅士，但是在这个生活层次里，没有什么事情有失尊严：乡绅应该在自己的土地上生活（更不用说在那里干活），这只是一个现代概念。从家族在东赖丁（East Riding）的财产中，他获得毕晓普索尔（Bishopsoil）、梅斯厄姆（Metham）和约克弗利特的1924英亩土地的租金，而他的堂兄威廉·亨利，汉普郡（Hampshire）偏远的韦洛镇（Wellow）的牧师，从另外1359英亩土地中获得收益。尽管如此，约翰·威廉依然是约克弗利特的乡绅。根据约翰·贝特曼（John Bateman）的说法，乡绅是"拥有一千至三千英亩土地的平民——他们通常居住在他们的土地上，起着很有价值的作用，在土地拥有阶层中处于下端"[26]——约翰·威廉不能够起到这样的作用，不能肩负作为约克弗利特庄园主的职责（那里有二百多人居住），这点在他的婚姻存续期间困扰着他的良心。的确，有一个家族传说称他在二十五年的婚姻生活后，在五十多岁时选择了回到约克郡，在约克弗利特修建了一座新的庄园，因为他再也无法忍受妻子的陪伴。[27]

不管他是否真的感到"被执拗不从的不和谐本性所束缚"，他事实上还是完成了他的刑期，在1869年1月玛丽亚死后回到了约克郡——但是可以肯定的是，他在一年前就已经开始修建约克弗利特庄园。不管怎样，也许是里普尔庄园长期生活的舒适和枯燥乏味，使得他决定要恢复他疏忽已久的乡绅责任。当然这座新建的约克弗利特庄园要保证让浪子归来的主人决不会感到乏味，这是一座最有男子气概的建筑。在一个绅士的府第中，不管在城市还是乡村，台球厅都是男人的私密场所：男人聊天和抽烟的地方。但是在约克弗利特庄园，整个建筑都是围绕台球厅而建：台球厅是大厅，它的一端是主楼梯，因此约翰·威廉在壮年时期着迷的娱乐活动有点怪异地展示在所有来客面前。设计师可能是F. S.布罗德里克［F. S. Brodrick，更有名的卡思伯特·布罗德里克（Cuthbert Brodrick）的侄子，此人设计了利兹（Leeds）市政大厅和斯卡伯勒市大酒店（Grand Hotel in Scarborough）。］进入庄园需经过两座色彩欢快、斑斓的门楼，庄园本身是维多利亚鼎盛时期的哥特式建筑，红砖配以风格狂放的瓷砖。[28]建筑的北面是一派不太讨人喜欢的乱象，但此处的乐趣是一个突然出现的超现实景观：轮船从花园的脚下缓缓驶向大海。在乌斯弗利特（Ousefleet）和惠特吉夫特（Whitgift）对面，河堤高高的清晰轮廓变成了突兀的人造地平线，其后是一大片纯洁的天空。（建筑的底层在涨潮时低于海平面十英尺。）而且庄园的南面正对河流，比其他各面都更加雅致，几乎是诱人的：深红色的砖墙上窗户四周装饰了石头窗棂，整个建筑上盖有三个人字屋顶。

但颇为奇怪的是，建筑完工后不到十年，家族就已经在做广告招揽租户，租金四百英镑每年。公开的清单为这座1881年的朴实无华、装备精良的乡间庄园提供了一个很好的描述：

门廊；前厅（用作台球厅）30×20英尺，配备巴勒斯与瓦兹牌高级台球桌；客厅27×11.6英尺；大侧厅，配备科拉德牌钢琴；可通向前厅16×12英尺；从此通往餐厅28×16×11.6英尺；枪械房或吸烟室16×11英尺；主次卧室和化妆室17间；储藏室；衣帽室；床单室（备有床单）；高级沐浴室（冷热水），配备壁炉、卫生间、化妆台。

仆人设施包括仓库；管家的餐具室（电话联通马厩）；仆人大厅；厨房21×15英尺，配备沃尔特牌炉具和侧式烤箱；洗涤室（配备炊具）；大型储藏柜；猎物储藏柜；啤酒和葡萄酒酒窖；等等。

外面有煤窖；洗衣房（无设备）；靴子间；木房；其他必要设施；水供应充足而清洁（每天用水泵打入水池）；有一个大型软水池；下水系统

工作正常；马厩包括4间马房和4架宽松的分隔栏（装备优良）；马具和马鞍室；两间马车房；洗涤箱和大锅；马厩有两个男卫生间；两间大厕楼；等等。

还有一间看门人的房舍；另有一间为车夫的房舍。

娱乐场地包括大约10英亩的灌木林；高档网球场；花园里可以很容易开辟出一个小型高尔夫球场；厨房菜园和小型果园（雇佣了一个园丁）；出租房产还有两个4英亩的驯马围场，但是如果需要，附近20英亩优质草地可以出租，2英镑每英亩。狩猎活动可延伸大约3000英亩，大约40英亩是丛林；过去五年的平均猎物量为122只野鸡，116只山鹑，164只野兔，263只兔子，10只鸭子，22只沙锥，46只各种各样的鸟。此地的特色项目为河流上和人工湿地上的射击野鸟活动。也可捕鱼（网捕鲑鱼），房产附带3英里捕鱼区；可划船，有一艘游船和游船房供租户使用，河流常年可用。夏季月份有轮船来往于赫尔市与此房产之间。狩猎带有3组猎犬。

提供的设施还包括一辆维多利亚马车和一辆兰托马车，加上一头拉割草机的驴等。

这就是约翰·威廉·燕卜荪在五十多岁时为自己建造的房屋，他的孙子、诗人和批评家威廉·燕卜荪在这里度过了他的童年。但它绝不是一个幸福的家，一个很显然的问题就是，这家人为什么会在这幢漂亮的新房子刚刚落成，而且居住设施如此齐备之时就要出租它？答案可以在维多利亚家族史的一个教训中找到。

除了约翰·亨利，约翰·威廉和玛丽亚还养育了四个孩子：三个女儿（玛格丽特、玛丽亚、艾伦）和另外一个儿子亚瑟·雷金纳德（Arthur Reginald），此子差不多在他们的第一个孩子于1855年出生后十年才出生。约翰·亨利步父亲的后尘，就读了伊顿公学（Eton）和牛津大学的布拉斯诺斯学院，然后成为内殿律师学院（Inner Temple）的一名律师、东赖丁的地方行政长官——在那里他居住在老的约克弗利特庄园，并且爱上了一个居住在河对面的乌斯弗利特农庄的女孩，他的远房堂妹爱丽丝·利斯特·燕卜荪（Alice Lister Empson）。[爱丽丝的父亲，罗伯特·科尼利厄斯·利斯特（Robert Cornelius Lister）——他挪用了燕卜荪这个名字——是林肯县（Country Lincoln）和约克郡的西赖丁（West Riding）的检察官，他拥有乌斯弗利特农庄和古尔庄园（Goole Hall）。〕约翰·亨利和爱丽丝于1867年6月12日结为伉俪。约翰·威廉修建的这座草坪一直延伸到河边的新庄园，一个他能够玩台球、逗儿孙以度过余生的地方，目的肯定是为了将房产传给儿子和继承人。但命中注定不是如此。结婚仅仅十八个月，二十二岁的爱丽丝·燕卜荪就于1869年1月生下一个女儿后去世。[29] 约翰·亨利受到了沉重的打击：先前在新年的第一天他母亲去世了，他刚刚安葬了母亲，还没来得及悼念，他的妻子又死于一场可怕的分娩（婴儿1月24日出生，爱丽丝五天后死亡）。存活下来的孩子取名为玛丽亚·爱丽丝（Maria Alice）；虽然她甚至活着经历了第二次世界大战，但终生未嫁。〔查尔斯·燕卜荪（Charles Empson），约克弗利特庄园的最近一位继承人，出生于1935年，他记得曾经被预备学校准假去养老院看望年迈的爱丽丝姑妈。如果庄园不是限定为男性继承的产业，她就是直接继承人。〕

像他的祖父约翰牧师一样（他八年前刚刚离世，时年七十四岁），约翰·亨利为妻子哀伤了很长时间。他的父亲在失去了妻子和儿媳妇之后，继续在约克弗利特修建新庄园，虽然看上去很可能已经失去了要在那里居住的心情。不管怎样，还没等到下个月的最后一周，他就走了，留下他无助的儿子一个人在那里。那时他的工程代理人写道，他终于使悲伤而彬彬有礼的儿子对改建庄园东翼产生了兴趣："这似乎是在星期四唯一能够吸引约翰先生注意力的事情，他说'这看上去将会非常漂亮，赫尔先生，这是一个极好的想法，它完全可行'。"[30] 约翰·亨利做了十年的鳏夫。然后在1879年7月，在三十五岁的成熟年龄，他尝试了第二次婚姻。他的新任妻子跟他非常般配：她出身高贵，当时是寡妇。玛丽·特里萨·伯德特（Mary Theresa Burdett）是威廉·詹姆斯·考文垂（Hon. William James Coventry，已故的考文垂伯爵）的四女儿，曾经是诺森伯兰郡（Northumberland）丹宁顿（Dinnington）的绅士乔治·锡厄姆·塔克·德·温特（George Seaham Tucker de Windt）的妻子。约翰·亨利迎娶这样一位特别的妻子，实际上为家族做了一件好事：他将约克郡泥土里成长起来的燕卜荪家族提升到了贵族的罕至高度。

但是事情再次出现了可怕的转折。约翰·威廉在乌斯河（the Ouse）的肥淤层上修建了那座朴实的红砖庄园之后，确认他无法忍受在那里居住，并隐退到伍斯特郡（Worcestershire）。但他并不甘心那个地方无人居住：他仍然因他的约克郡出身而心存负罪感，因他的权利和义务感到不安。他不安的良心使他逼迫儿子居住在约克弗利特庄园，代理领地地主的职责。[31]他甚至指示他的律师责令他的儿子代替他居住在那里。约翰·亨利自身可能会屈服于这种来自父亲的压力。但是他的新任妻子却不买账：她仅仅看了一下约克弗利特庄园及其周边环境，就放弃了这桩婚姻。至少这是家族内部的说法，但可能里边还有很多我们无法找出的深层次原因——她不仅抛弃了约翰·亨利以及被他父亲变成某种负担的新庄园，而且她是与另一个男人一起逃走的。也许她发现燕卜苏家族对于她的择偶品味来说不够时髦，因为她的恋人是弗雷德里克·斯坦迪什·奥格雷迪（Hon. Frederick Standish O'Grady），未来的第六世吉勒莫尔子爵（6th Viscount Guillamore）。私奔发生在婚后不到两年，震惊了燕卜苏家族，对他们的名声和社会地位都是一个残酷的打击。最重要的是，这让高度敏感的约翰·亨利不知所措，因为他的真爱爱丽丝早死后的这些年来，他始终没有真正完全恢复过来：这件事使他在父亲和妻子的对峙中已经紧张到崩溃边缘的精神状态彻底崩溃。

玛丽·特里萨和奥格雷迪意识到他们的罪行十恶不赦，因为他们的潜逃环绕了半个世界——他们去了澳大利亚。但不管距离多远，燕卜苏家族决定，荣誉必须恢复。既然约翰·亨利的精神状况不适合做任何事情，约翰·威廉派他的小儿子——二十九岁的亚瑟·雷金纳德——去给那对行为不端的贵族男女以应得的痛击。正是如此，亚瑟·雷金纳德才于1881年8月26日从悉尼写信回家说，他已经正式完成了他的使命。

亲爱的父亲：

　　当我23号星期二早晨（在墨尔本）回到卢西塔尼亚号（Lusitania）的甲板上时，我收到奥格雷迪先生的一封信，说他在到达旅客的名单中看到了我的姓名，而且他正好在那里（在墨尔本）。我仅仅有时间在船离开前将我的行李取回，并回到了我前一夜下榻的苏格兰人旅馆。我在卢西塔尼亚号船上认识了一个墨尔本当地人，他给我介绍了他的律师，名叫埃默顿（Emmerton）先生，人很好。我写信给奥格雷迪先生，约好第二天见面。星期三（24号）我去了他的旅馆，带上了那位墨尔本律师。我在那儿见到了他们二人。埃默顿先生将传票递给了我，我也按规矩给了他们。然后我向埃默顿建议，燕卜苏夫人离开那间房间。然后我与奥格雷迪进行了简短的交谈，告诉他他是一个……无赖，并且在他身上打断了一根鲸鱼骨拐杖。埃默顿拉着我的燕尾服将我拖了出来，这次见面才算结束……

向各位致意

你永远的儿子

亚瑟·雷·燕卜荪

附言：那根鲸鱼骨拐杖花费了十二先令六便士，但是它还不够结实。我应该出发前在伦敦买一根。

至少那个无赖还不是一个懦夫：奥格雷迪面对应有的惩罚并没有逃跑。他负起了他的责任，那年年内他娶了玛丽·特里萨。他从年轻的燕卜荪那里挨的揍并没有给他造成持久的伤害，因为他又活了几乎半个世纪——虽然他和他来路不正的妻子没有子女。

但是亚瑟也用凝重的口吻提到了一点。回想起他离开家时，他的大哥仍然处于精神崩溃状态，他补充道："我为约翰感到非常担忧，在收到你寄往旧金山的信后才会感到放心，"——他在漫漫的回家途中将经过这里。最终到达他手里的消息实际上是完全令人震惊的：8月29日，在访问约克郡北部的伊尔克利镇（Ilkley）时（此举的目的显然是为了恢复他崩溃的心灵），约翰·亨利饮弹自杀。儿子和继承人死了。他甚至没有等到聆听他的弟弟是否完成了痛打拐走他妻子的恶棍的使命，显然他没有怀抱让妻子回来的想法。

亚瑟·雷金纳德，这个为兄长捍卫荣誉而显示出勇气的小伙子，阴差阳错继承了所有财产。他在家里五个孩子中排行最末，并将成为他自己的五个孩子的父亲——其中最小的就是威廉·燕卜荪。

约翰·亨利被安葬在布莱克托夫特的墓地，与妻子爱丽丝葬在一起。家族竭力掩盖他悲剧性的自杀事件，但实际上仅仅是对家族的后代子孙掩盖了真相：全县的人似乎都知道整个事件，但受伤家庭的子女却不知道。完全没有证据显示威廉·燕卜荪知道约翰尼大伯的不幸命运。查尔斯·切斯希尔·燕卜荪（Charles Chesshyre Empson）也只是成年后，在整理家族文件时，才得知他伯祖父的死因。约翰·亨利的死因在直系亲属当中引起的恐惧，揭示了为什么在当年他们就提出要出租约克弗利特庄园：家里没有人，甚至连G. P.，一家之长的约翰·威廉本人也不能面对在那里居住的想法，这个地方可能对大儿子的不幸遭遇有部分助推作用。

他们立即聘请了当地有资质的估价师列出了死者在庄园的家具和动产的清单，9月5日完成的清单显示他拥有大部分家具，包括窗帘和地毯，以及家里的日常用品——17对床单、11套卫生间台布、餐桌用具等——外加宽敞的地窖里存放的330瓶酒。（据说约翰·亨利不幸死后，G. P.将酒窖中他儿子存放的那部分酒用围墙围了起来，但他的一个孙子打破了他这一伤感的举动，把墙打通了。）父亲迫使他儿子继承这座庄园，不管他愿意还是不愿意。

约克弗利特庄园没有出租出去。相反，曾经以辉煌的方式显示了价值的亚瑟·雷金纳德在所有意义上都已经成熟：他决心要继承他的财产，包括庄园和领地。当他1890年在成熟的三十七岁结婚时，他的妻子发现她将与公公和两个未婚的姑姑分享她的新居。［中间的那位姑姑，玛丽亚·路易莎（Maria Louisa），已经于1882年去世，与她母亲一起葬在伍斯特郡。］这样的安排并没有持续多久，姑姑们很快就领取了养老金，到爱尔兰居住了。约翰·威廉——G. P.——于1893年去世，时年七十七岁。

劳拉·燕卜荪（Laura Empson）显然非常自豪地给她的子女讲述过，他们的父亲是如何最终驯服了固执、专横、受到良心折磨的G. P.的。她讲述道，晚饭后老头子会例行地、讨好似的夸他的儿子说："葡萄酒真好，儿子，葡萄酒真好！"亚瑟·雷金纳德完全没有感动，会回答说："你不能再喝了，睡觉去吧！"—— 听到这，G. P.就会站起来，一瘸一拐地走出房间。[32]完全没有疑问，亚瑟·雷金纳德·燕卜荪已经下了决心要使他的家族回到正轨，并且在约克郡的家乡管理它的事务。

1. *Empson's Folly: A Collection of Letters*, ed. C. C. Empson, Seaton: Empson Publications, 2000, 217.

2. Tablet in Scawby Church, Lincolnshire. Quoted in *Empsons' Peace*, ed. C. C. Empson, Bishop Auckland: The Pentland Press, 1996, 5.

3. The Revd John Empson, letter to Amaziah and Ellen Empson, 24 July 1832 (C. C. Empson).

4. WE, 'The Variants for the Byzantium Poems', *Using Biography*, London: Chatto & Windus, 1984, 176–177.

5. Andrew White, letter to JH, 5 July 1985.

6. British Library, Lansdowne 978, fo. 127 (102) (Bishop Bennett's Collections, vol. xliv): Notes on the Trials and Executions of Empson and Dudley.

7. Mark R. Horowitz, 'Richard Empson, Minister of Henry VII', *Bulletin of the Institute of Historical Research*, 55/131 (May 1982), 35–49.燕卜荪并不知道霍洛维茨的研究文献，但是他饶有兴趣地阅读过更早的文献，如 'Plumpton Correspondencep' (ed. T. Stapleton, 2vols., 1838–1839)。 See also Charles Henry Cooper and Thomas Cooper, *Athenae Cantabrigienses*, 1859; *The Lisle Letters*, ed. Muriel St Clare Byrne, vol. i, Chicago: University of Chicago Press, 1981, 11–12; C. R. N. Routh, *Who's who in Tudor England*, rev. Peter Holmes, London: Shepheard-Walwyn, 1990.

8. Dylan Thomas and John Davenport, *The Death of the King's Canary*, London: Hutchinson & Co., 1976, 18–19.

9. *Selection from the Correspondence of the Late Macvey Napier, Esq.*, ed. Macvey Napier, London: Macmillan, 1879, 198.

10. Judith Anne Merivale, *Autobiography and Letters of Charles Merivale, Dean of Ely*, Oxford: Horace Hart, 1898, 54.

11. Lord Cockburn, *Life of Lord Jeffrey*, vol. ii, Edinburgh: Adam & Charles Black, 1852, 387.

12. Cf. *The George Eliot Letters*, ii, ed. Gordon S. Haight, London: Oxford University Press/Geoffrey Cumberlege, 1954, 315–316.刘易斯认为杰弗里修改了他那篇关于《雪莉》的文章，但他给盖斯凯尔（Gaskell）夫人的那封淡化此事的信是在事后七年才写的，他肯定忘记了1850年《爱丁堡评论》的主编已经不是杰弗里，而是他的女婿威廉·燕卜荪。

13. Letter to Susan Darwin, 1 April 1838, *The Correspondence of Charles Darwin*, vol. ii: *1837–1843*, Cambridge: Cambridge University Press, 1986, 80–81.

14. 卡莱尔的赞词来自他致歌德的书信（1831年6月10日），提到燕卜荪在《爱丁堡评论》第53卷（1831年3月）中发表的一篇关于《与席勒的通信》（*Correspondence with Schiller*）的评论。See *Correspondence between Goethe and Carlyle*, ed. Charles Eliot Norton, London: Macmillan & Co., 1887, 282–283; *The Collected Letters of Thomas and Jane Welsh Carlyle*, vol. v: *January 1829–September 1831*, ed. Charles Richard Sanders, Durham, NC: Duke University Press, 1976〔1977〕, 288.

15. Obituary in *Hertford Mercury*, 18 December 1852, quoted *in Memorials of Old Haileybury College*, ed. F. C. Danvers et al., London: Constable & Co., 1894, 173.

16. Anonymous student quoted in *Memorials of Old Haileybury College*, 69.

17. Merivale, *Autobiography and Letters of Charles Merivale*, 53.

18. *Memorials of Old Haileybury College*, 171 n. 1.

19. 'Professor Empson' (obituary), *Gentleman's Magazine*, 39/194, NS 1 (January 1853), 100.

20. *Memorials of Old Haileybury College*, 172.

21. 有可能早些年他已经与一个德高望重的邻居菲利普·索尔特马什六世（Philip Saltmarshe VI）的妹妹订婚。See Colonel Philip Saltmarshe, *History of the Township and Family of Saltmarshe in the East Riding of Yorkshire* (privately printed, 1910), 185: "他的妹妹亨利埃塔·玛利

亚（Henrietta Maria），与剑桥大学教授威廉·燕卜荪订婚……"（Goole Library, YE/SAL/942）

22. Thomas Carlyle, *Reminiscences*, ed. J. A. Froude, London: Longmans, Green & Co., 1881, 34–35.即使如此，夏洛特·燕卜荪比丈夫多活至少四十五年，她于1897年6月去世，在那之前，至少从1874年开始，她一直与两个未婚女儿居住在多里什（Dawlish）的名叫"山居"的家里［《多里什时报》（*Dawlish Times*）曾经报道此事］。安妮·燕卜荪（Ann Sarah Empson）于1906年3月去世，葬于多里什墓园。"山居"由女王的母后的姨妈瓦奥莱特·卡文迪什−本廷克（Violet Cavendish-Bentinck）夫人继承，现在是一座旅馆。燕卜荪山的命名就是为了纪念那几位姓燕卜荪的女性。

23. *Empsons' Peace*, 13–14.

24. William Empson, letter to Margaret, Sarah, John, and Anne Empson, 21 December 1814.

25. 以下段落的许多内容来自与C. C. Empson的访谈，1991年9月。

26. J. T. Ward, *East Yorkshire Landed Estates in the Nineteenth Century*, York: East Yorkshire Local History Society, 1967, 63, 72.

27. C. C. Empson, letter to William Empson, 5 February 1982.

28. 来自利兹的卡思伯特·布罗德里克于1869年离开英国去了法国，因此，除非卡思伯特在离开之前留下了设计图，设计师便很有可能是他的侄子，Hull公司的合伙人。See also John Hutchinson, 'Yokefleet Hall and Sand Hall', *York Georgian Society Annual Report* (1979), 55–56; *Bulmer's History and Directory of East Yorkshire* (1892), 672–673.

29. A notice of death occurs in the *Yorkshire Gazette*, 6 February 1869, p. 3.

30. Samuel Hull, letter to John William Empson, 27 February 1869.

31. C. C. Empson, letter to WE, 5 February 1982.

32. 这个说法可能不足凭信；莫妮卡·燕卜荪［Lady (Monica) Empson］告诉我她是从威廉·燕卜荪的兄弟亚瑟处听说的。

译者注

① 一说为斩首。

第三章

"一个可怕的小男孩，发表了自己的观点"

我记得曾经相信必须死亡才能够长大，并认为这个前景非常可怕。

——《〈爱丽丝漫游仙境〉：孩童恋人》

文学是一个社会过程，也是一个化解个人内心矛盾的尝试，个人身上往往反映出社会矛盾。

——《无产阶级文学》（1933）

与他的祖父和父亲不同，亚瑟·雷金纳德·燕卜荪对这个位于乌斯河腹地的迷失之地有一种归属感。他并不出生于此：他在伍斯特郡度过了童年，作为次子，他当然并不知道祖传的家产将意外地由他继承。但是他是一个天然的乡绅，对外人看来是在一片枯燥、潮湿的荒原上进行的农业耕作，以及其中包含的众多娱乐机会都有着充满活力的兴趣。

由于燕卜荪家族的微型帝国是修建在沃土之上的，因此乌斯河边的农田有一种让亚瑟高兴的特质，就是可以用沃土培育草坪，然后用草坪赚钱。通常，经过几个月时间，贫瘠的湿地就会神奇地转变成肥沃的土地。巨大的水闸，或叫"深谷"，嵌入涨水的河岸，使涨潮的河水能够汇聚在巨大的堤坝后面，堤坝再将翻滚的黄褐色河水分流到小型通道或者"水渠"中，结果就能够将水迅速、平均地分配到要浇灌的地区。在河水退去前一个小时左右，只有在水平静下来的几分钟里，神奇的淤积物——泥沙混合的精细颗粒——平坦地沉淀下来，直到堤岸高处河水才退去，留下一个闪亮光滑的平面，以及空气中强烈的咸盐气味。这个过程十二小时重复一次，至少经过一年，通常十八个月——理想的时间是两个冬季和一个春季——那肥沃的淤泥层才会达到十八英寸或两英尺的厚度。这些淤灌的土地可以产出优质的小麦和土豆，以及具有极好回报的芥菜。布莱克托夫特的淤灌设施一共三英里长，覆盖了约克弗利特的大部分土地，实际上建于1825年——由亚瑟的祖父约翰牧师指挥修建，他讨厌他继承的这片毫无特点的领地，但明智地意识到那片肥沃的淤泥在这个地方意味着偿债能力。[1]

这片阴湿的平地开始变成娱乐场，然后又变成成熟的农田：亚瑟被这彻头彻尾马韦尔式（Marvellian）的大转变迷住了。1894年5月13日，在结婚四年后（已经有了两个儿子），他写下了这首诗，以庆祝发生变化的草坪；它是关于灌溉的赞歌，只有三节，题目仅仅就是《淤灌》（'Warping'）：

> 他站在那里看着这片令人沮丧的荒地，
> 　蔑视的野鹅尖叫着从空中飞过，
> 甚至没有一只驴会在这里躬身啃吃
> 　在这泥土里生长出来的野草和蓟草。

> 河水滚滚流淌，在其身后留下
> 　许多潮水的财富。野鸭、沙锥、
> 鸻鸟、杓鹬靠它生活。鳟鱼、鳗鱼
> 　数量繁多。在深深的淤泥中猎人蹚过。

> 啊！他现在看到了一个不同的景象，
> 　美丽摇摆的玉米和芳香的菜豆，
> 生长着繁盛的芥菜和土豆的田野，
> 　肥沃的土壤毫不吝惜地奉献。

父亲的这些情感，威廉·燕卜荪将会很熟悉，因为这首诗就挂在约克弗利特庄园的楼梯旁。他能够分享老父亲对他生长的这片愠怒而又丰美的风景的感情。在大学本科时，他就对农耕的压力有着足够的了解，以至于为一本题目真正沉重的书《英国农民在丹麦》（*British Farmers in Denmark*）撰写过书评："我知道约克郡的部分地区，"他感叹道，"又回到了沼泽状态，因为农民不同意修缮河堤。"[2]但是他承认，他所关心的并不仅仅是优良的耕作，只要涉及乡村，他肯定是一个"伤感主义者"。所以人们对他早期的一首诗歌不会感到惊奇，此诗反映了父亲沉湎于时常包围在约克弗利特庄园四周神秘景象的情况。在痴迷、准确地描写自然景象方面，《打鸭》（'Flighting for Duck'）一诗的开头几行在燕卜荪的诗歌中无可比拟：

> 埃及式的河堤，泥土的通道，
> 构成了沼泽工程之间的水闸，
> （两个淤泥湖，一清一浊，生长野草，
> 远离山峦，傍晚时分，没有背景。）
> 它的堂皇在平坦的沼泽间辟开了道路，
> （淤泥浅滩，新淤积层，水花嬉戏，
> 浅水，蓟草零星，仍未被人征服）
> 在它的低矮的凯旋门式的末端
> 两座翼型河堤，像城堡卫士，与它相遇，
> 一排整齐、低矮和居高临下的松树，
> 幽暗而耸立，像一排孔雀，
> 挡住了它们所包围的深深湖水。
> 一座仓库露出更幽暗的侧影，
> 横跨在小型水渠的两个堤岸上，
> 鹤立于密集树干之上，像市政大厅，
> 空旷、淤泥堆积。通过它，冲积系统
> 流过，像现代世界一样短暂。
> 淤泥的黏稠泥浆黏住我们静止的脚。
> 温和而强大的水流流过平坦的两岸，
> 充满了泥浆，为进一步淤灌添加泥土。

他写下这首诗歌［1928年12月首次发表于《玛德林学院学报》（*Magdalene College Magazine*）］是否是对父亲下意识的致敬，现在不能确定。他只是在1951

年说了这样的话："我就读的剑桥大学的学院杂志请我写一首诗，由于它的读者们都有一些绅士背景，我想他们可能会喜欢一首关于狩猎的诗歌，因此我就写了一首。"有趣的是，以上摘引的诗行与他父亲对当地的感觉何其相似——虽然他是更多地被工程的细节所吸引，而不仅仅是那些风景如画的景致——但是很难断定他是否继承了他父亲的天赋和秉性，因为关于他父亲，人们实在是知之甚少。

亚瑟·雷金纳德像他的父亲一样，在伊顿公学和牛津大学布拉斯诺斯学院（Brasenose College）接受教育，1870年在牛津获得硕士学位。成为律师之后，他出任东赖丁的地方官，并任豪登镇议事会（Howden Bench）主任多年。[3]1912年他代表拉克斯顿分区（Laxton Division）成为东赖丁县行政会成员。他定期在豪登镇警察法庭担任法官，并作为豪登镇济贫会（Howden Board of Guardians）和豪登镇农业区委会（Howden Rural District Council）成员履行职责。总之，他是人们所期望的那种人。他是一个个头不高、结实、友善、留八字胡须的人，他还喜欢宴会、跳舞、看戏。在接管约克弗利特庄园之后，他是一个勤勤恳恳的地主，尽管他也受自己的时代所限：作为绅士，他不亲自参与农耕。准确地说，他的二儿子是第一个亲手从事耕作的家庭成员（这个儿子将会称他的老父亲为好农夫）。正如他模仿18世纪田园诗而作的良好作品显示，他是一个有修养的人，对艺术非常感兴趣。再往后的岁月中，他将多次带着儿女去听音乐会、看戏剧演出。他也是一个热衷于钓鱼的人，多次远航到挪威海岸。另外，他还继承了他爱玩的祖父（"飞翔的牧师"）的秉性，喜欢在崎岖的地方骑行：不管前方是什么他都想骑马穿越。但是，他也像约翰牧师一样喜欢饮酒——据他的一个侍从说，"他喝起酒来像鱼一样"[4]。的确，这个弱点也许基本解释了亚瑟·雷金纳德·燕卜荪传下来的那几封信件中的一封，收信人是爱德华·辛普森（Edward W. Simpson）牧师，时间为1902年4月23日，这封信显示他的确是古老的乡村绅士的楷模：

> 我必须承认我在布道过程中睡着了，但那是我的"原罪"的一个实例，而不是布道者的错误，也不是场地的错误。它是"我在下午的一个习惯"，如果我经不住诱惑吃了一顿丰盛的午餐……
>
> 你忠实的
>
> 亚瑟·雷金纳德·燕卜荪[5]

写信时，他已经五十岁，仅仅在四周之前，他的妻子刚刚生下了他们的第四个孩子——一个女儿。作为一个拥有家庭、年幼子女正在茁壮成长的中年男人，亚瑟似乎已经慢慢进入了传统的乡绅角色——沉湎于葡萄酒，体态肥胖，摆出一副未老先衰的老朽模样，无法控制新陈代谢的规律。值得注意的是，他在信中为自己在教堂睡觉而道歉，但是没有明确提出要悔改的意思。布莱克托夫特圣三一教堂（Holy Trinity）就是他的郊区教堂，从约克弗利特庄园沿着小巷步行有整整一英里，因此亚瑟·雷金纳德常常带着一家人来到这里，将之视为职责。但是牧师特纳（Turner）先生的布道说教，与他的教堂一样昏暗枯燥，燕卜苏一家在他上去布道之前总是渴望离开：他们学会了使用一个伎俩，以小孩来掩盖行踪，"我们必须离开——查理病了！"是全家巧妙撤退的信号。6

亚瑟没有急于成家，他的选择是明智的。劳拉·米克尔思韦特（Laura Micklethwait）当年二十五岁，他三十七岁。她是一个苗条、漂亮的女孩，瘦长脸，鹰钩鼻子，卷发被她束起；她喜欢社交，健谈，有天生的幽默感。7当孩子们告诉她一首儿歌——"玛丽有果酱，玛丽有果冻，玛丽回家时肚子痛"8时，她捧腹大笑。但她也会与人争执：她有时会勃然大怒（与她妹妹的争吵常令人耳目一新）。她聪慧，但不智性；她优雅，整洁，好客，实际。她喜欢穿花呢服装，喜欢打猎，非常喜爱桥牌和园艺；作为业余艺术家，她很有天赋——如果稍加一点训练，（人们说）她可能在这个领域大有发展。而且，她非常勇敢；有一次她独自住在约克弗利特庄园，当她上楼睡觉时，发现床下露出一双靴子：她毫不惧怕，迅速将床单掀起，从里边拉出一个流浪汉来——他也不想逗留得更久。她天生就是一个庄园的女主人，有天然的仁慈。

她的父亲，理查德·米克尔思韦特（Richard Micklethwait），在她出嫁前两年去世，他是阿兹利（Ardsley）的主人，该庄园位于巴恩斯利（Barnsley）附近的迪恩（Deane）河谷，他们全家人都住在阿兹利庄园（一座建于1750年的优雅住宅）。9他取得了律师资格，曾任西赖丁的治安官，也是西约克郡步枪队的上尉。米克尔思韦特家族从17世纪开始就是阿兹利的地主，除了农田以外，他们还拥有砖窑和采石场，在巴恩斯利干线（Barnsley Main）和奥克斯煤矿（Oaks Collieries）拥有大量股权。实际上，到维多利亚后期这个家族已富有到令人吃惊的程度。这个家庭没有被收录到约翰·贝特曼的《大不列颠和爱尔兰大地主名录》（*The Great*

Landowners of Great Britain and Ireland，1883，第四版）中，虽然它提到了约克弗利特的两千零五十九英亩土地。在遗嘱中，理查德·米克尔思韦特为他的女儿每人留下了三千英镑，并且为她们策划了一万英镑的后续收入。[10] 在1890年，劳拉对亚瑟来说是一个很有价值的配偶。

她的兄长理查德·基·米克尔思韦特（Richard Key Micklethwait）继承了"阿兹利乡绅"这个令人尊敬的头衔，他曾任约克郡龙骑兵队的少校，后来作为主要推动者促进建立了成效显著的斯特尔福特（Stairfoot）工人俱乐部和学院。虽然在社区是一个备受欢迎的人物，可惜他死于1908年，年仅三十九岁。[11] 劳拉·米克尔思韦特的侄子，理查德·G.米克尔思韦特（Richard G. Micklethwait，1896—1976）——继任的"阿兹利乡绅"，迎娶了第十世博蒙特男爵（10th Baron Beaumont）的小女儿［也是现在诺福克伯爵（Duke of Norfolk）的姑妈］艾维·斯特普尔顿（Hon. Ivy Stapleton）。他经营家族的农庄多年，饲养了约克郡第一批有结核菌检测证明的肉牛。[12] 她的妹妹埃莉诺·弗朗西丝（Eleanor Frances，1871年出生），1897年嫁给了一个与她同龄的军人。后来此人成为中校（陆军少将）卢埃林·威廉·阿彻利（Llewelyn William Atcherley）爵士、圣迈克尔和圣乔治勋爵（CMG）、高级维多利亚勋爵（CVO）——但是他们出名的主要原因还是因为生下了著名的飞行双胞胎兄弟——理查德（Richard）和大卫（David）［生于1904年1月，在赖特（Wright）兄弟飞行后三周］。1908年，阿彻利中校出任西赖丁县警察局长，驻扎在韦克菲尔德（Wakefield），在那里一家人生活得很有派头，有六个仆人和一个司机；第一次世界大战后他被任命为警察机构的皇家检察官，1925年封爵。因此，威廉·燕卜荪的姨父既是一个战斗英雄，也是一个警察高官。喜欢冒险和恶作剧的阿彻利双胞胎兄弟，还有他们的妹妹格蕾丝·玛格丽（Grace Margery），将会每月到访约克弗利特，与威廉表兄一起玩，有时燕卜荪一家也会乘火车或驾车到他们家。［阿彻利爵士夫人埃莉诺·弗朗西丝，也称"奈莉"（Nellie），1957年去世，享年八十五岁。威廉·燕卜荪的祖母，弗朗西丝·埃莉诺（Frances Eleanor）活到了九十岁。］

不知是碰巧还是刻意安排，亚瑟·雷金纳德和劳拉·燕卜荪在十五年中不紧不慢地生下了五个孩子：约翰（John）生于1891年，亚瑟（Arthur）生于1892年，查尔斯（Charles）生于1898年，玛丽亚·埃莉诺·凯瑟琳（莫莉）［Maria Eleanor

Katharine（Molly）]生于1902年，最后威廉生于1906年9月27日，10月28日在布莱克托夫特圣三一教堂受洗。[13]亚瑟·雷金纳德是"一个有趣的矮胖子——生了那些大个头的儿子"，米克尔思韦特家众多的姨妈之一这样说道。[14]［威廉——"比尔"（Bill）——经典的小矮人，没有他的兄长那么高：他们都长到了六英尺以上。］威廉出生时，亚瑟·雷金纳德已经五十三岁，因此他的妻妹奈莉编了一个迷信的故事，说威廉是一个老头的儿子——这就是为什么他如此聪明。威廉后来才发现他的父母在莫莉出生后就已经不再期望生更多孩子了。

头胎和末胎孩子相隔时间很长，就意味着父母实际上必须将他们视为两代孩子来养育。约翰，也称为杰克（Jack），已经长大，而威廉甚至还没有开始上学。但是杰克将夭折，这肯定使他父亲深深地感到这与其兄长约翰·亨利的命运有着神奇的相似。虽然患有严重的结巴，杰克还是成了一名愉快的、充满活力的年轻人，对各种引擎都着迷。他从伊顿公学寄给母亲的一封信（没有日期）给我们展示了他活泼的性格，在那里他喜欢参加男生军训队（家中已经有一辆汽车，但是他坚决认为他们应该拥有最新的车型）：

> 我认为你们应该诱使父亲去看今年的奥林匹亚（Olympia）汽车展，现在正在举行，我相信有些汽车非常廉价。你可以告诉祖母我现在定期作训练，我想我的结巴正在因此好转。
>
> 我看到了凯撒（Kaiser）以及"仪仗队"，很气派。他到达时我就站在门口，他经过我跟前时笑容满面。但我相信当他到达队列的另一头时，那脸上的笑容已经消磨掉了，变成了一种漠然的注视。我想他肯定感到枯燥乏味……
>
> 向父亲、莫莉、亚瑟、查尔斯、比尔致以最亲切的问候！
>
> 最爱你的儿子杰克（！！！）[15]

作为一个学生，他并没有特别的天赋，因此他选择了军旅生涯，去了桑德赫斯特（Sandhurst），他被任命为第七皇家火枪队的中尉。1912年他的父亲举办了一个盛大的花园仪式庆祝他的成年，整个约克弗利特的全部佃户——三百至四百人——都出席了仪式，为年轻的主人、理所当然的继承人而欢呼。仪式有大营帐和五月柱、豪华的晚餐，晚上还有焰火；吉尔伯岱克（Gilberdyke）管乐队从早到晚奏响流行的乐曲；下午还组织了一次板球赛，已婚队对未婚队，但只有贝内迪克特一家（the Benedicts）得以上场击球，获得六十四分，然后因下雨而停赛。实际上，风雨交加的天气是如此猛烈，人们不得不都挤进那个著名的台球厅去听演讲和观赏展示。佃户们送给杰克一块漂亮的金质半双盖表，上面刻有花押字和家族饰章。农户们送了银质墨水台和烛台；庄园的内外仆人在男管家哈特菲尔德（Hatfield）的带领下，送给他一个银质雪茄烟盒。在家人送的礼物中，他得到了莫莉送的钟，而爱丽丝（Alice）姑妈——那位开枪自杀的继承人的唯一孩子——献上了一份很壮观但偏偏不该她送的礼物：一对手枪。[16]

杰克最初的军职不如他对军队生涯所期望的那么有魅力，更谈不上什么英雄气概。1912年3月31日，在他二十一岁生日后一个月，他从利奇菲尔德（Lichfield）的惠廷顿军营（Whittington Barracks）写信给父亲说，"目前我们驻扎在斯塔福德郡（Staffordshire），作为罢工任务组的预备部队。到目前为止，我们还没有进入煤矿执行任务，但始终处于一种准备状态，随时听候命令。在八英里外的坎诺克（Cannock）狩猎地有不少煤矿，那里的矿工一直在闹事，西约克部队被派往处理此事。"[17]这样的艰巨任务一定激励着他去抓住机会从现在的军营调往皇家空军部队：浪漫的飞行相对治理矿工的任务，显然前景要更有趣。在中央飞行学校学习一段时间后，他于1913年1月7日在布鲁克兰兹（Brooklands）获得了飞行证书，加入了第二飞行大队［驻扎在蒙特罗斯（Montrose）］，正好见证了爱尔兰指挥部对抗演习。后来在1914年，整个飞行大队在查尔斯·詹姆斯·伯克（Charles James Burke）少校的率领下（据说此人"绝对英勇而坚定，不顾危险和嘲笑"），[18]受命分阶段飞往南方，进驻威尔特郡（Wiltshire）尼瑟雷文（Netheravon）的新基地，其中一个中转站是约克的纳弗斯迈尔（Knavesmire）赛马场。因此劳拉·燕卜荪5月6日写信给她的妹妹说，"我们在德里菲尔德街（Driffield Terrace，她母亲在约克的地址）找到了杰克。他来这里安排蒙特罗斯飞行大队的着陆场。他说有十二架飞机以及它们的停机棚和附属设备将于5月15日（星期五）到达纳弗斯迈尔，并停留至星期一早晨，然后再前往索尔兹伯里平原（Salisbury Plain）。你为什么不在星期六开车到约克去见他们？"[19]

因此，5月15日凌晨，有十架飞机从哈特尔浦（Hartlepool）附近的西顿卡鲁

（Seaton Carew）起飞，每隔十分钟一架，开始了飞往约克的七十英里航程。在他们起飞时天气看上去很好。经过蒂斯河（Tees）后，他们转向克利夫兰和汉布尔顿山脉（Cleveland and Hambleton Hills）的西面，然后沿着北方公路和东北铁路飞行。但是他们突然碰到了可怕的雾。杰克没有选择，只得下行进行盲视迫降：他栽向地面犁过的田野，被抛起后摔过了一片山楂树篱，腾空翻滚到了另一片较低的田野。他驾驶的BE2双翼飞机（331号）已经破碎成了木屑，起落架的轮子、轮胎已经脱落，最后躺在三十码以外。杰克和二十一岁的机械师在扭曲变形的引擎下面被碾碎，面部和身体都残缺不全。没有人目睹坠毁事件的发生，但是在早晨八点左右，一位送奶工在送奶的路上看见了距离诺斯阿勒顿（Northallerton）五英里左右、躺在哈顿本威尔（Hutton Bonville）一个农场上的可怕残骸，并报了警。[20]

在1914年，飞机迫降并不罕见，而事实上当天只有三架飞机到达了约克。332号飞机在东北铁路的丹比威斯克车站（Danby Wiske Station）附近变成了一堆乱七八糟的残骸，但是飞行员却逃过一劫，仅仅受了点严重的皮外伤而已。其他人在焦虑时刻过去后也报告了他们的方位。然而很快消息就被通知给了聚集在纳弗斯迈尔赛马场的家属（包括祖母米克尔思韦特）。在这个灾难的日子，与双胞胎兄长和威廉·燕卜荪同在现场的玛格丽·阿彻利·基（Margery Atcherley Key）记得有人递给劳拉一杯白兰地——但是她浑身颤抖得如此厉害，酒都洒在了她的身上。[21]

没有人告诉幼小的玛格丽出了致命事故，她母亲只是用温和的方式给双胞胎兄弟讲述了这个可怕的消息。两个男孩从很小的时候就幻想着有一个飞翔的未来，但现在她规定："这件事终结了你们哥俩的飞行梦。"然而正如约翰·帕德尼（John Pudney）在兄弟俩的传记《一群独角兽》（A Pride of Unicorns）中所说：

> 其实这只是一个开始，她活着进入了一个崭新世界。理查德获得了空军少将头衔，在五十岁时打破了音速障碍——在那时候（1954年）没有多少人能够超音速飞行。大卫，同样有空军少将头衔，两年前在驾驶一架流星喷气式飞机时被报告失踪，时年四十八岁……然而在家庭团结、儿女孝顺的这么多年当中，她仍然没有完全驱散来自那个五月早晨的纳弗斯迈尔赛马场的焦虑。在阿彻利兄弟俩的飞行生涯中，她坚决拒绝观看他们飞行，甚至拒绝见到飞机。[22]

大卫被授予了杰出飞行十字勋章（DFC，1942）、杰出贡献勋章（DSO，1944）、高级英帝国勋爵（CBE，1946）、巴思爵士（CB，1950）。理查德，双胞胎中的兄长——由于鲁莽的探险行为而以绰号"狂人"闻名——于1940年获得了空军十字勋章（AFC），于1942年再次获得同一勋章和挪威战斗十字勋章（Norwegian War Cross）；他还被授予了英帝国勋章（OBE，1941）、高级英帝国勋章（1945）、高级英帝国勋爵（KBE，1956）、巴思爵士（1950）。[23]米克尔思韦特家族的血统中明显地有一种特别狂野的成分，因为双胞胎兄弟最终在皇家空军中都属于非正统，正如燕卜荪在学界成为非正统一样。正如已故的空军中将彼得·威克姆（Peter Wykeham）爵士写道，他们"是那样一种人，其能力、对职业的忠诚、强烈的目标感使他们能够胜任并且在职业生涯中成长，虽然职业生涯中充满了飞机坠毁、军事法庭审判，以及那种使军事和民事生活首领恼火的失礼行为"[24]。在后来的岁月中，燕卜荪了解到两位年长的表兄作为空军飞行员获得了巨大的荣誉，但他并没有因这样的关系而自吹自擂。

威廉的这位长兄去世时，他还不到八岁。人们可以想象这样的灾难事件会给他的心中注入一种宿命思想。然而，更可能的情况是他没有承受深刻的失落感的打击。毕竟，他对杰克几乎没有多少了解，在他对事物产生意识之前，杰克就已经去了桑德赫斯特。他与查尔斯和莫莉更加亲近，这两位兄妹也更加接近他的年龄——是和他一起玩的伙伴——因此没有感到特别沉重的打击，因为这种关系还没有真正有多少机会得到发展。

当然，对燕卜荪的父母来说，情况就完全不一样了：即使在幼小的儿女面前不得不摆出一副勇敢的模样，他们的悲痛也是难以承受的。亚瑟·雷金纳德对他的第一个孩子寄予厚望，他的死似乎使他元气大伤而一蹶不振。他的兄长先前已经自杀，而现在他自己的儿子也被夺去了生命：这肯定给他以暗示，致命的诅咒降落到了这个家族。约克弗利特的全部家人带着悲伤出席了在布莱克托夫特教堂举行的葬礼，回家的路上父亲带领着一个身穿黑色衣装、步履沉重的送葬队伍。

此后不到两年，1916年3月15日，亚瑟·雷金纳德·燕卜荪去世，享年六十三岁。在此之前的几个月里，他体重锐减，（也许仁慈地）被诊断为糖尿病；[25]可能是因为他持续无节制地饮酒，这是一个致命的愚蠢行为。死亡证明上记录道，在他去世前两天发生过脑溢血。根据他的选择，他被安葬在布莱克托夫特教堂，与兄长和儿子葬在一起。他的葬礼是第一等的：棺材覆盖着紫色的棺罩，装在一辆四匹黑马牵引的农家马车上驶往教堂。似乎是藐视死亡，莫莉穿了一件靓丽的白色裙子，系了一条蓝色腰带：很可能是为下一周她十四岁生日晚会而准备的，但她却穿在了父亲的葬礼上。[26]

在知道约克弗利特是他父亲和兄长极度苦恼的根源后（更不要说那些抛弃这个地方的先祖），亚瑟·雷金纳德·燕卜荪煞费苦心地想"定居"在这个庄园。特别是他利用了1882年的《定居土地法》（Settled Land Act）的条款，拟定了一份意图简单的复杂遗嘱：其目的是为了获得土地的未来管理权，同时保证他所有的子孙都从中受益。[27]在定居土地的过程中，他制定了财产的继承方式——虽然每一个"终身佃户"仍然可以把庄园当成简单所有的世袭土地。终身佃户将成为庄园的受托管人，也就是说，代替所有受益人行使该职责。他甚至可以转让整个法定持有的庄园，由他斟酌决定，只要他明白他仍然需要对其他受益人负责——如果出现终身佃户认为出售该土地是明智的情况，这些受益人将在购买款中有一定份额，正如他们在原先的土地中持有份额一样。因此，在他的遗嘱的主要条款中，拟定日期为1909年1月19日——整整十三页，总共二十九个条款——他将自己能够支配的"所有自由持有的土地和可继承不动产"传给

> 我的长子约翰·燕卜荪、次子亚瑟·燕卜荪、三子查尔斯·燕卜荪、四子威廉·燕卜荪，以及我的所有其他出生的和仍未出生的儿子，顺序根据出生日期先后排列，供他们终身使用，立即附带庄园的终身指定继承权，传给他的长子和其他儿子，顺序根据出生先后排列，限定由男性继承，因此我的长子和他的长子和其他儿子总是优先于我的次子和他的长子和其他儿子……

我的女儿莫莉"和其他出生和仍未出生的女儿"自然排在后面。因此长子继承权的规则仍然得到认可，事实上终身佃户扮演的是限制性所有人的角色。佃户并没有被赋予全部所有权——他将是一个"利益高度相关"的受托管人。另外，子孙也没有因为排行碰巧靠后而被完全剥夺权利。因此终身佃户在持有庄园期间必须承担庄园的责任——有意思的是，虽然他被赋予了出售土地的权利，但他并不拥有土地的简单所有权——所有的继承人将共同分享年收益和"地租"。威廉·燕卜荪的情况是，他最终得到每年二百英镑的终身收益。（多年后，当他意识到这个分配可以

改变为一次性支取相当于二十五年的地租时，他感到很恼怒：他本可能通过在年轻时就投资五千英镑而获得可观的收入。）

令人吃惊的是，遗嘱关于这些土地所设置的条款有效期为二百年，因为1882年的《定居土地法》的一个主要后果就是取消了"将土地保留在家庭内部"的观念：现任的终身佃户可以处理其地产，如果他认为从经济上考虑这么做是明智的。亚瑟·雷金纳德起草他的遗嘱时，肯定感到他在纠正过去的错误：他所寻求的是保障庄园未来的繁荣，同时他也在保护他所有的继承人——他所有的已经出生和仍未出生的子孙（以及他们的配偶）——以避免继承权成为令人讨厌的事情。然而，如果他的计划是保护子孙，避免产生嫉妒感和不公正地被排除的情况，同样他也在通过遗嘱将他们捆绑在庄园的土地上，因为遗嘱规定利益共享，同时促进共同所用权。毫无疑问，亚瑟·雷金纳德·燕卜荪的主要动机是无懈可击的：他构想的遗嘱是为了他的子女、子女的子女的利益，因为所有人都与该土地有利害关系。但是企图为二百年后的未来制定法令似乎有一点阴险，甚至有一点傲慢。（1882年通过的《定居土地法》实际上是一段农业萧条时期的结果，但是它却有一点维多利亚式自信的味道。）很清楚，即便是他希望规定他的子孙将在土地中拥有共同利益，亚瑟·雷金纳德仍然是他的祖辈的真正儿子，因为他不能真正面对约克弗利特庄园落入外人之手的想法。

这一点在遗嘱中的一个条款中看得非常清楚：它规定每一个人，不得例外，如果"成为拥有此项地产或者获得其租金和利润的终身佃户或者男性继承权佃户或者购买继承权佃户"都将"使用和拥有燕卜荪的姓名和族徽"（他并不知道他自己都无权拥有那个族徽）。如果有人有权成为佃户，但在一年内拒绝或者没有使用该姓名，他们的权利即被放弃："该地产将由继承权顺序的下一个人继承"——此情况将被视为"那人已经死亡或者没有子嗣"；对于出生时拥有该姓名但后来放弃的情况相同。在家族姓名延续问题上如此不妥协的姿态显示了一定程度的自豪——个人的自豪感，以及对自我在社区中地位的自豪感，这样的自豪感对于居住在约克弗利特那几代动荡的燕卜荪族人来说，很难说还在拥有。用一个新造的词来说，亚瑟·雷金纳德一定是随了他的父亲。但是这个问题主要还是一个自尊的问题：例如，好像是因为他的典型的自傲，他才决意要将他的财产和个人物品全部遗传给他亲生的儿女。他似乎非常不愿意给其他人留下任何财物。他只简单地留给当时仍然未婚的姐姐玛格丽特一百英镑（他三个姐姐中最小的一个于1908年12月去世，即遗嘱签字前的一个月），他留给他的第二表兄查尔斯·威廉（Charles William）的数量一样（十年之后，威廉将仍然很体面地将他的财产，包括布莱克托夫特农庄，赠给了他在约克郡的表亲们）；同样数量的钱留给了他的遗产执行人——他的表弟威尔特郡哈瑟姆庄园（Hartham Park）的准男爵，约翰·波恩德·迪克森-波恩德（John Poynder Dickson-Poynder）爵士[28]和约克郡斯托克顿庄园（Stockton Hall）的乔治·威廉·劳埃德（George William Lloyd）——报答他们见证遗嘱，并接受委托。而且，他似乎不愿承认在道义上他应该对侄女玛丽亚·爱丽丝有所回报，玛丽亚是他已故兄长的孩子（他在遗嘱上签字时仅仅四十岁），因为他仅仅留给她同样不值一提的一百英镑——一个侮辱性的姿态，一笔小费。[29]正如威廉·燕卜荪多年后所说，当他看到他父亲繁琐的遗嘱时，"爱丽丝一定会因为只得到一百英镑而怒不可遏"。其实，他父亲的意图肯定不是想要逃避家庭核心成员以外的其他人可能对庄园财产份额的索求，而是想要尽可能多地将庄园留给自己的子女——就像任何一个好父亲希望的那样。尽管如此，威廉还是不无道理地感到他父亲对已经疏远的侄女过于刻薄。

威廉九岁那年，他父亲去世。他在后来的岁月中没有提到过他的父亲。［据莫妮卡·燕卜荪（Monica Empson）说，他的兄长查尔斯也没有提过。］我们只能够猜测他为什么没有机会提及父亲。也许他父亲虽然是一个很善良的人（幼年的查尔斯很高兴跟着他到农场巡视），但给最小的孩子留下的印象有限；也许威廉在压抑着他甚至不敢对自己承认的情感。但他对父亲的形象就是不感兴趣：他甚至在一篇评论T. S.艾略特的《荒原》（*The Waste Land*，1971）原稿的文章中提出了以下非凡的批评观点："艾略特想要抱怨他的父亲。"[30]但是如果我们暗示他对父亲具有着魔或厌恶情绪，那都是错误的——只有当父亲的角色意味着教条主义时，他才会用拒不服从予以回应。关于父亲的遗嘱——这是老人传下来的为数不多的文件之一——他曾经提到过，虽然口气并不真诚："我们不用否认，我父亲曾经以逗乐的形式写过一份很愚蠢的遗嘱。但他希望受委托人为他仍然年幼的儿女作出大胆的投资，建议闯劲十足地投资南美洲［阿根廷］的铁路，那时候那仅仅是一种投机。"[31]但是这些话在其上下文中是对遗嘱特点的创造性误读，事实上它既不逗乐，也没有闯劲十足，而是充满冷酷的算计。威廉从来没有理解他父亲遗嘱的复杂内涵，但是在后来的岁月中，他的确感觉到受委托人没有去赢得这个家族有权利期待的、巧妙投资可能带来的成果。实际上他并不是为自己的利益着想，从性格上讲，他不能够掌握完善的金融管理的策略——或者他根本不在乎。只有当他姐姐遇到了困难，或者当他感觉到他的子女可能会被剥夺权利，这种感觉经常是错误的，他才会变得激动。[32]

生活的一个小小讽刺是，一旦他有了自己的儿女，他就会为了给他们留下什么遗产而焦虑，特别是当他自己的疏忽或者不留意可能会造成他们继承遗产的份额减少时。然而作为一个充满了左倾思想的青年，他往往会蔑视一只正在死亡的手表现出的期待得到的渴望——一种十足的贪婪：他父亲遗嘱的深谋远虑。正如1882年《定居土地法》允许的那样，亚瑟·雷金纳德·燕卜荪宣布他的遗嘱受委托人管理其地产两百年，"当或如果有机会时，他们可以授权或寻求获得授权，去开采继承土地内或地下的全部或部分煤炭和其他矿藏"。由于亚瑟的岳父家是大煤矿主家族，因此他希望子孙也能从他土地下面的自然资源中获利，这没有什么令人吃惊或不光彩的地方。从某种意义上讲他是对的，因为在塞尔比原野（Selby Field），离约克弗利特大约十五英里，就是巴恩斯利煤矿水平巷道的一部分。在煤炭工业国有化之前，这位父亲显然是在策划开采土地上的煤炭以长期营利。这个想法的依据是那个古老的"虚构法理"，即如果你拥有一片土地，那么你也拥有这片土地上的那片天空——"空域"——同时向下拥有直至地心的土壤：那就是说，用横切面来表示，你理念上的权利范围是楔形的，其顶点在地心。如果威廉当初太年幼，没有直接意识到他父亲已经考虑到煤矿和金钱——也许已经接近疯狂的程度——那么在他父亲去世后的岁月中，家庭的其他成员肯定提到过这个情况，因为威廉在二十二岁时以此为题写下了一首诗歌。《虚构法理》（'Legal Fiction'）于1928年发表于剑桥大学，燕卜荪后来称之为政治诗——非常妥当，因为诗歌是对其父亲在遗嘱中所坚持的土地法令的温和控诉：

> 法律使短期赌注生出长长的轮辐，
> 你心灵之领地被牢牢地圈住，
> 没有流浪公民的公寓高楼
> 俯瞰，没有火车疾驰驶过。
> 你的权利从你的主张向上向下延伸，
> 没有止境；天上地下都是你的土地；

你的所属部分有地球的表面和土壤，

整个宇宙的体积，还有所有星辰。

你的权利下至所有权利人聚集之地，

地狱顶尖的聚会点，在地球中心，

（你旋转的农庄仍连接在那个轴心上）

向上穿越星际，渐行渐宽的领域。

然而你也是流浪者，你拥有的灯塔

其光线像金星之光一样穿越太空。

地球的轴心转动，你的中心锥形

也会移动，其末端像蜡烛的影子。

    燕卜荪几乎不曾对这首诗歌发表过评论，但他后来在一次诗歌朗诵会后的确曾经说到过它。他说，他是"约克郡一个地主的儿子，随着年龄的增长，有一种想法实际上越来越困扰着他，那就是有邪恶的煤矿在他的土地下面打洞……要证明有人在他的地下采矿，并向他们索取补偿，这异常困难；因此这事一直盘绕在他的心上"。虽然这个注解是温和的，不失挖苦意味，但这首诗歌的构思确实是对父亲的极力讽刺，说他是奥兹曼迪亚斯（Ozymandias）式的人物。特别是结尾几行的节奏，被两个停顿放缓，写出了死亡的象征。诗歌可以确定的意义是，父亲应该被诋毁，因为他着魔似的产生了对财产的迷恋。虽然诗歌把读者包含在第二人称中而使意义普适化，但自传性的潜文本将父亲定格为没有提名的"你"而加以谴责。因此，人们可以有足够的信心说，燕卜荪后来感到与父亲疏离了，或者可以说，与他父亲在遗嘱中所维护的资本主义文化疏离了。

    亚瑟比约翰小一岁，约翰死时他不到二十二岁，便成为家族的继承人。他父亲1916年去世后，他成为家族的长男，年仅二十四岁。甚至在那个意外之前，他对于威廉来说都是一个父辈的形象，而不是一个玩伴。正如威廉在大约1973年给他三哥查尔斯的信中写道，"从小时候起，我就对亚瑟充满了崇敬，他有严格的正义感，毫无偏袒之心。我想主要是因为母亲告诉我他就是那样……"[33] 这样的措词非常清楚地揭示了从早期开始他们所相互扮演的角色——不管是天性还是环境使然。

但是亚瑟像约翰一样，在威廉还是孩子时就离开了家。从查特豪斯公学（Charterhouse）毕业后，他直接进入了伍尔维奇（Woolwich）的皇家军事学院（Royal Military Academy）。在二十一岁之前，他就随皇家野战炮兵部队驻扎在爱尔兰——表面上是去帮助平定爱尔兰人，但实际上更关心的是在一个好职位上尽情玩乐。"我相信政府不会对阿尔斯特（Ulster）采取强制措施，"他写信回家道，"他们甚至不敢镇压潘克赫斯特（Pankhurst）夫人。"[34]但是既然决心在军队中发展自己的事业，他并不回避战争。其实，当战争在欧洲即将来临，他大胆揣测："如果战争全面爆发，我希望我们不会退缩，可以想象俄罗斯和法国将是德国和奥地利的强劲对手；我相信德国人并没有什么了不起，虽然他们声势挺猛。"[35]

他作为陆军中尉（少尉，日薪十四先令）被编入第1师第26旅第116炮兵连。在大战期间，在佛兰德斯（Flanders）的战场上他见证了残酷的军事行动；在伊普尔（Ypres）、卢斯（Loos）、埃纳河（Aisne）沿岸，他见证了粪土、寒冷、鲜血、连枷一样的进攻和恶梦一般的撤退。在他见证的各种恐怖经历中——撞击神经的、震耳欲聋的炮击，在令人恶心的潮湿日子里挖掘战壕、坑道、突出部——他保持了英国绅士的刚毅，充满了传奇式的沉稳。"我们炮兵连昨天发射了1500发炮弹，"他在早些时候（1915年10月21日）写信给母亲道："我们嗓子都喊哑了，耳朵也震聋了。我经过了战火的洗礼，但只是英国国教的洗礼，而不是完全浸泡！！"[36]在那一年的12月9日他写道："我的一些内衣，特别是短裤，被炮火摧毁了，不是'从下面向我射击'，像梅布尔（Mabel）姑妈的马夫的六匹马那样，而是洗后挂在外面晾晒。"[37]没有什么事情可以压垮他的可敬可畏的精神；次年初他向家里报告说："我们最近炮击了在开阔地进行挖掘的德国人，从中得到了很多乐趣，特别是炮击一幢房屋，好像是观察站，也可能是军营指挥部，当我们的一发炮弹落在它附近时，他们都冲了出来，跳进坑道；一门可笑的德国高速小炮向我们的战壕射击，提供了'危险的佐料'，他们说构成了一种乐趣……附言：我买了一台留声机，每天晚上都发出婉转的声音。"[38]在他寄回家的所有十几封信中，只要涉及战争的情况，他从来没有说出一丁点不满或者自我怜悯的话。例如，1917年7月31日他写道："真的，过了一阵子之后，你会开始对炮弹感到极大的蔑视；如果你在开阔地碰到炮击，并且当你听到炮弹来临就平躺在地上，你不会受到伤害，即使是一颗巨型炮弹在你20英尺以内爆炸。"[39]甚至在硝烟弥漫、满是泥泞的战场上，他也能够发现辛酸的、带有讥讽意味的家乡记忆："战壕现在与淤灌非常相似。泥泞深至小腿，但却是我所见过的最黏的泥土——像正在开始晒干的淤泥。"[40]

1916年8月18日，他受了重伤，一块榴弹碎片插进了他的胸部，他作为伤员被送回了伦敦。他从皇家赫伯特医院（Royal Herbert Hospital）带着勇敢的幽默给母亲写信（5个月前她才刚刚送走了亚瑟·雷金纳德）："他们最终发现了那块榴弹碎片，并且在今天早上试图勇敢地将它取出，但是没有成功；因此我不得不在明天早上承受史密斯老兄所谓的'一小刀'。"[41]结果手术很顺利，但是他完全康复需要好几个月，因此他只能暂时驻扎在第四陆军炮兵学校（4th Army Artillery School），并且一直很焦躁："战争延续期间待在这里，我感到非常厌烦；至今为止所有真正的'进攻'我都参加了……"[42]1917年，他随第39旅第51炮兵连再次回到了战争中。"《每日大陆邮报》（The Daily Mail Continental）乐观地说，只要我们能够坚持到明年美国人参战之时，一切就好了，"他于7月29日开玩笑道，"毫无疑问，这是对整个形势的悲观看法。"[43]

8月23日，还不到一个月，他的母亲从战争事务办公室收到了一份可怕的电报："非常惋惜地通知你，A.燕卜荪少尉，皇家野战炮兵部队第29旅，于8月21日阵亡。军事委员会深表哀悼。"[44]9月5日，大约两个星期之后，她又收到白金汉宫（Buckingham Palace）发来的正式电报，有皇室司库的签名："国王和王后对你儿子为国捐躯给你和军队带来的损失感到非常痛惜，国王和王后对你们的悲痛真诚地表示同情。"[45]然而，最近刚刚自愿成为伍尔维奇皇家军事学院学员的19岁的查尔斯·燕卜荪发现了一个重大的漏洞，他收到一些亚瑟的信件，其时间晚于亚瑟的死亡时间：可以肯定，日期是亚瑟自己写的，而不是信件检查员一两天后加的。一系列紧张的询问开始了，日子一天比一天难耐。战争事务办公室大臣9月11日来电报说，"很高兴通知你，燕卜荪少尉死亡的报告并不正确。详情见信件。"[46]最后亚瑟自己于9月14日来信，自然是说他的死亡报告太夸张。他的信件是燕卜荪式简洁表达的经典实例：

我亲爱的母亲：

简短地写几句，只是让你知道，如果有人最近报告我阵亡、失踪或者生病，他肯定弄错了。

国王亲自向所有阵亡亲属发送唁电电报是一个非常好的举动！我就在想，他领了钱总算干了点活啊。

请代我向祖母问好！我祝你们所有人好。

你的儿子

亚瑟[47]

看起来是他们在法国认错了尸体。

亚瑟当然天生就是一个战士：献身于他的国家，忠诚于他的部队，毫不畏缩，无限英勇。在1917年被认为阵亡之后，他因面对敌人表现出的英勇气概而赢得了完全应该得到的嘉奖：他获得了军队十字勋章（Military Cross）和比利时战争十字勋章（Belgian Croix de Guerre）。虽然对勋章、对他得到的蒙斯绶带（Mons ribbon）非常自豪，但是谦逊的性格使他不会去炫耀。他没有寻求特权，而是继续战斗，直到战争完全结束。"我们仅仅开始了一场战斗，所有迹象都表明这是一场焦灼的战斗，可这时传来了胜利的消息，"他在1918年11月11日庆祝停战纪念日时说道。"我们觉得我们应该用某种方式庆祝，但不知道应该怎么庆祝。"[48]

11月22日他和战友们进入布鲁塞尔，去观看艾伯特国王（King Albert）的正式入城仪式。他们发现所有的餐馆都关门了，非常沮丧，但是有一个"小地方"——"那种典型的最好的餐馆"——其老板"肥胖，留着个小帝髭，秃顶"，给他们做了一顿丰盛的家庭式午餐（他提议要"一小碗汤"），配上雪利酒、红葡萄酒、香槟和白兰地——

吃过之后，正如佩皮斯先生所说，"异常高兴"，我们同亨利（Henny）以及另一位年轻小子一起出发前往格兰德大广场（Grande Place），去看国王从都市大酒店（Hotel de Ville）向人们鞠躬，那是一座非常豪华的建筑。我们等了两个小时，他和王后及一个小公主才露面，我们所有人都欢呼"国王、王后、自由"，然后他们就离开了。

你还记得威廉明娜公主（Princess Wilhelmina）在阿姆斯特丹出生的那个夜晚吗？啊，昨天晚上的情形是一样的，有过之而无不及。在所有主要广场和街道聚集了大量的人群，以及各个国家的参战士兵……三个修女上前与我们搭讪，年长的一位说，"美国人？——不是，英国人"，说完她们每人抽出一面正确的旗帜，在她们头上挥舞，高呼"Ip ip Ourah"，我觉得很滑稽。[49]

到11月底，他的部队慢慢地向东推进，仅仅到达了勒芬（Louvain）；最终在12月13日，他们正式开进了科隆，渡过了莱茵河（the Rhine）。疲乏、寒冷、饥饿，当亚瑟在科隆最大的一家酒店吃晚餐时，他吃惊地发现了"一支乐队，看上去身材肥胖、穿着讲究的人群和吃都吃不完的巧克力蛋糕"[50]。

在另一封信中，他的思绪更加沉重："我不知道，这场战争之后，'战争的荣耀和场面'等等之后，传奇是否会出现，人们是否会忘记真实的情况。即使现在人们在谈起他们的经历的时候，也显得他们很高兴经历这些事情。"[51]阅读了他从前线的来信后，说他大部分时间很高兴经历这些事情，也不为过。但真实情况是，他是个非常可靠、坚定的人，下定决心拒绝传播耸人听闻的事件或者虚假的英雄故事，即使不是出于所有这些顾虑，他自然也会避免向母亲和家人讲述最恐怖的经历。燕卜荪家族的血液在这个方面有传统的英国特色：冷静、坚毅、富有忍耐力、脚踏实地、宁愿率直和戏谑也不虚荣和浮夸。他并不是冷漠无情，而是不轻易外露。

查尔斯·燕卜荪比亚瑟小六岁，1917年11月，首次被派往部队——前往印度。亚瑟回应这个消息的信显得很随便、和蔼可亲、不追求轰动——但绝不是麻木不仁：

亲爱的查尔斯：

很感谢你的来信。

我现在是在药盒大小的空间里度日，人们都蹲在废弃的坦克里。老天一下雨，这里就会涨水，现在已经一英尺深。尽管如此，我还是开始对这个地方产生了一种伤感的情怀，将它视为我的家——但愿它不是如此寒碜，如此这般。我们空闲时拼命往外舀水，今天早晨我还竭力建造了一个向外排水的系统，但我们不断地碰到腐烂程度不同的德军死尸，以至于我们不得不放弃。

我希望你在印度碰到好运，并且能够对得起买枪的费用。恐怕我不能给你出什么好点子，我自己从来没有到过那亮晶晶的地方［大海］——但我听说，在船上玩扑克是个错误，直到你理解什么是同花，什么是顺子。

恐怕我没有希望被准假来为你送行，因为这里一直有情况。

在印度曾经有一个规矩，那就是在日落前不能喝酒，但是科学的进步也许已经废除了那些东西。

啊，振作起来，祝你好运！

爱你的兄长

亚瑟[52]

这种不带感情色彩的幽默，似乎不假思索的口气，不应该被视为缺乏情感。（"我看到了一支烟杆，"亚瑟在焦急地等待弟弟到达印度的消息时写信回家说，"我认为它可以让查里在老年过得快乐，我将在他到达后寄给他。"[53]）正是这种朴素的风格——头脑清醒、亲切十足、富于幽默、蔑视小题大做和空话套话——让威廉·燕卜荪学会如此思考：这是英国自我控制的古典风格。

在战争结束时亚瑟的军衔升至少校。但是他的战争还没有结束，因为他被派往黑海陆军——按照他的说法，任务是"吓唬君士坦丁堡（Constantinople）"。到1920年底，他最终认识到他的使命不是到海外去为正义事业作战，而是在约克弗利特继承他的财产——特别是因为他的母亲将搬出这个无法经营的庄园，迁到富尔福德（Fulford）的公路旁的一幢方便的房子，就在离约克不远的地方。亚瑟和杰克小时候很要好，因此杰克的不幸身亡使亚瑟受到沉重打击。后来他不得不承认他是命中注定要经营这个庄园，但是随着时间的推移，这件事对他非常艰难。不知怎么地，可以理解，这使他感到非常厌烦：在后来的岁月，他将会不时地以非常酸楚的口吻提到"我的好父亲"。[54]他一生都未结婚，虽然他曾经发展到在约克弗利特的客厅里向一个远房亲戚求婚。她说，"我们将到伦敦居住。"他回答道，"你将居住在这里。"[55]因此那事就到此为止了。他有点像清教徒，至少随着年龄的增长，喜欢对他人的行为说三道四，在用钱上非常聪明，虽然不是吝啬，而是节俭。但是他是一个优秀的、有责任心的儿子：当他的母亲生病时，他能够从约克弗利特骑车前往约克。

像威廉一样，他也极度地不修边幅；也像他的弟弟，他什么事情都会注意到。[56]而且，同其家族成员一样，亚瑟也极具幽默感——他的最大的优点。别人逗他的时候，他常能够理解，正如这个故事所示。由于传承了"飞翔的牧师"的传统，亚瑟喜欢带着猎犬骑马打猎，他养了两匹狩猎马，在"霍尔德内斯狩猎"（Holderness Hunt）时骑行。其中一匹，名叫"约克弗利特"的高大棕色马，他最终卖给了伦敦都市警察局。人们再次看到"约克弗利特"的时候，它出现在国王加冕仪式后的首次彩装游行中，上面坐着的是爱丁堡公爵（Duke of Edinburgh）。但是"约克弗利特"很不驯服，几乎使公爵掉了下来；这是公爵第一次在这样的场合公开骑马，因此他被弄得很难堪。关于他的坐骑腾跃的报道，带着图片，甚至刊登在美国的报纸上，当时查尔斯和莫妮卡正在华盛顿的英国大使馆。亚瑟当时没有看到这条新闻，因此当他收到以下这条简洁的电报时非常吃惊："痛惜'约克弗利特'的行为"：一开始他不明所以，但是后来——当他破译这封电报的意思后——抑制不住地放声狂笑。[57]

"如果不强迫它，家庭通常运转得非常好，但是在那里寻求灵魂伙伴是一种乱伦，"燕卜荪在1928年写道。[58]考虑到他们的年龄差异——对于一个孩子来说十五年比一生都长——兄弟姐妹真是相处得非常好。在威廉的早年，这个家庭遭受了一连串的打击——长兄的死亡、父亲的去世、亚瑟几乎致命的负伤——所有这些都发生在他十岁之前，尽管如此，他的童年仍然快乐、活跃。他的兄长和姐姐都不是那种将危机戏剧化的人：他们是开朗、好动的孩子，约克弗利特庄园对他们来说就是一个极佳的冒险乐园。

尽管很漂亮并且满头金黄卷发，但威廉是一个平常的孩子。当坐在他旁边的幼儿教师在午餐上叫他把土豆皮吃掉时，他会哭泣。后来，当阿彻利一家来访时，查尔斯（比威廉大八岁）就会与表亲中最大的一位，露西·阿彻利（Lucy Atcherley），一起去爬树。从高高的树上，他们就会冲着玛格丽·阿彻利和威廉喊话，"走开，小孩子！不要跟你们玩！"威廉喜欢玛格丽，他们也是碰巧才成为伙伴，但是他最喜欢她的也就是平常随意的时候：在一次去斯卡伯勒（Scarborough）的旅行中，所有孩子都在用沙子堆城堡，他突然用铲子打了她。当问他为什么如此不友好时，他仅仅说，"我不喜欢玛格丽穿她最好的衣服"。[59]每个夏天都会有几次去约克郡海边的旅行，威廉逐渐到了能忍受嗜杀成性的"潘趣"（Punch）木偶戏的年龄，并因最终甚至喜欢它而感到自豪，"我记得，这戏在沙滩上经常上演，"他五十年之后回忆道：

其中一个孩子会因为难以接受"潘趣"而哭叫起来，这个不幸的孩子将会被保姆抱走；但是大一点的孩子，我就是一个，会因为能够接受而感到自豪，会继续嬉笑，直到潘趣被绞死，就像他们的维多利亚时期的父母在同样的年龄时一样。我后来一直暗中对戏剧有点惧怕，但我也感到我明白它是怎么回事。[60]

表亲兄弟姐妹们也一起玩其他游戏，比如打仗争做城堡之王（燕卜荪家的孩子们定然因为能够拿出真正的木剑而感到骄傲自大）。另一方面，威廉不喜欢调皮捣蛋的行为。"我不是一个捣蛋的孩子，"他在后来的生活中写道，"即使在小时候，我也不喜欢闹腾，更不喜欢被别人闹腾……"[61]其他有些玩乐也未必真让人高兴，比如包括被带去看哑剧（许多年以后，他仍然记得仙女王后在童话剧中总是被迫吟诵打油诗），[62]以及被迫参加跳舞培训班。正如他多年后写道，"英国文学这样的职业已经成为一个有点可笑的死板的传统，就像我小时候学兰谢舞（The Lancers）一样。那没有持续多久，但当时感觉就像永恒一样。"[63]但另外一位表妹，缪里尔·米克尔思韦特（Muriel Micklethwait）回忆道，威廉在设计游戏方面非常出色。有一次，他让所有人在地上堆书，以便为一条想象的铁路建构一条景观道路：一个网球或一个乒乓球代表火车，在这个魔幻一样的障碍道路上不断转轨。但是他母亲急匆匆地进屋，书本被踢得满地都是，那条魔幻铁路也就消失了。表亲们认为，在威廉的大脑里似乎有一个"额外的环"。即使在成年后，他都没有忘记快乐童年的那些秘密，比如有一天，他做起了双手倒立，说男孩可以拿走他口袋里掉出来的任何东西，令缪里尔的儿子非常高兴。[64]

传承了"飞翔的牧师"的传统，亚瑟·雷金纳德·燕卜荪是一个热爱运动的人；他同时参加霍尔德内斯和约克与安斯蒂狄（Ainsty）狩猎活动。他的妻子也喜欢马匹和狩猎。（实际上，威廉曾经偷看他母亲的日记，发现她在他出生仅仅三天后就去打猎了，她是如此迫不及待地放下婴儿，继续骑马活动。显然从同一个来源，他还发现，他不是父母计划想要的孩子。）[65]毫不令人吃惊的是，威廉不得不跟着他的父母去骑马，但是作为一个骑手，他更多显示出的是勇气，而不是技巧。然而他真正掌握了怎样上马，至少从理论上讲是这样；他能够辨别马颔缰和勒马缰。[66]后来，当小说《故园风雨后》（*Brideshead Revisited*）在霍华德城堡（Castle

Howard，位于约克东北十二英里）被拍成电视剧时，谢菲尔德大学的一个同事碰巧问他是否去过那个地方，燕卜荪并没有装模作样地这样回答："是的，我曾经去那里打猎。"同样，只是因为个人经历，而不是装模作样，使得他在《复义七型》（*Seven Types of Ambiguity*）中毫不在意地说，"马匹……通过不断地表现胆怯，显示出勇气。"[67]当他开始学滑冰时，这个运动给他带来巨大的快乐，他将会表现得同骑马一样勇敢，同时运用更多技巧。

他深度的近视意味着他不可能成为一个很好的射手：很郁闷的是，他是莎士比亚笔下的"葡匐的猎人"。莫莉是一个非凡的假小子，能干的女猎手，有一次在他们到家后，她大声地宣布："今天威廉的收获可值得纪念了，一头母牛，一只猫头鹰!"[68]虽然是玩笑，但是在这样一个有身份的乡绅家庭里，这可能深深地刺痛了他。〔有时候，莫莉没有什么事情可做，会去马厩里射杀老鼠：俨然是当今的安妮·奥克利（Annie Oakley）〕同样，有一个家仆到今天都还记得，威廉"在过道里都不能射中一头猪!"他告诉他的嫂子莫妮卡，他非常想成为一个好射手；他肯定感到不能达到家庭对他抱有的期望。但是玛格丽·阿彻利回忆道，燕卜荪家的所有人都有点马虎，没有稳定性。"威廉有一次差点射中了我的丈夫。"[69]尽管如此，威廉仍然很喜欢乡村以及乡下人的命运；他天生在骨子里就对技术、勤劳，以及农夫的大大咧咧充满了尊重。[70]以下诗行来自《打鸭》一诗，表现了他在等待鸭群从黄昏时分的沼泽地飞过时，对大自然美丽景色的欣赏：

> "天上的鼓声是什么？什么叫声
> 从窸窣的灌木丛中做出了回答？
> 它很近吗？它们飞过来了吗？
> 你能听见吗？"夜间声音传得很远；
> 那只农家狗的叫声来自半英里外。
> 当聚集起来觅食的鸭群回报我们时，
> 这个暗示的防空警报就被松懈了。
> 当射击使鸭群重新飞上天空，
> 眼睛将在乱七八糟的一群中看出秩序，

（星星的移动与这些鸭子类似，但慢得多，
它们崇高，尾巴荒唐，声音刺耳）
将这密密麻麻的一群分出若干小组。
鸟群形成两个层面，一高一低，
飞升起来，相互交叉，向外扩散，
其中一群飞向河湾，惊恐万分。

它们飞出了射程，像缭绕的烟雾
从冥思苦想的烟头冒出，趣味盎然。
肥料蒸发在肥沃的沼泽上空形成雾霭，
蒸汽缭绕，像乌斯河敬奉神仙的香烟。

砰！砰！两只鸭子在鸭群中模糊了；
为人类而生，终点是人的食物库。
砰或啪地落到刚刚施过肥的原野，
向理智的怀抱，它们奉献其敬意。
"训练有素的猎犬等待奔跑的号令，
渴望，也意识到那只致命的枪。"

然后，末尾的几行表达了一种敬畏宇宙的感觉，带有一点微弱萌动的死亡哲学；夜晚的到来象征着令人晕眩的万物的终结：

星光照耀，雾霭环绕，像巨大珍珠黯然，
上天与大地之间的灰暗的银色
包围着我，被蜘蛛网迷惑，我观察四周。
我礼帽上的黑色缎带飘到我眼上。
视线中唯一与大地的颜色不同，
它点亮了四周的一切，像一根火柴。

在某种意义上，《打鸭》为《淤灌》提供了一个形而上学的评论，后者就是他父亲1894年写的那首更简单地表达惊叹的诗歌。

有时候，威廉打网球，但是他双眼的弱视再次意味着他不可能成为优秀球手。[71]因此他最喜欢的室外娱乐是最简单的运动形式：他从小就开始急行散步，甚至在老年，他创造的出色的步行速度记录很少有人能够超过。

与威廉相邻的哥哥比他大八岁，注定不会对他产生多么大的影响。查尔斯被送到福克斯通（Folkestone）外的一所名叫普雷托里亚庄园（Praetoria House）的预备学校学习——他来回都乘坐从古尔（Goole）出发的不定期蒸汽货船［它将煤运至肯特郡（Kent），再将肯特郡的煤运回约克郡］[72]——后来在1912年，威廉满六岁时，他获得了数学奖学金，上了哈罗公学（Harrow）。当匆匆地离开学校，没有获得父母同意就去参战时，查尔斯是他学院的学生领袖，正在上六年级。[73]不管怎样，除了非常聪明和威严，他还以完全沉默寡言而著名，因此在全家的小不点心里没有留下什么印象。他早年生活中的一件重大事件是（他的妻子后来说），孩子们参加了一个晚会回来后，莫莉报告说："是的，这是一个非常棒的晚会——甚至查尔斯都开口说话了！"[74]

因此其结果就是，由于缺少父亲和兄长的重大影响，威廉只有与他家里的女性接触，尤其是他母亲家的女性——他很快就对她们的观点和价值体系提出了质疑，并且（往往）感到厌恶。好动、直率的莫莉在户外活动中是一个很好的伙伴：[75]她就像一群女童子军汇聚到了一人身上。有一次她带威廉到荒野去露营，用一匹马托运他们的行李，但是一阵风将他们的帐篷吹翻了。"这是一次难得的经历，"镇定自若的莫莉说道。[76]她就是那种有一说一、没有半句废话的人。在寄宿学校，位于哈罗盖特（Harrogate）的刚落成的埃塞尔伯加女王学校（Queen Ethelburga's），她在快乐曲棍球大奖赛上表现出色。当亚瑟·燕卜荪从佛兰德斯的前线写信回家时，他显然真实地评估了他妹妹的特点："我刚刚收到了莫莉的信，显然她是一个奴仆！说她的双手因为做防守练习而正在疼痛！我不知道女子学校也做那样的事情，但这应该很适合莫莉。"[77]像个好姐姐一样（她的表妹玛格丽说），莫莉总是支持威廉——比对查尔斯的支持更多，否则她与查尔斯在心灵上更亲近。[78]

对威廉来说，户外锻炼并不是一切，他跟莫莉不一样。从早年开始，他就感到有需要拓展他的智力。莫莉与他的相似之处没有延伸到他的强烈书呆子气，而他与玛格丽·阿彻利有着对书面语言共同的、日益增长的喜爱，后者曾经被要求提供与迷人的书写活动相关的信息：他在很小的时候就曾经问她，"什么是段落？"甚至在他识字之前，他会捧着一本书，玛格丽回忆道。约克弗利特能提供丰富的阅读材料，它仍然存放着"飞翔的牧师"精心搜集的大部分图书，这肯定帮助威廉培养出了一种令人生畏的独立精神，他从来不害怕表达这种精神——甚至在孩提时也一样（但他不是很健谈，虽然在这个家庭里，所有人都会争执得面红耳赤）。正如他后来回忆道，"当我还是一个可怕的小男孩时，表达了我的观点后，大人们有时会以浮华的爱德华时期的方式说，'唉，谁把那种想法灌输到你脑子里的？'我认为他们非常粗鲁。"[79]然而，如果他从小就喜欢漫无边际地闲谈，那么他显然也很敏锐地倾听了大人们在客厅里选择谈论的奇特话题，以及（很令人吃惊）他们所使用的各种口音，如果我们能够相信他在60岁时声称还保存着的记忆：

> 从我记事起，如果你与某人谈论血统，而他为皇家私生子（bastard）的悠久传承感到自豪，那么很重要的是该词前半部分的发音要像"蝙蝠"（bat），而不是像"仓库"（barn）；否则他会怀疑你对应该得到尊重的话题进行低俗的挖苦。我曾经听过事情就是如此，这不太像是一个维多利亚时期的发明，因为那个时代几乎没有什么皇家私生子。[80]

他所听到的（偷听到的）也许仅仅是一种约克郡口音——虽然短音 a ［柯曾（Curzon）爵士就这样说话］在标准发音或公学发音出现之前肯定被人们普遍认为更加优越。[81] 但是人们很难猜测他父母所指的那个吹嘘自己血统来自皇家私生子的人到底是谁。

也许部分是因为他和家里其他孩子年龄差距大，也许是因为他早年生活的特殊情况，他常常感觉自己像一个局外人——一个旁观者，甚至一个人类学家——以喜爱和疏离相结合的眼光去观察他的家庭。例如，他感到祖母的观点如此顽固守旧，以至于认为她代表了悲哀僵化的维多利亚精神。在她看来，基督教信仰是白人种族的专属信仰、帝国的独有权利；在1930年的圣诞节，燕卜荪的第一本书《复义七型》出版之后不久，他给一个朋友举了个例子，讲老太太的观点：

我祖母给我讲了大约一个小时，关于她想请人写的一个小册子；由于我能够使出版社出版东西，最好是由我来为她写——立即写，在我过时之前，她解释道。文章将告诉白种人他们必须团结起来压制黑人种族。[82]

　　这样的情绪对于她那代人和那个社会阶层来说是习以为常的，但是她有进步思想的孙子显然认为这些观点足够丑恶或足够滑稽，以至于值得在明信片上报道。在早年生活中，威廉感到他在约克郡的岁月像是在一个消失的年代的残迹中度过的或在一个物种的标本中度过的，这个物种的想法他不希望继承——特别是在公学中他发现政治确实与腐朽原则和社会弊病有关。

　　寄宿学校的大多数孩子在放假回家时，都会经历一种不同步的感觉，一种让人忧心的脱节感。燕卜荪深切地感到了这样的差异——因为他的父母比一般的父母年龄大，因为他的兄长（如果不包括姐姐）在他还是一个小孩时就已经长大，正在步入成年。他的姨妈们——母亲的姐妹——常常让他感到她们仅仅是岁月的残留，像彩色的陶俑一样，如果真正暴露在20世纪的阳光中，它们会崩溃。有一次，他被时间的流逝所震惊，以至于感到不能不用打字机写下下面这篇关于昔日美丽突然凋谢的备忘录：

　　我看到有些评论说，普鲁斯特（Proust）描写的最后一次古尔蒙特（Guermantes）的聚会不可信；人们绝不会像那样突然变老。小说的构架安排了十年，其间叙述人一直坐在医院。但是在这一点上我想讲一个故事，里面叙述者的观点完全与那个评论一致。上次，我看到我的姨妈中最漂亮的那位，真正最漂亮的那位，像凯旋一样闯进了客厅，其美丽远远超出她的两个女儿，禁不住逗乐了那几位雅致、漂亮和正常的女人。这次我见到她时，我已经是大学生，仅仅有这样的感觉，在黑暗中看见的燃烧的灯火已经变成了白天里看见的灭掉的灯；有一种神秘的力量已经消失了；当失去的东西是如此真切，它已经不是化妆的问题。她仍然像从前那样兴高采烈。我真的感到震惊，仅仅过了一年半。后来，如果你理解的话，她开始对我和蔼可亲，说她无法理解大多数的现代文学，但是她很喜爱普鲁斯特，而普鲁斯特作品中唯一她不能理解的（除了全部男性都是变态以外，这是公正的批评）就是那个出人意料的结尾，所有人都变老了。他死的时候年龄多大？她问道，他死时很年轻，我相信，不到45岁，他不可能看到那样的事情发生，45岁不可能看到。我仅仅记得午餐后她抛下我，去花园找我母亲聊天去了，我当时很难受，所以肯定是想多听一些。年轻人的欲望是无法满足的，我想要听她说的每一句话，现在仍然想听，如果她看到了这些文字的话。除了那些以外，我被恐惧以及普鲁斯特的真实所充斥。

至于他"可敬的妈妈"，他非常爱她。但即使如此，她也像是一个奇怪的生灵。在某种程度上，像许多孩子一样，他的发展轨迹就是对父母的期望和价值体系的反叛。他母亲对自己在生活中的地位的感觉——她的保守思想，她的贵族特权——都让他感到尴尬。他在大学生涯的一个短暂时期中曾写过一些自命不凡的日记，其中特别提到了他在假期里观察到母亲特别的、小心翼翼的举止："女人们那种把自己的房子锁上的快乐，那种热烈的、令人满意的拥抱，那种在夜间对自己庄园的欣赏，都是出于一种我无法苟同的热情……"[83]如此，他在暗示他更愿意做一个自由的人，不被傲慢的业主身份或责任所羁绊。年轻的燕卜荪似乎在宣布，我是一个波希米亚式的狂野艺术家，一个社会理想主义者，不愿被贴上身份和阶级的标签，不会被如此评判。然而，他非常清楚她母亲的行为模式——文化模式；正是她那种非常情愿地，甚至是足智多谋地遵循其阶级惯例的做法，使他望而却步。

当我们还小的时候（他在大概1925—1926年的日记中写道），妈妈曾经说到圣诞节礼物，说到我们对姑妈们表达的机械的爱，虽然我们从来没有亲眼见过她们，但她们可能最后将钱留给某一个人。如果上面有污迹，或者把"宝贝"错写成了"亲爱的"，"你最好还是把这写对了，你知道吗，人是非常奇怪的"，"她会变得非常生气，你不知道为什么"。如果别人告诉我有什么冒犯了我，我就会感到被冒犯了。你把我当成什么人了，"姑妈"还是什么？妈妈（她本人而不是她的原则）是很讲究的，她主要是站在姑妈们一边，人们的确是有些古怪的，也可以理解。但是为了对付我们小孩子的逻辑，她把这逻辑清晰地判断为她自己的思维体系，我们必须接受那些提议，才可以快乐地思维。

空虚的姿态，空虚的举止，过时的表演，有时他觉得这些就是他母亲代表并希望延续的那个阶级，那个拥有土地、威风凛凛、不合时宜的阶级的惯用手法。"你决不能让仆人暴露在诱惑之中"，这是她最好的警句之一，但是威廉肯定觉得这是带有恩赐意味的格言。在他的童年和青年时代，母亲的举止中他最不喜欢的一个方面就是，她常常以一个人的出身来判断其重要性。她是一个势利的人，并且毫不掩饰。

> 我的母亲是一个保守党人，一个对阶级划分有瘾的人［他1973年回忆道］，因此我不会带任何人去她家，除非是我不喜欢的人……[84]

对于年轻的威廉来说，这不是家里生活的一个中性特征：它在感觉上肯定具有压迫性。"去她家"这个词可能有，也可能没有这方面的特别意义，但这个说法可以被视为一种暗示，表明他已经与他生长的家庭环境产生了距离。它也可以同样有效地暗示，他一直在严格地将位于约克郊外富尔福德的白色宅邸视为他母亲的房子——在丈夫死后，这个强悍、爱好运动、聪明的妇人迁入的房子[85]——而家对他来说意味着庄园，那个他出生和度过童年的地方。不管怎样，威廉在燕卜荪家族的社交世界中是一个不寻常的人，过去和现在均如此。特别是在大学期间，他喜欢与个性强、怪癖、狂放的人交往：不向规则低头的人、作家、艺术家、社会主义者、古怪人士、与社会格格不入的人、叛逆者。他喜欢与那些并不拥有也不主张他们的社会地位的人交往。在天性和职业上，他都偏离了他的阶级和教养所带来的刻板形象。但也很有可能是，他在逐渐有意识地强调他身上古怪、滑稽的性格特征，以突出自己的差异——突出他与父辈那个上层社会所具有的势利、傲慢的文化之间的距离。有一次，在白色宅邸看望母亲期间，他应邀去参加一次晚宴舞会；但是由于没有晚宴西服，他就穿了一件雨衣，表现得似乎对其不得体的服饰满不在乎。（另外有一天，他母亲发现，他系鞋用的是绳子。）因此，也许时常在他古怪、偏离常规的行为中，有一种显著的，即使仅仅是下意识的叛逆姿态。然而，他的思维和眼光有一些真正特别之处，例如在另一次，他并未有意寻求特别效果地突然说道，"窗帘上的条纹有鸡蛋上所能看到的所有颜色"。

他的表姐玛格丽·基回忆道，他曾经从富尔福德步行回约克，全程都是一只脚走人行道上，一只脚走人行道下——但那更可能仅仅是威廉在做他自己，一个思维的人，一个痴迷于代数的抽象和文学的分析的人。

因此，当他的一个剑桥朋友、古典学家、温切斯特学院（Winchester College）未来的校长德斯蒙德·李（Desmond Lee）在他未发表的回忆录（约1928年）中这样描述燕卜荪时，并不令人吃惊：

> 他很喜欢他的家人……但是他的家人发现他很难理解，他感到与他们的交流很困难。曾经有一次他对我说，虽然他喜欢他们，当他去看望他们时，感觉像是"与蒸汽机在一起"。你感觉到他们的优点，但是与他们没有共同之处。[86]

家族成员之间相处非常融洽（燕卜荪的嫂子莫妮卡——查尔斯的妻子——同样对我回忆道），但他们往往会善意地嘲笑威廉，[87]这一点也不令人吃惊。

"我没法读他的书，"燕卜荪老夫人有一次声称——虽然她为他、为他在那个领域取得的成绩感到非常自豪。不管怎样，她没有为他的文学事业树立榜样，好像她对戏剧也不感兴趣，正如他1968年回忆道，"我记得我母亲在我很小时说，很久很久以前，她曾经被带去看《麦克白》（Macbeth），结果发现它是一部最可怕的闹剧——'我感到震惊，'她平静地说。"[88]如果他在家里将手稿随意乱放，他母亲将把它们扔掉：一张乱放的纸仅仅是一种不整洁的表现。甚至在三十二岁时，他还会对朋友约翰·海沃德承认，"在我母亲的家里……随意乱放的任何手稿（包括我前一段时间的两部完整的戏剧）都会被立即毁掉。"母亲对艺术毫不留情的无视和她对文字的麻木，他或许感到他的谴责有些过分了，他又以极端慷慨的心态补充道："做得非常妥当，即使最终造成一些不便，我也觉得她没做错什么。"[89]

因此，正是他早熟的好奇心以及贪婪的阅读欲望，引发了我们可以称为他的第一次——真实意义上的——"本能反应"。

> 当我还是一个孩子的时候，我想大约是八岁，我在我姐姐的《女孩私密文稿》（Girl's Own Paper）中读到了一个故事，讲的是一个刁钻刻薄的女孩控告另一个女孩穿紧身衣，而真实情况是，故事解释道，所有女孩，包括那位刁钻的女孩，都因被迫穿紧身衣而生病和痛苦。我惊出了一身冷

汗，但感到我了解了关于人类行为模式的一个重要真相。[90]

后来他在1938年给母亲的信中也偶然回忆道，"我孩提时所听到的关于中国的唯一事情就是可怜的圣乔治小姐［St George，可能是一位疯癫的家庭教师］对中国酷刑的描述，一直让我感到恶心，但我又从来不敢抱怨。"[91]使他感到震惊的是，任何文明都可能在把痛苦强加于人的过程中发现价值。同样使他感到不安的是，例如，他自己的母亲在社会的敦促下就会自己穿上紧身胸衣，正如基督教的上帝对儿子耶稣的牺牲感到高兴和安慰一样。的确，施虐行为是人类的主要邪恶，这将成为燕卜荪的人文主义信仰之一。

燕卜荪一生中最根深蒂固的信仰之一，最终得以在《弥尔顿的上帝》（*Milton's God*）中进行长篇阐述，并被赋予极大的热情，这就是他对基督教的蔑视，他称之为"酷刑崇拜"。具体地说，他嘲笑三位一体学说——儿子与父亲的同体学说，认为这仅仅是一个回避性条款，也就是说，它是一个狡猾的构想，因为不如此回避在道德上是让人厌恶的。"三位一体学说是必要的，否则父亲对儿子被钉死在十字架上感到'心满意足'，就会显得太邪恶"，他的逻辑让人无法辩驳。"但是把耶稣与父亲同体化仅仅是将他变成了一个虚伪的人，当他为敌人祈祷，使他们得到宽恕时，他知道他会以另一种身份实施报复。"因此，在评估燕卜荪童年的事件和印象对成年造成的影响方面，特别有意思的是，他意识到，在三位一体学说背后的骗局这个问题上，他与父亲的想法一样。

圣亚大纳西（St. Athanasius）的信条（母亲在我小时候曾经告诉我，父亲威胁牧师说，如果宣读该信条的话，他将离开，但不幸的是宣读的时候他睡着了）等于是说，父亲与儿子既等同又不等同，如果你不同时信仰两个方面，那么你将会下地狱。基督徒一直被鼓励去承认这个悖论的负面那一半，不断利用钱的比喻，引导他们从天然的愤怒走向对犹太人的迫害。"救赎"等术语，虽然无疑深入到人类经验的深层，却是来自奴隶买卖的比喻。在这些方面，很难使人想起父亲与儿子的同体化，很难想象上帝在出于对人类的爱同意将自己折磨致死之前，与自己讨价还价……只有当这个上帝有一种折磨儿子的欲望时，儿子才能够与他讨价还价。作为对那三个小时狂喜的回报，父亲放弃了永远折磨人类少部分人的快乐；虽然人们基本同意，这只是如此少的一部分，以至于他的永恒快乐不会被减少。[92]

我们不可能准确说出他何时被基督教的基督献身教义的粗劣含义所震惊，但是很有可能的是在他发现紧身胸衣的残酷真相之后不久：这两件可怕事情之间的相互联系是明显的，即使乍一看显得有点陈腐老套。虽然并不神经质，但燕卜荪非常敏感，特别是涉及到引起痛苦方面。但是劳拉·燕卜荪不太可能抽出时间与她的儿子讨论基督教，即使他有一天坚持要指出基督教信仰的谬误。这位燕卜荪寡妇会接受基督教，视其为生活天然的一部分，就像她认为靴子和木条筐对于园艺是正常的和必要的一样：不是你可以抛弃或者责备的东西。（在教堂里，威廉就会坐在那里清理他的指甲，一个表亲回忆道——表现出漠视或者蔑视，不管是这两个里的哪一个，都是他表明的一种姿态。）

但是威廉受到了来自基督教的严重影响，主要是他所声称的基督教的前后矛盾、极度不诚实、道德上的丑恶。他无法与母亲讨论他的忧虑，讨论为什么他没有选择，只能拒绝她的信仰，这些都只会对在他与母亲悠久的价值观之间筑起那道隔离的高墙起到推波助澜的作用。劳拉·燕卜荪对基督的信仰和她的保守思想是一脉相承的：怀疑她的上帝给人的感觉就是怀疑她的社会地位。不管怎样，正如那首题为《虚构法理》的诗歌等于是对燕卜荪父亲的批评一样，《致一位老夫人》（'To an Old Lady'）将他的母亲描写为另一个外星现象：就她的情况而言，隔了一个星球。（并不令人吃惊的是，两首诗——作于1928年燕卜荪达到成熟年龄之后——都充满了《失乐园》的词汇和意象。）

> 成熟就是一切；她在她冷却的星球上
> 崇拜；不要冒昧地认为她已经被荒废。
> 不要向她投掷物体、规划或配备人员，
> 神也会相继冷却，太阳寿命比其更持久。
>
> 唯独我们的地球没有以神的名字命名，
> 也不能支撑如此巨大的跨越去帮助她；

降落时，你会压垮某个宫殿，有点怪；
蜜蜂蜇所需之物，养蜂人的蜂后蜇私闯者。

不，拿出你的望远镜；遥望那片土地；
趁着她的仪式还能够被看见，观看吧，
她的神庙仍然矗立，在荒漠中变空旷，
沙的浪花将它们破旧窗户的花格子推倒。

她的灵魂的封地仍然矗立，没被召唤，
许多社会的细节，已经后继无人，
智慧被用于持家，被用于打桥牌，
悲剧性的激情，被用于解雇她的女仆。

岁月没有将她的岁差从器具中抛弃。
她读着指南针，对她的位置深信不疑；
自信，在她的天地里不会发现限制，
那里收成不佳完全处于她的唯一控制。

星辰充满我的长夜，尽管离我更远。
奇怪的是，她对我来说也遥不可及，
尽管我们同在烈日下。它挡住了她，
只有在黑暗之中，她才会被看见。

　　这首不同凡响的诗歌既是一种赞扬，也是一种惋惜。不管我们怎样敬重她，诗歌说道，母亲仍然生活在另一个世界：诗人与母亲没有共同的认识基础。因此代沟永远存在。（当燕卜荪的母亲读到这首诗时，她自然认为这里写的是她的母亲，这我们一点也不感到吃惊——这就是父母与儿女的永恒隔阂。）

　　燕卜荪在1973年回复一封来信时，谈到了《致一位老夫人》与他所抛弃的基督教信仰之间的联系：

这个宗教对我来说好像一直就是黑色恐怖，或者说在我还是小学生时就是如此，远远在我写这些诗歌之前。也许我早应该说这些话，但是我的朋友们都习以为常。我对其他事情感到愧疚，但是从对折磨的崇拜中解放出来是一种明显的收获。

[母亲]不是一个伪善的人，在我看来这很显然，火星人不会以一个神的名字来命名它们的星球，而他们很可能以某个出人意料的神的名字来命名地球。仍然，真实的情况是她是一个基督徒，而我不是，如果我是的话，可能跟她交流就会更容易。我并不介意想到这一点，如果我想到了，才不会给那些虔诚的人多少说三道四的理由。最后一行中那爆炸性的短语，"只有在黑暗之中"，原意是说："只有当你真正碰到麻烦时，你才会看到老夫人最好的一面"，这是在我被剑桥开除之前写下的，那时我认为她的行为举止给了我写下这些赞词的理由。[93]

对于孩提时的燕卜荪来说，对于已经失去了她母亲的社会和宗教确定性的现代青年燕卜荪来说，世界肯定在空中飘浮：未来必须被铸造起来，不能依赖过去的事情。正如他在诗歌的注释（与诗歌同时出版）中写道（小心地将问题普遍化）："我们的地球，没有像其他星球一样有一个神的名字命名，比喻的是一个没有根本信仰作为行动基础的群体（说'当前一代人'有点荒唐）。"燕卜荪的选择将指导他自己的生活道路，与他家庭的期望分道扬镳。

有些批评家往往将燕卜荪在基督教上的立场视为毫无道理、极端过分，甚至是歇斯底里的；总之，他们发现了一个偏执的人。他们认为，在后期，他的观点变得难以接受地消极，甚至具有恶毒的毁灭性。但是任何如此理解他的文学生涯的企图都是错误的。依据最强有力的天然和道德的理由，他对残酷的行径感到恶心；对父亲在天堂里看到儿子基督受难而感到"心满意足"的偏执观念感到震惊。"说我恨上帝，在我看来似乎就是一个假装基督教是唯一宗教的例子，"他在一封信中抗议道。"我憎恨摩洛神（Moloch），那个将儿子钉死在十字架上而感到满足的神。"[94]他不会默认这种思想，即基督教信仰仅仅是公民社会的一种功能，英国社会秩序的一个温柔侧面——正如她母亲几乎肯定会这样想。相反，他对这个上帝的蔑视可以用逻辑和历史来证实。

例如，S. G. F.布兰登（S. G. F. Brandon）在《亡者的审判》（*The Judgment of the Dead*，1967）中——燕卜荪在出版《弥尔顿的上帝》六年后为该书写过书评——对耶稣布道生涯的意义和含义提供了一个客观的评价，其措词一点也没有避开那些刺激燕卜荪的问题。他从犹太教启示录信仰的末世论传统出发，即救世主将会用永恒的幸福来回报虔诚的信徒，用永恒的折磨来惩罚其敌人，布兰登说，天主教最终成为一种"以救世主为中心的救世宗教"。尽管历史上教会对健康的救世神学日益重视，"基督［在礼拜仪式中］以两种不同的、在逻辑上矛盾的角色出现，即救世主和人类最高裁判者"。

> 我们自然感到震惊，［布兰登继续说］，基督教的先辈们如此乐意地相信人类的绝大多数最终将会被打入地狱。但是他们的态度是符合逻辑的；因为基督教末世论教导人们，信仰耶稣是获得救赎的根本条件……现代基督教神学的困境在于，既要放弃古代末世论的神话，及其涉及将人类大多数永远打入地狱的严酷排他思想，同时又要维护将耶稣视为人类唯一救世主的信仰。

因此，他的结论不可避免（虽然很难判断他表达此观点是为了更加严谨，还是深感遗憾）："因为信仰末日审判以及天堂和地狱的永恒结果，构成了基督教伦理的'牙齿'，或者说它最终证明了，那个信仰实际上现在比从前更加有必要。"不管怎样，他添加了一个脚注，说明了那个可怕的反讽，即这个仁慈救赎的宗教，不知怎地，需要认可永恒的惩罚："当然，从理想上讲，实施基督教道德准则的目的应该是爱上帝，而不是希望进入天堂，或者逃避地狱。然而，那个道德准则的生命力在逻辑上依赖于上帝对正义和非正义的最终区分。"。[95]

燕卜荪针对这个讹诈性学说的观点是充满蔑视的。"一个相信地狱的人无法不将地狱的前景与他对生活的总体感觉相联系，"他坚持说。因此他早期生活的一个最大的反讽就是，他自己的母亲完全相信地狱；至少这是母子之间存在令人遗憾的鸿沟的证据，也是燕卜荪与他的大多数先辈之间存在鸿沟的证据。人们常常听见燕卜荪老夫人责怪她的地方牧师——一个有自由思想的人："我去教堂是为了让人教导我，如果不好自为之，我就会下地狱——他从来不这样教导我！"[96]

1. 'The Coast Erosion Commission: Warping Experiments in Howdenshire', *Yorkshire Post*, 16 May 1907.

2. 'Out of Joint', *The Granta*, 17 February 1928, p. 286.

3. 豪登镇距离约克弗利特2英里，当时以马市著称，为英国最大马市。1875年交易量为16,000匹，交易金额20万英镑。

4. As reported in an interview with C. C. Empson, September 1991.

5. Humberside County Record Office, Beverley: PE 91/16.

6. As reported by her son C. C. Empson, September 1991.

7. Interviews with Mrs Vera Yorke, 4 October 1985; Mrs Grace Margery Key, 4 January 1989.

8. As related by Air Marshal Sir Richard Atcherley in a letter to Willam Empson dated 'August 6th' (Empson Papers).

9. 1973年阿兹利庄园变成了旅馆；1985年它被Queens Moat House Group收购。

10. 'The Will of the Late Mr Richard Micklethwait', *Barnsley Chronicle*, 6 October 1888.

11. Obituary in *Barnsley Chronicle*, 18 April 1908.

12. ' "Squire of Ardsley" dies, 79', *Barnsley Chronicle*, 8 July 1976; see also *Burke's Landed Gentry*.

13. Humberside County Record Office, Beverley: PE 90/12—Blacktoft register (copy).

14. Interview with Lady (Monica) Empson, 1983.

15. *Empsons' War: A Collection of Letters*, ed. C. C. Empson, Bishop Auckland: Pentland Press, 1995, 29.

16. Reported in an unidentified newspaper cutting, 'Coming of Age Festivities at Yokefleet'; *Empsons' War*, 30.

17. *Empsons' War*, 33.

18. Sir Walter Raleigh, quoted in John Pudney, *A Pride of Unicorns: Richard and David Atcherley of the R.A.F.*, London: Oldbourne, 1960, 14.

19. Laura Empson, quoted in Pudney, *A Pride of Unicorns*, 10.

20. 这个事故曾被广泛报道，例如*Morning Post*, 16 May 1914。See also an article reprinted in *Empsons' War*, 33–39; Ted Dodsworth, *Wings over Yorkshire*, Beverley: Hutton Press, 1988, 47.

21. Interview with Grace Margery Key, 4 January 1989.

22. Pudney, *A Pride of Unicorns*, 12. 帕德尼在第9—12页叙述了杰克·燕卜荪的事故。

23. Obituary in *The Times*, 20 April 1970.

24. *DNB 1961–1970*, 44–45.

25. Death certificate of Arthur Reginald Empson.

26. Interview with Grace Margery Key, 4 January 1989.

27. 约克地区遗嘱验证登记署（District Probate Registry, York）于1916年7月8日验证了遗嘱。R. Megarry and H.W. R. Wade 在《地产法》（*The Law of Real Property*. 4th edn. London: Stevens & Sons, 1975, 288–295.）中阐释了1882年土地定居法。目前使用的法案是1925年土地定居法。

28. 1910年John Poynder Dickson-Poynder被封为伊斯林顿（Islington）男爵；1892—1910年他当选保守党的奇彭汉姆（Chippenham）议员，1910—1912年任新西兰总督；后来的职务包括1915—1918年任国会的印度事务次大臣（Parliamentary Under-Secretary for India）以及1920—1926年任全国储蓄委员会（National Savings Committee）主席。See *DNB 1931–1940* and *Who Was Who, 1929–1940*.

29. 引自燕卜荪笔记本，手书记录了父母的遗嘱安排和他的评论。（Empson Papers）

30. 在书评的草稿中，他简单而有针对性地问道："为什么他［艾略特］从来没有提到他的父亲？"

31. Undated draft TS letter to 'Mr Green' on the subject of 'A. R. Empson Will Trust'.

32. 例如，1968年8月24日燕卜荪致信他的会计说：

> 我认为确定的继承权顺序可以也应该查阅。你能否派一个年轻人去萨默赛特大楼（Somerset House）查阅我父亲和祖父的遗嘱，获取一点特别信息，即确定的继承权顺序所规定的继承模式（可能涉及到曾祖父，但也可能不会）。我愿意花二十英镑获取我想要的信息，不能超出这个数。约克弗利特的家族像皇家一样通过女性传承的吗？还是像伯爵家族一样通过男性传承的？……如果它以男性传承，那么麦格多（Mogador）就是最终的继承人，或者是他的长子。如果不是，那就是由我的兄长查尔斯的外孙继承，似乎他就是这样想的。

> 当然，所有这些确定的继承权顺序在很久以前就清楚无误地记录在册，没有遮掩，因此我可以询问。仔细考虑后，我想确定的继承权顺序也许不在遗嘱之中：我只是想知道关于确定的继承权顺序的一个事实。它是否是个秘密？"另见燕卜荪致格林（Green）先生的书信打印稿，1981年2月8日：

> 非常感谢你的来信，它给了我不少惊奇。我完全不知道我兄长亚瑟1960年重新安排了家产，以便可以执行一个取消继承权的契约。这似乎不太可能：他当然需要获得我的同意，因为我是排在侄子查斯之后的继承人。

> 然后我记得在约克弗利特开了一个会，他们派人找我，我发现两位兄长坐在一堆文件旁。我以为他们获取我的同意，只是为老查斯为了小查尔斯放弃财产以便省下死亡税；为这样一件事获取我的同意未免有点太谨慎了。但是我指望我的兄长亚瑟会如此谨慎。我记得我在到达时这样说：'我不会有什么困难。我接受长嗣继承权的原则。'这也许值得回忆，至少它（向我）证实我完全不知道，我被召回去就是为了打破长嗣继承权的原则。如果我那时签名带来了什么灾难，请告诉我；我不记得签过名，当然我是不会没有感到好奇就这样做的。如果我这样做了，我对我的大儿子做了一件非常糟糕的事情，请告诉我。

> 1960年的协议的确存在，亚瑟安排这一协议是为了避免缴纳双重死亡税，这涉及到兄长查尔斯，他不得不放弃他一生的受益。亚瑟撰写了一份便宜行事委托书，当该事无意中泄漏后，威廉对亚瑟非常生气，威廉的儿子麦格多被排斥在外。燕卜荪的侄子查斯·燕卜荪在伯父亚瑟去世后继承了家产，但没有得到任何钱，所有钱都支付了死亡税，并且他从一开始就支付82%的最高税率。

33. 燕卜荪致兄长查尔斯的信（无日期，约1973），存其子雅各布·燕卜荪处。在另一封致格林先生书信草稿（无日期）中，燕卜荪说："我兄长亚瑟是一个非常小心谨慎的人……"

34. Arthur Empson, undated letter to mother (C. C. Empson).

35. Arthur Empson, undated letter to mother (C. C. Empson).

36. *Empsons' War*, 58.

37. Arthur Empson, letter to mother, 9 December (1915); *Empsons' War*, 64.

38. Arthur Empson, letter to mother, 11 January (1916); *Empsons' War*, 65.

39. Arthur Empson, letter to mother, 31 July (1917); *Empsons' War*, 77–78.

40. Arthur Empson, letter to father, 5 December (1915); *Empsons' War*, 60–61.

41. Arthur Empson, letter to mother, n. d.; *Empsons' War*, 69.

42. Arthur Empson, letter to mother, n. d. (C. C. Empson).

43. Arthur Empson, letter to mother, 29 July 1917; *Empsons' War*, 82–83.

44. *Empsons' War*, 83.

45. Ibid., 84.

46. Ibid., 85.

47. Arthur Empson, letter to mother, 14 September (1917); *Empsons' War*, 86.

48. Arthur Empson, letter to mother, 11 November 1918; *Empsons' War*, 95

49. Arthur Empson, letter to mother, 23 November 1918; *Empsons' War*, 98–99.

50. Arthur Empson, letter to mother, Cologne, 11 December 1918; *Empsons' War*, 100.

51. Arthur Empson, letter to mother, 27 November 1918; *Empsons' War*, 99.

52. Arthur Empson, letter to Charles, 12 November (1917); *Empsons' War*, 89–90.

53. Arthur Empson, letter to mother, 1 February 1918: *Empsons' War*, 102.

54. Interview with C. C. Empson, September 1991.

55. Interview with Lady (Monica) Empson, 1983.

56. Interview with Vera Yorke, 4 October 1985.

57. Interview with C. C. Empson, September 1991; and article '150,000 see Queen's Trooping the Color', *New York Times*, 12 June 1953. 《纽约时报》的文章包含一则路透社的报道，配有四张照片，题为《公爵的坐骑桀骜不驯》（'Duke Has Rough Ride'）：

今天，一匹名为"约克弗利特"的不知礼节的马给爱丁堡公爵带来了一次惊险。

约克弗利特猛地跃起，腾空，侧行，像一只螃蟹。但是公爵稳稳地停留在马背上。有一次这匹十三岁的马回过头来，想咬公爵的腿……

七十五分钟的游行结束时，伊丽莎白女王（Queen Elizabeth）转向丈夫，严肃地说了一句话。公爵咧嘴一笑，回答了一句，这使得女王咬紧嘴唇，竭力抑制一笑。

58. 'Infans Pervers' (a review of *Dreams Fade*, by Godfrey Winn), *The Granta*, 3 February 1928, p. 250.

59. Interview with Grace Margery Key, 4 January 1989; and Margery Key, letter to JH, 21 January 1989.

60. WE, '*Volpone*', in *Essays on Renaissance Literature*, vol. ii: *The Drama*, ed. J. Haffenden, Cambridge: Cambridge University Press, 1994, 68.

61. 'The Spirits of The Dream' 一文打印初稿，写于20世纪70年代。

62. *Coleridge's Verse: A selection*, ed. William Empson and David Pirie, London: Faber & Faber, 1974, 73.

63. WE, letter to W. D. Maxwell-Mahon, n.d. (Derek Roper).

64. Interview with M. F. Micklethwait, 9 August 1992.

65. Interview with Hetta Empson, 14 January 1990; also a letter to JH from Andrew White, 5 July 1985. "我记得他有一次在［温切斯特］聚会厅举行的宴会上说——是什么情景我忘记了——说他是父母众多子女中的幼子，知道他的出生不是计划之中的事情。"

66. 'Donne and the Rhetorical Tradition', *in Essays on Renaissance Literature*, vol. i: *Donne and the New Philosophy*, Cambridge: Cambridge University Press, 1993, 65.

67. *Ambiguity*, 198.

68. Interview with Lady (Monica) Empson, 1983; Interview with C. C. Empson, September 1991.

69. Interview with Margery Key, 4 January 1989.

70. 在一次接受诺里斯（Christopher Norris）和威尔森（David Wilson）访谈时燕卜苏说，他的一个朋友约什·艾弗里（Josh Avery），是一个海员——"海员都害怕母牛"——曾经对他说，"你真的不怕母牛吗？我一直在看。"燕卜苏接着说，"呃，我从小就相信一个好男人不可能害怕母牛，你明白吗？这不可想象，人们会这样说。我吃惊地盯着他说，'你怎么会认为我怕母牛？'我的感觉就像我看到人们把我在诗歌中的感觉明白地写出来，一次又一次。'你怎么会认为我在内心与母牛挣扎？'尽管如此，请留意，我觉得害怕这样的牲口很明智。事实上它们完全可能把你踩成烂泥。但是对付母牛的办法就是不让它们知道你害怕。至少我知道这一点。"

71. Interview with Vera Yorke, 4 October 1985.

72. Interview with C. C. Empson, September 1991.

73. 来自查尔斯·燕卜苏撰写的回忆录的开头，引自Lady (Monica) Empson致作者的信，1983年5月16日。

74. Interview with C. C. Empson, September 1991.

75. Interview with Vera Yorke, 4 October 1985.

76. Interview with Hetta Empson, 14 January 1990.

77. Arthur Empson, letter to mother, n.d.; *Empsons' War*, 73.

78. 甚至在温切斯特学院的同学中，燕卜苏也会激动地说起姐姐。（Miriam MacIver, letter to JH, 3 October 1987.）

79. *Milton's God*, 319.

80. 'Bastards and Barstards', *Essays in Criticism*, 17/3 (July 1967), 407.

81. 燕卜苏对口音和发音很感兴趣，对未被加工整理成"标准发音"或"BBC英语"的正宗发音也很关注，虽然他自己的口音很明显是社会中上阶层的口音。1937年当他为美国听众写演讲稿时，他肯定是在利用他的个人知识，特别是他在约克郡乡村长大的经历："关于英国的方言，需要理解的是多数村民的口音范围都很宽广，从标准口音到地方口音，或几种地方口音，这给变换谈话和变换对谈话对象的感觉增加了许多负担……没有人把这一点写进方言小说，除非需要粗鲁地转换到标准英语（除非表现粗鲁，这一点很少使用），因为小说读者不会理解，我自己也不会理解。事实上，如果人们期望你说标准英语，他们就不会允许你学这样的把戏；老派的地主仍然玩这样的把戏，但是有一点傲慢的味道。"［'A London Letter', *Poetry*, 40 (1937), 220.］可以推测，在说这最后一句轻蔑的话时，他想到的是他的父亲，或者（更有可能）他的兄长，他们正是那样的老派地主，在与佃农交谈时，会想到使用地方口音。

82. Letter to Phyllis Chroustchoff (*c.* Christmas 1930); in possession of Igor Chroustchoff.

83. Loose leaf from diary, dated 'Sunday 3rd'. 这篇日记的前一段落也很有意思："母亲每晚将客厅的地毯从壁炉向后叠，是因为火星可能外溅；她锁门，我想是因为祖母曾经这样做。我有两次洗澡后来到客厅，看见她关了灯，锁了门，跪在地上叠地毯。今晚回来，我这个受伤的观察者感到异常吃惊，想象着我发现门从外边锁上了，她在里边的黑暗中自言自语，静静地在地毯上到处爬。从外面锁门是巫术的精髓，天亮前从里面出来并做我可敬的妈妈很可能代表了一种奇特的精神健康的原则；他人，实际事务和固定习俗对人的灵魂产生的效果。实际上我认为她在黑暗中做这件事，是以一种正式事务的方式表明她几乎做了所有事情。"

84. WE, letter to 'Mr McMahon' (W. D. Maxwell-Mahon), 21 August 1973.

85. 白色宅邸曾经是旅店，据说里边闹鬼（据说燕卜荪老夫人和莫莉在卫生间见到过幽灵）；据民间传说，旅店主人曾经谋杀了几位富有的住客。

86. Unpublished memoir by the late Sir Desmond Lee.

87. Interview with Lady (Monica) Empson, 1983. 1931年，查尔斯·燕卜荪娶莫妮卡（1909年出生）。她是坎特伯雷大教堂（Canterbury Cathedral）教长之女，很喜欢小叔，称之为"威伦"（Willum）。她喜欢说《露营》一诗就是写她的，但这不太可能——不仅仅是因为诗歌的创作时间不对：它1929年2月就已经发表。它肯定是描写1928年的一次露营经历；无论如何，我们应该理解诗歌中的两人是恋人。

88. Unfinished draft review of Wilbur Sanders's *The Dramatist and the Received Idea*, Cambridge, 1968; Empson Papers.

89. WE to John Hayward, 4 May 1939 (T. Hofmann).

90. *Milton's God*, 111.

91. WE, letter to mother, 15 March 1938 (Empson Papers).

92. *Milton's God*, 246.

93. WE, letter to 'Mr McMahon' (W. D. Maxwell-Mahon), 21 August 1973 (copy in Empson Papers).

94. Undated draft letter to the editor of the *Hudson Review* [in response to Roger Sale's article 'The Achievement of William Empson', *Hudson Review*, 19 (Autumn 1966), 369–390]. See also WE's published letter, *Hudson Review*, 20 (1967), 434–438.

95. S. G. F. Brandon, *The Judgment of the Dead*, London: Weidenfeld & Nicolson, 1967, 104, 108, 98, 134–135, 196.

96. Interview with Grace Margery Key, 4 January 1989.

第四章

"猫头鹰燕卜荪"

当我还是一个小男孩时，我非常担心我没有生活需要我拥有的勇气……

——《弥尔顿的上帝》，第89页

预备学校：炸弹、鞭打、数学

为什么威廉的父母将他送到那么远的学校去学习是一个谜。在距离方便的范围内就有非常好的预备学校；但在七岁半的年龄，他就被送到了南部海岸的一所没有历史的红砖学校。

普雷托里亚庄园学校位于福克斯通的西郊，在肖恩克里夫（Shorncliffe）军营附近，部队出发去法国前往往在这里集结。当时，德国空军飞行员从比利时进犯英吉利海峡，驾驶着叫"乌鸦"的小型飞机，企图向伦敦投放炸弹，如果它们在冒险飞过肯特和苏塞克斯（Sussex）之后仍然有剩余炸弹，或者没有飞抵首都，那么它们就会把致命的货物投向肖恩克里夫、福克斯通和多佛尔（Dover）。校长一旦察觉飞机的高频嗡鸣，就会抓起一只吹起来像警报的哨子，吹出几声巨大的哨声。所有人都会扔下一切，发疯似的冲向板球亭下的防空洞。这个戏剧性的事件对于1915年夏天刚从约克郡来的男孩来说有着明显的吸引力。"在这里最高兴、变故最多的一天是［6月］12日（星期六），"他在星期天（强制性的写信日）写给姐姐的信中说道。"我们在那天与另一个学校举行了一场板球赛，'防空洞'哨声在8点至10点之间响起。我跟你说，现在每天早上醒过来都觉得高兴，我每天在这件事上（指醒来）都要花很长时间。"[1] 但是这种兴奋感在一天好几次警报的情况下可能很快就变得腻味了。6月13日他的兄长亚瑟从佛兰德斯的战场上带着关爱写信回家道："很遗憾听到威廉身处南方的虎口，但是他的第一个学期很快就会结束。"[2]

普雷托里亚庄园学校的产权属于校长莫里斯·罗德里克（Maurice Roderick）和他的南非妻子；他是一个粗壮、秃顶、快活的威尔士人，昵称"老莫"；其妻同样随和。他们的儿子也在学校上学，女儿在战争最困难的时候也来帮忙。为了管理这个有五十个喧闹、调皮孩子的机构，他们雇佣了四个男教师——都是因伤而退役——和一个牧师，加上两个性格快活的女教师照顾低年级学生。这个教学团队组成了一个较为学术性的速成学校。分数和年级排名每周发布，每天都很有规律。虽然老莫是一个快活和懂道理的人，但他显然不赞同任何想把他管辖的孩子带坏的企图。威廉在初期的一封信中不得不向温和的姐姐莫莉透露："附言：我们不允许接收从家里寄来的任何零食，除了水果"[3]——但是好像吃甜食并没有被完全禁止，关键是要分享这好运带来的甜食。"我可以吃蛋糕，如果我分给其他孩子的话。"[4]星期天他们将被带到乡间去远足，排成严格的鳄鱼队形。"莫莉和查利错误地认为，你可以选择一个伙伴，然后随意乱走，"威廉对母亲简要地说，"你必须在步行中保持队形。"[5]他带着尊严端庄地签名结束，"爱你的威廉·燕卜荪"，或者简单地写上："好了，再见，W. 燕卜荪"。

纪律靠一个纸条系统来维持。每个教师有两个本子，像支票本一样大小，一本粉色，一本蓝色。优秀的成绩和行为将被奖赏一张粉红色纸条，称为一颗"星"，但是不端的行为将被登记在蓝本中，过错人将收到一张蓝色纸条，被不吉祥地称为"条"。这些纸条必须每晚6点钟交到校长的办公室，如果蓝色纸条超过了粉红色纸条，麻烦就来了。首先，过错人将得到一个"方阵"：先写下数字9到1，然后在下面写下1到9——所有数字都必须相乘，然后除以一个难以想象的数字。这些耗费脑子的难题必须在业余时间去做，消耗大量纸张。然而，多次出示蓝色纸条将会导致一顿鞭打：老莫将用巨大的皮拖鞋，狠狠地抽打趴在旧式皮沙发上的过错人的光屁股。甚至在第一下抽打还未落下，受害者就开始拼命嚎叫，老莫会称他为"先生"——无疑他希望这孩子像一个男人一样接受鞭打。"你还会再犯吗，先生？""你又懒惰又不听话，先生。"

威廉是一个性格平和的少年，没有显示出想家或不安的心理迹象——甚至在他父亲1916年去世之时也是如此。他母亲太实际，没有在孩子心中激励起任何性格上的放纵；更为重要的是延续生活和承担责任。燕卜荪家族的坚韧和古老的血统将保证他们渡过难关，威廉的教养使他明白，人应该坚忍不拔，藐视自我怜悯。另外，特权与责任不可分离。除此以外，他还了解到他是家庭里的意外之子，是他母亲的额外负担；经验告诉我们，莫莉给了他最多的爱。父母的所有期望都寄托在三个哥哥身上。威廉就其年龄来说显得矮小，他还近视，天生就适合闭门读书，而不是承担公共职责。母亲爱他，相信他；但是根据他的理解，他仍然有很多理想需要去实现。这些因素组合起来使他成为一个清醒但富有计谋的孩子，他喜欢思考的程度远远超出了他的年龄。正如他的同龄人回忆道，"多数学生都闹腾、顽皮，在走廊里奔跑，放学之后就相互打斗，威廉·燕卜荪却很安静，很疏远。"6 但人们既没有感到他是顽童中的人精，也没有感到他是欺负的对象。"我觉得他很受人欢迎，其原因是——与许多同龄人不同——他从来不寻求他人的好感。他很可能参与一些小型的恶作剧，比如把床叠成苹果馅饼式叠床（床单卷叠，钻不进去）或将两只鞋的鞋带捆在一起，但我不能想象他把胶水挤在老师的座位上。"7 他沉着镇定、毫不挑剔、谦虚自信。例如，他在学校的第一个夏天就在信中对母亲说道："不要以为我们还在穿硬领和长裤"，这并不是一种自负心态的表现，而仅仅是想表明，不需要过于担忧。8 威廉理解事情的走向，能够控制一切。他没有运动的天赋，很少有其他娱乐可以参与；他甚至被赶出了学校的合唱团（"于是我就躲进角落，忧伤地痴笑起来，"他显然带着欢乐补充道）。9 但是他不是一个叛逆者，而是带着一种应有的严肃态度对待所有的任务。例如，他1915年11月写信回家道："我们本周有考试"，甚至没有停下来谈谈他对这个话题的感受，他就直接往下说道："有一场为疗养军人举办的音乐会，我将朗诵一首诗，题为《好样的》（'Bravo'）。"10 但同样他也可能像旁人一样激动得像一个孩子："附言：自从我来这里，我看到了两艘飞艇［不是齐柏林飞艇（Zeppilin）］。"11

在学习上，他一开始就很出色。1915年12月5日，他开始每周写一次家书："如果没有消息就是好消息，那么，本周我获得了尽可能的最佳排名。"说过开场这句废话之后，他解释道："我考试获得第一。考试：作文86（第一名），几何44，英语语法69，地理47，算术80，历史43，拉丁语法54，拉丁练习和拉丁翻译111，书法72，法语语法66，法语翻译74。"12 在该学校学习的五年中，他都保持了第一，尽管很快就开始了令人沮丧的迁徙。随着轰炸更加频繁（有一颗炸弹掉进了隔壁的女子学校），学校被迁移到德比郡（Derbyshire）马特洛克巴斯

（Matlock Bath）的一座阴暗的宅第。然后过了大约一年，又迁回南方，进驻霍舍姆（Horsham）的庄园大厦，住宿条件更加适合；最后，在停战条约之后，才回到了福克斯通。但是威廉是一名天生的学生，专注而好学，没有因东奔西走而受到影响。（的确，他能够在任何地方读书和写作，这已经成了他生活的一个特征：他将在自己的世界里生活得像一头猪，唯一对他有影响的东西就是噪声。）

在他小时候，科学的奇迹尤其能激发他的好奇心。"图书馆里有很多科学书籍，我读了其中许多，"他在早期的信中告诉母亲，不是炫耀，而仅仅是提供信息。"我读了《动物世界传奇》（*The Romance of the Animal World*）和《昆虫生活传奇》（*The Romance of Insect Life*）［埃德蒙·塞卢斯（Edmund Selous）著］。然后我又在读《动物艺术和工艺传奇》（*The Romance of Animal Arts and Crafts*），库宾（H. Coupin）和J. 利（J. Lea）著。这些书都很好，我最喜欢埃德蒙·塞卢斯的书。"[13]也许并不令人吃惊，莫里斯·罗德里克很快就有机会在全校学生大会上通告，燕卜荪写了一篇关于"动物的本能"的文章。对于他那个年龄的学生来说，这篇文章非常难得，更像是出自一个21岁青年之手，老莫说道；后来它刊登在学校的杂志上。[14]

虽然并不是一个爱偏袒的人，但罗德里克一定感到很满足，因为他发现燕卜荪在他心爱的科目数学方面很有天赋，这个科目他确实讲得非常透彻。在1918—1919年间，燕卜荪升入第一年级（最高年级）后，他和另外两个聪明的孩子［黑兹尔顿（Hazelden）和弗莱希姆（Flurscheim）］，被校长分到一个单独成立的班。"我们将普通入学试卷当成练习，"杰弗里·黑兹尔顿对我回忆道，"并期望得到100分，我相信我们多半得到了这个分数。"[15]燕卜荪的作业相当潦草，他也意识到这一点（"请慷慨一些原谅我的字迹潦草，拼写错误，"他在一封家书中写道）。[16]但他答案肯定都做对了，因为老莫接受了他的作业。那年夏天，黑兹尔顿获得了一等奖学金进入切尔滕纳姆（Cheltenham）学院学习，主要依据就是他的数学成绩，而燕卜荪——比他低一年级——还要读一年。1919年5月校长对燕卜荪夫人解释道："他今年还未达到标准，但明年肯定会得到奖学金。我急切希望他明年尝试考温切斯特学院，但是哈罗公学比温切斯特更好……在假期里，他已经提高了一点书写的质量。我希望他继续这样做。"[17]罗德里克先生持续给这个十二岁的学生施加压力，而且次年4月再次告诉他的母亲："威廉会得到奖学金，我对此深信不疑。威廉学习很好，但他仍然有点粗心，不过正在提高。"[18]

我们不知道校长所希望的哈罗公学怎样了，但是孩子不小心染上了麻疹，这发生在要求极高的温切斯特学院奖学金考试期间——这是全国最艰难的入学考试——他和普雷托里亚学校的另一名男生参加了考试。他母亲答应，如果获得入学资格，他将可以到瑞士去滑雪度假，这对他是一个巨大的物质刺激。"考试昨天结束了，"他在6月11日寄回家的明信片上写道："我们现在又在卫生所'休息'……我们明天将听到结果，如果幸运，将发电报。麻疹正在逐渐消退，但仍然有十人没好。旁边的男生在要这支笔，好了，再见，威廉。"[19]第二天，温切斯特学院的副校长告诉燕卜荪夫人，她的儿子在学院的入学名单上排名第十〔他比R. H. S.克罗斯曼（R. H. S. Crossman），未来的工党内阁大臣，高了三位〕，得到校长和院士们的推选而获得了奖学金。[20]奖学金提供了非常难得的费用减免：根据威廉计算，用姑祖母遗赠给他的三百英镑去投资所得的收益，他能够支付他自己的就学费用（每学期的学费和生活费总共需要十三英镑）。他因此历数自己好运的方式很值得赞赏：

> 哎，我经过努力成功了。在去年，排名第十的学生不可能被录取。我们见过一个在名单上排第九而被拒绝的男生，因为只有八个名额。他肯定感到恶心！其他男生如此推着我向上，肯定感到自己像蠢驴一般。有些试卷我做得一团糟。科布（Cobbe，和我一起去考的另一位男生）还没有听到结果，因为他是一个华威学生，也是参考的唯一一个。我们碰到了另一个男生，他从普雷托里亚学校获得了温切斯特的奖学金。他是个很有优越感的绅士，对我们态度很好……我们必须写英语诗歌。以潜水艇为题的十四行诗（！）从伦敦到巴黎的空中旅行！我从来没有像今天这么高兴过！我希望这个社区里没有绽放的精灵！
>
> 我想这意味着瑞士！恐怕我一直非常幸运。
>
> 最爱你们的
>
> 威廉——不知道为什么？[21]

除了那篇久已遗失的文章《动物的本能》，以及那首关于潜水艇的十四行诗以外，在他的预备学校生涯中，没有多少证据显示他是一个正在形成的文学天才——数学是他的专长——除了他在普雷托里亚学校为一个比他低一到二年级的男生写的一首原创诗歌。约翰·西姆森（John A. Simson）不仅年纪小，而且在全校学习成绩垫底，燕卜荪对他来说如此超前，以至于几乎像是一位中年人。西姆森也记得："我很腼腆，没有什么自信，也许发现威廉·燕卜荪是一个合得来的朋友。"[22]在燕卜荪看来，去结交一个不被看好的年轻人，可能超出了他的常规，因为他知道在家里做老幺是什么滋味；当然他不藐视低年级学生，这也有助于他的声誉。当西姆森请求他在签名本里写点什么时，燕卜荪写下了这首非常机智的打油诗，正好令人惊奇地勾画出他成年后对基督教的反感。该诗写于6月29日，正好在他离开普雷托里亚学校之前（时年十三岁），这是他现存的第一首诗：

> 母亲，对安妮道了声晚安，
> 担心黑暗会引起她的恐惧。
> "四位天使保护你，"她低声说，
> "一位在床头，一位在床尾。"

> "妈妈——快看——枕头——那里！！！
> 那位天使消失，他的头发掠过。
> 没关系，我们还会看到下一位。
> 啊，天使反而使我不安。"

> 母亲惊愕，轻声叹道："安妮！！！"
> （枕头打翻了一个水壶。）
> 安妮说："我不要白色的东西
> 整夜在我的床边念唱祈祷。"

> "威廉，温切斯特人"

在威廉·威克姆基金会（William of Wykeham's Foundation）招收第一批七十名"贫穷和困难"学员进入了温切斯特学院后的五百二十六年中，它逐渐建立起严格的特权生活。燕卜荪在融入该学院生活的过程中，似乎没有碰到什么困难。[23]在开学时，母亲把他送到南方；然后他就被交给了他的学长——一个二年级学生，他将给他介绍温切斯特这个小天地里的各种规矩，包括学员的早晨赞美诗 *Jam lucis orto sidere*（"前两个词按古英语发音，后两个词按意大利语发音；为什么？唉，那就是规矩。"）[24]校歌 *Domum* 和谢恩祈祷——当然不能忘记所谓的"概念"，即学校大量的、奇特的术语和方言。熟悉概念的过程大约需要两周时间，在这期间他被免除了"流汗"，即听高年级学生使唤（在高年级学生的指导下干脏活累活，如擦皮鞋；一个男生的"流汗期"为两年）。然后他将在"概念考试"中被学长考察（简便但又烦人的缩写词背后的技巧本身就是一种"概念"），也许会因为答错了而挨打，没有把他教好的那位学长也会受罚。[25]他还需要经历一个入会仪式。

燕卜荪以快乐的心情迎接了所有这一切；他迫切地希望加入这个杰出的群体，显然他认为参与的程序纯粹是走形式，并非对个人的冒犯。这封信写于1920年9月16日，在他到达后约一天后，显示了他如何乐意地，甚至是轻松愉快地担当起公学学生的角色：

亲爱的母亲：

　　我正坐在房间中间的一个座位上，因为毕竟那个占了我座位的人不肯让出来。但是我敢说他知道他在做什么。你离开以后，我回到了学校，发现晚饭后所有人都两人一组正在院子里散步。我吃了晚饭，有一段时间没有找到伙伴，但是菲利普斯（Philips）——我们曾经谈话的那个男孩——救了我。早晨的安排漂亮极了。你穿着睡衣，拿着毛巾进入洗澡间。流入澡盆的是冷水。你跪下来洗脸，然后从后面将水浇到全身（当然，要先脱下睡衣）。这使你完全醒来。我今天在小山上经历了常规的仪式。首先，你随集体跑步上山，直到你看见树林的顶端；然后高喊"翅膀"并倒地平躺。下一步，你被蒙上眼睛走出这个树林；然后你需要在灌木丛中的迷宫跑出。在那之后，你跑下一个干涸的壕沟，从另一边跑上来，面朝下躺在地上，亲吻地面，将一段粉笔放入一个粉笔构成的十字架。然后你通过架在河上的一块木板走一个来回。木板曾经更窄、更滑，有青苔，但是他们这次已经换了，因为木板几乎都坏掉。好让人愤慨！然后我回到学校，在甜点商店吃了一块雪糕，写了这封信。人们都非常友好，一点也不轻蔑他人。豪厄尔（Howell），我认识的那个男孩（否则是我的"他者"），上学期离开了，但是他显然不太受欢迎，因此没有太多损失。到今天为止，我们只上了一门课程，但是一旦我们上了路，就会显得很容易了。他们想知道，我是否想学希腊文。我不知道，由于我不知道将来做什么，因此简直就是一团迷惑。我将会被"谈话"。我需要买墨水和墨水盒（十一便士），除此之外我现在一切都很好。这封信最好也给莫莉看。我们还没有玩什么游戏。瑞士仍然很遥远。

你的忠诚的

威廉，温切斯特人

（附上我最真的爱意）[26]

按照温切斯特学院的说法，"男人"的意思是该校的男孩——正如他在第一句话中所说。不是所有男孩都是男人。（校长是"男人头"，威廉·威克姆明确指示，校长"受雇佣也可以被解雇"。其他教师称为学监，像在大学一样。这样的用法完全可以解释为什么后来燕卜荪颠倒了这个程序，将大学生称为"儿童"，虽然他也可能是在延续这个游戏，同时抗议这个游戏。）他显然开端很好，甚至用"他者"来指温切斯特以外的其他学校的男孩，虽然他还需要知道，"院子"可能是宿舍围院（铺的不是石板而是"沙子"）——中世纪学院的燧石内院，在接下来的五年中，他将在里边学习、吃饭、睡觉。那个不远的、长着苏格兰冷杉和桦树林的小丘叫做"小山"，虽然只有一座小丘［圣凯瑟琳小山（St Catherine's Hill）是学校晨练的踩踏之地，其名字开始被缩写，然后又由于男孩们自己的神秘原因，被添加了一个多余的结尾s］。[27]

"一个人不会被确认为真正的温切斯特人，"约翰·迪尤斯·弗思［John D'Ewes Firth，别名"羔羊皮"（Budge）］，温切斯特的舍监和历史教师说道，"除非他挨打超过两次，获得这个资格不需要等太久。"燕卜荪挨打的次数"相当频繁"，正像他自己感叹道，第一次是与理查德·克罗斯曼一起挨打。"我们都是新来的男孩，因为撰写并散发了讽刺学长的文章而一起挨打，从那一天起，我就很清楚，燕卜荪是那种诙谐的天才和学术'超人'，温切斯特有时培养出这样的人，对它培养的标准型人才是一种反叛。"[28]正像传奇的悉尼·史密斯（Sydney Smith）

一样——史密斯反对学生规章，并任命自己为楼长（学生之长），"暮年回首，温切斯特使他颤抖"[29]——也正像他后来的英雄杰里米·边沁一样，燕卜荪对体罚感到深恶痛绝；在他看来，对身体的摧残是世界上最大的邪恶，超出了其他任何变态。温切斯特的学长们有权用末端分叉的白蜡树根抽打低年级学生（分叉树根可以吸血，为了柔顺，用水浸泡过），[30]尽管学校的创始人章程规定，校长"惩罚需合宜"。[31]（"啊，"校长于1922年告诉新一批楼长，"如果你们看到任何小捣蛋鬼在走廊里喊脏话，你们应该立即抽打他，就是这样。"）至少在该校就读的头几年里，燕卜荪认为这个体系"非常野蛮"[32]：道德的敏感和痛苦的经历使他相信，大人教孩子相互加害，是一个教育体系的粗野。他足够大胆，三年级时即在以"公学体制不符合当今需要"为题的学校辩论赛中表达了这个观点；《温切斯特学人》（The Wykehamist）报道了这段直截了当的话："W. 燕卜荪强烈要求取消体罚。"[33]但一年以后，他很乐意地承认，甚至体罚都不能影响他对学校整体的评价，他认为学校是超群的。"我相信温切斯特并不像过去那样恐怖，那时年幼的燕卜荪在恐惧中发誓，他绝不会否认它的好，"他在写给德斯蒙德·李爵士的信中说。李是燕卜荪剑桥的同学，后来做了温切斯特的校长。他并不是想说他对学校的赞扬实际上没什么价值，因为那是在强迫自己发誓的行为中说的；他想说的是温切斯特是很出色的，尽管它在那时允许体罚。"请相信，"他告诉李，"我总体的意思是，我没有简单地接受折磨；作为孩子我还反抗了它；但是这个孩子可能很容易意识到自己像坐飞机一样被带到了空中，远离地面，到头来他很可能像一只鹰一样从那个高度坠落。"[34]他不是一个势利的人，一点也不是，他的意思不是说公学学历给他的生活提供了一张头等车票。鹰的形象特别恰当，它使人想起了霍普金斯或奥登：燕卜荪相信他应该献给温切斯特应有的崇敬，因为它是如此卓越的教育"机器"，以至于它不仅使这位少年腾飞起来，而且给了他力量独立腾飞；它使他的所有能力都得到了发展，给了他充分的信心去使用这些能力。他仅仅是在蔑视傲慢和独裁的行为，或者拒绝被它压倒："以一个英国学生的身份说话"，他在离校一年后写道，"我不喜欢那些处于支配地位的盎格鲁-萨克逊人，我们曾经称之为'学长'。"[35]

的确，他一点也没有被学长制度吓倒，他现存的信件和同辈人的叙述都显示，他非常喜欢他在学院度过的时光。这封写给"他天使般的母亲"的信从一开始就很活泼，不仅对他母亲送给他的钢笔、祖母送给他的十英镑钱表示了极大的热情（他说，祖母称他为"横冲直撞的威廉"很恰当），而且对温切斯特的学院生活也表现出了同样的热情："极其感谢！钢笔好极了！吸墨水的装置是一流的！！！……我很快就会完成头两周的见习期，从此我将成为一个真正的——虽然还谈不上成熟的温切斯特人。我的生活靠着你给的一磅甜点起步。莫莉的果酱软糖嚼起来味道好极了！我们已经吃完了两层。"[36]他显然感到异常兴奋。

这里提到的"我们"不是装腔作势指涉自己的代词，而是指与他同宿舍楼的十一到十二位男孩，他们共同分享楼下的大厅，楼上各自有宿舍。威廉·威克姆1382年生效的建校契约规定：学院学生的年龄应该是八到十二岁，主要适合培养成牧师和公务员。到威廉·燕卜荪的时代，学校有七十名学生，但是年龄在十三到十八岁之间，很少有人考虑将来成为牧师。在全体四百五十名学生中，绝大多数是所谓的平民；他们住在膳食宿舍楼，看着自己这个数量众多的群体和鸿沟对面的贵族精英，杰伊（Jay）爵士说（他也是同期的自费生），犹如看到"一群奇怪的人，像黑人或伊顿人（Etonian）"[37]。学生住在14世纪的著名建筑中，被分成更小的、编制严密的小组，以便安排住进六个主要的"宿舍楼"。在这些小组中，至少每年更换一次小组，年龄完全打乱，混在一起，有一个十八岁的高年级学长与最没经验、最没安全感的新生一起在指定的时间一起学习、睡觉、吃饭、玩规定的游戏。为了组织游戏和军官培训队，学院分为两个单元，学院东区和学院西区。燕卜荪在学院东区，[38]但他的近视意味着他对他那一边没什么用，相反，他经常去划船以锻炼身体。[39]正如迈克尔·霍普（Michael Hope，燕卜荪的同龄人）回忆道，学院的生活特别等级化："在每一个宿舍，每一个人，从高年级的学长到最小的低年级学生，都有他的地位、责任、特别待遇，如果是学长的话，还有权力。"每个宿舍有三到四个学长，比学生总数的四分之一稍多一点。这是一种毫不软弱的、完全公开的生活。在楼下的大厅，每个男孩都有自己敞开的隔间（称为"小罐"），内有壁橱、书架、一块固定的板也就是写字台和一只凳子，隔间里放着他所有的个人物品（除了衣物）。甚至学长都只有一个稍大一点的空间，每个"空间"由两到三张桌子围起来；大厅中央有一张大桌子，学长在这里吃饭。"楼上房间的家具也同样简朴。在这里，几乎没有机会同自己的朋友进行私下谈话，除非去散步或者骑车。"[40]

在这样公开暴露的情况下，任何可能的性活动都受到了严格控制，即使学校认为一个"男人"在生活中没有同伴是很糟糕的事情。在第一学年，燕卜荪在星期天经常与安德鲁·怀特（Andrew White）一起去散步，也一起去进行离假日"探险"，他正好是同年级学生，据说有着"清秀的脸庞和特别尖的声音"。[41]学院创始人是一个发誓独身的牧师，规定任何女性不得进入外校门。但迈克尔·霍普回忆道，"无疑，男孩中间是存在情感的，甚至是特别动情的纠葛，但是身体的接触在我的印象中是不可能的，更不要说鸡奸。"威廉·海特（William Hayter）爵士，未来的英国驻莫斯科大使、牛津大学新学院（New College）的院长，当时比燕卜荪高一年级，他证实了在他那个时代的温切斯特学院，"同性恋爱"非常罕见，虽然有一个男孩显然是同性恋。[42]

在燕卜荪就读该校的大多数时间里，即到1924年为止，校长是蒙塔古·约翰·伦德尔（Montague John Rendall），他是哈罗公学的毕业生，将毕生精力都献给了温切斯特学院：他没有被"妻子和孩子等人所拖累"。[43]年轻人的出现使他充满了"欢乐"，他告诉一个年轻教师说；还有一次，他以令人难以置信的真诚说道："三十多年以来，我一直是带着欢乐走进教室的。"蒙塔古不但是一流的古典学家和给人灵感的教师，他还是理想主义者、热衷于事业的人、各种场合下的绅士和非凡精明的表演者。"有他在，生活就显得更加令人兴奋，更加生动，更加充满色彩，""羔羊皮"弗思在赞词中写道。[44]他是一个充满虚荣的、自我意识强的、喜欢自我戏剧化的人，长着浓密的爱德华时期的八字胡，常常穿一身过大无形的、布料厚实的双排扣西装，领带不是打结，而是穿过一个领带环。在节假日，他会在这身特别的行头上加上一顶礼帽。"有意思的是，"弗思说，"他的慢性咽喉病没有任何生理原因，而是因为他不自然的、做作的发音。正如他对那些挂在副校长餐厅的绅士阶层自费生的照片发出的感叹——'这是矫揉造作的肖像，啊，充满了做作的飞扬跋扈'。"[45]同样，他也很谦逊，是一个天然的独行者、虔诚的基督徒，能对他所管理的人产生一种单纯的道德影响。但是，因为如此的浪漫和浮华，如此令人尴尬的古怪（他毫不顾忌地用衬衫的硬袖口做记录，或者在教堂里，当所有人都唱完时，他拖长他的声音），他被许多男生视为装腔作势的老头。到1920年，在57岁时，他已经变得有点糊涂，且精力不能集中，至少看上去如此，这更与他非凡性格中的荒唐因素掺合到了一起。对于其他人——包括燕卜荪那一代人中的一些人——他可能显得像一个遥远的、奥林匹亚山上的人物。但是他对诗歌、音乐、艺术的真诚热爱产生过深刻的影响〔特别是对意大利文艺复兴时期的热爱，因为他跟伯纳德·贝伦森（Bernard Berenson）学习过〕，[46]即使这种热爱往往显得有点伤感。因此，肯尼思·克拉克（Kenneth Clark）在他的自传中，赞扬伦德尔有"非凡的气质、浪漫的大眼睛、茂密的八字胡，他的发言是一种念咒，像诗人读自己的作品，时而发出出人意料的哼哼声"[47]。迈克尔·霍普证实，伦德尔"肯定对我们有一种无处不在但非直接的影响"——不管他那时候显得多么糟糕。[48]

"他的教室光线明媚，""羔羊皮"弗思写道，口气好像很喜欢他（弗思甚至很欣赏校长对他进行的令人尴尬的讽刺，有一次，伦德尔挖苦他"为希腊文增添了一个新词"）。[49]甚至在做校长时，伦德尔还承担着高年级教学的一大部分，因为他决心要使温切斯特学院保持其"杰出的古典学学校"的传统，事实上在他的任期里，选择学习希腊文的学生人数从来没降到50%以下。[50]（在希腊戏剧的教学中，教师会将整个文本熟记于心。）[51]"他的阿里斯托芬戏剧课纯粹是一种快活的享受，特别是当他吟唱合唱时，常常对格律大加篡改，"弗思乐得咯咯地笑。"但是最重要的是，他对柏拉图的解释非常高超。"[52]

蒙蒂·伦德尔主要以他活跃的幽默感赢得了许多学生的心。如果没有笑声的不断刺激并激发灵感，他就没法起到作用。正如詹姆斯·萨本-克莱尔（James Sabben-Clare，最近一任校长）写道，"那些严格按照语法规则去读拉丁诗歌的孩子，不禁要被这样的话所震惊：'我曾经清晨在意大利北部的山里背诵霍勒斯（Horace）'，接下来发出一种奇特的呜呜声，这就是他认为的背诵这些诗歌的正确吟唱法。"的确，伦德尔的几个学生都一致认为，他最令人亲近的一个性格特征就是用欢笑替代庄严：他是"如此非凡地、如此令人陶醉地、如此记忆深刻地、如此精彩地插科打诨"。他也承担了一些神学课程（对所有人都是必修课），他的理解并不深刻：圣保罗复杂难解的信件中的某些段落显然特别使他茫然，以至于他庄严地宣布了他的困惑："啊，在这些贫瘠的文字后面有一种伟大的、光荣的思想，在适当的时间和地点，我是不会避开它的。"[53]温切斯特学院的一位校志作者记录了显示其风格的另一个例子："啊，在《约拿书》（JONAH）中有几个段落含有罕见的、独特的美。"（此时，从教室的某个角落会莫名其妙地发出压低了的笑声，然后他继续说道：）"啊咯分！我不会容忍轻浮！我很清楚地知道《约拿书》里写的是什么：事实上，我比你们知道得更多！"还有一次，他显然想不起词了，说："啊，关于救赎整个问题都很深邃。"

也许正是由于想斥责伦德尔的神学课，燕卜荪设计了一出讲约拿的故事的纸板木偶戏，故事由他自己用诗歌写成。很悲哀，只有两行诗流传下来，以飨后人；六十多年来它们一直被记在著名农业经济学家科林·克拉克（Colin Clark）博士的心中（他是孤独的燕卜荪在温切斯特学院最亲密的朋友）：

> 以有用的葫芦来遮住我的头，
> 没有这个葫芦我很快就会死去。

克拉克扮演了一个主持人，吸引观众来观看燕卜荪的演出。[54]

"在每年洗礼节学期（Confirmation Term）的每个星期日，伦德尔都将所有洗礼候选人聚集起来，同时还和每人进行一次面谈，"弗思记录道。"许多男孩都从他认真的信息和方法中得到帮助。"燕卜荪虽然不可能逃脱义务性的洗礼（他母亲也不希望这样），但他也不欢迎校长在这个方面对他的关注；由于伦德尔在基督教问题上的思考显然是无力的，就更谈不上受欢迎了，正如吹捧他的传记作者也承认说："他没有资格解决根本性的宗教难题。'如果科学家告诉你，你的信仰毫无意义，'他曾经说，'你可以默然应对，就是这样。'"[55]根据科林·克拉克的说法，燕卜荪热衷于讨论宗教，曾经暗示上帝创造了人是因为感到孤独。[56]另一位同龄人，后来的H. P.金登（H. P. Kingdon）牧师记得，燕卜荪曾经批判过《祈祷书》（*Prayer Book*）中这个回答："主啊，给我们的时代平安……因为只有你为我们战斗。"[57]但是，他已经决定以直接蔑视的心态拒绝任何救赎性宗教，这与他对体罚的憎恨一致。基督教是一种邪恶的宗教，他在学校时就得出了这样的结论，它可恶的崇拜折磨体系对其信徒的道德观——正如他多年后发现，也对现代文学批评——产生了非常有害的影响。"在学校时，"他在《弥尔顿的上帝》中回忆道，"我被要求阅读约翰·西利（John Seeley）爵士写的耶稣传《看这个人》（*Ecce Homo*，1866），里边说，当他面对那个被发现犯了通奸罪的女人，用手指在沙里写字时，他仅仅是在乱涂，以掩盖他的羞愧；然后该书对他的性无知作了一些傲慢无礼的评论，仿佛是巴里（Barrie）在评论彼得·潘（Peter Pan）。我觉得这一点是那么的不得体，肯定是亵渎神灵，我感到非常吃惊，因为我并不信这个宗教。"[58]燕卜荪很早就下定了决心，也不害怕谈论它。至少在1922—1923年在温切斯特学院就读三年级时，他就公开表达了他的反感，那时这十五岁的少年在辩论协会里起身就以下议题进行发言："我方谴责大众声音就是上帝声音的说法。"他的发言被记录在1923年5月18日的《温切斯特学人》杂志中："威廉·燕卜荪宣称，上帝声音指的是神的声音，不是上帝，而大众声音既是上帝的声音，也是对希腊和其他地方的神的神灵崇拜，因为它要求立誓献身，有时还要求人类献祭。"[59]

要是他了解更多的话，他会对这位和蔼可亲、令人敬畏的校长感到更多的同情，因为校长也视自己的母亲为偶像，也承认自己想到耶稣受难时会感到畏缩。"如果十字架永远象征着基督教，"伦德尔曾经写道，"那么从13世纪以后，实际上从更早开始，它就在很大程度上被圣母和圣子的形象所替代。似乎这个世界要求有一个比十字架痛苦更少的标记来代表基督教。"另一方面，也许伦德尔和燕卜荪在这个问题上真的有过一次交流，然而好像又不太可能，因为校长承认在学生中他有喜欢的类型——"那些聪明、有魅力、有活力的人"。早些年，吸引伦德尔的人物有雷蒙德·阿斯奎思（Raymond Asquith，"高大、笔挺、健壮、身材结实而偏瘦……富有无限的幽默感和完全的魅力"）和阿诺德·汤因比（Arnold Toynbee，"最纯洁的灵魂"）。从燕卜荪的同龄人中，他挑选了杰出而有魅力的克罗斯曼，这当然是那一代人的明星人物。但是如果我们现在假定伦德尔是一个压抑的同性恋者，那后来他一直没有改变。"羔羊皮"弗思在他的回忆录中坚称，校长在学生中培养喜欢的人的这个"倾向""总是局限在严格的范围之内。对他来说道德的严肃性是根本的；而这种严肃性不可被遮掩，即使是表面有那样的危险。"[60]从这最后的含糊说法中可以很明显地看出，弗思承认有这种怀疑，并知道它是错误的。不管伦德尔对他那些优秀的男孩有多少感情，他没有让他们知道他的激情——虽然视他为骗子的威廉·海特爵士宣称，他曾经被迫坐在蒙蒂·伦德尔的大腿上，被他亲吻，至今都没有从这种惊讶中恢复过来。[61]据说，他在布道时常常把"'男子气概'一词挂在嘴边"，"但他使用该词有着某种特殊意思，将男性强悍的暗示几乎完全排除在外。伦德尔鼓吹的男性气概是纯洁和无污点……"[62]不管那是什么，燕卜荪不属于这个魅力十足的圈子：他就他的年龄来说身材矮小，邋遢，钢丝边眼镜用铁丝固定或者用胶带绑在一起（他经常丢失眼镜，并把它称为自己的"生命"，他的一个外号叫"猫头鹰燕卜荪"）；[63]他有着鸟一样的动作和声音，头顶上还持续不断地长湿疹，他的一个朋友称之为"那令人生畏的隆起"。[64]总之，燕卜荪——正如人们都知道的——并不是一个温文尔雅或标致的小男人。

在理论上，他应该受到威廉斯牧师［Aluyn Terrell Petre Williams，人称"比尔"（Bill）］更多的影响。威廉斯当时任副校长，1924年在三十六岁时任正校长。曾经被称为"司门员"或"领宾员"，这位副校长在学院承担了具体的职责，住在紧靠学生宿舍的宿舍围院西北角；另外，他还是校长的助理牧师。[65] "这是国王和天使都可能垂涎的职位，"雷蒙德·阿斯奎思曾经对蒙蒂·伦德尔说。阿尔文·特雷尔·彼得·威廉斯博士在所有意义上都是巨大的：身材高大，声音洪亮，他是一个杰出的学者，一个快活、礼貌、善良的人，"永远站在秩序、学识、有用的工作一边；反对残酷和糊涂"[66]。他的人品是如此优秀，以至于他事业上的成就似乎自然而然地接踵而至：基督教堂学院学监、达勒姆市（Durham）主教、温切斯特主教、新版圣经筹备委员会主任。正是他，在一次理查德·克罗斯曼的让人皱眉头的事件发生后，在温切斯特学院废除了作为体罚工具的白蜡树根（当时是1926年，燕卜荪离开学校后一年）。威廉斯用藤条代替了白蜡树根，并立即用在绰号为"小威利"的人身上。[67] 作为历史学家（因此有自费生称他为"历史比尔"），他欣赏戏剧性人生，用文字游戏活跃课堂，编造各种比喻和谚语，用于揭穿某种虚假。他会说，人们"招摇过市"或者"晃悠"；或者说"法令的废弃盘旋在不远处，像一种没有见过的禽类"。但是在与学生的其他交往中，他显得内敛，实际上是一个相当疏远的人物。正如《第二宿舍舍志》（'Second Chamber Annals'）的作者在热情洋溢的回忆录中写道，"虽然负责七十名学生的生活和保障，他在学院为我们做得很少，只有在不得以时才出面干预，而通常是让我们自己管理。"在他为数不多的几次闯进宿舍的情况中，有一次是他发现学生们正在玩一种并无大碍的蟋蟀游戏，这激怒了他——但是他所做的一切就是大喊一声"畜生！"，然后就离开了。"他几乎没有进过楼上的宿舍，"这位舍志作者补充道，"除了星期天，在清晨弥撒后，高年级学生有时会睡大觉。带着一个早起之人的率直，比尔会闯进宿舍——他头上戴着礼帽，礼拜西服的燕尾在身后摆动着——用一只手抓住睡觉学生的床单，猛地将它拽出来，然后大踏步走了出去，叫道'起来了，懒鬼'。"[68] 虽然威廉斯与宿舍保持距离，但他的学长们常常都是很能干的人，因此这个历史悠久的学院的自治体系从整体上讲运行得很好：低年级学生由于害怕高年级学生而规规矩矩，一届又一届，循环往复。

如果相对年轻的副校长威廉斯博士在男孩中间激起了信任和感情，一个更为年轻的教师在燕卜荪和他的同学中就留下了更加生动的印象。斯潘塞·利森（Spencer Leeson）于1905年进入学院学习，1924年9月回到学院执教，他"以极大的热情和忘我精神投入到工作中，狂放而欢乐，喜欢与学生在一起度过的每一分钟，广交朋友，充满了欢声笑语，受到广泛的喜爱"[69]。虽然在情绪激动时（经常这样）他会沙哑结巴，但没有什么能够阻挡他的热情将课堂变为公开论坛。正如燕卜荪的一个同龄人回忆道，"那些见证他作为助理教师上第一小时课的人……都不可能忘记。由于从来没有教学经验，他可能会发现从高中部第六册开始教学是一个考验；如果真是这样的话，他没有显露出来，他平常的结巴被控制得很好，除了'诗人布朗宁（Browning）'造成了一点困难。这是他的听众曾经见过的最刺激的时刻之一。"[70]迈克尔·霍普同样回忆道："利森在这时与后来非常不同，他后来成了戴着牧师领的牧师和主教……他把高年级男孩当成平等伙伴，鼓励他们开展各种话题的讨论，审美的、历史的、哲学的讨论；甚至宗教都可以被分析、批评、讨论，没有大碍。"[71]他是如此"热情和快活"的人物，据很推崇他的回忆录说，以至于他会玩"聚会上轻浮的游戏，并且技艺高超"。至于后期成为校长之后的他："人们总是觉得他在担心他的天性可能会导致他过于放松纪律，不符合学校的利益和其职位的性质。"[72]即使这样，燕卜荪还是记得有一次，在他任校长的第一年，不知是什么原因，他显然抛开了所有约束：利森"在洗澡盆里全身赤裸被抬着在宿舍围楼里游行，他的私人日记的一些段落被公开宣读"，燕卜荪讲述道。[73]很难想象这样的玩闹只是一帮没有管束的学生的好心情的胡闹，其中必然有更令人迷醉的因素（比如酒精）支持。然而，成熟后的燕卜荪果断地记录下他对这位年轻教师的敬意，说他扩展了他的理解力："他对我来说是一名优秀的教师，当然对于全班来说，他都有一颗慷慨的心……"[74]后来，利森成为温切斯特的校长，然后成为彼得伯勒（Peterborough）的主教，他"对正统宗教不满，倾向于喜欢现代主义"[75]。尽管如此，燕卜荪可能倾向于赞同这位牛津大学教授、利森的同龄人的说法，他说利森有一颗"被宗教腐蚀的心灵"。

燕卜荪获得在该校学习的机会要归功于蒙蒂·伦德尔校长的前任，休伯特·默里·伯奇（Hubert Murray Burge）牧师，他在那个世纪前十年才成功地废除了古典学的垄断。伯奇废除了希腊文的必修课性质：这个与传统的决裂令人吃惊，它意味着一个学生"可以进入学校的最高年级，而不需要成为这两种古典语言的专家"，因此"宣布了从现在开始不做古典学家同样可以赢得尊敬"。[76]萨本-克莱尔进一步解释道：他"为所有高年级学生（相当于现代六年级以上）引入了一系列'主要课程'，包括拉丁文和数学，少量科学、历史和神学；每周的其他九节课提供选修课：高级古典学、现代语言、数学和科学"[77]。伦德尔遗憾地称这个新的课程设置为他"继承的遗产"，进一步将整个所谓的中间部分进行了细分，即七个古典学分部（或形式）分为希腊文部分和英文部分，每周讲授五个小时；但是他报告说，大多数学生仍然选修了希腊文，让他感到非常满足。（非专业主义教育的消亡很迟缓。直到1916年，伦德尔还在他的年度报告中写道，"我希望我们的许多古典学和数学教师都将增加一门科学科目，再固定下来开始教学，正如他们增加一门外语一样。"[78]）

燕卜荪在预备学校没有选学希腊文，因此他既得到了宽慰，又渴望着应对他选择的数学与科学。他从一开始表现出了很大的潜力，但是很快就产生了疑问：他是否会因为功课上的不够精确和有条理而使自己失望，过了仅仅两个学期，他在班里的二十二人中仅排名十三。"作为一个古典学者他很不精确，但是他在其他方面智力惊人，"1921年复活节学期（Easter Term）他获得的评语说。"他掌握了大量的综合信息，但仍有点混乱。"人们相信他在理工科科目上"敏捷但不准确"，但他的数学成绩非常出众：他在十八个同学中排名第一，虽然老师的评语没有什么色彩："做得很好，但是功课应该做得更吸引力。"至于英语，他的表现异常地好，在二十人中排名第二，老师的评语充满了热情。"英语写作非常睿智，有独创性"——但是英语的重要性当然赶不上拉丁文，他恰恰在此马虎了。副校长威廉斯博士用以下文字总结了他的表现："行为举止很好。我希望他努力解决准确性问题，他会发现现在比以后更加容易。很显然他有很好的综合能力，决不要浪费掉。"尽管如此，校长蒙蒂·伦德尔不可避免地要敦促年轻的燕卜荪满足他自己的偏好："他的排名很低：我希望他会真正努力加强他的古典学。"

尽管如此，在近一百年中，数学在课程设置中一直是第二重要的科目，也是该校至今为止最强的科目。在燕卜荪的时代，因为迪雷尔（Clement Vavasoy Durell）的到来，它被抬升至前所未有的高度，正如詹姆斯·萨本-克莱尔讲述道，"他（迪雷尔）在本世纪上半叶用其实践和著作主导了全国上下的数学教学。迪雷尔是一个不苟言笑的人，不太容易交朋友。他短暂的舍监生涯也不太成功。但他有一颗杰出的心灵，有讲解的天才，这在他的三十余本教材中充分表现出来，教材在全世界被数百万人使用。"[79]作为主要的"数学教师"，克莱门特·瓦瓦苏·迪雷尔被公认为一位伟大的教师（他的学生如果出现任何不理解的情况都会使他气愤得尖叫）；他太腼腆，以至于不爱与人亲近，但是他会尽最大努力给那些擅长数学的学生以友善和鼓励［比如有巨大天赋的F. P.拉姆齐（F. P. Ramsey）——未来的坎特伯雷（Canterbury）大主教的兄长——在燕卜荪来到该学院时，他获得了读剑桥大学的奖学金；在1930年二十六岁去世前撰写了《数学基础》（*The Foundations of Mathematics*）］。于事无补的是，"克莱姆"·迪雷尔的声音非常生硬、粗壮，口齿不清，说话好像嘴里含了一颗土豆，结果他被取了一个外号叫"兜售者"。多数男孩发现他如此傲气，以至于觉得简直是可笑。甚至燕卜荪，他的明星学生之一，也评论说他无法想象迪雷尔放弃他在学校的学监职责，即给予"坚信礼"以"坚决支持"。[80]但是迪雷尔的确成功地给他的学生讲授了爱因斯坦。

安德鲁·怀特评论道，"任何数学家，如果在古典学方面不是异常突出，都不可避免地会显得像一个怪物。"[81]由于燕卜荪是唯一一个获得数学奖学金而没有选学希腊文的学生，因此他肯定像是最怪的怪物。他的班里只有另外一名学生E. A.雷迪斯（E. A. Radice）对数学表现出了持久的兴趣，并且他肯定在坚持学习古典学——理查德·威尔伯福斯［Richard Wilberforce，塞缪尔·威尔伯福斯（Samuel Wilberforce）的后裔，此人是主教，因在宗教上耍滑头而获得外号"肥皂山姆"（Soapy Sam）］亦是如此，此人后来成为高级民事法庭的上诉法官。雷迪斯与燕卜荪在学期间选修了完全相同的课程；两人在代数方面不相上下，他回忆道，但是在几何方面仍有差距。[82]然而燕卜荪也专注于"臭气学"（化学），这在当时被认为是低级科目。"当第一个正式的理工科分部在1921年成立时，"萨本-克莱尔写道，"人们认为它没有什么地位，以至于一个新任命的、科学家出身的学院主管不得不接受名义调动，爬上古典学的台阶，以获得与其地位相适应的尊严。"[83]燕卜荪显然因为是一个局外怪人而得以施展拳脚：比如，有一个学期他做了一个令人兴奋的化学试验，他拿着一个装着有色液体的瓶子到处游荡，询问所有人是否发现颜色同上一周相比有所变化。[84]但是，他的努力得到了巨大的回报：在学习生涯结束时，他的化学教师在评语中说，他"表现出更多的创新性和主动性，甚至更加细腻的风格"。他的数学教师说他一直在"阅读更高级的书籍，并且从中获得营养"——但是他也提到了一个遗留下来的缺点："我认为，他有点倾向于掩盖困难。"而且威廉斯博士，在第一学期做校长很高兴的同时，继续将他描述为一个聪明而怪癖的孩子："他有很多创新精神和奋斗精神：我希望他也在学着约束他的异常行为。"[85]他的异常行为到底是什么仅供人们猜想，但是可以想象校长大概是认为燕卜荪过于古怪，无法被完全驯服。

尽管学校对他的行为有些许的忧虑，他还是在1924年12月获得了米尔纳奖学金（Milner Scholarship，价值80英镑/年）到剑桥大学玛德林学院学习——他的兄长查尔斯曾经在那里就读——次年10月开学。[86]

E. A.雷迪斯也获得了数学奖学金——他去了牛津大学玛德林学院——他高调地评论道："这也许证实了当年温切斯特学院教育的宽泛性，我们两人都抛弃了数学，他学习了英国文学，而我在牛津大学的毕业考试中选择了古代经典，后来又成为经济学家。"[87]如今，在大学本科的历程中从数学专业转到英语专业的确非常罕见，但是对于燕卜荪和他的同辈来说这并不是一个非凡的跨越。不管怎样，他在英语方面的天才在温切斯特学院就已经被发现，英语教师给他的表现下了这样的评语，"我对他抱有很大期望，很少对他感到失望。我希望他继续保持广泛的兴趣。"燕卜荪在他的最后一个学期（复活节学期）获得了英国文学奖，因此副校长对他这样评论道：

> 他一直在做有用的功课，没有浪费时间。我很高兴他在英国文学考试中以值得称赞的表现证明了他的文学能力。
>
> 他有一个富于创造性的头脑，这是显而易见的，但是必须记住他在生活的重大问题上的观点可能仍然是暂时的和试验性的。"青年只显现人生的一半"，而他必须学会"珍惜疑惑，次等人不懂这一点"。[88]

而且，在最后一学期他为获得"校长与院士奖"提交了一篇英语论文。奖励最后发给了克罗斯曼，但是燕卜荪获得了第二名，超过了约翰·斯帕罗（John Sparrow，被荣誉提名）[89]——未来的万灵大教堂（All Souls）的主管。他比燕卜荪高一年级，但从未成为亲密朋友，他是如此早熟的学生，以至于两年后，在16

岁时，他竟然编辑出版了多恩的《紧急时刻的祷告》（*Devotions upon Emergent Occasions*）。［根据高年级同学写的《第二宿舍舍志》，约翰·斯帕罗既是"一个聪明的小马屁精"，而且"脸皮非常非常厚"；后来A. L.罗斯（A. L. Rowse）把年轻的斯帕罗写进了诗歌——

> ……一个早熟的男孩，
>
> 额头宽阔、卷发下垂、下颌坚实
>
> 总是留意着捕捉笑话，俏皮话
>
> 总在嘴边，有着断断续续的魅力。[90]

作为一个初露头角的美学家，斯帕罗蔑视燕卜荪，正如他后来告诉我，不是因为思想原因，而是因为艺术原因：他认为他是一个粗鲁的、令人讨厌的畜生。几年以后，在1930年，他们将展开公开的论战——可以说是是牛津大学与剑桥大学之间的战斗——涉及I. A.理查兹的《实用批评》（*Practical Criticism*）对英语研究的价值；很自然，斯帕罗代表了有修养的欣赏，反对批评性的细致分析。[91]］因此，燕卜荪在剑桥大学获得第一个学位之后就从数学转到英语，并不令人吃惊，这并不是一个保罗式的转变。但是不同寻常的是，他在改变专业后如此迅速地取得如此大的成就。

然而，他在阅读书籍时总是一个兢兢业业的人。还在学校的时候，他就发现了普鲁斯特、H. G.威尔斯（H. G. Wells）的科幻小说和奥尔德斯·赫胥黎（Aldous Huxley）；在掌握纯粹旧式科学的同时，他也发现了新兴的心理学：例如，罗伯特·布里福（Robert Briffault）在《心理的灯》（*Psyche's Lamp*）中阐述的雄辩的唯物主义思想就给他留下了深刻印象（布里福后来作为色情作家被新闻报道）。[92]他曾经在心理学和心理分析方面受到一个高年级朋友卡鲁·A.梅雷迪思（Carew A. Meredith）的深刻影响，这是一个非常有能力的数学家，尽管取了这个名字，他却是一个狂热的爱尔兰民族主义者。燕卜荪在剑桥大学和以后的岁月中一直与他保持着联系。

至于诗歌，"我在学校时为斯温伯恩（Swinburne）而陶醉，"他总是很乐意承认。具体地说，正如科林·克拉克回忆道，燕卜荪被《冥后花园》（'The Garden of Proserpine'）深深打动，他会满怀激情地背诵：[93]

她等待着每一个人，

她等待所有出生的人，

忘却了大地，她的母亲，

果实和粮食的生命；

春天、种子、燕子

为她飞翔，跟随她

到那夏天的歌空响、

花儿遭蔑视的地方。

但是，成为"斯温伯恩的麻醉剂的奴隶"并不意味着他也有施虐狂和受虐狂心理，因为他有很多理由将诗歌与信仰区分开来。斯温伯恩的《诗歌与民谣》（*Poems and Ballads*）第一系列中那些充满施虐狂和受虐狂心理的段落"是非常好的诗歌，虽然道德上非常不可取"，他在1969年下结论道。

> 无疑，斯温伯恩的正面品质，如乐意尝试大胆的举动，是读者所仰慕的；我并不认为那些诗歌会产生实际的伤害。我在学校时专注地读过它们，那时我经常被鞭打；我很清楚，这种文学品味丝毫没有使人喜欢鞭打。（如果诗人证实他喜欢被鞭打的话，他真的会被伊顿公学开除吗？那将是多么重大的胜利啊！）但是我禁不住认为受虐狂思想非常阴郁，并将其视为唯一值得称为变态的行为；欣赏诗歌而不认同其精神疾患，把这点说清楚非常重要。

即使这样，在学校时，他可能还是感觉到，尽管是下意识地感觉到，斯温伯恩的变态赞美诗回应了他的苦恼，毕竟有一首诗歌倾诉了他的痛苦。

他也有可能在学院学习期间写了一些自己的诗歌，但是大多数证据显示他似乎没有。很悲伤地说，可能燕卜荪创作的唯一诗歌就是那些题为《四警句》（'Four Epigrams'）的作品，发表在《温切斯特学人》（1925年5月27日）上；但是——把事情说得更温和一点——燕卜荪可能就是它们的作者。另一方面，我们必须承认这个说法后来遭到他学院的朋友伊恩·帕森斯（Ian Parsons）的否认；也被其他一些同辈的人否认——如约翰·斯帕罗、威廉·海特爵士、威尔伯福斯爵士——他们所有人都于1989年告诉杰里米·莫尔斯（Jeremy Morse）爵士，他们在温切斯特学院时并没有感到他是一个诗人。"那年他是我六年级的学长，我认为虽然我不能够断定，因为时间久远，如果他向《温切斯特学人》投稿，我应该知道，"海特写道。[94]道格拉斯·杰伊写了许多诗歌，理查德·克罗斯曼也写了（他喜欢宏大、广阔的效果，曾经想模仿T. S.艾略特，但并不很成功）；约翰·斯帕罗被缪斯（Muse）所感动——正如《第二宿舍舍志》的作者写道，斯帕罗"因为有时写出优秀的英语诗歌而闻名，他实际上比人们从结果得出的判断要聪明得多"。但是没有人回忆起燕卜荪曾经写过诗。

无论他多么害怕被鞭打，他的同学还是记得他是一个活跃、好斗、自给自足的人；聪明得不可思议；一个异常古怪的人，常常不妨害任何人地陷入沉思；既不腼腆，也不健谈；但总显得轻松愉快，忙于他那些古怪的兴趣，始终如一地非常快乐。有些同学对他的评价更好，因为他参与了约克和安斯迪（Ainstie）狩猎团的骑马纵狗（英格兰的社会等级制度就是如此）——虽然他们称他为"寄生虫"。另一方面，他在运动方面不可救药的无能没有产生一点影响，因为决定一个人地位的主要因素是他在学院的学习成绩，而不是他的运动本领——甚至不是年龄长幼。不管怎样，燕卜荪决不是一个笑柄、弱者或是娘娘腔。相反，正如雷迪斯回忆道，他很强硬，并且精力旺盛："在十六岁以下的三英里越野赛中他来晚了，但坚持要跑（还跑得非常快）。他最后一个到达终点，赢得了众人充满了深情而不是讽刺的欢呼，因为他像是学校的一个吉祥物。"[95]

实际上，他已经意识到他的同辈把他视为不变的怪人，一个衣冠不整、有些滑稽的怪人。[96]当一个同辈之人在所谓的《第二宿舍舍志》中试图概括他时，这人几乎找不到语言来描述他，并把他留到最后去说，而且也就想到一句："燕卜荪令人惊奇。"但是燕卜荪成功扮演了他人为他塑造的角色，并以此狡诈地让自己保持与他人不同。1924年3月31日，"比尔"·威廉斯作为副校长在学院礼堂组织演出了马洛（Marlowe）的《浮士德博士》（Dr Faustus），燕卜荪被安排扮演了小丑的角色，这当然不是一个偶然。他的搭档是扮演瓦格纳（Wagner）的另一个高年级"人物"C. E.史蒂文斯（C. E. Stevens）——学者和运动员（牛津大学玛德林学院未来的院士），他由于刚到温切斯特学院时穿着伊顿公学的校服，戴着高顶大礼帽而得到了"汤姆·布朗"（Tom Brown）的绰号。（燕卜荪还扮演了七宗罪中的第六宗，即懒惰；当然第七宗罪"淫荡"在学生演出中被省略了。）浮士德博士的角色由克里斯托弗·霍克斯（Christopher Hawkes）扮演；靡菲斯特（Mephistophiles，恶魔）由理查德·克罗斯曼扮演，据说他"很好地呈现了一个被悔恨折磨的灵魂，一个被迫去作恶的灵魂"；海特扮演了洛林（Lorraine）的主教和邪恶天使；斯帕罗很恰当地扮演了骑士和学者。

燕卜荪的出场主要就是扮演小丑——在一个版本中名叫罗宾（Robin）——在《温切斯特学人》中有一段匿名的文字这样描述道："由瓦格纳（史蒂文斯）、浮士德的仆人和小丑（燕卜荪）合演的一场戏演得很好，但是我们感到瓦格纳角色的表演达不到马洛的设想：当然写作这场戏仅仅是为了缓解剧中的紧张情绪，也许不可避免地显得不真实。"他也能够对这样模棱两可的赞扬感到得意洋洋："对小角色的要求也很高，因为它们必须要缓解紧张情绪，而又不能够过于干扰中心主题。"[97]而且，在克里斯托弗·霍克斯看来，燕卜荪"作为一个年轻的性格演员，把自己变得极端滑稽"，他把燕卜荪视为"一个怪物和与众不同的人……一个巨大的笑话"，他参与了演员的挑选（这可能拐弯抹角地解释了为什么他成为了主角）。[98]也许任何年轻人，如果他不是特别腼腆的话，都会喜欢放纵地说出这样恶作剧的话（燕卜荪说话的特别稚嫩的口气突出了其顽皮性）：

> 怎么？一个基督徒变成一条狗或一只猫，一只老鼠或一只硕鼠？不，不，先生，如果你要把我变成什么，就变成一只小小的、可爱的、蹦蹦跳跳的跳蚤吧，那样我就可以跳到这里，跳到那里，跳到任何地方。啊，我将跳入漂亮荡妇的裙衩去搔痒！真的，我将躲在它们中间。

但是也许为了适合温切斯特学生观看，这个部分被删除了。

不管怎样，正如《温切斯特学人》所说，传统上对这出戏剧的看法是，瓦格纳与小丑罗宾的喜剧性对话只是为了模仿浮士德的雄心壮志。瓦格纳是这个悲剧人物的小丑、快乐的模仿者，使用他的魔法时无所顾忌，而罗宾仅仅是一个粗俗的乡下人，最多是一个难以对付的讽刺模仿者。作为其主人和导师，浮士德博士与瓦格纳的关系，就像瓦格纳与愚蠢的罗宾的关系："呃，你愿意伺候我吗？我将使你成为我的徒弟？"然而，近半个世纪后，当燕卜荪最终撰写关于该戏剧的长篇评论时，他说他在学校表演的这个情节比那个讽刺浮士德的邪恶欲望和行为的情节有着更加重要的作用。《浮士德》流传至今在版本上的混乱状态——特别是B版本的有害性——以及许多评论家的伪善态度都使燕卜荪感到恶心，因此他试图参照已知的故事来源、炼金术传统、马洛最可能的写作意图以及剧院观众的期待重新构建整个剧本。其结果就是在他去世后出版的《浮士德和审查官》（*Faustus and the Censor*，1987），这个激进的重读尝试无异于将猫放到了鸽群之中，招来了虔诚人士的攻击。浮士德决不能再被视为野心过大的笨蛋，受到永恒的惩罚：他被重塑为一名真正的文艺复兴英雄，一个想象丰富、爱捣蛋的魔法师，"住在庞奇（Punch）的隔壁"，与"自由职业者"靡菲斯特做了一个交易。小丑罗宾在把他从肮脏的毁灭处境中拯救出来的过程中起到了至关重要的作用。燕卜荪后来写道，现代文学批评家"认为那些喜剧场景的作用仅仅是嘲笑主人公。那些贫穷、卑劣的罪犯显然很令人讨厌；很明显，罗宾做了浮士德要做的事情；因此作品意欲用他这个人物暗示浮士德也是令人恶心的，因为浮士德熟悉的魔鬼就是他的虱子。但是在逻辑上讲，反过来说也可能成立；很明显，罗宾总是很幽默，不应该受到永恒的惩罚，戏剧让我们相信，他很快就被释放了……所以浮士德也不应该受到惩罚，因为他也没有做更邪恶的事情，只是在游戏人生。"如果我们说燕卜荪十七岁时就在温切斯特学院为他的观点打下了基础，这可能掺入了太多想象，但是如果说他肯定对生机勃勃的小丑罗宾和思想自由的人士马洛感到一种认同，即使是在那个年龄，特别是在那个地方，这都不算太过分。在罗宾身上他仰慕的品质是首创精神和进取心；因此在以下这段描述马洛对待他塑造的小丑的态度的文字里，他很可能无意中是在描写他自己，他的年轻和成年的自我："他所谓的同性恋心理基本上是一种政治情绪，虽然他有足够的可能性亲自把它付诸实践。他仰慕那些年轻人，他们使用智慧和拥有的力量，去反对似乎对他们关闭了大门的社会；他祝他们好运。对他来说，支持罗宾是自然而然的，的确，如果有另一位作者来详细描写罗宾的冒险行为，罗宾将会很像一个英雄。"在这样的言词中，在他描写马洛和罗宾的方式中，也许有一种无意识的自我描写因素。罗宾的很大一部分魅力就是他勇敢的、想象丰富的智慧。燕卜荪相信，这个人物是"滴水不漏的"。

正是如此，科林·克拉克总是记得燕卜荪没有因为在温切斯特被视为怪人而受到影响——"原因是他有沉着冷静的好性格"[99]。即使他宁可孤独，但仍然喜欢到处游荡、与人交流思想。他总是想要发现人们在想什么。正如威廉·海特爵士回忆道，他不知疲倦地询问和关心，自己的想法也出人意料，毫不令人厌倦。有一次，他甚至问海特是否打算结婚，并加上了一句对该年龄的少年肯定很奇怪的话："你应该结婚——你是优良品种。"[100]他与朋友交往的时候表现出温和讨喜的性格和惊人的谦逊，这在他的文件中找到的一本散页日记（可惜页数很少）中表现得很明显。虽然这些段落没有日期，但是它们似乎与最后一个复活节学期的开学时段有关，那时他被分配到一个新的宿舍：

星期四：这里非常令人喜欢。我没有期望宿舍围楼会如此让我震惊；那里浓烈、清凉、镇定、具有穿透力的美就像在5月行走十英里后得到一品脱啤酒。灰色、细腻、稳定的宿舍围楼，有柠檬黄色的汽灯。我可以与学院的人交谈……我到处转悠，说了许多不该说的话，一遍遍重复，直到人们对我说告辞……此时此地这多么令人兴奋啊！同威廉·海特……在同一宿舍，学院所有人——真实世界的一大块——都在后院等着我。我很累，对所有人感到一丝满意。

星期五：在学院里转了一圈，在任何地方都没有呆多久，没有耗尽那欢迎的气氛：也许［约翰］·威利斯（Willis），他住在倒数第二个宿舍，在叫我离开前，差不多已经厌烦了。我摇晃着走进第六宿舍去看奥斯卡·诺尔斯（Oscar Knowles），他刚才刚把我送走。我正往那儿走，克罗斯曼睁大一只眼睛把我叫了回来。我说，"你这样做，是真的要我回来吗？""我从来不为其他理由做任何事情，"他回答道。我相信了他，这是对他的高度赞扬，并在他允许的时间范围里，与他交谈至11点45分。我说这话以安慰我自己。

在回去睡觉的路上路过副校长室，我进去说了声晚安。"这些时间你都到哪儿去了？""喔，与人交谈。"他看上去有点吃惊和忧虑。"我希望你不要打扰他们休息，你知道吗，考虑到考试之类的事情快到了。""如果他们不能忍受，我想他们不会容忍我，他们厌烦我的时候，他们会随时不顾礼貌，"我说。"我肯定他们很礼貌。"我尽力支撑着我自己……副校长是一个极好的人，举止不很讲究，他有一个很文明、很令人振作的方法可以传达他的意思（他这种人是不会去写心理日记的）。他对我的持续逗留清楚地表达了他的感受……（我不是没有注意到他已经告诉我，他对我后半年评价很好）……也许我记录下这些是因为［卡鲁］·梅雷迪思告诉我，我有一个甜美的性格。

"他显然在学院生活很快活，"副校长在燕卜荪的学校生活即将结束时写道，"我常常发现他心情很好，与好朋友在一起。"[101]他的确真正喜欢温切斯特学院提供的思维敏锐的同学圈子，并且肯定会赞同"羔羊皮"弗思的这番话："七十个精心选择的聪明人一直居住在一起，肯定是永恒的思想发酵剂……学者并不总是到处受人欢迎，特别是在他们的青年时期。无疑，他们有时是早熟的。但是那些在学院度过了五六年时光的大多数人也许都会感到，他们无法期望再进入这样优秀的集体中生活了。"[102]燕卜荪会非常赞同这样的说法：虽然他是一个安静的男孩，亲密的朋友很少，但他相信学者们之间的交谈本身就是一种罕见的福分。[103]

温切斯特学院提供了在那个时代他可能得到的"最好的教育，我们学院的孩子都这么说"，他后来主动说。"我们认为全是因为我们自己，并不是因为我们的教师很恰当地提供了优质的教育……虽然我们并不否认这一点……［我们］认为我们靠的是自己的动力，得到一个好教师只是一个幸运……"[104]约翰·威利斯，后来做了古典学教授（据《第二宿舍舍志》作者记载，他显然"倾向于真把自己当回事儿"），证实说"老师们很少注意到我们，我们也很少注意到他们。我们构成了一个'男孩'世界——我记得在这个世界里，在真正体验这些问题之前，我们就讨论了大多数'生活'和'宗教'上的迫切问题。"[105]

穿上他们特别的制服——黑色的哔叽长袍、有袖的马甲、条纹西裤——学生们知道他们"在某种意义上是精英，在另一种意义上被瞧不起"，迈克尔·霍普回忆道，"我们对世界上的其他人产生了一种自我保护性的蔑视态度，还有不少自命不凡的意味。古怪的服饰和行为会受到批评，甚至受到重重的责罚。古怪的兴趣和观点则会被容忍，也许甚至还会被鼓励，鼓励的力度在那时的公学中几乎是不可想象的。不流行的，甚至是不能容忍的观点也可以表达、可以辩论；它们不会被排除在辩庭之外，只要观点的持有人明显是真诚地持有这些观点。"[106]

温切斯特的学院生活在这方面具有明显的优势，燕卜荪当然抓住了这些机会。从他的情况来看，毫不夸张地说，他成年后的许多信念——涉及宗教、科学、心理方面——都是在学校，常常是在与同学辩论的过程中形成的。异见行为成为一种荣誉，因为一种天然的怀疑精神可以导致他为非传统思想大声疾呼，对所谓的正统体制进行颠覆。虽然他是土地所有阶层的后裔，并且真正喜欢他所得到的特权教育，但是他在政治上具有左倾思想。他的政治观点可能受到了理查德·克罗斯曼的强大人格的影响，后者被《第二宿舍舍志》作者（1925—1926学年）称为"他的时代最引人注目的人物"。[107]迈克尔·霍普的话代表了那些无可奈何地拜倒于卓越的克罗斯曼脚下的大多数人："就其年龄来说，他很魁梧，笨拙而强壮，可以发出洪亮的声音，如果他愿意，他可以在任何聚会中都成为天然的关注焦点和领袖。他现在以左翼政治观点而闻名于世，无疑这些都影响了我们中的好些人，包括我在内。但人们有时候会忘记，他对所有类型的诗歌、建筑、音乐的热衷都具有传染性；我认为绘画对他没有多少吸引力，但是他对雪莱和莫扎特的宣传，与他对银行国有化或国际联盟（League of Nations）缔约的支持，同样具有感染力。"[108]燕卜荪对克罗斯曼的敬重可以从以上引用的历时短暂的日记中看出；也许是在克罗斯曼的影响下，他给宿舍带来了一台留声机，用它播放贝多芬的《克罗伊策奏鸣曲》（*Kreutzer Sonata*），也播放一些流行音乐[109]（在成年生活中他对音乐没有表现出多少兴趣）。另外一件事也显示了他相对克罗斯曼所怀有的自卑感：在未来的岁月中他相信克罗斯曼比他大一岁，然而实际上这位"同辈中公认的领袖"比燕卜荪小三个月。但是事实上，燕卜荪在政治观点上向左转向的决定是由他自己独立作出的，他的书呆子气可能助了他一臂之力。他曾经对雷迪斯宣称，后者对工党政治也非常感兴趣，他所阅读的最重要的书籍是《穿破裤子的慈善家》（*The Ragged Trousered Philanthropists*）。"我感觉这本书对他来说就是一次启示，"雷迪斯说道，"他的社会和政治思维发生了一种巨变。"[110]

学生们的私下讨论具有它的公开层面，其形式是辩论协会的定期活动，燕卜荪并不避讳在这些活动中炫耀他的观点。正如《温切斯特学人》报道，他的发言很像是一种异见的仪式性表达，通常还会在上面撒一把盐，但是他对待发言持应有的严肃态度是没有什么疑问的。既然他公开发言时非常紧张，那么促使他站起来发言的，只可能是一种道德压力。另外，他一直坚持反对建立在特权或家长制之上的态度，以及建立在精英主义或帝国主义之上的态度。由于温切斯特的学生将会得到一流的机会，并且他们在将来自然会被期望承担重任，这里所说的一些问题与这一代人将来展示在世人面前的政治观点有着密切的关系。例如1924年12月，他们曾经提出了以下议题，"根据这一方的意见，陛下的政府将延续上几届政府的帝国主义政策"；燕卜荪以这样一句简短的发言回击了这个观点："燕卜荪激烈地说，我们是军国主义者，并且一直都是。"[111]次年2月，令人焦虑的同一议题再次被以不同形式提了出来："一个强大的大英帝国是世界和平的唯一希望。"燕卜荪感到应该对此给予一个篇幅更长的自由主义的布道：

> 燕卜荪说他不愿意批评这个提议；然后他还是对它进行了批评。什么是强大的大英帝国？什么是世界和平？人们发动战争是因为他们愚蠢和好斗。针对这样的人类天性，我们无能为力。如果人们精神上盲目，没有什么能够阻止他们发起战争，除非治疗他们的盲目：世界和平的希望不是大英帝国，而是教育。他宣称帝国本身可能什么也做不了：它仅仅是一个工具，像一列用来旅行的火车，从一个国家到另一个国家。但是它也可以用来反向行驶——不是从战争驶向和平，而是从和平驶向战争。在此，分歧的种子被播下了：它建立在两个原则之上，要么让白人移居到工业化的有色人种之中，要么将有色人种杀掉，然后让一批白种人移居到他们的土地上。但是这从来没有成功地实施过：看看澳大利亚热带区域以及加拿大的空旷土地，在我们许多的殖民地里我们无法生活，也不让其他人生活。而且，我们在外国的警察部队产生了一种惹怒当地人的效果。[112]

有趣的是，以上提议以26：28票输掉了：因此也许辩论庭被燕卜荪的开明观点感动了。

更加接近现实生活，当辩论协会（1924年11月）开庭讨论"公学制度不能最好地服务国家利益"这一提议时，燕卜荪尝试运用了讽刺的策略：他寻求以公共服务的名义来批评公学精神。

> 燕卜荪说，当桑德森（Sanderson）先生任昂德尔公学（Oundle）校长

时，他竭力要改变那由来已久的竞争精神，因为那是公学制度的一个巨大缺陷。在昂德尔公学，人们共同努力，为公共服务做了许多有益的事情，并没有总是试图去打败他们的邻居。这个原则应该被广泛运用；甚至在比赛中，虽然旨在弘扬团队精神，竞争精神仍然存在。为什么他要被迫将时间浪费在比赛上，特别是在什么效果也不会有的板球比赛上？他还不如面对脚踏车歌唱，他相信这是一种有锻炼价值的运动。

据说公学培养领袖，但是这些人实际上是希望在最后几年里有别人伺候他们，然后成为乡绅——无疑他们是一群快乐的人，但是这个国家不能够再在经济上支持他们。他希望有更多的措施向下层人民开放公学，但是同时他也建议大家放弃自我满足，对爱国主义给予更加深入的思考。[113]

"这个发言讲得太快，"这位匿名记者说道，"但是充满了机智的幽默和狡诈的批评。"的确，他的情绪既不令人侧目，也并非可堪指摘：毕竟，他没有宣扬废除公学制度，他仅仅是宣布竞争性体育没有任何意义，唤起享有特权的同学良心上的负罪感。虽然投票结果反对这个观点，但是反对者并不占大多数：辩论庭的投票结果为27：19。

燕卜荪公开发表可能带有挑衅性和冒犯性的观点，不惧怕当权人物的恼怒，这是对他的勇气的赞颂，也是对欢迎和尊重他的批评观点的这所学校的赞颂。他的同学和老师没有人昏庸到如此地步，以至于责备他是极端忘恩负义的孩子或学生，或者说只有那种不容置疑地享有特权的学生才会有本钱对自己的利益如此吹毛求疵。他对温切斯特的教育体系的质量和价值没有任何怀疑，正如他后来说，"每个孩子都得到了想要的东西，因此没有什么抱怨。"没有理由忘恩负义。并且，他说学院根据战后的政府计划录取了几个俄罗斯白人，其效果非常有益——"即使他们仅仅帮助那些虚荣的孩子们感到，他们把全世界都踩在了脚下。"[114]

鉴于他正在萌芽的激进观点，以下这件事似乎是对他在温切斯特的学习生涯的一个讽刺：当威廉·海特在1924—1925学年成为学院学长时——他对此感到"奇怪地自鸣得意"，他选择了燕卜荪做他的所谓"属下"——即与约翰·威利斯一道做学长。［海特"有着他特有的温文尔雅，"当时有人写道，"他的耐心如此之好，以至于他的两个属下（燕卜荪和威利斯）持续的、恼人的兴高采烈很少使他生气。"[115]对燕卜荪来说，在三十年后回忆起来，他仍非常高兴："海特任职一年，没有允许任何鞭打事件发生。"[116]]但是燕卜荪从学校的互相激励体系中收获如此之大，他成为学校的优等生完全是顺理成章的。他认为学校如此之好，所有人都应该有机会去上学：这个问题将消除社会的分化状态。而且他对这个卓越的群体持有如此持久的、高度的评价，而且他在这个集体中接受了五年滋养，所以他真的对克罗斯曼感到震惊，因为后者1954年在一篇书评中称："六年来，我一直为遵循那些没有什么约束力的规则而挣扎，开始是为了生存，后来是为了成功。"[117]燕卜荪坚称，这样的话等于是一种变态的修正主义，他立即在一封公开发表的信中嘲笑克罗斯曼的谎言："我认为我们所有时间都在无休止地讨论，以一种快乐的方式互相教育，至少绝没有陷入任何挣扎。我记得他谈论过追求胜利，但我从来没有意识到他会想象他有任何奋斗目标；除了通过考试。"[118]

他如此高调地说了这番话，正是在非常高兴地表达他的感恩，因为他在一封私信中也写道：

> 我不能否认我当时的感觉，其他孩子（并不是老师）给了我如此绝妙的教育，以至于为我作好了准备，以至于从离开学校开始，我可以独自去闯荡世界的任何地方。[119]

有时候人们会说，不知是什么原因，温切斯特学院的学生最终都一样。"如果有人再这样说，"在燕卜荪时代任副校长和校长的威廉斯博士说，"拿瓜砸他。"[120]在1925年夏天，温切斯特的教师很少有人会认为，燕卜荪在将来的生活中会有多么大的成就。没有人预料到他的名字会很快被世界知晓。如果有人预测在燕卜荪的同学中会出现成功人士，那么很自然他们会选择理查德·克罗斯曼，他注定要追随斯塔福德·克里普斯（Stafford Cripps）和奥斯瓦尔德·莫斯利（Oswald Mosley）的脚步；或选择休·盖茨克尔（Hugh Gaitskell），一个自费生，宿舍楼楼长曾经对他说，"有一天你会成为首相"（他差一点就说对了）。[121]燕卜荪似乎不可能与H. A. L.费希尔（H. A. L. Fisher）、阿诺德·汤因比或者乔治·利·马洛里（George Leigh Mallory）等人相比，马洛里这位传奇人物"攀登了新的高峰"，在燕卜荪在读时就已经去世。当然，燕卜荪最终成为温切斯特学院历史上最伟大的作家之一，是不可思议的。在文学领域，他的前辈有尼古拉斯·尤德尔（Nicolas Udall）——"快乐的淘气鬼，敏捷的变节者"，此人学生时代就做了一个演讲赞扬醉酒，后来写出了英国第一出喜剧《拉尔夫·罗伊斯特·多伊斯特》（*Ralph Roister Doister*）；托马斯·布朗（Thomas Browne）爵士；托马斯·奥特韦（Thomas Otway）；爱德华·扬（Edward Young），此人写了温切斯特人所写过的最好格言"拖延是时间的窃贼"；威廉·柯林斯（William Collins），他的《黄昏颂》（'Ode to Evening'）被认为是"温切斯特对英国文化的最大贡献"；[122]约瑟夫·沃顿（Joseph Warton）；托马斯·沃顿（Thomas Warton）；安东尼·特罗洛普（Anthony Trollope），他在学校时感到如此痛苦，以至于不得不被带走；马修·阿诺德（Matthew Arnold）；我们不能忘记他的父亲托马斯·阿诺德（Thomas Arnold）——上一辈的威廉·燕卜荪（《爱丁堡评论》主编）的好朋友——他"拯救并重新塑造了公学"。然后还有莱昂内尔·约翰逊（Lionel Johnson），诗人，学院的人说，"那个约翰逊是一个很好的人；你想，他是一个佛教徒，他喝玩具中的科隆香水"[123]，正如某个诗人所说，"从酒吧的高凳子上摔下来"而英年早逝。燕卜荪无法与这些传奇的人物相比，人们甚至不知道他怀揣着创作的冲动。事实上，如果他的同辈们在这个问题上表达什么观点，那么他们都会预测，他将会有一个展现才华的但绝不会显赫的人生——也许，虽然他是一个怪癖的人，但他会适合典型的传统温切斯特人的职业——公务员。

　　甚至燕卜荪自己也担心，离开学院后的生活将是一段下坡路，正如他后来写道：

> 　　人们通常会说，一个人上大学后，他会变得更糟糕。不是从大学到社会的跨越，而仅仅是离开温切斯特到牛津和剑桥，我们认为这时一个人……就失去了他纯粹思想的锋芒。[124]

1. WE, letter to Molly Empson, 13 June 1915.
2. Arthur Empson, letter to Mrs Empson, 13 June 1915.
3. WE, letter to Molly Empson, 13 June 1915.

4. WE, letter to his mother, 28 November 1915.

5. WE, letter to his mother, 30 May 1915.

6. John A. Simson, letter to JH, 29 March 1985.

7. John A. Simson, letter to JH, 20 April 1985.

8. WE, letter to his mother, 6 June 1915.

9. WE, letter to mother, 24 September 1916.

10. WE, letter to his mother, 28 November 1915.

11. WE, letter to his mother, 6 June 1915.

12. WE, letter to his mother, 5 December 1915

13. WE, letter to his mother, n.d.

14. Undated memorandum by Geoffrey Hazelden (courtesy of Derek Roper).

15. Memo by G. Hazelden.

16. WE, letter to mother, 24 September 1916.

17. Maurice Roderick, letter to Mrs Empson, 18 May 1919.

18. Maurice Roderick, letter to Mrs Empson, 16 April 1920.

19. WE, postcard to his mother, 11 June 1920.

20. Revd A. T. P. Williams, letter to Mrs Empson, 12 June 1920.

21. WE, letter to mother, 13 June 1920.

22. John A. Simson, letter to JH, 20 April 1985.

23. J. D'E. Firth, *Rendall of Winchester: The Life and Witness of a Teacher*, London: Oxford University Press, 1954, 163; Christopher Dilke, *Dr Moberly's Mint-Mark: A Study of Winchester College*, London: Heinemann, 1965, 60–61.

24. Dilke, *Dr Moberly's Mint-Mark*, 125.

25. J. D'E. Firth, *Winchester*, London: Blackie & Son, 1936, 145–146. "如果我的温切斯特校友读者得知"，在燕卜荪进入温切斯特25年后的1949年，约翰·弗思说，"在过去75年中'概念'（notions examina）和'体罚'（spanking）已经被最高权威取消，他们会非常吃惊。"（Firth, *Winchester College*, London: Winchester Publications, 1949, 169.）

26. Empson Papers. See also Firth, *Winchester*, 144; Dilke, *Dr Moberly's Mint-Mark*, 132–133; James Sabben-Clare, *Winchester College: After 606 Years, 1382–1988*, Winchester: P. & G. Wells, 1989, 144.

27. Firth, *Winchester*, 144; Dilke, *Dr Moberly's Mint-Mark*, 11, 62, 92–93.

28. R. H. S. Crossman, 'Highland Light Reading', *The Guardian*, 15 June 1962.

29. Firth, *Winchester College*, 83; Dilke, *Dr Moberly's Mint-Mark*, 132.

30. Sir William Hayter, interview with JH, August 1985.

31. Firth, *Winchester College*, 104.

32. Undated draft letter *(c.* 1955)to Desmond Lee ('My dear Desmond').

33. *The Wykehamist*, 630 (27 February 1923), 300. 对于美国读者来说，英国的"公立"学校就是私有、付费学校。

34. Undated draft letter *(c.* 1955)to Desmond Lee.

35. WE, ' "Just a Blond" ' (book review), *The Granta*, 30 April 1926, p. 365.

36. Undated holograph letter (Empson Papers).

37. Douglas Jay, letter to JH, 5 July 1985.

38. Andrew White, letter to JH, 5 July 1985.

39. Colin Clark, letter to JH, 12 August 1985.

40. Michael Hope, letter to JH, 1 July 1985.

41. Andrew White, letter to JH, 5 July 1985.

42. Sir William Hayter, interview with JH, August 1985. 关于"男生寄宿学校一定是同性恋温床"的普遍说法，海特在回忆录中写道，"在学院里有许多人说起这事，就像说起其他话题一样，但就我所知仅仅是谈谈而已。"（*A Double Life*, London: Hamish Hamilton, 1974, 8.）

43. Dilke, *Mr Moberly's Mint-Mark*, 116.

44. Firth, *Winchester*, 160–161.

45. Firth, *Rendall of Winchester*, 250.

46. Dilke, *Dr Moberly's Mint-Mark*, 111–112.

47. Kenneth Clark, *Another Part of the Wood: A Self-Portrait*, London: John Murray, 1974, 60–61.

48. Michael Hope, letter to JH, 1 July 1985.

49. Firth, *Rendall of Winchester*, 53, 118; Dilke, *Dr Moberly's Mint-Mark*, 115–116.

50. Firth, *Rendall of Winchester*, 146–147.

51. Interview with E. A. Radice, July 1985. 在普通课程设置中，也同样非常重视背诵英语诗歌。

52. Firth, *Winchester*, 160–161; *Rendall of Winchester*, 121.

53. Firth, *Winchester*, 161; Sabben-Clare, *Winchester College*, 84.

54. Colin Clark, letter to JH, 12 August 1985.

55. Firth, *Rendall of Winchester*, 131.

56. Colin Clark, letter to JH, 12 August 1985.

57. The Revd H. P. Kingdon, letter to JH, 2 July 1985.

58. *Milton's God*, 106–107.

59. *The Wykehamist*, 633 (18 May 1923), 337.

60. Firth, *Rendall of Winchester*, 127, 73–74.

61. "我父亲去世那天，我母亲叫我去见伦德尔，要求在温切斯特学院教堂为他举行葬礼。伦德尔是使我感到害怕，而不是尊敬的人。我父亲与他相识一辈子，也不喜欢他，我认为他那科西嘉土匪一样的做派毫无吸引力，反而很虚假。那个8月的上午我去见他时，我们很快就把葬礼的细节理清楚了。然后他坐在他的沙发上，示意我坐在他的腿上。虽然很吃惊，但我还是按他的意思做了，然后他就开始亲吻我，他粗糙的黑胡子在我的脸上摩擦，一直在谈宗教。这件事虽然并不构成创伤，但我感到很恶心。我很怕他，不敢反对（十八岁的大男孩），被动地接受了这件事。一两天后，我不得不再次去见他，同样的事情再次上演。关于他的行为，他从来没有说起过：他的谈话全是最高级的宗教和道德层面的那一套。"（Hayter, *A Double Life*, 10.）See also Anthony Howard, *Crossman: The Pursuit of Power*, London: Jonathan Cape, 1990, 17. 海特告诉我，他认为伦德尔是一个"浮夸的，也许是假冒的家伙"。

62. Dilke, *Mr Moberly's Mint-Mark*, 117.

63. John Willis, letter to JH, 1 August 1985; Miriam McIver ［亚瑟·麦基弗（Arthur McIver）的遗孀，其夫是燕卜荪的同届同学，后来成为南安普顿大学哲学教授］, letter to JH, 3 October 1987; the Revd H. P. Kingdon, letter to JH, 2 July 1985.

64. Colin Clark, letter to JH, 12 August 1985.

65. Firth, *Winchester College*, 39; Sabben-Clare, *Winchester College*, 35.

66. Dilke, *Dr Moberly's Mint-Mark*, 112, 137.

67. Firth, *Winchester*, 142; Sabben-Clare, *Winchester College*, 10; Dilke, *Dr Moberly's Mint-Mark*, 132.

68. 这个细节和其后许多细节都来自《温切斯特学院第二宿舍舍志》中的一个打印的回忆录。

69. *Spencer Leeson, Shepherd: Teacher: Friend, a Memoir by some of his Friends*, London: SPCK, 1958, 37–38.

70. Anonymous contributor, in *Spencer Leeson*, 43–44. See also Hayter, *A Double Life*, 11.

71. Michael Hope, letter to JH, 1 July 1985.

72. *Spencer Leeson*, 71.

73. Undated draft letter *(c.* 1955) to Desmond Lee.

74. 然而，燕卜荪继续说，我不喜欢看他穿紫色衣服，并与克罗斯曼一同坐在雅典娜神殿里搞阴谋。他们同样都有那么一点妒忌：我们都接受了最好的教育，仍然装出一副被冤枉的模样。现在整个管理的根本理念，正如你知道，就是不让人们感到他们被冤枉。我看到这两个家伙坐在雅典娜神殿里，还说他们被冤枉，觉得很厌烦。世界上存在真正现实的问题，但体面的教育不是问题。温切斯特培养了这两个家伙：我觉得他们俩对此感到气愤很不得体。

75. *Spencer Leeson*, 21.

76. Firth, *Winchester College*, 207.

77. Sabben-Clare, *Winchester College*, 58.

78. Firth, *Rendall of Winchester*, 138–139, 142–143.

79. Sabben-Clare, *Winchester College*, 62.

80. Andrew White, letter to JH, 5 July 1985.

81. Ibid.

82. Interview with Dr E. A. Radice, July 1985.

83. Sabben-Clare, *Winchester College*, 69.

84. E. A. Radice, letter to JH, 2 July 1985.

85. School report for Common Time, 1925 (Empson Papers).

86. A. S. Ramsey, letter to Mrs Laura Empson, 18 December 1924 (Empson Papers).

87. E. A. Radice, letter to JH, 2 July 1985.

88. School report for Common Time, 1925 (Empson Papers).

89. *The Wykehamist*, 660 (27 May 1925), 85.

90. 'Second Chamber Annals, begun Cloister Time 1920' (courtesy of Winchester College); and A. L. Rowse, 'John Sparrow', in *All Souls in My Time*, London: Gerald Duckworth, 1993, 199.

91. 乔治·沃森（George Watson）在一篇关于燕卜荪的回忆录中说："听他说斯帕罗是一个年轻的激进派，让我感到很诧异。我记得有一次，他在温切斯特演讲日说，斯帕罗曾经转过来，叫他站起来，朝四周看看大厅里聚集的家长。燕卜荪很顺从地按他的指示做了。'呃，燕卜荪，'斯帕罗说，'在多年后的将来，当有人叫你任命一个温切斯特人，或者忽视他的一个缺点，请记住今天你所看到的情景。'但是现在，燕卜荪无情地继续说，在牛津的生活已经把斯帕罗变成了一个'可以信赖的管家——那就是牛津的功劳：它把人变成可以信赖的管家'。"（*Never Ones for Theory? England and the War of Ideas*, Cambridge: Lutterworth Press, 2000, 66.）

92. Colin Clark, letter to JH, 12 August 1985.

93. Ibid.

94. Sir William Hayter, letter to Sir Jeremy Morse, 20 July 1989; Douglas Jay, letter to Morse, 19 May 1989 (courtesy of Sir Jeremy Morse); Morse, letter to JH, 3 February 1990.

95. E. A. Radice, letter to JH, 2 July 1985.

96. Christopher Hawkes, letter to JH, 25 December 1989: "他的名声，与他的行为一致，是一个敏捷的，但有时也风趣的戴眼镜的怪人。就其本身而论，男孩难道不是男人的父亲吗？虽然他通常很沉默，他知道他是一个小丑，并演好了这个角色。"

97. *The Wykehamist*, 647 (23 May 1924), 490.

98. Christopher Hawkes, letter to JH, 8 November 1989; interview with Professor Hawkes, July 1985.

99. Colin Clark, letter to JH, 12 August 1985.

100. Sir William Hayter, interview with JH, August 1985.

101. School report for Common Time, 1925 (Empson Papers).

102. Firth, *Winchester*, 176–177.

103. Patrick Clapham, letter to JH, 6 July 1985："我记得他是一个非常内向的人，可以说没有挚友。"

104. Undated draft letter *(c.* 1955)to Desmond Lee.

105. John Willis, letter to JH, 1 August 1985.

106. Michael Hope, letter to JH, 1 July 1985.

107. 'Second Chamber Annals'. 据斯彭德（Stephen Spender）回忆，20年代克罗斯曼在牛津大学说："即使我成为首相，都赶不上我在温切斯特那时伟大。"（Howard, *Crossman*, 20.）

108. Michael Hope, letter to JH, 1 July 1985.

109. Colin Clark, letter to JH, 12 August 1985.

110. E. A. Radice, letter to JH, 2 July 1985.

111. *The Wykehamist*, 655 (22 December 1924), 41.

112. Ibid., 657 (25 February 1925), 60.

113. Ibid., 654 (2 December 1924), 34.

114. Undated draft letter *(c.* 1955) to Desmond Lee.

115. 'Second Chamber Annals'.

116. Undated draft letter *(c.* 1955) to Desmond Lee. "然后我们就有了那个可恶的情景，"他继续说，"一个教师，然后一个副校长，学院的领导，对高年级孩子示意，说如果他们折磨低年级同学，他们是继承传统，我们认为这很肮脏……"

117. Quoted in Howard, *Crossman*, 16.

118. WE, 'Wykehamist' (letter to the editor), *New Statesman*, 25 September 1954. 另一方面，未来的沃尔德格雷夫（Waldegrave）伯爵，比燕卜荪高一届，后来被人引述说，"所有的年轻教师都上战场打仗去了，很多人因此丧生。对于像我这样的年幼学生来说，的确很艰难。"（'Extramural', *Daily Telegraph*, 25 March 1992, p. 19.）

119. Undated draft letter (*c.* 1955) to Desmond Lee. 在信的另一处，燕卜荪说在与克罗斯曼的最近一次会面时，他感到非常诧异，发现他"真诚地或厚颜无耻地说，在我们小时候，他不得不奋力去争取人们拱手让给他的那些东西"。

120. Firth, *Winchester*, 91.

121. Geoffrey McDermott, *Leader Lost: A Biography of Hugh Gaitskell*, London: Leslie Frewin, 1972, 14.

122. Firth, *Winchester*, 25; *Winchester College*, 59, 75.

123. Firth, *Winchester College*, 95, 200.

124. Undated draft letter (*c.* 1955) to Desmond Lee.

第五章

"我说话太多吗？我想知道。"

　　1925年，玛德林学院正在从一个异常长的消沉期中走出。[1] 1428年成立时，它曾经是天主教本笃会修士的一个会所，[2] 在15世纪后期的某个时候，改名为白金汉学院（Buckingham College）［为的是纪念非神职赞助人白金汉公爵二世亨利·斯塔福德（Henry Stafford, Second Duke of Buckingham）］；后来在1542年，托马斯·奥德利（Thomas Audley）爵士重建了该学院——奥德利爵士"主持了托马斯·莫尔（Thomas More）爵士和安妮·博林（Anne Boleyn）的审判，帮助亨利八世除掉了另外两个妻子以及托马斯·克伦威尔（Thomas Cromwell）"——将它取名为圣玛丽·玛德林学院，院训为"保持信仰"。最初学院修建了不起眼的红砖楼第一围院，17世纪修建了耗时的精品楼——佩皮斯楼（Pepys Building）。学院在后来的两个世纪中遭到冷落的命运。18世纪时没有修建任何建筑；正如一个院史修撰者说，在那个世纪的中间五十年，学院的在校本科生数量有时下降到两位数以下。19世纪也没有发生任何变化，在20世纪前十年，在册的本科生只有四十人，仅有五个院士。

　　A. C. 本森（A. C. Benson）的到来——他1904年成为院士，1915年成为院长——使学院从长期的低迷中恢复过来。他是一个非凡的文学批评家、纯文学作家、日记作家［他"说话顽皮、敏锐机智、冷漠，有时能给予读者一个狡诈的抚摸"，欧文·查德威克（Owen Chadwick）很用心地写道；[3] 我们可能还要感谢本森为《希望与荣耀之地》（'Land of Hope and Glory'）作了词］，他完全就是爱德华时期的艺术爱好者［伺候他的老仆人叫亨廷（Hunting）］，对蜚短流长也很投入。他尊严十足，腼腆，幽默，异常好客；他不仅是优秀的院长，也是一个赞助人，在学院的建设和学术发展方面努力寻求提高。据说，"玛德林学院的本科生曾经这样评价他们的院长——他早晨什么也不做，下午记录早晨做了什么。"实际上，他的远见卓识之一就是让了I. A.理查兹（1893—1979）加入教职，后来此人成为燕卜荪的启蒙导师；而且也正是本森作出了授予燕卜荪奖学金的决定。

这位伊顿公学的前任校长对于招募公学学生表现出异常的热情。在燕卜荪入学那年，六十五名学员中有十名肯定来自伊顿公学，其余分别来自不同的学校，有三名温切斯特学院学生，包括燕卜荪。他最喜欢的学生之一是温切斯特的毕业生乔治·利·马洛里，1905年入学，1924年死于珠穆朗玛峰；因此本森当年将米尔纳数学和物理奖学金授予温切斯特学院学生，可能是为了表达私人的敬意。[4]另外，虽然本森本人是古典学家，但他是亚瑟·奎勒–库奇（Authur Quiller-Couch）爵士的朋友，后者担作国王爱德华七世（Edward VII）的英国文学教师多年，并且还讲授弥尔顿（后来本森的书房构成了英语学院图书馆的核心）。虽然燕卜荪在奖学金的审查过程中肯定见过他，但是本森在他厚重而优雅的日记中并没有提及燕卜荪；并且本森死于1925年6月，在燕卜荪入学前四个月。

他的继任者A. B.拉姆齐（A. B. Ramsay）曾经是伊顿公学的助理校长——本森曾经讽刺他为"一个衣衫不整、心胸狭隘、观点偏激、故步自封、头脑愚笨的家伙……完全没有灵性"——他于1926年1月上任。[5]拉姆齐是一个严肃、虔诚但很和善[6]，甚至在某些方面像绅士一样的人物，喜欢古代经典、板球、象棋（常常将玛德林学院视为伊顿人的终极学校），他将发现与燕卜荪没有什么共同点。正像他的讣告作者在《玛德林学院纪事》（*Magdalene College Record*）中所说，"玛德林的无纪律状态使拉姆齐在初来时感到震惊。"[7]他根本不是一个追求现代化的人，因此，"他实际上在诸多方面专注于回到过去"——他甚至试图重新建立强制礼拜制度——许多本科生认为他"沉闷乏味、假装虔诚"。[8]他任校长的期限将持续二十一年。

少数几位杰出校友并非像学院院史让人期望的那样默默无闻。他们包括都柏林大学三一学院的创始人之一、阿马县的厄谢尔主教（Archbishop Ussher of Armagh，1567）；哈佛大学首任校长、赞助人、创始人亨利·邓斯特（Henry Dunster，1627）；塞缪尔·佩皮斯（1651）；拳击规则的制定者、奥斯卡·王尔德（Oscar Wilde）的迫害者昆斯伯里侯爵八世（8th Marquis of Queensberry，1864）；爱尔兰国会党领袖（1880—1890）查尔斯·斯图尔特·帕内尔（Charles Stewart Parnell，1865）；查尔斯·金斯利（Charles Kingsley，1838），他曾任现代历史钦定教授（1860—1869），但至今仍以《水孩子》（*The Water Babies*）而闻名。更近一些的毕业生包括《新政治家》（*New Statesman*）杂志未来的编辑金斯利·马丁（Kingsley Martin）；小说家、《听众》（*The Listener*）杂志文学编辑J.R.阿克利（J. R. Ackerley）和两次当选斯莱德（Slade）绘画艺术教授的杰弗里·韦布（Geoffrey Webb）。燕卜荪对他的学院前辈可能了解很少，至少在一年级是如此，虽然在松木板大厅参加烛光晚宴，然后在休息室喝"绿咖啡或灰咖啡"时这些人的面孔可能从阴暗处凝视着他（也许是由于刻意的安排，帕内尔和昆斯伯里的肖像没有挂在墙上）。[9]但是他知道他的兄长查尔斯在两届学生之前就在此就读，并于1922年毕业；查尔斯为他树立了一生刻苦努力的榜样。

像大多数同龄人一样，燕卜荪将该学院视为一所管制不那么严格的学校，一所年轻绅士的寄宿俱乐部，在这里他们希望通过彼此的密切接触发展他们的智力，不受学监和教师的干扰，或干扰越少越好。在注册入学时，学院的讲师给他作了通常的训诫："如果一个院士请你吃午饭，务必在2：15告辞，除非谈话总体上非常有趣，那样你可以在2：25告辞"；但是他会忽视这样的规矩。他的客厅和卧室在第一围院，这是一幢带城垛的、爬满常春藤的院式建筑，朝南望去，可以看到剑河（River Cam）河岸的一排成熟的栗树；与他熟悉的温切斯特学院的狭窄宿舍相比，他的房间显得非常宽敞。并且，他既没有动力去保持整洁，也没有动力去深谋远虑：每天早晨他的床铺整理工会生火，将煤炭桶送到她负责的楼梯沿线的所有房间，放进炉膛，并且照料其他生活琐事，包括倒马桶〔那时还没有卫生间或厕所，只有洗脸池，因此，对于所有需要下水管道的身体功能，正如汤顿主教弗兰克·韦斯特（Frank West，Bishop of Taunton）六十年后快乐地回忆道，憋不住的、肮脏的居民"不得不步行穿越两个院落，不管什么天气，到一幢破旧的楼里，那里被委婉地称为第三围院"〕。[10]早晨，床铺整理工还会送来热水供学生们剃须修面，摆好他们的衬衫和领带，擦拭他们的皮鞋。但是，从所有人的证言和照片来看，不修边幅的燕卜荪肯定很快就放弃了床铺整理工的伺候，或者将她的耐心消磨殆尽。"早餐、中餐和晚餐都可以从红脸总管古德费洛（Goodfellow）那里获得，"韦斯特主教热情地回忆道。"这些餐品用一个盖着绿色台呢的托盘托着，由厨童顶在头上，送到我们的房间里"[11]（早餐和中餐总是从厨房送出）。因此对于多数人来说，没什么事可做，除了在自己的房间里转悠，吃着马修斯面包店的奶油面包和烤面饼喝茶，摆出不费力气的样子努力地读书，与同伴一道闲逛。诺埃尔·布莱基斯顿（Noel Blakiston），伊顿公学的同学西里尔·康诺利（Cyril Connolly）的忠实通信人，公共档案馆（Public Record Office）的未来馆长，同住一个楼道，与燕卜荪很友好。

但是从性格上讲要燕卜荪懒惰是不可能的。他急躁而精力充沛，总是忙碌着：要么急匆匆地赶去接受指导，像一个着魔的人从剑河的铸铁桥上向城里冲去；要么与同室好友喋喋不休地闲谈。人们无法知道他用了多少时间来学习，因为他从事的其他活动如此之多。他渴望进入那些趣味盎然的小圈子，特别是那群头脑灵活的知识精英，他渴望交到特别的朋友，渴望获得参加聚会的好运，但他常常发现自己身处一群高声叫嚷的年轻人中间，他们也许过于沉溺于酒精（虽然在初期并不完全如此），但几乎肯定都很粗鲁、令人厌倦、自命不凡。这篇日记见于他大学一年级时的一本活页日记本中，讲述了一位有趣的、心地善良的同学沃尔特·威格尔斯沃斯（Walter S. Wigglesworth，此人后来成为杰出的神事律师，玛德林学院的捐助人，但在当时的大学同学中他主要被视为"一个永远情绪高昂的高教派信徒，其乐趣就是使用可怕的北方口音亵渎神灵"）：[12]

> 一群粗野的人在我的房间里喝柠檬汁。吵吵嚷嚷，东西被扔出了窗外，没有交谈，只有一个肮脏的故事——我很自豪地说，是温切斯特学院的一个毕业生讲的，讲得非常好。我喜欢并欣赏这群人，但无疑他们使我感到厌倦。例如，威格尔斯沃斯简直就是莎翁笔下的一个小丑，英语、法语、德语、拉丁文、希腊文中的文学双关语被他大喊大叫地吼出，精力和心境都好得不得了，但是我仍然对这一切感到极端厌倦。

虽然这群人使他感到轻蔑（可能是因为他无法企及这些人开的很有学问的玩笑），但是也没有理由怀疑他本人在其他时候可能堕落到同样愚蠢的水平。

在他一年级的日记中，有一系列典型的篇目显示，他不断追寻着这些人中的杰出成员所拥有的广阔的文化素养［他的阅读品味的范围涵盖从 E. F. 本森和马克斯·比尔博姆（Max Beerbohm），到新派的、天书般的乔伊斯（Joyce）的《尤利西斯》（Ulysses）］；这些也显示他决心不被装腔作势的姿态所愚弄——至少决不能被他自己的装腔作势愚弄。

星期五　［马克］哈特兰·托马斯（Mark Hartland Thomas）向我暗示为什么本森的小说将宏大激情作为进入内心深处（Inner Inwardness）的唯一路径：因为他知道自己没有那样的激情，由于不可能得到，因此被赋予了一种灵光。他激情枯竭这个因素，在意识的边缘发生作用，产生了一种挑逗性的伤感情绪。

奥德利协会（Audley Society）关于吉耶德雷（Gilles de Rais）的论文。考虑。

星期六　为哈特兰·托马斯读《尤利西斯》，读了四个半小时，两个章节。

星期日　我表面上有一种智力非凡的气质，似乎特别适合爬后面的楼梯爬到一半。我好像算是加入了普莱特隆俱乐部（Plectron Club），它入会要求很高，仅专注于戏剧批评。我对它有何了解？我究竟怎么加入的？菲利普之流真正参加演出，在某个时候可能与欧内斯特·塞西杰（Ernest Thesiger）共进晚餐并加入普莱特隆俱乐部，但是我在那里像条鱼，唠唠叨叨，泡在香槟酒中。

他用一些词，如"艺术"、"现实主义"，等等，编织一些废话的架构。我也可以大谈废话；猫咪可能看着国王；也就是说，猫咪有某种爱整洁的特征和可取的能力，严格用于家用目的。国王是一个关注细节、注重实际的人物，对真实的人们使用判断力。大谈特谈这种晚上谈的抽象概念是愚蠢的。

他说用男演员代替女演员的男扮女装对剑桥来说是正确之举，因为那里的人们更喜欢这样；他们可以减少人们的惊奇，增加吸引力。多么有力！多么令人信服！［年轻、充满德行的爱德华二世（Edward II），谁不会想吻他；玩笑。］

在许多方面，燕卜荪可能视《一个青年艺术家的画像》（*A Portrait of the Artist as a Young Man*）中的斯蒂芬·代达罗斯（Stephen Dedalus）为榜样。痛苦的自我意识，着迷于分析自己的思想和行为，甚至有一点自我讽刺的意味，有时迷茫、有时浮夸、有时自负：

> 我带着各种各样的情绪和热情上下胡言乱语，根据我的判断，这些情绪和热情都很稚嫩、短暂、荒唐。我的头脑的任务就是要将它们集中到某个点上，毫不偏袒地进行判断，而不是要带着蔑视和讨厌的态度压抑它们。也许一个人应该期待有一种被动的自我意识慢慢地深化作为它的对象的欲望冲动，或许也未必在两种情况下，有意识的良知的不安都不应该被允许去干扰目的和行动，否则它将会完全将它们扼杀。像威廉·海特这样真正毫无瑕疵的人往往什么也不做。
>
> 也许那就是"不真诚"的关键。理论上，一个人必须感到一种强烈的情感，但同时又毫不矛盾地看到它的荒诞。如果任何情形完全占据了他的注意力，那就是他应该采取的态度……如果一个完全认真的人，在一件事上只有一个态度，他要么没有完全清醒，要么愚蠢到无法思考。我在这里仅仅是思考动机问题，以及是否值得如此小题大做的个人判断；当然还有方法问题，以及这是否就是处理问题的正确方法的个人判断。但是一个人可能要记住，他裁定这样的行动是最佳行动，是在考量了证据之后作出的；而他启动的情感是即时的、波动的东西，必须在当时对它们进行观察和判断。他对他的方法常常同时在两种意义上都是真诚的，而只有当他充满了上帝的气息时，才对他的情感也真诚。

不难看出为什么燕卜荪因为在生活中缺乏镇静的果敢而责备自己：他碰巧想到了威廉·海特，并且感到一丝嫉妒，海特在温切斯特时显得如此成熟，如此四平八稳。因此他觉得写两个沉重而又有点中伤的段落，来解释为什么对每一件事同时怀有两种心态是件好事，这是一种自我安慰的行为。当然他不是唯一一个暗中这样做的人：他只不过是一个典型的心智敏锐、具有强烈自我意识的本科生。对于燕卜荪这位青春期的无神论者来说，这样做似乎也是典型行为：当他想要嘲笑信教的熟人时，他总是责备他们沉湎于"精神上的手淫"。

并不典型的是，他不仅沉湎于自我，而且沉湎于知识的获取——并不只是从课程设置中获取。他的阅读涵盖了他见到的一切。

他的数学导师是A. S.拉姆齐（A. S. Ramsey），一个教龄悠久的玛德林学院院士（他于1897年开始在学院任教），他是一个虔诚的新教徒，在伊曼纽尔公理会教堂（Emmanuel Congregational chapel）做礼拜。1900年，他被任命为学生主管，同年又被任命为学院院长和佩皮斯图书馆馆长。1904年，他成为财务主管。继本森之后，他还是学院的院长，高级导师（1912—1927）。但是很少有学生能够很轻松地靠近他在佩皮斯楼的房间。据欧文·查德威克说，"他是一个很优秀的数学教师，写了一些教材，其中一部分在20世纪80年代仍然在销售。从表面上看，他很严厉，甚至冷酷。同事和学生认为他令人敬畏；少数人感到他可怕；少数人感到他慈祥……"[13] 他的小儿子迈克尔（Michael）比燕卜荪大两个年级——一个聪明但粗陋的青年，说话像歌唱一样，于1923年进入玛德林——住在他安静而又清醒的父亲楼上的房间里，隔壁是性格相仿的自由主义者塞尔温·劳埃德（Selwyn Lloyd）。[14] 虽然注定要做坎特伯雷（Canterbury）大主教（1961—1974），迈克尔·拉姆齐的命运由于与父亲的长期不和而受到影响（他模仿其父亲几乎达到完美的程度，逗得同学们前合后仰）。"我认为在潜意识和半意识层面，他对于我是一个沉重的也许是压迫性或压抑性的负担，"迈克尔·拉姆齐后来承认道。"在后来的生活中，由于在宗教上与他的立场的分歧，我被弄得很不愉快，虽然没有这个必要。"然而，A. S.拉姆齐却可能对燕卜荪显示出了很大一部分他性格中那不苟言笑的善意。或者也许更加热情的拉姆齐夫人缓和了她丈夫给人的印象——她曾经在牛津大学学习历史（她在那里认识了刘易斯·卡罗尔），并且是一个社会主义者和妇女选举权支持者，第一次世界大战后在合作社运动和工党中很活跃。"在星期天，她就会邀请玛德林学院的一群学生来吃午餐，他们会一直待到晚餐时间；然后更大的一群人来吃晚餐……她的面容有趣而聪明，有魅力。她的性格很有吸引力。"[15]

当然，燕卜荪在一年级时数学学得很好，但那可能部分是因为他依靠着天然的才能。然而，他对代数有着特别的热情，这是拉姆齐的特长，也许因此他们就走到了一起。在多年后，I. A. 理查兹将记录下拉姆齐讲的一句话，那时燕卜荪放弃了数学，转学英语："燕卜荪是他所教过的最好的数学学生之一，他很遗憾他放弃了数学。"[16]数学荣誉学位考试第一部分的其他科目包括机械学（拉姆齐讲授该课程，以及代数和三角）、微积分、力学、电学、光学和流体静力学，以及固体几何学和方程理论。拉姆齐的大儿子弗兰克（Frank，1903—1930）在国王学院（King's）教授这两个科目，他毫无争议是数学和哲学的奇才。

燕卜荪可能在一段时间里受到弗兰克·拉姆齐的影响：从他大学生涯的初期开始，他就在阅读G. E.摩尔（G. E. Moore）和路德维希·维特根斯坦（Ludwig Wittgenstein），并且对意义、美、情感、价值等概念感到忧虑。然而他啃摩尔和维特根斯坦，也有可能是因为他们对于一个心智活跃的学生来说是时代精神的一个重要部分。[17]例如，在他一年级使用的日记本里，有一个段落写到他与玛德林学院的一个叫W. G.福德姆（W. G. Fordham）的同学辩论一个定义；年轻的燕卜荪在这里体验到了认识论的快乐：

> 福德姆对维特根斯坦的认识，我认为，是不真实的。他"愤世嫉俗"，被维特根斯坦戳穿了的那种愤世嫉俗。他说情感是一种事实；上帝不"存在于"世间，上帝不存在于宗教情感中。只要情感被当成一个事实，可以被叙述，它就与其他物体一样毫无色彩。在一个情感之中，情感不能被叙述，只能显示自己，它不是"如何"而是"存在"，我认为，这样的情感才有价值。"世界是事实的总和，不是东西的总和。"情感是东西。

另外，很早以前，他就想用审美价值的框架来为数学的力量下一个定义，这也表明他拒绝了人们的这样一种怀疑，即一个人选定的学科是否有必要与剑桥当时蓬勃的哲学和文学思想结合起来。在下面这个段落里，他玩味着来自以下两本书中的概念：主要来自维特根斯坦的《逻辑哲学论》（*Tractatus Logico-Philosophicus*）——他在C. K.奥格登（C. K. Ogden）讲授、弗兰克·拉姆齐任助教的英语翻译课（1922）上阅读过——以及奥格登、理查兹、詹姆斯·伍德（James Wood）共同撰写的《美学基础》（*The Foundations of Aesthetics*，1922）。他真心想要融合不同学科的愿望进而几乎肯定地显示，为了缓和他自己内心的这种张力，他作出了何等艰苦的努力：

将数学视为美的崇高展示与维特根斯坦的观点并不矛盾。一个数学公式就是一个逻辑形式，这要么是一个定义，要么是老生常谈，不过所有逻辑命题都有同样的价值。但是，数学只有对完善的心灵来说才是不证自明的，即那种能够同时掌握情景的不同方面的心灵，那种能够一眼看出一个情景的主要命题的所有可能组合的目的的心灵。人类心灵只能够掌握数量有限的方面；任何数学记法都将注意力引向一个特别的方法（即系列组合），并视之为最简单和最有效。数学过程的审美价值在于处理这些复杂的逻辑形式，以改变最自然的结果选择；这样，心灵的力量似乎就被拓展了，以便对更加复杂的情景有一个逻辑的把握。永恒微妙的惊奇感，一分钟后即可在思考中变成意蕴更加丰富的接纳，这正是亚里斯多德（Aristotle）所说的崇高美的根本要素。这种快乐存在于数学方法之中。审美欣赏流派，"多么有趣"是其赞美的对象，强调这种微妙的惊奇感，而不是对意蕴更加丰富，即更加复杂和充满暗示的整体的接纳。在有限范围之中，它是正确的。

　　对于燕卜荪来说，这两种文化之间不存在任何鸿沟。即使如此，他仍然试图使自己相信他可以两者兼得；他可以探索数学——或者哲学——同时跟进文学研究的最新发展。另外，他被天体物理学深深吸引，该科学新近充满了奇妙的发现。"爱因斯坦的宇宙是平衡的，但是其平衡性是不稳定的，"普鲁米安（Plumian）天文学教授亚瑟·埃丁顿爵士写道［燕卜荪后来听了他为数学特别委员会开设的课程，以及欧内斯特·卢瑟福（Ernest Rutherford）爵士的课程］。燕卜荪真正属于他的时代：甚至在他将学术兴趣转移到文学之时，他仍然一直感到，在受到理查兹的《文学批评原理》（*The Principles of Literary Criticism*，1924）对文学价值的探讨影响的同时，他也受到了物理学和天文学的刺激。从理查兹那里，他还将学到"平衡"或"均衡"的极端重要性，学到文学创作和接受的自我完善性。同时，在发现他的真正事业之前，燕卜荪的内心感到紧张和动摇，被相互矛盾的东西所吸引，同时追寻着数学的完美、维特根斯坦的逻辑命题和理查兹提出的"心理冲动的系统化"理论。一个学生感到如此众多的思想从不同的方向使劲拉拽着他，这种情况很少见。

　　心理学也在他的兴趣之列，在温切斯特学院时，他的高年级朋友卡鲁·梅雷迪思曾经推荐他阅读罗伯特·布里福；他自己还抓住了弗洛伊德（Freud）这位无意识心理秘密的最新向导。卡鲁·梅雷迪思个头矮小，像个侏儒，咧嘴一笑像一只柴郡猫，说话有明显的都柏林口音（很适合朗读乔伊斯作品），[18]他于1922年升入三一学院，在那里他是两年来获得两个第一和一个"B星"的首位数学系学生。很自然他是燕卜荪在剑桥大学最想联络的人之一。梅雷迪思也把他介绍给其他朋友：其中之一就是J. D.所罗门（J. D. Solomon，地质系学生），他后来回忆说燕卜荪是一个"个子矮小的圆脸年轻人，脸色红晕，表情像只猫头鹰。他的话音里总有一种讽刺的意味，虽然其内涵比较丰富，很像约克郡狩猎的乡绅阶层的风格，我想那就是他的家庭背景。"[19]如果梅雷迪思的影响部分地促使燕卜荪一开始选择了数学专业，那么梅氏对心理学的热情则帮助燕卜荪成为了理查兹的适合的学生。

甚至在大学本科一开始，燕卜荪就对理查兹的新近作品着了迷，特别是《文学批评原理》；他曾经与梅雷迪思和新交的朋友福德姆就他的思想展开辩论（福德姆是一个热情的自由主义者，经常在学生会辩论赛上发言，他注定将在刑事法院开拓出兴旺的事业）。以下这段文字来自燕卜荪早期的记录，特别是其中提到的"有价值的情感"和"心理冲动的生命源泉"显示，甚至在大学的第一学期，他就在摆弄他未来导师的心理学术语：

> 如此多的人被迫对他们的情感，特别是宗教情感，采取纯粹道德性的反对态度。梅雷迪思告诉我福德姆不能辩论，并且在不能辩论时变得不可理喻地恼怒。福德姆与我的观点一致，认为对梅雷迪思刻薄的分析会给人一种完全被消灭的感觉，过一阵子你就必须收手撤退。理由是你感到有价值的情感本身已经被置于危险之中；如果心灵不与心理冲动的生命源泉接触，就不太容易保持批判性的自知之明。神秘主义如果没有神话将是如此赤裸。福德姆说，情感与理智是同一回事；理智是一种情感；这就叫逻辑冲动。虽然两种东西存在互动，但它们不同。逻辑自身不能提供冲动，更不能使冲动具有逻辑性。没有冲动就没有生命，如果逻辑分析在走得足够远的时候，必须将冲动放在一边，然后证明其没有价值，那么逻辑分析将使我们全都完蛋。但是它既没有理由，也没有方法，去做到这样的事。

时年十九岁的燕卜荪精心撰写的这段文字可能显得难以把握，甚至在学问上有种装神弄鬼的感觉；但是对于早熟的年轻人来说情况常常就是如此：直觉思维超出思辨思维，急速的心智对艰难的意义缺乏耐心。既然精力充沛的理查兹在剑桥大学英语文学研究的顺利发展中是一个领军人物，并且在玛德林学院任职，燕卜荪并不需要任何人的推荐就可以得到他的著作，但是梅雷迪思对心理学的热情颇具感染力，可能对燕卜荪投身于此起到了决定性作用。

无疑，在大学第一年燕卜荪接受了理查兹所制定的文学批评原理，特别是他的价值理论。在他于1926年6月12日为《格兰塔》（*The Granta*）杂志撰写的第一篇短文《浪漫的理性主义者》（'The Romantic Rationalist'）——评论赫伯特·里德（Herbert Read）的《理性和浪漫主义》（*Reason and Romanticism*）的书评中，他说里德"玩弄启示带来的真理，这也并不奇怪……神灵启示仅仅是认识理查兹的价值等级的快速通道……"由于并不满足于对理查兹的这番赞同，他进一步对本学院的这位精英表达了他的信心："［里德的］美学理论，总体上讲，是真实的、有价值的，特别是因为理查兹已经作过同样的陈述。"[20]

卡鲁·梅雷迪思可能还介绍他加入了一个叫"异教社"（Heretics）的社团。这个研讨性社团于1909年公开成立，简·哈里森［Jane Harrison，她的讲话稿《异教思想与人性》（*Heresy and Humanity*）后来出版］和J. E.麦克塔格特（J. E. McTaggart）都曾在仪式上讲话，该社团吸引著名演讲人之多非常惊人。根据它的创始人奥格登制定的章程，它的主要宗旨是"促进宗教、哲学、艺术问题的讨论"；入会的条件是拒绝"在讨论宗教问题时借助任何权威"。荣誉会员有洛斯·迪金逊（G. Lowes Dickinson）、J. M.凯恩斯（J. M. Keynes）、摩尔、伯特兰·罗素（Bertrand Russell，他曾经在社团的一次会议上说道，摩西十诫就像有十道题的考卷上写着那种要求："只需要尝试回答六道"）、萧伯纳（Bernard Shaw，曾经阐释了他对宗教前途的观点）、艾琳·鲍尔（Eileen Power）和G. M.特里维廉（G. M. Trevelyan）。社团的第一任秘书C. K. 奥格登在三年级时担任社长（1911），连任至1924年；在此期间，他组织了多次名人演讲，如伯特兰·罗素、玛丽·斯托普斯［Marie Stopes，《计划生育》（'Birth Control'）］、E. M.福斯特［E. M. Forster，《匿名》（'Anonymity'）］、朱利安·赫胥黎（Julian Huxley）、G. G.库尔顿［G. G. Coulton，《超级异教思想》（'Super

Heresy'）]、F. M.康福德［F. M. Cornford，《大学里的宗教》（'Religion in the University'）]、摩尔［《伦理学诹议》（'Some Problems of Ethics'）]、利顿·斯特雷奇［Lytton Strachey，《艺术与猥亵》（'Art and Indecency'）]，以及伊迪丝·西特韦尔（Edith Sitwell）和克莱夫·贝尔（Clive Bell）。弗吉尼亚·伍尔夫（Virginia Woolf）的演讲稿后来出版为《贝内特先生与布朗夫人》（*Mr Bennett and Mrs Brown*，燕卜荪可能出席了这次演讲）；J. B. S.霍尔丹（J. B. S. Haldane）选择了以《卡林尼克斯》（'Callinicus'）和《代达罗斯》（'Daedalus'）为演讲题目［两篇稿子后来都在《剑桥杂志》（*Cambridge Magazine*）上发表，奥格登是该杂志的创办人、所有者和编辑］；I. A. 理查兹的演讲题目为《情感与艺术》（'Emotion and Art'）。正如萨金特·弗洛伦斯（P. Sargent Florence）后来说，"异教社成员是'天生的'人文主义者，他们研讨道德时不涉及宗教。"[21]燕卜荪自然渴望加入这样一个社团，它在对宗教、哲学、艺术，以及（后来的）人类学、社会历史、心理学、社会学、经济学的坦诚讨论中不设任何障碍。

有时候，星期天的聚会似乎仅仅给燕卜荪提供了一个轻狂傲慢的发泄机会，他在日记中记录下了这样的文字，谴责一个显然没有读过G. E. 摩尔的演讲者："可怜的小个子男人在异教社演讲；嘿，他甚至不知道感觉与感觉的数据有何区别。"[22]他在私下表达这样的愤怒，其原因很简单：既然他自己承认很胆小，还没有勇气面对面地挑战一个令人不快的演讲者，那么他只能离开，并在纸上发泄愤懑。正是如此，在另一天他哼哼地回到了他的房间写道：

> 信仰复兴主义者在异教社——"我们将怎样对付牧师［？］"——他嘴角冒出白沫，但毫无察觉。他不能意识到，他的"非神学"活动正是有组织的宗教，接受了某些教条，践行了某些仪式。索姆斯［杰宁斯］（Soames ［Jenyns］）后来认为，布道比创造更加无私，上帝就是爱。这个词的意思是，上帝是对神性或他自己的热情追求；除非它的意思是个人关系（弗洛伊德）是唯一值得考虑的事情［但是参见鲁滨逊·克鲁索（Robinson Crusoe）]。它指向这样一个真理：人是一种群居动物，因此它并没有离题，但是请看看马塞尔·普鲁斯特谈论友谊与思想正直之间的

对立。在一个人的私生活中，他必须挑出如此多的东西，说"这些就是价值，我要追求"，但是在他的宇宙理论中，他不得划定这样的界限。

对那个古老格言"上帝是爱"表达忧虑，而又没有提到福斯特，可能是因为燕卜荪还没有读过《印度之行》（*A Passage to India*，1924年6月出版）。但是那个教条性断言——燕卜荪后来改称为"存在断言"——所代表的公式"上帝是爱"是一种语法的实体化，他对之进行的批判将会持续多年，甚至直到他为《复杂词的结构》（*The Structure of Complex Words*）一书构架两个章节——《词汇的陈述》和《A是B》之时。[23]在这句格言式的"上帝是爱"的话中，他将煞费苦心地暗示道（或者说坚定而机敏地解释道）：

> 上帝保持了它的古老含义——他仍然是我们曾经称为上帝的那个人，即使他被赋予的新特性异常重要；但是爱同时是理想的（最佳形式的爱）和极端普遍的（世上的一切爱）。对"上帝是爱"感到迷茫的原因是，我们不知道应该认同哪一种意思，例如爱里边包含多少性的成分，也不知道如何将上帝的概念普遍化或普及化；这个口号可能意味着某种泛灵论，但是我们需要听到更多，才能确定它是不是泛灵论。

同样的分析性和说明性的风格在大学一年级的燕卜荪笔下就已经显现，虽然还欠缺平衡性和穿透力，但已经非常引人入胜。但是年轻的批评家仍然显得焦躁而鲁莽，他挥舞着双刃长剑，整理着自己的羽翼［随便显摆自己引证的力量：弗洛伊德、笛福（Defoe）、普鲁斯特］，却缺乏成人那种包容性的文雅作风。他区分了"上帝是爱"的两种可能性的解释——（a）上帝是终极的自恋者；（b）性是世界的动力——然后继续向前推进。即使如此，当他的愤怒平息下来，针对宗教仪式发表一些空泛的评论时（宗教仪式中的流血受难总会使他感到恶心），他深层次的善良天性使他发现记录下这样一个想法异常重要：虽然个人在个人的价值判断问题上必须作出急迫的决定，但很重要的是，在大的哲学问题上总是保持心胸开阔。

很清楚的是，燕卜荪在剑桥大学四年的学习中非常关注来异教社演讲的那一系列人士，并且从中获益匪浅。例如，在1926—1927年，他聆听了不同作家的演讲，如温德姆·刘易斯（Wyndham Lewis）、理查德·休斯（Richard Hughes）、赫伯特·里德和伦纳德·伍尔夫（Leonard Woolf），并且还与他们进行了交谈。李约瑟（Joseph Needham）博士，后来的贡维尔-卡尤斯学院（Gonville & Caius College）院长，坚持认为"在文本下面有着'透镜的局限性'，即科学和宗教的透镜，如果单独使用的话，都可能造成谬误"。C. D.布罗德（C. D. Broad）讲了弗朗西斯·培根（Francis Bacon）；布罗尼斯拉夫·马林诺夫斯基（Bronislaw Malinowski）讲了《一个分裂派人类学家的异端职业》（'Heterodox Professions of a Schismatic Anthropoloist'）。［非常遗憾，D. H.劳伦斯（D. H. Lawrence）于1926年拒绝了前来异教社演讲的邀请。[24]］关于燕卜荪后来对语义学的兴趣，阐释文字背后的隐性意义——语言常常包含的"压缩理论"或颠覆性含义——萨金特·弗洛伦斯的这番话同样值得人们知道："当然，我们异教社许多人的哲学都是从文字分析开始的。"因此，燕卜荪在1928—1929年大学四年级时，由于参与异教社的活动如此深入而成为该社社长，并不令人吃惊；在他自己的任期内受到邀请的演讲人包括罗斯·麦考利（Rose Macaulay）、丹尼斯·阿伦德尔（Denis Arundell）、S. R.斯拉夫森（S. R. Slavson）和安东尼·阿斯奎思（Anthony Asquith）。（后来燕卜荪告诉我很有必要查阅协会的记事本，但我没有能够找到。）在他大学的最后一个学期，他甚至安排了当时回到剑桥大学的维特根斯坦来做伦理学方面的演讲；[25]但是燕卜荪自己没有能够听到这次于1929年10月进行的演讲，仅仅因为三个月前他已经被赶出了玛德林学院。

他没有去听T. S.艾略特作的克拉克讲座（Clark lecture）：《十七世纪的玄学派诗人》（'The Metaphysical Poets of the Seventeenth Century'，三一学院1926年3月举办）——"唯一而充足的理由是，他认为，在他的本科期间他不听系列讲座"[26]。［这仅仅是他从别人那里学来的做法：I. A. 理查兹喜欢告诉他的学生，系列讲座是前卡克斯顿时代（pre-Caxton days）遗留下来的奇怪传统，他们应尽量不去听。］后来，燕卜荪写了一篇关于艾略特的赞词，有一点厚颜无耻的味道："我感到，像我这一代人中其他写诗的人一样，我不能确切地知道我的思想中有多少内容是他发明的，更不知道有多少是对他的反叛，或对他的误读所产生的后果。他具有非常深刻的影响力，也许有点像是一股东风。当然他读过《荒原》（1922）和《圣林》（The Sacred Wood，1920）中的文章，两书一起使艾略特获得了诗人和批评家的卓越权威，其声望更因他1922年创办《标准》（*The Criterion*）杂志并为其撰写编者评论而扩大。但是我们没有办法弄清燕卜荪是否于1926年初就已经对艾略特形成了深思熟虑的看法；看上去不太可能。他似乎也还没有（这倒不是完全不可能）读过 I. A. 理查兹的文章《艾略特先生的诗歌》（'Mr Eliot's Poems'，那年2月发表于《新政治家》），文章令人恼火地赞扬《荒原》和《空心人》（'The Hollow Men'）奏响了"思想的纯粹音乐"，其效果实在无法用理性分析获得，只能"在我们心中……聚集起来，形成情感和态度的和谐整体，产生意志的奇特释放"。考虑到他还没有成为理查兹的学生，他也不会意识到理查兹是艾略特的朋友。后来，他还对艾略特新近关于多恩的贬损性思考表示了严重的异议，多恩是克拉克系列讲座的一部分（燕卜荪在中学一年级肯定读过多恩的诗歌）。1932年，艾略特在没有根据的情况下宣称："我坚持认为，多恩不是一个怀疑论者"——这个判断激怒了燕卜荪：艾略特已经站在了基督教的高级文学布道者的持久立场上。但是几乎没有证据显示艾略特在1926年就已经对多恩持有这样反动的看法。我们也可以设想，燕卜荪在1926年会把自己视为这样一群人中的一员：用理查兹的话说，他们会在艾略特的诗歌，特别是《荒原》中，找到"他们自己的困境，以及一代人困境的更清晰、更完整再现，其他地方则无法找到"。

在访问剑桥大学期间，艾略特"在星期四〔其实是星期三〕早餐后可以接待本科生"，燕卜荪在多年后回忆道。虽然拒绝去听系列讲座，但是燕卜荪在非正式访问这位诗人的那群学生中仍然是非常热衷的〔虽然他在日记里说，他完全忘记了去参加艾略特四个接待日的最后（也是非常值得听的）一次〕；他记录道，艾略特建议他们去读兰斯洛特·安德鲁斯（Lancelot Andrewes）的布道文。根据乔治·沃森（George Watson）对艾略特访问剑桥的记述，燕卜荪"从他倾听问题和争论的严肃神情，以及他回答问题的认真态度中，得到了终其一生的深刻印象"[27]。但是与艾略特先生见面可能会是一种不太舒服的经历，即使对于与他有交情的理查兹也一样。两年后，在1928年2月，多罗西娅·理查兹（Dorothea Richards）在日记中记录了她对艾略特来访的记忆：他"走上楼梯，在我看来非常憔悴和阴郁——仿佛他已经心力交瘁。他那双颜色奇怪的、具有穿透力的眼睛，加上一张苍白的脸，是他给人印象最深的特征。他面色苍白，皱纹沿水平线方向划过他的额头；他的鼻子清秀，犹太人似的。他不完全明白我说的话，我们也不完全明白他。他的问题出人所料——令人不安，因为它们如此简单，有时几乎有点愚蠢。我们谈论了摩天大楼——加拿大和饮酒——我们总是主动的。"[28]

燕卜荪从1926年那些他尖锐地称之为"早朝"的星期三会面中得到了什么呢？[29]艾略特留下的一句宝贵的话给了他巨大的鼓励，"在年轻的时候，我抓住任何机会去倾听T. S. 艾略特先生抛出的智慧，"他后来在1957年回忆道。"他曾经说道，检验一个真正诗人的标准是看他是否能够在事情发生之前就撰写这样的经历；我感到我曾经通过了这样的检验，虽然我不记得是在哪一首诗中。"[30]燕卜荪这段简洁的回忆文字更加实在地捕捉到了艾略特谈话尴尬和谨小慎微的程度。

在第一次这样令人肃然起敬的聚会中，有人（约翰·海沃德）问他怎样看待普鲁斯特？"我没有读过普鲁斯特"是他刻意的回答。对话是如何延续下去的无法推测，但是没有人在意并去深究他回避的动机。人们感到这是他强大人格中给人印象深刻的特征。在第二周，另一人问他怎样看待斯科特·蒙克里夫（Scott Moncrieff）翻译的普鲁斯特，艾略特对这部翻译作品进行了厚重而冗长的赞扬。说这个译本在多个段落中比原文好，他说，这还不够，他的印象是译文没有任何地方比原文差（当然，原文常常是粗糙的法语），不管是在细节的准确性方面，还是在全书的整体印象方面。我们感到很震惊，不是因为这与他先前所说的不符，而是因为如此多的饶舌出自这位寡言少语的大师；事实上，我似乎非常明白艾略特的意思——他不认为他"读"过一本书，除非他对其做过内容翔实的笔记。我不再能确定这就是他的意思，但是我仍然很肯定他并不是在撒谎，以给孩子们留下深刻印象；也许在先前的会面中，他并没有注意听他们说了什么。[31]

然而，罗纳德·舒哈特（Ronald Schuchard）在他编辑的艾略特的克拉克讲座集中，对燕卜荪的奇特记述发表评论道："燕卜荪显然听错了，或记错了这次对话，艾略特可能没有读过普鲁斯特的'最后一卷'，但是他肯定在访问剑桥之前就已经读过前边几卷，并对之形成了一定的印象。"[32]否则，正如舒哈特也指出，燕卜荪就是特别仔细地留意了艾略特的非正式谈话：

在第六次演讲后的咖啡聚会上，燕卜荪也听到了艾略特讨论雪莱在《云雀颂》（'To a Skylark'）和《希腊》（'Hellas'）的合唱里运用意象方面的粗心大意。四年之后，燕卜荪在《复义七型》（1930）中重建了这次讨论的内容。在讨论第五种含混时，即"一种明喻，不能应用于任何事物，而是存在于两种事物之间，作者从一种事物移动到另一事物"，他又回到《云雀颂》的第五节，"艾略特先生引起了一场讨论。恐怕涉及到的观点比起我的回忆要更多。"

> 清晰，锐利，有如那晨星
>
> 　射出了银辉千条，
>
> 虽然在清彻的晨曦中
>
> 　它那明光逐渐缩小，
>
> 直缩到看不见，却还能依稀感到。（查良铮译）

"艾略特先生称不知道"晨星"指的是什么，"燕卜荪在一开始对含混进行分析时回忆道。艾略特"抱怨雪莱在诗歌中混淆了"白天和黑夜（第175页）。另外，在提及《希腊》一剧的合唱诗时（"大地像蛇蜕皮一样，更新了冬天的残树败草"），"艾略特先生说，蛇不是更新它们的皮，也不是在冬天结束时蜕皮，任何17世纪诗人都会在这些问题上有明确的思考"（第159页）。燕卜荪在试图为雪莱的"自然历史错误"进行辩护时被说服了，"非常诚心地赞同艾略特那时发表的言论……这个思想的混乱阻碍了表面上简单、流畅的抒情，它可以被解释，但依然不能被证明是可取的；很显然，对这种及后一种含混的喜爱的确为非常糟糕的诗歌提供了辩解，或者能够从中获得快乐"（第160页）。这样，艾略特在那几个早晨的咖啡聚会上的确不经意地将他的批评想象铭刻到理查兹无畏的学生心上。[33]

燕卜荪自己老道的回忆录写于事后二十二年，赞扬了艾略特的伟大，但同时给人留下的印象是：那段话的作者附带给了艾略特一击。到那时，燕卜荪相信他有理由对艾略特的权威观点感到愤懑，特别是因为其权威观点压制了多恩年轻时的反叛创新精神，在几代学生的眼里扼杀了他的激进主义。但是燕卜荪对于艾略特的早期诗歌，特别是《荒原》的重要性从来没有改变过看法。

四十八年后，当他自己回到剑桥大学去作题目包揽了一切的（效果令人失望的）克拉克系列讲座《批评的进步》（'The Progress of Criticism'）时，他似乎回忆起了艾略特，试图要与艾略特的伟大先例试比高低，那时他决定在每次讲座（共六次）结束后抽出时间接待个人提问者。"对这些提问接待会的宣传应该到何种程度，"他在一封信中问道，"是一个难解的问题。也许有校历显示这一学期的各种小型活动。它可以通知说，我将在讲座后的一天从三点开始在玛德林学院自己的房间里回答问题，问题不一定非要涉及讲座。我在讲座中也会通知。但是似乎不应该用海报形式宣传此事，因为那样（正如前几次）会吸引一些仅仅感到好奇的人。"[34] 他对这样的听众的担忧可能让人回想起艾略特面孔上暗暗的紧张。

如果燕卜荪在他事业的这个阶段对公开演讲感到很忐忑的话，那么从第二学期开始，他好几次强迫自己去学生会即大学辩论协会参加辩论，我们就不会感到吃惊了——直到他感到所有的痛苦和惧怕都不值得。但是他使自己承受如此的痛苦，坚持去作那些效果极差的发言，原因很清楚。他想出名，也想成功，他知道学生会提供了一条成为名人的通道。在温切斯特学院的更小范围里，他在辩论上作得很好，那也满足了这位腼腆的学生寻求上进的（虽然受虐狂似的）欲望。在剑桥大学，情况看上去是，勇敢地作一次发言，他就能够从默默无闻飞跃到声名显赫的状态。他没有理由怀疑自己的智慧和智力。但是，就公共演说而言，他的勇敢精神比他的判断力要大得多。他那一辈人引以为豪的演说家包括玛德林学院的前辈塞尔温·劳埃德，此人又在同辈人当中——正如他的传记作者所说——选出了三位杰出的演说家："第一位是迈克尔·拉姆齐（辩论中充满坚韧和批判意识，已经是一位演说家）；第二位是帕特里克·德夫林（Patrick Devlin，一个出色的辩论家，从不放弃一个论点，一个锐利的政治家，充满雄心，那时人们猜测杰出的议会生涯是他天然的选择）；第三位是吉尔伯特·哈丁（Gilbert Harding，他有属于自己的不循规蹈矩的闹腾风格）。学生会尤其被其成员视为孵化中的下议院……"[35]

事实上，燕卜荪几乎没能鼓足勇气去作他的首次发言；正如他在日记中记录道，"我被弄得非常不快，并充满了决心去反叛学生会的无能，在那里我徘徊了差不多四个小时，也没有能够说出我那些怯懦的妙语，就因为主席不是我的私人朋友。"至此，也许部分原因是因为失落而反叛，他当时决心把他的精力投入到另一条通往不朽名声的道路：科学研究。下面这段话紧接着上面的引文：

> 我希望在下一个假期利用圣彼得（St Peter）实验室对胶冻作一些认真的研究；这要看那里是否有滑动调节的显微镜而定。如果有的话，我将尽我的所能把LT（低张力）关系弄个明明白白，并且设计出某种方法来治疗侧面的牙缝隙。愿上帝让我配得上做如此辛劳、如此高尚的工作，如果你愿意满足我的愿望的话，也请不要让史密斯（Smith）读我的日记，我不希望因此被嘲笑。

> 我看没有理由相信，掌握胶冻的知识是绝对可取的，我对它们感到的兴奋很有可能来自虚荣、任性或性变态。我一点也不在乎……

他要把胶冻弄得明明白白的雄心壮志估计最后没有什么结果，如果有的话，也不得而知。

在另一些时候，他对待辩论有一种那一代人特有的玩笑心态。"福德姆，在学生会认识的，坐在我身边，很高兴；直到后来我才有时间认真地对待前几次发言；情感上的意外收获像李子一样扑通扑通地往下掉；印度人说自由和家园，滑稽的胡言乱语。许多有色人种坐在保守党那一边。与福德姆坐在一起的时候，审美欣赏肯定是以时尚的'滑稽'形式出现；只有演讲者的玩笑和他们的自我矛盾才优美。"

他于1926年1月26日首次在学生会发言，辩题是"维多利亚人（Victorians）比我们更伟大"。学生杂志《格兰塔》非常慷慨地评论道，"我们相信，他是在作首次发言；当他变得不那么紧张，不那么依赖讲稿时，他会显得非常好。"[36] 迈克尔·拉姆齐作为大斋节学期（Lent Term）的学生会主席，需要为《剑桥评论》（*Cambridge Review*）写稿子报道辩论赛的情况，他为这位中学同学写下了一些善意的话："燕卜荪先生以诙谐和明智的发言，为维多利亚的尊严而辩护。那是真正的尊严，他们为什么不为之自豪呢？"[37] 一个星期之后，燕卜荪从美学角度贡献了自己的点滴，发言反驳这样的辩题："现存的生活标准阻碍了文明的进步"。拉姆齐报道了这个完全属于这个时代的观点："燕卜荪为奢侈而辩护。这总体上讲是艺术领域的，因此是有道理的。"[38]

他在5月25日再次发言，辩题涉及具有挑衅性的精英主义："从一个国家长期进步的角度看，强制性免费教育是一个错误。"这一次燕卜荪拒绝掉进这一明显的圈套，而是超越了他的时代，认为职业训练与学术性教育具有同样的重要性。《格兰塔》杂志认为他作为辩手水平有了提高：燕卜荪先生"不喜欢把教育建立在一个文学标准之上。这是那天晚上讨论中较优秀的发言之一。"[39]另一方面，据休·赫克洛茨［H. G. G. Herklots，复活节学期的学生会主席］说，女王学院（Queen's）的吉尔伯特·哈丁很妥当地"对社会主义的哭哭啼啼的伤感主义表示哀叹，同时又宣称自己是社会主义者。这显得很奇怪"[40]。赫克洛茨在《剑桥评论》中用一则说明向燕卜荪的"社会主义性质"的发言表示了敬意。在说明中，他先说了一句自我指涉的话，然后如此直截了当地续接下去，以至于对那篇无疑非常雄辩、富有说服力的发言本身没有进行任何介绍："现在正流行的教育是错误的教育。文学教育不会培养出优秀的匠人。燕卜荪先生总是非常有趣。"

休·赫克洛茨（三一学院）其实对燕卜荪很友好，这可能对他在公共演讲上保持沉着镇静有很大的帮助——特别是自从燕卜荪对赫克洛茨产生了极大的好感之后。燕卜荪似乎在进入该校不久就喜欢上了这位年长的男人（1903年出生）；赫克洛茨在两个方面出类拔萃——在学生会［他在米迦勒节学期（Michealmas Term）任秘书，大斋节学期任副主席，复活节学期任主席］和在《格兰塔》杂志（他1925—1926学年任编辑）——这无疑赋予了他额外的个人魅力。这一组来自燕卜荪日记的摘抄虽然现在读来好笑，但写的时候却并非为了逗趣，它们似乎标志着一种徒劳的恋情的开始：[41]

　　星期三　我参加了一个关于中国基督教的讲座，买了一本小册子。没有带回什么新的信息，而是带回了（一时的）更强烈的情感。我问了伟大的赫克洛茨怎么进去；他坐在我身边，当然显得非常亲近，富有魅力，并邀请我明天吃晚饭。我吃得太多，我的心被感动。难道他对所有曾经与他坐在一起的人都这样吗？……荣归主，我是如此的被上帝的关爱所沐浴和保护！

　　星期四　在赫克洛茨住处吃了枯燥的慈善晚饭。他是基督徒，这可以解释很多问题（虽然必须小心避免在这种问题上坚持某种因果联系）。他是一个"好玩耍的好人";如果没有宗教的支撑,这会显得是紧张的、腐化的矫揉造作,现在他在布道台前跳舞,身体健康,头脑正常。但是要做这些,他就必须是基督徒,用荒唐的历史理论和可恶的道德主义填满他的大脑,结交那些看到他在布道台前的行为而感到震惊的人们。这很悲哀。虽然没有帅气的外表,但他时常看上去美不胜收,柏拉图式(Platonic)的抚摸的确让人很开心。

作为一个未来的神职候选人,赫克洛茨"好玩耍"到了撰写甚至发表《无知》('Ignorance')一类诗歌的程度,诗歌是这样开头的:

> 这足够了吗?我听到
> 来自一颗远星的音乐,
> 不为他人听到的音乐,
> 纯洁而遥远? [42]

毫无疑问,诗歌关于他的灵魂状态说了很多,关于他的审判没说多少。公正地说,他很喜欢自己的"诱人而非凡的气质"和"喜剧精神"的名声,这显然也名副其实(正如一个同辈人所说)。1926年他出版了一本诗歌与论文的书籍,题目为《万金油》(*Jack of All Trades*),据《格兰塔》所说,该书真正反映了"他的声音特征,那些文字所携带的奇特姿态"。评论的作者显然很熟悉这位心智灵敏、非常讨人喜欢的赫克洛茨,他继续写道:"会有更大的圈子喜欢这些离奇的想法和词语,轻松愉快的荒谬,精神上的嬉戏。" [43] [他的两首诗甚至被《生活》(*Life*)杂志发表。]"如果你有幸应邀与他共进晚餐,"《格兰塔》在一则赫克洛茨简介中写道——在哪里他都是主角——"特别是在冬季学期,你将会听到你难得听说的冒险经历,因为没有人能够像休那样把自己说得如此迷人……" [44] 因此,与他相处肯定是令人非常愉快的事情;被他深深迷住将更是如此。

因此,在燕卜荪下一篇日记的有关记录中,这桩恋情的当事人可以理解地充满了狂喜:

星期二［10号］　与赫克洛茨（狂喜）和一群粗壮的、吵吵嚷嚷的人一起吃晚饭，毫无疑问都是基督徒。当我在街上看到他，我感到像有人在撩起我的腰，拉我的腰带；也许我的意思是我在肾脏上方某处感到瘙痒和轻佻。吃晚饭时，我静静地坐着，倾听他说话（虽然我一直在说话），眼睛红得像兔眼一样；他性情温和地抚摸着我。现在我感到好像要跑完五英里，累得双腿僵直，肌肉像枯死的树枝，昏昏欲睡，赶去学生会的辩论赛发言。我多么高贵的腿啊，不像是我想象属于我自己的东西！我想是因为我僵直地坐在那里，为他的帅气感到兴奋，像年轻的姑娘在电影上看到她们的英雄一样。我的结束语在哪里？我没有意识到我如此深地陷入了爱河。

星期三　从T. S. 艾略特的早晨接见，到午夜的基督徒，今天只有谈话，别的什么也没有。

接下来，燕卜荪意识到他的欲望很难局限在一个对象身上。因此他开始编造出一个关于无我之爱的理论——这爱既是从他人经验间接获取的，也是窥淫癖式的；它从一种快乐的、去行为的三角关系中获得乐趣。下列说法非常有趣地展望了他多年后将说明的、他认为詹姆斯·乔伊斯在《尤利西斯》中撰写过的"三角家庭"［年轻的燕卜荪可能已经读过乔伊斯的戏剧《流亡者》（*Exiles*）］：

星期五　在音乐会上，我发现自己在清新而年轻（比我年长？）的克拉顿·布罗克（Clutton Brock）唱情歌之时偷看他，并从中获得巨大快乐。这是一种奇怪的无私的淫荡，其源头是同性恋，或是异性恋的替代品。"没有自我"；与那些老处女一样，她们联合起来强迫年轻人保持贞节，我想你可以说我的感情来自过度地手淫，我嫉妒他的贞节，想看到他失去它。（你总是可以将一个坏名声强加给一个事实，而不改变其"科学的"关系。）我一生的使命；上帝终于召唤我了。快乐老鸨之书。同样，我对赫克洛茨的感情将变为一种几乎完全静止的满足，如果他结婚，而我爱上他的妻子的话。[45]

休·赫克洛茨于1930年结婚。他成了一名牧师。他一生最终会成为教会教育学院（Church Colleges of Education）的领袖和彼得伯勒（Peterborough）大教堂常驻教士。没有证据显示他在剑桥大学时回应过燕卜苏的情感波澜。但是他很友好地暗示，在他任学生会主席的任期内，燕卜苏曾经在7月份提出过想参选学生会的常委会。那是一个头脑发热的想法，仅此而已。燕卜苏不但没有被选中，他可能还创造了一个最低得票记录：39票。[46]

1926年11月9日（第二学年的第二个月），燕卜苏实际上在学生会辩论赛上作为反方就一个引人注目的辩题首先发言，题目为："本议院对公众给予战后小说中的性问题如此巨大的关注表示遗憾"。特邀名人辩手有J. C. 斯夸尔（J. C. Squire），此人是诗人、批评家、散文家、讽刺作家、《伦敦信使》（London Mercury）创始人、《新政治家》的文学编辑、《观察家》（Observer）的首席文学评论员、布卢姆斯伯里文化圈（Bloomsbury）和西特韦尔夫妇（加入正方发言）的攻击对象，反方有小说家康普顿·麦肯齐（Compton Mackenzie）。燕卜苏使自己陷入了如此恐惧的状态，以至于忘记了对高贵的客人表示欢迎就立即进入了辩题。本学期学生会主席也是一个崭露头角的红头发人物，帕特里克·德夫林［基督堂学院（Christ's）］，未来的德夫林·西威克（Devlin of West Wick）男爵，他在《剑桥评论》上明智地报道说：

> 燕卜苏先生辩论道，现代小说只是现代心灵的反映。要求小说家将公众正在讨论的一个重要话题排除在外是荒唐的。为艺术而艺术的小说已经永远成为过去。燕卜苏先生声音稍低地说了一些睿智的内容，但他总是不能得到赛场的关注。听众的数量比人们想象的要多，燕卜苏先生没有经验应付这样的情况，他的风格也不够犀利。[47]

J. C. 斯夸尔说现代小说谈论性问题的方式是把它作为一种"制造"的商品，并试图以此回应燕卜苏的观点。而康普顿·麦肯齐用一席富有诚意的极端睿智的发言"完全征服了赛场"；他责备记者们将注意力引向了现代小说的性问题，强力否认当今的年轻人受到了腐蚀。塞尔温·劳埃德在燕卜苏一边第三个发言。正方以86票之差失败（210∶296）。

也许这是未来的最高民事法庭上诉法官在听了多轮辩论后所写下的内容。[48]《格兰塔》完全赞同德夫林关于燕卜荪在演说方面的缺陷所作出的判断："很难跟上燕卜荪先生的观点，因为除了有时听不清以外，他完全没有与听众建立一种交流，对于听众来说，他的观点太微妙。"[49]尽管如此，德夫林仍然提名燕卜荪参选下一学期的常委会，虽然可能仅仅是出于礼节，而不是信任（然而燕卜荪将再次落选）。

由于在小说中的性问题的辩论赛上表现糟糕，燕卜荪三个星期后仍然感到尴尬和不满。他在1926年12月2日的日记中宣泄了自己的痛苦；最终相当于决定放弃在学生会成名的不成熟想法，日记显示了这位聪明的年轻人仍然是个不成熟的人（他的大个子、性格奔放的朋友哈特兰·托马斯，在此篇日记中被提到，对他少了一点同情，多了一点藐视：这样说似乎是公正的）：

前段时间，我在学生会作了一次书面发言，效果非常糟糕。尽管如此，德夫林还是再次提名让我参选常委会，也许既然我已经被宣传了一下，我不会在选举中垫底。

在辩论赛上我感到像被犁头犁过多次，我感到我的分歧、蔑视、恐惧……像扭曲的神经所构成的一张平铺的网。它们带着死亡的概念爬来爬去，为被释放的一方投上了一票。我知道任何一个有理智的人都不会与它们搅在一起，而我与它们搅在一起的理由是为了一个阴暗的、自我辩解的、权宜的想法：成名。猪。

在我的发言失败之后，我认为所发生的真实事情是，我抛弃了他们的虚伪、恭维、炫耀，把握了问题的要害，全然离开了他们的行当。"现在我已经向你们展示了人们应该怎么想，我已经发出了挑战……最终唾弃了你们的那点雕虫小技。我已经作了我的见证，不会再回头。"

托马斯问我为什么不去把我的名字划掉，那是非常自然和恰当的态度。他并没有问我是否想要这样做，这点非常惹人生气。纸一样薄的自尊，我将坚定地与学生会站在一起。

……但是对我来说，我是一个傻瓜……对我来说，这是过于直截了当、预先决定的反应。我不知道我是否应该为自己投上一票。

也许正是燕卜荪这次"失败的发言",在两年半后在《格兰塔》被回忆起来,有人在一篇简介中戏弄他。简介有种很令人尴尬的真实性:

> 因在学生会发言而备受指责,这个可悲的人［燕卜荪］哭了,坦白了一切,说这事发生在很久以前,在他年幼无知的时候,他已经向母亲承诺再也不会干这样的事情。然而,关于他曾经对此事所怀有的根深蒂固的迷恋,只需见证那次历史性的场面,我们仍然都能回忆起来:拥挤、渴望、不耐烦的赛场,不时地爆发出一阵阵无法控制的咳嗽声,除了时而出现的昏厥场面,赛场观众经常是昏昏欲睡;嘉宾们阴郁、痛苦、紧张的面孔显示他们不知道来到这里是为了啥,竭力想要想起他们的妙语;主席紧张而坚定,发现安排的发言者要都讲完恐怕时间不够;我们的主人公的没有意识的脸孔仍然在准确地往下说,没人能懂,让自己安静地被一个朋友从讲台上请了下去,仅仅停留了一会儿,只是为了整理他的短袜吊带。[50]

尽管如此,他没有完全被1926年11月那次糟糕的表现所击垮,而是并不回避地再次在学生会参加辩论,这显示了燕卜荪的性格力量。1927年10月25日(在他三年级开始时),他作为反方发言,针对的辩题为"本议院只看见现代文学的堕落"。在发言中,他动情地说,"现代文学一直在努力;即使它失败了,那也不是谴责它的理由。"《剑桥评论》发现这话非常"有趣"。《格兰塔》的报道不仅坦率而令人满足,并且忠实而充满深情:

> 辩题受到了燕卜荪先生的反对,他是本刊非凡的舵手［文学编辑］。他的发言内容深邃,发言方式奇特而令人愉快,两方面都很艰深使整个结果都显得晦涩。学生会的会场自然感到万分迷茫,四座表情沉闷,惶惑,毫无感动迹象。《剑桥每日新闻》(Cambridge Daily)的记者额头都愁出了皱纹,不得不说了一句这样的话聊以自慰:"完全坦率地说,他的观点太晦涩,无法用一个段落来总结。"然而,人们不会忘记他对于这个世界上的乔伊斯们和斯坦们的睿智的评论,以及一个很重要的观点,即我们时代的最重要的文学是科学文献,科学文献并不颓废,这一点没有得到回应。[51]

观众热情地支持了他的一方，辩题被投票否决，结果是185：54。

如果对性问题的发言最后终结了他在学生会的辩论生涯，那么他的性生涯并没有被扼杀于萌芽状态。除了赫克洛茨，还有许多其他的年轻人——他称他们为"诱人的人"——可以去追求和喜欢。像那一代人中的许多人一样，在纯男性的学校中度过了成长阶段，他首先在同性伙伴中寻求满足是可以理解的。[52] 没有什么不寻常或不恰当的；也许——不管他多么梦想鸡奸——他仅仅满足于爱抚或者相互手淫，如果可能的话。同样像那一代人中的许多少年一样，他倾向于将性视为一种工具；仅仅是缓解里比多（libido）的问题，好比挠痒，一种无法缓解的痒。添乱的因素是温情或爱，这样的情感被激发出来，只会引起痛苦和困惑。

下面这篇日记很典型地反映了十九岁的燕卜荪的情况——在直截了当的欲望、感情的投入和必要的玩世不恭姿态之间纠结：

> 星期四　史密斯来到我的房间；我发现我并非无动于衷。仿佛他是一只硕大而肮脏的蜘蛛，极度恶心的后面隐藏着不可理喻的恐惧。我必须去踢足球，因此得以逃脱。可怜的胖子史密斯，我肯定像是一个贞节的男孩。有趣的是，昨夜手淫时，我想到与他乱来，很快乐。多像奥尔德斯·赫胥黎笔下的事情。

6月12日，他在思考他对另一青年的模棱两可的感情，这给他的生活又引入了一个问题：

> 今晚我发现自己陷入了一个特别的道德困境。亲吻那个叫洛克兰（Lochlann）的小子应该是美妙绝伦的事情——他使用那种香水，太腻味——但是如果这样，那么就意味着要经常见他。他一点意思也没有。渴望吻他是肉体的淫欲。我不经意地拥抱了他，由于不能作出决定，仅表现得不同寻常的友好。我不知道，这会使他震惊，把他吓跑吗？

好像洛克兰真的提供了某种性活动的可能性；问题是如何利用他，以及如何抛弃他，因为他最终可能是一个社交上和智力上的累赘。燕卜荪的文字在这个两难抉择中翻腾，搅拌着尖刻的蔑视之情，在某种程度上，这是他在阅读温德姆·刘易斯的过程中学来的：

> 我曾经奢侈地想象，有一个诱人的男孩在夜晚被拉上来，从我的窗子跳进来，他能够让我的心对他的美貌感到震颤，让我的肉体欢腾，让我的皮肤歌唱……我平静地躺在他的身边，手淫，在凌晨时分，再将他通过窗户放下去。后来我们弄来了一条绳子，洛克兰坚持要跳窗进来。他正好符合要求，我相信，他（以最优雅的方式，半推半就地）希望得到一个有克制的拥抱。我不得不熬夜到凌晨时分，他才选择了离开。我并不想这样做，但我知道没有其他办法获得心灵的平静。我梦中的情侣，手淫伴侣，是一个敏捷的、活泼的小伙伴，长大后将是一个很能干的男人。引诱儿童的同性恋行为只是一种健康、权宜的小事……他使我充满了愤怒，我什么话也不说，我感到恶心，他还说个不停。他完全不能对任何事情进行智性的把握……他很温柔，漂亮，性格温和，渴望被人抚爱、玩弄，绝不像个男性。他是布卢姆（Bloom）先生的噩梦［见乔伊斯的《尤利西斯》］——"新的女人气的男人——一个可爱的男人，可爱的人"。他当然是这样一个纯洁、干净的男孩，对那些涂脂抹粉的同性恋男青年充满了愤懑，发表了十条富有感情色彩的评论，他认为那是他针对他们反自然行为发表的观点。他具有温德姆·刘易斯那种萨满教巫师似的"优雅"……他代表了男性逻辑和男性意志的崩溃，代表了战后时期"作风正派"的完结，代表了一个执拗的苏格兰人（Scotchman），像刘易斯的西伯利亚人（Siberian），在被拒绝时表现出那种雄性气质的毁灭；实际上，他代表了你所要他代表的任何东西，可怜的小傻瓜，问题是现在他愿意站在我的房间里。

可以设想，他通过在这种关系中引发一场危机，解决了淫欲和自我恶心这个令人反感的问题，在他的资料中洛克兰这个名字再也没有被提起过。

无论这样的友情和激情给他造成了多少苦恼，他继续感到同性恋的诱惑，并认为它没有什么不自然。事实上，即使当他最终发现了女性的陪伴和性带给他的快乐，他都没有完全同男性分开：他总是让双性恋的侧门敞开着。

1926年5月4日，星期二，大罢工的第二天，燕卜荪在学生会举办的题为"当今的青年堕落了"的辩论赛上，甚至提出改信双性恋。然而他没有这样做，不是因为他失去了勇气，而是因为辩论赛被中断了。塞尔温·劳埃德在陈述议题时"认为现代青年身体素质差，缺乏创造精神"；他得到了当晚的特邀辩手A. M.卢多维奇（A. M. Ludovici）的支持，卢多维奇是《利西斯特拉塔》（Lysistrata，1924）和《为女人辩护》（Woman: A Vindication，1923；1926重印）的作者，他宣称——或有人这样写道——"一个自我控制的人格，就像一根潮湿的火柴，点不燃。现代青年的极端内敛倾向非常危险。性格的本质就是抵抗。"第四个发言者是毫不堕落的迈克尔·拉姆齐，根据《格兰塔》报道，"他针对开题辩手和第三辩手陈述了一系列出色的观点，太好了。"在这个时候，比赛中止了，正方输了57票，所有人都急忙离开去听广播了。[53]

燕卜荪感到沮丧；他读过卢多维奇的书，这足以使他知道卢氏鼓吹的是一种传统的雄性力量，以及男性对女性的不懈追求。燕卜荪决意信仰男性友谊极端重要这一古希腊观念，那天晚上，他以愠怒的心情在日记中这样写道：

> 我们正在遭受一场严重的民族危机。这阻止了杰拉尔德·斯帕罗（Gerald Sparrow，前学生会主席）在学生会的发言，使得辩论赛在九点三刻结束。为什么？因为我们都想去听最新消息：招聘点人很多，食物供应正常，韦塞克斯（Wessex）的电车司机回到了工作岗位……我本想驳斥卢多维奇和异性恋健康的观点；正常的男人不需要九十六个女人，在蜜月期间他是男人，然后在女人计划着秋天生孩子的时候，男人又回到同性恋状态，他需要男性朋友，社交夜晚，"文明"；他们双方都受够了。一个纯粹的双性恋男人是极端不文明的。"你能够责怪剧场经理吗？"诺埃尔·科沃德（Noel Coward）问道，"他们有妻子和情人需要照顾。"弗洛伊德证实，为了保证家庭延续，我们把性放到了一边，使它具有俄狄浦斯（Oedipose，原文如此）的性质；为了保证文明延续，关注点又变了，我们"爱我们的邻居"。文明不是女眷成群。

反对异性恋和乱交，理由是碰巧喜欢男性同伴，这样的观点并不令人信服。在提到女性计划"秋天生孩子"时他表现出的蔑视之情，也溢于言表。然而一个年轻人乐于承认自己惧怕家庭牢笼的困扰，这也没有什么真正险恶的地方。自然，燕卜荪惧怕女人，他很明白。

的确，他的早期诗歌中很大一部分都有迷恋于爱情和欲望的主题。但是爱情总是会遭受不确定性和恐惧心理的打击；也许还会因为体会到性取向的冲突而最是如此——他的情况就是这样。由于同时被男人和女人吸引，他发现不信任感、失望、潜在的绝望等情感距离欲望只差之毫厘。在未来的岁月中，当有人问及他早期诗歌的主题时，他会毫不避讳地宣称，他的最大主题就是没有得到满足的爱情——"男孩对女孩通常怀有的恐惧"。他这话特别是指《蚂蚁》（'The Ants'，"我认为值得保留的第一首诗"）[54]，他将把它放在《诗歌全集》（*Collected Poems*）的开篇位置。在1957年的一封信中，他提供了以下注释："蚂蚁的地洞被比喻成伦敦地铁，里边的墙上有药品广告和特殊的通风系统……当然，怜悯对于男人和蚂蚁同样适用。这本意上是一首爱情诗；女人的心灵和同情是地面的空气，没有什么特别的，得到它非常安全，因此恋爱之人就像在地铁中的城市工人。"[55]同样，他于1967年对另一个评论者说，"在《蚂蚁》中……我突然想到蚂蚁的奇怪习惯就像是与一个崇敬而无法理解的人进行无法满足的恋爱（在学生时代我倾向于干这样的事情）。我描写蚂蚁，尽可能地进行比拟……突然袭来的神经质的恐惧（毫无原因）似乎是可能得到的结果……"[56]三年之后，他在一封信中对通信人说："我想我说过，我学生时期所有的爱情诗都是写'男孩怕女孩'，并不只是《蚂蚁》……"[57]——因此以这首诗为例进行举一反三似乎是公平的。

《蚂蚁》采用了彼特拉克式十四行诗（Petrachan Sonnet）的形式，暗示了它属于骑士诗歌传统；然而这首奇特的"爱情"诗主要描写了专注于自我的蚂蚁（"我们蚂蚁"）从蚜虫（寄生虫）身上吸取"蜜汁"，这些蚜虫从花卉的汁液中汲取营养，以供给蚂蚁。自我保护性的藏匿是这些雄性蚂蚁的唯一行动，因为其他万物都是威胁：它们的地下生活使它们能够躲开外部世界，即敞开空间所带来的危险（"地铁站……太靠近危险的地球表面，"正如诗人1957年为通信人解释道）。诗歌不无讽刺地赞扬女性是白昼和自然秩序的居民，而男性——埋葬在自己小心保护的世界里——避开她代表的一切，钻进自己实现升华的体制之中。但是，也许是第十行提到的《力士参孙》（*Samson Agonistes*）——"多么小的缝隙放进来多么危险的敌人"——才真正证实了这样一个观点：最大危险是女人这个终极捕食者。人们只需要比较一下燕卜荪措词中所提到的力士参孙的抱怨，"这又有何益可言，前门拒虎，/可后门却引狼入室迎来敌人，/为女性妩媚所征服？"（第560—562行，金发燊译），就能够体会到诗歌将女人描写为敌人时所使用的力度。[58]对服务于时代的地下男人来说，女人就是伊甸园里的撒旦；女人既可怕又可爱。年轻人感到女人既代表危险也代表威胁的观念，因为这样一种可能性而得到强化，即这一行诗还可能包含的另一个典故：诗歌最有可能的来源。在《维纳斯与阿多尼斯》（*Venus and Adonis*）中，莎士比亚以幽默、性感、哀怜的笔触，描写了维纳斯如何对一个腼腆、自负、可能是严守道德准则的青年设下了爱或者欲望的包围圈：

> 她现在极尽温柔地握住他的手，
>
> 就好像白雪筑起围墙，把百合拘囚；
>
> 又好像石膏圆箍，把象牙密裹紧扣。
>
> 这样白的朋友，碰到这样白的对头！（第361—364行，朱生豪译）

不必说，年轻人拒绝了这个女人，并且为此付出了代价。但至少在燕卜荪的诗歌里，正如在莎士比亚的诗歌里一样，这个女人是一个女神。

至于另一首诗歌《阿拉喀涅》（'Arachne'），燕卜荪对阿拉喀涅这个人物的塑造，用他自己的话说，就是表现"灾难性的傲慢"，是对《变形记》（*Metamorphoses*）讲述的故事的极端个性化解读。它不代表奥维德（Ovid）所要特别凸显的寓意。甚至正好相反，奥维德似乎为"上天的不公平"而感到懊恼。正如卡尔·加林斯基（G. Karl Galinsky）指出，"密涅瓦（Minerva）完全是受到嫉妒的驱使……密涅瓦对阿拉喀涅织锦的主题"神的爱情"所感到的愤怒没有展开……在描写她的结局时，奥维德显然在支配我们对阿拉喀涅的同情心。女神粗暴地、反复地击打她……阿拉喀涅非常不幸，但是保持了她的勇气。"[59]尽管如此，燕卜荪把重点放在阿拉喀涅的所谓的傲慢上——也许其原因与男性自尊受辱、男性气节受到伤害有关。这首诗的确像是在责备那个女人（燕卜荪后来也意识到这一点）。最后一节将这个女孩的性欲描写得过于强烈，甚至有点淫乱（"虚荣｜水肿"）；无论如何（在任何意义上讲）她也是男性的吞噬者。因此，既然她被刻画成一个如此狂野、毫无耐心的蜘蛛，要让她终止恋情、结束爱情就等于是拒绝给予她满足。虽然诗歌大部分还是在表达男性与女性相互依存、相互补充这个观点，但在最后几行中出现的令人惊讶的转变虽然无心，但却唐突，燕卜荪后来也意识到这一点——它与其说是威胁，不如说是侮辱。1959年当他将诗歌录制成唱片时，他删除了这首诗，［正如他在1963年对克里斯托弗·里克斯（Christopher Ricks）说］"因为我现在认为它的品味太低下。它说的是男孩怕女孩，像通常一样，但其实是男孩对女孩太粗鲁。我认为它表达了一种相当令人讨厌的感情，那就是我删除它的原因。"[60]

至于大罢工，这个事件也许使他避免了1926年5月的那一天在学生会的辩论赛中出丑，但燕卜荪坚定地站在工人一边，反对资本家。他认为煤矿主仅仅要求对矿工减薪和增加工作时间是可耻可恶的。与许多评论者不同，在总工会代表大会（TUC）作出决定使这场劳资纠纷政治化的过程中，他并没有看到任何要推动革命的迹象。工人阶级的领袖们挟持民选政府、挟持国家的行为似乎也没有什么不符合宪法的地方。在这一点上，他认为鲍德温（Baldwin）政府仅仅在为矿主说话；因此工人有权组成一个团体，对政府企图摧毁这个有组织的谈判力量的行动作出反应。问题似乎很清楚。但是燕卜荪与其说是天真，不如说是理想主义；他在对形势的判断中表现出一定的精明，因为他提出的第一个问题就是：他们怎么能希望击败政府？他在5月5日的日记中延续了这个对形势的英明判断，虽然它的第一句话被证明并没有依据——至少在短期的未来是如此：

> 如果政府（这个词常用来代表煤矿主，无疑很正确）取胜，这个产业将在国家的层面上处理（在这个问题上矿工们已经说服了大家）。各种昂贵的措施将被付诸实施，亏损的旧矿将被抛弃，新矿将被开发。减薪，这正是人们所反对的，将成为现实。工会的权威将会被严重削弱，我不知道会削弱到什么程度，对工党会产生什么样的后果。通过削弱其极端的非社会性的支持者，社会主义可能会受益。

但是，从他作为一个大学生对生活的观察，他不得不承认所有这一切都有一点像玩笑。要调解其中明显的矛盾也不算太难：他可以既支持罢工工人，又自愿帮助国家。因此他的日记对罢工进程的跟踪充满了关切，虽然像大多数学生一样，带着一种假日般的愉悦心情：

> 荣誉学位考试大约还有三周时间，据先知们所说，那将是罢工的关键阶段……五月周还有五周时间；如果我们坚持到那时，那将是饥饿周。那将会得到优先吗，我不知道？死亡还是跳舞？这些浪漫的快乐！
>
> 我已经说了很久了……我指的是明天就去参加黑腿帮（Blackleggers）。O. M. S.（供给保障组织，一个非政府委员会），法西斯（Fascist）……
>
> 6日，星期四　哈特兰·托马斯的床铺整理工对罢工感到非常忧虑，这使她心情低落，面色悲伤。对于我，或者对于我们，都没有那样的效果……今天我在市政厅签了名，所有人都这样做了，去做一个没有技能的门卫或其他。人们还可以去车站，看看早晨有没有什么可以做的。［迈克尔·］拉姆齐认为一切都很慌乱，没有规矩，但是玛德林学院有很多人都已经"找到工作"。我无法"找到工作"，现在或以后，短暂一生或者长期休假。［J. D.］所罗门的父亲拒绝给儿子买汽车（去做一些工作）以"援助罢工工人"，说解散工会是对社会主义的最佳选择。政府已经开始了为期两周的培训，培训"技术"工种的工人；他们决心坚持下去，期待工会发生动摇……史密斯和年轻的《英国工人报》（British Workers）说，政府情愿引发这次罢工，以彻底粉碎工会。这与国家的真正困难有关吗？如果有，他们明智吗？但愿我有一个政治主张，可以给这些肉一样的日子增加味道。
>
> 5月7日，星期五　伦敦街上运行的八十辆公交车，四十七辆已经停运。《英国公报》（British Gazette）［温斯顿·丘吉尔（Winston Churchill）编辑的政府紧急新闻报纸］补充道，路障规模很小，没有什么重要影响。天下着大雨，我的床铺整理工告诉我，感觉就好像一切都死掉了［像圣卢希节的夜景（Nocturnal on St Lucie's Day）］。但愿人们有床铺整理工的那种高度严肃性……我越来越相信政府知道这是怎么一回事；狡诈而心地邪恶的人们；［A. J.］库克（Cook）先生［煤矿工人联合工会总书记］公开宣称与他们作对没有希望……

拉姆齐希望帮助其母亲带罢工者参观学院；赫克洛茨将以咖啡馆为题对他们演讲；目的是为了避免他们垂头丧气……有一个通知贴出来说，我们应该在剑桥安静地等候，有很多我们能够抓住的工作，将立即调动我们去完成。啊，啊，人们最服从的莫过于长官，如果一个绅士出现，他们会看出来；其教养会告诉他们。我们将镇静地被送过去骑在这些矿工的头上，像一个统治阶级，带着地主的权威。我有多年没有骑在别人的头上了。

似乎无疑是政府终止了谈判，或者说是傲慢地关上了灯，锁上了门，去睡觉了〔在5月3日星期一凌晨12：30左右〕；他们对《每日邮报》（Daily Mail）的专横跋扈有所耳闻，知道应该怎么做。我认为他们知道他们在搞什么名堂，我知道我不知道……

星期六 ……
各路主教们聚首一堂，为这个时刻出台了一个强大得令人恐惧的魔法〔恢复谈判的呼吁，发表于5月8日的《英国工人报》和《泰晤士报》（The Times），但没有发表于政府喉舌、温斯顿·丘吉尔的《英国公报》〕。坎特伯雷大主教明天将亲自在无线电台上讲话，他们非常支持矿工，我相信，但理由很拙劣……

星期天 罢工工人与警察踢了一场足球赛，无线电台报道说，结果是2：1。安排特别警察的工作正在进行，表现出惊人的效率；很符合逻辑，很合法，实际上政府常常是如此〔正如麦克贝思（Macbeth）夫人指出〕。坎特伯雷大主教今天晚上将在广播上作一次尝试，但是主教们关于罢工结束前作出司法裁决的呼吁被搁置起来。来自俄罗斯的二十万英镑被送到工会；支票被退回。那个消息来自我的《英国工人报》[61]……外国报纸都在赞扬我们冲突双方的通情达理、敦厚宽容等等。是美德？堕落？玩笑？

我今天在后街〔女王路（Queen Road）〕看见五十辆小汽车，停成一线，带着箱子的人排成两行在边上等候，他们将去往一个未知的骚乱中心。他们刚刚听完了科斯特洛（Costello）将军的讲话并欢呼了，现在还有军士长，可怕的军队效率；一大群人在观看……

星期一　议会今天将决定我们采取什么行动。荣誉学位考试、长假，等等……

"鲍德温先生说他将战斗到底，这是荒唐的；他将战斗到什么底？"这是《新政治家》杂志的猛烈回击，罕见的版面。没有人想要罢工，而政府却将之强加在国家的头上，正值矿主们像善意节俭之人，提供了荒唐的工资待遇，而不愿意在真正的讨价还价开始之前被打倒。在这样的情况下"谈违背宪法简直就是烂泥"。是的，但这个问题有一个答案。他想要"粉碎工会"。

我越来越认为矿工们有理，我仍然认为我最初关于做门卫的态度是最好的……

——工会希望维持基本的服务，或者说是如此。因此他们的支持者帮助他们做了他们想要做的事情，这不无道理。

不管怎样，我们都是同一个战壕的人，一两天以后将离开。

但是两天后一切都结束了。在这个事件中，玛德林学院的塞尔温·劳埃德和J. E. H. 布莱基（J. E. H. Blackie）等同学被分配到伦敦东区的一些岗位上，获得了2.5先令的工作报酬。与他们不同，燕卜荪没有得到机会去见证任何重大事件。他拒绝签字去作特别警察，仅仅同意做门卫。因此，甚至三年以后，在1929年5月，《格兰塔》仍然在一则简介中笑话他："在大罢工期间……他运用了批判性思维，成熟地思考出一个能够同时代表双方做一些工作的复杂计划，就在那时，罢工令人遗憾地提前结束了。"[62]

在5月12日，星期三，当总工会代表大会的理事会不顾矿工的明确意愿，宣布结束罢工时，公众普遍忧虑政府已经答应了赫伯特·塞缪尔（Herbert Samuel）爵士起草的那份备忘录里的条件——"里边提议，减薪不会发生，除非能够使人相信'委员会提出的重组措施被有效地采纳'。建立一个全国煤矿理事会，任命一个独立的主席来寻求最终解决方案。理事会将准备一个简化的工资协议，不会影响低薪工人的工资。它将确定'合理的数字，在任何情况下，不同档次工人的工资都不能减少到这些数字之下。"[63]实际上不存在这样的解决方案；总工会代表大会无条件地投降了。正如那天的《英国公报》炫耀说："总工会代表大会无条件收回了通告。"

燕卜荪立即草拟了自己的备忘录，题目为《英国的革命》（'Revolution in England'），指出了罢工事件中所包含的一些具有讽刺意味的痛苦局面，并且在结束时仍然被误以为那个不幸的解决方案已经达成——具有讽刺意味的是，这样的解决方案给工人阶级的整体事业带来的损失，要小于总工会代表大会认同的那个协议。

一、发生大罢工，针对的是一个民选政府。

二、大批罢工矿工成为铁路工自愿者，而铁路工成为特别警察，以使他们自己平静下来。

三、对立的双方举行了足球赛。

四、罢工者压制所有报刊，避免公开陈述他们的意见；而双方自办的报刊却在以不同的名称照常印刷。

五、如果矿工的食物用完，他们可以到地方济贫委员会去索取。这个临时措施既没有被提出，也没有资金安排，显然不是这场游戏的一部分。

六、保守党在全国范围内建立了一家报纸和一种全民保障制度；社会主义的罢工者愤怒地否认他们自己有任何政治意图。

七、罢工结束时，罢工者给予政府以胜利的喜悦，从而得到一个秘密的承诺，通过非官方立即宣布，他们将得到他们争取的一切。

但是不久以后他就认识到，罢工的结果比他一开始相信的情况要更加令人震惊。"我不能理解，"他星期三晚上完全合理地写道："工党的官方观点是，总工会无条件投降，暗地里的条件是政府满足他们的要求……但如果这是真的，那么为什么矿工还在坚持？总工会抛弃了如此多的威望，难道不是自杀吗？"矿工的罢工实际上持续了六个月，然后在饥饿和绝望中终止。政府非常高兴它们能够这样吹嘘：即使总工会代表大会和矿工接受了塞缪尔备忘录的条件，赫伯特·塞缪尔爵士和鲍德温先生也从来没有讨论过备忘录的内容；因此它没有可能成为官方解决方案的基础。

　　许多罢工工人感到被工会出卖了。燕卜荪对政府残忍的小聪明感到更加不安。可以肯定，他相信，鲍德温指使塞缪尔表面上履行谈判程序，暗地里却决心不接受任何结束纷争的方案，只有总工会代表大会完全失败。政府在工人们的绝望和愤怒面前坚持不妥协，正如燕卜荪所理解，这使他坚定了毕生支持社会主义的信念。

　　几个月之后，他在1928年2月写的关于芭芭拉·古尔登（Barbara Goolden）的《沉睡的剑》（*The Sleeping Sword*）的评论文章中，表明了自己的立场，对作者的文笔给予高度赞扬，但对她腐朽的政治观点予以抨击。

> 　　过去曾经有很多作者，其观点得不到任何赞同，但在观点的阐述上却异常令人激动。因此不是古尔登女士的战时情绪，也不是她抒发情绪的方式太缺心眼或者太邪恶。事实上，正是她利用最近的大罢工作为启示录，因为年轻人不顾可怕的达戈斯和爱波斯坦（Dagoes and Epstein），去开电车以使英国的心脏仍然跳动，当人们巡视周围的年轻人时，猎犬德拉蒙德（Bulldog Drummond）显得如此稀罕——正是她使用这个来作为全书结尾，而不是告诉你罢工终于失败，在我看来，是精心设计和聪明的结构……
>
> 　　不，这种女士在政治上如此强大，这本身就是灾难，不过她们的文笔一般都很好。[64]

---

1. 关于玛德林学院的完整介绍，参见Peter Cunich, David Hoyle, Eamon Duffy, and Ronald Hyam, *A History of Magdalene College*, Cambridge, 1428–1988, Cambridge: Magdalene College Publications, 1994。

2. 1928年，为庆祝学院建院500周年，玛德林学院炫耀地刊登了一篇《一个不到场的人如何庆祝500周年》的文章。由于燕卜荪已经因对心理学和诗歌感兴趣，以及反基督教情绪而闻名，文章写进了这样一个恰当而神秘的段落："下午3：45，燕卜荪将上演他的热门话题咏叹调，题为《修士宿舍实验剧：学院历史的心理怀疑论、天主教教皇使节式分析》（'An Experiment with Monks' Hostel, a psycho-septico papal-nuncio analysis of the history of the College'）。"［*Magdalene College Magazine*, 58 (June 1928), 186.］

3. Owen Chadwick, *Michael Ramsey: A Life*, Oxford: Clarendon Press, 1990, 16.

4. 米尔纳奖学金的评选条件规定对来自利兹（Leeds）、哈利法克斯（Halifax）和赫弗舍姆（Heversham）的学生进行倾斜。燕卜荪来自约克郡，这对本森来说也许就已经足够。燕卜荪后来有了机会撰文谈论这两人。怀着崇敬与无礼交织的心情，他撰文评论了本森的小说《水芹年龄》（*Cressage*）和大卫·派伊（David Pye）撰写的乔治·利·马洛里回忆录："这两个都是已故的一代人，对他们下结论还为时过早。在本森那些流畅、有一定想象力的小说中的最后一部，你会看见一个天然的独生者的焦虑，如果他有权利离开那些需要他的人们的话。在马洛里的传记中，他是稍后出现的一个迷人的自我折磨者，你会看到飞蛾扑火前的焦虑，如果他有权抛弃一个太难挨的世界的话。他在对山川着迷的心情中死去，'抛弃一切完美的计划，不顾一切地奔向顶峰'——他不知道这是不是自杀，我也不知道。但至少他们在未来不会被人妄加评论，超过他们对自己的评价。"（'Mustard and Cress', *The Granta*, 2 December 1927, p. 194.）

5. Benson quoted in Cunich *et al.*, *A History of Magdalene College*, 235.

6. "拉姆齐是和善之人，我能以个人经历作证。"（Christopher N. L. Brooke, *A History of the University of Cambridge*, iv: 1870–1990, Cambridge: Cambridge University Press, 1993, 47 n. 83）

7. Francis Mc. C. Turner, 'In Memoriam: Allen Beville Ramsay', *Magdalene College Record*, 4 (1955–1956), 4.

8. Cunich *et al.*, *A History of Magdalene College*, 235–236.

9. Peter Joyce, 'A Day-Boy's Magdalene Memories, 1925', *Magdalene College Magazine and Record*, 33 (1988–1989), 30.

10. Frank West, 'Magdalene Memories, 1928–1931', *Magdalene College Magazine and Record*, 33 (1988–1989), 27.

11. Ibid.

12. D. C. R. Francombe, 'Reminiscences: (1)Magdalene, 1924–1927', *Magdalene College Magazine and Record*, NS 35 (1990–1991), 41; letters from Francombe to JH, 3 and 9 September 1993.

13. 拉姆齐撰写的应用数学教材在他有生之年出售了十万册。（Cunich *et al.*, *A History of Magdalene College*, 229.）

14. 唐·弗兰科姆（Don Francombe）回忆迈克尔·拉姆齐时说，"他在荣誉学位考试的第一部分攻读了古典学，如果我没有记错，成绩与我不相上下。他非常有趣，模仿能力非常强。他常常自言自语，总是把我称为'我的孩子'。他令人难忘的举动之一就是模仿循道宗教派牧师的风格进行了一次布道。我所记得的一篇布道文是《桧树下》（'Under a Juniper tree'），他从每一个字中都找出了虚假的意义。我几乎都可以复述出来！"（Letter to JH, 9 September 1993.）

15. Chadwick, *Michael Ramsey*, 4, 6.

16. I. A. Richards's contribution to the radio programme *The Ambiguity of William Empson* (produced by David Perry), BBC Radio 3, 22 October 1977.

17. "我没有见过维特根斯坦，"燕卜荪在晚年说，"但我们都认为《逻辑哲学论》非常重要。"

（letter to David Wilson, 5 November 1970）

18. John D. Solomon, letters to JH, n.d. (1991), 17 March 1991, 29 March 1991.

19. John D. Solomon, letter to JH, n.d. (1991).

20. WE, 'The Romantic Rationalist', *The Granta*, 12 June 1926; *EG* supplement.

21. P. Sargant Florence, 'The Cambridge Heretics (1909–1932)', *The Humanist Outlook*, London: Pemberton, 1968, 238.

22. See John Paul Russo, *I. A. Richards: His Life and Work*, London: Routledge, 1989, 54 and 702.

23. Cf. ibid. 123.

24. D. H. Lawrence, letter to John Hayward, 22 January 1926 (Hayward Papers, King's College Cambridge: DHL/JDH/1).

25. "我记得他［维特根斯坦］在异教社演讲过伦理，我曾经做过该社社长，他把伦理视为一个巨大废话。"（Julian Trevelyan, *Indigo Days*, London: MacGibbon & Kee, 1957, 18.）

26. George Watson, 'The Cambridge Lectures of T. S. Eliot', *Sewanee Review* (Fall 1991), 579.

27. Ibid.

28. Richards Collection, Old Library, Magdalene College, Cambridge.

29. 他错过了艾略特最后一个见面会，仅仅是因为他睡过了。前一晚他参加了玛德林晚餐俱乐部的一个奇特聚会（朋友马克·哈特兰·托马斯组织的)，参与者表演放浪不羁的节目，作胡言乱语的发言。从燕卜荪第二天早晨的叙述来看，他们都作了充分的表演："非常有趣，伏特加。柯蒂斯-布朗（Curtis-Brown，未来的文学经纪人)上演了乱七八糟的神秘行动，不时地陷入乔叟（Chaucer）和常识式的猥亵语言。我没有看见过如此的表演；有能耐。盖伊·梅菲尔德［Guy Mayfield，未来的黑斯廷斯（Hasting）会吏总长］'施虐狂，运动激情的变异'，接下来是我的施虐表演；和谐。A. C. 汤森（A. C. Townsend）讲了发生在南方的巴塔哥尼亚（Palagonia）和威格尔斯沃斯（Wigglesworth）的骚乱，宗教复兴主义替代占星术；主席'超出常规地装扮了一番'，用历史加流行风格上演了乔伊斯式的醉酒情景。我不知道，难道我在晚宴上说得太多了？"

　　"但是我为什么睡觉如此不小心，伤心，没有去参加最后一次也是非常值得去的见面会，艾略特的早朝？我忘记了，现在太晚。他们在一起，他倒下了。卡隆姆波（Carammbo）。"

30. WE, 'Donne the Space Man' (1957); *Essays on Renaissance Literature*, i. 127.

31. WE, 'The Style of the Master', in Richard March and Tambimuttu (eds.), T. S. Eliot: *A Symposium*, London: Editions Poetry London, 1948, 36–37.

32. 'Editor's Introduction', in T. S. Eliot, *The Varieties of Metaphysical Poetry*, ed. Ronald Schuchard, London: Faber & Faber, 1993, 14.

33. Ibid. 15. 舒哈特还说："燕卜荪在第一版中并没有如此直接地将讨论归功于艾略特（London: Chatto & Windus, 1930），而是更模糊地写道，雪莱的诗歌'最近有许多讨论。我相信有更多的现在没有注意到的问题将会被提出来'（第197页）。艾略特即将针对雪莱的《云雀颂》在文章《理查德·克雷肖》（'Note on Richard Crashaw'）中发表他的观点，见*For Lancelot Andrewes: Essays on Style and Order*, London: Faber & Faber, 1928, 96；又见George Franklin, 'Instances of Meeting: Shelley and Eliot: A Study in Affinity', *ELH* 61 (1994), 955–990。

34. WE, letter to Gareth Jones, 22 December 1973 (Trinity College, Cambridge).

35. D. R. Thorpe, *Selwyn Lloyd*, London: Jonathan Cape, 1989, 27. ［吉尔伯特·哈丁后来在电视

智力竞赛节目"我的台词是什么"（*What's My Line*）中成名，或变得臭名昭著。]

36. 'Union Notes', *The Granta*, 35 (29 June 1926).

37. *Cambridge Review*, 29 January 1926, p. 216.

38. *Cambridge Review*, 5 February 1926, pp. 230–231.

39. 'Union Notes', *The Granta*, 28 May 1926, p. 413.

40. *Cambridge Review*, 28 May 1928, p. 446.

41. 从内部信息看，这可能发生在1926年2月，"大学的宗教团体在经历了许多困难后达成一致，由大学共同组织一个传教团。"（Chadwick, *Michael Ramsey*, 23.）

42. *Cambridge Review*, 48 11 February 1927, p. 264.

43. P. M. J., 'Completely Inverted', *The Granta*, 12 June 1926, p. 473.

44. 'Those in Obscurity', *The Granta*, 12 June 1926, p. 465.

45. 盖伊·克拉顿·布罗克（b. 1906）曾在玛德林学院攻读历史，后来成为荣誉院士，他的兄长艾伦·弗朗西斯（Alan Francis, b. 1904）在国王学院就读，后来成为《泰晤士报》的艺术评论家和剑桥大学艺术学讲座教授。

46. 这并不一定有损于燕卜荪的名声，正如索普（D. R. Thorpe）指出："玛德林学院当时是一个相对小的学院，学生会的投票主要来自学院的关系。"(Thorpe, *Selwyn Lloyd*, 27.)

47. 'The Union Society', *Cambridge Review*, 12 November 1926, p. 98. 有趣的是，德夫林爵士在给作者的一封信（1991年4月8日）中说："邀请燕卜荪来杂志演讲表明，他以前的演讲肯定很成功……"

48. "R. A.巴特勒（R. A. Butler）和劳埃德都没有帕特里克·德夫林——现在已是德夫林法官——的双刃剑般锋利的灵敏，去回应、捣毁和讽刺前一位辩手，"迈克尔·拉姆齐后来写道。"耶稣学院（Jesus College）的德夫林在陈述辩题演说中超越了所有对手：他是20世纪20年代学生会的史密斯。"（'"Time to begin anew"', in *Recollections of the Cambridge Union*, ed. Percy Cradock, Cambridge: Bowes & Bowes, 1953, 123.）

49. 'Union Notes', *The Granta*, 12 November 1926, p. 99.

50. 'Those in Authority: William Empson (Magdalene)', *The Granta*, 31 May 1929, p. 485.

51. *The Granta*, 28 October 1927, pp. 65–66.

52. 比燕卜荪晚三年考入玛德林学院弗兰克·韦斯特后来写道："我记得有一些无伤大雅的下流话，但是严肃的性话题在我们的谈话中没有什么地位。我们都没有现在人们所说的'稳定的'女朋友……我们都受到公学的半独身生活的影响。"韦斯特与燕卜荪的经历的区别正好在这一点上："在谈话和行为上，好像没有任何同性恋的迹象。"（West, 'Magdalene Memories, 1928-1931', 28.）同样，1922年考入玛德林学院的布莱基写道："女性……在我们的生活中无足轻重……我们大多数都在男性环境中过着男子汉生活，学院构成了这种生活的背景，我们的房间构成了焦点。"［'Cambridge in the Twenties', *Magdalene College Magazine*, 31 (1986–1987), 24.］

53. 'The Union', *The Granta*, 7 May 1926, p. 368.

54. WE, undated letter to John Wain (copy in Empson Papers). "我完全忘记了是什么情况下写的这封信……"他补充道，"我觉得这个性行为是很糟糕的。"

55. WE, letter to J. A. Stephens, 28 October 1957.

56. WE, letter to W. D. Maxwell-Mahon, 6 November 1967.

57. WE, letter to David Wilson, 5 November 1970 (David Wilson).

58. 对比《失乐园》（*Paradise Lost*, iv. 372–373）："这么高的地方，就是你们的天堂，作为天堂，你们的防御未免欠周，不能防止现在已经闯进来的仇敌。"

59. G. Karl Galinsky, *Ovid's 'Metamorphoses': An Introduction to the Basic Aspects*, Berkeley and Los Angeles: University of California Press, 1975, 67.

60. *Complete Poems of William Empson*, 116.

61. "总工会的一个主要关注点是在公众眼里保持尊严。苏联境内有大规模示威游行支持这次罢工，在所有工业中心城市都有捐款，许多俄罗斯工人都投票将他们的部分工资捐献给一个罢工基金，在俄罗斯港口的所有英国船只都被扣留，得知这些对他们来说是一种尴尬。当全俄罗斯工会委员会（All-Russian Trade Union Council）为罢工基金提供两百万卢布捐款时，更增加了这种尴尬。他们的行动是及时的。正如《英国工人报》所说：'总工会以非常礼貌的措词告诉俄罗斯工会，他们不能接受他们的捐赠，支票被退了回去。'"（Julian Symons, *The General Strike: A Historical Portrait*, London: Cresset Press, 1957, 136.）

62. 'Those in Authority: William Empson (Magdalene)', 485.

63. Symons, *The General Strike*, 189.

64. 'Ba! Ba! Barbara', *The Granta*, 24 February 1928, p. 304.

第六章

"燕卜荪先生的表演极为称职"：
多面学者

"大罢工结束了，"燕卜荪于5月12日星期三写道。"我很失望，曾经有希望终止数学学习，有希望被迫做一点有活力的、可以激起原始热情和身体满足的事情，激起一些心智上的主动性。但是没有，矿工是最善良的人们，我的希望之门已经关闭。顺便说一句，我想在政治上这已经是一个灾难，我们走着瞧。"

在他的文件中，没有其他证据显示他已将数学视为死气沉沉的学科或者充满活力的学科，或者他需要刺激，以摆脱惰性。需要承认的是，大约两年以后，他有一次提到数学的困难；在评论T. W. 琼斯（T. W. Jones）著的《赫尔墨斯：化学的未来》（*Hermes, or the Future of Chemistry*）一书时——其中说"水解作用、催化作用、自由度等等都几乎'与生命同义'"——燕卜荪抗议道，"我必须说，我将把自由度归入与生命不同的类型；人们普遍相信，如果一道题难做，那么答案就拥有自由意志，这个观点对化学家而不是对数学家更令人满意。"[1]但是那可能只是一个玩笑——不能够算出来的题可能自然就好像是有一颗怪癖的心灵——这没有暗示任何个人的懊恼。

事实上，在1926年的数学荣誉学位考试的第一部分中，他得到了期待已久的一等成绩（这个成绩，我们不得不说，并不是优异成绩：大多数数学学生——在燕卜荪的年级有52人——都得到了本阶段的一等成绩）；[2]并且他是获得学院奖的三位数学学生之一："相当于2英镑12先令6便士的书籍"。[3]尽管如此，在二年级，他越来越多地把精力花在文学和为刊物撰稿上面，在这两个领域作了大量的智力投入，发现了许多激动人心的东西，虽然这个过程并没有使他的兴趣完全实现从科学向文学的转移。他一开始是在戏剧方面打破局面。实际上，他的日记有几处显示，甚至在本科一年级时，他就涉足了戏剧创作。例如，在一篇标注为"8日，星期天"的日记中，有这样的挑逗性的简洁记叙："写了一出施虐狂戏剧。"（众所周知，他能够以非凡的速度写作，但是甚至以他的标准衡量，这听上去都有点不可思议。）然后，在1926年3月4日他又写道，"一两周以来，我一直在构想……一部戏剧。"然而甚至这篇日记接下来的内容也很令人失望："我将采用更简单的方法，在这里把它描述一下"——虽然里边的确包括了他最终没有完成的戏剧的完整故事。

《三个故事》（Three Stories）是燕卜荪所完成的一部独幕五场闹剧，于1927年2月5日在名为"童趣"的演出季被业余戏剧团（Amateur Dramatic Company，ADC）搬上了舞台。它是演出季的三出戏剧之一，虽然只有另外一出是原创作品：《象征剧：龙》（Dragons: A Symbolic Play），作者巴兹尔·赖特（Basil Wright）——未来的电影导演、英国电影学院院长、国际纪录片制作人协会会长——也在剧中扮演角色［这是一出二人剧，另一个角色由汉弗莱·詹宁斯（Humphrey Jennings）扮演，被挑逗性地描述为"戴礼帽的人"］。[4] 在与笔者的对话中，赖特记得他自己的戏剧"异常夸张"，在无意中表明了自己的同性恋倾向。"《龙》在老教授中被看成一个丑闻，因为他们认为我是故意为之——说自己是同性恋——但事实上我是阴差阳错才做了这件事。"[5] 然而，据《格兰塔》中一则不友善但很狡诈的宣传短文所说，《龙》"是关于一个十七岁的年轻人所应该知道的事情。我们可以表扬他的真诚，此时姑且称之为真诚，表扬他毫无顾忌地为大学生活树立了一个高标准；但是他的梦幻有点松散，他的对话有点枯燥，因此他的剧作似乎仅仅因为哈特兰·托马斯所设计的雄浑的背景而没有分崩离析。"[6]（《剑桥评论》对这则关于赖特勇敢行为的遗憾评价表示了赞同："这出戏剧……如此晦涩而怪异，以至于几乎不可理解……对话写得很差。"[7]）

然而，《格兰塔》继续说：

> 玛德林学院的燕卜荪的戏剧《三个故事》则完全不同。他几乎完全掌控了他自己的俄狄浦斯（Oedipus）情结，并运用它来达到非常明智的目的。一个理想主义青年的叛逆主题，从萧伯纳式（Shavian）优秀的喜剧，逐渐发展到明显的、坦率的闹剧，在浪漫的场景中展开，用英雄双行体诗歌写成，与此相对照的是强加于德拉库拉（Dracula）的科学演讲。这听上去很复杂，但是如果我们正确理解它，那么它相对于这样的逻辑：只有当

人们以浪漫情怀想象时，生活中的道德问题与科学问题才有所不同，甚至到那时，在浪漫情怀已经获得之后，它们可能再次变成科学问题。戏剧的最后一行我们认为是一个巨大成功，主人公杀死了那专注于事务的妖魔，被迫宣布自己是一个"管理事务的年轻人"。

戏剧开篇和结尾都是模仿英雄双行体诗歌而写成的台词，一个年轻的骑士，不可思议地名叫杰拉尔德（Gerald），去解救一位被囚禁的公主，她同样有一个不浪漫的名字，叫玛格丽[Margery，由威廉·康奈尔（William Connell）扮演]。"我要杀的这位魔法师往哪儿走了？/公主，公主，告诉我，我要，我要杀了他，"他发誓道。然后这个场景转换为现代世界，构成了戏剧最精彩的部分：切希尔大街5号（number 5, Cheshire Avenue）的一个摆满了书籍的房间。杰拉尔德是一个霸道的老家伙、富有的畅销书作家詹姆斯（James，燕卜荪自己扮演）的秘书；玛格丽是詹姆斯的妻子，年轻愤怒的杰拉尔德决心要把她从这个屈辱的生活中解救出来，走向更好的未来。在这一场结束时，玛格丽不耐烦地但又带着妥协和利诱地对杰拉尔德承认道："我的确认为我跟你会更幸福，因为你说得很对，无疑老家伙合情合理地说已经阳痿，而我是一个漂亮正常的女人，我们甚至可以生一两个小孩。但是你听着，杰拉尔德，我们必须有很多的钱，至少是詹姆斯的财富的一半，我不管你怎样去弄这些钱，我们必须有这样的保障，我还不能离开知识社会的社交圈子。如果你能够做到这些，我就跟你走，尽管我已经是一个非常满足的年轻女人。注意，我是否会说：我认为你根本不可能做到这些，是另一个问题。"

然后，在这个独幕剧的中间有一场戏，像一个幕间表演：一个年轻人，有一个普通名字叫史密斯（Smith），企图从德拉库拉的城堡中逃走。燕卜荪后来会解释双重情节的手法，也许这预示了他在《田园诗的几种变体》中所写的文章《双重情节》（'Double Plots'）："戏剧结构的基本设想是写一个故事，但可以在其中穿插一个表面上完全不相干的场景"（人们相信，"表面上"一词很重要）。结果，德拉库拉能够召唤野外的狼来为他效劳；这位怪才完全把他的囚禁者弄糊涂了：后者赞同对事物的理性解释，而非超自然解释。

史密斯：德拉库拉，科学家只能够生活在一个非常奇怪的宇宙里。首先，这个宇宙必须是非个人化的，它必须服从于规律，而不是某个主人。你不知道你在说些什么；这很要紧，德拉库拉，你必须立即告诉我。

德拉库拉：我必须告诉你，这个宇宙是不是你所想象的宇宙？

史密斯：或者是微不足道的噩梦，病态之人的幻想，我们睡觉时也不能相信。我是否必须对黑暗重新产生恐惧？当人死后，魔鬼会不会折磨他？哦，德拉库拉，世界正常吗？今晚我们可以睡觉吗？

德拉库拉：我的朋友，我有我的计划，我想你已经被打败。但是没有疑问，我将安稳入睡。

史密斯：再次获救了。呃，谢谢啦，德拉库拉，你已经使我重新振作；如果你继续玩弄那邪恶的魔法，我将会完全屈服。

史密斯也许对德拉库拉模棱两可的回答感到满意，但是观众却有权去怀疑，这个魔法师是否真正提供了一个能够让持怀疑论的科学家感到满意的宇宙解释。

然而，你没有足够的时间思考那个令人困惑的问题，却又被带回到那个由詹姆斯、玛格丽和杰拉尔德构成的萧伯纳式的世界。时光流逝，杰拉尔德企图伪造支票从詹姆斯那里偷走一些钱——所有人都认为这个举动是愚蠢的，而不是讲原则的。但是为了证明自己清白，杰拉尔德拿出一把手枪，不是像我们想象的那样向自己开枪，而是向詹姆斯开枪；这时，玛格丽回到了她的"公主"模式，欢呼她的杰拉尔德爵士用"利剑"杀死了她的"恶魔"。

因此，燕卜荪的小型喜剧的真正主题是解脱。如果德拉库拉一场描写的是从超自然的迷信中解脱出来，那么杰拉尔德—玛格丽—詹姆斯的纠葛则嘲笑了小资产阶级传统观念所构成的世界。神话的、浪漫的、科学的、伦理的因素，每一个方面都在某种意义上反映了其他几个方面，无论多么拐弯抹角；戏剧传达的"意思"是人们必须嘲笑一切愚蠢和欺骗行为——童话的和虚假的价值体系。德拉库拉和富裕冷酷的詹姆斯都是魔法师：他们伪装成宇宙的主宰。或者说，这部戏剧包含了科学主义和社会主义的成分——虽然戏剧的主要意图是好玩的戏谑，而不是系统的激进主义。

据《剑桥评论》说，"第二场是该剧的精华：一个非凡的轻喜剧场景，烘托出真正的舞台感觉，对话闪亮而欢快。"评论人的判断很正确：在第二场中，杰拉尔德和玛格丽相互打趣，表现了燕卜荪的最佳状态；他使对话不断延续，在时事和文学话题间跳跃，观众肯定对这些话题有所了解，并以此为乐。例如，当玛格丽奚落杰拉尔德嫉妒时，他抗议道："胡说，你不懂什么是嫉妒。我自己并没有嫉妒。我看你的时候是带着冷酷和孤立的恐惧，你是商业文明的成千上万的受害者之一，是一个聪明、可爱、性感的年轻女子，在自我满足中退化，贞洁的女王站在厌烦而阳痿的、像祖父一样的男人身边，这些老男人不应该被允许从铁栅栏后面向她们暗送秋波。"

她快乐地反驳道："芝麻和百合。漂亮，杰拉尔德。"《芝麻与百合》（*Sesame and Lilies*）是约翰·拉斯金（John Ruskin）的三个讲座的合集；玛格丽提到的是第二个讲座《百合：关于女王的花园》（即女性领域），它开篇即对以下思想进行了奚落："女人仅仅是男人的影子和影像，应该给他献上不假思索的、卑躬屈膝的臣服。"然而，当拉斯金进而对"女性心灵和品德"的"真正地位和力量"进行定义时，有点讽刺意味的是，他仅仅重复了传统的维多利亚时代的思想：女性起到的作用是次要的，主要是辅助性的。他建议道，"她必须持续不断地、不可腐蚀地保持贞洁；本能地、可靠地保持明智——不是为了自我发展，而是为了自我放弃"——由此证明了男性的理想主义可能成为真正具有侮辱性的工具。至于她的教育，"她获得的所有知识都应该使她能够理解，甚至协助男人的事业……女孩的教育，在学习的课程和内容上，几乎应该与男孩一样，但是方向不应该相同……总体上讲，男人应该透彻地了解他所学习的任何语言和科学——而女人应该了解同样的语言或科学，仅仅为了使她能够分享丈夫的乐趣以及丈夫朋友们的乐趣。"而且，女性不适合思考神学问题和在该问题上表达观点；她不得受到"阅读小说的强烈诱惑"，因为"其中有过度兴奋的追求"（即"浪漫故事"可能太令人兴奋，可能给予她超越客厅或家庭的想法）。无疑，拉斯金坚信他自己的主张；在某一观点上，他甚至发出了这样一个超乎寻常的、模棱两可的怒吼："整个社会的体系，以及在生活中把它们建立起来的方式，都是一个由懦弱和欺骗构成的腐朽病魔——懦弱，是因为不敢让她们生活和去爱，除了像邻居期待的那样；欺骗，是因为给女孩眼里带来世界上最糟糕、最耀眼的虚荣，仅仅是为了我们的自尊……"[8]因此，在燕卜荪的喜剧中，玛格丽机灵的反驳实际上是在对杰拉尔德说：傻瓜，你宣布自己是一个现代拉斯金，正在对女性问题发表荒唐的、充满优越感的观点。这个反驳在大学的环境里更具有锋芒，因为这些"本科生"还没有获得与玛格丽相应的成年男性的地位。在业余戏剧团的演出中，该剧被进一步磨炼成熟——其导演不是别人，正是马克·哈特兰·托马斯，他还设计了场景、服装和灯光——玛格丽的角色由一个男生扮演（由于女性不能成为这所大学的全日制学生，因此被禁止参与大学的戏剧表演）。

燕卜荪丰富这个含混意义的方法是让杰拉尔德怒斥："我不要你，如果你愿意，你可以去与园丁的儿子睡觉，但看在上帝的份上，不要再陪伴那个有钱的老宦官，还把这叫做生活。"玛格丽聪明地回应道："我当然赞成你的意见，杰拉尔德。其实，现在说这话相当道貌岸然，不是吗？卢多维奇和那些论调。事实上，在格顿学院（Girton）他们搞了一系列讲座，题为'去与园丁的儿子睡觉，又名贞洁是它的回报'。我相信我是一个听话的、自然的女孩，总是小心地去做严肃的人们告诉我该做的事情。"1926年5月，在大罢工开始时，燕卜荪失去了驳斥A. M. 卢多维奇的异性恋思想的机会；现在他终于找到了讽刺的机会。这个男性演员鼓吹与男孩睡觉，同时也嘲笑一个认同卢多维奇的正常性观念的女人。观众当然会因为这种一语双关而咯咯大笑（燕卜荪后来说，"男生扮演女生的戏剧肯定会期待从男生的魅力中得到欢笑"），[9]虽然这个玩笑是开在他们不少人自己头上。

"玛格丽，不要那么残酷，你斥责我是为哪般？"杰拉尔德哀怨道。她的灵巧回答给他上了一堂"元批评"课程，显示了她刻意炫耀的现代主义气息：

> 玛格丽：我想我们在这个慷慨激昂的话题上有点分歧，杰拉尔德。我知道像这样走来走去，说很多的粗话，听上去充满活力、很机智，但也很使人心烦意乱，有点生厌。我的意思是，我并不是没有读过你一直在引用的那些书。
>
> 杰拉尔德：我当然是一直在引用，玛格丽。这个文明的社会没有自知之明，我们都知道，不是吗？但我们都是被说这话的人所驱使。除了引用，我还能做些什么呢？他们都在相互引用，不是吗？
>
> 玛格丽：啊，如果你坦率地说在引用，你就应该优雅地、隐晦地、直截了当地引用，用上一大堆介词而不小题大做。你应该推定他们已经读过了，提供要点即可。
>
> 杰拉尔德：但我不是用要点来思考问题，我不想用文学式的引经据典。我为什么要——
>
> 玛格丽：使用自我保护性的讽刺，以防止他人讥笑你，说话时总是好

像你的想法下周就会有所不同，并且总说"当然"，以避免产生戏剧性。

　　杰拉尔德：但我并不想这样做。难道你看不出这两样东西意思不同吗？

　　很自然，当听到杰拉尔德提到"意思"这个词，玛格丽的回答似乎是条件反射，她引用了另一本绝对时髦的书——C. K. 奥格登、I. A.理查兹和詹姆斯·伍德合著的《意义的意义》（The Meaning of Meaning）——燕卜荪可以推断观众中很多人至少曾经试图阅读这本书，却在困惑中退缩，像这两个争论者一样。[10]

　　玛格丽：东西不会是东西的意思，杰拉尔德。你清楚你不该使用那个词。

　　杰拉尔德：抱歉，我的意思是，它们不会有同一个指涉。

　　玛格丽：当然它们不可能有同一个指涉，杰拉尔德。否则我们就不能区分它们了。

　　杰拉尔德：玛格丽，我呼吁你帮帮忙，我向你敞开了我的内心深处，而你所做的就是把你的头放进碗柜，说话像在疯狂茶会上一样。

　　因此，《三个故事》是一个妙语连珠的作品，年轻和志趣相投的观众显然非常喜欢；加上有足够的社会批评加以点缀，满足了燕卜荪漫不经心的（但前后一贯的）叛逆天性的深层次需求。正如《格兰塔》有点浮夸地说道："很高兴看到一个新的剧作家试验一种复杂的技巧，一种非常适合现代戏剧的技巧；也许更令人高兴的是，看到他同时在对话和妙语对答方面很有才能，以使观众持续保持注意力并得到娱乐。"这也给扮演詹姆斯的燕卜荪提供了又一个在公众面前嬉戏的机会；这也标志着温切斯特学院的同学伊恩·帕森斯演艺生涯的开始［他也是燕卜荪和F. R.利维斯未来的出版商］，他扮演了杰拉尔德。《剑桥评论》说道："燕卜荪先生的表演极为称职，他扮演了自己戏剧中的小说家。I. M. 帕森斯先生作为一个年轻人表现了出明显的潜力。"《格兰塔》完全赞同说："《三个故事》也让我们高兴，因为它向世界证明了I. M. 帕森斯先生作为演员的优良素质"——虽然该杂志拒绝对燕卜荪在舞台上的表现作出评论。[11]

　　可能是因为创作和表演了自己的戏剧的缘故，他感到很愿意为《格兰塔》和《剑桥评论》撰写戏剧评论和电影评论（从1927年撰写电影评论开始，至1928—

1929学年他开始同时撰写戏剧评论和电影评论）。在1927—1928学年，在数学专业学习的第三年，他成为《格兰塔》的"舵手"，即文学编辑。他约稿的朋友发现他很风趣、很富有挑衅性。其中，他邀请巴兹尔·赖特为《格兰塔》撰写电影评论，鼓励他把文章写得更生动、更顽皮。"用不适合电影评论的风格写，"他鼓励道："写一篇关于最新好莱坞电影的评论，使它完全无法看懂。"任何东西，只要能够震惊中产阶级就行。[12] 燕卜荪看上去像一只八哥，赖特说道，他穿着很邋遢。但是人们注意到的主要特点是他思维的尖锐深刻。

燕卜荪自己的写作数量很可观，这是他吸收能力和反应能力强的结果。詹姆斯·詹森提供的简短描述很有帮助："燕卜荪为《格兰塔》撰写的绝大部分文章包括大约六十篇书评，兴趣范围很宽广，长度各有不同——只有几篇长度超过五百词，很多篇只有一至两句话。另外……有大约十五篇电影和戏剧评论，质量不均，但有时非常具有挑衅性，加上一些不太重要的插科打诨或猜谜性的材料。虽然他评论的书籍大多数具有文学和伦理价值，但它们并不是唯一题材；其书单包括诸如以下题目的书籍：《英国农场主在丹麦》（*British Farmers in Denmark*）、《没有婚姻的性关系》（*Sex Relations without Marriage*）、《阿德勒心理学基础》（*ABC of Adler's Psychology*）。事实上，篇幅较长的文字细读，像我们现在想象的那种严肃的细读模式，在《格兰塔》这种随和的、游戏式的杂志中会显得像荒唐的反常行为。杂志的氛围非常早熟，但是并不稳定，常常在非常严肃和戏谑、厚颜无耻的欢乐之间来回摆动，并不总是能够摆脱愚蠢，也没有企图这样做。但是燕卜荪的几乎所有评论都展示了一种知识渊博的气息，一种融入批评背景的轻松……"[13]（现在人们相信燕卜荪的书评总数大约有七十篇。）[14]

虽然燕卜荪以非常严肃的态度对待当时并不成熟的电影艺术，没有将它视为粗糙的媒体，这给了他很多机会磨砺自己的机智——常常以拙劣的表演为靶子。例如，哈登·梅森（Haddon Mason）在《空谈》（*Palaver*）中"看上去像患扁桃腺肥大症的兔子"。关于莉莲·吉什（Lillian Gish）在《波希米亚人》（*La Bohème*）中的表演，他说道："在饥饿减肥以适合悲惨角色之后，她看上去不像这个世界的人，像长着蓝色鼻子的老鼠。她在临死前用一个最具雕塑格调的方法来为其嘴唇造型，即从内部往外吹气。在电影里很长一段时间，她都保持着这样的姿势。"[15] 但并非他的所有评论都是大学本科生式的打趣语言。例如当他去看《马戏团》（*The Circus*）时，他就希望看到卓别林（Chaplin）回到旧时的"牛奶蛋糊派"式的喜剧，"没有受虐狂阶段的那种萦绕心头的悲怆"："强调卓别林在他那个世界里的特殊性，以及其他人物所暗示的认识他的方式，都是严重的缺陷，形成这种缺陷的背景是他想抛弃一切去拥抱悲怆，想让自己尽可能显得孤独。"这充分显示了燕卜荪敏感的性格，他不仅认为这个无声的主人公悲怆得讨人喜欢，而且同样认为他在孤独中非常痛苦。也许他感到这点饱含威胁性，然而更可能的是，他最终认为卓别林迷人的故作姿态是一种自我放纵行为。尽管如此，他说《马戏团》"似乎的确包含和证明了他所获得的一切成就"。而且他对电影技巧非常敏感，正如他偶然地和富有洞察力地说道："卓别林……仍然对摄影艺术本身不感兴趣。"[16]

巴兹尔·赖特后来——在他的关于国际电影的经典手册《远景》（*The Long View*，1976）中——说，演员H. B.沃纳（H. B. Warner）在塞西尔·德米勒（Cecil B. De Mille）的《万王之王》（*King of Kings*，1972）中扮演耶稣时，"看上去像一只硕大而友好的狗"。也许他无意识地想起了燕卜荪对这部电影的分析，其中"强留长谈"的技巧后来成为燕卜荪的标志性技巧，在1928年10月19日的《剑桥评论》中这个技巧被使用得相当犀利：

> 在电影中的耶稣（除了有一部电影把他降格为光环，像柴郡猫）总是被弄得像一条狗；你可以在狗的脸上读出任何意义；它很恭敬，而不搞宗派。我不记得这个耶稣显示了任何确切的表情，除了在一个快乐的片段中，他把鱼交给他的钱递给凯撒；然后他看上去像萧伯纳。但这是一张很好的狗脸，作为一个高潮，最先它是通过额部突出的贫民窟孩子的眼睛看到的，你知道，像埃尔莎·兰开斯特（Elsa Lanchester）的额骨和嘴巴；她艰难地挤过人群，有一种非常高超的技巧拍摄了她眼睛的复明；在将七宗罪的魔鬼从抹大拉的玛丽亚（Magdalene，在制片人眼里总是一个快活的人）身上驱逐之时，他的确看上去很令人信服。但是他们还要他推翻作金钱交易的商人的柜台，这是任何一只裹在毛毯里的长毛垂耳狗都无法做到的一件事情，除非丢掉其尊严。

然而，在用这样友好的交谈迷住读者之后，人们刚刚能忍受其胆大妄为，他又毫不害臊地表达了对基督教的观点；在下一句话的中间，他狠狠地击中了信仰的要害（太阳穴）："没完没了的、假装神圣的凝视没有任何宗教可言，那些折磨场景的宗教价值也没有被描绘出来。"[17]这个责难在这里显然是严肃的，而不是鲁莽之举，在他的后期生涯中，它将成为一个主要的、重复性的批评主题。

同样，在评论《魔法火焰》（*The Magic Flame*）时——马丁·多兹沃思（Martin Dodsworth）形象地称之为"荒谬的鲁里坦俱乐部剧（Ruritanean drama）"[18]——罗纳德·科尔曼（Ronald Colman）同时扮演正直的小丑和"邪恶的年轻伯爵"，燕卜荪如此沉迷于对电影中双重身份心理的表述，他几乎阐明了他在后来的论文《双重情节》中所论述的理论。"在这个悲喜剧舞台上所展示的是英雄神话和田园神话的结合，这个结合对双方都很重要，对社会的健康延续很有必要，"他后来在《田园诗的几种变体》中写道。[19]1928年10月，在分析《魔法火焰》的情节和主题时，他竭力将复杂变为简单，这也涉及到田园诗的同一技巧——救赎的神话：

让一个演员同时扮演两个角色是电影的众多奇特优势之一，它总可以成为兴趣的焦点，因为人们想知道这是如何做到的；一旦成为焦点，这个技巧就有足够的理由来维持这个兴趣，方法就是暗示它象征一个内心冲突，使一个人成为整个故事的背景，使它恰好符合对艺术所采取的梦幻的、"心理的"、"被袒露出来"的、可以说是被放逐的态度，现在总体来说，这个态度因为政治、经济和道德的原因，在电影领域由于它的观众和媒介的性质，已经代替了简·奥斯汀（Jane Austen）对整个家庭和家族所给予的更加平衡的兴趣……技巧的新奇很少能够得到如此充分的把握……

人们观看这个荒唐故事时所产生的兴奋感，这对完美无缺的、除了做正确事情外别无其他的夫妻，其深刻而居心叵测的动机给人留下的印象，情节所造成的每一个曲折，与主要戏剧功能形成的互相映衬，逐渐勾勒出一个宏大的、未曾提到的悲剧有机体；我认为这些都依赖于双重情节所给予的暗示。你将得到这样一个想法，也许毫无依据，即如果你能够取消梦幻的审查性机制，重现两人（不是三人）在故事的最初被构想的欲望和嫉妒，它将是一个复杂的和解释性的结果，不能以其他方式搬上舞台。相信有一个"真正"、不那么荒唐的故事隐藏在其背后，正如人们会毫无理由地隐藏这样的东西一样，并给予它重要性和悲怆情绪，像一个抽象化过程。

这种极其简单化的故弄玄虚（我们如今很容易被欺骗）也肯定就是为什么快乐的结局会如此令人心满意足的原因……据我了解，如今这样的电影一般都有两个结局备选；悲剧和喜剧缪斯在它们上空盘旋，导演会选择其一。如果是这样的话，我对这个导演很满意，这是一个文明的、欧里庇得斯式（Euripidean）的举动，很自然地过渡到了国歌的出现，在悲剧上升到了充分的、此时是直冲云霄的宏伟高度之后，罗曼司（Romance），这些神庙的受献者，就应该得到体面的尊敬，成为在紧要关头扭转局面的手段。[20]

这篇影评的最为惊人之处在于，燕卜荪甚至在竭力使他的语言符合语法的时候，也不能给予他的洞见应有的信任，反而好像被它们弄得很尴尬，害怕过分解读了电影的效果。文章到处点缀着收回自己看法的闪烁之词。他被另类生活的想法所吸引，即秘密分享者的生活，但又不好意思明说。然而，在竭力提炼电影中的高尚与低下、高贵与卑微之间的战略关系时——这些关系被一个演员同时表现，在试图用弗洛伊德的心理分析去解释这一切时（正如那个"梦幻的审查性机制"概念），他突然意识到双重情节的手法的确促进了心理的和社会的和解。"一个人"能够代表"整个故事的背景"的想法预见了《双重情节》一文的中心思想："如此将一个人与整体的道德、社会，至少是心理秩序等同起来，是玄学派持续使用的手段……"[21] 如此，这篇早期影评虽然充满了犹豫和自我怀疑，却将电影解读为一种玄学诗歌，因此预示了燕卜荪后来从詹姆斯·史密斯（James Smith）的一篇关于玄学诗歌的文章中所学到的一条规律——"玄学奇喻的形成总是基于对一个哲学问题的直接认识，比如一与多的问题。"[22]（顺便说一句，燕卜荪可能还是异化概念的创立者；只是他把它称之为"放逐"——显然该词没有那么引人注目。[23]）

另一部特别激发他想象力的电影是《大都会》（Metropolis），弗里茨·朗（Fritz Lang）为宇宙电影演艺公司（Universum Film Aktiengesellschaft，UFA）导演的一部关于摧残人性的影片。"当然所有人都将看到，"他在《格兰塔》中写道："它是一场我无法充分评论的盛宴……它的故事遭受了大量非难，部分是因为它为所有经济问题提供了简单化的答案……因为'大都会'是希腊城邦国家……显然我们必须杀死发明家，驱逐我们对发明想法的怀疑。"显然，燕卜荪也没能判断出电影预示了纳粹组织的建立；然而他捕捉到了工业秩序的美与其非人性化倾向之间的冲突——"它们的机械形式中所存在的想象力的振奋……与受过训练的工人的迟钝木讷形成鲜明对照。"[24] 同样，他敏感地看到了另一部UFA公司拍摄的影片《柏林》（*Berlin*）的主旨，这是一部由瓦尔特·鲁特曼（Walter Ruttmann）执导的纪录片。"［制片人］想要暴露一个大城市的运行机制、经济学和整体秩序；展示它像花朵一样开放，经历一个平静的循环；展示它的功能、解释方式、有机体，使你跪下来崇拜这个世界的力量和荣耀。这一点得到了很好的传达。"[25] 然而，当德斯蒙德·弗劳尔（Desmond Flower）在一封致《剑桥评论》的信中对燕卜荪的解释提出异议时——"整个电影似乎……对机械化过程提出了抗议，像《大都会》一样"，燕卜荪公正地、有点讽刺意味地为自己的分析作出了辩护：

> 目前有一种观念，因温德姆·刘易斯而得以流传，说人们不应该研究当前的运动而不提出"抗议"；在他的情况里，这是以喧闹替代了"批评"。现在大工厂聚集的城市的确在很多方面都不方便，但是说《柏林》对它们提出了"抗议"肯定是诽谤；它更加严肃地从事的事情是详尽描述其特别的美。我相信弗劳尔先生和我一样，都被以下细节吸引和鼓舞：玻璃瓶和排字机的特别画面，那种大城市是更加复杂、（当然）一点也不"紊乱"的有机体的感觉；然后我相信，当他欣赏着它们的美的时候，他以一种真正清教徒的"抗议"净化了他的情感，使它们成为影片中的恶魔；事实上，他情绪激昂地提出的异议甚至使流浪猫都成了机械化过程的证据；它们就在那里，鬼鬼祟祟地走动；没干好事，我确信。[26]

关于影片《柏林》的意图，他是对的；毕竟，影片的副标题是《城市交响曲》（*Symphony of a Great City*）。但是德斯蒙德·弗劳尔的观点，即影片激发了一种不幸的政治效果，更有感受力。然而，燕卜荪并没有对《大都会》和《柏林》令人恐惧的隐喻视而不见。事实上两年以后，他将拼凑出一首质量不佳的诗歌。诗歌的题目很说明问题——《UFA梦魇》（'UFA Nightmare'，他没有将它收入《诗歌全集》）。作品内容紧凑、晦涩难懂，将《大都会》的巨大的机器移植到一艘轮船的机舱里，诗歌开篇写道：

留声机、电话机、光音机

强大的臂杆和有感知的仪表盘，

控制着我这多种功能的客轮，

围绕，像巨石阵，宽阔冰冷的机舱。

虽然他倾向于认为《大都会》代表了维多利亚时代的过度工业化，而不是现代集权国家的先兆，但是他已经感知到它所代表的黑暗真相及令人生畏的可能性。这一点可以从他撰写的关于《世界正在消失的方式》（*The Way the World is Going*）的短讯中看出，该书作者H. G. 韦尔斯带着对进步的无所不在的信仰，藐视地将《大都会》称为世界上最愚蠢的影片。人们不能不承认，燕卜荪说，想象起来极端可怕的东西，无论是在科学还是政治领域，都已经在这个世界出现。

> ［H. G. 韦尔斯］的话在所涉及到的范围内是非常重要的；［《大都会》］完全不是关于未来的，而是以电影形式想象性地演绎五十年前的经济学，当然是很真实的，人们在观看过程中会记在心里；只有对艺术毫无兴趣的人，或他那样的一代文人才会说该影片愚蠢。对于的确对艺术感兴趣的一代人来说，这个世界比韦尔斯先生的世界更加奇怪，也许没有那么发奋，没有那么明智。[27]

他对戏剧也持有同样坚定的观点。他对作家的信任超出了对导演的信任；尊重剧本异常重要。他认为剧场应该是艺术惯例，而不是放错地方的自然主义发挥的场所。他认为，当进行各种试验的空间存在时，为胡闹而胡闹就应该被禁止。戏剧文类与抒情诗更接近，两者同样需要简洁和用力猛击，与讲故事的宽松形式距离更远，那是小说的特别领域。戏剧作家，他写道，总是"必须在戏剧兴趣的节点上注入比叙事更加直接的吸引力，超越观众对舞台真实性的令人感动的信任；高尔斯华绥（Galsworthy）的戏剧既阴暗又不确定，像用直尺和圆规画出的虚线构成的图案，看上去很令人沮丧。"[28]

燕卜荪很乐意去观看纯属娱乐的、没有自命不凡深意的演出，特别是在他们非常繁忙之时——如参加数学期末考试——因为它们不会耗费心神。《佩皮塔夫人》

（*Madame Pepita*）完全适合在1928年的数学荣誉学位考试周期间观看："情节复杂而清楚；没有发人深思的思想……技巧如此充分，甚至在工作异常繁忙之时坐下来观看都是一种乐趣（该剧一开始就预示了圆满结局，然后引入了一系列障碍）；人物一般会立即显示他们的类型，当他们有一点点错位，就会产生警句效果……像罗马教廷一样，它们也有自己的局限，但是它们决不会让你失望；鲜花应该送给格雷先生……"[29]在缺少电视、性行为和毒品的时代，这场在新市场路（Newmarket Road）的新节日剧场（Festival Theatre）的演出显然非常优雅和轻松。但是他没有时间观看那些毫无意义的鬼把戏。

朱利安·特里维廉（Julian Trevelyan）回忆道，节日剧场"是特伦斯·格雷（Terence Gray）策划的新型试验剧场，这是一个神秘人物，非常腼腆，到了使所有人尴尬的程度，偶尔可以看到他在休息室走动，高个子，一表人才，留着黑胡子。这个地方被他装饰成黑色和深绿色色调，后来成为剧场惯例的许多想法都首先在这里得到试验。他修建了一个扇形舞台，一个半圆形透视背景，布景由木制区段拼接而成，这些区段那时被称为'单位'。"[30]

然而，当格雷将一部经典作品进行现代化改编之后（即把它删改之后），甚至在五月周这样一段闲暇时光，燕卜荪都会对此感到非常恼火，认为其结果更像是一部时事讽刺剧，而不是对阿里斯托芬（Aristophane）的《鸟》（*The Birds*）的明智改编。燕卜荪的轻蔑评论具有令人叫绝的抑扬顿挫："我认为人们在一年中的这个时光所想要的仅仅是欢喜；一种快乐的、五光十色的东西可以观看；一出很随意的幻想剧，带有音乐剧中常常反映的、不会令人不安的少量政治含义……因此如果你对阿里斯托芬的兴趣并不太学究气的话，如果你并不介意其极度单薄的语言和幽默的话……如果你喜欢观看既幽默又能干的人们在最后一刻仍然在勇敢地表演、欢乐而随意地装模作样的话，里边有很多东西可以欣赏。"[31]

1928年11月，格雷的节日剧场所推出的《皆大欢喜》（*As You Like It*，年轻的未来明星特里维廉在后台演奏了双簧管）受到了类似的、有条有理的斥责。[32]燕卜荪现在是已经签约的英国文学专业的学生，要保卫莎翁免遭他人伤害：

> 我几乎不能解释我对这一点的感受，所以我仅仅想说一说我的感受是什么。我感到非常沮丧，回家之后，花了一些时间翻阅剧本，看了看我是否

能找到那些肯定被砍掉的、唯美的内容。但是没有，删节非常有策略，主要涉及到那些自我支撑的辩证逻辑，它们是伊丽莎白时期人们对待诗歌的态度的重要组成部分。为什么在节日剧场观看莎士比亚和博蒙特（Beaumont）就像听到你的情书在离婚法庭上被念出来一样？你深切地感到你过去多么缺少判断力，一切都可能是出自詹姆斯·巴里（James Barrie）爵士之手。

一部分原因是其内脏被切除了（我坚持相信这是一部真正的好戏剧）；观者应该会感到，他们这样嬉闹真够大胆；自然并不真正友善，保姆也不真正沉默……戏剧诗行持续地集中于物体、食物和利剑之上。我不能悟出出品人在删除这些内容之时心里想的到底是什么？肯定对诗歌没有理解……节日剧场的把戏能够产生什么样的阉割效果，让人感到惊奇。

另一部分原因是没有人把它当成诗歌一样去念。［艾伦·惠特利（Alan Wheatley）几乎是一个例外。］事实上，他们的确没有把它当成上一个世纪写的诗歌一样去念，人们应该对此心存感激。但由于一周前我刚听了罗珀科娃（Lopokova）夫人［梅纳德·凯恩斯（Maynard Keynes）夫人］朗诵莎士比亚，我的耳朵仍然期待着听到他朗诵时既把它当成诗歌，也认为其意义很重要。[33]

另一方面，他也欢迎那些值得称赞的创新。他认为尤金·奥尼尔（Eugene O'Neill）的《毛猿》（*The Hairy Ape*）是一部充满了力量和智慧的戏剧。这部作品的价值并不在于它的政治正确性——"代表工人阶级抗议现有的社会结构"（虽然它在这方面取得了巨大成就："这是我所知道的唯一一部戏剧，其中一名工人阶级的共产党人在滔滔不绝地演讲，但并不显得浅薄和难堪"），而在于它"体现了一个核心的概念，从多重视角展示它，使人感到它正在思考真实世界的事情"。[34]他从来没有给予过比这更高的赞扬；这是最伟大的文学所取得的成就，也是与之匹配的最优秀的批评文字。

他的书评文章中最强烈地反映出来的（绝大多数是1927—1928年他任《格兰塔》的"舵手"或编辑时所写）是一种信仰，即想象力拥有同情的力量，它具有包容不同、陌生和新奇事物的能力。一部作品最使他失望的莫过于不能够使用必要的想象。例如，在对E. M.福斯特的演讲集《小说面面观》（*Aspects of the Novel*）及其优点给予应有的赞扬之后（包括其风格上的成就，被敏锐地描述为"像一小块软奶酪，细想起来，肯定被掺入了白兰地"），他不得不对福斯特批评思想的局限性坚定地表示了遗憾：

　　努力将所有态度都包括进来，不管成功与否；努力将现代心灵的所有工具都使用于一个给定的情景，不管多么不相干或无关联，这样的做法在实践中都显得太牵强、太玄虚。[35]

　　这些文字写于1927年10月，那时燕卜荪刚刚进入数学专业的最后一年，它们相当于一篇激进的宣言，预示了他在《复义七型》中将从事的那种文学批评实践——也预示了他很快就将开始发表的那种诗歌。因此，他对理查德·丘奇（Richard Church）的珍贵的诗歌集《过度的情绪》（Mood without Measure）作出的如下评论并不令人吃惊："普赛克（Psyche）在那里，没问题，她绕着她的饰针移动……我不得不对这个敏感的、异常审美性的心灵充满崇敬；丘奇先生的精致和完善没有白费，但是我真的感到一个诗人必须更加确定他言之有物。"[36]

　　他对抒情诗没有异议，相反，他对之充满了热爱。举一个明显的例子，他认为亨伯特·沃尔夫（Humbert Wolfe）［《岁月残留》（Others Abide）］和亚瑟·韦利（Arthur Waley）［《来自中国的诗》（Poems from the Chinese）］的翻译水平"相当高。沃尔夫和韦利先生……拿出的诗歌，以其富饶和精致的内容，在目前这个并不抒情的时代占有相当高的地位"[37]。正是那些冒充优雅的诗歌让他感到不安。因此，他在一篇关于G. K.切斯特顿（G. K. Chesterton）的《布朗神父的秘密》（The Secret of Father Brown）的评论文章中说：在暂时缺乏抒情冲动的现代，"我希望有更多的诗人去写侦探小说，但是他们可能获得的抒情效果或者表达的生活观，很难超过该书"[38]。

　　不管题材是什么，想象力都极端重要：它可以拓展读者的力量。温德姆·刘易斯在《狂野的身体》（The Wild Body）中所写的故事"满足了我们对异邦的情感模式所具有的强烈的、批评性的好奇心，以及我们对自我以外的各种体系产生同情心的需求"。这话说得很美；同样很美的是燕卜荪用来说服学生读者认同刘易斯的故事的理由——"虽然他是一个神经质的自我主义者，虽然他写的那些关于他在交谈中斥责某些残缺心灵的故事读起来很痛苦"。他所拥有的品性是艾略特说马洛所拥有的品性，他令人振奋地描写了那些坚定、能干的人，具有特征显著的行事习惯，完全不像他自己。"但是这篇评论的真正伟大之处在于这下一句话："它给予一种勇气，使你感到更有能力，即使这些人物只存在于你的想象中。"[39]

他对科学家也持有同样的期待。在《白蚁的生活》（*The Life of the White Ant*）一书中，燕卜荪敏锐地评论道，莫里斯·梅特林克（Maurice Maeterlinck）"承担起了一个艺术家的重要的、高尚的、新的功能，即消化科学家的发现，以情感可及的方式表现出来"——这个具体说法其实最适合描述燕卜荪自己的诗歌作品。然而，尽管梅特林克先生搜集了"许多奇异的数据"，他没有履行其最高职责："该著作缺乏在想象力方面作出的更急切的努力。比如，它们〔白蚁〕对它们的世界如此确信，并且能够以如此细腻的方式进行交流，在这样的情况下，想知道失明对它们是否非常可悲，是没有意义的。蚂蚁的生活，正如他所理解的那样，是生动而无法缓解的恐怖所构成的生活……很难想象蚂蚁会认同这一点。"[40]（同样，燕卜荪认为，将所有历史处理为当代历史，是一个显得很愚蠢的谬误："不把一个时期、一个思想体系想象为一个整体，就是不给予平常人历史的望远镜，实际上不这样做才是生动和富有想象力的。"）

作为一个对科学有浓厚兴趣的数学家，燕卜荪自然很善于解决杂烩一般的假科学问题。在仔细研究心理分析学家阿尔弗雷德·阿德勒（Alfred Adler）的著作之后〔阿德勒著有里程碑般的、尽管题目有点令人不安的论文《器官缺陷》（'The Inferiority of Organs'）〕，他从中获得灵感写下了这篇评论，其开头对弗洛伊德进行了公正而朴实的赞扬，否则评论可能充满了敌意：

> 弗洛伊德教授详尽阐述了理论，并与他正在治疗的特殊神经病症状进行了对接，然后说，虽然那不是整个问题所在，这些程序也许在一般人的心理中起到了很大作用。不能因为他满脑子都是性问题就说他肯定错了，这毫无意义；你还可以说，管道工肯定错了，因为他满脑子都是铅制水管；他可能不知道家具的价格，但他肯定有能力知道水管往哪里连接，尽管他会说真正现代化的家庭中水管到处都是，有些美国家庭完全被管道所占据。他有他发现探索的方法，任何人都可以看到这些方法，你可以带着

通常人阅读小说的巨大快乐，骑着自己的小马，参与这次寻找。

至于菲利普·迈雷（Philippe Mairet）企图从阿德勒的著作中推断出有用的观点，燕卜荪认为阿德勒除了"粗糙的布道文"没有写出任何东西。

> 一篇诚实的布道文的观点和结论都是基于对什么是善的认识，基于自称知道什么是真。你从心理学中"汲取"的善恶观，与从管道工那里汲取的差不多；阿德勒教授也没有企图这样做，他只是从身边的关于善的体面观点中信手拈来了一些，从科学的祭坛上偷了点火种，然后传递了下来。
>
> 弗洛伊德的观点也许都是废话，但是如果它们是真的，那么它们就是对人类知识的扩充。阿德勒教授所持的观点……称它们为"科学"简直就是混淆是非。[41]

R. J. S. 麦克道尔（R. J. S. M'Dowell）编辑的一本题为《心灵》（Mind）的论文集得到了以下缺乏耐心的、轻率的、开篇评论："科学家花了很多时间，毫无辨别力地讨论他们是不是唯物主义者。他们一个接一个地、笨拙地（肚皮朝下）跳入哲学的海洋，说心灵和物质本质上是统一的；或者不管怎样，大部分是。这仅仅具有历史价值。"但是后来，燕卜荪放弃使用聪明的比喻，转而提出建设性的观点（这是一个本能上很专业的评论家的标志，他知道必须首先给予读者快乐，然后再让他们思考他阐述的主题）。

> 人们所提出的关于主客体关系的任何简单化的设想都会立即导致无限的倒退；因此人们知道这个关系不是通常的关系。至今为止所提出的唯一比喻是数学极限；它很神秘；但是没有必要对它感到绝望，可以列举它的主要性质，知道它们会产生什么样的变化。如果科学家在工作中碰到这个问题，他们将很好地面对它。就目前情况看，他们使用了平静而压抑的大棒进行猛烈攻击。[42]

同样，认同基督教思想的任何著作都肯定会遭到这个大胆的评论者毫不留情的驳斥。当H. G. 伍德（H. G. Wood）试图批评伯特兰·罗素不是基督徒时，燕卜荪费了很大的工夫去赞扬罗素，他称之为罗素的"英国式思维"——能够"只在有趣的地方才变得思维细腻"，并且"在其他地方不被粗糙内容所刺痛"；他的著作精致优雅，而且不落冗词缀语的窠臼。只要不是傻瓜都不会低估罗素思想的深度。燕卜荪给出了一剂同样的科学逻辑来碾碎错误的观点：

> 当伍德先生不沉溺于随便且自作聪明的责骂，他坦然地承认对此感到耻辱……他［常常］称两难困惑为无足轻重，尽管里边蕴藏了很多问题。例如，在用第一动因说明上帝存在这一观点上，以及在善是否是上帝创造的关键性问题上（如果是，那么善对上帝就不是绝对的，或者是独立于他的，并且他就不是善的），伍德先生受到罗素先生的谈话风格引诱，混淆了时间上在先与逻辑上在先的问题，然后抱怨其思想肤浅。[43]

基督徒的不恰当的傲慢让他感到恼火。在回应C. E. 雷文（C. E. Raven）撰写的题为《宗教的追求》（*The Quest of Religion*）一书时，他对一个大胆改变宗教信仰者的自以为是的姿态进行了盘问："是否需要卡农·雷文就耶稣的终极目的的问题去对一个澳大利亚土著人或一个人类学研究生进行说教？我想，他会默默地避免对一个火星人做这样的事情（当然，罗马教廷不会有这样的困惑，火星人的罪与罚只能依靠那个火星人，直到教会在神的层面上给予他们会员资格）……耶稣本人……对于这个极端脆弱的教条有多么重要？"对于基督徒来说，回避其宗教的残忍性似乎是一个令人恶心的必要。甚至桑顿·怀尔德（Thornton Wilder）在思路清晰的寓言《圣路易斯雷的桥》（*The Bridge of San Luis Rey*）一书中都不得不采用这样的策略——该书讲述了"自然的残酷与上帝的关爱在作者心中的冲突"。"当怀尔德先生严肃对待其话题时，他显得很壮观，"燕卜荪公正地写道："然而他却不断地开拓他的风格，以便从话题中逃脱出来，进入异想天开的境地。"[44]［哈罗德·阿克顿（Harold Acton）此时也出版了一部寓言，但这部寓言简直没有任何东西可言，只有风格；又一次，燕卜荪没有回避说这样的话："我承认我能够读完《科尼利安》（*Cornelian*），但它的内容非常枯燥。它综合了西特韦尔夫妇和90年代最可悲的特征，综合了咆哮和势利。没有任何独具匠心之处。"］[45]关于奥尔德斯·赫胥黎的论文集《正确的学习》（*Proper Studies*，他非常欣赏他"关于同性恋痛苦的快节奏小说"），燕卜荪哀叹道："是他的假天主教偏见使他把事情过于简单化了，这些事情仅仅适合从两方面作适当程度的重述；正如神经病学专家是牧师的替身这样的话显示出牧师不在场；这样的专家显然做了牧师工作的一小部分，并做得更好，唯一的问题是你作为专家应该专到什么程度才好，这个问题反而没有讨论。"[46]

燕卜荪"对多种视角的敏感深化了他的人性，并使他的批评手法变得非常细腻"。约翰·凯里（John Carey）对燕卜荪批评著作中表现出的人性与思想宽度的描述非常敏锐。这个批评特征并非是他偶然获得的，因为燕卜荪在大学二年级就已经为之设计了一个有意识的实施计划。并不令人吃惊的是，他在1927年10月撰写的那篇关于福斯特《小说面面观》的书评中所阐述的新批评目标，与约翰·凯里在后期作品中发现的策略和特征几乎完全一致。关键是要"努力将所有可能的态度都包括进来，不管成功与否；努力将现代心灵的所有工具使用于一个给定的场景，不管多么不相干或无关联……"[47]

可以说，在燕卜荪起草那份令他陶醉的、雄心勃勃的纲要之后六个月，在评论紫式部（Lady Murasaki）的经典小说《蓝裤》①（*Blue Trousers*，亚瑟·韦利翻译）的一篇书评中，他作为一个批评家成熟了。小说丰富的喜剧情节以及它的"建筑结构感"，激发他以精湛的批评行动重现了小说的成功品质：这是到此为止他在剑桥大学所写的最完整的一篇书评，里边有众多的思想洞见。这篇书评完全是燕卜荪风格，值得长篇转引，从杂乱的第二段（整段是三百词的一句话）一直到结束。

　　批评家沉湎于无限多的最高级词语，可能被一些偶然特征引入了歧途，比如浪漫幻想得到了满足的主人公俊美无比，其魅力（我们被告知）世界上从未见过，散发着皇家的芬芳（其家庭的特权），拥有四百平方英尺的皇宫，已经失传的精巧技艺装点着巨大的花园，精致粉饰的、玉石砌成的无数通道，数不过来的妃子贵人，她们每一位出行时，即使尽量不张扬也会驾驶着二十辆马车（骑马侍从的数量却非常少），若干神秘的、引起愧疚的秘密，如皇帝的身世，吟诗作画的无数细节；比如那种华兹华斯式（Wordsworthian）的简单真实，以此将所有《黑暗门徒》（*Vathek*）般的细节呈现出来，没有它，即使是出自如此高贵的作者，也会显得太粗糙，无法令人满意；比如不断被激起的好奇心，想知道风俗习惯究竟如何，它们如何运作，这些机智、富有教养的女性完全被与世隔绝，知道这一点后产生的惊讶，想了解源氏的治国方略，以及常常暗示出来的劳资矛盾的性质，要做到这一点的难度；比如那种复杂的感觉，一方面我们的文明在这些极度雅致的层面感到自愧弗如，另一方面与这些如此"离奇"、花哨和喋喋不休的民族相比，讲究实际的西方人又有优越感，当源氏（填补空缺）发表种种演说时，讲桃花或小说创作，讲社会性爱情诗歌的局限，作出的批评如此自然像我们自己的批评，此时，我们又被震惊，从那种复杂的感觉中退缩，与源氏形成一种幻想的认同；比如所有人物的谈话是如此具有现代意识；读者不断地在想，"韦利肯定编造了这些内容"，然后发现它们偶然可以融入下一个段落。

也许正是诸如此类的因素，被强加于小说的原作，使阅读它的经历是一种持续的快乐，使它如此可能地被过高评价。但是在这部作品中有三四个喜剧情景；关于源氏、他年轻的新婚夫人和他的贵妃之间的喜剧（听起来是多么粗俗的闹剧）；关于忠实的、现已告老还乡的恋人夕雾（Yugiri）的喜剧；关于玉鬘（Tamakatsura）婚事的喜剧，一个可悲的意外事件使她没能进入宫廷；在每一个情景中，读者都为文笔的细腻而感到眼花缭乱，每一个从句，每一个无声无息的细节，都给予了对话以新的纠结，并在这些总那么迷人的人物关系中强加了一个新的结构。这里没有什么异域风情，这是西方小说一直在不断实践的东西，但在这里它达到了一个极佳的水平。[48]

詹姆斯·詹森敏锐地指出，"这不是非常明显的燕卜荪式的分析，也许唯一的原因就是它没有涉及抒情诗中的特殊词语和短语的所谓的'偶然特征'，而涉及的是更加广阔的小说结构因素——背景、人物刻画、语气——所产生的类似特征。然而，其基本技巧可以被充分识别：在一个句子的整体内（以上转引的第一段），他列举了小说吸引力的五个主要来源（浪漫幻想的满足，华兹华斯式的语气，文化上的异域风情，优越感和自卑感的张力，精于世故的对话），在每一个来源下面聚集了不同的、解释性的抽样例证，目的是用一种密集的形式重现整部小说的实际感觉肌质。"[49]也就是说，他从不同的视角来看这部小说，使人感觉到现实世界的东西正在被思考。

然而，也许最令人吃惊的是，燕卜荪在写下这篇非凡的书评时，他还没有正式开始学习英国文学专业：离参加数学荣誉学位考试第二部分（弗兰克·拉姆齐是他的考官之一）仅有一周时间。也许他结果只得到了第二等成绩（高级第二等），不是第一等，并不奇怪。[50]这一次也没有任何奖励。

1. 'Hermetically Shelled', *The Granta*, 17 February 1928, p. 285. 他在写《双重情节》时又重复了这个玩笑："一部文艺作品是一件由艺术家判断的事情，然而又是一件灵感的事情，其意义可能超出了他知道的范围——正如一个数学公式超出他的知识范围一样。"（*Pastoral*, 68.）

2. *Cambridge University Reporter*, 11 August 1926, p. 1357.

3. 燕卜荪的朋友马克·哈特兰·托马斯因古典学优异成绩获得了同样的学院奖励，但是P. H.维拉科特（P. H. Vellacott）超过了所有人，获得古典学吉尔奖：100英镑。

4. 节目单上的第三出戏剧是桑代克（Russell Thorndike）和阿克尔（Reginald Arkell）创作的《庞奇先生的悲剧》（*The Tragedy of Mr Punch*）。

5. Interview with Basil Wright, April 1983.（汉弗莱·特里维廉读了《龙》的手稿后，大力推荐该剧上演。）赖特认为燕卜荪的剧本"令人吃惊地富有挑衅性、有趣、出人意料；它当然引起了轰动"。

6. 'Birth at the A. D. C.', *The Granta*, 11 February 1927, p. 238.

7. Guy Naylor, 'A. D. C. Nursery Productions', *Cambridge Review*, 11 February 1927, p. 250.

8. John Ruskin, *Sesame and Lilies*, London: George Allen, 1893, 90–91, 109, 113, 117–118, 119, 123.

9. 'Jacobean Sodomy', a letter to the *London Review of Books*, 5/16 (1983), p. 4.

10. See John Paul Russo, *I. A. Richards: His Life and Work*, London: Routledge, 1989, 127–129.

11. 在一篇没有日期的日记中，燕卜荪写了这一则扭曲的自我评判："彼得·杰克（Peter Jack）今天告诉我，我的表演不适宜，在马洛协会（Marlowe Society）的喋喋不休的业余交谈中，我的专业准确性被动摇了。想象一下编造那样的事情到处跟人说，听到这样的事情发生在他人身上时那种沉沦的感觉，我多么高兴，即使它是如此可笑的奉承。当然作为社交手段，很精致，没有得到重视。"

12. Interview with Basil Wright, April 1983.

13. James Jensen, 'Some Ambiguous Preliminaries: Empson in "The Granta"', *Criticism*, 8 (Fall 1966), 350.

14. See Christopher Ricks, 'Empson's *Granta*', *The Granta* (Easter term, 1978).

15. 'Cinema Notes', *The Granta*, 14 October 1927, p. 18; in *EG* 72.

16. 'The Circus', *Cambridge Review*, 4 May 1928, p. 396.

17. 'The King of Kings', *Cambridge Review*, 19 October 1928, p. 34.

18. Martin Dodsworth, 'Empson at Cambridge', *The Review*, 6 & 7 (June 1963), 5.

19. *Pastoral*, 30–31.

20. 'The Magic Flame', *Cambridge Review*, 19 October 1928, p. 33.

21. *Pastoral*, 42–43.

22. Ibid., 80.

23. 比较他在评论萧伯纳《伤心之家》（*Heartbreak House*）的文章中使用这个术语的方法："讽刺的关键……在于战争对背井离乡的知识分子产生的影响……"（*The Granta*, 19 October 1928, p. 42.）

24. *The Granta*, 4 November 1927, p. 84; *EG* 72–73.

25. 'Berlin', *Cambridge Review*, 27 April 1928, p. 375.

26. 'Correspondence', *Cambridge Review*, 11 May 1928, pp. 412–413.

27. 'Puff Puff Puff', *The Granta*, 27 April 1928, p. 375; *EG* 50.

28. Untitled review of *Diversion* by John Van Druten, *Cambridge Review*, 8 March 1929, p. 355.

29. 'The Festival Theatre', *Cambridge Review*, 25 May 1928, p. 452.

30. Julian Trevelyan, *Indigo Days*, London: MacGibbon & Kee, 1957, 19.

31. *The Granta*, 8 June 1928, p. 515; *EG* 79.

32. 燕卜荪对特伦斯·格雷的节日剧场政策展开了一种持续的抗争；正如他在另处写道："当然，格雷先生想要评论界谈论排演，而不是文学形式。"（*The Granta*, 19 October 1928, p. 42; *EG* 81.）

33. *The Granta*, 16 November 1928, p. 120; *EG* 86–87.

34. 'The Moke from his Stall', *The Granta*, 30 November 1928, p. 197; *EG* 89–91.

35. 'Forster-Mother', *The Granta*, 28 October 1927, p. 61; *EG* 21–22.

36. 'Worried Butterfly', *The Granta*, 28 October 1927; *EG* 22.

37. 'Others Supplied', *The Granta*, 4 November 1927, p. 89; *EG* 24.

38. 'Strained Glass', *The Granta*, 11 November 1927, p. 105; *EG* 27.

39. 'Where the Body is...', *The Granta*, 2 December 1927, p. 193; *EG* 31–32.

40. 'The Missing Meta-Link', *The Granta*, 4 November 1927, p. 89; *EG* 23–24.

41. 'Little Mairet', *The Granta*, 8 June 1928, pp. 519–520; *EG* 61–62.

42. 'Mind the Step', 2 December 1927; *EG* 32–33.

43. 'Skipper's Guide', *The Granta*, 1 June 1928, p. 481; *EG* 60.

44. 'Pontifical Death', *The Granta*, 9 March 1928, p. 339; *EG* 44.

45. 'Dorian Greyer', *The Granta*, 9 March 1928, p. 339; *EG* 44.

46. 'More Barren Leaves', *The Granta*, 18 November 1927, p. 123; *EG* 27.

47. 'Forster-Mother', *The Granta*, 28 October 1927, p. 61; *EG* 21–22.

48. 'Baby Austin', *The Granta*, 11 May 1928, p. 419; *EG* 54–55.

49. Jensen, 'Some Ambiguous Preliminaries: Empson in "The Granta"', 360.

50. *Cambridge University Reporter*, 16 June 1928, p. 1134.

译者注

① 即《源氏物语》第四部分。

第七章

"他的在场迷住了我们所有人"：
《实验》杂志圈

　　"比尔·燕卜荪对《实验》（*Experiment*）杂志的态度非常认真，"《剑桥长袍人》（*Cambridge Gownsman*，本科生期刊，此时的编辑是一位很诚恳而且显然很明智的玛德林学院学生）于1928年10月写道。[1]

　　燕卜荪于1928年夏天出版的诗歌为他赢得了很大的名声——这些诗歌包括《致一位老夫人》、《访问朱诺的邀请》（'Invitation to Juno'）、《相对论》['Relativity'，后来重新命名为《世界的尽头》（'The World's End'）]和《居民》[（'Inhabitants'，后来名为《行动中的价值》（'Value is in Activity'）]——也许不可避免，在他开始正式学习英语专业时，他参与了一份文学杂志的创刊活动。1928年11月创立《实验》杂志的那个志同道合的大学生小圈子包括雅各布·布鲁诺夫斯基（Jacob Bronowski，1927年也是作为数学专业学生来到耶稣学院）、汉弗莱·詹宁斯[画家、诗人、设计师，在彭布罗克学院（Pembroke）学习英语专业]、休·赛克斯·戴维斯[Hugh Sykes Davies，圣约翰学院（St John's）学生]，以及恩尼斯莫尔（Ennismore）子爵，一个忧郁的、永远穿黑色服装的人物，喜欢人们用他的家族名字威廉·黑尔（William Hare）称呼他[未来的利斯托韦尔伯爵（Earl of Listowel），工党政府的最后一名印度和缅甸事务大臣（Secretary of State for India and Burma），加纳总督（Governor-General of Ghana）]。虽然"朴素的黑尔先生"常常在他的玛德林学院的房间里举行会议，并且事实上资助了杂志的出版，但是他如此沉迷于工党的政治与哲学，[2]以至于《实验》杂志繁重的编辑工作就落到了布鲁诺夫斯基和燕卜荪身上——实际上，更多地落到布鲁诺夫斯基而不是燕卜荪身上。然而，另一名数学专业学生马克斯·布莱克

（Max Black，在女王学院学习数学），未来的康奈尔大学（Cornell University）哲学与人文学教授，后成为经济管理高管，是他经过许多争论后设计了杂志的题目。米沙·布莱克（Misha Black，除了他哥哥的缘故，几乎与剑桥大学没有关系，后来因工业设计方面的巨大贡献而被封为爵士）使用盛气凌人的、绿色和黑色的现代主义几何图案设计了杂志封面；[3] 杂志的创刊得到了《格兰塔》首页的"赞美诗"的欢呼。

> 欢呼你，《实验》杂志！
> 我们为你鼓掌，你来自上天；
> 五只虔诚的手把你传递——
> 无名无姓，没有露面。[4]

《实验》杂志，如它的题目所示，致力于宣传现代主义的实验活动。正如创刊号中的一篇口气调侃的编者按（我们可以怀疑它出自燕卜荪之手）宣称，它的出版方针是"只去采摘所有还不太成熟的艺术、科学和哲学果实"。如果剑桥大学，正如燕卜荪暗示的，患有"神经焦虑症"，那么《实验》杂志将寻求揭露其众多的症状。在这个过程中，这份激情浩荡的小杂志将在四年中共出版七期，最后一期于1931年5月出版（燕卜荪仅仅负责编辑了前三期）。它在很大程度上达到了它的目标，出版了各种各样的诗歌、评论、小说、人物特写、改编、翻译、卡蒂埃-布里森（Cartier-Bresson）的摄影、布拉克和恩斯特（Braque and Ernst）的绘画，以及内容从生物化学到艺术和舞台设计的文章。每一种文类和媒介，只要新颖和充满活力（回想起来很少有可以被称为"假冒"的材料），都会出现在它的范围之中——布鲁诺夫斯基甚至过分自信地拒绝了埃兹拉·庞德（Ezra Pound）提议的投稿。[5] 布鲁诺夫斯基后来收到了T. S. 艾略特和詹姆斯·乔伊斯的来信，恭喜他在编辑上的成就。《实验》杂志首发的作品选集，包括燕卜荪的作品，被尤金·乔拉斯（Eugene Jolas）再版，收录于声名显赫的小杂志《过渡》（transition，巴黎，1930）之中——但是T. H.怀特（T. H. White，虽然是作者）却抱怨道，《实验》"涵盖了一大批聪明而可悲的年轻绅士，他们的侃侃而谈都是旨在哗众取宠，这一点比90年代的任何思想群体都更加明显"[6]。杂志所发表的最令人振奋的文章之一是燕卜荪自己的文章，题目很谦逊:《W. H. 奥登的〈双方付账〉小议》（'A Note on W. H. Auden's *Paid on Both Sides*'，1931年春季）；由于在最后一期发表，因此它很恰当地总结了当代人在战后的变化和压力，以及在个人和政治层面上对和谐、重心和目的不懈地追求：

> 该戏剧是关于意志的自相矛盾，关于试图完全改变一个正在运作的体系所涉及到的各种问题……
>
> 这个计划给人印象如此深刻的原因是，它将心理分析和超现实主义等，以及作为当今思想体系的重要组成部分的所有非理性主义倾向，都放入了它们的恰当位置；它们成了正常的、理性的、悲剧形式的组成部分，以及构成这个悲剧现状的原因。人们感觉到仿佛在许多也许更大的悲剧危机背后，正是这个体系被暗中使用了。在它的范围内（共27页），存在着我们所拥有的思考这个问题的所有方式。它有一种完整性，使该作品似乎对一代人的态度作出了定义。[7]

像燕卜荪一样，雅各布·布鲁诺夫斯基（1908—1974）相信，"学习科学像呼吸或写诗歌一样自然"[8]——虽然燕卜荪后来说，布鲁诺夫斯基"坚持学他的算术"是明智的。[9]布鲁诺夫斯基出生在波兰，1920年来到英国，不会说英语；他家住在伦敦东部的怀特查普尔（Whitechapel），他曾经在那里读书。七年以后，1927年秋天，他获得奖学金来到剑桥大学就读。燕卜荪当时在上数学专业的最后一年，他把这个新人介绍给了一个更大的文学圈子。比如，正是因为燕卜荪的提议，"布鲁诺"才在一天多的时间里匆匆浏览了乔伊斯的《尤利西斯》，以便能够去参加一个于1928年3月12日举行的闭门讨论会，燕卜荪在会上介绍了这本禁书。（1925年，F. R.利维斯被校长传召，去解释为什么在课堂上使用《尤利西斯》，从1922年12月开始该书就已经在英国被禁止[10]——虽然I. A.理查兹持续讲授乔伊斯而似乎没有受到任何处罚。）"我们的英雄包括詹姆斯·乔伊斯和D. H. 劳伦斯，"布鲁诺夫斯基多年后回忆道。"在詹姆斯·乔伊斯和D. H.劳伦斯的两个派别之间有很大的分歧，因为詹姆斯·乔伊斯派认为性是'神奇的但也是私密的'，而D. H.劳伦斯派则认为性是'很好的但也是公开的'。"[11]燕卜荪毫无困难地说服他加入了乔伊斯派——至少加入了一段时间。

虽然比燕卜荪年少，但聪明、自负的布鲁诺夫斯基很快就与思想先锋派的领袖勾搭上了；正如朱利安·特里维廉后来回忆道，他是一个"异常活跃的小矮子，快乐地为我们安排着生活，为了他我们都准备着誓死效劳"[12]。布鲁诺夫斯基是一个矮小、其貌不扬的人，硬硬的黑发挺立着，明智地得到了另一个熟人德斯蒙德·李的喜爱，后者天生有一副好模样——蓝眼睛，金黄头发，他夸布鲁诺夫斯基说："他的模样儿会害他。"他还说燕卜荪："他与我相比不是一个更好的数学家，而是一个更好的诗人。"这最后一句话是1973年在一个广播电台中说的；然而四十五年前，人们可以怀疑，年轻的、争抢注意力的布鲁诺夫斯基感到有一点嫉妒，因为那时他对他的编辑搭档的诗歌所作的唯一有记录的评价是这样一句话，最多是模棱两可、最少也是贬损的话（来自《大学里的诗歌》（'Poetry at the Universities'）一文）："燕卜荪先生获得了数的现代定义原则上的思维直接性，用总和代替了本质。"[13]〔阿利斯泰尔·库克（Alistair Cooke）在加入大学象棋俱乐部注册时遇到了布鲁诺夫斯基，后者用沙哑的声音问他，"你下古典象棋还是浪……浪漫象棋？"库克被这个问题搞懵了——他认为他仅仅下象棋——他再也没有在俱乐部出现过。[14]布鲁诺"很自负，在《实验》杂志之前和期间决意要表现出一派知识分子的气派，"库克后来回忆道；虽然他与布鲁诺夫斯基后来成为好友，发现了他的热情和喜欢表现的欢乐天性。其他人发现他吵吵嚷嚷而固执己见。〕

布鲁诺夫斯基和燕卜荪〔布鲁诺夫斯基已经在以两位编辑的名义说话，凯瑟琳·雷恩（Kathleen Raine）说道〕[15]很快就在编辑工作中互不相让，正如以下这件轶事所示。怀特——学习现代语言专业，身穿蓝色天鹅绒灯笼裤，已经在诗歌方面有了一定名气〔他已经出了一本小诗集《爱海伦》（Loved Helen）〕，但后来以《曾经和未来的国王》（The Once and Future King）著称——1928—1929年是《格兰塔》的"舵手"；他是布鲁诺夫斯基和伊恩·帕森斯的好朋友，但不是燕卜荪的朋友（这也说明了为什么燕卜荪在剑桥大学的最后一年只为《格兰塔》写过一篇评论）。不管怎样，在布鲁诺夫斯基向"蒂莫西"·怀特（'Timothy' White）出示了《实验》创刊号的校样时，

> 他突然被嫉妒所征服，决定一定要在杂志上出现。因此他给了我一首诗歌——我现在怀疑他是在我离开房间时匆匆而为之，但那时我很幼稚，

把它当成金子一样接受下来。他给我的诗长度正好可以填充某一页的空白。我兴奋地跑到燕卜荪那里，说："我们得到了一篇蒂莫西·怀特的诗歌。"燕卜荪并不太喜欢蒂莫西·怀特，因为那时他俩称得上是剑桥大学的两位有一定名气的诗人。因此燕卜荪看了一下诗歌，表现出某种玩世不恭的反感，那首关于驴子的诗歌有一行对驴子的功能进行了生物学方面的诽谤，称它们为"阉割的驴子"。燕卜荪略微带着他通常有的飘飘然的神态看了那首诗，然后说："阉割小白脸［画蛇添足］，你不这样想吗？阉割小白脸［画蛇添足］。"那就是我最喜欢的文学批评。[16]

"在异教社的第一次会议上，我出售了第一本（《实验》杂志），"布鲁诺夫斯基在四十四年后回忆道，"卖给罗斯·麦考利，甚至在那种年龄，她还是一个非凡的老妇人，看上去很像一只老鹤，说话声调也差不多。"[17]［像所有年轻人一样，布鲁诺夫斯基显然觉得他的长辈比实际年龄更大。罗斯·麦考利只有四十八岁，是新近出版的讽刺喜剧作品《保持颜面》（*Keeping Up Appearances*）的作者，书中尖刻地鞭挞了势利现象，燕卜荪发现这是一部痛苦的书。[18]］燕卜荪正式开始了英语专业的学习，并承担了异教社社长之职和《实验》杂志的编辑工作，麦考利是他的第一位演讲嘉宾。那个夏天的其他演讲人包括：雅各布·费思富尔（Jacob Faithful，是一本关于双性倾向的书籍的作者），题目为《心理学与宗教》（'Psychology and Religion'）；丹尼斯·阿伦德尔，题目为《生产》（'Producing'）；S. R.斯拉夫森，题目为《提高我们的教育水平》（'Raising our Educational Standards'）；安东尼·阿斯奎思（温切斯特学院的老校友），题目为《电影》（'Films'）。《格兰塔》给我们提供了关于燕卜荪任社长情况的唯一的一瞥——准备充分、焦急、紧张：

这个有趣的人每个星期天晚上都在保守党俱乐部出现［位于佩蒂·卡利（Petty Cury）的福尔肯（Falcon）院子］，只支付象征性的费用——我们不是说费用很少，而是没有真正付费——可以看出他在出场前精心打扮了一番，沉着脸出现在聚集起来的异教社成员面前；如果幸运，学生甚至可以捕捉到轻微的、愠怒的吱吱声，那就是他在问一个旨在激怒演讲者的问题。[19]

在《实验》杂志的全部编辑中，休·赛克斯·戴维斯是初出茅庐的新手。他刚刚获得古典学的奖学金来到圣约翰学院学习；在1930年的古典学荣誉学位考试第一部分考试中获得一等成绩后，休·赛克斯（人们就是这样称呼他的）又在1931年的英语专业荣誉学位考试第二部分考试中获得一等优异成绩，成为了杰布学生（Jebb Student）。他的《喜剧中的现实主义》（*Realism in the Drama*）获得了1933年的勒巴斯（Le Bas）论文奖。他在剑桥谈话协会［Cambridge Conversazione Society，又名"倡导者"（the Apostles）］做了两年会员——安东尼·布伦特（Anthony Blunt）和盖伊·伯吉斯（Guy Burgess）是同协会的成员和朋友——1937年他加入了共产党，以对西班牙内战作出回应（虽然他在第二次世界大战后退党）。1933年他成为圣约翰学院院士，三年后又被任命为英语专业大学讲师——并在这个职位上干了四十年。但是在1928年的米迦勒节学期（秋季），在《实验》杂志创刊之时，布鲁诺夫斯基和燕卜荪肯定是主要将他视为学徒。然而在燕卜荪被开除出剑桥大学后很长一段时间，他一直在做杂志的主编。"我们是主要的编辑……我们在某种意义上讲形成了一个圈子，"赛克斯·戴维斯后来回忆道。"但是在我们中间，比尔·燕卜荪无疑是一个天才。他是一个会被人们记住的人——我们在这一点上一直很正确。"[20]

在编辑三人帮中真正的第三人应该是汉弗莱·詹宁斯（彭布罗克学院学生）——他那时对制作电影的兴趣并不大，虽然他后来在该领域成名，但比不上他对绘画、（舞台布景的）透视画法和诗歌的兴趣。在1927年，他已经为丹尼斯·阿伦德尔的巨献珀塞尔（Purcell）的《亚瑟王》（*King Arthur*）——"剑桥演出的最难忘的音乐剧之一"[21]设计了布景；1928年，他为在英国首次公开演出的斯特拉文斯基（Stravinsky）的《士兵的故事》（*The Soldier's Tale*）设计了防空司令部（ADC）的布景，迈克尔·雷德格雷夫（Michael Redgrave）扮演士兵，莉迪亚·罗珀科娃（Lydia Lopokova）扮演公主，丹尼斯·阿伦德尔制作，鲍里斯·奥德（Boris Ord）指挥，邓肯·格兰特（Duncan Grant）设计服装。在实践中，詹宁斯对戏剧布景的设计更有激情［他为《实验》杂志第一期写了《设计与戏剧》（'Design and the Theatre'）］，而对办杂志的事务没有太多激情；因此他承担了比布鲁诺夫斯基和燕卜荪更少的编辑工作——虽然艺术方面的事务落到了他的身上，归他照料。

詹宁斯仅比燕卜荪小一岁，散发着超凡的魅力；他是一个风流倜傥的人，浓密的黄头发虽已梳理但不伏贴，一张瘦脸，一只高高的、肉鼓鼓的鼻子。像燕卜荪和后来的赛克斯·戴维斯一样，他读英语专业，后来他获得了一等成绩，附带特别荣誉。但是1929年10月，当他开始对托马斯·格雷（Thomas Gray）进行博士学位研究时，[22] 詹宁斯走出了当时被认为是非同寻常的一步：结婚。他的妻子西塞莉（Cicely）漂亮、恬静、厨艺很好；夫妻俩虽然不富裕，但生活很有情调。后来布鲁诺夫斯基回忆道，詹宁斯与多数学生不同，"他完全不是一个墨守成规的人；他是我所见过的最奇妙的怪人；他完全意识不到，他的一举一动都全然不合常理。"[23] 然而，使他的朋友着迷的是他有一种以博学和激情进行演说的诀窍；奇妙的知识世界似乎是由他唤起、在他的控制之下的。"他有一种举止，充满了我称之为非个性化的兴奋，"布鲁诺夫斯基敏锐地说道；"他总是在谈话中变得活跃起来，但是给他活力的是谈话，而不是人。"[24] 特里威廉也被他神奇的自信所折服："汉弗莱是具有大智慧的人；他啃下了无数书籍，作为一个辩证学家，他没有对手。他通过《艺术之页》（Cahiers d'Art）和各种讨论毕加索（Picasso）的书籍，给我们所有人介绍了当代法国绘画。他对艺术的'当代性'及其不断变化的价值都很敏感，'世界观'这个词我们当时用得很多……我记得汉弗莱长篇大论地谈论彼特拉克（Petrarch）的《凯旋》（Triumphs）、中国的哲学家庄子、工业革命和毕加索。"[25]〔在后来的岁月里，詹宁斯制作了几部具有开创性的纪录片，包括《伦敦能够接受它》（London Can Take It）、《听英国说》（Listen to Britain）和《蒂莫西日记》（A Diary for Timothy），最后一部的脚本由E. M.福斯特撰写。林赛·安德森（Lindsay Anderson）公正地将他描述为"英国电影界出现的唯一一位真正诗人"。但是他死得过早，享年四十二岁，在波罗斯（Poros）考察拍摄地点时从悬崖跌落。1985年由于《地狱之都》（Pandaemonium）的出版，他获得了迟到的名声，该书是一部策划多年的文集，涵盖两百年来描述机器时代的、惊人的和鼓舞人心的作品。[26]〕

燕卜荪很乐意让自己受到年轻的、诗狂般的詹宁斯的吸引，而且后来为他写了一篇实际上是自我剖析的回忆录，值得在这里长篇转引。1973年回首往事时，燕卜荪将詹宁斯的爱好之一与自己持续的反竞选活动联系在一起。

我希望能够记得更多汉弗莱·詹宁斯与我同在剑桥大学读本科英语专业时曾经说过的更多事情，因为其中一些甚至今天看来都是很有用的弹药；但是不管怎样我记得它们的主要倾向。这发生在20年代末期，刚好在自以为公正的低落情绪浪潮因"经济大萧条"而涌入"英国文学"之时。我几乎不需要补充说，由于其他灾难的不断出现，这个浪潮仍然没有退却。因此，那是些轻率和生气勃勃的谈话，虽然几乎全部都是关于16和17世纪的文学和艺术。他对其他人谈其他事情，但是在这个领域我们有共同的兴趣，我认为他会认同这样的理解，即这些谈话对于他的整个世界观非常重要。西方人那时还在解决文艺复兴的问题，你对这个问题的理解不得不出现在流行电影和抽象绘画中。文艺复兴从来没有发生过的观点也许已经被发明，但他会将它推到一边，认为仅仅是微不足道的，但又很典型的"文人背叛"。"凯旋，凯旋，全部是凯旋"——我实际上记得他在一次不间断的高谈阔论式的长篇演说中间，带着轻快的手势，说过那样的话。没过几年（这是他意外的、让人恼怒的死亡造成如此大伤害的诸多方面之一），傲慢是一切罪恶的源泉就成了"英国文学"的标准教条。努力学习任何知识或技能，比如如何擤鼻子，都显然是傲慢的一种糟糕案例；因此，每当你碰到一部文艺复兴时期的作品赞扬一个人的卓越能力时，你应该意识到，既然文艺复兴没有发生过，那么作者是在刻意讽刺，想让你将这个人送进地狱。戏剧《浮士德博士》实际上因这样极端险恶的谈话逻辑而被糟蹋了；学生们被迫去读一种被糟蹋的文本，意图在于满足那些想要折磨女巫的狂热分子，而他们被告知这就是马洛写的或者马洛安排他人所写的戏剧。汉弗莱绝不会容忍这样的东西，如果他在场的话。

没有必要否认，甚至在那时，我想不是所有文艺复兴时期的人在任何时候都能取得胜利，特别是因为他们的胜利都是相互针对的。彼特拉克的《凯旋》，这是他的基本文本，我认为有一种死亡战胜其他抽象物、最后被天堂战胜的结构，这给予这个系列一个使人安宁的和高贵的结尾。但是由于人是一种深刻的社会性动物，因此他的大多数经历都是"同情性的"；每一个人都会把所观察到的、他人的经历想象为自己的；因此凯旋的过程可以被拿出来，当作一个特定社会最具形成性的、最有意义的过程。这很容易成为一件糟糕的事情，文艺复兴时期的人物，当他们希望避免显得愚蠢和令人恼怒的进步时，似乎会刻意对他们的中世纪传统形成一种依赖，但是这并不妨碍两个时期的区别成为一种真实的区别。由于我们仍然接受文艺复兴时期的价值体系和认同体系，问题就在于如何能够在流行艺术里充分利用它，或者至少说能否避免那些可能发生的损害，或者是否存在操作的空间。这就是年轻的汉弗莱理解流行艺术的方式，我不知道从那以后有什么人有胆量这样做。

只有在一段时间里我跟他经常长时间见面，那就是马洛协会演出《西方倩女》（*Fair Maid of the West*）的时候。这个勇敢的女孩渡海来到美国，使那里的粗野居民有了更好的表现；我的印象是她建立了大英帝国，不管怎样，她的举止很像女王："伊丽莎白——这个名字代表美德！"汉弗莱就是这个倩女；我扮演了一个跑龙套的角色，不记得我说了什么台词没有，但没有哪个时刻是枯燥的。他个高而瘦长，我想就是人们所说的晾衣杆；没有谣传说他尝试了同性恋，然而朋友们觉得即使他尝试了，也没有必要隐藏。不管怎样，他在处理这个角色时缺乏性意识，这也是人们对这个倩女的期望，她更像是圣女贞德，而不是女王。但是他很有女王气派。当然，女性在当时被禁止做演员，因此他扮演这个角色并不完全是不同寻常之事；即使是这样，表演结果仍然有力而自然，这使我觉得无法解释。"不要散漫，汉弗莱，"制作人说道（谁会是这个制作人呢？一个年长之人，你觉得他们根本不存在）；这是一个非常时髦的词，通常是在未来的伯爵夫人第一次参加狩猎舞会时对她说的。通常他会站得很笔挺，直视着观众，或者对他们莞尔一笑；然后他会退缩回去，长长的脖子平伸出来，凝视着地板。我想，在不演戏、没人看到他时，他是否也常常这样做？该剧取得了很好的效果，但愿我的记忆没有那么反复无常。但我觉得我弄清了汉弗莱的性问题；这个角色适合他的原因是，虽然作为学生领袖他并不装腔作势，但他一点也不蛮横。他对"控制"或者"占有"他人一点也不感兴趣，更不要说恐吓或者贿赂他们——事实上，他根本不在意其他人的存在，除了把他们当成观众；但他能够很好地意识到自己是否赢得观众为自己投票。在某种意义上讲这是一个圣人的品质，我敢说是萧伯纳的朱利叶斯·凯撒（Julius Caesar）教我崇拜这种品质的，虽然我相信我那时没有想到这个关联。当然，女人像男人一样，也常常是蛮横的、有占有欲的，有的还能打仗，但是一个女人领导着一个武装起来的男人小组构成的委员会，她的地位使这个反差更加明显。显然，这个品质在平息文艺复兴时期人们对凯旋的感受方面起到了一定的作用，但有时凯旋仪式堕落到如此地步，以至于成为对失败军队的嘲笑……

　　他关于文艺复兴时期认同凯旋仪式的理论特别需要提供文献以文字形式呈现出来，以便能够发现里边有哪些漏洞需要填补，哪些地方它可能提供了负面建议，或者哪些地方可能成为救急的灵丹妙药。他很了解这一点，在这里我必须做一个痛苦的自白。他寄给我（那时我住在布卢姆斯伯里）一份很长的关于该理论的陈述；是我问他索取的，因为它可能对我写《复义》有帮助，也许我的确使用了它，虽然我不记得在哪里。在这个陈述的末尾，他显然是直接写下的，他随便补充道："你可以把它保存下来，因为我觉得我没有在任何其他地方写过这些。"我很抱歉我没有按他讲的那样做，但是他意外死亡的沉重打击是无法预料的，那时我相信他会很快写出更好的版本。仍然可以说，丢失这个稿子是一种背叛；如果我对他这样，我决不能责备我的朋友，如果他们背叛了我。[27]

　　事实上，燕卜荪并没有以这种方式背叛他的朋友；尽管他自己生活漂泊、不爱整理，他仍然保留了那封信。但是他认为詹宁斯将会把这个理论写成一个更充实、更协调的版本，这是一个错误。正如布鲁诺夫斯基后来说，詹宁斯"在读诗时总是太富有创造性，太细腻，思想太敏捷，以至于无法将他想说的所有东西——在谈话中所说的东西都写下来。"[28]在詹宁斯1950年去世时，艾略特回忆了"他非凡的活跃心智和交谈能力"；在之前较早的1934年4月3日，他比较了燕卜荪和詹宁斯的能力和作品之后，说后者"在我的印象中没有一颗接近燕卜荪那个等级的心灵，虽然也异常聪明"[29]。

　　其他聪明伶俐的作者很快与《实验》杂志的编辑们站到了一起。在1928年漫长的暑假，似乎是从天而降，一篇关于瓦莱里（Valéry）和霍普金斯的论文送达了燕卜荪的门前，其作者E. E.费尔——后来以学者批评家埃尔茜·邓肯-琼斯

（Elsie Duncan-Jones）而闻名——他以为是一个男性（"那时这样一个错误会给人快乐"——她后来这样说）。但是埃尔茜·伊丽莎白·费尔（Elsie Elizabeth Phare），纽纳姆学院学生（Newnhamite），与詹宁斯和T. H.怀特相识，曾经上过腼腆、"瘦弱、飘渺"、雪莱一般的利维斯博士的重要课程；[30]她在那个夏天的英语荣誉学位考试中成绩异常突出，在第一部分获得了特别荣誉奖。［另一位纽纳姆学院学生Q. D.罗思（Q. D. Roth，外号女王），在来年将变成F. R.利维斯夫人，在第二部分考试中获得特别荣誉奖；同时获奖的还有L. C.奈特（L. C. Knight），他将在谢菲尔德大学任英国文学讲座教授，是燕卜荪的前任］。理查兹为才华横溢的E. E.费尔写了一封推荐信，开头写道："费尔小姐在英语荣誉学位考试中获得的成绩是一个女生或男生迄今为止所获得的最杰出的成绩"；同样，利维斯博士这样告诉她的导师："费尔小姐将获得任何她想要的东西。"明娜·斯蒂尔·史密斯（Minna Steele Smith，纽纳姆学院导师），戴着厚厚的眼镜，头发看上去像羊毛，拥抱了费尔小姐，高兴地叫道，"你是一个多么快乐的人！"在第二部分考试中，E. E. 费尔获得了荣誉奖，同时获奖的还有詹宁斯、罗纳德·博特拉尔（Ronald Bottrall）、G. W.罗塞蒂（G. W. Rossetti）和T. H.怀特（他也许把她当作了"闪电导体"，她告诉我，因为他不愿意承认自己是同性恋）。[31]她是获得英语诗歌校长奖章（Chancellor's Medal for English Verse）的第一个女性。

然而在她最后一学年的开始，埃尔茜因批评论文能够被——"受到我们所有人仰慕的"——威廉·燕卜荪接受，并发表在《实验》的第一期而感到非常高兴，燕卜荪也表扬她"在纽纳姆学院销售了三十本杂志（该学院学生非常忠诚）。有一次他到学院宿舍来看我，耐心地解释他的诗歌……在那个'小圈子'里的所有人，正如我的导师不太赞同地称它那样，都感到了'比尔'的杰出地位。我清楚地记得在一个灰暗的下午——我们肯定已经不是本科生了，因为这是在《复义七型》出版之后——汉弗莱懒散地靠在壁炉的烟道旁，也许是在彭布罗克学院，表达了一种总体的不满，然后他以重重的语气说，'我希望比尔再写一本书'。"至于她自己，即使在她对他有了更多了解之后，仍然视燕卜荪为"天然的畸形"——沉迷于"梳子和奶油"房间。［在来年，他会对她撰写的关于安德鲁·马韦尔的著作，以及她个人的慷慨大方表达谢意。］

《实验》杂志的作者名单中有一位后来者，即获得这个殊荣的第二位女性，是凯瑟琳·雷恩（她在格顿学院读自然科学专业），朱利安·特里维廉称她"像花一样娇小而美丽"[32]，而且有敏锐至极的智力。从小的教养使她视诗歌为灵魂的宣泄——虽然她很好地意识到剑桥大学的文化氛围最近已被重构，成为她所说的"布卢姆斯伯里人文主义、弗洛伊德主义（Freudianism）、维特根斯坦和罗素的实证主义、行为主义、马克思主义（Marxism）、意象主义（Imagism）构成的宣传媒介"[33]——她仍然被燕卜荪《露营》（'Camping Out'）一诗的现代意识所震惊，诗歌发表在《实验》的第二期（1929年2月）。这首诗里的爱在何处？她问自己。呃，正如她后来注释该诗时写道，"你可以说，性（或爱）的偶然性，以及由此产生的焦虑是他的主题。当所爱的人不过是98%的水构成的化合物的表面张力和黏性［当时的一本教科书甚至称坎特伯雷大主教（Archbishop of Canterbury）都是由这些构成的；这样当然他的信仰也差不多相同——而为什么马克思和伯特兰·罗素不一样呢？］，灵魂为之叹息的也不过如此。"[34] 1929年，她不能理解诗歌还能够思考这样的实质性问题；尽管如此，雷恩还是将她写的一些诗歌的稿子投给了《实验》杂志那位令人敬畏的诗人和编辑，并且很高兴受邀共进午餐。

　　当我第一次见到威廉·燕卜荪，他住在位于玛德林学院第一围院的房间里，躺靠在窗台上。我记得他给我的印象——也是给所有人的印象——是积蓄起来的大脑能量，像一堆火焰，其外部形状没有变化，但它的内部却在某种温度下不断进行更新，在这种温度下只有思想的火怪才能生存。这种永恒的、自我消耗的脑力活动在人们的印象中形成了一种震撼；不是有意识或有意图引人注意，因为燕卜荪任何时候都是他自己。威廉从窗台上跳下来，从窗盒里取出学院送的午餐，放在那里可以保冷（或保温）。我好像记得还有一个客人；但是与任何人在一起威廉都是那个被人记住的人。我想"比尔"绝没有那种想要出人头地、领导、控制、卷入或者施展权威的欲望；相反在任何时候，他都显得温和、非个人化、毫不在意他给人的印象，以至于到心不在焉的地步。但是他的在场会让我们所有人着迷。他匀称的头，他俊俏的五官，他的眼睛，充满光芒的诗人眼睛，但由于近视而戴着眼镜，紧张地避免着直视他人（我永远不相信那种直视你眼睛的人），那个脑袋，在任何聚会中都是所有目光的焦点。他得体的话语也吸引着我们；那温切斯特学院的语音语调，即使他没有朗诵诗歌，也在轻读与重读中逐渐变成一种咒语；他朗诵诗歌时有极高的激情，像着魔似的。

那一年他没有留胡子；但是在漫长的假期他第一次留了胡须（我想是在瑞士滑雪度假期间），这更增添了他面容上的魔鬼能量。他的母亲（我记得他告诉我们）要出十英镑让他把胡子刮掉；他写信给她说，"既然没有人出更高的价钱要他保留"，他不得不接受她的提议。因此胡子被刮掉了；但那种贵族式的野蛮性格没有丢，并且后来的确表露了出来，我们都知道。[35]

"当然，《实验》杂志的编辑们从来没有严肃地把我看成诗人，"雷恩多年后写道，"虽然他们所有人都一个个看过我的东西。"[36]这似乎不是一句含义公正的话——至少对燕卜荪来说是如此。他的确在《实验》第三期（1929年5月）发表了她的两首诗歌——《阿提卡斯》（'Atticus'）和《颂歌：致B. V. M》（'Hymn for the B. V. M'）——虽然应该承认它们不是那种她在格顿学院读一年级时写的"不成熟和个性化"的作品，而是缪里尔·布拉德布鲁克（Muriel Bradbrook，格顿学院的同学）后来称之为受到艾略特影响而写的"神话作品"，["我们漠视他的神学思想，"雷恩后来说道，"然而充分吸收了无神论、弗洛伊德主义和马克思主义的一代人都生活在艾略特的《荒原》的阴影之中，没有其他诗歌可以与之相比。"[37]]如果《实验》杂志的编辑们培养雷恩，正如她后来暗示的那样，更多是因为她的女性气质，而不是她的诗人天赋，那么他们可能是在对她的自我表现作出某种反应。因为她也生活在罗斯蒙德·莱曼（Rosamond Lehmann）撰写《布满尘土的答案》（Dusty Answer）的格顿学院——正如她承认，甚至那时还长叹了一口气——小说叙说了她自己的希望，她自己的神魂颠倒状态。"'像神一样的青年'一词在格顿学院很流行；毕竟仅有一半是讽刺。无论在佛罗伦萨，还是在雅典，还是在紫式部的京都，我们的年轻贵族都不可能被超越，五官俊美的优雅，加上优异的教养和对他们无忧无虑的神性的自信，更增添了优雅的光彩。我们热爱我们的绅士。"[38]从以上引用的她描写第一次见到燕卜荪的经历的记叙中，可以明显看到，她几乎迷恋上了燕卜荪。对她来说，他已经是雪莱一样的神灵下凡。作为回应，他倾向于对她进行理想化，虽然没有到崇拜的地步。她有优雅和美貌，倾向于自我欺骗；从她在格顿学院学习的第一年，她就认为自己很有魅力——

在某一个时候这使我完全冲昏了头脑；因为在十八岁时，很难抓住以下这个事实真相，即因美貌而被爱就等于没有被爱。我们希望人们对待我们像对女神一样，我们是那些女神的映像。我们认为我们自己就是那些女神。在我三年级结束时，我还不知道去什么地方、做什么，威廉·燕卜荪的想法是我的美貌可以装饰荧屏，他把我的照片寄给他的老同学安东尼·阿斯奎思。照片给人很好的印象，但是什么结果也没有。[39]

燕卜荪还带她去探访I. A.理查兹（后者于1928年秋成为他的英语专业导师），这暗示他没有把她仅仅看成一个"花瓶"。他们之间的关系肯定有一些难以捉摸的东西。他没有把她看成性对象；相反她的美貌和人格在他心中点燃了一种崇敬感。她太好了，不可能是真的；太纯洁了，不可触摸。甚至在二十三年后的1952年，他还公开把她描述为"一个圣人般的人物"。[40]不管怎样，如果燕卜荪炽热的、非个性化的思想使他在她眼中成为一种神，那么这个神还有其他化身；正如雷恩在回忆录中承认，"我认为我在那些年里从汉弗莱·詹宁斯的谈话中学到的东西，比其他人都多。在回忆中，我把他视为布莱克的洛斯（Blake's Los），预言精灵的化身；在相貌上他很像……"[41]

在《实验》杂志的其他早期作者中有J. L.斯威尼（J. L. Sweeney）、路易斯·勒布雷顿（Louis Le Breton）、奥姆洛德·格林伍德（Ormerod Greenwood）、杰拉尔德·诺克森（Gerald Noxon）、詹姆斯·里夫斯（James Reeves）、约翰·所罗门（John Solomon）、美国诗人理查德·埃伯哈特（Richard Eberhart，布鲁诺夫斯基发现此人"狂野而快乐"），以及E. M.威尔逊（E. M. Wilson），剑桥大学未来的西班牙语教授，燕卜荪鼓励他翻译了堂路易斯·德·龚古拉（Don Luis de Góngora）的诗歌《孤独》（Soledades）。实际上，燕卜荪在《实验》中发表了威尔逊翻译的前一部分；威尔逊后来在1930年给他写信说道：——此时翻译工作大部分已经完成，T. S.艾略特刚刚接受了一个段落在《标准》杂志上发表——"如果诗歌完整出版，我能不能把它部分地献给你？你最先建议我做这项工作，我想你的诗歌与弥尔顿和德莱顿（Dryden）一起，对我译诗的方法有一定的影响。"[42]

威尔逊还非常感谢燕卜荪使他与另一位很诙谐的玛德林学院学生成为朋友，这就是约翰·H. P.马克斯（John Hugo Edgar Puempin Marks），他在西班牙长大，能说英语和西班牙语。马克斯1928—1929年间是《格兰塔》的编辑，曾鼓励燕卜荪撰写了一系列诙谐的特写，叙说一个叫斯朗伯巴顿（Slumberbottom）的人物的冒险行为。在30年代，他还将翻译首批小说：路易-费迪南·塞利纳（Louis-Ferdinand Céline）的《长夜漫漫的旅程》（*Voyage au bout de la nuit*）和《缓期死亡》[*Mort à crédit*，作者称他为"伦敦的西班牙人，布鲁米斯（Brumes）的唐璜（Don Juan）"]，以及勒内·克莱尔（René Clair）、萨夏·贵特里（Sacha Guitry）和让·马拉奎斯（Jean Malaquais）的作品。在战争期间，他将负责建立BBC的伊比利亚广播节目（Iberian Service），1943至1953年，他担任《泰晤士报》驻马德里的记者。[43]燕卜荪非常喜欢结交生动而诙谐的人物；20岁的马克斯是一个有天赋、自信但邋遢的人，没有使他失望；正如在这位朋友的编辑工作结束时一篇报道的结尾说："马克斯在任的时候，《格兰塔》的办公室绝不是一个枯燥的地方……"[44]

不管燕卜荪和他的编辑同事们把什么样的闪光人才吸引到杂志，《实验》作为剑桥大学年轻作者的出版平台仍然遇到一些竞争。《冒险》（*The Venture*）——燕卜荪和他的朋友们认为这名称也太像出自乔治时期（Georgain）了——由迈克尔·雷德格雷夫和罗宾·费登（Robin Fedden，两人都在玛德林学院学习）担任编辑，由"倡导者"成员、机智而老练的安东尼·布伦特（三一学院学生）协助，后者作为艺术评论员已经建立了名气，因此"带来了真正的、急需的盛名"。[45]《冒险》杂志反对艾略特的现代主义和理查兹的科学主义，朱利安·特里维廉说，它"更加传统，或多或少地接受了当前的布卢姆斯伯里意识形态"。约翰·雷曼认为，《冒险》杂志占据了剑桥诗歌复兴运动的政治"中心"，而《实验》杂志代表了"极左思想"。他还提供了以下一则关于年轻的雷德格雷夫的素描，他学了一年的现代语言专业，然后在1929年转入英语专业："高个，修长，栗色卷发，浪漫的外形，他是一个年轻诗人的理想长相和理想举止的迷人化身；然而舞台是他与生俱来的——想试试"[46]。另一位熟人将雷德格雷夫描述为"花朵一样，很超然"[47]。但是雷德格雷夫和费登为他们这份令人愉悦而充实的杂志汇集了一批趣味盎然的、种类不同的作品：J. R.阿克利（J. R. Ackerley）的短诗、克莱门丝·戴恩（Clemence Dane）的短篇小说、约翰·德林克沃特（John Drinkwater）的十四行诗、约翰·莱曼（John Lehmann）的诗歌和木刻（《实验》杂志喜欢用抽象派和超现实主义艺术家的绘画）。杂志的其他著名作者包括朱利安·贝尔（Julian Bell）［克莱夫和瓦妮莎·贝尔（Clive and Vanessa Bell）之子，将在西班牙内战中阵亡］、巴兹尔·赖特、约翰·达文波特（John Davenport）、马尔科姆·劳里（Malcolm Lowry）、费尔。雷德格雷夫发表了他自己的散文作品片段《寡妇》（'The Widows'）（"我那些日子迷上了写片段"）[48]。在同月创刊（1928年11月）的《实验》杂志的竞争面前，他非常努力地宣传他的文学杂志。"我租了一辆手推车，贴着巨幅海报，停在各个战略位置，雇佣了十几个人，每人前后挂着广告牌在国王阅兵场来回走动。"然而，雷德格雷夫后来承认竞争对手几乎盖住了《冒险》杂志——虽然"我并不看好我们的竞争对手发表的某些诗歌：比如，燕卜苏的'她把刷牙的水吐进湖里'［《露营》开头有这一吸引人的诗句"现在她把刷牙的水吐进湖里"］似乎在过于自觉地进行非诗歌化"。即使如此，他有度量地承认道，"《实验》杂志……真正是实验性的。在这个意义上，《冒险》杂志显然是冒险——幼稚而微不足道的作品杂烩。"[49]

其他大多数同辈人都禁不住承认燕卜苏的作品卓越超群。特里维廉生动地呼唤这位大师："迄今为止《实验》杂志圈里最优秀的成员是威廉·燕卜苏，我们所有人在某种程度上都崇拜他。在朗诵诗歌的时候，他的大眼睛转来转去，看上去像安徒生《打火匣》（Tinderbox）中眼睛大得像茶碟的狗。""燕卜苏读诗的时候，"特里维廉继续说，"会用一种低沉的嗡嗡声音，突然出人意料地重读某些词以强调某些隐藏的交叉含义。因为他已经在撰写他的代表作《复义七型》，他会在我们毫不在意的话中发现我们没有意识到的多重含义。他机灵而锐利的思维让我们所有人感到像傻瓜一样。"[50]甚至效力于竞争对手《冒险》的约翰·雷曼都向燕卜苏在《实验》中的作品表示敬意，特别是那篇雷德格雷夫感到反感和不像诗歌的《露营》——尽管对不适合的比喻表达了保留意见：

> 迄今为止在所有稿件中最有趣的作品是威廉·燕卜苏的作品，包括那首非凡的早期诗歌《露营》，其开头写道："现在她把刷牙的水吐进湖里"。在我们时代没有比这更具独创性的东西，然而这样罕见的花朵对采花人来说其茎秆充满了毒液。我着迷于它的形式技巧，其诗学规训控制着

随意的谈话风格，给它提供了一种细腻的质地和音乐感；然而，由于我自己没有像燕卜荪那样经受过数学和科学的训练，我常常被他确信而灵巧地维持的、大段大段的专业化比喻弄得很困惑，我对那些坚称他们理解这些比喻的朋友们投以怀疑的目光。在他正在撰写的《复义七型》中，燕卜荪也让部分内容在《实验》中发表过，没有这样的困惑出现；我仍然认为该书是使我进入诗歌神秘殿堂深处的重要书籍之一，在当时对我来说就像罗伯特·格雷夫斯（Robert Graves）的《论英国诗歌》（*On English Poetry*）在前一个时期那样重要。[51]

燕卜荪作为诗人的杰出地位随着《剑桥诗歌1929》（*Cambridge Poetry 1929*）一书的出版，在全国范围内得到了进一步的证实和宣传，该书由伦纳德和弗吉尼亚·伍尔夫编辑，由霍格思出版社（Hogarth Press）出版。诗集是剑桥大学二十三名本科生当时的作品选集，包括朱利安·贝尔、罗纳德·博特拉尔、理查德·埃伯哈特、约翰·雷曼、迈克尔·雷德格雷夫、詹姆斯·里夫斯（James Reeves）、休·赛克斯·戴维斯、巴兹尔·赖特——不要忘记文集中包括的唯一女性E. E.费尔（凯瑟琳·雷恩仍然在孵化和等待）——文集构建了剑桥校内杂志和作者的竞争态势，以便能够集中一系列的闪光人才。至于搜集个人作品的数量，文集的三位学生编辑——克里斯托弗·"基特"·索尔特马什（Christopher 'Kit' Saltmarshe, 玛德林学院）、约翰·达文波特［基督圣体学院（Corpus）］和巴兹尔·赖特（基督圣体学院）——一致承认燕卜荪和怀特应该占最大份额，每人六首诗歌。在燕卜荪发表的数量不多的作品中——1929年初仅仅有十八首诗——他们重印了三分之一：《曼德维尔的部分旅行》（'Part of Mandvil's Travels'）、《致一位老夫人》、《维拉内拉诗》（'Villanelle'）、《信》（'Letter'）、《虚构法理》、《阿拉喀涅》。达文波特和赖特两人只在《冒险》中发表过作品，没有在《实验》中发表过，可能很想赞同保守派诗人；然而很显然索尔特马什担任文集的主编，保证了诗歌的选择必须基于品质（并按字母顺序排序）。[52]索尔特马什和赖特自己限制每人选三首诗歌，达文波特只有一首诗——却是文集中最长的一首《垂死的角斗士》（'Dying Gladiator'），里边充满了艾略特和庞德的影响。

1929年见证了燕卜荪首次出版的单行本。《信之四》（'Letter IV'）在五月完成，同年夏天由剑桥的赫弗父子公司（W. Heffer & Sons）出版，是一系列诗歌集的第一本——"确立名声的剑桥诗人的未出版诗歌，单行本"——系列名为"六便士诗歌"，由布鲁诺夫斯基和里夫斯编辑。[53]印刷数量很慷慨，达一千册；虽然不知道卖了多少，但是可以肯定在1930年有很多被回收并打了纸浆。但燕卜荪很可能对这首诗当时没有获得多少关注感到一种宽慰，因为他很快就对它感到不满，并且在很久以后才以修订版本重新在美国版《诗歌全集》（1949）中出版。

也许是通过他机智随和的朋友"基特"·索尔特马什，燕卜荪首次与约翰·达文波特（1910—1963）相识。达文波特表面上是在读历史专业，但实际上却以藏书家、语言学家、诗人、钢琴家、艺术鉴赏家、拳击选手、海量饮酒者的身份建立了令人眼花缭乱的名声。然而，粗壮、才华横溢、使人快乐的达文波特不需要介绍；正如特里维廉所说，他"在到达之后就成了一个名人……他在基督圣体学院的房间摆满了书籍，所有那些书籍人们都想读，这是像我这样的爱交际的人们的永恒的聚会之地。肥胖、机智、喜欢喝酒、富有魅力、语言猥亵，心灵像一个巨大的仓库，没有什么能逃过它，约翰在那些年间没有任何改变。与他在一起的常常是马尔科姆·劳里，不是靠在五月柱的酒吧台上喝酒，就是在班卓琴上胡乱弹奏。"[54]［除了共同编辑的《剑桥诗歌1929》，缪里尔·布拉德布鲁克说，达文波特"写了1932年的富特莱兹俱乐部时俗讽刺剧（Footlights Revue）《笑傲爱情》（*Laughing at Love*），劳里贡献了一些歌词，还在剧中扮演了角色"。］雷德格雷夫后来称达文波特为"我们圈子里的柯尔律治"——至少有一个原因：他因为酗酒而浪费了他的思想前途。但是燕卜荪很喜欢在剑桥认识的那位达文波特，因为他的学识、他的狡诈、他的机智、他喧闹的社交能力。有才华的、有难处的达文波特也是一个优秀的人才探子：他是最先赞扬艾萨克·丹森（Isak Dinesen）的人之一，他还不断地支持迪伦·托马斯。[55]

也许是通过达文波特，燕卜荪才被吸纳加入了年轻的知识分子圈子——包括迈克尔·雷德格雷夫、赛克斯·戴维斯和凯瑟琳·雷恩——他们常常在狍鹿居（Roebuck House）聚会，这是才华横溢的生化学家 J. B. S.霍尔丹（1892—1964）和他妻子夏洛特（Charlotte，1894—1969）舒适而草木蔓生的家［位于剑桥郊区的老切斯特顿（Old Chesterton）］。夏洛特本人也是记者和小说家，头发乌黑，面貌秀美，三十五岁，是一位坚定的女权主义者；她喜欢与作家、哲学家和音乐家交往。她丈夫似乎将她这帮炫目的客人主要视为流浪者，将聚会称为"夏洛特的混乱沙龙"。[56]燕卜荪很崇拜她，当她邀他为她的生日写一首诗时，他便带着玩笑性的殷勤予以了回应。《致夏洛特·霍尔丹》（'To Charlotte Haldane'）（去世后才出版）以三行体诗歌写成，像但丁（Dante）写给一位当代的比特阿丽斯（Beatrice）一样；诗人将自己不能给她提供满意的赞扬而产生的茫然心情，变成了无言的、艾略特式的优美赞歌：[57]

> 恐怖的任务。我必须首先不赞同
> 这种主题所想要的一切坦率，
> 一切批评和一切赞扬的话。
>
> 多么大的傲慢，多么大的放弃，
> 详尽地宣称认识一个朋友，
> 由于认识，能够在思想中修正；
>
> 她的所有价值，尽在这个认识中，
> 可以向她展示，没有更多可说，
> "夫人，账单"在纸上写着。
>
> 但愿我总结你，直到你的尽头，
> 甚至支配，我，上帝在审判你时，
> 因此弄清他送来什么最好？

燕卜荪很喜欢有这个走出玛德林学院的机会，到夏洛特开放的家去分享一个晚上的丰盛而成熟的谈话。由于狍鹿居的花园一直延展到了剑河河边，他也很喜欢在夏天去那里游泳。然而，虽然燕卜荪喜欢夏洛特及其朋友们的陪伴，他还有到访这个家的其他动力：他对 J. B. S. 霍尔丹在遗传学方面的贡献，以及他为科学普及而撰写的清晰的文章怀有深深的敬意。［霍尔丹的文集《可能的世界》（*Possible Worlds*）1927年面世后立即成为他的主要著作之一；1935年，燕卜荪机敏地将霍尔

丹的两部专著简写成了"基本英语"：《科学展望》（*The Outlook of Science*）和
《科学与健康》（*Science and Well-Being*）。]令人敬畏的"杰克"·霍尔丹教授
长着一颗正在秃顶的方脑袋，眼睛具有穿透力，为捕捉到他的一些话语而经受他生
硬的态度是值得的。即使燕卜荪已经得知霍尔丹"憎恨"那帮在他妻子身边转悠的
人（正如他想做的那样），他的访问也不会因此而受阻。事实上，在1965年霍尔丹
去世时他为BBC节目撰写的一篇回忆录中，燕卜荪说每当自己妄自尊大地长篇大论
之后，这位以脾气暴躁而臭名昭著的教授总是会礼貌而感兴趣地予以回答。尽管他
有不客气的名声，霍尔丹有思想和灵魂的宽度——没有什么东西比这更加可信。

　　他是一位全能而渊博的人，一个科学家，读本科时很好地读过经典作
家，接受过古典和哲学教育，总是引用印度和冰岛史诗等。这当然就使得
跟他谈话成为一件令人兴奋的事情，人们很喜欢说，当这样一个人去世，
就不会再有这样的人，因为知识的领域变得太宽广。我期待着这样的人会
持续出现。这样的人不是真的知道一切，也并不想假装这样；他查阅了不
同学科的信息，总是坚持那个一开始就使他对这个学科感到好奇的观点。
你可以说，他有自己的图景，知道所有东西应该怎样融入这个图景。我认
为，现代知识的增长终于让这样的事情成为可能。只是很少有人尝试这样
做，因为压力使他们从学生时代就专业化，许多专家都会攻击那些翻墙进
入他们领域的任何其他人。这自然也需要一定的自信，似乎也需要很大的
体力，虽然我不知道为什么。霍尔丹在一篇文章中说，当他从第一次世界
大战回到工作岗位上时［他在法国和伊拉克服役］，他发现自己获得了一
种从来没有时间去实现的、锻炼身体的欲望；因此他竭力抵抗该欲望，像
抵抗毒品的诱惑，他发现六个月后他才能不受干扰地继续阅读……当我还
是剑桥大学的本科生时，他是那里的遗传学教授，他的妻子是孩子们［本
科生］慷慨的女主人，他时常会跟我们说一会话，或者在花园的尽头加入
大家一起游泳。我认为这给予了我一个合适的视角来观察他的粗鲁，这也
许是他性格中最著名的特征。它主要是拒绝乏味的举动，将讨论推向有趣
的领域；他很期待有人会跟他顶嘴，并没有假设一个孩子的想法就是错误
的——简单地说，他很想知道我们都在想什么，也许是作为社会调查的一

部分吧，但是在那个年代，要人们把你当回事，你必须忍受很多。你可能很愿意顶嘴，但是暗中很高兴这很快就结束了。他显著的勇气，以及认为他的观点可以挑战权威的傲慢，总是存在；兄弟般的粗鲁是唯一适合的口气。这在20年代并不罕见；我记得一个在异教社演讲的人受到一个学生的诘问，看到这个学生有意退缩，感到他的诘问应该停止，演讲人拨弄了一下他的元老般的胡子说，"年轻人，继续说，不要受到这些白毛的影响。"也许他的［学生的］观点是苍白的［燕卜荪在此处删除了他文稿中的一个势利的想法，去掉了这句话："我想他是来自一个花园城市"］；它们没有给我留下任何印象。但是我不擅长记忆谈话内容，如果我似乎记住了，那我只是在编造；我想说的是，当你听说霍尔丹谈话很粗鲁时，你应该记住他持续生活着，像我们很多人一样，进入了一个心胸狭隘的时代。[58]

好像燕卜荪从这个例子中学到了这一点：少许"兄弟般的粗鲁"，很多好奇心和心胸宽广。

我们无法确定燕卜荪加入夏洛特·霍尔丹的绅士拜访者行列的准确时间。一个很好的猜测是在1929年夏天。约翰·达文波特比他小四岁，首次见到燕卜荪——似乎是如此——是在1928—1929学年的初期，那时他和他的编辑同仁正在搜集《剑桥诗歌1929》的内容。马尔科姆·劳里仅仅在1929年米迦勒节学期才在圣凯瑟琳学院（St Catharine's）注册，之后立即到基督圣体学院拜访了达文波特，"带着所有的严肃神情，像一个法国人寻求入选科学院一样"。腼腆的劳里长着金黄色头发，有着带电的蓝眼睛和小巧结实的身躯，有海员上岸休假般的无赖举止——平时总带着一把高音尤克里里琴——成为了达文波特定期饮酒的伴侣；就劳里而言，肯定是达文波特把他介绍到夏洛特·霍尔丹的狍鹿居的。"虽然需要喝酒才敢说话，但劳里非常想做一个强悍的人，以证明他很强悍，能够承受得了，"夏洛特·霍尔丹多年后说，"我立即感到他有一种强烈的幼稚病。"事实上，她很快就被她所说的"他的笨拙的雄性气质"所吸引，把他写进了她的小说《我不会带来安宁》（*I Bring Not Peace*, London，1932）。正如劳里的传记作家所说，虽然他"腼腆而纯真地迷恋上了夏洛特"，同样可能的是"她也明显地——并不那么纯真地——迷恋上了他"。至于她的其他沙龙成员，劳里宣称他讨厌"浓厚的同性恋风气"。

燕卜荪肯定是在狍鹿居认识劳里的；然而燕卜荪在1929年夏天"被有效地遣送了"（正如M. C.布拉德布鲁克委婉地说），原因后文将详细说明。因此很显然燕卜荪在1929年7月以后肯定还回来拜访过几次——至少有足够次数让人们感觉到他仍然在大学就读。因此人们看见燕卜荪在1929年秋后的几个月里仍然和劳里在一起，他们的天赋和气质被朋友们拿来比较，好像他们是同学——尽管燕卜荪在劳里入学的那个夏天已经被剑桥大学开除。比如，凯瑟琳·雷恩认为劳里（与汉弗莱·詹宁斯一道）属于"天才"一类的人，尽管如此燕卜荪具有无可比拟的思维力量——在我们中间他的荣光璀璨闪耀：

> 威廉能够非常善于表达一个学生的思想和情感经历。说到威廉在思辨才智方面的非凡天赋和马尔科姆不善表达的深邃情感和直觉洞察力这两者，威廉在那时给我们的印象更深。或者是否必须说，给我印象更深。给我印象深刻的部分原因是因为威廉的卓越超群让我感到恐惧，感到自愧不如；而马尔科姆不会让人恐惧；他太腼腆，太易受伤害，不会把人吓倒……[59]

同样，休·赛克斯·戴维斯后来似乎也认为，当劳里的作品《斯威顿汉姆港》['Port Swettenham'，小说《在海外》（*Ultramarine*）第五章的节选]于1930年发表在《实验》杂志第五期时，燕卜荪、布鲁诺夫斯基和他仍然是编辑团队成员。但实际上赛克斯·戴维斯和布鲁诺夫斯基那时是仅有的两位编辑，杰拉尔德·诺克森（安大略省总督的儿子，剑桥大学现代语言专业学生）是他们的出版商。凯瑟琳·雷恩后来才明白，她在剑桥时没有能够重视劳里的"情感和想象"天赋，因为她被燕卜荪的理性主义所震撼；当然，她说，"比尔对他评价并不高"。[60]而她说这样的话是她弄错了，因为燕卜荪非常赞同赛克斯·戴维斯和布鲁诺夫斯基对这位新人的推崇，他对劳里的评价高于《实验》杂志的其他作者——甚至高于布鲁诺夫斯基、T. H.怀特和汉弗莱·詹宁斯。我们可以肯定，他对圣凯瑟琳学院的这位天才绅士评价不凡，因为1933年燕卜荪致信约翰·海沃德，没有假装、没有受到暗示地说："有没有马尔科姆·劳里的消息？那位《实验》杂志圈的最佳作者，写过关于大海的短篇小说。"[61]

我们也知道劳里报答了燕卜荪对他的高度评价，因为燕卜荪曾经奇怪地兜售过劳里给予他的难以理解的赞扬。它如此的夸张，我们希望它是真实的：

> 他说（我们那时都是剑桥大学的学生，我想我们和其他人正在J. B. S.霍尔丹的花园深处游泳……）如果他没有读到我的诗歌，他可能已经自杀了。我想这只是一种说话的形式，并且非常肯定没有人对T. S.艾略特说过这样的话。但是这并没有导致更加亲密的关系出现；很可能是我的错……我认为他的生活被一种错误的批评理论毁掉了，并且我们在年轻的时候没有讨论过这一点，我感到非常遗憾。或者我应该说，感到耻辱。[62]

虽然燕卜荪没有在那句话上面发挥，但是他所想到的"错误的批评理论"可能可以与约翰·达文波特说劳里的这句话联系起来："他的小说的弱点和优点都在于这样一个事实：他只能创作他自己。"[63]同样，燕卜荪在多年后也极端敏锐地说，他并不欣赏成熟的劳里"好像要把酗酒变成一种美德"，因为这不是一个值得吹嘘的事情——他已经感到酗酒对他自己造成的危险，燕卜荪在年迈时（七十五岁）说，没有在酒里看到任何值得自豪的东西。[64]（有趣的是，燕卜荪讲话的口气好像他与劳里是同学一样，而他几乎没有机会更好地了解他。）

劳里对燕卜荪的赞扬可能令人异常吃惊，但也绝不是一件反常之事。当美国人理查德·埃伯哈特——潜在的竞争对手，1927—1929年就读于圣约翰学院英语专业——于1944年赞扬燕卜荪的诗歌时，可能显得有一点伤感；但是如果他的鲜花般的赞词即使有一部分是可靠的话，那么它就为燕卜荪在1929年的名声提供了很多信息：

> 在剑桥大学人人都在谈论燕卜荪的诗歌。他的诗歌挑战人们的心智，似乎不可理解；它们给人娱乐，令人着魔；即使在那时，它们也仅仅提供了一种客厅游戏，在许多晚宴上消磨了许多生动的迷惑时光。这种新型诗歌的震撼力和影响力如此强烈，以至于人们在那时没有标准去衡量它们的当代价值和永恒价值。他们从中得到娱乐。艾略特已经登上了王座。"牛津帮"［W. H.奥登和他的牛津同辈］羽翼还没有完全丰满。剑桥大学正是热闹非凡的时候。[65]

可以肯定，埃伯哈特并不仅仅是得益于回顾的优势而为这些诗歌欢呼：在30年代初期，他曾经热情高涨地与I. A.理查兹通信，讨论过燕卜荪最艰涩的——最不迷人的（？）——诗歌《酒神巴克斯》。[66]

热闹并不局限于埃伯哈特、布鲁诺夫斯基、赛克斯·戴维斯、詹宁斯、费尔、雷恩、达文波特、索尔特马什、劳里、马克斯、威尔逊在内的本科生朋友。《剑桥诗歌1929》的出版使学究们警觉地坐了起来，他们也对燕卜荪的诗歌明确地表达了赞意，认为是诗集中杰出的作品。F. R.利维斯在《剑桥评论》中撰文写道：

> 他是一个具原创性的诗人，以正确的方法学习了（对他来说是）正确的诗人。他的诗歌具有复杂的思想性内容（他对思想和科学的兴趣，以及使用深奥知识的方式，使我们——安全地——想起了多恩），它们显示出对技巧的极大关注。这些特征有时会导致在我看来是毫无裨益的晦涩，导致在玄学派诗人中很普遍的错误……但是燕卜荪值得人们尊敬。他的三首诗歌《致一位老夫人》、《维拉内拉诗》、《阿拉喀涅》在我心中没有引起任何怀疑：它们后面有着强烈的动力。[67]

三年之后，在他影响深远的《英国诗歌的新方向》（*New Bearings in English Poetry*，1932）的后记中，利维斯将燕卜荪的"非凡的"诗歌放入了约翰·多恩和T. S.艾略特的上等传统之中：

> 燕卜荪先生的诗歌不像艾略特先生的诗歌，但是如果没有艾略特先生的创造性冲动和重新定向，燕卜荪的诗歌不可能被创作出来……［并且］他显然从多恩那里学了很多东西。他对多恩的继承同时也是对艾略特的继承……燕卜荪先生的重要性在于，他是一个才华横溢的人，不但对情感和文字，而且对思想和科学具有强烈的兴趣；他掌握了足够的技巧来创作诗歌，而这些都很清楚……
>
> 但是决不能让这个关于多恩的提示暗示一种对燕卜荪先生的误读。他非常有独创性：不仅他的思想，而且他对这些思想的态度，以及他处理它们的方式都很现代。他的诗歌中非凡的机智就很现代，具有高度的典型

性……燕卜荪先生的所有诗歌都值得关注。他有时候很晦涩，有时候我认为没有必要这样；但是他的诗歌总是有一种丰富的、非常典型的生活，因为他对他的技巧与对他的思想一样，都具有强烈的兴趣。[68]

也许这篇赞词并没有说多少内容；事实上它仅说了一个内容，说了两至三遍：燕卜荪在思想和技巧上都很强大（虽然利维斯没有提供示例性和分析性的细节来说明他的意思）。然而，利维斯说这话的口气带有温暖的信心，他的认可在1932年是值得拥有的，即使《英国诗歌的新方向》的后记给予了罗纳德·博特拉尔更多的热情描述。（1950年，利维斯宣称燕卜荪和博特拉尔两人都没有"发展，或者没有令人满意的发展"。）[69]但是毫无疑问，利维斯在早年真诚地热衷于燕卜荪的诗歌，承认了它非凡的独创性——不管这位年轻诗人吸收了前辈什么样的影响。实际上，他开始在课堂上引用燕卜荪的诗歌。[70]

在30年代初期，利维斯对燕卜荪的批评著作《复义七型》也表现出同样的热衷，他在好几个场合都对它表示了敬意——正如在一篇题为《批评的年度状况》（'Criticism of the Year'，1931）的文章中，他赞扬该书是"本年度最重要的批评著作……是该语言撰写的最佳著作之一；由一流的心灵撰写"[71]。实际上，他感到他能够从这种联系中受益，在一封1931年写给伊恩·帕森斯的信中，利维斯列出了他当时计划撰写的《英国诗歌的新方向》的提纲（那时他暂定该名），他在结尾这样特别宣称：

> 我要利用这个机会恭喜你出版了燕卜荪的书。它真是好极了，我相信，它将成为一部经典。我在课堂和指导学生的过程中极力推荐它，并将它寄到了世界各地。我很愿意别人将此书与我的书进行比拟（恐怕这不是一个谦虚的自白）。[72]

这个毫无保留的赞扬不仅仅是一个私利的、安全的、私下谈话的策略；在接下来的一年里，利维斯仍然完全坚持他的观点，他将燕卜荪的著作称为批评天才的试金石：

在分析方面的继续教育可以从燕卜荪的《复义七型》中获得；那些能够从中学习的人就是能够以批判眼光阅读它的人；那些不能从中学习的人就是天生不能接受"高等人文教育"的人。[73]

燕卜荪具有惊人独创性的诗歌所引起的喧嚣和兴趣延伸到了英语系以外。甚至路德维希·维特根斯坦也听到了燕卜荪的消息，并渴望了解他的诗歌。后来，利维斯讲了一个故事，似乎是想强调维特根斯坦（利维斯说，他对英国文学的兴趣"仅仅是起步的"）和他自己之间的可以称之为"性格对立的关系"。然而这则轶事肯定反而增添了维特根斯坦和燕卜荪的光彩：

他曾经对我说（肯定是他回到剑桥大学后不久）："你知道一个叫燕卜荪的人吗？"我回答说："不认识，我只是刚刚在《剑桥诗歌1929》中读到过，我为《剑桥评论》写过该书的书评。""他写得好吗？""令人吃惊地好，"我说，"书中有他的六首诗歌，全是诗歌，都很有特色。""它们怎么样？"维特根斯坦问道。我回答说我描述它们毫无意义，因为他对英国诗歌的了解不足。"如果你喜欢它们，"他说，"你就可以描述它们。"因此我很吃惊："你知道多恩吗？"不，他不知道多恩。我准备说，我听说燕卜荪来自温切斯特学院，获得了数学奖学金，在荣誉学位考试第二部分考试前转到英语专业〔事实上燕卜荪参加了数学荣誉学位考试第二部分之后才转到英语专业〕，在准备荣誉学位考试时，他仔细阅读了多恩的《歌谣与十四行诗》，这是一本必读书。遇到了问题，我又针对奇喻的性质说了几句蹩脚的话，然后放弃了。"我想看看他的诗歌，"维特根斯坦说。"可以，"我回答。"我会把书带给你的。""我去你那里，"他说。他很快就来了，直奔主题："那本诗集在哪儿呢？给我读一下他最好的那一首。"那本书就在手边，打开后，看着《虚构法理》，我说："我不知道这是不是他的最好诗歌，姑且当它就是吧。"我读了之后，维特根斯坦说："解释一下！"因此我开始解释，从第一行开始。"哦，我懂那一点，"他打断我，从我旁边看着诗歌，"但这是什么意思？"他指着两三行以后说。在三到四次类似的打断之后，我合上了书说："这游戏我不玩了。""很明显你一点也不懂得这首诗，"他说，"把书给我。"我照办了，我肯定，他没有任何困难地读完了诗歌，解释了比喻的结构，先前如果他允许的话，我自己也会解释这些。[74]

如果利维斯在维特根斯坦对他的批评本领进行检验时绝望了，那么维特根斯坦能够很快欣赏和解释燕卜荪的诗歌这一点隐含了一种细腻的反讽。在先前某年，很可能是1926年，在燕卜荪开始尝试写诗的时候，他曾经思考过当代对维特根斯坦的封闭式同义反复［出自《逻辑哲学论》（*Tractatus Logico-Philosophicus*）］所作的冷淡反应：

"不能言说之时，必须保持沉默。"把这句话从其语境中分离出来是我们这一代人的缺点。难道罗密欧（Romeo）不能被写出来吗？《歌谣与十四行诗》是不能说的话吗？哲学不能陈述的东西，艺术把它揭露出来。然而哲学刚刚才发现，它不能说的那些东西，我们也没有艺术来揭露。[75]

这些话也许标志着燕卜荪决心从事诗歌创作的那个时刻。想象性文学所包容的东西应该比哲学家梦想去阐释的东西更多；复杂的艺术必须到达概念性思维不能到达的地方。在这个意义上，燕卜荪的诗歌代表了一种尝试，旨在回应维特根斯坦格言的挑战：哲学家统治着语言的极限。

---

1. 'Notes & Bars', *The Cambridge Gownsman and Undergraduate*, 16/1 (13 October1928), 6. 关于《实验》的详细介绍，参见Jason Harding, '*Experiment* in Cambridge: "A Manifesto of Young England"', *Cambridge Quarterly*, 27/4 (1998), 287–309; Kate Price, 'Finite But Unbounded: *Experiment* magazine, Cambridge, England, 1928—1931', *Jacket Magazine*, 20 <http://jacketmagazine.com/20/price-expe.html>。

2. 恩尼斯莫尔在《实验》第一期发表一篇题为 'Beauty: A Problem and Attitude to Life' 的文章后，一个本科生评论员说，"我简直不知道作者究竟在说些什么。"（*The Gownsman*, 17 November 1928, p. 6.）

3. Letter, Max Black to JH, 12 July 1985.

4. *The Granta*, 23 November 1928, p. 148.

5. See Thomas R. Sawyer, 'Experiment', in *British Literary Magazines*: The Modern Age, 1914–1984, ed. Alvin Sullivan, Westport, Conn.: Greenwood Press, 1986, 177–179. 感谢约翰·维斯（John Vice）让我阅读了他即将出版的布鲁诺斯夫基传记的第三章初稿——《可悲而聪敏的年轻人在哗众取宠》（'Lamentably clever young men talking claptrap'）。

6. T. H. White quoted in John Vice's draft biography of Bronowski.

7. 'A Note on W. H. Auden's *Paid on Both Sides*', *Experiment* 7 (Spring 1931); in *Argufying*, 370–371.

8. Jacob Bronowski, 'Time of my Life', BBC radio 4 broadcast (tape transcript), 16 December 1973.

9. Sir Desmond Lee, unpublished memoirs. 布鲁诺斯夫基后来成为加利福利亚索尔克学院（Salk Institute）生物与人类事务协会（Council for Biology and Human Affairs）会长，并且主持BBC电视系列节目《人类的进化》（*The Ascent of Man*）。

10. Ian MacKillop, *F. R. Leavis: A Life in Criticism*, London: Allen Lane, 1995, 88–91.

11. Bronowski, 'Time of My Life'.

12. Julian Trevelyan, *Indigo Days*, London: MacGibbon & Kee, 1957, 15–16.

13. J. Bronowski, 'Poetry at the Universitie', *Cambridge Review*, 30 November 1928, p. 169.

14. 布鲁诺斯夫基1928年夏代表剑桥大学参加比赛，成为大学象棋队队员，在其后的几个月中又数次代表大学参赛.

15. Kathleen Raine, *The Land Unknown*, London: Hamish Hamilton, 1975, 50.

16. Bronowski, 'Time of My Life'.

17. Ibid.

18. 'Roses Round the Door', *The Granta*, 8 June 1928; reprinted in *EG* 63: "不可忍受；我几乎忍不住称它为变态，我想由于一些非常私人的原因，它触及到我的痛处……《古怪的干草》（*Antic Hay*）在机智和表现神经紧张的痛苦状态两个方面都可与它相比拟，但是读起来都没有它那么痛苦……"

19. 'Those in Authority: William Empson (Magdalene)', *The Granta*, 31 May 1929, p. 485.

20. Hugh Sykes Davies, 'He Was Different from the Rest of Us', in Gordon Bowker (ed.), *Malcolm Lowry Remembered*, London: Ariel Books/BBC, 1985, 44. Richard Eberhart considered Sykes Davies 'the most brilliant of the very young students' (quoted in Joel Roache, *Richard Eberhart: The Progress of an American Poet*, New York: Oxford University Press, 1971, 57. See also George Watson, 'Remembering Prufrock: Hugh Sykes Davies 1909–1984', *Sewanee Review* 109/4 (Fall 2001), 573–580.

21. Raine, *The Land Unknown*, 48.

22. 1934年4月3日艾略特致信理查兹说："我不知道应该怎样处理詹宁斯和他关于格雷的文章。它异常机智，引人入胜，但是对于杂志来说太长，对于其他又太短。"（I. A. Richards Collection, Magdalene College.）

23. Bronowski, 'Time of My Life'.

24. Jacob Bronowksi, 'Recollections of Humphrey Jennings', *The Twentieth Century*, 165/983

(January 1959), 46.

25. Trevelyan, *Indigo Days*, 17–18.

26. Anthony W. Hodgkinson and Rodney E. Sheratsky, *Humphrey Jennings—More Than a Maker of Films*, Hanover, NH: Published for Clark University by University Press of New England, 1982.

27. 汉弗莱·詹宁斯没有题目的回忆录，为科林·莫法特（Colin Moffat）而著，现保存于玛丽洛·詹宁斯（Mary-Lou Jennings）处，她友好地将打印稿借我查阅。

28. Bronowski, 'Recollections of Humphrey Jennings', 46–47.

29. T. S. Eliot, letters to I. A. Richards, 18 October 1950 and 3 April 1934 (I. A. Richards Collection, The Old Library, Magdalene College, Cambridge).

30. 除非另有注释，这两个段落的引文均来自a memoir by Elsie Elizabeth Phare, 'From Devon to Cambridge, 1926: or, Mentioned with Derision', *Cambridge Review*, 103/2267 (26 February 1982), 144–149。

31. Interview with E. E. Duncan-Jones, 10 August 1983.

32. Trevelyan, *Indigo Days*, 16.

33. Raine, *The Land Unknown*, 38.

34. Ibid., 42. See also Raine, *Defending Ancient Springs*, London: Oxford University Press, 1967, 106.

35. Raine, *The Land Unknown*, 44–45. See also a profile of Raine by Maggie Parham. "我认为他没有控制欲，但他迷住了我们，"她说。"他给人的印象是一种永恒的自我消耗的精神能量。我现在明白他给人印象深刻的原因是他如此可怕地让人害怕。我记得他曾经像着魔似的朗诵诗歌。"（*The Times Saturday Review*, 18 April 1992, p. 13.）

36. Raine, *The Land Unknown*, 45.

37. Ibid., 39. See also James Reeves, 'Cambridge Twenty Years Ago', in Richard March and Tambimuttu (eds.), *T. S. Eliot: A Symposium*, London: Editions Poetry London, 1948, 38–42.

38. Raine, *The Land Unknown*, 19.

39. Ibid., 62.

40. 在晚年，燕卜荪与雷恩的关系恶化了。她忍受不了她认为是他对认知思维的过分强调；他忍受不了他认为是她虔诚的神秘主义。在《为古泉辩护》（*Defending Ancient Springs*）中，她否认了他早期在审美和玄学想象方面的影响："威廉·燕卜荪的细腻、精彩、具有影响力的批评著作给他的那一代人留下的诗歌理论与当时在剑桥盛行的实证哲学相吻合，即达尔文和卡文迪什实验室（Darwin and the Cavendish Laboratory），罗素和维特根斯坦及其继承人出现的剑桥。他的含混理论不缺少细腻，但是抛弃了想象力，漠视诗歌思维的玄学根源……然后，我认为（所有人都这样认为）正是我们杰出的聪明才智在智性的召唤下使我们放弃了美和抒情诗……"（第107页）

41. Raine, *The Land Unknown*, 48.

42. Edward M. Wilson, letter to WE, 2 June 1930. (The other dedicatee was Dámaso Alonso, literary critic and expert on Góngora.)

43. M. J. Tilby, 'Céline's letters to his translator', *TLS*, 2 April 1982, p. 385.

44. 'Those in Obscurity', *The Granta*, 7 June 1929, p. 524.

45. Michael Redgrave, *In My Mind's Eye: An Autobiography*, London: Weidenfeld & Nicolson, 1983, 63.

46. John Lehmann, *The Whispering Gallery: Autobiography I*, London: Longmans, Green & Co., 1955, 150–151.

47. E. K. Bennett, letter to E. E. Phare, 2 May 1930 (E. E. Duncan-Jones).

48. Redgrave, *In My Mind's Eye*, 63.

49. Ibid. 在一封致埃尔茜·费尔的信中，雷德格雷夫承认他"有被《实验》杂志兜售的感觉"。（Harding, '*Experiment* in Cambridge', 296.）

50. Trevelyan, *Indigo Days*, 16.

51. Lehmann, *The Whispering Gallery*, 151.

52. 在《剑桥诗歌1929》的三个编辑中，索尔特马什在封面排第一。（See obituary of Saltmarshe by John Davenport in *The Times*, 26 February 1966, p. 10.）《长袍人》和《格兰塔》中的广告明确表示他是诗集的主要推动者；《格兰塔》（23 November 1928, p. 153）在宣告的同时发表了一组题为《致长发人的诗》（'Lines for Long-Hairs'）的诗歌，包括这一首：

    > 有什么比写诗更傻帽？
    > ——虽然不是我的错，
    > 如果他们发表了我的诗，
    > 幼稚的品味自有其味道。
    >
    > （Than writing verses what is sillier?
    > —Though it's really not my fault
    > If they print my juvenilia
    > And Kit's taste is worth its salt.）

    埃伯哈特在一封信中哀叹道："由于我没名气，也许是出于他的自我保护，索尔特把我的三首诗拒绝了；他在［1929年］1月通知了我。这真的让我感到想像小学生一样大吵大闹，怒不可遏，被这本书背后的个人影响所深深伤害（Roache, *Richard Eberhart*, 61）。索尔特马什后来因其他事情致信朱利安·特里维廉说：'如果你知道比尔［·燕卜荪］和我如何自我克制就好了……我告诉你，我们制定了自己付费的规定，一学期只有一次除外'。"（29 October 1929; Trinity College, Cambridge.）

53. 只有六本小册子在这个系列中发表：朱利安·贝尔、T. H.怀特、约翰·达文波特、迈克尔·雷德格雷夫和雅各布·布鲁诺夫斯基。

54. Trevelyan, *Indigo Days*, 17. 迈克尔·沃顿（Michael Wharton）在战后认识了达文波特，他这样描述他："他在他的年代具有声望，作为教师具有影响力，也许是20世纪没有写作的最伟大作家（虽然没有出版过书籍，但他有文学声望，真正可以说是"知道所有人"）……他有着强壮厚实的身板，有着不太适合的尖声音，非常精致。"（*The Missing Will*, London: Chatto & Windus, 1984, 203.）See also obituary in *The Times*, 28 June 1966, p. 14.

55. 1940年，燕卜荪和托马斯常常到布里斯托（Bristol）附近的马什菲尔德（Marshfield）的达文波特家中拜访他。在二战结束时，燕卜荪曾经把一本书的稿子（有很多不可替代的插图）交给达文波特保管，这本书他写了十年多，名叫《佛祖的面孔》（*The Faces of Buddha*），达文波特似乎在出租车上给丢了。

56. See also Judith Adamson, *Charlotte Haldane: Woman Writer in a Man's World*, Basingstoke: Macmillan Press, 1998, esp. 72–88. 查尔斯·马奇（Charles Madge）告诉我，他认为夏洛特是"一个特别不讨人喜欢的人……她是一个危险的、令人不快的人：充满恶意，总是用一种损毁的方式嚼舌头"。

57. 'To Charlotte Haldane', *TLS*, 17 August 1989; *CP*, p. 42.

58. 打印初稿。燕卜荪为《J. B. S.霍尔丹画像》〔'Portrait of J. B. S. Haldane', *The Listener*, 78 (2 November 1967), 565–568.〕撰写的文章的编辑版本使这个被引段落的一个部分完全乱套。关于霍尔丹，参见约翰·杜兰特（John Durant）撰写的一百周年纪念文章《直言不讳，赢得整个世界》（'Plain speaking with a world to win', *Times Higher Education Supplement*, 3 April 1992, p. 15.）。

59. Raine, *The Land Unknown*, 51.

60. Ibid., 51–52.

61. WE, letter to John Hayward, 8 October 1933 (King's College, Cambridge: WE/JDH/4).

62. 托尼·基尔加伦（Tony Kilgallon）引述燕卜荪，见《劳里》（*Lowry*, Erin, Ont.: Press Percepic, 1973, 19）。戈登·鲍克（Gordon Bowker）说，"但是在他对品位的表达中，劳里非常夸张。"（*Pursued by Furies: A Life of Malcolm Lowry*, London: HarperCollins, 1993, 107.）关于《复义》对劳里的"持续而分散的影响"，见'Sursum Corda!' *The Collected Letters of Malcolm Lowry*, i: *1926–1946*, ed. Sherrill E. Grace, London: Jonathan Cape, 1995, 417, n. 14：燕卜荪的书对劳里来说是思想和艺术形成环境的一部分。

63. John Davenport, in Bowker (ed.), *Malcolm Lowry Remembered*, 47.

64. Mark Thompson, 'Notes on meetings with William Empson' (unpublished typescript), June 1986.

65. Richard Eberhart, 'Empson's Poetry', Accent, 4/4 (Summer 1944); repr. In Eberhart, *On Poetry and Poets*, Urbana: University of Illinois Press, 1979, 117–118.

66. Eberhart's letters to Richards are in the Old Library, Magdalene College, Cambridge.

67. F. R. Leavis, 'Cambridge Poetry', *Cambridge Review*, 1 March 1929, p. 318. 理查兹发出了同样谨慎的浪漫主义警告："我们可以用不同方式来评价这种情感逻辑中的灵巧性，但是我们不能否认它。可以推测有足够的感觉存在于他的紧凑的诗歌里面，如果他将来发现了前进的方向，这将使他走得很远。他可能仅仅装进了一些当代氛围——但是他也可能大量融入了他自己的东西。"（'Cambridge Poetry', *The Granta*, 8 March 1929, p. 359.）

68. F. R. Leavis, *New Bearings in English Poetry*, London: Chatto & Windus, 1932; repr. with with 'Retrospect 1950', 1950; Harmondsworth: Penguin Books, 1963, 159–161.

69. Leavis, *New Bearings in English Poetry*, 159–161. 利维斯在20世纪30年代初期为推广博特拉尔的诗歌做了大量工作。（MacKillop, *F. R. Leavis*, 116–118.）燕卜荪也帮助推广过博特拉尔的作品；他在给博特拉尔的一封信（26, January 1937），中说："我把《弯曲的月食》（'Crooked Eclipsis'）给了伊恩·帕森斯，他说他不理解或者说没有'看上'你先前的作品，他也怀疑是否会看上这些，但会尝试一下。我想有一个作者对查托出版社是件好事。艾略特感到非常遗憾地拒绝了它，但建议说如果查托拒绝，就试一试哈米什·迈尔斯出版社

（Hamish Miles）。我认为里边有很多好诗……"（Harry Ransom Humanities Research Center, University of Texas at Austin.）

70. Randall Pope wrote to E. E. Phare on 3 December 1929: "燕卜荪崇拜无处不在。他的诗歌公开朗诵会经常举行，正如你可能知道的。利维斯每一堂课都提到他。他的一些诗歌几乎在每个人的房间都可以找到；甚至那些做梦都不会想到去阅读一个普通诗人作品的人们都拥有。"（致谢E. E.邓肯-琼斯）

71. F. R. Leavis, 'Criticism of the Year', *Bookman*, 81 (December 1931), 180.

72. F. R. Leavis, letter to Ian Parsons, 12 August 1931 (Reading).

73. F. R. Leavis, *How To Teach Reading: A Primer for Ezra Pound*, Cambridge: Gordon Fraser: Minority Press, 1932, 26. 1934年，利维斯对《复义》的赞赏有所降温："对于一个较为成熟的学生，一种有益的训练就是通读燕卜荪的《复义七型》，或者其中几个部分，区分有益的和无益的、有根据的和有瑕疵的东西。燕卜荪的鱼龙混杂和质量不均的书提供了许多有价值的令人兴奋的观点，如果作为一个警告，它更好——警告分析者必须抵制诱惑，其实践应该是一种训练。它包含了许多例子，虽足智多谋，仍有点海阔天空。"（*Education and the University: A Sketch for an 'English School'*, London: Chatto & Windus, 1943; 2nd edn., 1949; Cambridge, 1979, 71.）

74. F. R. Leavis, *The Critic as Anti-Philosopher*, ed. G. Singh, London: Chatto & Windus, 1982, 144–145. See also MacKillop, *F. R. Leavis*, 396. 理查德·埃伯哈特在致作者的一封信（16 June 1983）中回忆道："比尔和我常去上我的导师利维斯周四下午茶时段开设的辅导课，我会读一篇关于华兹华斯的永远不会出版的文章，燕卜荪会读后来出版的《复义七型》的一个章节，这是半个世纪以来的最具开创性的作品。"但是没有其他证据支持燕卜荪上过利维斯辅导课的这个说法。埃伯哈特在一封当时写的信中将利维斯描写为"一个轻盈、愉快、神经质的［教授］，不知疲倦……是一颗翻腾冒泡的大脑，我想常常思绪紊乱，错误……你常常看到利维斯的谬误；尖刻的偶像捣毁者，不平衡。我这学期由他指导，大约两周一次，打仗似的。"（From an undated letter quoted in Roache, *Richard Eberhart*, 58–59.）

75. WE, undated notebook, Empson Papers.

第八章

《复义七型》的写作：影响和诚实

> 批评家像"咆哮的狗"……他们有两种：一种仅仅是对美丽的花朵发泄；另一种克制力较小，在发泄完之后还把它挖出来。我必须承认，我自己想做这两种中的第二种；没有得到解释的美在我心中会激起一种烦恼，感到这就是一个挖掘的地方；一行诗给人快乐的理由，我相信，像其他东西给人快乐的理由一样，即人们可以解释它……
>
> ——《复义七型》（1930），第9页

缪里尔·布拉德布鲁克是燕卜荪的同辈，后来成为剑桥大学英国文学教授、格顿学院院长，她曾经说：

> 剑桥大学英语专业最简单的定义是：当代、比较、以学院为基地。我们从来不为"完成教学计划"而烦恼；然而理查兹在剑桥的时候，他教学的向心力与更加亲密的学院式教学之间达到了真正的平衡。人们的总体感觉是学生的智力应该得到拓展。我们倾向于喜欢更难懂的诗人——多恩、马韦尔、艾略特。"费解"当时是一个褒义词。我们对傻瓜没有那么宽容。C. S.刘易斯（C. S. Lewis）在《复兴》（*Rehabilitations*，第97页）中描写的那位过于认真的女性就是我。
>
> 维特根斯坦、理查兹、燕卜荪和A. P.罗西特（A. P. Rossiter）时代的剑桥大学并不舒适随意；而是冷眉相对、固执己见。理查兹可能会为维护一个美好事业而拍桌子；有一次燕卜荪在异教社讲话时不断受到责难，理查兹突然转过身去，对那位不切题的责难者叫道："如果太阳光照到你的后

脖子，就会照死你。"

仅仅通过其著作是无法充分了解艾弗·理查兹的。听他朗读是诗歌教育的最好途径；他的声音忧郁，像表演一样抑扬顿挫，重重地下沉，以握住他的观点。他顽皮的幽默、彬彬有礼的举止、权威与淘气的惊人结合在谈话、讲学中表现得更加充分……[1]

任何对燕卜荪批评著作的介绍都必须以理查兹开始，以理查兹结束，因为他的一生在许多方面与其导师进行了长达五十年的辩论，有时甚至是争论。评论界有时认为这种影响完全是单向流动的，即从理查兹到燕卜荪，但是应该说1930年后理查兹的许多著作都是对燕卜荪观点的公开和非公开回应，以及企图针对燕卜荪的立场定义和调整他自己的立场。

"直到1923年，"E. M. W.蒂利亚德（E. M. W. Tillyard）写道，"没有一个打算在英语系终身任教的讲师参加过英语专业荣誉学位考试。"[2] 理查兹也不例外。他出生于1893年，比埃兹拉·庞德小八岁，比T. S.艾略特小五岁。这也意味着他比F. R.利维斯大两岁，比燕卜荪大十三岁——该年龄足够做他的大哥，如果不足以做他的父亲。一开始他在玛德林学院攻读历史学学位，仅一年以后他就对这个学科感到厌烦，转学了伦理学，指导教师先是唯心主义哲学家J. M. E.麦克塔格特（J. M. E. McTaggart），后来是逻辑学家W. E.约翰逊（W. E. Johnson），但他的"大师"——他的"老统治者"——是心理和客观主义哲学家、善行的倡导者、《伦理学原理》（*Principia Ethica*，1903）的作者G. E.穆尔（G. E. Moore）："我花了七年时间在他手下学习，从那以后就一直在回应他的影响，"他说道。他在伦理学荣誉学位考试第一部分中获得一等成绩，但后来他患上了严重的肺病，花了很长时间在威尔士（Wales）和阿尔卑斯山（Alps）登山，才得以恢复〔有一段时间，他曾认真考虑过到斯凯岛（Isle of Skye）做登山向导〕。在大战临近结束时，过于乐观的理查兹开始学习生物学和化学，期待进入医学，最后进入心理分析学。但是克莱尔学院（Clare）院士、圣人般的"天才"、兴高采烈而不可遏制的曼斯菲尔德·福布斯（Mansfield Forbes）以一个邀请改变了这一切，他请他为英语学院做"文学批评原则"和"当代小说"的讲座。"我所知道的就是他在伦理科学荣誉学位考试中获得过一等成绩，并且有一个红鼻子，"H. M.查德威克教授（H. M. Chadwick）

于1919年说："但福布斯说他可以，我就把他放进了讲座的名单。"[3] 1922年，玛德林学院聘请他任英语和伦理科学讲师（年薪一百英镑，加上学生学费——听他的讲座三次以上的学生每人支付十五先令），四年之后任命他为院士，该职位年薪三百五十到四百英镑。在1926年，根据大学委员会的命令，他被聘为大学讲师，加上终身教职和二百五十英镑的生活费。[4] 那年12月他在火奴鲁鲁（Honolulu）与多罗西娅·皮利（Dorothea Pilley）结婚。

虽然开始较晚，但是理查兹的工作速度很快，在临近三十岁时他已经完成了一生事业中最重要的著作。1918年他与博学而令人敬畏的C. K.奥格登合作，撰写了《美学基础》（1922；詹姆斯·伍德是他们的"主要怂恿者"）和《意义的意义》（1923）；他还是另外两部著作的唯一作者：《文学批评原则》（Principles of Literary Criticism，1924）和《科学与诗歌》（Science and Poetry，1926），这两部著作在文学和语义学研究前沿为他赢得了地位。［正如他的传记作者约翰·保罗·拉索（John Paul Russo）写道，《文学批评原则》后来被理查兹戏称为"用当时流行的科学语言伪装起来的布道文"，到1943年，该书已经在英国印刷了共七版，出售了10,500册。］[5] 他对建立英语荣誉学位考试的贡献已经被充分证实，1926年这个考试因管理权从中古和现代英语特别委员会（Special Board for Medieval and Modern Languages）转移到英语系委员会（Board of the English Faculty）而走向成熟；然而敏捷而富有观察力的F. R.利维斯——1927年成为六位英语系见习讲师之一，[6] 却在多年后用一句不痛不痒的话降低了他的作用："与福布斯联手在一个用智慧去分析文字、音韵和'意象'——诗化和创造性地使用语言——的学科里，建立一种培养感知力的必要性，他在此过程中的作用是必要的。"[7] 但是友善而兴奋的人事官员曼尼·福布斯知道（利维斯承认他也是自己的恩人），理查兹对于他的"必要性"超出了利维斯随便而平淡的措词所暗示的内容：他们一起创立了现代英语研究的结构和风格——同时得到了两位进步的"古典学者"的帮助："爱德华七世英国文学教授"亚瑟·奎勒–库奇爵士［Q长期教授亚里斯多德的《诗学》（Poetics）课程，曾经在课堂上说，"我填补了一个位置，我知道。"］和自封的"政治总管"E. M.蒂利亚德（他曾经专攻考古学和希腊制陶术，教授古典到新古典时期的文学批评）。根据蒂利亚德在《松绑的缪斯》（The Muse Unchained，1958）中对剑桥英语专业的老道而狡黠的回忆，[8] 查德威克教授——那位腼腆而勇敢的语文学者——实际上开启了剑桥英语专业的变革（他认为强制要求普通学生精读一个学科是痛苦的、没有意义的做法），他"完全信任福布斯和我，并愿意支持我们提出的任何建议。Q并不提议任何事情，但喜欢被咨询。如果我在咨询过程中能拖延得足够长，那么Q就会同意任何事情，只要福布斯、理查兹和我认为是可取的。"蒂利亚德继续说，特别是曼斯菲尔德·福布斯"提供了一种总体上的卓越——审美的和伦理的卓越，这在大学中很少见"；然而他"需要理查兹，并通过他开展工作"。在理查兹看来，他"对福布斯的信任和活力给予他的灵感心存不可估量的感激，并且在品味方面他完全依赖于福布斯的直觉及其广泛的阅读。理查兹的贡献在于他的领导能力和一种指导方针"。

理查兹有两个主要目标：

> 第一，用一种更加严谨的批评来取代当时仍然很流行的松散而模糊的恭维式批评；第二，将心理学应用于创作和欣赏文学的过程。[9]

在回忆录、虚构的故事和各种传说中，理查兹讲学的能力都赢得了罕见的名望。他的讲课方式被描述为"富有魔力"——"一部分原因是我们都能看到的，他不仅在折断粉笔，而且在开拓新领域，"琼·贝内特（Joan Bennett，格顿学院）说[10]——"非个人化"、"让人触电"，同时也奇怪地被描述为沉闷、不夸耀，以及"干瘪但富有表现力"。看上去像老鹰，长着皇帝的脑袋的理查兹喜欢在整块黑板上画满图表和图标。特别是那个最终成为《文学批评原则》的系列讲座以其新奇的特征让所有人感到眼花缭乱。克里斯托弗·伊舍伍德（Christopher Isherwood）在回忆时赞扬说："最后，我们等待的先知到了——这位皮肤白皙、性情温和、肌肉结实、头发鬈曲的年轻人用他那哀婉的羊咩咩声音宣布：'根据我的推算，在五十年后，人们可能会完全放弃诗歌写作……'但是对我们来说，他不仅仅是一个卓越的新型文学批评家，远不止于此：他是我们的导师，我们的福音传教士，用一系列令人惊异的闪电般的思想向我们展示了现代世界的图景……我们变成了行为主义者、唯物主义者、无神论者。"[11] 1925年，当理查兹做那个名称奇怪而冒失的"实用批评"系列讲座的第一讲时，考试大厅挤满了英语系和其他系的一百二十名本科生。曼斯菲尔德·福布斯常常出席；E. M. W.蒂利亚德也常常出席；还有可怕的希尔达·默里（Hilda Murray）、H. S.（斯坦利·）贝内特［H. S.（Stanley）Bennett］和琼·贝内特；还有F. R.利维斯；还有其他大牌人物，有时包括T. S.艾略特——人们相信艾略特还就那些没有日期、没有作者的诗歌——该课程的实质性内容——提交了一份"备忘录"。[12] 在一次长时间休假结束后（1926年3月—1927年9月），理查兹于1927—1928年再次讲授该课程，一代非凡的年轻人——包括缪里尔·布拉德布鲁克、E. E.费尔、雅各布·布鲁诺夫斯基、汉弗莱·詹宁斯、休·赛克斯、阿利斯泰尔·库克，以及燕卜荪认识的其他人——都趋之若鹜地去让圣人鞭挞他们的绵薄之力，重新培养他们，以成为可以从业的批评家。

"这些时刻，"布拉德布鲁克说，"感觉就像威尔士信仰复兴者教派的集会——理查兹作为演说家有非常明显的威尔士特征——和英国学会（British Association）的基础科学讲座的结合。"[13]根据阿利斯泰尔·库克回忆，讲座有时也会很滑稽，虽然不总是有意为之。理查兹在诗歌朗读方面有坚定的信念，责成他的听众"切忌用读者的个性为诗歌上色；要做一个中立的通道。然后他为我们朗读了G. H. 卢斯（G. H. Luce）的诗歌（收录于《实用批评》），以他尖利的、发牢骚般的哀鸣念道：'爬升吧，云朵，在蓝天描绘/你神奇的栅栏；/大地将获得欢乐/勾画你短暂的美。'这些重读与理查兹的声音一样都非常个性化，每一个节奏都不是戛然而止，或缓慢下降而结束，而是有一个上升，好像要提一个无礼的问题。一切都很滑稽，全然是个人癖好。"[14]

很难知道燕卜荪是否坚持从头到尾选修了1927—1928年的"实用批评"课程。理查兹在《实用批评》一书中从一千份所谓的"备忘录"中选用了三百八十七篇，有些是全文，有些是节选，这些都是1925—1928年间学生提交给他批阅的作业，他大约认同其中三十篇。[15]正如琼·贝内特懊悔地指出，大多数作业"为一首诗被误读的可能性提供了奇怪、滑稽、可怕的证据"[16]。但是理查兹描绘的误读地图使燕卜荪感到焦躁不安——更多是悲伤，而不是恼怒。燕卜荪在评论理查兹搜集的那些荒诞的评论时说，作为批评，那些备忘录是"糟糕的"："它们很乏味，有时是滑稽的；直到痛苦的结尾它们都在展示那些如果隐藏起来可能会更仁慈的东西；我坦言我不能参加当时的课程学习，因为由于这些原因我发现它们很令人尴尬。但这不是我感到骄傲的事情……"[17]即使如此，有证据显示燕卜荪1928年的确去听了至少一部分讲座，见证者之一是阿利斯泰尔·库克。他完整地听了"实用批评"

系列讲座，仍然记得"当理查兹说在提交'备忘录'的人当中，只有两人看到了埃德娜·圣文森特·米莱（Edna St Vincent Millay）的伤感情绪中那不可救药的自信（十四行诗第5首，首句为'死亡何所惧，你永远不会死'），那时他感到备受打击。我的那篇编号是5.8，当然最机智、最压倒一切的那篇在第79页，来自燕卜荪"[18]。然而，另外两位权威人士也同样相信，编号5.81的作者另有其人：琼·贝内特相信它具有"曼斯菲尔德·福布斯的不可模仿的印象主义手迹"[19]。曼斯菲尔德·福布斯的传记作者休·凯里（Hugh Carey）持同样的观点。[20]（不管怎样，5.81的浮夸和滑稽都不像是燕卜荪的风格，相对其他备忘录作者来说，他可能更多地考虑词组"你的无懈可击的身体"所包含的犀利讽刺——另一篇备忘录，编号5.71，对这个词组暗示的"轻蔑"进行了猜测，但没有真正对它进行仔细思考——从而意识到该诗可能是一个好挖苦的女人给一个荒唐而虚荣的男人写下的安慰话语。有意思的是，理查兹居然赞扬5.81"对诗歌的内容和形式进行了仔细观察"，而实际上它仅仅是自我赞许。）这并不是指责阿利斯泰尔·库克有描述不实之嫌，而仅仅暗示他可能是理解错误。这也不是指责燕卜荪撒谎：他的意思肯定是说他去听了第一系列的一个讲座——严格地说是1925—1926年的"原初讲座"（1926年初他还选择不去听T. S.艾略特的克拉克讲座）—— 发现感觉并不好，因此在那一学期他拒绝参加所有公开的实用批评讲座。燕卜荪没有否认他出席了1928年系列中的一些讲座，的确，他后来也证实了每次理查兹摆好架势都会有人欢呼："时常会有很多人来听他的讲座，大厅都坐不下，因此他就会在外面的大街上演讲；有人说，从中世纪以来，这种事情都没有出现过，不管怎样，大家把他看成带来福音的人。"[21]燕卜荪完全赞同布拉德布鲁克的观点，认为"理查兹是一个会施魔法的人，一点也不会因其威尔士原籍而感到羞愧"[22]。然而，他在1970年11月5日的信中再次确认，"我没有写过任何备忘录，因为对这个程序感到畏缩，但我去听过一两个讲座。直到理查兹不教我之后，我才意识到他是正确的——我的朋友们认为他很荒唐，并且由于我在接受他的指导已经使我成为他们笑话的来源。年轻人总是错误的，我想应该如此。"[23]

燕卜荪总体上讲没有去听多少讲座，或者说不如他的朋友们听得多。〔正如埃尔茜·邓肯-琼斯讲，"首先，它们是社交活动"。〕不管怎样，他对以下课程都没有留下任何评论：A. B. 库克（A. B. Cook）的"希腊悲剧"；G. G.库尔顿（G. G.

Coulton）的"中世纪生活、思想与文学"；斯坦利·贝内特的"莎士比亚"；贝内特夫人的"18世纪散文"；G. G.库尔顿的"1066—1550年的生活与思想"；T. R.亨（T. R. Henn）的"英国喜剧表演的发展：从道德剧到复辟时期"；伊妮德·韦尔斯福德（Enid Welsford）的"文艺复兴"；巴兹尔·威利（Basil Willey）的"英国伦理学家"；L. J.波茨（L. J. Potts）的"17世纪英国喜剧"；甚至F. R.利维斯（总是称他"利维斯先生"）的"18世纪文学"。但是他至少去听了一位名人的课程，大约半个世纪后的1974年，他自己在剑桥大学作克拉克讲座时回忆道："我在这里做学生的时候，我听了E. M.福斯特作的克拉克讲座'小说面面观'〔1927年春〕，我认为那是一个榜样；不喧闹、不粗鲁，但持续地让人快乐，甚至兴奋，人们的注意力被延展，听到了话外之音，这些话外之音主要是关于其他作家，但总是显得像话题的一部分。"[24] 四十六年之后的1974年，当他在准备自己的克拉克演讲时，燕卜荪回忆的正是如此："E. M.福斯特作了一次理想的克拉克讲座；他的讲座，加上理查兹的一些讲座，是我仍然记得的在剑桥大学时听过的讲座。"[25]

既然理查兹不鼓励他的学生去听讲座——的确，这是系里的一个官方政策，"学生不需要听许多讲座，因为准备学位荣誉考试不依靠课程，而更多是依靠学生的个人阅读，这比任何其他荣誉学位考试都更如此"[26]——燕卜荪很高兴放弃那个机会去观看理查兹最著名的竞争对手、国王学院的F. L.卢卡斯（F. L. Lucas）的精致表演，他的《悲剧》（Tragedy）——根据他优雅的、听众甚多但批评价值甚微的系列讲座"古典和现代悲剧与亚里斯多德的《诗学》"出版的书籍——在《格兰塔》中被燕卜荪的同学T. H.怀特视为垃圾。[27] 埃尔茜·邓肯-琼斯也回忆道："利维斯博士警告我们，写作时不要模仿F. L.卢卡斯那种警句型和怨言型的浮夸风格。我很高兴地觉得，我们也许并不完全听从管教。"[28] 曼斯菲尔德·福布斯也常常把卢卡斯说成是"把膨胀的麦粒播种到地里"[29]。另一方面，有某种证据表明，好奇心驱使燕卜荪去听了一位来访名人的表演，格特鲁德·斯坦因（Gertrude Stein）在1926年作了她著名的重复得使人发呆的讲座——"作为解释的创作"。[30]然而，即使他没有去听这次讲座，在当年晚些时候这个讲座被"伦纳德和弗吉尼亚·伍尔夫的霍格思出版社"出版后，他也花力气去读了。他肯定认为斯坦因很现代——在之后的几个月中，他在发表的书评中有时会使用她的讲座的关键词"平衡化"——1927年6月，他发表了一首奇怪的散文诗《一只十九世纪的球》（'Poem about a Ball in the

Nineteenth Century'），他坦言是效仿她的做法。[31]

然而，如果燕卜荪因为他的导师而忽视了大多数大学讲座，他也不太可能忽视理查兹的密切合作者——也是他著名的促进者——曼斯菲尔德·福布斯非凡的、趣味横生的讲座。巴兹尔·威利赞扬道："在才华横溢、出人意料、有洞见性和独创性方面，这些讲座是无可匹敌的，它们还很幽默……在诸多方面，福布斯是柯尔律治式的人物；他的讲座是一层层题外话；它们像漩涡一样旋转，但不前进，没有多少方向……但这些一点都不要紧；曼尼有一颗真正创新的心灵，一种想象力，可以点燃我们，有不同寻常的、可靠的趣味和正确的判断力。"[32] 福布斯能够对华兹华斯（Wordsworth）的十四行诗《被快乐惊起》（'Surprised by joy'）进行梳理、把玩达数星期之久；因此年轻的理查兹对此进行效仿也并不奇怪——根据奎妮·罗思（Queenie Roth）的闲谈，"理查兹相信诗歌应该精读，可以花一个学期的课程研读两行诗。"[33] 因此，理查兹在他赠送福布斯的那本《实用批评》中写道——"对于该书的写作，你比任何人作用都大"——这是坦率和完全恰当的说法，因为［正如格雷厄姆·霍夫（Graham Hough）后来毫无偏见地说］理查兹的实用批评方法"总体上讲是对福布斯的做法的系统化"。[34]

至少我们可以肯定燕卜荪总体上讲不喜欢听讲座，因为——这很有讽刺意味，在他1928年3月还是数学专业学生时写的一则关于亚瑟·奎勒-库奇爵士的讲座"论演讲的演讲"的通知中，他是这样说的。这个通知很短，可以全文转录（它在简短的篇幅中说了很多，特别是第一句话说得很精彩）；他显然对备受欢迎的Q评价不高，然而他乐意将那一天献给其他"英语专业的演讲者"，只要他们的演讲生动——同I. A.理查兹一样（我们猜测）：

> 这本薄薄的书很优雅地赞成口头演讲，虽然可说的不多，以此作一个引言，引导一个演讲系列，虽然演讲以印刷形式呈现是对它们的糟蹋。讲座适合个人人格和智力杂技的展示；因此无论如何，英语和数学专业的演讲者们都有机会上演很好的音乐剧式的演出。[35]

四十五年以后，在为安排期盼已久的克拉克讲座而写给剑桥大学三一学院的高级导师加雷思·琼斯（Gareth Jones）的信中，他写道："我希望你同意，讲座应该出人意料，并给人快乐……"这是多么贴切啊！[36]

燕卜荪在玛德林学院读一年级时，那时他想学数学专业，就已经读过理查兹的书——《意义的意义》、《文学批评原则》和《科学与诗歌》。他不但读过理查兹的美学理论，而且从一开始就认同这种理论。1926年6月他在《格兰塔》中表达了他的赞同，他带着讽刺意味赞扬赫伯特·里德（Herbert Read）的美学理论："总体来说……它是真实的和有价值的，特别是因为理查兹先生已经说过了。"[37]他提到的是理查兹所谓的"价值理论"［理查兹在《文学批评原则》（1924）的《价值》章节中论述了该理论，后来又把它视为到那时为止"他所做的最困难、耗时最长、最持久的思考"］。[38]事实上，燕卜荪后半生都将对理查兹的实用批评原则表达忧虑；他对理查兹的美学理论所作出的反应，使我们把《复义七型》（1930）的最后一章与《一种美学理论》（'A Doctrine of Aesthetics', 1949）一文联系起来，同时也与《死亡及其欲望》（'Death and its Desires', 1933）和《文学批评与基督教复兴》（'Literary Criticism and the Christian Revival', 1966）等文章联系起来。"我们对人类历史和命运的全部感受都牵扯到了我们关于价值的最后决定之中，"理查兹在《文学批评原则》中写道——燕卜荪一生都在暗中留意着这样的判断。"成为一个批评家就是成为一个价值的裁判者……因为艺术就是对生存的评判，"他以掷地有声的挑战口吻补充道。[39]

理查兹的情感价值理论的核心是他所谓的"通过前后一贯的系统化努力达到最大的满足"——"对冲动的系统化"。[40]正面的"冲动"（impulses）他称之为"本能倾向"（appetencies），任何努力满足这些冲动的东西都应该被视为好的或有价值的。充实而有序的生活必然是将各种满足最大化，将压抑和牺牲最小化。有了这样的目标，即人人过上自我实现和自我了解的生活，诗歌应该对现代社会承担宗教的作用。我们必须将诗歌——"我们的标准的最重要的资源库"——用作"一种重新把我们自己组织起来的手段"。[41]它固有的、重要的、自我证明的作用就是催生"最佳生活……那种人格的潜能尽可能多地参与的生活"[42]。简言之，诗歌的美妙之处在于创造心理和谐：善。约翰·保罗·拉索将这种理想的善描述为"启蒙的、批评领域的幸福论"[43]。在《美学基础》（1922）中，理查兹使用了心理学术语冲动协调［synaesthesis，不能与文学术语"联觉"（synaesthesia）混淆］，指一种达到审美平衡的心理状态。"完全系统化必须呈现出这样的形式，即任何调整都将保证冲动的自由发展，做到完全避免挫败感。"这个综合而动态的平衡原则"将调动我们所有的官能……其他任何经验都不能使我们意识到环境的丰富性和复杂性。平衡的最终价值在于：完全觉醒强于一半觉醒。"[44]尽管这些早期著作中存在明显的脆弱之处，但理查兹在后来的批评中还是或多或少地保留了这个冲动理论，仅仅改变了为关键性的"系统化模式"下定义的术语："冲动协调"、"相互去生命化"（interinanimation）、"反馈"（feedback）和"正馈"（feedforward）。

在大学时期，直到《复义七型》出版，燕卜荪对这个理论的忠诚度似乎非常高，在没有进一步探究的情况下，他于1930年宣称理查兹"创立了一种可行的审美价值理论"。但是从早期开始他也表达了忧虑，并在1937年延迟了他的判断，将它描述为"一种警察般的理论，可以帮助你阻止狭隘的理论影响你的实践"。到1950年，在《词语分析》（'The Verbal Analysis'）一文中，他似乎一时将他的信仰降到了怀疑的境地：

> 我不否认，把人类经验进行高度综合，创造出一种统一的价值理论，可以适用于一切艺术作品和所有人类情景，是一件宏伟的事情；但是在目前的情况下抱怨没有人提供过这样的理论，似乎有点不太理智；如果它的确存在，那么它显然应该是一个哲学性综合，而不是一个文学性综合。

在同一篇文章的前面，他指出他自己的诗歌"深度分析"实践"可能是走出这个批评领域局限性的死胡同的最佳路径"——造成这个死胡同的是

> 这样的观念，即诗歌的卓越性与其复杂程度成正比，或者很难解释；这似乎是一个常见的错觉，表达出来后总是令我震惊。然而我想这非常接近我的立场；不管怎样，它能够与I. A.理查兹的价值理论对接，即满足更多的冲动，而不是更少；也可以与T. S.艾略特的努力对接，即找到一种足以表现现代生活复杂性的诗歌语言。

由于在道德哲学和心理学之间游走，理查兹的确引发了许多问题，与他解决的问题一样多；他所引用的术语似乎可以互换。[45]理查兹的传记作者坦诚地说明了

这个问题："在应该接近事实的地方，他却下了定论；在应该挑战的地方，他却吵吵嚷嚷。要同时做到踌躇试探和鼓舞人心，是不容易的。"[46]理查兹的认识论引发的问题包括那些具有流动性意义的、表现心理完善的术语——比如"冲动"、"态度"、"张力"、"对立"、"平衡"，等等。例如，"冲动"是心理学术语还是哲学术语？这种美学理论是涉及话语还是分析，涉及创造力还是接受力？"冲动理论对态度的起源和性质都不能提供真正的解释，"杰尔姆·席勒（Jerome P. Schiller）哀叹道："它仅仅告诉我们理查兹相信它们对于阅读诗歌非常重要。"[47] 1933年，燕卜荪决定将自己的疑虑向I. A.理查兹直接提出："我不太明白，冲动是否被定义为生理学范畴。如果是，那么我不太明白它的满足是什么。"[48]更近一点，约翰·尼达姆（John Needham）指出了总体价值理论运用于诗歌方面的缺陷：

> 理查兹自己似乎暗中也意识到这个困难，因为在陈述他的总体价值理论时，他直接谈"本能倾向的满足"，但是在运用于诗歌时，他不用"满足"（satisfaction），而用"平衡"、"协调"、"调整"（adjustment）、"化解"（resolution）等词汇……"冲动"根据他的定义是一个对他很有用的术语，因为它能够让他从刺激转移到反应，尽管这没有道理，然后在需要的时候又转移回来；但这使他陷入了无法忍受的困境。随着他对诗歌语言复杂性认识的加深，他不得不用创造性的心理解释和刺激—反应解释来重新构建总体的复杂性理论。[49]

根据拉索的说法，理查兹自说自话地做到了两不误："他用以表示心理完善的术语在文学分析方面几乎同样有效……这种术语的双重作用让理查兹在心理和诗歌间来回游动，并用一个领域的术语去理解和定义另一个领域。"[50]问题不断地被引发。

理查兹似乎的确相信，至少一开始是这样，即文学批评是心理学的附加模式。"我的情况是一个真正精通心理学和神经病学的人在写文学批评的书，"他后来说。[51]他的美学理论利用了C. S.谢林顿（C. S. Sherrington）著作中的神经生理学模式，虽然他没有承认这么多。"我仅仅将雪莱翻译成了谢林顿，"他在1970年非正式地承认道。[52]"作为理查兹的一个有多重价值术语，"拉索说道，"冲动可能指一个全系列的事件，或者指许多事件中的任何一个。冲动是运载工具，乘在它上面的有一系列其他因素——感觉、意象、情感、指涉——从心理中穿过。在这个系列的末端，冲动以一种生理化学的方式发生……"[53]这些先在的概念完全可以解释为什么理查兹的著作那么缺乏批评性分析。正如拉索坦言，"理查兹在八十一岁才出版了第一部实用批评著作《超越》（Beyond）"[54]。（这肯定激发了燕卜荪用"实用"的诗歌细读来弥补这个缺憾。）特别是在《实用批评》中，正如约翰·尼达姆遗憾地指出，"平衡理论抑制了理查兹有效地发展他在诗歌语言方面的著述"[55]。

根据价值理论，诗歌——理查兹后来把它推崇为"心灵成长中建立自我秩序的最高手段"[56]——能够"拯救"我们：[57]它将通过驱逐魔幻的世界观和建立根本的世俗主义思想而取代宗教。理查兹建立这种理论的途径是，区分用以表达真实事实的语言（特别是科学真理）和主要由"伪陈述"（pseudo-statements）构成的诗歌语言。"伪陈述"并不意味着"必然虚假"，他合理地解释道，而"只是一种文字形式，科学的真伪和它当前的目的毫无关系"。他的观点如下：

> 无数的"伪陈述"——关于上帝，关于宇宙，关于人性、心灵间的关系，关于灵魂、灵魂的等级和使命——这些"伪陈述"是组建心理的重要因素，对它的健康非常重要，而对于真诚、率真和有识之士而言，它们突然变得无法相信，像几个世纪以来人们对它们深信不疑那样……
>
> 这是一个现代的情况。补救的办法……是将我们的"伪陈述"与那种用于实证的陈述区分开来。区分出来后，它们当然会被改变，但它们仍然能够成为我们整理相互的态度和对世界的态度的主要手段。[58]

简言之，对上帝的信仰（举例说）主要是虚构的，而不是实际的。T. S.艾略特指责这种世俗的救赎主义为无的放矢；对他来说，这无异于复兴马修·阿诺德（Matthew Arnold）在文学和教条上的观点："就像是说墙纸可以拯救我们，而墙已经垮塌了"，艾略特挖苦他这位朋友说。但非常奇怪的是，即使这个聪明的意象似乎把理查兹离经叛道的奇想击得粉碎，艾略特先前仍然在对《科学与诗歌》的评论中承认，这个理论可能是很正确的。然而只是在一个方面；它是一种心理学价值理论，但是我们还必须有一种伦理学价值理论。两者不可调和，但两者都必须持有，那就是问题。如果我相信人的主要荣誉就是颂扬上帝，永远以此为乐，我正是如此，那么理查兹的价值理论就不够了：我的优势在于我能够同时信仰我的和他的理论，而他仅限于他自己的理论。[59]

艾略特居然能够很乐意地同时接受自己对基督教超验真理的信仰和一种在意图上和目的上都对它进行亵渎的价值理论。难怪燕卜荪对此到非常迷惑。[60]

因此燕卜荪努力寻求巩固这个理论的基础，堵住理查兹的话语修辞（及其理论）中那些漏洞；他相信最佳的做法就是对它进行挑战。他觉得，如果理查兹这个理论宣称具有什么普适效用，它关于价值判断的人文主义标准——相当于抛弃宗教的观点——就必须能够解释其他文化和宗教。比如当理查兹认为关于上帝和命运的传统信仰应该被降格为"伪陈述"时，他显然是着眼于基督教的天堂观。燕卜荪在《复杂词的结构》（*The Structure of Complex Words*）的附录中以更宽广的角度，公开地但也带有一丝同情地，对这个观点中包含的实际上是全然反宗教的思想提出了质疑。"《价值理论种种》（'Thoeries of Value'）是一篇非凡的文章，"燕卜荪书目整理者弗兰克·戴（Frank Day）正确地说道，"理解很宽阔，表述很畅达。它是燕卜荪所写的最好的文章之一，值得在更大的范围内讨论，特别是对那些对斯坦利·菲什（Stanley Fish）的'解释社区'概念感兴趣的人。除非坚持要求价值体系建立于外在基础之上——像休·肯纳（Hugh Kenner）那样——燕卜荪应该因理性地呼吁建立社区、避免个人主义色彩而受到尊重。如果最终它被判定是在玩一个逻辑上的把戏，那么至少它也是一场令人信服的魔术表演，同那些其他的在大帐篷里的表演一样。"[61]

1931—1934年，当燕卜荪开始写《价值理论种种》这篇文章时，他在日本教学，因此他发现，用佛教这个当地的最佳资源来检验理查兹的理论既方便又具有魅力。在《美学基础》中，理查兹否认"冲动协调"是一种"涅槃、狂喜、升华或天人合一"，[62] 但是燕卜荪认为，目前人们对涅槃概念的理解——代表了一种"回归绝对"（正好是基督教上帝概念的翻版，从50年代后他将会这样认为）——

使［佛教］与其他所有大型宗教中的神秘倾向形成了对接，先前它一直不赞同升入天堂的提法；在这一点上我们找到了理查兹价值理论的伟大的历史性敌手——任何自我满足理论的敌手。它与任何类似的理论相抵触，不是因为它悲观，而是因为它不相信个人。我并不假装有能力对争论双方进行调停……如果价值理论仅仅提出满足人类的冲动，任何使人类感到真正满足的东西，那么理查兹教授不需要像他打算的那样坚定地反对宗教。满足最多冲动的东西，可能最终就是上帝的荣耀，或者甚至是涅槃一类的东西。[63]

最终还是有"一种概念上的佛教思想隐藏在燕卜荪热烈而理性的人文主义之中"，哈罗德·比弗（Harold Beaver）在一篇著名的评论中说。[64] 的确，燕卜荪特别赞同的佛教的一个方面——正如他在《死亡及其欲望》一文中对《价值理论种种》的观点进行先期探索时清楚地说明——是他称之为"逃避死亡恐惧的理性化，被做得如此过头，以至于没有多少悲剧感，没有多少献祭死亡的魅力，不如基督教及其个人获得永生的理论"。如果任何一个民族都必须通过评估死亡的意义来珍惜生活的目标，那么佛教的一个魅力就是，它仿佛解决了一个困境：同时做到怀疑永生，又打算在现世好好生活。对于燕卜荪来说，佛教艺术正好表达了"死亡和完全令人满足的生活之间的一个根本矛盾"。甚至在一篇以《生活》（'Life'）为题的广播稿中，这是1939年为WRUL电台（波士顿）写的基本英语广播稿，他认为他的责任是将佛教树立为基督教的最令人鼓舞的对手——值得注意的是，在这个话题上，他的声调提高了，充满了激情，他的节奏甚至仿佛在模仿《火戒》（'Fire Sermon'）：[65]

这就是那个横贯东亚的教义，它接触到一个国家，就可使它强大。它仿佛很美丽、很安全，是一种全新的、美好的生活方式，在成千上万的人们中间开花结果。这就是它所说的，它说死亡，除了死亡没有其他可能的好事，它清楚地说了这一点。其中关于人类行为的事实比我们所了解的要更加陌生。因此重要的是说……《火戒》的所有效果几乎都是好的效果。比如，成千上万的活人以耶稣的名义被烧死，而也许没有任何人以佛祖的名义被烧死。但是佛祖说的话提供了实施火刑的更多理由，针对平常生活带去更多仇恨，如果你看看那些简单的文字就明白，比耶稣的话具有更多的毒液。但是实际上它们并没有造成损害。作为历史问题，在这些文字所到达的地方，它们都发挥了行善的作用。

（由于有这样惊人的似是而非的说法，燕卜荪在《死亡及其欲望》一文中很贴切地引入了弗洛伊德在《超越快乐原则》（*Beyond the Pleasure Principle*，1920）中提出以下观点时所描述的类似的心理维度："所有生命的目标都是死亡"——弗洛伊德的理论是基于对自然的观察，即有机的生命可以被有讽刺意味地视为希望自己死亡：也就是说，它的目标是自我灭亡。）[66]

理查兹的价值理论特别使燕卜荪忧虑的地方是，它的最佳案例似乎都决定于"平衡"或"协调"与"非结局"或"僵局"（两种或更多冲突的心理状态无法协调）的区分——正如《文学批评原则》中所说："互为冲突的冲动达到协调，我们认为这是最有价值的审美反应的总体方案，它调动了我们人格的更多因素，参与更清晰的情感经验……实际发生的情况与僵局正好相反，因为与伟大诗歌的体验相比，任何其他心理状态都是一种迷茫。"[67]使燕卜荪感到不安的是，理查兹的语言似乎将满足与挫败、快乐与痛苦对立起来，其方式带有语言学上的欺骗性，但实际上不能成立。"然而这里好像有一个裂缝，通过它一个佛教式的结论钻进了理查兹教授的观点，钻进了他对僵局（不好的）和平衡（好的）的神秘性区分，"他在《价值理论种种》中写道（也在评论《美学基础》再版时写道）。[68]1933年4月2日（在北京的一家酒吧中写的）一封信的草稿中，他写下了与理查兹相反的观点——又一次提到了佛教提供的替代性视角——

痛苦（根据我的理解）不是快乐的基本对立面，而是一个臆想出来的独立的生理现象。佛教的立场似乎是，痛苦是快乐的结果，也是起因；快乐从根本上讲具有误导性，因为它是欲望的制造者，欲望最终造成痛苦。但是这个观点显得有道理，仿佛仅仅是因为启用了一种驱逐刺激因素的想法（受到生命轮回思想的支持）：显然有些人逃避了现世生活（认为这是他们唯一的生活），没有从快乐中得到多少痛苦。（虽然这些术语显得很愚昧：我写信的地方空气中充满了痛苦和绝望，它们来自一个俄罗斯妓女，被慢慢地赶出了酒吧——所有人都不得不去抢拾她抛撒满地的钱和饰物，她完全掌控了这个情景。）但是如果痛苦与快乐完全分离，那么冲动的满足和挫败似乎就更加不可能具有同等和相反的价值（其他事物同等），（显然）这正是你的理论所需要的。

而且，即使价值理论并不具有享乐主义色彩，理查兹在提出该理论时也使用了从约翰·沃森（John Watson）那里学来的行为主义心理学的语言，使价值看上去像是一种基本无意识的收获：一种偶然主义。[69] 燕卜荪的理性人文主义不允许一种未知状态的存在。就他而言，任何价值理论必须具有一种审慎的责任感：它必须在"仁慈和社会价值感"之间保持一种具有足够意识的理性平衡，因为最终标准"更可能是政治标准"。作为一个逻辑明显的例子，他指出，

[行为主义者]会说，产生吃晚餐的胃口，感觉你肯定能得到晚餐，并且实际上得到了，这具有负面价值（或作为界限它毫无价值）：因为一个需求一直没有满足，然后在一段时间后仅仅被满足。在两个阶段显然都有正面的快乐。在我看来，似乎在胃口中也有正面快乐，因为这个人（a）有意识（b）能够知道……

如此这般就是他的主要观点——这贯穿了他所有的关于诗歌和人文价值的著作，最明显的是他对基督教的攻击——"正是这个人的思想意识，使一种需求变成了一种快乐。"

因此，燕卜荪专注于将理查兹那个基本上是被动地（因为是行为主义）获取价值的理论改变成一种对完全有意识的领悟的陈述。他在1933年4月宣称，"似乎很明显，意识涉及到价值，因为如果没有意识，我们就会感到没有价值。"然而，虽然他忧虑理查兹的价值理论，这也仅仅是为了使它在所有意义上变得更有目标，但是他仍然持续赞同理查兹的世俗伦理——这是他从杰里米·边沁关于个人就是"社会的托管人"的概念中得来的伦理。理查兹关于全面满足正面冲动（本能倾向）的理论基本形成了对边沁的功利主义学说的一种变奏：某种"伦理的算数"能够决定

快乐和善的价值，只要它们本身服务于社会，而非服务于自我。步J. S.穆勒（J. S. Mill）、亨利·西奇威克（Henry Sidgewick）和伯特兰·罗素的后尘，理查兹在《文学批评原则》中以这种方式表述了功利主义的伦理：

> 拒绝满足某个欲望的唯一理由是更重要的欲望将因此而受到阻挠。因此伦理变成了谨慎，伦理准则仅仅表达了个人或民族所获得的机动策略的最为总体的方案……在那些需要个人之间建立人道、同情和友好关系的欲望满足实例中，这种情况尤其如此。个人主义或自私自利的指控可以被用来攻击这样的自然主义或功利主义伦理，但这仅仅是忽视满足这些欲望对于一种平衡生活的重要性所产生的后果。[70]

燕卜荪持续地寻求将这样的实用原则应用到他的生活和著作中，在1973年撰写的一篇赞扬理查兹的文章《锤子的响声》（'The Hammer's Ring'）中，他再次确认说："为获得最大多数人的最大幸福而算计，这样的想法的内在是荒唐的，但是它似乎是我们能够提供的唯一图景。"他相信，支持这个"可算计的价值"理论的最佳理由，一方面是需要避免傲慢地进行自我证实式的批评判断（即马修·阿诺德称之为"个人评估"的谬误）——"取代边沁的唯一做法是玩弄伎俩的、狡猾的道德说教，"燕卜荪写道，"为个人的或社会团体的奇想提供毫无根据的重要性"——另一方面是需要尊重不同的世界观，不带文化上的先入之见：

> 阅读想象性文学的主要目的是把握各种各样的人生经验，想象行为准则和风俗与我们不同的人们；除非通过边沁式的方式，即除非思考"这样的准则和风俗如何得以运行"，就无法做到这一点。[71]

肯尼思·伯克（Kenneth Burke）曾经指责燕卜荪，说《弥尔顿的上帝》（*Milton's God*）"使注意力偏离了宗教与社会秩序之间的关系"，这个指责离题离得不能再远：正是因为燕卜荪对社会伦理的高度关注（这在他30年代的著作中就非常明显，特别是《田园诗的几种变体》）才导致了他对宗教的谴责，认为它仅仅服务于对生活与文学的美好体验的损害。理查兹完全赞同这一点。[72]基督教的上帝仅仅为人类提供了一个诡辩式的合同，而对燕卜荪来说，正如弗兰克·戴正确指出的——"价值理论的基石是人的理性"[73]。

但是如果公认的后基督教批评家们从文学作品中抽掉了理性冲突和道德抵抗，从而违背了作家的光明磊落特质的话，那么针对燕卜荪的最猛烈的抨击也许就是，他也在沉湎于先入之见之中，使他的批评发现成为一种伦理期待。尽管新批评几乎默认了语义自治和固有价值等概念，燕卜荪却对形式主义表示了蔑视，坚持作家的理性和批评的常识。然而，如果他不能做到不偏不倚，那么他总是在努力反对极简主义，不管是基督教，还是新批评——教条主义伦理或整齐划一的理论的约束。"燕卜荪先生也许永远不会建立一个批评的、政治的或形而上学的体系，"他的朋友迈克尔·罗伯茨（Michael Roberts）在1936年也许有根据地预测道。[74]直觉告诉燕卜荪，对任何理论的阐释都是给批评和伦理探索强加了非逻辑的和不必要的限制。反对偶像崇拜，但绝不是无政府主义，他代表了社会秩序的尊严和个体理性的特权。然而，如果他避开了建立批评理论的召唤，在实践中保留了采取实用主义的一切权利，那么从他的大多数著作中，人们仍然可以看到，他至少公开宣布拥有一种关于想象力的隐含理论。从定义上讲，他认为最好的文学作品具有思想的抗议性，常常是持异议的和叛逆的，不是表现神经质，而是表现真正的内心冲突，并用一种公开的、可解释的形式将这个情况反映出来。燕卜荪的理论（如果是理论的话）旨在将人的心灵从教条中解放出来，使文学与一切人类经验连接成一体。

在战后的年代里，他越来越倾向于相信，"'英国文学'作为一个大学学科都需要回到边沁的立场"[75]——其原因是除非批评家获得自由，否则作家的解放无法实现，反过来也是如此。1949年，他在《一种美学理论》（'A Doctrine of Aesthetics'）一文中写道，"也许检验一种美学理论的真正标准，至少在对它一无所知的情况下，就是看它在多大程度上能够让个人自由地运用他的品味和判断力；必须在实践中而不是在对真理的抽象思辨上去评判它。"他这样做，实际上是重申了他在学术生涯开始时就曾经主张的原则："决定性的判断属于品味，"他1936年坚持说："一种恰当的文学批评理论，一旦获得，不只是阻止了不恰当的理论来干扰你。"1961年他又在《英国诗歌的节奏和意象》（'Rhythm and Imagery in English Poetry'）一文中重新陈述了这个观点："甚至不确定你是否需要理论，因为理论的发现必须总是要服从品味的判断。"然而，直到他的学术生涯结束，他都在为理查兹的价值理论而欢呼，即使同时也在怀疑它是否真正地、永远地定义了美学经验的美好效果。他感到，那些忽视它的批评家必然要违反基本的、以宽广和慷慨气概为特征的边沁精神。"我总是认为，"他在1959年的一封信中写道：

> 利维斯对理查兹"价值理论"的攻击是他迈出的致命的一步，不管恰当地表述这个理论是多么的困难，这是他的讲台的一块重要的板材；利维斯从来没有显示出从哲学上把握心灵的任何能力，他自以为他可以在那个讲台上高视阔步而不会从其中的漏洞掉下去。其结果是将他那激烈的伦理批评变成一种离奇的势利批评，充满了精英阶层的架势和优雅，一心想要获得社会声誉，虽然这与他真正的家庭背景和同情倾向相抵触。[76]

当然，理查兹坚持了自己的立场；在一篇未发表的、写在他自己那本《文学批评原则》的空白页上的第二版前言中，他重申："的确，我的一个主要主张就是，除了我勾勒的伦理和心理基础外，文学批评应该没有原则。"[77]

燕卜荪在1959年同样强调说，学习文学"除非与价值判断、生活经验、尝试不同态度和不同世界观以发现其优劣相结合，否则它就毫无意义"。这正是他在二十五年前的1934年所表达的信念，那时他作为批评家和教师还在摸索自己的发展道路。在30年代初他为日本学生所写的一篇题为《文学教学》（'Teaching Literature'）的文章中，他认为学生从文学中所获得的收益除了快乐，还有"情感生活的充实和拓展、心智的独立和平衡感"。

1982年，燕卜荪在一封致理查兹的传记作者的信中说，理查兹的"基本理论""是对绝对主义的防范，不是一种你可以从中抽象出理论的东西。他可能希望这样，至少提供有用的指导，当他形成这些理论框架时，希望心理学可以指引道路，但希望很快就渺茫了"。燕卜荪继续说，并自始至终表现出忠诚，"当然我认为应该有一些应用性推演，如果他的著作被更好地理解的话，也许现在已经就有了。"[78]

关于他与理查兹关系、他的感激之情、他必须发表的保留意见，也许燕卜荪所说的最有价值的话要算发表在《伦敦书评》（London Review）中的一篇讣告文。从他回忆的核心部分可以总结出三点。第一点是，正如已经说过，到1928年燕卜荪已经阅读并吸收了早期理查兹的——关于意义、美、价值——美学理论，认为它们已经是稳定的理论，而不是挑衅性的热点新闻：

> 巴兹尔·威利教授在纪念理查兹八十寿辰的纪念文集（1973）中说，他不仅建立了现代文学批评，而且给它提供了一套术语，长期以来这已经成为常规术语，以至于它的来源常常被遗忘。我现在认为这是真实的，但在他做我的导师时我不太明白。威利听了理查兹在剑桥大学作的第一系列演讲——后来集结成为《文学批评原则》（1924），而我（当时还是数学专业学生）听了后来成为《实用批评》（1929）的演讲系列中的一到两个。他的观点已经为人们所熟悉。我的文学圈子（包括布鲁诺夫斯基）把理查兹视为一个伟大的解放者，他使我们的努力成为可能：但是他不断地告诉我们，他的每一个理论都仅仅是常识，有人在18世纪就已经说过。像佩特（Pater）笔下的蒙娜丽莎（Mona Lisa），我们想象自己比我们坐在其上的岩石还要古老。[79]

第二点是，当他接受了这个审美—实用的价值理论后，甚至作为学生，他都对其中的心理学和神经生理学内容感到疑虑——那些"冲动""本能倾向""冲动协调"的说词——理查兹正在竭力地将它们引入文学批评。[80]出自科学领域的理查兹，燕卜荪在他的回忆中继续说，

> 正在期待着一场由心理学引发的思想革命。当我在最后一年接受理查兹每周一次的指导时，我还在听詹姆斯·史密斯的课程，他赞同T. S.艾略特和原罪教义。我记得，在每次接受指导之后，虽然我很喜欢，并且从中受益匪浅，我还是通过汇报一些出自科学主义专家的、在神学看来很荒唐的话，以刺痛敌人。一年以后，我开始在杂志里为他辩护，以回击一个特别粗俗的攻击，因此我并没有能动地背叛；但如果认为剑桥大学曾经对理查兹的观点一致接受，那就犯了一个错误……他的分析力量总是使人们把他视为极端主义者。[81]

直到理查兹去世，他才承认了早期的矛盾心理以及他私下的背叛；他从来没有

否认他的观点不同。比如在1966年，在一篇评论詹姆斯·詹森（James Jensen）的《〈复义七型〉的建构》（'The Construction of *Seven Types of Ambiguity*'）的文章中，他坦陈："我真的受到理查兹的诸多影响，但我觉得应该从两方面去了解，可能还说过我站在他的对立面。我不太清楚什么时候我才意识到他是正确的……当我确定选择'科学主义'这一边时，直到我开始在一个基督教国家教学，我才意识到宗教所带来的现实的危害。'科学主义'在逻辑上的神秘之处肯定存在，一部分神秘在于它的真理，但是这一点不能成为崇拜魔鬼的理由。"

然而，在他为理查兹写的讣告中需要关注的最后也是最说明问题一点是一个关于局限性的判断。

> 然而，［在"实用批评"讲座系列中］他讲的大多数内容都是负面的……他所关注的是一种迷茫，即人们阅读时会发生什么，或者总体的美学经验；重要的是要意识到，人们的阅读常常不正确，而除此以外，什么时候这个效果是好的？……但这样说似乎是公正的，这个计划的唯一确切的部分是消除障碍。

这个敏锐的似是而非的说法，即理查兹关于实用批评的著作是"负面的"，关注的是"消除障碍"，并没有暗示理查兹使问题进入了死胡同。相反，他创造了一个机会。正如燕卜荪在理查兹纪念文集中同样说道："着魔是有用的，对那些正要选择研究领域的年轻人来说，是对行动的激励；它开启了一个通往皇家花园的闪光通道，或者一条完全改变日常体验的逃避路线，或者至少是平常的理论问题。"[82] 但是燕卜荪的说法的确暗示了一个问题：为什么理查兹没有写出批评性分析，虽然已经为此打好了基础？

简要的回答很简单：如果理查兹是理论家，燕卜荪就是实践者——虽然我们不得不说他没有按照理查兹的指导方针去实践。[83] 要为这个说法提供理由就必须回答以下问题，即燕卜荪的著作受到理查兹的范例和批评传统的影响有多大？还有，他不得不——带着深深的敬意——表示异议的程度有多大？

除了对理查兹价值理论的科学术语和准行为主义特征的合法性表示出疑虑外（在他处他对这些理论是全心赞同的），还有一个领域的分歧使燕卜荪感到更深的不安。在这个问题上，燕卜荪认为理查兹的立场违背了交流的原则。在《科学与诗歌》（1926）一书中，理查兹认为在诗歌中"思想不是一个主要因素"。"对诗歌的误解和低估主要是因为过分强调了从其他因素中分离出来的思想……重要的不是一首诗说什么，而是它是什么。"[84]这个申明是阿奇博尔德·麦克利什（Archibald MacLeish）的现代主义"诗化"名言的变种："诗歌不应该表意，/ 而只应该存在"［《诗艺》（'Ars Poetica'）的最后一句］，燕卜荪对其任性的反理性主义表示了哀叹。正如理查兹的传记作者约翰·保罗·拉索用一个丑陋的词语描述它说，理查兹"降低了诗歌的'思想'份额"；"在这方面他属于他的时代：对理智的反叛在19世纪末的尼采（Nietzsche）、詹姆斯、柏格森（Bergson）等思想家中间开始，第一次世界大战后变得更加剧烈。"[85]早期的理查兹"刻意将诗歌中的'意义'变量降到了最低"。[86]为回应这种思想，燕卜荪的批评大多都在努力修复理查兹所引入的一种裂痕，即诗歌中"情感"语言和"指涉"语言之间、感情和意义之间的裂痕。[87]燕卜荪认为，在文学中"媒介接近于话语理性，将它们分离出来是反自然的"[88]。他后来在《复杂词的结构》中也说，"我想问题在于理查兹教授将一个词在给定的使用情景中的意义——无论它多么'复杂'——理解为一个单一现象，所以认为那个意义以外的任何因素都必须被解释为感觉，感觉当然就是情感或者语气。但是在我们看来，是'感觉'的许多东西（复杂的比喻中很明显）事实上是相互关联的意义的复杂结构。我们能够直接说话，并把语法弄清楚，这个情况显示我们对说话的过程进行了很多的理性策划，其细节要比我们注意到的多得多。"作为对这个说法的回应，理查兹在他那本燕卜荪著作的空白页上写下了这样的评论："不同意理查兹？例如第56—57页。这些在理论性的章节中似乎很值得研究［这些章节被直截了当地给予了对立性题目'词语的陈述'和'词语的感觉'，仿佛是遵从了理查兹］。我的感觉是燕卜荪不同意他认为理查兹在说的内容，这个做法几乎总是正确的，但是理查兹说的几乎一律不是他以为的内容。在很多情况中，两人好像都在努力以不同方式说同一件事情。在另一些情况中，我的一些不经意的词语使他认为我持有一种我坚决反对的观点……"[89]

但是，燕卜荪不能为任何可能存在的误解负责，如果这种误解存在的话。[90]克里斯托弗·伊舍伍德对理查兹在公开课中传播的思想深信不疑，对这位先知的召唤五体投地。"在我们的交谈中，'情感'一词被替换成了'美'。"[91]爱德华·厄普沃德（Edward Upward）与燕卜荪一样，对理查兹竭力定义的伪区别感到愤怒。在他的小说《家就是奋斗》（*No Home but the Struggle*）中，扮演理查兹的B.K.威尔肖（B. K. Wilshaw）是"一个惊人的天才"，他认为"诗歌是'情感的'，'情感'是他惯常用来表达观点的关键词，即诗歌本质上与感情状态有关，与科学不同，后者本质上是'理智的'，与客观现实有关……他关于诗歌叙事没有外在指涉性的观点，我很快意识到，是他的诗学理论的核心"[92]。厄普沃德在小说中至少三次抨击了威尔肖的错误观点。燕卜荪与这样的错误观点斗争了二十年。

理查兹在把语言区分为情感形式和指涉形式时犯了一个"轻微的错误"，燕卜荪后来在一封刻意克制的信中解释道。他自己"试图要还原那个整体……理查兹和我都承认的是，对问题的分析必须能够说明语言的使用在什么情况下变得不诚实，比如一个煽动者企图利用文字的情感效果来欺骗听众，从而阻止他们获得文字的指涉意义"[93]。

然而，对理查兹不稳定的早期理论，燕卜荪感到非常恼火。约翰·保罗·拉索试图强调这个分歧的严重性："燕卜荪一开始就给予了诗歌的'意义'层面以更大的分量，随着他们事业的发展，结果这变成了更加深刻的分歧。"从《复义七型》到《诗歌中的论辩》（'Argufying in Poetry'，1963），再到后来的唇枪舌战，燕卜荪坚持了理性主义的标准，坚持了诗歌的逻辑主义标准。正如理查兹〔1978年在与拉索的一次非正式谈话中〕解释道，"燕卜荪是数学家，因此选择站在事物的定量一边，喜欢用公式来思考——剑桥风格。"[94] 到此为止，这话是非常公正的；然而，简单地说，燕卜荪更加重视诗歌的意义，而忽视诗歌的情感，是不正确的。对燕卜荪来说，理查兹过于重视情感，将情感推向了极致；他自己关心的是在两者间保持一种平衡。燕卜荪1930年5月在一篇文章中强调说，他所寻求的是意义和情感的"有机和谐"，对两者的救赎：一种不可分割性。〔有意思的是，这篇文章的意图是回应他的老同学约翰·斯帕罗（John Sparrow）在牛津大学一份杂志上对《实用批评》的蔑视性攻击，并为其辩护。〕因此，即使是在回击斯帕罗时，他也没有忘记责备理查兹："情感和思想不是可以分割的两个物体；在某种意义上，它们更像是事物的内外两面。"[95]这可不是无足轻重的、偶然的事情。理查兹在《实用批评》中的一个主要的批评法则如下："语言——特别是诗歌中使用的语言——具有多个使命需要同时完成，而不是一个。"[96] 理查兹此时使用"同时"一词令人吃惊，因为他的观点的重点在于说明读者不能同时理解这些不同作用的融合；因此"四种意义"（用他的话说）必须被区分开来：意思、情感、语气、意图。无疑，作这个区分的想法在《实用批评》出版前数月一直萦绕在燕卜荪心中。理查兹夫人在1928年10月25日的题为"艾弗的公开课"（'Ivor's lecture'）的日记中记录道："硕大的教室挤满了人群，人们坐在地上，我与其他十几个人坐在后面的支架上，足有听众二百余人。讲的内容是意义被区分为意思、情感、语气、意图。伟大的辨析家。"发现诗歌意义的难度，理查兹发布命令式地说，较之于抓住"捉摸不定的"情感来说并不算上什么。[97]解决的途径是进行"两种释义……一种可以显示诗歌的意思，另一种可以刻画它的情感"（第223—224页）。尽管有这样的命题，他写道，"我们仍然不知道如何分析"情感（第217页）。然而，语言本身就是一个情感的"资源库，一种记录"，"我们理解文字所表现的记录心理的能力在提升，在未来还可能大幅提升。在实现这个目标的手段中，心理学与文学分析或批评的结合或合作是最有希望的。"（第218—219页）

燕卜荪在《复义七型》第八章中断然拒绝了这种简单化的、工整的分类——在这一章中，他同样也支持了《实用批评》（第三部分《分析》）中推出的许多原则，包括诗歌中的信仰〔"你必须是一个可能采取行动的人，就当它们是完全真实的一样，"燕卜荪写道，他想到的是汉斯·费英格（Hans Vaihinger）的《仿佛的哲学》（*Philosophy of As/If*，1911）；而理查兹却采用了一个巧妙的词语"想象的赞同"〕。燕卜荪认为，寻求将意思、情感、语气和意图区分开来的概念性框架是行不通的；分开就是毁坏，就是歪曲：

> 理解诗歌和理解分析它的过程两者都不是读一个清单……人们对一个复杂概念的记忆是一种包含了事实和判断的情感……但是将事实和判断（思想和情感）分开来陈述，视它们为两个不同的但相关的东西，是一个糟糕的方式，不能解释它们是如何连接在一起的；它使得读者将它们理解为两个东西，而事实上必须将它们理解为一个整体。[98]

作为对理查兹理论的驳斥，即心理学和文学批评必须联合起来从语言中挖掘出埋藏在里面的情感，他补充道，"这种细致的分析可能是很好的心理学，但它不可能是文学批评"（第238页）。但是最根本的问题，他在下一个段落中重申道，是同步而不是分裂："分两个部分说一件事，与把它说成一个整体，是不同的，后果是不可预测的……如果不想让事情多元化，唯一的方法就是在每时每刻把它呈现为一个整体。"（第238—239页）

1947年，斯坦利·埃德加·海曼（Stanley Edgar Hyman）非常敏锐地说，理查兹常常对燕卜荪的诗歌表现出极大的赞赏，但"据我所知，在他的书籍中他从来没有提到或者引用过燕卜荪的文学批评"。在接下来的二十五年里，这种不太应该的忽视依旧没有改变——直到1974年理查兹才应邀为燕卜荪纪念文集撰写了一篇难以捉摸的、模棱两可的颂词。在《语义拓荒者》（'Semantic Frontiersman'）一文中，他躲躲闪闪地、拐弯抹角地试图要对《复杂词的结构》作出一些合理的评论（这是文集的编者要求他做的）；甚至当他确实要写下颂词时，他都是欲言又止，赞扬的同时又有所保留。《复义七型》和《复杂词的结构》，他说，肯定"提高了对文学进行阐释性评论的标准"。但是必须对这番敬意进行限定：

> 说燕卜荪对文学进行阐释性评论的最佳著作"提高了标准"，我显然要谨防被误解。我不是说，总体上讲人们读了他的著作就会做得更好——更加有事业心，更加有效。完全不是这样……我不是说，燕卜荪所有的阐释性（或者自称的阐释性）著作都达到了这个高超的新水平。我仅仅是说，在最佳状态时，他能够指出、描述、揭示语义之间的合作和互动，在规模、细腻程度和对策方面超过了前辈批评家。[99]

他以同样的口气接着说，这暴露了一种想要记录下完全是强装出来的能力的迹象，或者像是一个卖弄学问者的拙劣模仿。燕卜荪可能是一个艺术鉴赏家，但是他总体上缺乏"建设性或创新性能力"（第101页）。《复义七型》和《复杂词的结构》所做的大多数工作，理查兹指责道，"都是*释义的尝试*"（第106页，斜体来自理查兹），这是一个明显可以感觉到的藐视之语，因为燕卜荪所做的远远不止是遵循理查兹在《实用批评》中的提议。然而特别值得注意的是，理查兹在结束时正好揭开了一个在那些岁月中给人创痛的老伤疤："指涉功能和情感功能只有在保持它们的独立性的情况下才能维持它们的'整体性和宁静的结合'〔正如莎士比亚的尤

利西斯说的那样〕。"（第108页）

由于燕卜荪对"科学主义"（包括神经生理学）与诗歌批评的相关性感到忧虑，对理查兹"诗歌说什么不重要，重要的是它是什么"的反理性主义假设感到恼火（包括他毫无根据的重情感、轻意义的倾向），另一个关键性问题就不可避免地要出现：《复义七型》受理查兹的影响到底有多大？——无论是作为理论家还是批评家。凡是熟悉理查兹教授，或者听过他讲课的人，都不会否认他是一个伟大的诗歌分析家。他的传记作者拉索在这一点上为他唱了赞歌："在他的实用批评中，理查兹有一双显微镜似的眼睛，这个天赋对于一个文学批评家来说比理论天赋更加重要。他是文学批评中的列文虎克（Leeuwenhoek，荷兰生物学家、显微镜学家）；上天赋予了他更加细腻的眼光……对那些听过他讲课的人来说，他留下了一个不可磨灭的印象，即他看见了诗歌的终极微粒。"[100] 然而，根据燕卜荪在1928年，甚至1929年能够获得的理查兹著作来看，我可以大胆地质疑这种赞歌的虚伪性。休·凯里说，《实用批评》中的评论"有点模糊"。同样，W. H. N.霍托夫（W. H. N. Hotopf）曾经大胆地说，理查兹"对更有价值的诗歌的评论总体上是不直截了当的"，他从拉索那里得到了一个含糊的回答："这完全没有抓住理查兹的实验的要点；他没有宣称对整首诗进行'细读'；他是在纠正误读，他的评论很具体。"[101]

即使这样，似乎也可以公正地质问为什么理查兹在那本书中没有提供一个"实用批评"的模式。同样，辩护者也可以公正地回答，理查兹没有提供这样一个"可行的模式"，是因为他知道那些用作实验的诗歌的作者以及它们的年代：在这个问题上超出那些做练习的学生不仅太容易，太炫耀，而且还会违背他所坚持的（华而不实的）文本客观性原则。然而，原告可能会说，一个直截了当的方法是，理查兹自己也参加一个由第三方设计的某种"看不见的"测试。就《实用批评》的现状而言，他对于选修他的课程的学生有相对的优势（即使他没用刻意追求这样的优势）：不管愿意不愿意，他掌握着那一组诗歌的外围信息。[102] 然而，我们必须宽厚地承认，理查兹是一位分析大师。琼·贝内特坚定地说，他是"一个令人兴奋的、值得信赖的阐释者，部分原因是因为他对每一首诗歌的解读不仅在思想上是机敏的，而且也是直观的，有强烈的感受"[103]。但是他的阐释亮点似乎都留给课堂了；书籍是写理论的，不是用来阐释的。不管怎样，他反对实用批评所代表的干预主义："理查兹认为，大多数文学阐释都没有担当优秀理论所担当的解释功能。"[104]

总之，任何人如果想要进行"实用"批评，他们应该以自己的方式去做。

事实上，如果任何人想要给未来的人们展示理查兹早期确实能够从事实用批评，他必须借助于理查兹确实做过这种尝试的地方，即《实用批评》第215页：这是在阐释G. H.卢斯撰写的关于晚霞的诗行——"啊，太阳脆弱的钢铁外衣"——理查兹（虽然他的引用有缺陷）提供了一种"非常仔细的分析"。约翰·保罗·拉索称这个段落"代表了1929年的细读方法"。

> "外衣"，如果从这个名词开始，有两种意思；第一，"钢铁外衣"是"黄金外衣"或"白银外衣"的延伸，这个外衣的寒冷感觉、金属质地、无机品质非常重要；第二，"轻薄、柔软、透明"与薄纸一样。"钢铁"的出现也是亚里斯多德的第二种意义比喻，即从种类向形式转移，钢铁是一种特种材料，代表了任何一种足以维持巨大的云彩结构的材料。"钢铁"暗示的颜色在此也有关联。"脆弱"暗示了"薄纸"的半透明、轻柔还有可能出现的解体。应该补充说一点，"太阳的"与"蚕的"［这个短语没有在诗歌中出现］相对应，即蚕由太阳产生。我给了这样一个复杂的解释，部分是因为许多读者在理解这行诗时碰到了困难。[105]

从这个上下文来看，非常明显的是，由于不得不作如此之多的解释，理查兹感到有点厌烦。然而，拉索刻意要证明理查兹的意图是想说明卢斯诗歌中的含混现象，在这样的情况下，他并不懊悔地提供了比理查兹更多的阐释："'脆弱'是钢铁品质的反面；坚硬的钢铁是柔软的薄纸的反面；薄纸处于不透明和透明之间；前一行里云彩的'巨大圆顶'的有机解体，解构了机械地竖起的巨大建筑。文字的双重意义根据文本的结构在心里引发了一种平衡。"[106]我不能理解最后一句话是什么意思；但是很明显拉索抛出了一个与来源并不相同的观点。理查兹关心的仅仅是让读者信服，在任何情况下，在他们理解之前，他们都会感到这是一行很好的诗歌："人们会同意，在这里意义是复杂的，当分析完成之后，它会显示它与情感有一种理性的对应，这种情感是那些赞同这行诗就是该诗精华的读者所应该感受到的情感。这个在阅读中出现的逻辑结构在多大程度上是那些文字的情感的来源？它是否仅仅停留在那模糊的背景中，更多的是一种可能性，而不是现实？"（第214—

215页）对于理查兹来说，这行诗的意义仅是一种回味——它最多是诗歌情感的追逐者：“一种非常贴切的情感常常出现在清楚地把握意义之前”（第216页）。不管怎样，他并不是在解释含混现象在诗歌中的运行机制。

另外，理查兹自己也很明白——在他极不情愿地发表对卢斯诗行的注解之前几个月（以及拉索事后为他说明的偶然的含混现象）——燕卜荪已经以极快的速度形成了一套完整的关于七种含混现象的观点，并附加了详细的分析。雅各布·布鲁诺夫斯基在日记中记录了这样一个事实，即燕卜荪早在1929年1月20日就针对含混现象发表了一次演讲；[107]多罗西娅·理查兹在1929年5月5日的日记中写道：“接下来他匆匆地读了燕卜荪关于含混现象的论文，所有人都回来了，有埃尔茜·伊丽莎白［费尔］、马克斯、索尔特马什、燕卜荪和哈利汉（Hallihan）［理查兹的美国学生］。”［西班牙语专家爱德华·威尔逊（Edward M. Wilson）后来表达了他的感激之情，不是感谢理查兹的“实用批评”理论，而是感谢燕卜荪关于含混现象的阐释的伟大飞跃，以及那些早期的演讲；他在1957年对燕卜荪说，“我要感谢你的是，你的谈话、你在异教社的演讲，以及你的《复义七型》教会我看清了我阅读的纸页上所写的东西。”[108]］燕卜荪这些思想的首次出版是在1929年2月，发表在《实验》杂志上（燕卜荪是编辑之一），乔装打扮成对莎士比亚十四行诗第16首的句法含混（双重语义）现象的精彩分析，后来直接进入了《复义七型》：那篇文章才真正地代表了1929年的细读方法。[109]

尽管如此，拉索仍然想把几乎一切功劳都赋予他的传记对象——包括燕卜荪首先使用的分析诗歌含混现象的方法：

> 《复义七型》在核心理念、结构、方法、概念和结论方面都包含着理查兹的影响。它的核心理念将互文性与这样一种思想结合起来，即含混现象可以被划分为“递增的逻辑紊乱的不同阶段”。这是将理查兹的思想向前推进了一步，理查兹对这个思想的探索已有十年，并且在《实用批评》中曾经简要地陈述过：“含混现象实际上是大规模的”……理查兹试图在“情感”、“美”和“意义”上所做的事情，燕卜荪在“含混”上做了……（第526页）
>
> 《实用批评》中所简述的关于含混现象的各个方面在后来的岁月中都

得到了发展。第一，对多义现象和"大规模的连锁性含混现象"的追求成为"细读"和新批评的标志，在理查兹的弟子手中它本身几乎就成为追求的目标……从后来的发展趋向来看——比如燕卜荪的含混［等等］——理查兹将含混从无足轻重发展为一个主要的——唯一主要的——文学手段的贡献是批评史的一个历史性时刻。（第279—280页）

拉索的著作是全面的、博学的，但是这些段落在很大程度上是误导的。一个明显的例子是，燕卜荪根本不关心为"含混"概念下定义，就像理查兹试图为"情感"、"美"和"意义"下定义一样。他没有将"含混"定义为一个抽象的概念，而是寻求描述诗歌中含混现象运作的不同类型，即含混的效果，主要是词汇学和句法学意义上的含混，它们有意识或无意识地出现在具体的诗歌中。

不管理查兹在早期著作中使用"含混"一词时是什么意思，他的意思不是燕卜荪的意思。例如他在《文学批评原则》（1924）中坚持认为，"一首诗歌中的含混……可能是诗人或读者的失误。"[110]还有，当约翰·米德尔顿·默里（John Middleton Murry）抱怨说《荒原》由于在"直接效果"上显得含混而违反了"优秀作品的最基本的标准"时，理查兹似乎接受了这个指控，仅仅暗示说读者可以通过一些努力来克服这个困难："甚至最仔细、最有共鸣的读者都必须再次阅读，并作出艰苦努力，才能使诗歌在他心里清楚地、毫不含混地呈现。"[111]正如拉索对理查兹的观点解释道："最终效果是一种清晰，含混现象消除了。"这绝不是燕卜荪的立场：他并不寻求消除含混，好像含混代表了文学的某种消化不良症似的，而是赞赏诗歌的多义性，它的意义的经纬交错。同样，《实用批评》中那个被拉索当成决定性事实的句子——"含混现象实际上是大规模的"（第10页）——理查兹实际上并没有把它运用在诗歌语言上，而是运用在批评语言上，那些修辞上的陈词滥调——"抽象词汇的无所不在的含混"（第344页）、"几乎所有语言表述的不可避免的含混"（第341页）——这些陈词滥调代替了作为"我们整个人格的选择"的真正辨别力。理查兹正确地对这些抽象语言的含混表示了惋惜："'真诚'、'真理'、'伤感'、'表现'、'信仰'、'形式'、'意义'，和'意思'诸如此类的文字对于那些依赖它们的人来说，似乎用一种奇迹般的方式多次切中要害。但这只是因为每次都是各种不同的投掷物被满天释放出来，而不是一个单一的意

义……"（第300页）

尽管如此，拉索仍然想要强化他的暗示，即理查兹实际上在关注诗歌表述中的含混现象，他为《实用批评》的另一个段落提供了这样的注解："诗歌语言因凝练而变得更加含混；它做了推理性语言要么不做、要么只有通过对其思想进行'空间化'才能做到的事情。"[112]然而在查阅此引语来源之后，人们再次发现理查兹讨论的不是含混，而是诗歌中"思想"的密度和广度（两者不是一回事），以及随之而来的诗歌分析的困难："诗歌语言的密集性往往会阻碍推理，因为推理的功能就是把思想铺陈开来，把各个部分区分开来。"[113]（"空间化"不是他的原话，而是拉索的。）

最重要的是，拉索将理查兹提升为诗歌含混现象的发现者和倡导者，实际上是在指责燕卜荪在1966年撰写的关于他与理查兹关系的叙述中说谎：

> 理查兹那时在指导我备战英语荣誉学位考试的第一部分，不是写一本书，他让我确定在这个领域进行了全面调研；我似乎还记得有一些关于小说的文章写得很差。也许在含混问题上花了两小时，但不会更多……我没有让理查兹"长时间指导"我如何写我自己的书，因为我在原则上与他有分歧……

燕卜荪非常熟悉理查兹的著作，很愿意在应该感谢的地方表达感谢，因此人们应该给予他的证言应有的尊重。（例如，人们也可以比较《复义》中的这一则鸣谢："我关于莎士比亚的多数评论，比如，都是从阿登版全集中抄来的。"）[114]如果他真的相信他是在发展理查兹发现的思想，那么他会这样说。除了这样的信任，我们也有理查兹自己在《实用批评》中的权威性发言，他还没有找到一种方法来测量诗歌的含混现象的运作方式，无论是在认知方面还是在意动方面——更不要说作为一种系数现象："文字，我们所有人都认识到，在情感和意义上同样含混；但是，虽然我们能够在某种程度上跟踪它们的多义性，但是我们在它们的情感含混方面相对很无助。"

至于燕卜荪提到的在那时候他与理查兹有分歧的"原则"问题，拉索合理地认为这可能与心理分析的技巧（所谓的"深层心理学"）有关，燕卜荪曾经从弗洛伊德那里把它借鉴过来，用于《复义》之中；[115]但是这也可能是指燕卜荪最初的针对文学批评中的"科学主义"的模棱两可的态度；或者他对理查兹提出的区分诗歌中的情感—意义整体所表达的不满；或者甚至是这三个因素的某种混合体。燕卜荪也可能意识到，他自己信奉的"诗歌即冲突"的理论在理查兹的价值体系中没有合法性，除了在那个不太令人满意的"僵局"体系中。

理查兹的指导活动是在自由学校巷1号（1 Free School Lane）的一座摇晃的老建筑三楼的一个房间里进行的，房间陈设稀少，有放荡不羁的波希米亚风格。暖气片不在壁炉中，而在房间中间的两张藤椅之间；壁炉上放着山峰的照片；色彩斑驳（主要是橙色）的墙纸上有许多文字——这些汇聚起来的名言比整齐地记录在笔记本中的还容易辨认。玛格丽特·加德纳（Margaret Gardiner）曾经在这个环境中拜访过理查兹，她留下了这样一段难忘的叙述：

> 如果你来看他时他正好在那里，他将请你喝茶，并用饼干听盖子盛上饼干请你吃；如果他外出了，你可以发现他在想些什么，因为他习惯于探出他的藤椅，在墙上写下他的想法。我听说——虽然装满书籍的书柜与此不符——他极不赞同拥有东西，以至于常常在读过一本书之后就将书页撕下来，揉成一团，抛到废纸篓里。
>
> 尽管有不少人拍他的马屁，理查兹没有一点趾高气昂的傲慢。他有一种方法去抓住他人谈话中暗含的任何有趣的东西，不管话多么俗套，然后把它变形为一种新颖的、令人兴奋的思想。我认为是一种罕见的、慷慨的秉性使他成为如此优秀的教师：他能够使人们感到——也许甚至真正成为——比他们自己更聪明、更有趣。他总是鼓励他人，从来不失去耐心，或者讽刺挖苦。[116]

关于燕卜荪读过的"评论小说的糟糕论文"，没有任何记录；但是他和理查兹很有可能讨论过《螺丝在拧紧》（*The Turn of the Screw*）和《黑暗的心》（*Heart of Darkness*），因为这是理查兹最喜欢的小说文本；在诗歌文本中，也许有多恩、哈代（Hardy）、霍普金斯，特别是叶芝［理查兹不喜欢早期的叶芝，但很喜欢1928年出版的《塔》（*The Tower*）］；要不然，正如燕卜荪所说，还包括英语荣誉学位考试第一部分的内容。不管文本是什么，这些指导应该是密集的、有活力的、滔滔不绝的行为。四十五年之后，理查兹仍然能够记得那一天"燕卜荪突然结束了指导，从椅子里站起来，高兴地大声喊道：'玄学派诗歌！啊，我们一个上午都在谈玄学派诗歌！'"[117]多罗西娅·理查兹在1928年11月14日的日记中为我们描绘了她丈夫的优秀学生和他的同伴们的笨拙模样（特别是他们不习惯于在一个成熟女性面前的尴尬）：

请三个年轻人喝茶——非常腼腆——［J. H. P.］马克斯一半是西班牙人，最成熟——他有一种圆滑的神态——虽然他们都经常像小学生一样上蹿下跳——［克里斯托弗·］索尔特马什——穿着一件灰色西服，戴着一条粉红色领带，一副疲惫拖拽的样子——如此腼腆，以至于不能很好地说话。他正在出版一本剑桥诗歌集（《剑桥诗歌1929》）。雷德格雷夫（Redgrave）是演员、诗人，看上去最像一个十足的孩子，有一种迷惑人的魅力。他不怎么说话——他们都如此——因为艾弗有点头疼，他完全是一言堂，说话速度如此快，他简直不敢停下来，害怕出现一种沉默——因此没有人敢说话。在指导了燕卜荪之后——他是一个态度粗鲁的人，眼里没有任何东西，好像我不存在似的。当我进入房间时，他可能希望他自己也不存在——艾弗回到了家里，躺在床上养他的感冒——

当理查兹最聪明的学生问他是否可以有一段时间去处理自己的事情时，他感到了极大的宽慰。这情况并不令人吃惊。

威廉·燕卜荪一开始因《复义七型》而成名，这本书或多或少以以下方式写成［他1940年回忆道］。他在剑桥大学是一个数学学生，在最后一年转学英语。由于他就读于玛德林学院，我成为他的导师。他似乎比我读的英国文学作品还要多，并且阅读时间更近、读得更好，因此我们的角色很快就有相互调换的危险。在对他进行第三次指导时，他提出要玩劳拉·赖丁（Laura Riding）和罗伯特·格雷夫斯玩的那种阐释游戏，即对没有标点的诗行"把精力消耗在耻辱的沙漠里"（朱生豪译）进行阐释。他对这首十四行诗就像一个魔术师对他的帽子，不停地从里边变出活蹦乱跳的兔子来，最后他说，"你可以这样阐释任何诗歌，是不是？" 对于一个导师来说，这是一个天赐的机会，因此我就说："你最好回去做这件事，是不是？"一个星期之后，他说他还在打字机上敲打。如果他继续那样做，我会介意吗？一点也不。一周以后他来了，腋下夹着厚厚的一叠看不清楚的打印稿——该书核心的三万字左右。〔事实上只有一万五千字。〕我不知道从那以后有任何一本文学评论的著作能有如此持续、如此显著的影响。如果你一次性读完它的大部分内容，你将会觉得你患上了"流感"；但是如果你仔细地阅读一小部分，你的阅读习惯可能被改变——朝更好的方向改变，我相信。[118]

这个叙述与燕卜荪附在《复义》第一版前言中的致谢文字没有多少区别：

> I. A.理查兹先生，那时是我的导师，指导我英语荣誉学位考试的第一部分，他告诉我写这本书，把各种东西放进去；我对他的感激是巨大的，比得上世间任何类似的感激。我使用的方法来自劳拉·赖丁和罗伯特·格雷夫斯在《现代诗歌概览》（*A Survey of Modenist Poetry*）中对莎士比亚的一首十四行诗的分析："把精力消耗在耻辱的沙漠里"。

正如詹姆斯评论道，"当面对一个无与伦比的天才学生，正在干一件激情四射的事情，一个教师能做什么呢？"然而在理查兹和蔼的、略带讽刺的文字中，我们必须注意到"阐释游戏"这个词所包含的怀疑，这似乎在暗示他的学生所追求的可能是毫无意义的纯粹玩耍（相对应于理查兹所关注的情感的游戏），还有他那句"读燕卜荪多了可以让人患流感"的话；还有燕卜荪在前言中使用的模棱两可的话：他承认他的感激是"巨大的，比得上世间任何类似的感激"。我认为，这些谨慎的文字在燕卜荪为《复义七型》第二版（伦敦，1947年，第viii页）撰写的前言中得到了解释：

> 我很吃惊，该书的内容我愿意修改的很少。我写作该书的态度是，一个光明磊落的人将抛弃"圆滑"，把它树立成一种荣誉。除了故意挑起微

不足道的争议之外，我一开始就宣称我将使用"含混"一词来表示任何我想表达的意思，并多次告诉读者，他阅读到的关于七种类型的区分不值得去作更加深入的思考。至于这个理论的真实性，常常以一种令人恼火的方式呈现出来，我记得在一次接受"指导"的过程中告诉过I. A.理查兹教授（他当时是我的老师，给过我关键性的帮助和鼓励），在这个问题上所有可能发生的错误都应该被集中起来并且加以出版，以便等待和发现哪些是真正的错误。

很显然他肯定一开始就有点调皮似的不坦诚。理查兹视之为文学批评的错误路线的东西，燕卜荪却把它非常严肃地坚持了下来。就其目前的状况来看，那最后一段是一种假装谦虚［正如罗杰·塞尔（Roger Sale）第一个这样说］；[119]事实上，他接下来说的一句话把它完全覆盖了，对导师的启发性的压制表示了轻蔑："十六年以后，我发现我完全准备好坚持几乎所有的观点。"

含混理论的精髓，根据燕卜荪的说法，也许是受到I. A.理查兹的刺激才形成的，但是它同样地，或许更多地，受到了西格蒙德·弗洛伊德和罗伯特·格雷夫斯的影响。燕卜荪确切地提到，当纽纳姆学院的年轻明星埃尔茜·费尔提交给他一篇题为《瓦莱里与杰勒德·霍普金斯》（'Valéry and Gerard Hopkins'）的文章时［当时他是《实验》杂志的编辑之一，文章在1928年11月发表］，他心里是怎样想的。燕卜荪在9月寄出了他的回复，但却是通过挖掘他自己的兴趣而写成的。这一点非常重要：

> 莎士比亚的评论者会暗示说，"这个人又在故弄玄虚了"，并在注释中提供三种东西，他们认为那个词的"意义"是其中之一；通常来讲，这个段落的效果是，这个词指向所有三种东西，或者更多。同样，《乘风者》中的一些段落就同时指向相反的意思，是它们的上下文造成的，这似乎很明显；理查兹曾经这样说过，然后就渐渐对此持反对意见了。
>
> "buckle"［来自《乘风者》的后六行］同时指向两种意思：扣住，像一条皮带在战争中扣住你，和/或变形弯曲，像自行车轮在事故中被压弯，不能再使用。"here"同时指向那只鸟或那团火。这是在诗歌中经常

使用的技巧，在玩笑中总是使用，以表现两种价值体系，或作出判断或无法作出判断的痛苦。弗洛伊德和矛盾心理，实际上我希望你能够把这一点说清楚……[120]

这封信的这两个段落在《复义七型》中都会出现，几乎没有作任何改动。第一段关于莎士比亚的异常丰富的意义，出现在对第二种含混的讨论中（第二版，第81页）；第二段关于霍普金斯诗歌中相反的意义，出现在对第七种含混的讨论中，这是含混的极致状态——"可以想象的最大的含混"。这个极致类型相当于"完全矛盾"，显然是非理性的最大值，或至少是截然对立。这种二元对立"发生在一个词的两种意义、一个含混的两个价值之中，被上下文定义为两个对立的意思，从而它的整体效果反映出作者心理的根本性分裂状态"[121]。

燕卜荪称为"弗洛伊德和矛盾心理"的因素进入了第七种类型的框架，正如他在《复义》中解释道，是因为对立状态"是弗洛伊德对梦进行分析的重要因素"：在他的分析中，对立至少意味着不满。"在更严重的情况中，那种造成更广阔的情绪反响的情况，比如发生在语言、诗歌或梦中，它标志着一种冲突的中心……"作为对这个观点的延伸，即梦包含了对立，或将对立展示为整体，或"用相反的欲望反映任何一个因素"——弗洛伊德在1910年偶然发现了语文学家卡尔·亚伯（Karl Abel）撰写的一本小册子《论原始语言的语义对立》（*Über den Gegensinn der Urworte*，1884），他说该书首先在以下方面给了他启发，即"梦的机制有不顾矛盾、用同一种方式表现对立因素的奇怪倾向"。他注意到，在一些语言中，如古埃及语、闪米特语、印欧语，有原始世界的遗存，有一些词汇有两种意思："一个意思正好指向其反面"。但是现在看上去是词汇的奇特性，融合相反意思的荒唐性，这种奇特性的出现是因为我们的概念都来源于比较。根据亚伯的说法，原始人类"是逐渐学会区分事物的对立面的，思考一个方面时并不与另一个方面有意识地进行比较"。而弗洛伊德在《原始文字的背反意义》（'The Antithetical Sense of Primal Words'，他评论亚伯著作的文章）中，把这种意义对立的奇特现象（似乎又是原始语言的习惯性现象）视为"对我们关于梦的思维表达方式的回归性和原始性特征的一种佐证"[122]。

燕卜荪认为这样的词汇同样可以"期待在高级状态的语言和情感中出现"，

他引用了弗洛伊德的文章来描述第七种类型的诗歌含混（第194—195页）——将"上下文定义的两种不同意义"合二为一，无法在两种意义间进行裁决，因此标志着一种绝对的矛盾。但是在更早一些时候，他在给费尔的再次回复中也描述了这个构想，费尔曾经质疑他在第一封信中所作的简要说明：《乘风者》中的"buckle"一词同时包含所有可能的意义——不管它给诗歌留下多么不可决断、多么充满矛盾的最终效果。燕卜荪把弗洛伊德关于对立特性的文章作为他的唯一文本，未作任何修改，并据此在1928年10月的第一个星期对他坚定的观点进行了解释〔值得注意的是，这时他刚刚开始接受理查兹的指导；在这个学期开始之前，他从约克郡的家中写道〕：

> 你说buckle的两个意思仅仅是两个意思，可以用普通方式将它们捆绑在一起。但它们的确是上下文造成的对立面；紧张起来从事活动的生活与破碎和静止下来的生活。（事实是，这个意义对立的思想是人为的；你可以在任意两个点间连接一个标尺。）使得它们形成对立的是诗人把它们连接起来的希望，使各种各样的心理冲动都相互暗示。在诗歌形象产生效果的模糊不清的领域，它们是两种意思在同一个词汇中合二为一的最自然的形式。P是非P的对立面，如果你想要这样，但是它们两者都会展示它们之间关系的轮廓。原始语言有同一个词汇表示两个相反意思的情况；可以说，你指出了一个灰色地带，不管你指的是黑还是白，都顺带着在里边反映出来。""not"一词是人类的一个近期的、奇特的发明，在表达各种各样的意义中使用，只要说话人发现自己遭遇困境。在被分析的梦境之中，某种对立被视为可以对换，两者都指向同一个更加复杂的状态。"某种"肯定显得非常重要；常识，任何关于世界的有序态度，都是如此的依赖于差异。如果任何一个结论可以被安全地否定，你就不会得到结论。但是我必须说我相信，在诗歌中以及在玩笑中，那很有效。
>
> 你说这首诗歌包含两种不同意思，你可以在它们之间作出选择。它可能包含更多。但是由于这些意义都相互联系，在同一套心理冲动的促使下对同一个情景作出不同陈述——也许很可怜——它们会产生一个完美的、宏大的整体。你可以说，对位法写作包含几个不同的音调——你当然可以

对我说这一点，而我总是发现听一个音调、让其他音调自然产生效果是一个问题。但其他音调的确会产生效果，特别是当你更了解它们之后。[123]

对理查兹来说，以下观点是无法忍受的，即诗歌中的意义冲突可以形成十足的矛盾 —— 在这个矛盾中，"一个词的两种意义，一个含混的两个价值，是被上下文定义为两个对立的意思的，从而它的整体效果反映出作者心理的根本性分裂状态"。[124] 理查兹相信，不管构成它的"心理冲动"多么麻木，真正的诗歌最终必须促成这些冲动的"协调性体系化"：必不可少的平衡和谐调。"完全的体系化必须具有这样一种可调整的形式，以保证各个冲动的自由活动，完全避免挫折感。"燕卜荪强调在这个问题上他与理查兹存在分歧，并在《复义》中加了这样一个脚注："可以说，如果最终效果要令人满意的话，这种矛盾必须形成一个更大的整体。但是和解的义务可能沉重地落到了接受方身上。"理查兹在《文学批评原则》和《实用批评》中断言，如果诗歌是有价值的，它必须是有组织的、谐调的焦点；因此如果一首诗真正有价值，它里边总是有一种秩序、一种整体性、一种善的成分，而读者尽管有困难和分心之处，却必须对它作出反应。因此"当冲突解决了，障碍消除了，褶皱被抚平了……心灵澄清了，新的能量才涌现出来；在短暂停歇之后，一种镇定状态意外产生了；在（即使是一首不知名的诗歌的）拒绝或接受背后，我们感到了对自我完善精神的赞许和授权"[125]。针对这个理想主义的美丽想法，燕卜荪提出了一个更具有常识的、更具有人性的、更能够理解的推断："人类的生活如此像用对立的冲动玩杂耍（基督教—世俗，善交际—性格独立，如此这般），以至于人们习惯于认为，他们也许应该遵循两个选择中的一个，然后再遵循另一个，这样才是明智的；任何可能出现的不一致性都会显示，他们具有数量适当的原则，有充分的权利拥有人性。"

无疑，《复义》中的以下段落是一场酣畅淋漓的现实主义痛饮。但是将它公之于众并不仅仅是为了符合含混的主题。燕卜荪连续数月以这样的方式说明此事，才最终想到写入他的书中，特别是当他——作为《格兰塔》的文学编辑，仍然是数学专业学生——于1928年3月撰写了一篇关于M.卡塔·斯特奇（M. Carta Sturge）《对立事物》（*Opposite Things*）的书评之后：

极常见的是，在处理外界事务时，人们会获得两种想法或两种处理事情的方式，两者都行得通，都很需要，但是两者完全相互矛盾。过去经常发生的是，一种新的想法或处理事情的方式被发现包含了两种旧的想法或方式，而当你回顾并把它们当作特殊例子时，它们"表面上"又不相互矛盾。科学上仍然没有解决方案的例子是静止和运动的原子模型、光的微粒和波的理论。我此时不能想到它们任何一个已经被解决，人们忘记它们是因为它们似乎不再相互矛盾。

斯特奇女士解释这样一个非常重要的过程时提到了黑格尔；但是她并不太依赖于他。她可以从科学家的实践、从近期的数学逻辑、从原始语言、从三位一体理论、从相应的东方思想，实际上从任何重要的东西中得到这样的论证。[126]

正是这个发现使他将它变为他诗歌的重要主题。他在后期诗歌《酒神巴克斯》的注释中写道："生活涉及到在那些不可用分析来调和的矛盾中维持自我"——这在《复义》中有对应的说法："生活的目标毕竟不是理解事物，而是维持自我的防御机制和平衡，争取生活得最好；不仅仅是未婚的姑妈才这样做。"当然，就最后一句话的措词来说，理查兹会很同情燕卜荪的理论，因为保持一种动态的平衡或均衡是他自己的想法。燕卜荪在分析赫伯特的《牺牲》一诗时使用了理查兹的关键性术语来解释诗歌的动机和效果："对立的冲动被救赎理论"——基督教救赎理论——"结合在一起而达到一种平衡，产生了一种'耀眼的并置'"。[127]这首诗如此令人惊讶的是，赫伯特从来没有让诗节形式和音韵形式松弛下来（其框架，正如燕卜荪精妙描述的，由单调和幼稚的哀婉、教条的僵硬、令人揪心而坦率的壮观构成），而是壮观地接受了一种燕卜荪视为令人讨厌的"宗教体系"，将对上帝的爱和不可言状的报应思想凑合在一起。"对基督教'牺牲'理论所包含的种种矛盾的陈述，带着一种自信和简单的天真，带着一种可靠和谦逊的壮观，这在任何文本中都是非凡的，而以矛盾的连续不断的焰火来实现它，以一颗像跳蚤一样跳跃的心灵来实现它，简直就是独一无二。"[128]

例如，基督教令人恶心的核心悖论——"对基督的爱与对牺牲观念的惩罚性恐惧相结合"——在《牺牲》一诗中得到展现，情景是耶稣指示"他的朋友不要为他哭泣，由于他已经为他们在他痛苦之时抛弃了他而哭泣过，所以他们将需要为他们自己哭泣"。

> 不要哭，亲爱的朋友，因为我为两者都哭过
> 　　当我的所有泪水变成血，你们在昏睡，
> 　　你们的泪水应该留给自己的命运。
> 　　　像我这样的悲伤曾经有吗？

同样，正如燕卜荪展示的，赫伯特在下一个段落中凸现了一种相似的复杂性，一种共谋感。

> 看吧，他们以轻蔑的方式向我吐口水，
> 　　我曾经用口水为盲人恢复了光明，
> 　　把盲人的黑暗留给了我的敌人
> 　　　像我这样的悲伤曾经有吗？

燕卜荪对这个段落的评论不仅解释了它包含的阴暗悖论，而且还勾画出他后来分析田园诗时提出的一个核心观点。"这个比喻暗示，故意将他的黑暗［盲人的黑暗］变成对我的敌人的残酷判决，因此他们会向我吐口水，犯下罪行。（主啊，宽恕他们，因为他们不知道自己在做什么。）这两个事件被并置比较，但是他们向我吐口水本身就是一种疗伤；他们以此把我与替罪羊区分开来，保证了我的胜利和他们的救赎；在两个情况中，吐口水将标志着我与人类的结合。"[129]

然而，赫伯特似乎"如此完全地"接受了基督教教义，在这个程度上，燕卜荪也坦率地承认，"这首诗不在诗歌'冲突'理论的考虑范围；它承认冲突的存在，正像它的神学承认冲突的存在，但是它的任务却是为冲突找到一个总体的解决方案。"[130]换句话说，在那个程度上，这首诗符合理查兹的——内在价值和情感方面的——"平衡"和"均衡"假说。对于赫伯特来说，似乎"没有出现冲动的相互挫败"[131]；他的诗歌可以说激起了"自我完善的种种倾向"。因此关于这首诗，燕卜荪的确将理查兹的原则变成了自己的批评语言，他说赫伯特对基督教"神学体系"

的坚定接纳是一个"情感释放和令人宽慰的状况"。[132]然而，燕卜荪在内心总是讨厌作如此多的让步。

关于诗歌中那个急需得到的"和解"，约翰·保罗·拉索认为，燕卜荪与理查兹一样，展示了"客观的文本在形式和内容上都有一致性，这些一致性为冲突的解决提供了途径"[133]。但是这并不是燕卜荪的意思。对他来说，含混的最高形式出现在这样的诗歌中，它们往往同时作出两种或更多的不可调和的陈述，表达两种或更多的不可调和的态度（理查兹把这称为僵局），也就是说，在诗歌中宁静和平衡状态的获得就意味着回避、改良或缓和。[134]

当然，理查兹曾经宣称，一个艺术家的"经验，至少是那些给著作赋予价值的经验，代表了心理冲动的和解，而在多数人心中这些心理冲动仍然是混乱的、相互交织和相互冲突的"[135]。然而，在他早期的某个时候，他曾经理解含混的极端状况（如果不是赞许和证实它的价值），这就是含混的第七种类型，其中"十足的矛盾"展示了"作者心理的根本性分裂状态"。正如燕卜荪在给费尔的第一封信中指出，"《乘风者》中的一些段落就同时指向相反的意思，是它们的上下文造成的，这似乎很明显；理查兹曾经这样说过，然后就渐渐对此持反对意见了。"理查兹的确在1926年的一篇关于霍普金斯的文章中说过这话——这是评论新发现的霍普金斯诗歌的最早尝试之一。拉索认为这篇文章不是"细读"，而是一个"总体"研究；这话对这篇文章并不公平。[136]在努力对《乘风者》作出阐释性暗示的过程中（这首十四行诗在那时还不是批评界的陈词滥调），理查兹停下来思考后半部分可能产生的意义，从前八行结束到后六行全部：

> ……我的心在隐蔽处
>
> 被一只鸟拨动，——它的成功，它的掌控！
>
> 赤裸的美丽、勇敢和行动，啊，空气、骄傲、羽毛，
>
> 在这里连接起来！从你那里绽放出来的一团火，
>
> 亿万倍地更加美丽、更加危险，啊，我的勇士！
>
> 没有任何疑问：仅仅犁地可以使犁头的刀口
>
> 发光；蓝色萧瑟的余烬，啊，我亲爱的人，
>
> 坠落、自我损伤，裂开了金黄和朱红的颜色。

"为什么在隐蔽处？隐蔽什么？……什么是更危险的？什么是不危险的？"理查兹问道。

我应该说，诗人的心是在隐蔽处躲避生活，选择了一个更加安全的方式；更大的危险就是更多地暴露于诱惑和错误，这些常常由更加冒险、更缺少保护的生活［被信仰保护（？）］造成。另一个同样可信的解读是这样：放弃了外边的冒险生活的诱惑，诗人将生活的那些勇敢的素质转移到了内心生活（"这里"指胸膛，内心的意识）。更大的危险就是这位道德英雄面对的危险。两种解读可以结合起来，但是需要许多笔墨来书写解释这个效果。

理查兹能够得出的唯一结论就是，两个"可信的解读"（燕卜荪会说"意义"）的结合使此诗成为一首"焦虑无法平息"的诗歌（这与燕卜荪称之为"根本性分裂"的短语同义）。理查兹继续说，诗人霍普金斯"常常被他的牧师角色压迫和抑制。在这种情况下，霍普金斯的优秀诗歌背后存在并激发这些诗歌的心理冲突，通过对牺牲的一种被动接受，得到了暂时的和解"。暗示"焦虑无法平息"（同时又）"得到了暂时的和解"，这里好像存在着一点点矛盾，一种逻辑的动摇；但是这不必使我们退缩，因为理查兹在结束时强调说："他的诗歌产生于分裂而同等的激情——两者的重新结合几乎会产生出全新的东西。"[137]总之，正如拉索对理查兹的遗憾结论总结道，霍普金斯努力想要达到"融合"，但是失败了。[138]

因此燕卜荪已经注意到，《乘风者》应该代表了含混的顶峰。然而，作为冲突对立的鉴赏者，他没有理由对诗歌剧烈的自我分裂的本质存在任何遗憾；相反，他感到诗歌具有一种令人兴奋的张力。在《复义》中（在这里他给予了理查兹的开拓性文章以充分的感谢），他对该诗歌的分析具有一种迷人的魅力，值得在这里大段地引用。这个段落显示，他在1928年9月给埃尔茜·费尔的信中所萌生的想法已经开花结果：[139]

突然面对那只鸟的充满活力的美丽，他把它想象为他耐心追求的精神超脱的反面；诗歌的内容似乎在强调，他自己的生活更加高尚，但是他无法在两者间作出判断，他在心里痛苦地挣扎。"我的心在隐蔽处"似乎在暗示"更加危险"的生活指"乘风者"的生活，但是诗歌最后三行强调，"没有任何疑问"超脱的生活是更加美丽的。buckle包含了两种时态、两个意思："它们在这里连接"或者"来吧，把自己扣起来"；像用军用皮带"扣住"一样，犹如纪律严明的英雄行为；像自行车轮弯曲一样，"使之不能使用，扭曲，不能自然地转动"。here可以指"鸟的情况"或者"耶稣教徒的情况"；then可以指"当你成为那只鸟"或者"当你成为这个耶稣教徒"。chevalier拟人化比喻身体或精神活动；耶稣骑马进入耶路撒冷，或者骑兵准备好冲锋；珀伽索斯（Pegasus）或乘风者。

因此在后六行的前半部分，我们似乎有弗洛伊德运用对立的显著例子，两种东西被认为是水火不容，但又被两种不同的判断体系强烈地需要，被适用于它们的文字同时描述；两种欲望都获得了瞬间的、完全的满足，两种判断体系都在读者面前被推入了公开的冲突……最后三行表面上要作出一个单一的最终判断，却以更加强烈、更加漂亮的方式表现了冲突。

总之，该诗歌没有达到一种心理冲动的和谐状态。"通常相互干扰，相互冲突，各自独立，相互掣肘的心理冲动，"理查兹写道，在诗人心中会"组合成稳定平衡的整体"。但是，虽然理查兹由于对诗歌目的、对该诗歌及其有益性的虔诚认识而斥责霍普金斯让挫折感和满足感的缺失干扰了《乘风者》，燕卜荪却发现对立和冲突是对作品丰富性的提升，是忠实于生活的标志。（可能是由于燕卜荪的观点显得不可置疑地强大，理查兹随着时间的推移逐渐放弃了诗歌价值在于"对立的心理冲动达到平衡"的观念，并且开始使用"文字间的对立与合作"的概念。[140]）

虽然I. A.理查兹在20年代为文学分析理论的发展所作出的贡献比任何人都大，燕卜荪自己很快也发现了一种实用的方法，一种他将使用并据为己有的方法。劳拉·赖丁和罗伯特·格雷夫斯在《现代诗歌概览》（伦敦，1927）中比较了士比亚十四行诗第129首"把精力消耗在耻辱的沙漠里"的两个版本，即1609年具有迷人的标点符号和拼写盛宴的四开本"原初"文本，以及成为了标准版本的18世纪修订本［奎勒-库奇的《牛津英国诗歌选》（*Oxford Book of English Verse*，伦敦，

1900）选择了这个版本］。根据这则可以被视为整个阐释的方针的格言，他们的目的充满了饶有趣味的悖论性："为读者把诗歌弄简单就是清楚地展示它很复杂。"他们认为，那位对莎士比亚十四行诗的拼写和标点符号进行修订的编辑反而造成了巨大的伤害；他终止了它的妊娠，使它流产了："修订标点符号的效果是将意义限制在对特殊的词汇的特殊解释上。莎士比亚的标点符号允许产生他实际想表达的各种各样的意思；如果我们必须选择其中一个，那么我们应该让莎士比亚选择他意图中的意思和那个包含最多意思的意思，即那个最困难的意思。最困难的意思总是最终意思。"对莎士比亚的拼写和句法的挑衅性变更造成了多义性，造成了一大堆可能的意思。"所有这些可能的意思相互作用，甚至作用于词汇和短语的其他可能的解释，可以说形成了一个异常流动的字谜游戏，它们可以同时从多个方向解读，这些意义不会与其他意义相抵触。"[141]

很自然，燕卜荪对于在诗歌内部玩弄赖丁和格雷夫斯所说的"高强度的文字近亲繁殖"的前景充满了热情。我们知道他最迟于1928年5月11日阅读了《现代诗歌概览》，因为那时他为一部批评著作——乔治·赖兰兹（Geoge Rylands）的《文字与诗歌》（*Words and Poetry*）撰写书评，后者相比之下大为逊色（这篇书评与那篇关于紫式部的《蓝裤》的让人陶醉的书评一起发表绝不是偶然，后者是他作为《格兰塔》编辑的巅峰之作）：

> 罗伯特·格雷夫斯的批评流派，只有当它的分析方法复杂到具有取得修辞胜利的狂喜，只有当一行诗的每一个词都被赋予了四到五种意思，或者有四到五种理由听起来都正确和指向正确的东西，只有这时才给人印象深刻。你会因为在心中同时容纳所有意思如此困难而感到眩惑，你会感到这毕竟是如此复杂，如此多的因素构成了一个奇妙的、不可预测的效果。然而赖兰兹先生很少使用这样的妙招，很少取得足够密集的效果……[142]

他指的显然是赖丁和格雷夫斯的《现代诗歌概览》，因为在格雷夫斯的前期著作中，他没有进行过如此复杂的分析，以至于可与这本书中对莎士比亚十四行诗的分析相比拟。但不清楚的是，为什么燕卜荪仅仅提到"罗伯特·格雷夫斯"的批评流派，莫非他是在默默地承认他自己学习了格雷夫斯的分析方法的智慧：到那时为止还没有人像赖丁和格雷夫斯在《现代诗歌概览》中所做的那样，要和盘托出如此丰盛的意思。然而如果果真如此，那么为什么燕卜荪不感谢这个方法的另一位作者劳拉·赖丁呢？

赖丁和格雷夫斯阐释第129首十四行诗所产生的影响在《复义七型》中随处可见，但任何地方都比不上对含混第二种类型的讨论。"词汇和句法中第二种含混的例子产生于两种或更多意义被合二为一。"的确，可能在1928年的米迦勒节学期，当理查兹告诉他可以去完成将他"那一堆"含混汇集起来的任务时，燕卜荪首先探讨了不同意义最终达到和谐的途径："一次优秀的普通阅读"往往可以从两个到多个意义中"获得一个组合结果"。不仅第二章是《复义》中最长的章节，而且它还包含了一个与他在此话题上发表的第一篇文章毫无二致的例子：《莎士比亚的含混：十四行诗第16首》（'Ambiguity in Shakespeare Sonnet XVI'，见《实验》，1929年2月），这显然是效仿赖丁和格雷夫斯对第129首十四行诗的分析。实际上《莎士比亚的含混》的开篇是如此尖刻，它更像是缺乏耐心地宣誓其意图，而不是语气平衡的开场："这是一部论文《复义七型》的节选。它是第二种类型的例子：'两种或更多意义被合并为作者的一种情绪和意图。'"[143]同样，《复义》第二章还收录了他1929年发表的另一篇试验文章《艾略特先生札记》（'Some Notes on Mr Eliot'），文章分析了《荒原》和《不朽的低语》（'Whispers of Immortality'）一些段落中混淆的过去分词和及物动词所造成的一语双关现象。[144]由于他在该书之前发表的唯一文章就是讨论赫伯特《牺牲》那篇高潮性文章，那么我们有理由推测，他一开始是探讨含混的两个极端状态，即达到和谐的第二种和永远冲突的第七种。

当燕卜荪于1930年出版《复义七型》时，他再次犯下了他两年前曾经犯下的似乎是无缘无故的错误：他显然忘记了《现代诗歌概览》不是罗伯特·格雷夫斯一人所著，而是由格雷夫斯和劳拉·赖丁合著（这位美国诗人于1926年开始与格雷夫斯合作）。但是这样的失误在如此重要的著作中要比在一篇书评中更加显眼。当格雷夫斯听说燕卜荪没有指明《现代诗歌概览》的合作者——书中甚至包含了一条（多余的？急切的？）"注释"，强调"该书代表了逐字逐句的合作"（第5页）——他向燕卜荪的出版商查托与温达斯出版社（Chatto & Windus）提出了抗议，指出燕卜荪的失误不仅仅关乎礼节形式：这是对他的合作者的巨大侮辱。因此燕卜荪自愿附了一张勘误页，表达了对以上征引的完整的谢意。[145]不久以后，在1934年1月29日的一封私信中，格雷夫斯将会同样地——真诚且前后一致地（但也许还模棱两可地）对剑桥大学教授奥德丽·阿特沃特（Audrey Attwater）说："说我曾经对任何十四行诗作过如此的分析是不真实的。我不可能这样做，因为是劳拉·赖丁发明了这种分析方法……我们一起于1926年春季费了很大的劲才成功地完成，并且一直是在实现劳拉·赖丁的想法。"[146]然而，随着时间的推移，燕卜荪似乎希望解决最初的错误和对他们的冒犯。在《复义》的第二版和修订版中（伦敦，1947）他选择了放弃对《现代诗歌概览》中莎士比亚十四行诗第129首的分析的致意；相反，他在一篇新的大胆的前言中，仅仅"一带而过地"承认罗伯特·格雷夫斯"据我所知是我在这里使用的方法的发明者"（第xiv页）。格雷夫斯和赖丁被他们认为的燕卜荪非常露骨的不尊重行为所激怒。[147]如果他受到了格雷夫斯和赖丁合作发明的开创性戏法的影响，他为什么会如此没有风度，以至于不愿完整地承认他受到的影响甚至隐藏它呢？

　　甚至在1970年，劳拉·赖丁还重提此事，给查托与温达斯出版社发了一封控诉信。我不知道几十年之后是什么使她又重新举起了大棒，但是我们应该感谢随之开始的交流，因为它迫使燕卜荪最终出来为自己辩护。他进而充分地解释了——稍带有一点怨恨地——为什么他特别对罗伯特·格雷夫斯心存感激。他于当年8月25日给赖丁回信说：

> 我被罗伯特·格雷夫斯独自撰写的《论英国诗歌》（On English Poetry，1922）中的以下段落［来自《情感的冲突》（'Conflict of Emotions'）一章］所折服：
>
> 当麦克白夫人在梦游中抱怨，"阿拉伯的所有香水都无法使这只手散发芳香"，这些香水不仅仅是典型的香味用来掩盖血腥。它也代表了她想要获得女王奢华生活的野心，并且寻求奢华的野心与地狱和命运的冲突（从前是）永远是一面倒的。或者再看看韦伯斯特（Webster）《马尔菲的公爵夫人》（Duchess of Malfi）中的著名诗行：
>
> 盖住她的脸，我有点眼花；她死得很年轻。
>
> 这是费迪南（Ferdinand）在公爵夫人尸体前所说的；"眼花"一词同

时表达了两种情感：被眼花缭乱的美丽所折服，为早逝而陷入泪眼模糊的悲伤。

人们会认为，是两种情感，而不是这个词的两个意思，然而"眼花"的两个过程是不同的。不管怎样，他在书中主要是在思考诗歌的冲突理论，即通过不同心理冲动的对立获得一种疗伤效果。这就是诗歌含混理论的必要背景，而他正在接近这个理论。在1926年的《费解或英语的固有习惯》（*Impenetrability, or the Proper Habit of English*）中，他形成了这个理论：

例如，在济慈的《圣亚尼节前夕》（'Eve of St Agnes'）中，玛德林躺在"她的冰凉柔软的窝里"，"像恶毒的异教徒祈祷时抓住祈祷书一样"，如果异教徒被认为皈依了基督教，"抓住"一词指"被神圣气息所笼罩"或者"被亲切地捧在手里"，但是毫无偏见地说，如果异教徒被认为没有皈依基督教，它还指"被禁闭并被冷漠地遗弃"……（来自一本小说的引文）……"感谢咸味的殷勤"一方面是指履行良好行为的社会责任，在多数国家食用主人的盐都会这样做；但另一方面它也指善意的缺失，"咸味的"意味着"贫瘠的、枯燥的"。第三种意思是指主人意识到客人的不安，拿他开玩笑的冷幽默，因为"雅典盐"一直是机智的代名词。当如此密集的力量被施加在文学的某一个点上，那么用童谣中的汉普蒂·邓普蒂（Humpty Dumpty）的话说，"荣耀将属于你"——在此使用荣耀又有另一层意思，除了我们已有的那些众多定义之外。

这些都是反映其完整过程的惊人例子，一个词不同的和可能的意义被使用在一起去呈现出一个复杂的情景。我感到我应该对它们赋予我灵感致以衷心的感谢。

但是我以为这些段落非常明确，尽管看上去仍然很零碎；当我阅读了《现代诗歌概览》（1927）之后，我感到它对"渴望行动"的十四行诗的持续评论是我在鸣谢中应该提及的正确文献。它分析的是一首完整的诗歌，正好是我那时在做的事情，它还有着一种累积起来的分量和深刻印象。我是怎样看待合作者的，我已经记不清楚，但是这些段落是如此不同于该书的其他部分，对我来说似乎明显是罗伯特·格雷夫斯的心灵又向前迈出了一步，以至于任何合作者都不会不同意这一点。但是我并不否认，如果我这样想是非常愚蠢的。当查托出版社告诉我他们收到了罗伯特·格雷夫斯的一封厚重的信，谴责我一个针对女性的阴谋，我觉得这个指控太荒唐，以至于并不痛苦，但我还是敦促查托出版社印了一张勘误页，提供了正确的作者信息；倒也不是说他们需要敦促……

当然，在第二版中我不得不省略《现代诗歌概览》，因为原先对这个来源的提及犯了一个笨拙的错误，其原意是想把对罗伯特·格雷夫斯的赞扬写得更具体、更明白，即使有一点不实。我不否认你对所提到的想法具有优先的所有权，但是我不承认是从你那里学来的，这些简短"鸣谢"的唯一意义就在于使作者能够提供材料的来源。另外，在罗伯特·格雷夫斯抛出了那个异想天开的指控之后，我不得不坚持我相信本该是简单的事实，要不然我可能会看上去是在投降和坦白错误。然而，在事情过去这么久之后，我并不感到如此确定；但愿我知道我什么时候阅读了你对"渴望行动"十四行诗的分析。如果我没有把自己视为现代诗人，或者没有急切地想有观点来为这些诗人辩护，我是不会急于采纳它的，然而可以肯定的是，如果看它的日期，我肯定在撰写我的书之前读过它。你的分析使用了句法含混的想法，这种含混需要由特别的标点符号体系来显示，我在我的书中大量使用了这一方法，似乎很有可能我是从"渴望行动"的分析中学到了这一点。如果你向我保证你发明了这个分析方法，而不是罗伯特·格雷夫斯，我承认在这个程度上我要对你表示感谢；我不记得罗伯特·格雷夫斯在之前的书籍中使用过句法含混的任何例子。很明显我要补充说，那时你已经在使用词汇含混的分析方法，但是人们往往看不见明显的事情。

尽管如此，在我看来整个事件仍然非常令人不解。为什么你和罗伯特·格雷夫斯在把这个方法推向如此高度之后，就再没有使用这个方法？如果你蔑视它，正如你在信中暗示，为什么你如此希望对它拥有优先权？

当然，（正如他意识到）在那个很久以后的时候仍然认为在写作《复义》之前可能没有读过《现代诗歌概览》，即使是一带而过地产生这样一个逃避和错误的想法都是愚蠢的（后者出版于1927年11月，燕卜荪还在次年5月为《格兰塔》写过关于它的书评）。而且，至于他说他一直想要感谢的是格雷夫斯早期著作中那些段落给予他的灵感——这些段落在离开上下文之后的确显得有些无足轻重地"零碎"——赖丁认为这个说法是卑鄙的、虚伪的。如此不堪一击的说法仅仅是一种"逃避",一种"在紧要的问题外玩把戏",她斥责道。[148]事实上,在一系列笨拙的、写得极其糟糕的信中,她不停地、长篇大论地责备燕卜荪极其自负地推脱责任。

就格雷夫斯本人而言,显然因为自豪而很开心,或者自欺欺人地觉得很开心,因为燕卜荪指出他的两个分析段落对其含混理论有一定影响——分析麦克白夫人的"阿拉伯香水"台词和分析《马尔菲的公爵夫人》中费迪南的伟大诗行的段落——因为他在1949年特意将两个段落从他早期的被公众遗忘的著作中翻出来,经过修改,然后重印在他的论文合集《普通长春花:诗歌评论合集1922—1949》(*The Common Asphodel: Collected Essays on Poetry 1922—1949*,1949)中。而赖丁在1970年11月11日斥责燕卜荪的同时,称他从早期格雷夫斯著作中引用的仅仅是"空洞之言",认为它们无足轻重:

> 扭曲地将香水等同于香水和野心以及它们与命运的冲突等等,是对香水的不成熟的字面解释,香水因载入了一种对情绪的极其松弛的心理分析后而被放大,这种情绪在你重新建构你的方法的原型的时候,正在开始传播,主要是在文学领域。[149]

至于费迪南关于马尔菲公爵夫人的上气不接下气的、焦灼而美丽的台词,赖丁继续说,格雷夫斯的解释和燕卜荪的评论都显得"意志软弱":

> 耀眼没有两个过程,这个词也没有同时激起两种情感。首先,我们在这里仅仅有一个不及物动词,表示眼睛经历了一种视力的模糊,由光线照射而引起,或可以与此相联系。这个表述本身很简洁,也是三个明显的简洁表述之一,在此就终结了。格雷夫斯先生把它拿来玩弄,使它充满了双重含义,以便放大这行诗歌的辉煌,即包含有双重情感,因此搞乱了"耀眼"的意义,使之与眼泪形成的模糊联系在一起,也假设了一个荒唐的二合一的瞬间的可能性,即眼睛同时经历了干扰视力的光照和干扰视力的

眼泪喷涌。这是不足道的诗歌欣赏，拙劣的细节评论，粗俗的文学伤感情绪；我说它不足道是指配不上这行诗——这行诗应该得到更好的解读。

1970年12月13日，赖丁对她称之为燕卜荪的"早期格雷夫斯托词"再次发起了没有多少修养的攻击。具体地说，就是要捣毁他的第二个所谓的虚假影响，即来自《费解》（1926）的影响。她以毫不害臊的放任姿态写道，没有人"会认为这有什么价值，采用捉迷藏式的自我辩护策略，满脸庄重地指出你在第二段引文中指出的论点——以便扭转局面，把我推向防御"[150]。

最后一封不幸的信没有写完，但是她最终还是于1971年4月底把它寄出。然而，在此期间燕卜荪被告知，1966年美国批评家詹姆斯·詹森发表了一篇试探性的但非常著名的文章《〈复义七型〉的建构》［见《现代语言季刊》（*Modern Language Quarterly*）第27卷，第243—259页］。在杂志的编辑威廉·H. 麦切特（William H. Matchett）接受詹森的文章的时候，他正确地认为，由于当事人都还健在，请他们对该论文写篇评论可以使兴趣倍增；因此他写信给格雷夫斯、理查兹和燕卜荪，的确他们每人都写了一篇评论。（不幸的是，麦切特没有与赖丁取得联系，仅仅是因为他不能找到她的最新信息，就得出了她已经去世的致命结论）。但是当燕卜荪1971年重读詹森的文章和附录时，他很满足地发现格雷夫斯实际上作出了如下承认：

> 我相信我要对《现代诗歌概览》中的大多数诗歌细读负责，比如，展示十四行诗第129首在18世纪重新加标点之前所展示出的复杂暗示……

根据这个来自格雷夫斯的迟来的、明白的解密，无论它是变节还是撤回声明（燕卜荪自吹自擂地将它称之为"自白"），燕卜荪感到他能够以毫不掩饰愤慨的方式回答赖丁的抱怨，说他忘记在《复义七型》中"联合感谢"《现代诗歌概览》的"合法作者"无疑是很愚蠢的，但是他之所以没有这样做，他说，

> 是因为在我看来，鉴于他的风格和前期著作，这个章节很明显是格雷夫斯一人所写。书的其他部分是用完全不同的风格写成的。他现在承认我

是对的，这肯定是事情的终结……

　　你宣称为这个理论贡献了力量，这有了更多的内容，但是那样的话，难道不是对这个理论造成更多伤害吗？这是一个很有趣的问题；从某方面讲，以前也常常被提出过。比如正好在身边的弥尔顿·兰德里（Milton Landry）的《莎士比亚十四行诗的阐释》（'Interpretation in Shakespeare's Sonnets'）。你和罗伯特·格雷夫斯关于"精力消耗"的文章实际上受到了指责，我也同样被它误导（第168页及其他地方）。他发现句法含混特别有害。

　　我想说一些更加激进的话："精力消耗"的文章与罗伯特·格雷夫斯的原初意图是相抵触的。他在一战后不久便发现了诗歌的冲突理论，进而去思考冲突得以表达的用词手段。但是你的分析使莎士比亚的十四行诗变得思维单一，不可思议地思维单一。我没有见过任何人赞同你和格雷夫斯保留这一被扭曲的诗行：

　　　　感受时，幸福；感受完，无上灾殃，

　　　　（A bliss in proof and prov'd and very woe,）

　　你说这意味着莎士比亚憎恨这个爱情的过程，甚至身体愉悦的时时刻刻——它整个就是灾殃，并且这也就是他在前一行中所说的：所有阶段都是"极限"。但可以肯定的是，这个词的意思仅仅是，它要么是极度兴奋或快乐，要么是痛苦；而下一行证明了你的解读是错误的：

　　　　感受时，幸福；感受完，无上灾殃，

　　　　事前，巴望着的快乐；事后，一场梦。

　　　　（A bliss in proof, and, prov'd, very woe,

　　　　Before, a joy props'd, behind, a dream.）

　　我记得你的一篇大约在那时发表的文章［收录于《无政府主义是不够的》（Anarchism Is Not Enough）］，题目为《该死的东西》（'The Damned Thing'），对被迫背起性的负担表达了极大愤慨，感到任何与此有关的东西都不快乐。你不是认为莎士比亚表达了复杂的感受，尽管事实上他显然经常这样做，不管他当时多么生气，而是认为他仅仅对这一正常生活的整体状况表达了厌恶。这并不需要什么细腻的语言；事实上，很难弄清他为什么不更清楚地把它表达出来。我认为我在我的书中没有模仿这一错误，或没有过多模仿，但我的确使用了许多"句法含混"方法，我现在认为这是一个很可疑的事情，也许它实际上不可能以表达冲突所需要的那种显著的形式发生。无论如何，这对于分析者来说总是一个诱惑，因为它给予他一个巨大的额外机会，强行将他的想法补充进诗歌的表面意图。

当我在1946年编辑第二版时，由于已经有了警示，我倾向于把这些案例都删掉，但是我不愿意对该书作过大的改动。你可以理解，它十六年以来一直保持着数量不大但很稳定的销售记录，一直附有勘误页，说你和罗伯特·格雷夫斯是《现代诗歌概览》的"合著者"（因此可以说也包括了"精力消耗"那个章节）。但是在新的版本中，由于我逐渐认识到那种分析代表了负面的影响，我仅仅在前言中插入了对罗伯特·格雷夫斯的"鸣谢"，让人们相信这仅仅指向他未进入合作之前的早期著作。这完全在我的权利范围之内，在我看来，我的沉默是出于仁慈。

当我给你引用罗伯特·格雷夫斯撰写的关于《马尔菲的公爵夫人》的一句话时，你对哭泣的男人表达了轻蔑。但是，我并不是要你去欣赏费迪南的人格，他出于乱伦的嫉妒派人谋杀了他的妹妹，又拒绝向杀手支付报酬，并变成狡诈凶悍之人。他是一个歇斯底里的人，不是逆来顺受的人。我打赌他哭了。尽管如此，他的性格还是被耐心地展示出来，极为复杂，而我一直认为格雷夫斯的评论非常清楚地显示了为什么这一行著名的诗（我感到耀眼）经常受到赞扬。你的评论常常显示出同情心的极度缺失（我不得不这样感觉），你一直对他试图要做的事情，特别是他在早期作品中对这些词义的讨论缺乏同情。那就是为什么我仍然相信你真的对"精力消耗"一章产生过影响，正如你声称，虽然他现在说他要"对《现代诗歌概览》中的大多数诗歌细读负责，比如，展示十四行诗第129首的复杂暗示……"在他听从了你的指点之后，我有理由认为，他感到我无知地、错误地进入的整个领域是一个令人极度恼火的领域，那就是为什么他没有再做那样的事情，再也没有。

如果燕卜荪一时忘记了詹森1966年评论《复义》的文章，特别是格雷夫斯宣称

"他要对《现代诗歌概览》中的大多数诗歌细读负责"，包括十四行诗第129首（这与两位作者最初坚称《现代诗歌概览》是"逐字逐句的合作"大相径庭），那么赖丁对詹森的文章以及附件中的评论则一无所知，直到1971年4月29日她收到燕卜荪的来信。很自然，也可以理解，她对格雷夫斯的背叛感到恼羞成怒，而由于燕卜荪带着如此洋洋得意的偏见告诉她这件事，她更是如此。"我感到这似乎很恰当，"她在一封致《现代语言季刊》编辑的冗长而前言不搭后语的信中写道（该编辑严肃而完整地出版了这封未经修改、自我暴露的愚蠢来信），"我应该记录下这一点：无需我公开陈述，我对发现《现代诗歌概览》的方法作出了思想上和语言上的贡献，这一点正在获得日益广泛的承认，通过燕卜荪先生对它的骑木马式的使用，人们感到了它与'新批评'的关系，后者企图把它变成真正的马肉……那四篇评论，格雷夫斯的就是其中之一，除了以油腔滑调的姿态错误地呈现了我的贡献和私生活以外，还包含对我的作者能力和总体上的思想正派进行的诽谤。"至于她"有权署名为《现代诗歌概览》的第一作者，或者甚至是贡献突出的第二作者"，她继续说，任何一个读者都可以看见"用新颖的心理学想法更新的文学阐释原型，这就是格雷夫斯先生在《现代诗歌概览》之前的批评工具，与这本书的批评质量，以及它对诗歌词汇整体的接近之间的区别——至少是最主要的诗歌……"[151]

虽然赖丁预告将"针对1966年9月的理论、判断、描述发出自己的声音"（《现代语言季刊》），但实际上她没有再次发表任何有实质内容的东西——也许公正地说，是因为她生病，而不是由于信念的中断——仅仅发表了一些用词浮夸的反驳。例如在《丹佛季刊》（*Denver Quarterly*，1974年冬季号）中她大胆地宣称，这有点对不住格雷夫斯，"燕卜荪先生的著作使用了一种方法，它来源于那本书（《现代诗歌概览》），来源于我自己（由于燕卜荪先生一开始不承认、格雷夫斯后来不承认我对该书作出的贡献，我有必要告知）……"[152]

因此，出于各自的理由，格雷夫斯和赖丁两人都宣称撰写了《现代诗歌概览》中对十四行诗第129首的分析。这不必让我们过多地挂记，仅仅注意这一点就够了：当赖丁的前夫路易斯·戈特沙尔克（Louis Gottschalk）于1926年访问格雷夫斯和赖丁时——人们相信那时他们正在精诚合作——他怀疑甚至在那时他们的贡献都不平衡。乔伊斯·皮尔·韦克斯勒（Joyce Piell Wexler）总体上认同赖丁及其贡献，但他在《劳拉·赖丁对真相的追逐》（*Laura Riding's Pursuit of Truth*）中坦率地说，

"因为赖丁不断地宣称她与格雷夫斯的工作是充分合作，而格雷夫斯什么也没有说，因此戈特沙尔克得出了她抱怨过多的结论。"[153]无论如何，赖丁持续地对格雷夫斯和燕卜荪发起公开的和私下的谴责。她于1971年5月告诉燕卜荪："你与格雷夫斯不同，你是假话的即兴创作者，而他是一个说谎者，无论在私下，还是在专业上都是如此；你无论在私下，还是在专业上都是你自己。"[154] 我们可以原谅燕卜荪没有看出来这两点有什么区别。正如马丁·西摩-史密斯（Martin Seymour-Smith）判定，赖丁后期在各种杂志上发起的攻击"没有趣味，没有事实价值"[155]。

罗伯特·格雷夫斯，就他来说，拾起了一个旧时的争论——好像主要是因为詹姆斯·詹森在《〈复义七型〉的建构》中的一句话把他激怒了。詹森写道，"格雷夫斯作为炸弹恐惧症的受害者和心理学家W. H. R.里弗斯（W. H. R. Rivers）的病人，很不情愿地掌握了这种分析技巧。""由于里弗斯采用了弗洛伊德的治疗方法，他强调仔细分析无意识冲突的价值，这些冲突在梦和诗歌中以伪装的意识形式被呈现出来。格雷夫斯20年代早期的文学生涯很大一部分都是以写作和分析诗歌来缓解无意识的情绪冲突，这是里弗斯的理论在文学批评中的运用。"而格雷夫斯在针对詹森的文章所发表的评论中，试图更正这个显著的事实性错误："我从来没有做过W. H. R.里弗斯医生的病人……但是他和他的同事亨利·黑德（Henry Head）医生［为格雷夫斯治疗神经衰弱的神经病学专家］……是我的朋友，有一段时间我接受了他们'潜意识自我'的理论……，而不是弗洛伊德在此基础上的理论变形。我不认同弗洛伊德式的自我。"然而正如西摩-史密斯所说，格雷夫斯实际上的确从里弗斯和黑德那里获得了关于弗洛伊德的知识（他们使用了改造了的弗洛伊德理论），并且匆匆阅读过1913年出版的《梦的解析》（*The Interpretation of Dreams*）一个蹩脚的翻译版本；"因此他常常将弗洛伊德追随者的极端思想归咎于他本人"。另外，格雷夫斯很欣赏里弗斯的《本能与无意识》（*Instinct and the Unconscious*），在《诗歌的非理性》（*Poetic Unreason*，1925）中对它给予了充分的赞誉。无论如何，其结论没有疑问："他关于诗歌创作的最终立场的确与弗洛伊德有相似之处。"因此当格雷夫斯1966年否认弗洛伊德对他20年代的批评著作有影响时，他可能忘记了他在《普通长春花》（1949）的前言中已经作过的坦率记录：

作为一个神经衰弱者，我对新近出台的弗洛伊德理论很感兴趣：当

W. H. R. 里弗斯以英国人的含蓄和常识将它呈现出来，没有将性冲动视为梦机制的唯一动力，不认为有前后一致的梦象征时，它吸引了我，我认为很合理。我将这种解释情感梦的案例史方法运用于理解浪漫诗歌，我的和他人的浪漫诗歌，发现这非常贴切；虽然诗歌显然由于"诗人走出自我催眠状态后给予它们的第二手阐释而变得复杂"，我写道。我的发现被记录在《论英国诗歌》（1922）、《梦的意义》（*The Meaning of Dreams*，1924）的最后一章和《诗歌的非理性》中。[156]

I. A.理查兹对心理分析式文学批评感到惋惜（正如他的传记作者所说，"理由是反传记批评"）。"不管心理分析者如何断言，"理查兹在《文学批评原则》中坚称，"诗人的心理过程不是一个有益的研究领域。它们为不可控制的猜测提供了过于放纵的狩猎场。"他特别选择了责备罗伯特·格雷夫斯作为一个批评家的"彻头彻尾的弗洛伊德式粗暴行为"。[157]燕卜荪不可能装作不知道理查兹的反对意见。

那些影射燕卜荪的含混分析方法受到理查兹的"多重定义"方法影响的批评家，这一点对不起他们了，燕卜荪第一次使用这个方法实际上是在1933年2月的一封信中——可以肯定的是在回应理查兹在《孟子论心》（*Mencius on the Mind*，1932）中提出的建议——在《复义》出版后两年之久。但是甚至在这封信中，我们很有意思地看到，燕卜荪在评论叶芝的价值体系的过程中引用了弗洛伊德理论来对抗上帝，这有点取笑理查兹的意思：

有一个关于叶芝使用"梦"一词的情况，我想竭力为你回忆。

1）上帝的幻象告知绝对真理。

2）设想一种生活，写诗或解决具体问题的方法。

3）设想一种对人们不再相信的信仰有价值的东西。

4）一种受到保护的梦幻状态，以至于这些设想都可以希望被获得。

5）一种可用作例子的梦幻状态。

6）一种公开承认是导致衰弱的白日梦。

7）运作公开承认是低级的无意识能量，却宣称又是自我意识源泉的弗洛伊德式的梦。

第七点回到了第一和第二点中的"神秘力量"。"浪漫"叶芝的风格总是意味着"如果你要阅读它，你就必须高调：如果他认为我说的是'险恶'之梦，我不是为这样的人写作的——如果他的确认为我的梦是这样，那么他可能就错了"。在他后期使用梦这个词时，他包含了所有这些意思——

> 灵魂记起了它的寂寞
>
> 在许多摇篮里战栗着
>
> ——商人，等等——
>
> 摇篮中的摇篮，都在飞行，都变
>
> 畸形了，因为一切畸形
>
> 都使我们免于做梦
>
> ［见《月亮盈亏的阶段》（'The Phases of the Moon'）］

第一到四点使我们免于价值构想——这将需要痛苦的努力。第五到七点使我们免于欲望构想，这将把我们抛出目前已经获得的秩序。

这非常圆滑，他既保住了他的语言，又为弗洛伊德信仰者留出了余地：那个梦不再一定会受到崇拜。

如果罗伯特·格雷夫斯在后来的岁月中否认其早期著作中那些隐秘的弗洛伊德思想，那么燕卜荪仅仅对其早期批评著作受到弗洛伊德思想影响而感到遗憾，仅此而已。即使他在分析赫伯特的《牺牲》时部分地使用了弗洛伊德的术语，他后来还是强调，他对诗歌中出现的矛盾的分析仍然是正确的。读者不需要回避诗歌的真正意义，仅仅因为燕卜荪作为批评家过于沉浸在他所选择的这种阐释方法之中。赫伯特并没有写一个具体的涉及心理层面的问题。"我是说，我仍然认为，"燕卜荪于1953年强调说，"赫伯特感到复仇的上帝之爱这个悖论是一个极端严重的矛盾，从那以后人们日益感到如此。这就是为什么他在处理这个传统主题时，必须突出这个悖论，直到迫使读者追问它们是否达到了平衡。"[158]在先前的《复义》第二版中，他同样也强调了这一点："我的最后一种含混的最后一个例子并不涉及神经的分裂状况，而是涉及一首完全公开的神学诗歌。然而，我现在想表达我的遗憾，对弗洛伊德的局部兴趣分散了我的精力，因此没能在第七章中充分展示包含直接心理冲突的诗歌……"[159]

回望过去，他或许并不乐意看到他早期批评著作中的弗洛伊德因素，也不乐意看到他从格雷夫斯对十四行诗第129首的评论中借鉴过来的通过词汇来分析含混的方法。尽管如此，燕卜荪对格雷夫斯的最大借鉴肯定要早于《现代诗歌概览》。要证实这一点，人们仅仅需要从《复义》中引述这一句话："各种各样的诗歌'冲突'理论都说，诗人必须总是关注他的社会中不同领域的某种不同观点或不同习惯，不同的社会阶层、生活方式、思维模式，以至于他必须同时做几种人，在自己的人格中使社会和解。"（第112页）这个段落不可能被写出来，除非是具体指向格雷夫斯早期的（赖丁之前）、发表于1925年的"对典型诗人、完全意义上的诗人的定义"：他"必须站在他所属的那个更大社会的中间，在诗歌中协调那个社会中不同团体、行业、阶层、利益的矛盾观点……"[160]而且，在一本早期的、记有简短笔记和以"孟子"为题的参考资料的笔记本中（笔记的具体日期为1932年），燕卜荪在好几页中特别参考了"格雷夫斯的社会冲突，例如里弗斯"，也就是说再次指向了赖丁之前的著作。无论赖丁后来多么尖刻地讽刺格雷夫斯对麦克白夫人关于"阿拉伯香水"的台词的评论，以及对《马尔菲的公爵夫人》中费迪南德撕心裂肺的诗行的分析，当燕卜荪说格雷夫斯早期著作中这些段落（虽然它们"看上去有一点零碎"）实际上给予了他灵感，使他对含混发生了兴趣时，他所说的应该就是实话。

总之，我们可以说，燕卜荪在含混方面的研究更多地回应了格雷夫斯关于诗歌是冲突的结果的观点，而不是理查兹的心理平衡理论。就燕卜荪秉承的一贯观点来看，创造性的冲突产生了含混的效果。因此，显然是因为想到了早期格雷夫斯的例子，燕卜荪才在《复义》第二版的前言中写道：

> 我认为近年来被创作出来的优秀诗歌很少，并且……创作优秀诗歌的尝试几乎在所有情况下都是作为一种临床的事情；这种行为仅仅是为了拯救这个人的正常心智。在过去的世纪和我们的世纪，非常优秀的诗歌都曾经在这种状态下写成，但仅仅是凸现个人的内心冲突。（第ix页）

关键性的进步在于格雷夫斯的理论是社会学的，甚至是政治学的，而燕卜荪的回应明显具有心理学色彩。

1. M. C. Bradbrook, 'I. A. Richards at Cambridge', in Reuben Brower, Helen Vendler, and John Hollander (eds.), *I. A. Richards: Essays in His Honor*, New York: Oxford University Press, 1973, 69.

2. E. M. W. Tillyard, *The Muse Unchained: An Intimate Account of the Revolution in English Studies at Cambridge*, London: Bowes & Bowes, 1958, 101.

3. Quoted in Hugh Carey, *Mansfield Forbes and His Cambridge*, Cambridge: Cambridge University Press, 1984, 69. 正如凯里指出的，到1919年，"官方的编制包括两个教授（查德威克和Q）和一个讲师，这个职位在1914年前一位讲师去世后就一直空缺。"（第66页）

4. 最初的人事委员会所建立的大学英语讲师的完整名单包括A. L.阿特沃特（彭布罗克学院），贝内特（伊曼努尔学院），J. M.纳瓦罗（J. M. de Navarro，三一学院），B. W.唐斯（B. W. Downs，基督学院），M. D.福布斯（M. D. Forbes，克莱尔学院），卢卡斯（国王学院），希尔达·默里（格顿学院），A. C.波斯（A. C. Paues，纽纳姆学院），Miss B. S.（后来的伯莎学院），菲尔伯茨（Philpotts，格顿学院），理查兹（玛德林学院），蒂利亚德（耶稣学院）。

5. John Paul Russo, *I. A. Richards: His Life and Work*, London: Routledge, 1989, 727; Richards is quoted from G. S. Fraser, *The Modern Writer and His World*, London, 1964, 384.

6. 其他见习讲师包括Mrs H. S. (Joan) Bennett，T. R. Henn，L. J. Potts，Enid Welsford和Basil Willey。

7. F. R. Leavis, *English Literature in Our Time and the University* (London, 1969); quoted in Carey, *Mansfield Forbes and His Cambridge*, 73.

8. 比较W. W. Robson撰写的一篇关于Tillyard的评论，见 'The English Tripos', *The Spectator*, 31 October 1958, pp. 586–587。

9. Tillyard, *The Muse Unchained*, 81, 88–89.

10. Joan Bennett, ' "How It Strikes a Contemporary": The Impact of I. A. Richards' Literary Criticism in Cambridge, England', in Brower *et al.* (eds.), *I. A. Richards*, 49.

11. Christopher Isherwood, *Lions and Shadows: An Education in the Twenties* (1938), London: New English Library/Signet Classics, 1968, 74–75.同样，弗朗西斯·帕特里奇（Frances Partridge）说："在教过我的英语教授中，显著的影响来自理查兹，他不仅有许多有趣的东西说，而且他说的时候给人一种思考的印象，这给他的思想增加了许多新鲜感，与有些讲师目光呆滞、支支吾吾、明显重复的课堂相比，就好多了。理查兹站在黑板旁，在上面写着充满奥秘的文字，非常优雅，非常敬业，向我们也向自己阐释那些细腻而复杂的思想。他的话语中有一种很强的抽象思维色彩，这……使我的心灵偏离了英国文学……"（*Memories*, London: Robin Clark, 1982, 64–65.）

12. "我常常看见劣质诗歌就是劣质，但不常看见优秀诗歌就是优秀，"费尔写道。"比如，朗费罗（Longfellow）的《在乡村墓地》（'In a Village Churchyard'）——对该诗最好的解释我认为来自艾略特之笔，如果读者不知墓地位于美国，诗中那位女士与她的奴隶葬在一起，他可能很费解，但是我不知道我怎么知道的。" ['From Devon to Cambridge, 1926: or, Mentioned with Derision', *Cambridge Review*, 103/2267 (26 February 1982)', 147]. Cf.

Joan Bennett, ' "How It Strikes a Contemporary" ', in Brower (ed.), *I. A. Richards*, 52–53.

13. M. C. Bradbrook, 'I. A. Richards at Cambridge', in Brower (ed.), *I. A. Richards*, 62.

14. Alistair Cooke, letter to John Constable, 15 June 1988 (John Constable).

15. Russo, *I. A. Richards*, 299.

16. Ibid., 299; Joan Bennett, ' "How It Strikes a Contemporary" ', 57.

17. 'I. A. Richards and Practical Criticism' (1930), *Argufying*, 194–195.

18. Cooke, letter to Constable, 15 June 1988.

19. Bennett, ' "How It Strikes a Contemporary" ', 55.

20. Hugh Carey, *Mansfield Forbes and his Cambridge*, Cambridge: Cambridge University Press, 1984, 72.

21. WE, 'The Hammer's Ring', 73; *Argufying*, 216.

22. WE, 'I. A. Richards', *Magdalene College Magazine and Record*, ns 23 (1978–1979), 5; *Argufying*, 227.

23. WE, letter to David Wilson, 5 November 1970 (courtesy of David Wilson).

24. 见哈佛大学霍顿图书馆（Houghton Library）燕卜苏档案中的笔记。利维斯1927年也听了福斯特的讲座，他对这个系列讲座毫无思想感到吃惊。（MacKillop, *F. R. Leavis*, 97.）

25. WE, letter to Gareth Jones, 31 March 1973 (Trinity College Library, Cambridge).

26. E. M. W. 蒂利亚德在他的剑桥回忆录中记录了在20年代后期令人遗憾的讲座盛行状况："作为导师，我曾经不得不禁止学生参加太多讲座。"（*The Muse Unchained*, 118.）

27. See T.W., 'The Book of the Play', *The Granta*, 9 March 1928, 340.

28. Phare, 'From Devon to Cambridge, 1926', 146.

29. Carey, *Mansfield Forbes and his Cambridge*, 86.

30. 关于斯坦因在剑桥的情况，见Harold Acton, *Memoirs of an Aesthete* (London: Methuen, 1948), cited in Geoffrey Elborn, *Edith Sitwell: A Biography*, London: Sheldon Press, 1981, 56–57.

31. 理查兹的一个关键词就是"平衡"（equilibrium），但是他不喜欢使用该词的名词形式（equilibration）和动词形式（equilibrating），像斯坦因那样。燕卜苏在《格兰塔》1927年5月6日和10月14日的书评中都使用了斯坦因的两种词形：如夸大《科学与诗歌》和《作为阐释的写作》（*Composition as Explanation*）的影响力，把一部电影贬低为"半生不熟，它不太真诚地提供了你所寻找的东西：神奇态度的平衡，或一部令人厌倦的伤感电影"。

32. Basil Willey, *Cambridge and Other Memories*, 1920–1953, London: Chatto & Windus, 1968, 20–21.

33. Gwendolyn Freeman, 'Queenie at Girton', in Denys Thompson (ed.), *The Leavises: Recollections and Impressions*, Cambridge: Cambridge University Press, 1984, 14; quoted too in Carey, *Mansfield Forbes and his Cambridge*, 71.

34. Graham Hough, 'Idols of the Lecture-Room' ［a review of *Mansfield Forbes and his Cambridge* by Hugh Carey, and Thompson (ed.), *The Leavises: Recollections and Impressions*］, *TLS*, 23 November 1984, p. 1329.

35. 'The Last Word', *The Granta*, 9 March 1928, p. 340; *EG* 46.

36. WE, letter to Gareth Jones, 31 March 1973 (Trinity College, Cambridge).

37. 'The Romantic Rationalist', *The Granta*, 12 June 1926, p. 477; *EG*, supplement.

38. Richards (8 May 1978), quoted in Russo, *I. A. Richards*, 178.

39. I. A. Richards, *Principles of Literary Criticism*, 1924, 2nd edn. 1926; reset edition, London: Routledge & Kegan Paul, 1967, 230, 46.

40. Ibid., 42, 38.

41. I. A. Richards, *Practical Criticism: A Study of Literary Judgment*, London: Routledge & Kegan Paul, 1929, 249, 252.

42. Richards, *Principles of Literary Criticism*, 229.

43. Russo, *I. A. Richards,* 190.

44. C. K. Ogden, I. A. Richards, and James Wood, *The Foundations of Aesthetics*, London: Allen & Unwin, 1922, 75, 91. E. D.小赫希（E. D. Hirsch Jr）不是唯一的重要误读的例子："从心理学上讲，理查兹认为最有益的文学是能够协调巨大数量的不同冲动和对立冲动的文学。因此，柯尔律治所提倡的，有关形式和纯文学的卓越标准完全与理查兹的心理学标准相契合。形式上丰富而复杂的文学，能够将许多对立和不协调因素协调起来的文学，作为文学和心理疗法都达到了卓越。由于两个标准相重合，文学的心理价值就可以与文学价值相适应。"（*The Aims of Interpretation*, Chicago: University of Chicago Press, 1976, 125.）

45. 燕卜荪相信批评家应该同时考虑创作行为和读者反应。1930年在定义诗歌"行为模式"时［在一篇回应约翰·斯帕罗对理查兹的攻击的文章中］，他写道："我认为人们使用该词时指的是……诗人传达他想传达的思想而使用的手段，以及那些手段实际传达给读者的意思。很明显，如果你不了解读者心中的某些活动，不了解作者心中的某些活动，你就不了解这一点。一些'诗歌分析'，只要与此不同，对它也是必要的。我提出这些不同类型的分析，不是作为不同的目的，而是作为行为的不同因素。"（*Argufying*, 202.）

46. Russo, *I. A. Richards*, 91.

47. Jerome P. Schiller, *I. A. Richards' Theory of Literature*, New Haven: Yale University Press, 1969, 57.

48. WE wrote to Richards on 29 January (?1931)："我也不明白什么是冲动：显然，它不必是有意识的冲动，因此它不会轻易地被识别。弗洛伊德的观点似乎是，有很少一些根本性冲动，它们最初不是要做具体事情的冲动，它们被具体情况——被形成的信仰和具体的训练变成明确的冲动。"理查兹在页边空白处写道："我的'冲动'，生理的而非心理的冲动，微观的而非宏观的冲动。"（Richards Collection）

49. John Needham, *The Completest Mode: I. A. Richards and the Continuity of English Literary Criticism*, Edinburgh: Edinburgh University Press, 1982, 35.

50. Russo, *I. A. Richards*, 262.拉索还说："虽然理查兹不情愿将诗歌与诗歌体验区分开来，但是浪漫主义的生物有机体诗歌观和文本的分析阐释两个方面逐渐使他能够在诗歌自治方面提出一个强大的观点。"（同上）

51. 'Beginnings and Transitions: I. A. Richards Interviewed by Reuben Brower', in Brower (ed.), *I. A. Richards: Essays in His Honor*, 20.

52. Russo, *I. A. Richards*, 178–179.

53. Ibid., 183.拉索还说："理查兹的体系中冲动的力量似乎涵盖了从天然的感觉到文明背后的动力的范围。他可能很努力地想把整个宇宙都挤进一团。"（同上）克里斯托弗·伊舍伍德曾经听过那些最终成为《文学批评原则》的课程，他这样为理查兹的教学唱赞歌："诗歌不是圣火，或者来自月亮的火鸟：它是一组相互联系的刺激因素，作用于视觉神经、半规管、大脑、太阳穴、消化器官和性器官。它对你产生医学上看得见的益处，像一剂士的宁盐一样。"（1938; repr. London: New English Library, 1974, 75.）

54. Russo, *I. A. Richards*, 217.

55. Needham, *The Completest Mode*, 49. Cf. Russo, *I. A. Richards*, 250.

56. I. A. Richards, *Speculative Instruments*, London: Routledge & Kegan Paul, 1955, 9.

57. Russo, *I. A. Richards*, 91.

58. I. A. Richards, *Poetries and Sciences*, 60–61. Cf. Russo, *I. A. Richards*, on the pseudo-statement controversy, pp. 246–251.

59. T. S. Eliot, 'Literature, Science, and Dogma', *Dial*, 82/83 (March 1927) (239–243), 243, 241. See also Russo, *I. A. Richards*, 194–195. 关于艾略特问题的其他信息，见John Constable (ed.), *Selected Letters of I. A. Richards, CH*, Oxford: Clarendon Press, 1990, p. xxxix。

60. 另见Russo, *I. A. Richards*, 194–195："理查兹的自尊被艾略特的奚落所刺痛……艾略特基于几个事例性的比喻，就将他的理论误解为定量的和机械的理论：虽然他的评论的主要基调是有机的和定性的……"

　　"即使理查兹的实用价值理论设计得更好，也可能不会赢得艾略特的赞许。相反，理查兹的简单化处理和观点的漏洞使艾略特（和其他批评家）对他的批评变得更加容易。他常常毫不说明地省去了冲动的数量和质量，而且'冲动'本身代表的心理和生理活动的范围也太宽广。"

61. Frank Day, *Sir William Empson: An Annotated Bibliography*, New York: Garland, 1984, pp. xxix–xxx.

62. Richards, *The Foundations of Aesthetics*, 75.

63. *SCW* 424–425. Cf. *WE's footnote in Ambiguity* (3rd edn., 1953), 193："当然，你在矛盾的调和问题上可以引入许多令人困惑的哲学思考。德国哲学传统在这个问题上甚至好像是建立在印度思想的基础上，在佛教中得到了最好的解决。"

64. Harold Beaver, 'Tilting at Windbags' (rev. of *William Empson and the Philosophy of Literary Criticism*, by Christopher Norris), *New Statesman*, 11 August 1979, p. 186.

65. 燕卜荪在一封出版过的信中写道："基础英语为仔细直白的陈述提供了自然的英语，但那并不是说话的自然方式……但是……基础英语本身就是一种庄严而理性的表达方式，可以很快学好，可以立即被普遍理解。"（'Basic English', *The Spectator*, 2 August 1935, p. 191.）

66. *Beyond the Pleasure Principle, in The Standard Edition of the Complete Psychological Works of Sigmund Freud*, ed. James Strachey, London: Hogarth Press, 1953–1974, vol. xviii. Cf. Russo on Richards and Freud (*I. A. Richards*, 196–197).

67. Richards, *Principles of Literary Criticism*, 197–198.

68. *SCW* 425.

69. 见拉索的声言："理查兹不是行为主义者，他只是使用了行为主义因素。他是一个工具主义者，行为主义是他的一种工具"，而且"证据完全与他是行为主义者的说法相抵触。"（*I. A. Richards*, 125, 175）

70. Richards, *Principles of Literary Criticism*, 36, 40.

71. WE, 'The Hammer's Ring', 75.

72. 理查兹论但丁：对于那些将它们视为人类承受的最有害和偏离正轨的言行的人们来说，一首如此依赖那些原则的诗歌如何能够被公正地阅读？（*Beyond*, New York: Harcourt Brace Jovanovich, 1974, 108–109, 112; quoted in Russo, *I. A. Richards*, 210.）

73. Day, *Sir William Empson*, p. xxix.

74. Michael Roberts, untitled rev. of *Pastoral, Criterion* (January 1936), 345.

75. WE, 'The Hammer's Ring', 74.

76. WE, letter to Mark Roberts, 8 February 1959 (copy in Empson Papers).利维斯虽然在1930年曾经欢迎理查兹的社会批评，然而后来却嘲笑价值理论有着"伪科学、伪心理学"的装饰。（'I. A. Richards', *Scrutiny*, 3, 1935, 366–400.）

77. Richards quoted in Russo, *I. A. Richards*, 201.

78. WE, letter to John Paul Russo, 24 March 1982, quoted in Russo, *I. A. Richards*, 202, 732 n. 96.

79. WE, 'Remembering I. A. Richards', *Argufying*, 226–227.（以下的页码在文章中注明。）

80. 许多其他读者对这种伪科学的输入也有同样的疑惑。他这个时期的朋友包括詹姆斯·史密斯（1904—1972），他是三一学院一个出色、迷人而狡猾的学生，在英语荣誉学位考试和现代及中古语言（法语和德语）荣誉学位考试中均获得一等成绩。他还获得了奥尔德姆莎士比亚奖学金（Oldham Shakespeare Scholarship）及其他奖励。他在燕卜荪的圈子里逐渐被称为"约翰逊博士"。1925—1926年，他任《格兰塔》编辑（因此出版了燕卜荪的初期文学评论——那篇赞扬理查兹价值理论、诋毁赫伯特·里德的文章）。他的其他成就包括将维特根斯坦的著作与文学批评相结合的出色能力。另外，据《格兰塔》的一则短文介绍，他还复兴了剑河文学社（Cam Literary Society），"甚至做了一年的社长，以将剑桥介绍给T. S.艾略特"。至于未来，《格兰塔》继续敏锐地说，"他的前景很难预料。他可能找到一个角落，去过一种理论生涯，思考上帝和魔鬼等等……"（实际上他后来在30年代至少为《细查》（*Scrutiny*）撰写了一些很好的文章，其中一篇——关于玄学诗歌——为燕卜荪撰写《田园诗的几种变体》提供了极大动力。但他也将在1931年的《标准》中责备燕卜荪在《复义七型》中的分析毫无节制）。他是天主教徒，正如《格兰塔》暗示，因此他对基督教和T. S.艾略特的忠诚使他与"科学主义"不和。燕卜荪后来在1932年致信理查兹说："我希望我能够让可怜的詹姆斯·史密斯把他的论文寄给你，以申请三一学院的院士职位（他没有获得研究院士职位），他对亚里斯多德的研究，很像你对孟子的研究；我在我的书里引用了一些，在这些问题上，这是我的思想资本，但是我想是他的（令人讨厌的）任性惹怒了三一学院，也使他当时拒绝与你联系，现在使他拒绝将论文寄给你，但是我将敦促他这样做，应该有人看一看。"（Richards Collection）See also a memoir by Edward M. Wilson, 'James Smith (1904–1972)', in a posthumous collection by Smith, *Shakespearean and Other Essays*, Cambridge: Cambridge University Press, 1974.

81. "直到理查兹不教我之后，我才意识到他是正确的——我的朋友们认为他很荒唐，我接受他的指导已经使我成为他们笑话的来源。年轻人总是错误的，我想应该如此。"（WE, letter to David Wilson, 5 November 1970.）

82. WE, 'The Hammer's Ring', 73–74.

83. 约翰·保罗·拉索虽然我稍后将与他争论，在此他还是赞同了我的观点："理查兹主要撰写理论著作，而燕卜荪写了一些列实用批评文章。"（*I. A. Richards*, 533.）

84. I. A. Richards, *Science and Poetry* (1926); repr. as *Poetries and Sciences*, London: Routledge & Kegan Paul, 1970, 32–33.

85. Russo, *I. A. Richards*, 157–158.

86. Ibid., 239.

87. 理查兹最初是在《论谈话》（'On Talking'，见合著著作《意义的意义》第10章）中对指涉语言和"情感"语言（referential and 'emotional' language）进行了区分。

88. 燕卜荪对关于文学批评问卷的回答，载*Agenda*, 14/3 (Autumn 1976), 24.

89. 理查兹收藏的《复杂词的结构》，现藏于剑桥大学玛德林学院老图书馆。

90. See W. H. N. Hotopf, *Language, Thought and Comprehension: A Case Study of the Writings of I. A. Richards*, London: Routledge & Kegan Paul, 1965, esp. 169–176. 关于理查兹的生平，见John Paul Russo, 'I. A. Richards in Retrospect', *Critical Inquiry*, 8 (Summer 1982), 743–760。

91. Isherwood, *Lions and Shadows*, 75.

92. Edward Upward, *No Home but the Struggle*, 1977, repr. London: Quartet Books, 1979, 190–191.

93. Letter to Philip Hobsbaum, 2 August 1969 (copy in Empson Papers).

94. Russo, *I. A. Richards*, 532.

95. *Argufying*, 196. 燕卜荪继续精彩地说："在某个时候你可能在某种程度上意识到其中一方，例如，如果手头的东西很新颖，你会更加意识到思维；如果它急切，并不稀罕，你会更加意识到情感。但是如果你意识到的情感没有想好，那正好就是你的一部分感觉，那你就希望意识到它是一种思维，并把它纠正。"

96. Richards, *Practical Criticism*, 180.

97. Ibid., 217.

98. *Ambiguity*, 3rd edn., 238. （其后注释见文章内。）在一封未注明日期的信（1930年初）中，燕卜荪在其书籍出版之前试图缓和理查兹的忧虑："我刚刚把《复义》的终稿寄给了查托出版社，询问他们应该如何修改。这是一本不太专业的书；我不太明白思想与情感的区别，如果你要知道你的位置，你就必须找到一个方法运用这个区别。"（Richards Collection）既然他即将出版一本专著，在这个问题上批评他的导师，这封信不能不说有一点不真诚。

99. I. A. Richards, 'Semantic Frontiersman', in Gill, 100–101.

100. Russo, *I. A. Richards*, 216.

101. Ibid., 719.

102. 关于理查兹的实用批评和他从不知情的学生作业中得出的错误结论，见Gerald Graff, *Professing Literature: An Institutional History*, Chicago: University of Chicago Press, 1987。

103. Bennett, '"How It Strikes a Contemporary"', 59.

104. Russo, *I. A. Richards*, 216.

105. Richards, *Practical Criticism*, 215.

106. Russo, *I. A. Richards*, 280–281.

107. 感谢雅各布·布鲁诺夫斯基的传记作者约翰·维斯（John Vice），他给我提供了这个信息（letter to JH, 24 February 1990）。

108. Edward M. Wilson, letter to WE, 25 August 1957.威尔森继续说："我感谢奥斯特（Owst）、钱伯斯（Chambers）、赛思尼克（Seznee）、库尔迪斯（Curtius）的原因在于他们——在艾略特之后——为我展示了这样一个道理，即你帮助我看到的是比一个人、一个时期或一个世纪的作品更加宏大的东西。"在1933年2月5日的一则笔记中，燕卜荪将会描写在东京观看日本能剧的经历，他说了这样一句话："快活的年轻人正在联系舞蹈，像E.威尔森……"

109. 为了证实这一观点，即燕卜荪在1929年初就已经确定了复义的种类，我们只需要引用他的诗歌《神话》（'Myth'，1929）的手稿就已经足够，它包含了这么几点：

　　七种类型的含混

　　1. 纯粹的意义丰富（从多个视角看都成立的比喻）。

　　2. 两种意思不同，传达同一个观点。

　　3. 两种意思互不关联，都需要但互不照应。

　　4. 反讽：两种表面相反的意思被合并到一个判断中。

　　5. 意思的转移；（一个比喻部分应用于两个对比）。

　　6. 同义反复或矛盾，允许对意思进行各种各样的猜想。

　　7. 两种意思在上下文中完全相反。

110. I. A. Richards, *Principles of Literary Criticism*, 162.

111. Ibid., 232.

112. Russo, *I. A. Richards*, 279.

113. Richards, *Practical Criticism*, 214.

114. *Ambiguity*, 81.

115. Russo, *I. A. Richards*, 793."理查兹反对心理分析批评，原因是反对传记式批评。"

116. Margaret Gardiner, 'In and out of Cambridge', in *A Scatter of Memories*, London: Free Association Books, 1988, 70–71.加德纳在下一个段落还讲述了一件记忆犹新的往事（第71页）："有一天，我去理查兹处约他一同前往一个会议，我们碰到艾略特正上楼来看他。理查兹介绍了我，然后我坐在楼梯上，而他们两站在那里谈论《荒原》。我记得艾略特说，'我写的是泰晤士河（the Thames），但我想到的是密西西比河（the Mississippi）。'"

117. Richards, 'Semantic Frontiersman', in Gill, 102.

118. I. A. Richards, 'William Empson', *Furioso*, 1/3 (1940)，紧接第44页的补充文字。威勒克（René Wellek）认为理查兹在《激昂》（*Furioso*）中的文章"是一篇略带恩赐、长辈口吻的回忆录。"（*A History of Modern Criticism: 1750–1950: English Criticism, 1900–1950*, London: Jonathan Cape, 1986, 275.）

119. Roger Sale, 'The Achievement of William Empson', in *Modern Heroism: Essays on D. H. Lawrence, William Empson, & J. R. R. Tolkien*, Berkeley and Los Angeles: University of California Press, 1973, 117.

120. WE, letter to Elsie Phare, postmarked 4 September 1928.

121. 苏宋鹏（Soon Peng Su）暗示，燕卜荪的完全矛盾的概念"也许能够被进一步优化为一种断裂的复义……"（*Lexical Ambiguity in Poetry*, London: Longman, 1994, 8）然而，苏先生认为燕卜荪在复义的概念整体构思上很"混乱"。

122. Sigmund Freud, ' "The Antithetical Sense of Primal Words" ' (1910), in *Collected Papers*, iv, trans. Joan Riviere, London: Hogarth Press and the Institute of Psycho-Analysis, 1925, 184–191.

燕卜荪后来致信（无日期）奥格登说："我在大英博物馆找到一本埃及象形文字字典，也许你会对弗洛伊德所说的存在于埃及文字中的对立因素感兴趣。白和黑就是一个例子；它们发音一样，由不同限定成分显示哪个是哪个。但它们表示'全白'和'全黑'，并且意思来源于'强大'的概念；还有其他词汇表示两者间的微妙差异。很难明白在一个埃及人心中，他是全白还是全黑有什么冲突；然而，我们可以从它的来源语——一种更加原始的语言中寻求答案。表示'年轻'和'年老'有两对词汇，发音几乎相同；一对在字典中定义为'童年'和'第二童年'；另一对来自'发抖'和衰弱的概念。因此，在这两个例子中，词汇相似是因为意义被认为相似，而不是相反。同时，白和黑被认为相似是很奇怪的，可能与理解仪式壁画中的颜色有关，但是那仅仅使得这种奇怪更加离奇。"（McMaster University Library）

123. WE, letter to Elsie Phare, postmarked 7 October 1928.

124. 见Richards, *Principles of Literary Criticism*："一个词的效果会随着与其他文字的搭配而有所不同。自身意思非常含混的词在合适的上下文中会变得确定。"（第138页）

125. Richards, *Practical Criticism*, 304.

126. 'The Negation of Negation', *The Granta*, 9 March 1928, 340; *EG* 46.

127. *Ambiguity*, 224.

128. Ibid., 226.

129. Ibid., 231.

130. Ibid., 226–227.

131. *Practical Criticism*, 285.

132. *Ambiguity*, 227.

133. Russo, *I. A. Richards*, 528.

134. 短语"平静状态"来自Richards, *Principles of Literary Criticism*, 198。

135. *Principles of Literary Criticism*, 46.

136. Russo, *I. A. Richards*, 216.

137. I. A. Richards, 'Gerard Hopkins', The Dial, 81 (1926), repr. in *Complementarities: Uncollected Essays*, ed. John Paul Russo (Cambridge, Mass.: Harvard University Press, 1976; Manchester: Carcanet New Press, 1977), 143,147.

138. Russo, *I. A. Richards*, 267.

139. *Ambiguity*, 225–226. 燕卜荪挑战性心态的典型事例是邮戳为1928年9月14日的一封信，在信中他规劝埃尔茜·费尔说："请将你关于霍普金斯的文章寄过来，如果我们能够找人表达不同的观点，这将是对理查兹的痛击。"最终，燕卜荪在《复义》中表达了自己的不同观点——正好是这样的痛击。

140. See Russo, *I. A. Richards*, 266.

141. Laura Riding and Robert Graves, *A Survey of Modernist Poetry*, London: William Heinemann, 1927, 74–75, 80. See also Giorgio Melchioro, ch. 4: 'Th' expense of spirit: Sonnet 129

and the Ethics of Sex', in *Shakespeare's Dramatic Meditations: An Experiment in Criticism*, Oxford: Clarendon Press, 1976; also Jeffrey Walsh, 'Alternative "Modernists": Robert Graves and Laura Riding', in Gary Day and Brian Docherty (eds.), *British Poetry, 1900–1950: Aspects of Tradition*, Basingstoke: Macmillan Press, 1995, 131–150.

142. 'Curds and Whey', *The Granta*, 11 May 1928, p. 419; *EG 55–56*.

143. WE, 'Ambiguity in Shakespeare: Sonnet XVI', *Experiment*, 2 (February 1929), 33.

144. WE, 'Some Notes on Mr. Eliot', *Experiment*, 4 (November 1929), 6–8.

145. 《复义》第一版印数达到2000册，其中500册由纽约的哈考特·布雷斯出版公司（Harcourt Brace Inc）出版。在格雷夫斯—赖丁的最初投诉之后，查托与温达斯版所有的书都放入了一张勘误表，但是美国版的书有可能没有放入。

146. Quoted in Deborah Baker, *In Extremis: The Life of Laura Riding*, London: Hamish Hamilton, 1993, 142–143. 贝克把《现代派诗歌概览》中使用的批评方法归功于赖丁，她诋毁燕卜荪的成就，错误地将他归类为新批评家，并刻毒地说："作为一个上进的数学专业学生，燕卜荪意在证实，有七种语言含混现象实际存在"。（第143页）"'含混'与'不确定性'继续成为批评家的术语：一个诗人更可能会像赖丁一样，相信意义的一致性，或者'多重准确性'。"（第145页）

147. "燕卜荪像猴子一样聪明，而且我不喜欢猴子"，格雷夫斯在来年（1944）写道——但是显然随着岁月的流逝他最终非常喜欢燕卜荪。（Martin Seymour-Smith, *Robert Graves: His Life and Work*, London: Bloomsbury, 1995, 147.）

148. Laura Jackson, letter to WE, 31 October 1970.

149. Laura Jackson, letter to WE, 11 November 1970.

150. Laura Jackson, letter to WE, 13 December 1970.

151. Laura (Riding) Jackson, 'Correspondence', *Modern Language Quarterly*, 32 (1971), 447–448.

152. Laura (Riding) Jackson, 'Some Autobiographical Corrections of Literary History', *Denver Quarterly*, 8/4 (Winter 1974), 12. 1970年5月19日，劳拉·赖丁还给查托与温达斯出版社写信说："我的'第一位置'不是一种形式，在那个分析事例中尤其如此"；在1970年6月12日的信中，她再次将自己称为"这种分析方法的实际发明人"；在1970年8月8日的信中，她再次这样说："这种方法是我的发明，正如任何熟悉我的著作、我的思想、我的工作的人都知道，我促使其他诗人更加注意到语言责任的要求——有许多总体的和具体的证据证实这一点。"（Chatto & Windus Archive, Reading University Library）

153. Joyce Piell Wexler, *Laura Riding's Pursuit of Truth*, Athens, Oh.: Ohio University Press, 1979, 8. 约翰·凯里在一篇关于贝克的*In Extremis: The Life of Laura Riding*（1993）的书评中发表了一个同样尖锐的观点："贝克似乎从来没有意识到，劳拉离开格雷夫斯之后大脑就变得完全空白的事实恰恰反证了她所谓的她是这次合作的核心的说法。"（'Chasing eternal verities', *Sunday Times*, 24 October 1993, section 6, p. 6.）

154. Laura Riding, letter to WE, 7 May 1971.

155. 关于她更多的自我证伪，另可参见 'Laura (Riding) Jackson in Conversation with Elizabeth Friedmann', *PN Review*, 17/4 (March/April 1991), 68. 燕卜荪与新批评的关系同样常常被误

解。例如，哈罗德·弗洛姆（Harold Fromm）错误地宣称："新批评家仔细地吸收了格雷夫斯和赖丁的《现代派诗歌概览》（1927），他们对莎士比亚的解读为燕卜荪和他的追随者提供了榜样，同时传播了将诗歌视为自为、自在的物体，完全不依赖于外部世界或历史的观点。"〔'Myths and Mishegaas: Robert Graves and Laura Riding', *Hudson Review*, 44/2, (Summer, 1991).〕

156. Baker's comments on Graves's early work, In *Extremis*, 139–140.

157. Richards, *Principles of Literary Criticism*, 20–21.

158. 'Note for the third edition', *Ambiguity* (1953), p. xvii.

159. Ibid., p. ix.

160. Robert Graves, *Poetic Unreason and Other Studies*, London: Cecil Palmer, 1925, 82. 的确，格雷夫斯早期著作中的一句话也有可能启发了燕卜荪的文章《〈爱丽丝漫游仙境〉：孩童恋人》（'Alice in Wonderland: The Child as Swain'）："在《论英国诗歌》中谈到'梦的机制'时，格雷夫斯说《爱丽丝漫游仙境记》'是以梦元素为基础的'。"（*On English Poetry*, London: William Heinemann, 1922, 121.）

"那些特殊的罪恶"：
危机、开除和后果

在1984年燕卜荪去世之后，《玛德林学院学报和纪事》（*Magdalene College Magazine and Record*）发表了 "A. S."（亚瑟·塞尔）［'A.S.'（Arthur Sale）］撰写的讣告，其中包括了这样一句平淡而马虎的话：

> 在1931年当选副院士，但在就职之前，他被任命为东京一所大学的英语系主任，因而与玛德林学院的紧密关系终止了约四十五年。[1]

这样，不知是真不知道还是耍机灵，塞尔把一切事情都弄错了，减少或忽视了燕卜荪被学院开除的所有轰动性细节，事情正好发生在1929年的暑假——燕卜荪进入英语专业荣誉学位考试学习后仅仅一年时间。

1928—1929学年对他来说是一个异常繁忙的学年，是他辉煌事业的开始。学院已经允许他转入第二个学位，尽管他的数学荣誉学位考试最终结果并不尽如人意（他在第四学年的奖学金没有被批准）。[2] I. A.理查兹后来在关于燕卜荪成就的广播讲话（于1977年才播出）中回忆，燕卜荪的数学导师A. S.拉姆齐（A. S. Ramsey）告诉他，"燕卜荪是他所教过的最好的数学学生之一，他很遗憾他放弃了数学"[3]。他作为诗人的名声，以及理查兹所讲的关于他在文学含混研究方面的显著成就肯定都让学院理事会感到欣慰，他们让他继续学习是做了一件好事。

他还忙于众多其他活动；其中之一就是，正如多罗西娅·理查兹在1929年5月18日的日记中写道——在他参加英语荣誉学位考试第一部分之前一个月——他被"基础英语计划所吸引"。（据说，他发现有一点非常有趣，当使用基础英语的词汇限制方法时，男孩无法问女孩"你是否爱我？"而只能问"你愿意跟我做性方面的事情吗？"）[4]他还在任异教社的社长。另外，令人吃惊的是，他还在3月中旬抽时间在亨利·菲尔丁（Henry Fielding）的《悲剧中的悲剧：伟人汤姆·桑姆的人生》（*The Tragedy of Tragedies: or the Life and Death of Tom Thumb the Great*）中扮演了主角，一共演出了三场；这是一个叫哑剧团（the Mummers）的戏剧社的第一次演出［燕卜荪在台上"营造了一个哀伤的场面"，非汉弗莱·詹宁斯一类的艺术家无法做到］。哑剧团是剑桥大学第一个男女混合的戏剧社团，创始人为瘦高个儿的阿利斯泰尔·库克。[5]巴巴拉·尼克松（Barbara Nixon）扮演了亨卡蒙卡（Huncamunca），埃里克·奇蒂（Erik Chitty）扮演了国王，库克自己扮演了格里兹尔（Grizzle）爵士。被誉为马娄戏剧社（Marlowe Society）的明星的迈克尔·雷德格雷夫在《剑桥评论》中暗示，主要演员（不包括燕卜荪）都可以寻求加入历史更悠久的戏剧社（当然他们不接受女性演员），这样"哑剧团就肯定可以关门了"；带着一个学生批评家的残酷口吻，他还说道："扮演恶人的库克先生显然对所有的诡计都很熟悉，但我很遗憾他不能演好其中任何一个。"[6]（这一句随意的讽刺在库克的记忆中烙下了深深的印记。）关于燕卜荪在台上的最后露面，《格兰塔》带着一把很恰当的双刃剑说道，《汤姆·桑姆》"是一出模仿滑稽剧，针对的是菲尔丁时期流行的英雄悲剧。整个演员阵容都意识到它的滑稽剧性质，特别是燕卜荪把握住了它的方向。只有那些认识燕卜荪的人，那些认同他特别的离奇感的人，才能够欣赏他的演技；但是他对戏剧的理解是至今为止最为明智的。"[7]

使阿利斯泰尔·库克倍感惊讶的是，燕卜荪在剧团的社交生活中没有起任何作用。他来彩排，接受指导，然后很快就消失了。同样，燕卜荪做《格兰塔》的书评作者时，他仅仅是在国王街（King Street）狭小的杂志办公室露一面，丢下他的文章，什么话也不说就离开。他甚至不出席《格兰塔》杂志在编辑部定期举行的下午茶。因此，就库克而言，燕卜荪似乎是"智力超群"，特别是因为他的圈子包括了布鲁诺夫斯基和詹宁斯，"阳春白雪得可怕"。[8]"我从来没有看见他坦露任何情绪，"库克对我回忆道："在街上点个头就是他表示亲近的极限。"他在另一处还说，"恐怕我必须非常坦率地补充，燕卜荪是我所碰到的最冷漠的人。我极端欣赏他的著作（和早期诗歌）：他的大脑像一把锐利的剑，但在与我的接触中，他只是一根冰柱，从没有融化过。当然，这并不是说他不能产生深厚的感情：《七型》提供了充分的证据，特别是对赫伯特和玄学派诗歌的评论。也许我们之间的化学元素没有摩擦出火花。我相信与朋友在一起时，他是一个完全不同的人。"⁹很自然，燕卜荪可能对闲聊活动感到蔑视，或者就是他不喜欢库克；然而同样可能的是，他对待其他人和对待库克一样，保持了一定的距离。他一生中都没有交往过亲密朋友，除了那些自动地照顾他的需求的人（虽然他肯定没有把这视为那种关系），并且从来没有放弃思想活动（甚至在引人入胜、志趣相投的晚餐会期间，他都会时而离开餐桌，去把心里面隐隐想到的事情打印出来）。虽然他并不是不善社交，但他很腼腆，在一生的大部分时间里都用酒精来增添快乐。因此，他更喜欢君子之交，而非朋友关系；喜欢偶尔的伙伴，特别是那些兴趣广泛的人，同样拥有思想交流和信息交流的热情，而不是期待从他身上得到情感和道德力量，甚至承担如此责任的密友。然而，燕卜荪的声音，声调高、爱省略的话语，都可能给一般的熟人留下冷漠的距离感——这可能解释了有一篇愚蠢的文章对他的奇特暗示，一个叫奥巴代亚·庞伯尼（Obadiah Pompony）的才子1928年12月在《玛德林学院学报》（*Magdalene College Magazine*）上发表了《大桥街的咖啡屋》（'The Bridge Street Coffee House'）一文，称有一个人"叫燕卜荪，说话时有一种冷漠的断奏曲腔调……"¹⁰然而最要紧的是，他的思想和行为都异常活跃：人们总是看到他在朝什么地方奔忙。

然而，燕卜荪的确参加了一次《格兰塔》杂志为工作人员举行的年度晚餐。阿利斯泰尔·库克生动地记得那个情景，因为燕卜荪喝得酩酊大醉，当众宣布"没有理由"不吃郁金香（装饰餐桌的花瓶里有一大束），接着就开始一瓣一瓣地吃了起来。"他在给我们这些瞪大眼睛、满怀钦佩的人鞠了一躬之后，就吐了。"燕卜荪还接受过库克的邀请，到耶稣学院吃晚餐，当时的一位名人（身份没有记录）晚餐后作了一次令人麻木的演讲。"我忘记了那个枯燥乏味的晚上的一切，"库克后来回忆道，"除了燕卜荪的一句话，在枯燥的演讲没完没了时，他在我耳边说：'你总是可以闭上你的眼睛，想象鸡奸。'"

燕卜荪在1928—1929学年爱上了一个特别帅的年轻人，但是他的欲望没有得到满足。他的一系列"书信"诗就是写给一个叫德斯蒙德·李（1908—1993）的朋友的。李是一个高个儿、金发、优雅、引人注目的小伙子，他在古典学荣誉学位考试的两个部分中都取得了一等成绩。¹¹这个系列的前四首诗创作于他在剑桥大学的最后一年，而《信之五》（'Letter V'）创作于30年代初的东京，这意味着他在很长一段时间里都在迷恋李。[《信之六》（'Letter VI'）是这个系列的最后一首，创作于1935年3月23日，在李结婚之时，并且在燕卜荪生前没有出版。]根据李对他们两人关系的陈述，这个诗歌系列的起因是他偶然给朋友引用了一句来自帕斯卡尔（Pascal）的响亮宣言："无限空间的永恒沉默使我恐惧"［《思想录》（*Pensées*），iii，206］，结果发现燕卜荪深深地反对里边的伤感情绪——第一首诗就是燕卜荪的回应观点（帕斯卡尔的话在第二行中被引用）。燕卜荪写完每一首诗，他都会给李送一份打印稿（除了《信之六》被他自己保留）。

《信之一》（'Letter I'）是一首诙谐的爱情诗。它一开始写爱人对黑暗的非理性恐惧，这个恐惧是通过认同帕斯卡尔对星际空间的恐惧而得以表达出来的。诗人将这个星际空间的空旷称为"那个没有鱼的网络，那个延伸的闲暇"，借用了埃丁顿的语言："空间像距离的网络……一个自我支撑的连接体系"，并且"星球的体系飘浮在海洋上……一个平静的海洋"。[12]

诗歌在第二节继续说：

> 我自己很认同星球之间的黑暗空间
>
> 所有私密都是它们的礼物；它们隔着
>
> 深渊眉目传情；至于信息……
>
> ……它们是明智的牵线红娘，
>
> 说道着它们认为是常识的话语。

换句话说，空间被视为有益的——虽然是完全的黑暗，但不是威胁——因为它维持了（星球的和人的）个性、提供了连接和交流的平台。

第三节表面上以阴暗的怀疑开始，质问两个潜在的恋人是否实际上是由空间或常识直接连接的——空间被非欧几里德几何学（non-Euclidean geometry）"扭曲"——它的最后问题听上去有点不幸，但可以被理解为令人欣慰的：

> 这样的黑暗在何处给予光明应有的位置？
>
> 这样的黑暗在何处把你的脸庞遮住？

燕卜荪曾经在一篇书评中写道："任何想要建立相对的企图结果都是建立了绝对；在爱因斯坦的绝对就是光速。"[13]因此在这首诗歌里，恋人害怕的绝对黑暗是通过暗示绝对光明而建立起来的。遗忘是如此的不可接受，善意的安慰总是恰当的。

另外，他在最后一节中继续表达他的观点，回应了我们卑微的星球——太阳的可能的命运：

> 我们的快乐的太阳，如果它要避免爆炸
>
> （这些时代非常关键），将会停止嬉笑，
>
> 将会失去存在于你四周的不祥预兆；
>
> 将会释放它的体积所能获得的全部光环，
>
> 而里边填满的物质又要把住这些光环；
>
> 火焰过于炽烈，以至于会变得冰冷，
>
> 并且遮掩那无以言状的火焰翻腾。

在《可能的世界》（1929）中，J. B. S.霍尔丹提到了太阳爆炸的极小可能性。[14]诗歌创作于科学家发现太阳原子裂变过程的方程式之前差不多十年，但是甚至在1928年，燕卜荪说，人们仍然相信太阳"填满了物质"——大约二十亿的四次幂吨能量，足以维持太阳发光一百五十亿年之久。

的确，诗歌的最后两行很机智地确认了这个观点，把恋人的注意力引向这样一个事实：诗人的激情很像太阳的能量。他必须把李的注意力引离对星际空间的恐惧，引向他对表达爱情的恐惧。毕竟太阳的命运可能也是天狼星B（所谓的天狼星伴侣）的命运，这是一颗白矮星，有许多能量，但不发光。"它的温度是多少？"埃丁顿问道。

> 如果你用辐射来测量温度，那么它的温度就是绝对零度，因为辐射是零度；如果你用分子运动的平均速度来测量温度，那么它的温度就是物质的最高温度。白矮星的最终命运就是变成宇宙中最热和最冷的物质……由于这颗星球极度地热，如果它愿意，它有足够的能量来冷却；由于它极度地冷，它已经停止了发光，并不再愿意变得更冷。（*Stew and Atoms*, 127）

燕卜荪用一个充满机智的奇喻表达了这个不同寻常的悖论——你可以说，不希望热还是冷，而是希望满足他的爱——它起到的作用肯定是将恋人引离形而上的困惑，引向他的欲望的困境；像太阳一样，他可能"火焰过于炽烈，以至于会变得冰冷，并且遮掩那无以言状的火焰翻腾"。

同样，如何处理个人的绝望情绪是燕卜荪的诗歌《信之五》的真正主题——关于爱的对象作为身体和作为形而上主体的难以捉摸的本质。这也是写给他自己的诗歌，他向自己暗示——宇宙异化了，朋友都像陌生人——他应该转而渴求这样的事情发生。既然埃丁顿和其他科学家让我们相信物质仅仅是"原子的偶然汇聚"[15]，诗歌使用了一个奇喻，即试图在这些原子中抓住恋人。"你可以说，不是中心，而是外壳，"诗歌写道：

> 光的轨迹，而不是形状完美的原子；
> 如此离题的赞美不惊人，但也不缺少温暖，
> 可以获得更多亲密，以换取更少希望。

正如燕卜荪在诗歌的注释中解释道，"中心定义表面用的是点阵，外壳定义表面用的是切线。"虽然科学强调物质的恋人并不是出现在充满渴望和羞涩的诗人眼中的恋人，并且需要数学的微积分来真正定位物质的身体，但是诗人将科学的原则变成了求爱的赞扬。他的欲望对象也许在进行社会辩论，躲避他的情感攻势——根据科学家的说法，你需要张肌来抓住他[16]——但是诗人暗示，他们可以"获得更多亲密，换取更少希望"：也许"更少同床共枕的希望"，[17]但是那至少应该为他们提供机会（正如谚语所说）"真正实现相互了解"。他然后发挥这个赞词说：

> 你是地图，乃是神圣国度的地图
> 你，被画，无名，不认识，使人认识。
> 然而如果我爱你，而不知其缘由，
> 这个缘由至少有展示出来的形式。

正如燕卜荪在录音版《诗歌选集》（*Selected Poems*）的唱片套上注释说，[18]

虽然不可接近，但恋人有一种神圣外形（在所有意义上讲都如此：所有双关语都是有意图的）。他是真实的，还是理想的？根据燕卜荪的说法，这里的观点是："外部世界至少有一个结构与我们的感觉印象相对应。"换句话说，他感到恋人是英俊的，不管他被视为神圣创造力的证据，还是被视为物质的偶然性，还是电子的运动轨迹的偶然安排。

总之，这首诗有游戏的倾向——实际上正如燕卜荪自己认为的，是含情脉脉的——它同时也是在讨论根本性问题。燕卜荪在描写遥远的恋人并向其求爱的同时，也在描写一个重要的形而上学概念：求爱的术语与物理学的术语做到了互换。游戏的内容包括向意象派诗人的一个非常珍视的概念发起挑战。十年之后（1941）燕卜荪在一篇书评中写道：

> 丁尼生（Tennyson）相信永生，因为他在心里感到了永生，显然感受的信息是发自肺腑的。感受的信息变成了观点，而不是感觉……有人说，原子有微弱的感觉——在逻辑上我有可能成为原子吗？关于物质的假设遭到反对的原因是我们无法观察它。把它沦为我们可能拥有的无法想象的感觉资料，难道我们就变得更加安心？而且，我们对感觉资料的了解还不如对事物的了解。[19]

那就是说，诗歌宣称提供了真实感觉，而它宣称对此应该三思——它运作的层面是真实感觉或直觉——因为它也受到物质规律的支配，而这些规律是超越"感觉"的。

至于燕卜荪的诗歌，他在结束这个观点时涉及到了康德的信念：这至少是一个"可以通过里边的生物而观察到的"世界。你可能最终不是目前显现出来的你，燕卜荪告诉他的朋友，但是我的理解和常识告诉我，我可以描写我看见的你，希望抓住你：

> 你赐予我的这些诗行可能反过来化为锐利；
> 或者，可惜地擦过，在你的关节处配对，
> 用无痛的箭像十字架一样把你钉在墙上。

《信之五》以庄重的四行体形式写成。诗人赞扬他的朋友是他的缪斯——因为李赐予了这些诗行，尽管晦涩的诗行和难以捉摸的数学微积分可能使他困惑——但是这些描写充满了足够的攻击力，足以暗示他所维持的性的主动性：毕竟，"你赐予我的这些诗行可能反过来化为锐利"，而且"用无痛的箭像十字架一样把你钉在墙上"。那就是说，李可能成为他的欲望的殉难者——一个被他的爱免疫了的圣塞巴斯蒂安（St Sebastian）——至少，他的诗行可以通过描写他而赢得他。诗人显然在心里暗示，那个圣塞巴斯蒂安的形象是同性恋的偶像。[20]

《信之六》含有一组表达尴尬的、有些地方未完全表达的诗节，它这样思考：

> 恐惧你的纯洁的、冷冰冰的美丽
> 像白垩丘陵一样冷冰、粗犷和清新——
> 这个比喻现在对我显得陈旧，仅因为
> 它驱使我坠入年轻而空虚的爱——
> 我一直没敢向你提及那种理想的爱
> 那整齐地打印出来并送出的版本
> 出版之前没有经过修改
> 见面时在我喋喋不休的谈话中淹没
> 　我的生活比这个传统的主题更脆弱。

虽然燕卜荪清楚地感觉到他对这位帅气而腼腆的年轻朋友的同性恋情，但显然没有公开宣告——至少没有完全地、毫不含糊其词地传递——这个恋情。然而，虽然李对燕卜荪的追求显然不是没有察觉，他仅仅是拒绝承认：他在这个层面没有回应燕卜荪。他后来在未出版的《自传笔记，记录于1984年》（'Autobiographical Notes, started in 1984'）中写道："我认为没有人知道我就是那个描写对象，我也并不认为这有多么重要。最后一封信附上了一张条子，说他不会再来'打搅我'。"然而，李还在回忆录中插入了这样一句有趣的话："回想起来，我认为我也许感到，它们［这些诗歌］为我们的关系注入了一种情感强度，这在日常生活事务中是不妥当的。"在《自传笔记》的打印稿中，李划去了最后一个从句，取而代之以手写的句子"这是我们两人都不需要的"。[21]

一个被认为是"小事"的事件，正如李自己记载，暗示了燕卜荪有时会感到一阵阵嫉妒；这个故事，也许记录于同一年，也出现在李的回忆录草稿中：

> 我们一群人在河上划船。我们划过了拜伦潭（Byron's Pool），如果我的回忆没错的话，午饭已经吃过了。我认为不仅仅是因为回忆的伤感情绪我才说，那是一个灿烂的夏日。我们中的一人（我们肯定有六到七人）是当年臭名昭著的同性恋，马尔科姆·格里格（Malcolm Grigg）。他的穿戴总是很符合这个角色，戴着宽边的天鹅绒礼帽什么的……马尔科姆当天穿了什么，我记不清了，但是……午餐之后比尔显然对他到处炫耀感到恶心，在毫无警告的情况下，将他推入了河中，那时他正傻傻地站在河边。我们很快把他打捞起来，然后比尔在回程中以奇怪而独特的方式脱下了自己的衣服，让马尔科姆穿上，而在自己腰间捆了一条毛巾。既然他穿成这样，其他人显然都不愿意与他一起回去；他是一个令人生畏的人物，可能有点尴尬，我们所有人都有点如此。因此这个任务落到了我身上（我认为其他人都有点优柔寡断），我们两人在一条船上往回划，比尔在划船回去的大多数时候都仅仅系着毛巾。我不记得回程是怎样到达终点的，比尔是怎样回到玛德林学院的……我知道比尔在那个困境中的行为完全是得体的，我感到很好玩，对比尔处理这个事件的方式怀有一种崇敬。

这个事件显然可以这样理解：一旦燕卜荪（自发地？）羞辱了——浸泡了——一个竞争对手，他自己就可以扮演超级男人的角色（"令人生畏"，"大多数时间划船"，行为"完全得体"），同时沉浸在表面上很无辜但非常炫耀的自恋式的表演中，这样做的意图肯定是为了吸引船上的唯一男性的目光。李说他将"永远记住"那一天。这很有可能是燕卜荪后来在《信之六：一桩婚姻》（'Letter VI: A Marriage'）中记载的同一件事情；在记录了关于李的其他珍贵回忆之后，诗歌长叹道：

> 我记得只有一次我在你眼前洗浴，
> 仿佛注意到这个残忍的系列事件，

──我想是第一个事件──灰色的眼睛

圆睁、奶白光芒，直勾勾地盯着我

不知道怎样看待下面要出现的事情，

想象我将会停止对茶话会夸夸其谈。

　　有一个社会的重负压在传统主题上。

对我来说似乎不可能承认，这个信号

（这点我敢肯定，你现在肯定会否认）

如此感人，如此高尚，已经被注意到

更不可能，既然以小丑般的坦率将它们

送给你，从这些文字中获得感官资本，

这种感官资本已经被人们过多说教

以至于无法实践，仅为了疗伤的目的。

　　生活与这个传统主题被连接在一起。

　　在1976年回答一份问卷时，燕卜荪说道："［文学作品的］深层意图常常是作者自己都怀疑的东西……显然，你需要想到他的'生平'，他的形成期的经历……为什么不呢？……真正的主题可能隐藏在一个保护性的表面主题之后。"[22]（在另一处，他接受了这样一个批评主张："你可能想知道作者是真正经历了他描写的事情呢，还是在'按照传统'写作？"……）[23]"书信"系列诗歌的"真正主题"可以说是针对德斯蒙德·李的欲望，李是这些书信的唯一灵感；"保护性表面主题"就是一个"男孩"想"女孩"的可怕欲望。然而，事实上发现这些诗歌中的恋人的身份丝毫不影响人们对它们的理解；像任何诗歌一样──至少像任何爱情诗一样──使它们生效的、必须用来解释和评价它们的，不是它们被编码为个人信息，而是它们包含的一般和普遍化力量。实际上，绝望的情绪在燕卜荪的诗歌中比比皆是──对同性恋的不可能结合感到绝望只是这个主题的一个方面──但是这不仅仅是唯我论；它与诗歌写作有更大的关系，正如燕卜荪自己在一篇早期的"关于深刻的神经性缺憾"的书评中所说──他所说的"完全消化的绝望"[24]可以通过更大背景的考验，即形而上学的考察。在评论A. E.豪斯曼（A. E. Housman）的《最后的诗》

（*Last Poems*）时，他说：

> 的确，我认为所有的绝望诗歌都需要大量的"距离"（诗人同主题的距离）；当你的观察超越了所有实际的具体细节，你只可以将绝望称为深刻的普遍真理，它很可能变得充满希望，如果这个人更加坚强；在个人的故事中，甚至是半个个人故事中，你都不容易做到这一点……但是人们没有体面的理由将所有关于爱情的绝望诗歌称为伤感的……它需要爱情具有巨大的实际障碍，如阶级的和性的障碍，并以此作为它的表面主题，因为绝望必须看上去很合理，才能实现这个奇特的跨越，被称为普遍真理。[25]

"书信"系列诗歌背后的巨大实际障碍是燕卜荪对一个同学怀有欲望，而他不回应他的情感，他拒绝回应他；他们的"普遍真理"显然更宏大。

但是在他的心里他不仅仅只有男性的欢乐和鸡奸的欲望。在不放弃同性恋倾向的同时，他也开始进入了女性的世界——好像又有些热情过头。根据他同时代的缪里尔·布拉德布鲁克所说，他喜欢广撒网；她还得到了这样一个印象："那些了解情况的人说他与女性的关系总是不顺。"（布拉德布鲁克说，那些了解情况的人包括凯瑟琳·雷恩）。[26]也许他还没有理解最感动女性的是什么，或者他还没有准备好满足她们的不同需求。几乎可以肯定的是，他喜欢那样的行为，但不形成关系；同男性伙伴，他习惯于快速交锋，与好友的肌肤之亲，在手淫时相互帮一手——没有质问，没有埋怨。休·赛克斯·戴维斯称燕卜荪的一个女朋友说："他把女孩用作厕所"[27]，但是没有其他证据显示他以这种粗鲁、没男子气概、剥削的方式利用女性：这句话仅仅是想利用庸俗来戏谑罢了。

可以肯定，燕卜荪在大学最后一年的确在跟女性交往。我们知道这一点，因为避孕套是他的副院士头衔被取消的原因；我们知道他第一个真正恋人的身份：伊丽莎白·威斯克曼（Elizabeth Wiskemann），一个德国移民的小女儿，比他大七岁。她1899年8月13日出生于肯特郡，获得了纽纳姆学院的奖学金，在1921年的历史学荣誉学位考试第二部分中获得一等成绩（那时燕卜荪十五岁，四年后才考上剑桥大学）。在那之后，她于1924—1925学年获得吉尔克利斯特研究奖学金（Gilchrist Research Studentship），攻读博士学位，研究"拿破仑（Napoleon）与罗马问题"，但是使她非常失望的是1927年她的论文仅仅为她赢得了硕士学位。正是在那之后的一年里，在她评估她的生活，企图决定是否要放弃学术生涯时，她认识了这位比她年幼的才子，古怪而异乎寻常的燕卜荪。

伊丽莎白·威斯克曼并不算好看，身材矮小，圆脸，深珊瑚色的面庞，突出的下颚，淡棕色头发，她喜欢剪短头发（的确，她脸上的毛有点多，以至于有时被人残酷地称为"小扫帚"）。然而，她有真正的吸引力，最显著的是活泼、艳丽的个性，加上对欧洲文化如饥似渴的兴趣。她是一个真正的知识分子，一个精力旺盛的交谈者，知道如何吸引人，具有识别有才之士的眼光；同时，她也是一个势利的人，倾向于向上爬，交往中有所选择。〔在她的其他兴趣中，她热衷于布卢姆斯伯里文化圈及其独特的思想。〕她对于她想结交的人非常友善，但对于她不太喜欢的人可能粗鲁或冷淡。尽管她有时会显得敏感，容易生气，但是她本质上是一个充满活力、积极上进、敏感而热心的人，竭尽所能达到思想活动的最高水平。[28]"她对人的兴趣和活跃的社交意识，" L. K.达夫（L. K. Duff，很了解她）写道，"与有关人的责任和权利的观点相结合，这些观点来自18世纪的启蒙哲学，经过19世纪的自由主义传承下来。她的精神家园可能是1848年的激进（和反教会主义）自由主义。"这样一位富有活力的、聪明的、年长的女性对于燕卜荪的吸引力是显而易见的，特别是因为她很有可能会采取主动。在他的一生中，燕卜荪所欣赏的是足智多谋、独立、能力突出的女人：明显不需要依赖于他的女人。他喜欢意志坚强、简单而有活力、自给自足，而不是被动和顺从的性格。柔弱的女性气质对他没有吸引力。

无疑，这桩关系对于燕卜荪来说是很重要的，应该公开获得恰当的承认，因为他举行了一个午餐会正式地将女朋友介绍给他的英语指导教师，理查兹在他的生活中已经扮演了一个准父亲的角色——即使他只比他大十三岁。1929年2月22日，艾弗·理查兹和多罗西娅·理查兹在他们共同的日记中有这样一则记录："1.到燕卜荪那里；见到了伊丽莎白·威斯克曼"——引人入胜的是紧跟在后面这则记录："4.步行去了利维斯和〔奎妮·〕罗斯（〔Queenie〕Roth）那里"（后者将成为未来的F. R.利维斯夫人）。这一天是墙上的蚊子和传记作家的一天；虽然——正如这种事情总是如此——燕卜荪与伊丽莎白·威斯克曼的亲密细节与墙上的蚊子一起死掉了。

不管这个恋情有多么火热，不管它占用了多少时间，他的工作没有受到任何影响。他像一支已经上膛的枪一样，目标是英语荣誉学位考试第一部分——那个夏天的考官是一个豪华阵容：E. M. W.蒂利亚德、F. L.卢卡斯、L. J.波茨、T. R.亨和H. M. R.默里（H. M. R. Murray），（牛津大学的）F. P.威尔逊（F. P. Wilson）是校外考官——他很快就获得了"特别荣誉"［腼腆而优秀的缪里尔·布拉德布鲁克——格顿学院未来的院长——在那一年也获得了这一殊荣］。[29]的确，回望这件事，那张印着简要得吓人的题目"论文"的试卷似乎就是为燕卜荪所命制的；第五题要求就一个宽泛的问题作出反应："伟大的艺术总是复杂的"。[30]燕卜荪是否实际上回答了这个问题 ——而不是"文学的颓废"或者那个永远令人恼火的"在多大程度上讲英国文学适合作为大学科目？"——不得而知。但是现存有一份后来写的考官报告，蒂利亚德二十三年之后写的一份推荐信——当时燕卜荪在申请谢菲尔德大学英语系主任之职位：

> 我没有教过他，但我在荣誉学位考试时考过他，我一直没有忘记他的答卷的卓越……他一开始是数学学生，有着数学家的逻辑思维深度。在某种细致的文学分析上，他无人能敌。另一方面，他的想象力奔放的短篇比长篇大论更加突出；重要的是他在荣誉学位考试中的论文总体上讲没有组织好，不如他的其他文章。[31]

W. G. 谢泼德（W. G. Shepherd）在50年代是耶稣学院的学生，他讲述了一段蒂利亚德（那时是该学院院长）告诉他的故事："考官们以蒂利亚德看来是罕见的坦率心情互相承认，他们真的没有看懂燕卜荪的文章——也没有看懂他引用他自己的那些诗歌。根据一个很少使用的规则，他们把燕卜荪叫来见面，解释他的文章。他的解释很自信，滔滔不绝，长篇大论。在感谢他并把他送走之后，考官们发现他们更加迷惑了——他们'希望他还能够解释他的解释'。然而他们的结论是燕卜荪显然很聪明，知识很丰富——应该得到最好分。因此他们就那样做了。"[32]

燕卜荪不仅获得了英语专业的玛德林学院奖（Magdalene College prize），他还在6月15日全票当选"查尔斯·金斯利副院士"（Charles Kingsley Bye-Fellowship），1929—1930学年的津贴为150英镑。[33]（博学的奥格登，那位非凡的基础英语的创始人，一年以前刚被任命为查尔斯·金斯利副院士。）[34] I. A. 理查兹非常高兴他是告诉燕卜荪这个绝好消息的第一人。很快，在6月20日，燕卜荪以古老的拉丁文形式正式签署文件加入学院这个"会社"。

仅仅七周以后，他又被那些刚刚把他任命为学院年轻成员的院士们"开除"了。[35]《学院颁布的命令和备忘录1907—1946》（*College Orders and Memoranda 1907—1946*）中记录道："学院决定，威廉·燕卜荪被取消副院士头衔，他的名字立即从学院名册上删除。"这条法令在同一天被以下人员签署：院长A. B.拉姆齐（A. B. Ramsay）和主席A. S.拉姆齐，以及出席会议的七名院士——高级导师V. S.弗农-琼斯（V. S. Vernon-Jones）、塔尔博特·皮尔（Talbot Peel）、斯蒂芬·盖斯利（Stephen Gaselee）、F. R.索尔特（F. R. Salter）、教务长弗朗西斯·H. H.克拉克（Francis H. H. Clark）、F. McD. F.特纳（F. McD. F. Turner）、助理导师F. R. F.斯科特（F. R. F. Scott）。[36]另外一份关于燕卜荪这个灾难的官方记录是A. S.拉姆齐两个月之后于10月7日写成的监事会会议记录："在接下来休会一天之后，经过了某种调查，学院一致决定，取消威廉·燕卜荪先生的副院士头衔，他的名字从学院名册上删除。"［学院的两名院士理查德·勒基特（Richard Luckett）和罗纳德·海厄姆（Ronald Hyam）搜集了关于此事的一份坦率陈述，关于这份记录，他们说——也许有一点袒护——"应该注意到，取消他的院士头衔的决定仅仅是'决议'，那就是说，这不是一个统一和一致的决定。"[37]］燕卜荪从此与玛德林学院终止了直接联系，直到五十年之后的1979年，学院选举威廉·燕卜荪爵士（他已成为爵士）为荣誉院士。

非常奇怪的是，正如法国国王说考狄利娅（Cordelia），这位在他们看来是最好的对象、赞扬的焦点的人物居然犯了一件如此丑恶的事情，以致抵消了所有的宠爱。1929年7月究竟发生了什么事情已经成为传奇，其版本数量与点缀它们的传闻一样多。但是某些事实是显而易见的。燕卜荪有一段时间，可能有一整年都住在学院的院外宿舍，位于切斯特顿路（Chesterton Road）的金斯利住宿楼（Kingsley House），在这里他似乎生活得很随意，甚至有点放荡。他来去都随心所欲，甚至还带回来一个女人——几乎可以肯定就是伊丽莎白·威斯克曼——在房间里与她做爱。在当选为副院士之后，他得到了玛德林学院的本部宿舍；但是在他的行李将要被搬到路的对面时，一个仆人或"校工"发现他的物品中有一些避孕用品。燕卜荪的粗心是灾难性的。然而，他的疏漏本身也许不会带来如此大的损害，如果那个仆人不把此事告诉其他仆人，其他仆人也不在城里到处传播。由于公开的丑闻似乎不可避免，院长（他将在下一年升任校长之要职）决定召开一次监事会特别会议，以平息此事。但是监事会不是给予一个象征性惩罚或者息事宁人的巧妙决定，而是以集体智慧决定给予最严厉的惩罚——取消燕卜荪的副院士头衔，将他的姓名从学院名册中删除。（大学的章程授权采取这样的行动，因为不端性行为在大学层次被视为犯罪。）甚至他的学习档案都被销毁，就玛德林学院而言，好像他从来没有在此就读一样。他们不能收回他的大学学位，但是在其他方面他将不存在。[38]这个残酷的决定意味着他不能再居住在大学城的范围内。

仿佛是命运的定数，理查兹不在学校，无法去阻止这个可怕的灾难。由于他和妻子都是登山运动的爱好者，两人7月2日已经离开，去了伯尔尼（Bernese）的奥伯兰（Oberland），从那里他们通过西伯利亚铁路去了国立北京大学，将在那里驻留一年。他们最后于1931年10月15日回到剑桥大学——到那时，燕卜荪已经离开了三年。在这个事件中，直到1929年9月29日，理查兹才从一个居住在美国的学生的来信中了解到燕卜荪已经被逐出了玛德林学院。在挫败情绪中，他滔滔不绝地给他的老师、历史学院士弗兰克·索尔特发了一封公函，一方面表示责备，另一方面试图解释：

> 请一定告诉我发生了什么。我非常关切，感到一定是发生了严重的事情，以致学院采取了如此严肃和公开的行动。我为学院感到惋惜，我认为它失去了一个非常巨大的机会；为燕卜荪感到惋惜，他失去了事业的机遇；为我自己感到惋惜，我本来期待着在我自己的语言学研究方面让他发挥一定作用。我非常希望知道发生了什么事情，以致不能把它平息下来。我非常忧虑地想起事情可能是发生在长假期间，这时大多数院士都已经离开。我希望你仍然在那里。正如你知道，我对院长那种20世纪前的单身学校校长式的情绪和独断专行的倾向极不信任。我希望没有发生任何不公正和不合理的事情。我没有任何事实依据，因此不能判断，但是目前我感到如此义愤，以致我永远不愿意回来。院长是否了解他每天看到的这些年轻人的一半生活。对我们最优秀的人才进行荒谬的惩罚，没有试图进行任何得体的处理，似乎是疯狂行为。[39]

坚定的索尔特是一个藐视规则的人和自由主义者（他于1924年担任国会议员），他喜欢与学生进行吵吵嚷嚷的聚会和游戏，其观点的独立性不容置疑，他于11月10日进行了详细的回复：[40]

亲爱的理查兹：

……关于燕卜荪的事情，——我夏天在国外时常常想写信，但我总是期待着收到你的信的（相信燕卜荪肯定会写信给你）；我想等等看你已经知道了多少。实际上学院的立场是这样的（很自然，你应该谨慎地处理这些细节，因为监事会会议关于此事的细节不允许到处泄露）——院长在圣玛丽节（St Mary M's Day）下午的会议上宣布，他注意到了一些事实。它们是关于以下两个方面的：（a）在将燕卜荪的物品从金斯利宿舍楼搬到学院的过程中，发现了一些计划生育的物品，（b）（外界听说过一些什么，上帝知道怎么听说的，但外界没有听说的是）他常常让一个女人在宿舍停留到夜里很晚，有时停留到夜里十二点，有时还关上房门，至少有一次（如果我记没错，有更多次）当房门没有关上时，他们被廷吉（Tingey）夫人发现正在媾和。院长第二天早晨与燕卜荪见面，并且通报了重新召开的监事会，会议立即决定（并非一致同意）取消副院士头衔，大学宪章授权在行为被判断为耻辱时可以这样做，并且将他的名字从学院的名册上删除。威廉·燕卜荪没有否认他使用过避孕用具，但是说他在金斯利宿舍楼没有使用过。

那次中断的会议所出的差错是：第一，不该出席的人出席了，或者说应该出席的人没有出席；第二，作出决定过于仓促。比科利（Piccoli）、盖斯利和金（King）都不在；我认为休会一天就可能使我们所有人的想法变得所谓更"左翼"一些。那些隐约地感到不快和困惑的人将会更加坚定信念，拒绝做任何激进的事情，其他人中至少有一些将不会那么毫不妥协地固执己见。

从证据来看，即使燕卜荪否认一切，他完全可以这样做（"为朋友保管"，"出于好奇心才拥有"，等等），我认为监事会大多数人仍然会认为这个案子已经证据确凿，并作出他们已经作出的决定。

必须记住的是不端性行为是一项大学层次的犯罪，如果大学生被发现犯此罪，那么将不可避免地导致开除；只要这是规定，那么人们就有理由期待学院的高级人员遵守此项规定，我们也就很难让违规者继续留在学院。在这个案子中，已经发生的、完全没有必要的曝光，造成了巨大的损害。在我看来廷吉夫人犯下了巨大错误，没有立即汇报那个女人的来访（关于这一点，她自己也很难过），在这样的情况下，燕卜荪的导师F. R. 费尔法克斯·斯科特就会告诫他不要做一头蠢驴，就不会发生更多的事情，或者至少会引起我们的注意。[41] 就现状来看，金斯利宿舍楼里的大学生在过去的一段时间里显然认为这已经是板上钉钉的事情，不是偶然发生于燕卜荪的身上，并且当那个女人来访时，他们就会说三道四。后来，教职工当中的几乎所有人都仔细看了那些避孕用品，无疑都咯咯地笑了。廷吉夫人叫来了她的丈夫：当燕卜荪的物品被搬运到对面的学院里时，搬运工和厨房人员的注意力也被吸引了过去，财务主管（让他下地狱！）说了许多的废话，什么我们要对全体教职员工负责，将这个污秽立即从学院抹掉，告诉全体教职员工我们已经做到了，等等，这些确实让我们非常愤怒，但对于其他人有一定的分量。有一批铁石心肠的家伙，是在场的人中间的大部分，具有看问题的全然旧式的观点，决意要采取最严厉的惩罚，在程度上与过去保持一致，他们一直对触犯这样规定的大学生愚蠢地采用这样的惩罚。因此，我们这些不太同意的人就被迫与大多数人部分地保持一致，希望以此能拯救一些东西，我们在逐出剑桥和取消副院士方面让了步，而竭力争取保留津贴和在名册上保留名字。这也许能够使他得到在伦敦从事文学研究的经济资助，还使他不至于得到什么坏名声，如果他想从事公务员之类的工作。但是这被大多数人否决了（实际上，特纳和我是唯一赞成这一点的两个人）。我想，那些不妥协的人真的认为甚至减轻惩罚都是不道德的。如果我们休会一天，把事情想得更加透彻，那么特纳和我可能对妥协之事就不会那么情愿，可能会提出更多的异议，但是我怀疑这是否会影响最终结果：我认为斯科特总是在想，我们对并非最可能大的错误给予了可能给予的最严厉的惩罚，因此有一些后悔，但是我认为其他人没有任何悔意。不用说，这件事与雪莱和大学的类似之处被提了出来，我暗示在我们的判断中不可能没有一点自以为是和虚伪的成分，并因此受到严重的责备。我心中具体想到的是我们的许多最优秀青年的私生活（这是你的观点），以及这样一件事：在前一晚的宴会上（想到毫不知情的燕卜荪头上悬着什么，我们不寒而栗）我们热情地邀请了三位年长的玛德林校友（其中两位正在访问第三位，这第三位那时正好住在剑桥），关于他们的过去（和现在）我敢打赌，下巨大赌注，但他们在行为上比燕卜荪更加谨慎。我的确认为燕卜荪非常愚蠢，尽管我非常讨厌这件事被那样曝光，我还是倾向于认为在这种情况下，鉴于大学与一般生活有很大不同，他有必要离开剑桥，至少是暂时离开。我也对有些人现在在剑桥说话的方式感到非常生气，他们（a）不知道全部事实，（b）也不明白他们在性问题上的观点既不是大学规定所代表的官方观点，也不代表大多数教授所持有的观点，以至于我认为在类似情况下，许多其他监事会不会对事件置之不理，虽然它们可能不会（但许多也会）给予相同的惩罚。

我应该说，院长的行为很得当。他急切地盼望着为燕卜荪说的话被说出来，他自己没有采取任何立场，把一切都交给了这次会议，虽然（我怀疑）他很赞成他们的决定。但是他没有说任何话来影响我们的判断。特纳和我，（偶尔还有）弗农-琼斯与财务主管争辩得很激烈，因为他不断地插入仆人们的传言以及含糊其词的耳闻，其中有一个传闻导致了长假期间的一次极不愉快的调查，结果证明了两个被怀疑的大学生的清白，但在这个过程中造成了许多损害。甚至到现在（由于有些不幸的情况）我认为他们品质清白这一事实都还没有通报到门房，而仅仅是说这个案子还没有被最后证实。我认为，也没有恰当地让这些门房认识到，如果他们发现出了任何事情，他们的职责是汇报，而不是自己作判断，并在他们自己中间或向大学生谈论，造成广泛的传闻。他们更没有认识到，如果他们不汇报（正如这个案子，在事后几个月才非常随意地暴露出来），而继续将它到处传播，当作已经作了汇报，当作它已经被证实，是极端错误的。但是关于这一点（这是一个极端令人不安的事情）我将下次再写……

永远是你的

FRS

弗兰克·索尔特是在这次会议后三个月写的这封信，他的记忆并不是完全准确：比如他忘记了斯蒂芬·盖斯利也出席了会议。然而，没有理由怀疑他所报告的主要事件以及他的真诚。尽管如此，由于索尔特和另外一位同事竭力争取妥协但最终没有获胜，院长一定是判决——或者是赞同——这一点：鉴于案件的法律义务，会议有必要达成一致意见。这样就达成了一致：监事会决定——正如主席的会议细则记录——毫无异议——取消他的副院士头衔，从名册上删除其名字。理查兹后来倾向于认为财务主管是这个案件的主要恶棍——他相信，塔尔博特·皮尔（工程学院士，业余的清教徒牧师）一定是尽了最大努力来阻止任何给予宽容的请求——索尔特关于皮尔（"让他下地狱！"）在那次悬而未决的会议上如何"讲了一大堆废话"的叙述似乎支持了这样的观点。

然而，令人吃惊的是索尔特的信说燕卜荪在金斯利宿舍楼并不受同住的学生欢迎。尽管燕卜荪的聪明尽人皆知，但他从来没有表现得高人一等；在大多数社交活动中，他一直都很直率友好。"他很活泼，行动很迅速，气色很好，"理查德·埃伯哈特深情地说。甚至一个一般朋友也这样回忆起燕卜荪："尽管他很有学识，生活安排得一团糟，但他的友好超过了一切其他人，品味很简单，没有'诗人的'架子或风度。"[42] 因此在1929年6月，那是他在这所大学的最后一个月，学院的杂志使他成为一篇显然是友好的讽刺文章的对象——《校长的报告》（'Headmaster's Report'）中说："我从他的年级主任那里听说，比尔这学期又因为写诗歌而被抓住，但是我认为更多的游戏将很快把这些胡闹赶出他的大脑……他似乎毁坏了他的对数表，常常在他的书里随意乱画。"[43] 这位没有署名的作者确信，他的同学们会喜欢这个关于校内天才的私下玩笑——这位天才在数学和文学上的显赫名声似乎没有引起什么巨大的嫉妒。因此，这位邋遢的、来去匆匆的、声音很大的、近视的、毁坏书籍的燕卜荪似乎最糟糕也仅仅是友好玩笑的对象，而不是任何人的敌人。比如，在同一个月，学院的杂志发表了一篇人物速写，目的是展示人们对即将到来的大选的看法（令燕卜荪很满意的是，大选以绝大多数的优势选举了第一个工党政府），并且很好地嘲讽了他心烦意乱的、叽叽喳喳的举止和他说话的伎俩："燕卜荪先生，蒙昧主义党的候选人接待了我们，他穿了一身皱巴巴但很漂亮的马洛坎平纹便装，选择这身衣服是由于它有杜松子酒污渍构成的愉快花纹。'当然，'他说，'我并不佯装懂得什么政治，我想如果他们想举行一次大选，没有人能阻止他们……但是我一直没有听到艾略特先生是怎样看待这一切的……告诉我选票如何，你真的选了吗？'"[44]（断断续续的细节旨在让读者想起这位含糊其词而不谙世事的诗人在表达思想时所表现出的习惯性的极度混乱状态。）

另一方面，他没有时间关注规则和规定；虽然不是捣蛋鬼，或者闹事的恶棍，或者贵族，但他无视权威，行动起来好像自己就是法律。循规蹈矩不是他的风格：极限对僭越者极具吸引力。但是这并不是说他的自由散漫很过分，仅仅是说他不能容忍顺从和恭敬之人。像任何一个有胆量的大学生一样，他不理会禁止外出的规定，在外边逗留得很晚，在凌晨时分才翻墙回来；事实上，他翻墙回校的技能还有一定的名气。然而，他在这种时候也并非全然不注意自己的举止。比如，在1928年的长假期间，斯蒂芬·加雷特（Stephen Garrett，未来的院士和真菌学教授，那时他是玛德林学院仅有的攻读自然科学荣誉学位考试的两个学生之一）碰巧住在"老馆宿舍"（Old Lodge）的一套房间里，因此那里成了十点钟大门关闭以后翻墙回校的固定路径。许多学生就这样匆匆经过他的房间，仅仅顺带着说一声"谢谢"。只有一次有人停下来在他那里逗留——燕卜荪曾经与他闲聊了二十分钟左右。燕卜荪的魅力和彬彬有礼的气度给加勒特留下了深刻印象；由于他是科学家，不怎么参加学院的社交活动，因而对此倍加欣赏。[45]然而并不是所有人都能够忍受燕卜荪的闲荡，从1929年5月《格兰塔》发表的一篇关于他的搞笑文章（"当权人士"系列之一）我们可以看到这一点。在把燕卜荪的早期学生生涯视为不会有任何人关心之后，文章简短地触及了另一个问题："他攀爬进入校园的力量，甚至他攀爬进入现在宿舍的力量（突然被终止了）都没有启用去留住我们的读者。"[46]燕卜荪多次这样做，这次肯定被学监逮住了，但没有更多的确切信息告诉我们更多细节。可能他受到了严厉惩罚，被禁止外出——这使事件变得更加离奇，他居然在这种情况下还能让一个女人进入他在金斯利宿舍楼的房间。

然而似乎也有可能他运气不佳，住在宿舍楼里的同伴是一帮特别自负的人，他们当然会蔑视他的所作所为。尽管如此，他的生活方式几乎肯定会让任何邻居的善意承受重压。他的房间是邋遢肮脏的典型，一个环境的灾难，一个对健康的威胁（一个朋友记得"他的唱片上满是果酱"）。[47]当《格兰塔》的人讲述他们在金斯利宿舍楼碰到的、令人起鸡皮疙瘩的景象时，他们没有夸张：

我们进来时，这位诗人独自在那里；躺在一堆杂乱无章的香蕉皮、数学工具、废弃纸屑中间，一边工作一边哼着小曲，左手自动地写画着，他耐心地从地毯里吸出啤酒污渍。写着普通分数的草稿纸和五颜六色的废纸扔了一地；仅仅在这些沾满墨水的垃圾的水位之上，我们才能分辨出学院宿舍单元房间的熟悉细节。"比尔"，他在那堆垃圾中被昵称为这个名字，愉快地转过身去背对着我们。"要么你们会帮我，要么你们不会——我想，"他说。"与我聚在一起的人都将会各奔东西。"我们等待着，直到他说完。[48]

除了他的房间脏乱差以外，似乎几个月以来他那些不体面的勾当也是引起长期忍气吞声的床铺管理工廷吉夫人愤怒的一个原因。比如，早在3月份，当剑桥遭受到多年不遇的严酷霜冻时，《玛德林学院学报》发表了迈克尔·雷德格雷夫写的一篇讽刺模仿文，模仿本地著名人物对此情形作出可以预见的反应。燕卜荪以一个科学家的无边的好奇心说，"'星球的冷却'是什么？"[49]对于廷吉夫人来说，这个糟糕的天气带来了一个悖论性的益处，至少她在疯狂的指控中被迫省掉了展示他的一个古怪行为："太可怕了，不是吗？但这阻止了那位燕卜荪先生凌晨三点洗澡。"玩笑归玩笑，然而如果燕卜荪和他的女友真的有时开着门，致使廷吉夫人发现他们正在"媾和"，那么她可能感到她有理由愤怒，并且可以抓住机会报复燕卜荪那缺乏绅士风度的、侮辱性的行为。而对他来说，他总是特别对她感到耿耿于怀，因为这位床铺管理工偷看他的文件：他有些信件肯定作为指控他的证据被提交到了监事会的特别会议。[50]

不管案件的实际背景如何，燕卜荪仍然感到，看上去很绅士的玛德林学院院长在将罪魁祸首逐出学院这件事情上有着不可告人的个人利益，这一点没有疑问。他感到拉姆齐对他的责备，带着旧时宗教法庭审问官一样的严苛。燕卜荪以如下方式写信告诉了I. A.理查兹这个灾难性的消息：

我记得你曾经想成为告诉我获得副院士头衔的第一人，我现在想成为告诉你这个头衔已经被取消的第一人。当我的东西被搬迁时，有些避孕用品落在我的抽屉里；这样的疏漏不可饶恕；我记得当我发现它们被盗时，我仅仅感到滑稽，我全然不知道在发生一些什么事情，如搜集传闻，等等。至于监事会，他们遵守了他们的规则，可怜的家伙；对这个体系的运作方式，我想要感到但是又不能感到义愤，我不能认同它的原则……

　　我不知道有多少细节会使你捧腹大笑。院长（带着一副忧郁而坚定的神态）告诉我，任何人一旦沾上了避孕套，不管什么时候或为什么，都不可能再被允许与年轻人待在一起，因为他肯定会在某些微妙的方面，不管他自己是否希望这样做，污染他们的天真天性；必须这样，尽管这样会使他自己的学术能力受到摧毁。作为恩赐之举，我在曝光之后被允许多污染了一天玛德林学院的空气，给几位裁判官时间来向我解释，说我必须注意不要有怨气，他们所做的事情对我最终是一件好事，他们认为"从个人来讲"他们的行动是极大的遗憾，虽然他们并不是抓住那些特别的罪过不放（当他们对我说这话时，我猛哭起来），我应该懂得他们的心胸是非常开阔的。

在随后的一封信中他回答了理查兹更加详细的问题：

　　你问我谁在传播闲言碎语，我认为都没有人特意传播。门房们告诉院长他们发现了避孕用品，他非常兴奋，急切地想把这些东西清除出去。（我想他事先肯定已经告诉过他们，如果发现任何东西都要让他知道。）他对我说的观点是我出了丑闻，但我认为他仅仅是基于廷吉夫人的想象。

　　我认为你很幸运，在争吵发生期间你不在剑桥；你有可能会让院长惊讶，闹出你的同事们都很害怕的后果。[51]

正如这些话显示的，他甚至没有竭力掩盖或者排遣因学院开除而给他带来的痛苦郁闷；但是这并不是说，他给理查兹汇报时是在编造院长那些假装神圣的话，或者编造监事会某些人的自欺欺人的行为。（休·赛克斯·戴维斯后来告诉我，有一个院士从那个特别会议出来时被听见说："我们不能允许那样的失足者混迹在这个社会！"——但这个说法不足为信，不管怎样，没有进一步的印证。）其他证词，虽然是第二手材料，也责备院长引导监事会将燕卜荪沦为了那个不合时宜的规定的牺牲品。缪里尔·布拉德布鲁克教授的判断决不可能被斥责为微不足道或者恶作剧，她相信拉姆齐肯定在取消燕卜荪副院士职位的决定上独断专行。在一本回忆录中，她也写道，燕卜荪"在一个不平凡的独裁法规和一个清教徒院长手下忍受了极大痛苦，这位院长毫无快乐的生活给奎妮·利维斯和其他人的讽刺天才提供了一个现成的靶子"[52]。迈克尔·坦纳（Michael Tanner）独立地为布拉德布鲁克教授的叙述提供了证据，他写道，60年代后期在有利维斯夫妇参加的晚宴上，

> 利维斯夫人几乎垄断了谈话，滔滔不绝地说了许多轶事，笑声也接连不断，她的欢乐常常来自记忆中的那些假装正经和一本正经的故事。我记得她讲述了一个故事，关于一个非常优秀的文学批评家如何被床铺管理工发现在床头柜中存放避孕套……它们如何被送到了学院院长那里，"这是一个天真的老古董，会用拉丁语写诗歌描述学生如何裸体洗澡"，这样他必须向他解释避孕套是干什么用的。[53]

尽管院长的思想严肃守旧，他值得赞扬的一点是允许燕卜荪在会议上为自己辩护：他没有不经思考或没有听取意见就谴责他。（F. R.索尔特在写给理查兹的信中说，院长与燕卜荪见了面，然后将他了解的情况通报给监事会；但是显然燕卜荪被允许亲自在会议上发了言。）"我恐怕不知道会议上都有谁，除了明摆着的那些人，"燕卜荪几个星期之后说；"他们都躲在黑暗之中，而我专注于我自己的发言。"不幸的是，他的发言没有详细记录——但是值得去想象的是他有足够的约克人的厚脸皮去质问，正如传闻所说，"你们更愿意让我去鸡奸吗？"[54]我们所知道的是他承认使用过避孕套——他在另处爆料说，F. R.索尔特模糊地提到的那些可恶的"避孕用品"其实就是"避孕套"——但没有在金斯利宿舍楼使用过。但是他写于1954年的一篇文学批评文章更加准确地展示了他在1929年6月那个可怕的日子在那次学院会议上竭力采用的策略。奥赛罗（Othello）的副官卡西奥（Cassio）被人引诱干了酗酒胡闹之事，他感到羞愧难当，但是自尊似乎使他不愿在主人面前说明他的行为。燕卜荪最后这样评价卡西奥的情景："事实上卡西奥可以在第二天早晨长篇大论地亲自为他的痛苦辩护，但是他不愿意这样做，对我来说是因为普通人的体面，这是荣誉理论仍然流行的一种形式……完全缺乏自尊被认为是不可取的……他渡过难关的方式是坚决要求见面，冷静地说出真相，关切地询问造成了什么损害；出错的地方不是他拥有过多的自尊，而是拥有过多的自卑（在现代，他干这个职

位会被认为太年轻）。"⁵⁵很有可能燕卜荪在评估卡西奥的困境时部分是在回忆他二十五年前的窘境；而且我们可以很有把握地揣测，这位脸色红润、死不改悔的燕卜荪不是在为自己的痛苦辩解，而是在为在他看来是冷冰的真相而发声——不是为了他在别处轻蔑地称为"起作用的谎言"的东西。

"让我控制日益增长的苦楚吧（这都是我的错，我应该体面地照顾另一个人的利益，如果不照顾自己的），"他在写给理查兹的第一封信中责备自己道。事实上，他竭尽全力做到了隐藏他的恋人伊丽莎白·威斯克曼的身份：她的名字在那时没有被暴露，甚至最亲密的朋友都在猜测她是谁，因此她的名声没有因这个事件受到玷污。燕卜荪很绅士地保护了她，使她没有曝光并且身陷丑闻。（具有讽刺意味的是——据她的好友朱利安·特里维廉说，威斯克曼自己"告诉所有人，关于避孕套的那些大惊小怪都是因为她"⁵⁶。）落在他头上的那些灾难对她的前途也没有任何影响。她没有获得剑桥大学的博士学位似乎是她前往欧洲大陆做记者的唯一决定性因素。（在后来的岁月，她会提到"她对剑桥大学的感激之情，因为它提供了精确性和准确性方面的训练"⁵⁷。）她是一个令人敬畏的女人，一生未嫁，追求了一个最卓著的事业。"如果我做了一个学者，专攻19世纪，我想我的生活将比现在枯燥乏味多了，"她后来写道。⁵⁸虽然她持续指导剑桥大学的学生有几年时间，但在30年代前期的大部分时间她都在德国度过，为《新政治家》和其他杂志观察和撰写关于德国事务的文章，不断警告纳粹的威胁。在1935年发表了两篇对国家社会主义有敌意的文章之后，希特勒（Hitler）的警察对她进行了监视，然后在1936年7月的柏林，她被拘禁在阿尔布莱希特王子大街（Prinz Albrechtstrasse）的盖世太保（Gestapo）总部。虽然她很熟悉纳粹拷问和恐吓的方式，但她没有交代她所知道的德国情报和计划。"看在上天的份上，看看四周吧，"她告诉自己，"你处于一个特别有趣的地方。"在研究了纳粹总部墙上的地图之后，她确实搜集了许多关于希特勒向东部扩张的信息。被释放之后，她被驱逐出德国，在即将沦为德国影响的受害者的东欧和东南欧的国家度过了30年代的后半叶。1937年，经皇家国际关系学院（Royal Institute of International Affairs）的指示，她开始撰写她的第一本书——《捷克人和德国人》（*Czechs and Germans*）；随后于1939年又写了《没有宣战的战争》（*Undeclared War*）。她还为那些逃离了希特勒的难民提供了毫不吝惜的帮助。在战争期间，她是英国驻瑞士公使团的助理新闻专员，其职责是完成一个危险的任务：搜集欧洲全部敌占区的非军事情报。她是第一批传回报道讲述纳粹的死亡营和铁托（Tito）在南斯拉夫组织的敌后游击运动的人。她的极具价值的工作使她进入了纳粹的黑名单。虽然她没有因为战时的工作而获得什么荣誉，但是她非常自豪地于1965年获得了牛津大学的荣誉博士学位，公开演讲人很恰当地把她描述为"现代的卡桑德拉（Cassandra），活着记录了她预言的战争"和"获得了国际声誉的历史学家"。她的后期著作有《罗马—柏林轴心》（*The Rome-Berlin Axis*，1949），《德国的东部邻国》（*Germany's Eastern Neighbours*，1956）和一部回忆录《我见证的欧洲》（*The Europe I Saw*，1968）。从1958到1961年，她在爱丁堡大学（Edinbergh University）任蒙塔古·伯顿国际关系教授（Montague Burton Professor）。从1961到1964年，她在苏塞克斯大学（Sussex University）任现代欧洲历史导师。然而最终，由于受到丧失视力的折磨，又不愿放弃自力更生，她于1971年7月在伦敦自杀——正好是燕卜荪于六十五岁退休的那一个月。

如果燕卜荪顺利地渡过剑桥的危机，那么这两个异常聪明、思想独立的人是否会走到一起，成为夫妻或工作伙伴（可与活跃时期的利维斯夫妇抗衡），我们不得而知。至少可以合理地推测，燕卜荪剑桥大学生涯的结束没有立即或永远损毁两个臭名远扬的人的关系。德斯蒙德·李爵士在他未出版回忆录中记录了一个故事，完全可以成为比尔·燕卜荪和贝蒂·威斯克曼最终关系的结论，但是它非常具有暗示性：

> 1930年我去了德国学习德语。一开始我在慕尼黑（Munich）……然后转移到了萨尔茨堡（Salzburg）住几天。我在那里发现了比尔。我不记得多少细节。我不认为这次会面是事先安排的，我不记得我们怎样见到的，或者我们住在什么地方，但是我记得去听了一次音乐会。我预计要去维也纳（Vienna），去见维特根斯坦，比尔决定要跟我一起去，虽然他不可能跟着去拜访维特根斯坦。我记得在火车站附近的一个小旅馆住了几天，走马观花地游览了维也纳；然后我就得离开他。离开时我感到大为震惊。我只会基础德语；而他压根就不会德语。但是他一点也不感到慌张。[59]

燕卜荪那个夏天去德国肯定首先是为了陪伴威斯克曼走上她的新生活；否则他不可能独自在萨尔茨堡且被偶然碰到，除非他在柏林离开贝蒂后来到了这里。但是他们的关系什么时候最终结束无法证实。然而，说这么多之后，还需要交代一下：德国和奥地利之行最终对于燕卜荪是一举两得，一个不可多得的巧合。与这位垂涎已久但得不到回报的德斯蒙德·李同房的机会是这次旅行唯一值得记录的事件，此事记录在了《信之六》充满遗憾的结尾：

> 这些诗歌有一首至少发生过，在写下很久之后。
> 在维也纳的酒吧里，躺在你床边的床上，
> 我看着月光映在窗户的阴影直立着
> 走过你的脖子和面庞，也许走了半小时，
> 不断地照亮新的美丽，
> 一分一秒地植入你的身体
> 我知道的人类历史中一切可敬的品质。
> 　在这个传统主题中没有比这更有分量。
>
> 在那时，似乎在瞬间里，我感到
> 借助时间的魔法，我知道了在那里，
> 否则只有在设计错误的化学考试的荒唐比赛中才能得知，
> 在那里一刻钟会持续地敲响。但是我知道了；
> 也许反过来也可以，在射击沙锥鸟的静止的照片中，
> 鸟已经在我身后，我才知道我射击过了
> ——我在竭力回忆起胜利的喜悦——
> 　除了这还有什么是传统的主题？
>
> 保持着一种令人精疲力竭的兴奋
> 仅仅偶尔才被那讨厌的东西打断，
> 即自我意识和快乐的泡沫，借助它们
> 我现在知道它已经发生了。
> 当阴影移到了你的头发，只留下真理，我说话了。
> 你醒来，立刻理解了这一点。像猪一样，

表达自鸣得意的快乐

用轻微的撞击声完满地结束了我的系列，

而你翻了一个身，用被子蒙住了你的脸。

　　你可以把这并入这个传统的主题。

　　燕卜荪对自己被逐出剑桥大学的第一次仿英雄诗体的回应，是创作了一首题为《对大学生的警示》（'Warning to Undergraduates'）的诗歌，诗中很好地使用了塞缪尔·巴特勒（Samuel Butler）在模仿讽刺诗《休迪布拉斯》（*Hudibras*）中使用的八音节双行体。这是在那次事件后几周内写成的诗歌，但在他去世后才出版。此诗见证了燕卜荪轻快而慷慨大度的精神，如此迅速地将痛苦的耻辱化为一种"微笑"（借用拜伦的话）——正如这些主要的段落所示：

　　我的朋友他们都还没有离开

　　那个奇怪的、咯咯笑的小城，

　　在你们烧掉你们的船之前

　　听听这些简单的大学笔记吧。

　　上好锁，无论是什么，只要

　　看上去会给独身之人以想法。

　　你最好搬来自己的牢靠箱子，

　　他们保管着学院箱子的钥匙。

　　（不是他们特别想这样做，

　　是他们的职责，他们就这样做）。

　　千万记住门房是干什么的；

　　他会常常在门外偷听；

　　他带着（钥匙），他应该这样做，

　　（教授喜欢拉丁双关语加葡萄酒）

　　所有传闻和所有刺激的信件

到他的上级组成的委员会

（不是他希望这样获得刺激；

而是他的职责，他要这样做）。

千万记住床铺管理工的梦想

在这样的主题上非常活跃。

一刻也不要让她的想象释放

（如果床上有东西要非常谨慎）。

"今天请你不要清理桌子，

直到我们已经开始这个游戏。"

——她会立即明白那是什么意思……

明白坐成一排的贞节教授从哪里

（沉溺于斜眼的、百合般的小睡）

听到比你意识到的更多的饶舌了吧。

明白剑桥的皇上在哪里矗立了吧；

颁布命令，超出了他的权力；

挥舞着地狱的笨重的钥匙，

还能命令你从这个城市滚出去。

看看吧，好窥视、急切、谨慎，

相互听着各自的脚步声，

你们这些善良的审判官们；

他们希望你不要对他们心怀怨恨。

他们的友谊现在被大大提升。

你不能认为他们不够现代。

他们的心灵极端地宽广；

他们坐在节日般的会上，带着恐惧

狠狠地、发自内心地诅咒你。

他以前的同学们没有留意从他的不幸中汲取教训；他们所做的是在学生中任何人成为受害者时他们总要做的事情：举行了一次示威。有些人感到应该举行抗议，因为他们对他有一种崇敬之心；其他人仅仅喜欢制造一点丑闻。迈克尔·雷德格雷夫在自传中称他"后来非常欣赏燕卜荪"，说在下一个学年开学之时"整个剑桥大学文学圈子都炸开了"。"约翰·达文波特、休·赛克斯·戴维斯和我租住在梅森尼克宿舍楼（Masonic Hall）。我们穿得像放荡不羁的艺术家，在蜡烛装点的桌上摆上一大壶啤酒、三个酒杯和一堆草稿纸，在热情高涨的听众面前，朗读和评论燕卜荪的诗歌，持续了一个下午。"[60]这个事件甚至还被《剑桥评论》报道（"有几首诗并不适合朗诵，但是效果总体上讲还是有趣的、吸引人的"），[61]但是这也在文人当中激起了一些小心眼似的嫉妒。拉尔夫·帕克［Ralph Parker，来自基督圣体学院（Corpus Christi）］，一个刚刚出道的共产党人，在一封信中对埃尔茜·费尔（Elsie Phare）说："布鲁诺夫斯基的傲慢令我吃惊。我相信他已经遭到了抵制。在休·赛克斯、约翰·达文波特和迈克尔·雷德格雷夫在梅森尼克宿舍楼举行的愚蠢的小型诗歌朗诵会上（比尔没有授权这次朗诵会），情况发展到了顶点：当布鲁诺夫斯基站起来问，他是否可以朗读他那天刚刚收到的比尔的新作时，约翰介绍他为'那个耶稣学院的小忙人'。因此他现在正在咒骂休、约翰和所有人，除了他在耶稣学院那个奇怪的地下帮派。'当然，比尔对实用批评感兴趣：而我的兴趣完全是理论批评，我正努力在这方面争取学院的认可。'（那是否意味着他正在努力争取院士职位？）"[62]因此一切都是视角问题：对于一个参与者来说是团结的重要展示，而对另一见证人来说就是"愚蠢的小型诗歌朗诵会"。朱利安·特里维廉将这个消息个转告了维特根斯坦，后者非常不安。

其他抗议活动采用了大学生们喜欢和常见的形式。比如，马克斯·布莱克记得他和燕卜荪"都是劳工俱乐部（Labour Club）的成员，因为我写了一出讽刺玛德林学院院长的滑稽短诗剧，在传统的圣诞节晚会上演出了"[63]。后来另一个朋友罗纳德·博特拉尔（Ronald Bottrall）写了一首赞扬燕卜荪的轻松诗：

> 被门房头领出卖，被教授们放逐，
>
> 没有赞同者，他被反对者判决，
>
> 这是学院道德方面的可悲案例，

起源于清教徒式的嫉妒和捏造的故事。

但是燕卜荪的灾难不能被大事化小：有人坚称，自从1811年雪莱被逐出牛津大学的大学学院至今，还没有发生过如此不能令人容忍的事情——严格地讲，雪莱被开除是因为失去理智，拒绝承认他撰写了有争议的神学论文《无神论的必要性》（*The Necessity of Atheism*）。[64] 又比如，五十三年前，乔治·吉辛（George Gissing）被欧文斯学院［Owens College，未来的曼切斯特大学（University of Manchester）］开除，因为他偷了同学的钱去资助他的情人，一个酗酒的妓女，名叫玛丽安娜·海伦（内尔）·哈里森［Marianne Helen（'Nell'）Harrison］；他被宣判做一个月的苦役（不能豁免）。[65] 但是至少吉辛确实犯了真正的罪行，尽管有减轻处罚的情况，审理他的案件的权威们选择不在庭内处理。与这些前人相比，应该说燕卜荪承受的惩罚远远大于他犯下的错误，他自己也是这么抱怨的——"在很多方面，"他写信给比他年轻的朋友朱利安·特里维廉坦率地说道，"我如此粗心，被如此虐待，这太令人苦恼。"[66]（"他毫不犹豫地说自己受到了伤害，"特里维廉对我回忆道，"但是他还是接受了事情的结果。"）他使其他朋友毫不怀疑，他被这件事击得粉身碎骨，但毫不悔改，并倾向于叛逆。

全国文学界的消息渠道因相同的义愤而沸腾。比如著名作家大卫·加尼特（David Garnett）9月4日写信给弗吉尼亚·伍尔夫的侄子朱利安·贝尔（Julian Bell，顺便一提，后者对燕卜荪的诗没有热情，认为它们艰涩得让人难受）说：

> 我很自然对这个剑桥丑闻感到极大的义愤——但是我几乎不能相信我听到的传闻。你认识燕卜荪吗？你知道有什么补救吗？能对玛德林学院院长做什么吗？
>
> 在我看来，似乎需要有一个公开的抗议活动，因为如果我听到的故事是真实的的话，它也太离奇，仅仅是因为拥有避孕套他就失去了院士职位。[67]

在一段时间里，由于缺乏一个可能的职业，燕卜荪好像想要自我流放（很像吉辛），虽然他更倾向于在自由撰稿方面赌一把。"我正在乡下完成《复义》一书，对未来感到很迷惑，"他从约克郡的家中给理查兹写信说道。"不知怎样才是明智的？是请院长仁慈地为我写一份不管什么样的'鉴定'钻进公务员的行列呢（我对他很有礼貌，我认为他无耻得令人惊诧），还是住到一间小阁楼里，像我想做的那样，继续去做我觉得值得做的事情，找一些我能找到的撰稿的活儿？"然后他使自己镇定下来，很恰当地继续说道：

> 你不认为在伦敦闲逛，饿着肚子培养对艺术的兴趣，很容易变得令人
> 鄙弃吗？一个人应该有理想；在我这个年龄就拒绝任何实实在在的工作，
> 就是为二十年之后准备很多的痛苦和软弱。[68]

实际上，他感到这个灾难的打击是如此之深，以至于他的愿望首先就是换一个环境，以排遣所有苦恼。他在约翰·马克斯（John Marks）的陪同下，去西班牙度了一个月的假。他对一切都感兴趣，从苍白的风景到斗牛和踩葡萄。

没有人比他的导师更加努力地为燕卜荪奔走，他写了无数的公函给他的文学同行。应他的要求，C. K.奥格登同意给他被放逐的优秀弟子提供一些指点，之后燕卜荪向他汇报说：

> 我见到了奥格登先生，他充满了精力，似乎认为没有不可能的事情；
> 他让我写信给霍尔丹先生，叫他写信给凯恩斯（Keynes）先生，叫他写
> 信给托尼（Tawney）先生，叫他让我在工人教育协会（W. E. A.）担任讲
> 师工作。因此我这样做了，将使用你非常慷慨的推荐信（我必须衷心地感
> 谢你的推荐），同时自己也写信给工人教育协会；这似乎是做了一件好事
> 情，如果能做到的话。

让燕卜荪去找霍尔丹，他曾经通过夏洛特·霍尔丹（Charlotte Haldane）在狍鹿居（Roebuck House）与霍尔丹见过面，没有什么比这个建议更恰当了。1925年，霍尔丹作为当时叫夏洛特·伯吉斯（Charlotte Burghes）的离婚诉讼案的共同被告被发现有罪；他很快向那"六贤人"（坐在校长下面那六位）宣布他承担责任，他们根据宪章B第XI章第七部分发现他犯有"极端不道德"的罪行，因此剥夺了他剑桥大学生物化学高级讲师的职位。（当霍尔丹给予那六贤人"性厌恶"的绰

号时，他们重新把自己叫做"执政官七人小组"）。一年后经过上诉，霍尔丹被重新录用，但是没有学院接收他为院士。1932年他最终选择了辞职，接受了伦敦大学生物化学教授之职。燕卜荪在仅仅被怀疑不道德的情况下就被剑桥大学开除，如能获得这位坚强的人物的支持是多么合适啊！霍尔丹写信给约翰·梅纳德·凯恩斯，口气中充满了从他个人的审判经历中获得的那种正义和抗争的力量：

> 这封信的目的是为我的朋友燕卜荪先生（学士学位）写推荐信。燕卜荪在英语荣誉学位考试第二部分获得了一等成绩，然后在数学荣誉学位考试第二部分获得二等成绩。他对我来说是一个相当好的诗人，获得了一个综合性的教育，这很罕见。你要记住他在玛德林学院获得过副院士职位。

> 他碰巧拥有一些避孕用品，被学院的一个仆人偷走，并且被送给了学院院长。他承认使用过这样的东西，因此他的职位被取消。我曾竭力劝他抗争，但是他不愿意，因为他担心相关的女人的名字会被提及。

> 他现在正在寻找工作，同时在撰写一部文学批评的伟大著作。我建议你能够帮助他。他可能是一个很难处理的情况，我理解，为了留在玛德林学院，他拒绝了另一个地方的院士职位。但是学术生涯的大门已经对他关闭，虽然他非常适合从事学术，而非其他任何事业。如果我是他，我将会针对校长接受盗窃物品提起刑事诉讼。然而他不愿意，因为他不是一个好斗的人。

> 尽管这个案子有些困难，如果我不认为他工作很出色的话，我不会给你写信。I. A.理查兹的评价会更有分量，他也会支持他。

实际上，并不是无畏的J. B. S.霍尔丹帮助燕卜荪决定了下一步他受困的事业应该如何走；而是夏洛特·霍尔丹在他把苦恼带到狍鹿居时迅速地为他理清了情况。〔玛德林学院开除燕卜荪的决定意味着，严格地讲他不能再居住在剑桥，但是霍尔丹的家就位于城外的老切斯特顿镇（Old Chesterton）——他在开始的一段时间里暂时迁居到了这里。〕很自然，燕卜荪告诉夏洛特他非常不安，特别是因为他还有一本书要写：《复义七型》。当她问他是否有钱时，他回答说："只有大约一年二百英镑。"她说那就足够了；他应该在伦敦什么地方租一间便宜的房间写书。[69]那就是他所做的，但只是在接受另一个建议之前。C. K.奥格登想通过他的朋友、贸易学教授菲利普·萨金特·弗洛伦斯（Philip Sargant Florence）的帮助在伯明翰大学（Birmingham University）为燕卜荪找一份工作，他人丁兴旺的家就在校园附近的埃奇巴斯顿镇（Edgbaston）。然而，根据沃尔特·艾伦（Walter Allen）讲述的故事版本——他承认是第二手资料——"燕卜荪来到海菲尔德庄园（Highfield）度周末，带了一只牙刷和两套睡衣，但却住了六个月。弗洛伦斯不知疲倦地行善，希望为燕卜荪在英语系找到工作，他邀请德塞林科特（de Selincourt）来喝茶，与他的被监护人见面。燕卜荪与德塞林科特见面时告诉他，自己刚刚读了他推荐的那本神奇的书。'是哪一本？'德塞林科特问道。'布罗尼斯拉夫·马林诺夫斯基的《原始人的性生活》（*The Sexual Life of Savages*），'燕卜荪回答。燕卜荪没有得到伯明翰大学英语系的工作。"[70]这个故事通过重复而变得日益成熟——特别是关于燕卜荪在弗洛伦斯家里的超长时间的逗留，这个细节已经成为民间传说——但它的主要情节听上去是真实的。尽管在伯明翰大学求职没有成功，但是燕卜荪还是愿意尝试理查兹为他寻找的另一次机会，在利兹大学（Leeds University）谋职（与F. R.利维斯不同，后者认为提出关于利兹大学的工作的建议本身就是一种轻视）。[71]因此他在秋天给I. A.理查兹写信道：

> 我的家庭坚持要给拉姆齐先生写信询问他是否愿意给我写一封"推荐信"以申请公务员工作，表面上他说他愿意。（我所见到的唯一信件非常肯定地说他不愿意。）因此我想他不会把我从利兹大学也踢出来。公务员考试明年8月开始；涉及到我已经忘记了的那些数学知识，还可能更多；不是我能够做得很好的那种考试，也不是我去做就能够做得很好的工作。但另一方面，8月份是最后一次机会。
>
> 我非常肯定不去是正确的。如果能够去利兹，我想我会非常高兴……
>
> 请告诉理查兹夫人她的想法很正确，我应该想离开英国，但是我的愿望并非如此强烈，以至于可以把我带到中国，并且我对在西班牙度假的一个月感到很满意。
>
> 她建议了利兹大学；我想知道你是否也建议利兹；那里是否可能有空缺；我应该隐瞒多少过去的不光彩事情——似乎也不是什么不光彩；我听

说我的案子已经被《约克郡邮报》（*Yorkshire Post*）的人提到了国际性问题大会。

然而，目前没有必要着急。我真的好像没有入不敷出。

结果，由于工作机会都没有着落，他不得不在伦敦居住了大约两年，竭力使生活支出不超过他的收入。他在马奇蒙特街65号［65 Marchmont Street，罗素广场（Russell Square）附近］租了一间大小合适的二楼的房间，房东是一个魅力十足、放荡不羁的医生，叫吉尔伯特·巴克（Gilbert Back），在伦敦的一所医院里做会诊医生。[72] 巴克夫人，教名多丽丝·罗素（Doris Russell），是一个有吸引力的、性格火热的人。她年方三十，昵称"琼妮"（Jonny），身材动人，个头儿高挑而灵巧，一头乌黑的头发。在她的第二任丈夫、诗人埃杰尔·里克沃德（Edgell Rickword）的传记中，有一段对她的很好描述："精力充沛、足智多谋、毫不算计、毫无自我怜悯……她说话果断，像一个军人的妻子，还像骑兵一样骂人（'狗日的手套在哪里？我得去与那个该死的牧师吃饭'，曾经有人听见她这样说道），然而当需要时，她可以扮演一个完美的贵夫人……与她住在一起，一个朋友说，就像是住在火山的山脚下……"[73] 杰克·林赛（Jack Lindsay）的《弗兰弗罗利卡及以后》（*Franfrolica and After*）中提到了"母老虎"——凶猛、独立的女人——琼妮正是这样的女人。她是那种总是被新来的租户羡慕的强悍而迷人的女人。燕卜荪在吉尔和琼妮夫妇这里居住的头几天的感受可以从拉尔夫·帕克11月15日写给埃尔茜·费尔的信中看出：

> 然而，关于比尔的更多消息，他像往常一样对一切都感到兴奋。我感到他从事的那些复杂研究，虽然并非异想天开，但很可能使我们略略大笑。他住在布卢姆斯伯里区的一个大房间里，腰部高度以上，房间的装潢很漂亮，但那高度以下全是书籍、面包、梳子和用过的毛巾。他在那里的第一个晚上，房东太太被推下楼梯，摔进了他的房间——年轻女人，医生的太太——比尔没有茶，要有的话就可以解围了——他坐在行李箱上纳闷，不知道这种事是否每天都发生——房子里有多少床（因为她说她丈夫要杀了她）——但还是把她［赶？］回到她丈夫那里去了。[74]

不幸的是，他在伦敦的日子大多数过得很平淡，没有戏剧性。工作日的多数时间他都是在大英博物馆的图书馆里度过的，他于10月19日被允许进入该图书馆——有记录——专门研究17世纪英国文学。[75]定期到访菲茨罗维亚（Fitzrovia）的酒吧使他能够巩固与文学界的交往，但他也不介意在家里招待客人。他的高贵客人包括西尔维娅·汤森·沃纳（Sylvia Townsend Warner），她在1930年4月11日的日记中记录了在燕卜荪那里度过的愉快夜晚：

　　我与燕卜荪共进晚餐。我有点害怕，害怕是一个年轻才子的聚会；但是他好像预见到我是一个胆小的老太太，因为在我到达时，房间非常凌乱，酒瓶和书籍摊了一地，油炸食品的诱人香味飘散出来，煤气炉上正熬着一锅廉价的汤，燕卜荪是"唯一的骑士"。因此没有比这更令人愉快的了。他学会了做饭，因为他的姐姐是主管女童子军的，这使我提到了"英格兰的流星旗"。他被这个形容词惊呆了；无疑这更令一个科学家吃惊。我们很自然地在艾略特、温德姆·刘易斯（Windham Lewis）和理查德森（Richardson）的问题上进行了争论，我发现我失言时都感到很安逸。争论的内容是我抱怨说温德姆·刘易斯传递了一个信息。他的观点是诗人应该传递信息，应该与真实生活保持接触。那时我没有懂得，但我［现在？］明白了他们与生活接触应该如此紧密，以至于不愿意改变它。只有沙龙式或书斋式地接触真实生活，才想把基础结构从风景中移走。然后他给我看了奥格登先生的实用［基础］英语作品，词汇排成六栏，将约伯（Job）的陈词滥调翻译成奥格登的语言，而约伯的陈词滥调一点也没有受到伤害。然后我们谈论了鱼。根据他的乡村故事，鳗鱼是由白马的尾巴变的。然后他向我解释了R. 101：氦气，这种原初的、不可吸收的气体，一开始被用来充填飞艇，后来用氢气更常见，具有爆炸性，是混合气体——因此当我们用爱来提升灵魂的气艇，爱就是混合气体，因此我们必须小心，献出爱以更好地与朋友相处。他告诉我引力是由所有星球的相互影响而形成的。然后他谈了斗牛，谈得很好，然后我就该回家了。我非常喜欢他。啊，我忘了他的牛顿画像：像一只瘦瘦的猫头鹰从常春藤式的头发中看出来，长着贪婪的、爪子一样的手指，一张最具激情的脸，使我感到牛顿的《原理》

（*principia*）是真实的东西，而不仅仅代表历史上一个值得赞美的时代。[76]

在他的剑桥朋友中，也许他与编辑、藏书家、批评家约翰·海沃德的关系保持得最好，后者1927年毕业于国王学院，其后虽然在肯辛顿（Kensington）的家中困于轮椅之上，但是他在伦敦的文学界拥有显赫的地位。罗纳德·博特拉尔非常欣赏燕卜荪的诗歌和批评作品，他留下了一篇以"诗歌形式"写成的描述，讲述他去"马奇蒙特街的房间"拜访燕卜荪的经历——他用堂皇的反讽描述了这间卧室兼起居室——

> 双手总是沾满了墨汁。
> 进入时踩到腌鳟鱼骨头滑一跤
> 重重地砸在洗脸台上
> 台上装饰着鸡蛋壳和培根残渣。
> 不冷不热的啤酒装在
> 圈圈点点的刷牙杯里喝了提神
> 然后坐下来倾听
> 这位年轻的智者编制他的悖论。[77]

燕卜荪也经常见到又高又瘦的批评家兼诗人迈克尔·罗伯茨，据约翰·莱曼（John Lehmann）说，他看上去"像一只沉溺于严肃的学术生涯的长颈鹿，也许是一只大学教授式的长颈鹿。他的目光很锐利，很可怕；但是那罕见而收缩的微笑掠过那张奇异的动物脸，肯定是可爱的……"[78]燕卜荪觉得他并没有那么多吸引力，而是显得更老套和郁郁寡欢——"一个骨瘦如柴的、丑陋的、苏格兰人似的年轻人，很稳重，没有不良嗜好，按照我的品味来说，缺乏生活的乐趣，但是他在英国文学方面的知识非常丰厚"[79]——当他选择了自己的六首诗歌在那本著名的诗歌集《新签名》（*New Signatures*，霍格思出版社，1932年2月）中出版时，燕卜荪有理由欣赏他的文学敏锐力。这本诗集还高调出版了其他八位诗人的作品，包括奥登、C. 戴-刘易斯（C. Day-Lewis）、斯蒂芬·斯彭德（Stephen Spender）、威廉·普洛默（William Plomer）和朱利安·贝尔。迈克尔·罗伯茨是一个政治意识很强的选集编辑，他在前言中竭力宣传新一代诗人或新诗歌团体的想法，认为他们的作品燃烧着革命激情；然而，虽然奥登、戴-刘易斯和斯彭德肯定具有政治性，但是选集没有真正一致的目标，比罗伯茨宣扬的要少。尽管如此，该选集是一个标志性成就，正如J. H.小威利斯（J. H. Willis Jr.）所说："《新签名》中的诗歌响亮地宣布了霍格思出版社的第二代现代派诗人的到来。这个出版社再次短暂地站到了现代诗歌的领头位置，自从伍尔夫夫妇1923年手工印刷了艾略特的《荒原》之后，它就再没有获得过这个殊荣。"[80]

在夜晚，燕卜荪特别喜欢去托特纳姆广场路（Tottenham Court Road）对面的珀西街（Percy Street）的菲茨罗伊酒吧（Fitzvoy Tavern，至少呆到它关门的时间十点半），即使这里离他家较远。菲茨罗伊酒吧的经营者是一个个头高大、性格温和、慷慨大方的人，叫"老汉"克莱因菲尔德（'Papa' Kleinfeld），酒吧里有一个长长的吧台，一台钢琴，木屑地板。墙上贴有第一次世界大战时征兵的广告。艺术家和酒仙尼娜·哈姆内特（Nina Hamnet），艺名"波希米亚女王"，在菲茨罗伊酒吧接见她的崇拜者；奥古斯塔斯·约翰（Augustus John）将该酒吧比喻为克拉彭岔路口（Clapham Junction）。正如哈姆内特的传记作家说道，"西克特（Sickert）、邓肯·格兰特（Duncan Grant）、瓦妮莎·贝尔（Vanessa Bell）、马修·史密斯（Matthew Smith）和雷克斯·惠斯勒30年代都居住在菲茨罗伊街。菲茨罗伊酒吧由于成了新一代诗人、作家、编辑的聚会场所而获得了更多的文学气息，他们有迪伦·托马斯（Dylan Thomas）、斯蒂芬·斯彭德、路易斯·麦克尼斯（Louis MacNeice）、威廉·燕卜荪、杰弗里·格里格森（Geoffrey Grigson）、亚瑟·考尔德-马歇尔（Arthur Calder-Marshall）和凯德里奇·里斯（Keidrych Rhys）。一大群艺术家和作家聚集在那里；不是已经流行和成功的那种，而是年轻和正在奋斗的、正在升起的新星，以及奉承、辍学、酗酒的家伙，他们要么住在附近，要么每天晚上都去那儿。"[81]

正是在菲茨罗伊酒吧，燕卜荪全神贯注地听到了当时著名而长期沉默寡言的埃杰尔·里克沃德的谈话，正如他五十年后回忆道：

> 有一个时候，大约1929年，埃杰尔·里克沃德成为夏洛特街（Charlotte Street）的菲茨罗伊酒吧的智者，他常常受到来自其他智者的竞争，而且他不怎么说话，事实上很难让他开口说话，即使说也仅仅是低语，但是他

才是真正的智者，如果你碰巧懂得此类事情的话。约翰·达文波特知道，告诉了其他一些剑桥的学生，包括我自己；我们感到来到伦敦就必须包括到那里去看他的节目。我记得我竭尽全力地听，当然我常常也能听见，但我不记得他说的任何内容。这一点不奇怪，因为他的话以刻意的温和而著称，他因为这一点而受人尊敬，甚至受到我们尊敬。[82]

1931年，也许是因为结识了这些人，燕卜荪应邀为里克沃德编辑的《细察II》（Scrutinies II）撰写一篇评论弗吉尼亚·伍尔夫作品的文章。这篇文章充满了尊重，顾虑重重，在某种程度上是因为（正如他后来承认）这位重量级的夫人在他刚到伦敦时自然很想结识的人们中很有威望。作为一个初出茅庐的雇佣作家，他需要他能够建立的所有有影响的关系。不论怎样，他感到被她的作品所刺激：他发现她在作品中使用的联想性的细节更适合抒情诗。伍尔夫在1930年2月17日写给侄子的两封信中，都对她的年轻来访者作了形象的、友好的描述，燕卜荪可能在见这位威严的人物之前喝了一两杯酒壮胆。她对侄子克莱夫·贝尔（Clive Bell）简明扼要地说，"燕卜荪先生来看我们。一个沙哑的年轻人，但我觉得令人印象深刻，脸红像火鸡一样，我喜欢。"对昆廷·贝尔（Quentin Bell），她把燕卜荪描述为"一个又黑又红的白嘴鸦，很凶猛，使人耳目一新。不像他们那种苍白、老练、潮湿、长雀斑的样子……你知道我说的是什么。"[83]他给其他前辈也留下了相同的印象，聪明、自信、善于表达、有能力。他那时见过的埃德蒙·布伦登（Edmund Blunden）——他总是记得"他的闪光的小眼睛"——认为燕卜荪是一个给人激励的人物："有巨大潜能的人"。[84]

哈罗德·门罗（Harold Monro），诗人、出版商、诗歌书店（Poetry Bookshop）的业主，是燕卜荪非常欣赏的另一个在世传奇。他温和而含蓄的举止，他忧郁的面孔，给予他一种"沮丧的皇家禁卫军士兵"的印象［正如约翰·德林克沃特（John Drinkwater）所说］。门罗把全部精力都献给了诗歌事业，在不同派别的诗人之间提倡思想的自由交流。在事业最兴旺之时，他在德文郡路35号（35 Devonshire Street）经营他的书店；但是业务的下滑迫使他于1926年迁移到新的地址：罗素大街38号（38 Great Russell Street，几乎在大英博物馆对面），他和夫人把书店装饰成惊人的粉红色和紫色色调，窗框涂成了鲜红色；在燕卜荪到达那里时，书店在大楼后面的威洛比街（Willoughby Street）开业。[85] 1932年3月门罗去世时，燕卜荪给一份日本杂志写了一篇讣告，口气表现出极度的尊敬和个人的悲伤：

> 他代表了古老的波希米亚传统，人们说这个传统在90年代仍然很强大，根据这个传统各种各样的文学人物都会相互见面，这是理所当然的事情：我知道他每星期三都会在某个特别的酒吧露面，那里还会有其他值得见到的人；他性情温和，具有快乐的力量，也有蔑视的力量，这可以保证那样的快乐持续下去……他在最后几年里有一种情感生活非常丰富的神态，他在各种人的圈子里以天南地北的谈话维持着这样的神态。

> 他是一个创作活跃的诗人，也是一个"报纸可能打电话给他，让他捐款拯救一所医院"的人；我记得他曾经非常快乐、富有乐趣地吹牛说，他曾经应邀在一小时内写一篇关于某个皇家婚礼的文章。你可以想象结果是糟糕的，但它显示一个著名作家与读者大众之间存在着某种联系；目前和哈罗德·门罗一样严肃的大多数诗人都不能想象他们自己会做这样的事情。我感觉他去世后，英国的诗人将会变得更加闭门造车。[86]

这种志趣相投的英国式波希米亚生活——邋遢的起居卧室、褴褛的衣装、装满了烟头和烟灰的啤酒杯、高声喧哗的酒吧、友好的交游——完全适合燕卜荪自己；这还包括对其他作家的支持。然而，不是所有人都会被酒吧的随意方式所引诱。艾略特，诗人、批评家、《标准》杂志编辑、费伯—费伯出版社（Faber & Faber）董事，是一个很有价值的联系人，跟他接触必须带着足够的尊严和敬重。燕卜荪在1926年克拉克讲座之后的早餐时间数次见过艾略特，然后又在做异教社社长期间邀请艾略特到该社做讲座时见过他，但是这样的点头之交他实在是不能指望。但是理查兹立即给予了必要的引荐；他于1929年9月从北京的清华大学写信道：

亲爱的艾略特：

　　我今天刚刚从我在剑桥大学教过的最优秀的学生威廉·燕卜荪那里听说，玛德林学院在我施加压力的情况下给予了他副院士之职，然后又因为他在女性问题上的疏忽而被取消。我不知道细节，但是我非常义愤。

他谈到了来伦敦，做他感兴趣的事情。这包括16世纪和17世纪的许多诗歌，以及各种其他东西。我认为他是一个非常优秀的诗人。《剑桥诗歌1929》可以让你对此作出判断。他是一个现成并且乐意的作者，可以在短时间内针对所处理的书籍产生新的、有价值的想法。因此在书评方面可以起很大的作用。我对他的看法一直很审慎，就像对任何其他人的看法一样审慎。我告诉他我将写信给你，以便你可以帮助他替他介绍一些撰稿工作。我想他有一项数目不大的个人收入。不要告诉他我给你讲过他的灾难……

你永远的I. A. R.[87]

艾略特对燕卜荪来讲其实是一个很慷慨的人，邀请他为《标准》杂志写过一些书评。

1930年左右，我有时被允许到艾略特的办公室去找一些书来评论，被允许参加了艾略特参加的、在诗歌书店或附近每周举行的名为"在家里"的聚会［燕卜荪后来在艾略特去世后回忆道］。那粉笔一样苍白的脸和肿胀的紫色嘴唇给我留下了深刻的印象，我相信他一整夜都在思考耶稣受难，或者其他神圣的恐怖故事。但是我从来没有与他谈论过宗教，可能人们会问我是否有证据来证实我对他的面容的这种理解。啊，这看上去似乎很合逻辑。文学圈子里常常谈论其他作家的性生活，艾略特总是欢迎这些有关夫妻关系崩溃的报道，像是掩盖起来的怜悯；我一开始认为这是一个玩笑，但是它不断地、实实在在地暴露出来。"满足的爱是更大的痛苦"对他来说是一个实用的理论。[88]

虽然燕卜荪认为艾略特对个人关系破裂的态度给他提供了确切而罕有的洞见，认识了艾略特所皈依的基督教的"畸形"，但很有可能艾略特公开的态度产生于对他自己婚姻状态的痛苦思考。

另一个更加和蔼、真正好笑的故事出现在他为艾略特六十寿辰纪念文集写的一篇文章《大师的风范》（'The Style of the Master'）中。文章也在调侃自嘲：

我印象最深刻的记忆是大约1930年在一次午餐后与他一起在国王大街（Kingsway）上步行，当我发现与一个伟人独自在一起，我觉得这是一个适合的时候提起一个一直让我焦虑的问题。"艾略特先生，你真的认为一个诗人有必要至少每周都写诗吗？"我突然问道，"正如你在那本庞德选集的序言中所说。"他正准备进入罗素广场，看了看两边来往的车辆，在我们躲着这些车辆时，他缓慢的回答开始了。"当我写那个段落时，我心里想的是庞德，"深沉而忧郁的声音开始说，然后是一个久久的停顿。"总体上看这个问题，我应该说，在许多诗人的情况中，他们需要做的最重要的事情……是写得越少越好。"最后一个词的严肃性是如此纯粹，以至于赋予了它一种几乎是抒情诗似的品质。读者可能会倾向于认为，这是一个势利的说法，或者至少是个玩笑，但是我仍然相信这不是；那时我似乎不仅感到这非常机智，而且是一个非常令人满足的回答。他从我心中消除了一种重压。[89]

至于他私密的个人关系，在燕卜荪被剑桥大学开除后的几个月里，他都在不同的性取向之间挣扎。虽然他仍然被男性所吸引，但他现在也同样想寻求女性的陪伴，追求他与伊丽莎白·威斯克曼一起体验的那种快乐。他二十年后撰写的一篇评论中有一个段落显示了他想要开放的想法，同女性建立"正常"关系：

我记得在20年代［即将进入1930年之际］，当我心灵的眼睛睁开张望，我注意到一种奇怪的谈论爱情的腔调，在各个方面都大不相同的作家，比如彼得·昆内尔（Peter Quennell）、埃杰尔·里克沃德和格雷夫斯（Graves），有时都会发出这样的腔调。他们反对知识分子中间流行的男性同性恋倾向，男孩和女孩都开始对这种事情感到厌倦了。他们反对的理由是，爱男人是伤感的表现（因为它可以如此可靠地给人惬意和安慰），而任何不愧为男人的人都会爱女人（因为当她夺走了所有的东西之后，她肯定还会让他受难）。在我看来这是在以闹剧式的方法推荐正常的生活，如果一个社会的女人真的那么糟糕，那么如果一个男人拒绝了女人我倒会很严肃地更看好他。你不能仅仅开一个店，只是叫卖血性、辛劳、泪水和汗水；必须有一些其他的影响力，不管它多么不理性，群众才会跟着这个领袖走。这个男性对女性的局部反叛主要是最近的女性解放运动的反弹——她们倾向于把诉求提得很高。[90]

虽然这个选段传递了回顾时才必然有的清醒头脑，有经过印证的证据显示，在30年代他不得不在自己天性中的厌女症恶魔面前挣扎；他似乎还不知道在女性面前如何举止得体。在他的住所附近居住着一位老同学卡鲁·梅雷迪思（Carew Meredith），燕卜荪曾经在温切斯特学院时期讨好过，可能还渴望过他。梅雷迪思比燕卜荪大两岁，在剑桥大学进步很快，于1924年毕业，然而两个男人在这些年里保持着联系，在燕卜荪来到马奇蒙特街居住之后，梅雷迪思和他的妻子西比尔（Sybil）住在梅克伦伯格广场（Mecklenburgh Square）附近的一间地下室里，这里成为经常举行聚会的场所（心理分析成为聚会的一个标准话题）。约翰·所罗门在剑桥时与燕卜荪是同学，也住在马奇蒙特街，与燕卜荪只有几个门的距离（是燕卜荪为他找的房间），他有一个相当确切的印象，即梅雷迪思对燕卜荪的影响，至少在早年，"也许具有同性恋的性质"。梅雷迪思有魅力，风趣，爱争辩，常常令人恼火。正如他的妻子回忆，"他总是站在令人尴尬的、使其他人都想要死的立场。"西比尔·梅雷迪思对燕卜荪最刻骨铭心、最令人震惊的记忆是，在1930年10月他为《复义七型》出版而举行的聚会上，他显然试图要掐死她。她回忆说，另一个人不得不把他拉开；而她被放开后感到（用她自己的话说）"遍体鳞伤"。她说那是一次"可怕的经历"；她没有找到这次恐怖的突然袭击的任何直接理由："他仅仅是不喜欢我。"[91]这次事件已经没有活着的见证人，没有其他记录，但是也没有很多理由怀疑梅雷迪思夫人的指控。几乎没有可能解释这样的袭击和殴打——更不要说为它辩解。至少可以这样说，燕卜荪肯定是喝得烂醉，才对一个女人施加如此的暴力；但这件事说明他根深蒂固的敌意到底是针对所有女人呢，还是针对西比尔一个人，已经无法弄清。然而看上去可能的是，他的行动是与性有关的突发嫉妒：他的无意识动机可能是他想把卡鲁·梅雷迪思据为己有，从而刻毒地仇恨西比尔用婚姻占有了他崇拜的朋友。不管是什么原因，他的行为可以显示他正在经历性取向的起伏，这使得他的行为无法忍受——如果这个故事是真实的话。

更加令人满足的关系发生在所罗门把燕卜荪介绍给另一个朋友——一个实习

医生之时，但是这个充满爱的关系突然终止了——两人分开了数年之久——原因是一个令人揪心和迷惑的误会。艾丽斯·奈什（Alice Naish）出生于1906年10月4日，仅比燕卜荪小一个星期。[92] 她在八个孩子中排行第三，在谢菲尔德长大，父母都是医生，都是出色的人物。[她的父亲欧内斯特（Ernest）在剑桥大学三一学院获得了学士学位，在那里他成为伯特兰·罗素的朋友。他的事业顶峰是在六十岁时被提升为谢菲尔德大学的医学教授；他还是英国儿科医学学会（British Paediatric Association）会长。她父母的成就包括在谢菲尔德成立了第一个婴儿福利诊所。]在就读了谢菲尔德女子中学（Sheffield Girls' High School）和圣伦纳德学院［St Leonard，苏格兰圣安德鲁斯（St Andrews）的一所寄宿学校］之后，艾丽斯获得了奖学金到剑桥大学格顿学院攻读医学，并获得医学学士学位。她在格顿学院的时间（1926—1929）与燕卜荪在玛德林学院的时间相同，但是他们在剑桥大学没有见过面——虽然她最好的朋友之一马杰里（Margery）是燕卜荪的数学老师的著名儿子弗兰克·拉姆齐（Frank Ramsey）的妹妹。凯瑟琳·雷恩是她的另一个好朋友；她还与梅纳德·凯恩斯的弟弟杰弗里（Geoffrey）关系很好（杰弗里后来成为著名的藏书家和编辑）。虽然艾丽斯很喜欢她在剑桥大学度过的时光，但是她进入医学院的经历非常令人震惊：在上课的第一天，她就被迫承受了班里男同学的羞辱。

"班里有四个女生，三百个男生。当我来到阶梯教室，才走上阶梯，男生们就开始慢慢地一致跺脚。我不得不从阶梯上退下来，夹道受到奚落，在前排与其他女生，还有另一个人［尼日利亚人］坐在一起——我不会与任何医学学生交朋友；我与这些'渣滓'没有任何关系，我对自己说。"[93]这个经历使她成为一个真正的女性主义者，给她的灵魂增加了力量。她在自然科学荣誉学位考试中获得了一等成绩，然后继续攻读了一年——这对女生并不平常，她通过了自然科学荣誉学位考试第二部分。她勇敢而坚韧，为发展自己的事业建立了巨大的决心；她很快意识到医学注定将成为她的生活。然而当她父亲发现谢菲尔德的医疗机构投票反对接受女性成为医院的见习医生时，艾丽斯在父亲的支持下把目光投向了别处，她在伦敦的皇家自由医院获得了助理见习医生职位。"我被医学吸引，不是有疗伤的欲望，而是对科学有兴趣，"她承认道。她忠于她自己的独立性，忠于自己的工作。但是她非常惊讶地发现，她在临床工作上有天赋，在诊断方面有特别技能：她获得了所有的学生奖励。

在剑桥大学时，她认识了一个叫卢多维克·斯图尔特（Ludovic Stewart）的人，并且很快就答应与他订婚，那时她还是个学生。（斯图尔特家族是剑桥的一个名门，艾丽斯和卢多维克是被他母亲推进了对方怀里的。）[94]尽管如此，她告诉她的未婚夫，需要等到她见习期结束后，她才可以结婚。"我越是投入到工作中，越是意识到有多少东西我将被迫放弃。我差一点就没有结婚。已婚女人就不太适合工作了。一个已婚女人将被视为一个生孩子的人……我记得我差一点就放弃了订婚，因为我要继续从事医学工作。并且我认为我完全是因为懦弱，才没有这样做。"不久，卢多维克找到了厄平汉姆（Uppingham）的中学教师工作，而艾丽斯去追逐她的医学新欢去了。

然而，同时她又被介绍给了燕卜荪，很快两人就相处得很好。他们一起去看电影，一起去女王音乐厅（Queen's Hall）听音乐会。他们与燕卜荪的房东吉尔伯特·巴克一起吃饭，艾丽斯发现巴克是一个风趣的人，一个很善于交谈的人——然而他绝口不谈他的医生工作。在其他时候，他们仅仅是在伦敦到处步行游逛，或者燕卜荪会把地铁里"贴满灵丹妙药的"的广告拿来解构一番。[95]"他教会我用不同方式看问题，以新的方式看世界，"艾丽斯告诉她的传记作者。[96]他很渴望把他的工作和想法告诉她。他还引用他诗歌中的诗行，如果他认为那些诗行适合她的话。燕卜荪告诉她，他感到被剑桥那桩事件"完全击垮了"：他非常在意这件事，但是不知道怎么办。他很叛逆，甚至抛弃了家庭背景，但她相信他与母亲有着很牢固的关系。"他是个受宠爱的幼子，她的最爱。"艾丽斯还意识到他"毫无疑问是双性恋"，但是她认为这没有什么不平常。"当我在剑桥读书时，一般的大学生打死也不愿跟女生交往；即使不是同性恋，他们也装着是同性恋。"另一方面，这在某种意义上讲，他作为一个伴侣并不是太苛求，她告诉我，他"没有性欲旺盛所带来的那种魅力，他不是那种令人讨厌的、攥在手里不放的那种人。在他的哲学里深深地印上了这一点：绝不做任何事情，除非两人都喜欢"。同样，如果他没有对她提出更多要求，他似乎也没有竭力用传统方式向她求爱——或者也许他不知道该怎样做。他们总是回到他的住处，而不是她的——"那一点也很像威廉"。

尽管他举止随意，他深深地被她吸引；他喜欢她的睿智和强烈的好奇心，她坚强的意志，她对轻浮的女性气质的拒绝，她的生气勃勃，她的冷机智。她也为他陶醉："我认为我那时感到自己非常渺小，"她回忆道。"从一开始我就对这个聪明的家伙印象深刻。"因此最后他们在他的床上结合了。但并不是皆大欢喜，结果只是一夜情。接下来的一天，艾丽斯对已经发生的事情感到很忧虑、很伤心。她不仅害怕燕卜荪会怎样看她，而且害怕对未婚夫不忠。"我心烦意乱。与他上床，这与自己的想法如此不符，这如此罪恶；另外我还在玩两面派。"但是她没有回到马奇蒙特街，竭力把话跟他说清楚，而是仅仅离开，把一切负罪感都自己承担。"我感到羞愧痛苦。我离开了。看看我都干了些什么！我将使所有人失望。我离开了，没有留下任何理由，我知道他肯定感到我简直就是妍妇。"她还感到忧虑的是，即使她回去，他也会拒绝她。"我有各种各样的愚蠢想法，包括威廉不会再想跟我上床。"最后，她开始在马奇蒙特街走来走去，尽力使自己鼓足勇气去看他——或者在街上碰到他。然后最糟糕的事情发生了：她看见他朝她走过来——他似乎要使她窒息。她在之后的十年间都没有见过他。"直到今天，"1992年——在他去世后八年之久她对我说："我不知道他是否没有看见我。但是我有那个清晰的印象。"可能的情况是燕卜荪严重近视，习惯性地心不在焉，没有看见她。但是也可能是因为他像那样见她会感到非常尴尬。不管怎样，正好在这时艾丽斯的未婚夫被厄平汉姆中学解雇了，因此她认为是命运的安排，她与燕卜荪的关系非常巧合地到此为止了。她感到如果卢多维克失去了工作，同时又失去了女友，这对他太不公平：所以她实现了她的诺言，于1933年嫁给了他，为他生了两个孩子（一个女儿后来也成了一名医生，像她的侄女一样；这个家族"在《英国医学指南》中曾经占据了整整一页纸"，艾丽斯称）。

随着时间的推移，艾丽斯·斯图尔特成为了放射性流行病学研究的开拓者，当选为皇家内科医学院最年轻的女性院士，牛津大学社会医学高级讲师［以及玛格丽特夫人医院（Lady Margaret Hall）的教授级院士］。1956年她在她自己负责的牛津大学儿童癌症调查项目（1953—1979）的研究结果中证明了产前X光扫描会引发儿童的白血病（该调查搜集编撰了全国22,400例儿童癌症死亡病例记录——世界最大的资料库）。1974年，在六十八岁时，她正式从牛津大学退休，成为伯明翰大学的高级研究员，从三英里岛公共卫生基金（Three Mile Island Public Health Fund）获得了高达二百万美元的研究经费，持续提升着她的声望，引用《纽约时报》（*New York Times*）的话说，她成为"能源部的最有影响力、最令人害怕的科学批评家"：[97]作为低水平放射学的世界级权威，她在美国受到了最高标准的尊敬。

1985年，她当选为皇家社会医学和公共卫生学院（Royal College of Social Medicine and Public Health）院士。她获得了诺贝尔奖提名，1986年［切尔诺贝利事件（Chernobyl accident）那一年］她获得了"正确生活方式奖"（Right Livelihood Award）——这是"替代性诺贝尔奖"，正如媒体所说——由瑞典国会在诺贝尔奖前一天颁发，奖励那些为社会进步作出巨大贡献的人。艾丽斯·斯图尔特的奖金，"奖励她为当今最紧迫的问题寻找到实用的、示范性解决方案而作出的贡献"，一共16,000英镑（25,000美元）。"奖励她的远见和工作，"颁奖词继续说，"它们在使生活更加完整、治疗这个星球、提升人性方面构成了根本性的贡献。"[98]［尽管这个国际性奖励具有巨大声望，英国大使馆却不愿派车去机场接她，只有一份报纸《约克郡邮报》刊登了艾丽斯获奖的新闻——"那是因为'正确生活方式奖'的总部在布拉德福德（Bradford），"艾丽斯说，"但是我想在英格兰的其他地方都没有被提起过。"］1991年，她在意大利的卡尔皮（Carpi）获得了流行病学拉玛扎尼奖（Ramazzani Prize）；1996年，她在第四频道的电视纪录片《性别和科学家：我们的伟大事业》（'Sex and the Scientist：Our Brilliant Careers'）中被特别报道为三个女性科学开拓者之一。最后，1996年9月，在她的九十岁生日之前，她被任命为伯明翰大学荣誉教授，任期五年。2002年6月23日她在牛津逝世，直到最后时刻，她都在为日常研究的进展而操劳。

面对专业上的挫折，面对有时发生的、残酷的官方阻力，她继续前进的个人素质——正如她高兴地宣告——就是她"内心的自负"。"我知道我会是正确的。这一点我知道很久了。它不一定会在我的时代被证明——实际上，它大概不会——但是人们会发现我们的路径是正确的。你会感到惊讶，这是多么令人安慰。"在后来的岁月，威廉·燕卜荪和艾丽斯·斯图尔特将恢复一种充满了爱意的、相互支持的关系。然而他从来没有主动对她解释，他对1931年他们之间发生的事情持有什么样的看法；她也有那种永远不再问他的直觉。从1952年直到1984年他去世时，燕卜荪都是她的恋人和帮手，尽管不是全职的［因为他在谢菲尔德工作，她在伯明翰；她会到他在北面的家去拜访，或者他会南下到牛津郡（Oxfordshire）她的乡村别墅去度周末］；有一次他甚至为她起草了一封致《泰晤士报》的信，谈论吸烟与癌症的话题，后来以她的名字发表了。她成为他生活中的一个深爱的部分，他对她也是如此。

燕卜荪在离开剑桥后的几年里所取得的独一无二的永久性成就是1930年出版的《复义七型》——这个成就在出版后的评论接受中褒贬不一，因此对他的事业前景没有多少帮助。

1.　A. S. (Arthur Sale), 'Sir William Empson (1906–1984)', *Magdalene College Magazine and Record*, 28 (1983–1984), 9. See obituary of Sale (1912–2000) in *The Times*, 4 May 2000, and by Bamber Gascoigne in *The Independent*, 26 April 2000.

2.　玛德林学院1928年5月16日召开的行政会议详细记录："一致同意如果燕卜荪先生提出申请在学院学习至第四年，那么奖学金延长的条件为获得荣誉学位考试的一等成绩，然后参加另一个荣誉学位考试。"四十年后，燕卜荪回忆道："我对数学感到厌倦了，只得到了二等成绩。结果我没有得到奖学金，因此我的宽容的母亲不得不为我支付第四年学费。数学和文学的结合在那个年代并不罕见。但我是堕落路边的较弱的女子。"（John Horder, 'William Empson, Straight', *The Guardian*, 12 August 1969.）

3.　I. A.理查兹在大卫·佩里（David Perry）制作的*Some Versions of Empson*广播节目中的谈话（BBC Radio 3, 22 October 1977）。

4.　Robert Lazarus, letter to JH (April 1989); John D. Solomon, letter to JH (n.d.).

5.　See also Nick Clarke, *Alistair Cooke: The Biography*, London: Weidenfeld & Nicolson, 1999, 34.

6.　M. S. R., 'The Cambridge Mummers', *Cambridge Review*, 19 April 1929, p. 380. See also Michael Redgrave, *In My Mind's Eye*, London: Weidenfeld & Nicolson, 1983, 76.

7.　A. R. P., 'The Moke from his Stall', *The Granta*, 38/860 (19 April 1929), 378. "库克先生是一个最阴险的、一流的恶棍……"

8.　Alistair Cooke, letter to JH, 18 June 1991.

9.　Alistair Cooke, letter to John Constable, 15 June 1988.

10.　*Magdalene College Magazine*, 59 (9/1) (December 1928), 14.

11.　李是维特根斯坦第二次到访剑桥（1929年开始）期间最喜欢的学生之一。1930年，他去奥地利时住在这位哲学家的家中。李曾经有一段时间在一所大学教授古典学，但在1954年开始的十四年中任温切斯特学院校长。1935年3月23日，他与伊丽莎白·克洛肯顿（Elizabeth Crockenden）结婚（燕卜荪同日期创作的诗歌《信之六：一桩婚姻》就是对该事件的纪念），并生育一子二女。1961年他获得了爵位。

12.　A. S. Eddington, *The Nature of the Physical World*, Cambridge: Cambridge University Press, 1928, 81–82; *Stars and Atoms*, Oxford: Clarendon Press, 1927, 67.

13.　WE, 'A Doctrine of Aesthetics', *Hudson Review*, 2 (Spring 1949), 95; *Argufying*, 212.

14.　J. B. S. Haldane, *Possible Worlds*, London: Chatto & Windus, 1929, 290.

15. Eddington, *The Nature of the Physical World*, 251.

16. Ibid., 257.

17. 燕卜荪使用过这个短语——"更多亲密，更少希望"——来解释这首诗，见a draft letter to W. D. Maxwell-Mahon, 6 November 1967。

18. *Selected Poems*, Marvell Press: *Listen* LPV 3, 1959.

19. 'The Metaphysical Foundations of Empirical Knowledge', *Criterion*, 3/15 (March 1941), 222–223; *Argufying,* 583–584.

20. 见克里斯托弗·里克斯（Christopher Ricks）为《圣塞巴斯蒂安的情歌》（'The Love Song of St. Sebastian'）撰写的注释，见T. S. Eliot, *Inventions of the March Hare: Poems 1909–1917*, London: Faber & Faber, 1996, 267–270。

21. 我感谢已故的德斯蒙德·李爵士和夫人提供的《自传笔记》。

22. 燕卜荪针对一份问卷的回答，见*Agenda,* 14/3 (Autumn, 1976), 24。燕卜荪对批评家探索无意识的做法感到乐观。当W. K.维姆赛特（W. K. Wimsatt）在《意图谬误》（'The Intentional Fallacy'）一文中质问人们，艾略特创作《荒原》时是否想到了多恩或马韦尔的做法是否合法时，燕卜荪在他那本书的页边写道："诗人的意思可能超出他所能意识到的范围——常常不愿意说。没有理由不问。"（Wimsatt, *The Verbal Icon: Studies in the Meaning of Poetry*, Lexington: University of Kentucky Press, 1954, 18.）针对维姆赛特所反对的观点，即"艾略特已经以自己的注释建立了意图探索在他的诗歌实践中的合法性"，燕卜荪回应道："他怎么不能呢？"针对维姆赛特的观点，即"诗歌不是批评家的，也不是诗人的（它在创作完毕时就已经脱离了作者，进入了世界，超越了他的意图和控制它的能力）"，燕卜荪评论道："但是作者和批评家都是世界的一部分。"

23. WE, 'Still the Strange Necessity', *Sewanee Review*, 63/3 (Summer 1955); *Argufying*, 125.

24. *Cambridge Review*, 23 November 1928, p. 161.

25. WE, 'Foundations of Despair', *Poetry*, 49/4 (January 1937), 230–231; *Argufying*, 419.

26. M. C. Bradbrook, 'Sir William Empson (1906–1984)', in *Shakespeare in his Context: The Constellated Globe*, The Collected Papers of Muriel Bradbrook, vol. iv, Hemel Hempstead: Harvester Wheatsheaf, 1989, 193 (first published in *The Kenyon Review*, 7/4, Fall 1985). Interview with Muriel Bradbrook, 16 September 1992.

27. Interview with Hugh Sykes Davies, 9 August 1983.

28. 关于伊丽莎白·威斯克曼的介绍大量采用了伊丽莎白·詹金斯（Elizabeth Jenkins, 1992年9月17日）访谈和E. E.邓肯–琼斯（1992年8月11日）访谈的内容，也采用了L. K.达夫撰写的讣告，'Elizabeth Meta Wiskemann, 1899–1971', *Newnham College Roll*, January 1972, pp. 70–74。

29. Richards diary (Magdalene), 1 March 1934："请布拉德布鲁克喝茶。可怜而且胆小，但是聪颖过人，记忆非凡。愉快。"1935年1月，理查兹在剑桥与燕卜荪和布拉德布鲁克共进午餐后，对妻子抱怨道："很难从布拉德那里得到任何信息。"缪里尔·布拉德布鲁克的著作包括《伊丽莎白时期戏剧状况》（*Elizabethan Stage Conditions*, 1932）、《伊丽莎白时期悲剧的主题与惯例》（*Themes and Conventions of Elizabethan Tragedy*, 1935）以及四卷本《论文全集》（*Collected Papers*, 1981—1989）。关于她的著作目录，见*English Drama: Forms*

and Development, ed. Marie Axton and Raymond Williams, Cambridge: Cambridge University Press, 1977; Leo Salingar, *Professor M. C. Bradbrook, Litt.D., F.B.A., F.R.S.L.* (privately printed: Trinity College, Cambridge, n.d.)。

30. *Cambridge University Examination Papers*, lviii (Cambridge: Cambridge University Press, 1929).

31. E. M. W. Tillyard to Professor Potter, Registrar's Department, University of Sheffield, 14 December 1952. See Basil Willey, 'Eustace Mandeville Wetenhall Tillyard 1889–1963', *Proceedings of the British Academy*, 49 (1963), 387–405.

32. W. G. Shepherd, letter to JH, 30 March 1993.

33. *College Orders and Memoranda 1907–1946*, 208 (Old Library, Magdalene College, Cambridge).

34. C. K. Ogden: *A Collective Memoir*, ed. P. Sargant Florence and J. R. L. Anderson, London: Elek Pemberton, 1977.

35. "1931年夏天，当威廉·燕卜荪在玛德林学院的副院士头衔被收回，他几乎就是被'开掉'了。"（M. C. Bradbrook, 'Lowry's Cambridge', in Sue Vice ed., *Malcolm Lowry: Eighty Years On*, London: Macmillan Press, 1989, 139–140.）

36. *College Orders and Memoranda 1907–1946*, 210.

37. R. Luckett and R. Hyam, 'Empson and the Engines of Love', *Magdalene College Magazine and Record*, ns. 35 (1990–1991), 33–38.

38. 学院历史的撰写人一致认为，燕卜荪案件"所采取的惩罚措施""非常近似于恶意报复行为"。（Peter Cunich *et al.*, *A History of Magdalene College, Cambridge, 1428–1988*, Cambridge: Magdalene College Publications, 1994, 245.）在清理过程中唯一幸免于难的是一张卡片，它简单记录了他获得的奖学金和奖励，在读学期，考试日期和成绩（玛德林学院，老图书馆）。另见马尔科姆·劳里（Malcolm Lowry）1940年写的一封信，in Sherrill E. Grace ed., *Sursum Corda! The Collected Letters of Malcolm Lowry*, vol. i: *1926–1946* (London: Jonathan Cape, 1995), 282; Anthony Powell in 1986, *Journals 1982–1986* (London: Heinemann, 1995), 263。

39. Richards, letter transcribed in diary for 29 September 1929 (Magdalene).

40. Letter in I. A. Richards Papers, Magdalene College. F. R.索尔特任院长至1927年，然后任导师，他在《玛德林学院学报》（第7/56卷，1927年12月，第129页）上刊登的"罪人人生"（Biographies for sinners）系列打油诗中被这样描述："弗兰克·R.索尔特 / 从来没有动摇过 / 他飓风般的实用主义 / 在批评面前固若金汤"。另见F. McD. C.特纳撰写的讣告，见*Magdalene College Magazine and Record*, 12 (1967–1968), 2–6。

41. "费尔法克斯·斯科特更年轻，在第一次世界大战中服役时做过陆军中尉。那时他是单身，在学院永久居住，对本科生时常出现的幼稚的越轨行为比较宽容。他从来不因为学生不做礼拜而让其难看，他是唯一一位这样的导师。"（Frank West, 'Magdalene Memories, 1928–1931', *Magdalene College Magazine and Record*, 33 ［1988–1999］, 29.）

42. D. C. R. Francombe, 'Reminiscences (1) Magdalene, 1924–1927', *Magdalene College Magazine and Record*, ns. 35 (1990–1991), 42.

43. 'Some old College MSS.', *Magdalene College Magazine*, 61 (June 1929), 81.

44. 'Election Interviews', *Magdalene College Magazine*, 61 (June 1929), 90.

45. Stephen Garrett, letter to Empson, 1 January 1979; letter to JH, 9 October 1987.

46. 'Those in Authority: William Empson (Magdalene)', *The Granta*, 31 May 1929, 485.

47. Francombe, 'Reminiscences: (1) Magdalene, 1924–1927', 42.

48. 'Those in Authority: William Empson (Magdalene)', 485.

49. M.S.R. (Michael Redgrave), 'The Great Frost: What They are Saying', *Magdalene College Magazine*, 60 (March 1929), 44.

50. 这个情景具有令人遗憾的讽刺性，因为燕卜荪并非不可能偷看朋友的信件。在1926年的一篇没有日期的日记中，他记录了他在朋友卡鲁·梅雷迪思的房间里翻找，显然是在寻找异教社的活动安排："我发现了他的《尤利西斯》式的日记，偷偷地阅读，一只眼睛注视着房门。对《尤利西斯》非连贯的分析模式的模仿不怎么样，而描写性的'自白'手法有时很好；一种宗教同性恋式的狂喜给人印象深刻；还有一些不怎么样的诗句……我应该为自己的行为感到耻辱吗？不会。"

51. 另一个讽刺出现在一则短文中，如果这个当时发表的讽刺叙述可信的话，短文说燕卜荪自己并非纯洁无瑕，并非不屑"嚼舌头，并被不幸地传开"。〔'Those in Authority: William Empson (Magdalene)', 485.〕

52. Interview with Muriel Bradbrook, 16 September 1992. Bradbrook, 'Lowry's Cambridge', 140.

53. Michael Tanner, 'Some Recollections of the Leavises', in Denys Thompson (ed.), *The Leavises: Recollections and Impressions*, Cambridge: Cambridge University Press, 1984, 135–136.

54. John D. Solomon, letter to JH (n.d.).

55. 'The Pride of Othello', *Kenyon Review*, 16 (Winter 1954), 165. 1935年，本科生组织了一次请愿活动，要求安装一台"塑料用品"自动售货机；80年代中期学院终于安装了一台避孕套自动售货机。（Cunich *et al.*, *A History of Magdalene College*, 241.）

56. Interview with Julian Trevelyan.

57. Kathleen Gibberd, letter to JH, 18 July 1991.

58. Elizabeth Wiskemann, *The Europe I Saw*, London: Collins, 1968, 9.

59. See also *Ludwig Wittgenstein: Cambridge Letters: Correspondence with Russell, Keynes, Moore, Ramsey and Sraffa*, ed. Brian McGuinness and G. H. von Wright, Oxford: Blackwells, 1995, 247.

60. Redgrave, *In My Mind's Eye*, 63.

61. 'News & Notes', *Cambridge Review*, 1 November 1929, p. 69.

62. Ralph Parker to E. E. Phare, 15 November 1929 (E. E. Duncan-Jones).

63. Max Black, letter to JH, 12 July 1985.

64. Richard Holmes, *Shelley: The Pursuit*, London: Weidenfeld & Nicolson, 1974, 50–60.

65. John Halperin, Gissing: *A Life in Books*, Oxford: Oxford University Press, 1982, 15–19.

66. WE, letter to Julian Trevelyan, n. d. (the late Julian Trevelyan).

67. David Garnett to Julian Bell, 4 September 1929 (School Library, Eton College). 关于贝尔论燕卜

苏，见 'The Progress of Poetry: A Letter to a Contemporary', *Cambridge Review*, 7 March 1930, pp. 321–322。

68. WE, letter to Richards (n.d.) summer 1929 (Magdalene College).

69. Robert Lazarus, letter to JH, April 1989.

70. Walter Allen, *As I Walked Down New Grub Street: Memoirs of a Writing Life*, London: Heinemann, 1981, 37–38.

71. Ian MacKillop, *F. R. Leavis: A Life in Criticism*, London: Allen Lane, 1995, 105–106.

72. J. D. Solomon, letter to JH, 29 March 1991.

73. Charles Hobday, *Edgell Rickword*, Manchester: Carcanet Press, 1989, 152–153.

74. Ralph Parker to E. E. Phare, 15 November 1929.

75. 感谢戈登·鲍克（Gordon Bowker）提供此信息。

76. 引文由克莱尔·哈曼（Claire Harman）提供，版权属苏珊娜·平尼（Susanne Pinney）和威廉·马克斯韦尔（William Maxwell）。

77. Bottrall, 'William Empson', Gill, 50.

78. John Lehmann, *Thrown to the Woolfs*, London: Weidenfeld & Nicolson, 1978, 18. See also *A Portrait of Michael Roberts*, ed. T. W. Eason and R. Hamilton (College of S. Mark and S. John, Chelsea, 1949).

79. WE, letter to R. Fukuhara, 28 February 1934.

80. J. H. Willis, Jr., *Leonard and Virginia Woolf as Publishers*: The Hogarth Press, 1917–1941, Charlottesville: University Press of Virginia, 1992, 200.

81. Denise Hooker, *Nina Hamnett: Queen of Bohemia*, London: Constable, 1986, 211.

82. WE, 'Edgell Rickword', in *Argufying*, 428.

83. *A Reflection of the Other Person: The Letters of Virginia Woolf*, iv: *1929–1931*, ed. Nigel Nicolson, London: Hogarth Press, 1978, 140–141. 后来燕卜荪称朱利安·贝尔为“我在剑桥期间曾经低估的人”（draft TS letter to mother, 11 August 1938; Empson Papers）。

84. WE, 'Wartime Recollections', in *SSS* 195; Barry Webb, *Edmund Blunden: A Biography*, New Haven: Yale University Press, 1990, 190.

85. Joy Grant, *Harold Monro and the Poetry Bookshop* (London: Routledge & Kegan Paul, 1967): Drinkwater quoted on p. 3.

86. WE, 'Harold Monro', *The Rising Generation* (Tokyo), 67/5 (1 June 1932), 151.

87. *Selected Letters* of I. A. Richards, *CH*, ed. John Constable, Oxford: Clarendon Press, 1990, 52–53. 无疑是由于理查兹的暗中授意，艾略特才在1930年1月2日致信朱利安·贝尔，说他正在关注燕卜荪、布鲁诺夫斯基和T. H.怀特（T. H. White）。（Julian Bell Papers 2/15, Modern Archive Centre, King's College, Cambridge; also quoted in Harding, 'Experiment in Cambridge', 297.）

88. WE, 'My God, man, there's bears on it', a review of *The Waste Land: A Facsimile and Transcript of the Original Drafts*, ed. Valerie Eliot, *Essays in Criticism*, 22/4 (October 1972); in Using Biography, London: Chatto & Windus, 1984, 199.) 燕卜荪对其他作家的性生活的乐趣明显表现在他回到伦敦后致凯瑟琳·桑瑟姆（Katherine Sansom）的书信之中：“查阅伦敦的电

话号码簿是件令人兴奋的事。你明白昆内尔（Quennell）夫人已经离开了彼得，后者现在与一个令人厌恶的年轻美人住在一起，似乎与以前一样。"（Empson Papers）

89. WE, 'The Style of the Master', in Richard March and Tambimuttu (eds.), *T. S. Eliot: A Symposium*, London: Editions Poetry London, 1948; *Argufying*, 361. 在埃兹拉·庞德的《诗选》（*Selected Poems*, London: Faber & Faber, 1928）一书的前言中，艾略特写道："希望继续写诗的诗人必须持续训练，必须这样做，不是通过强迫其想象力，而是通过一生中每个星期都能够在技艺精良的水平上从事几个小时的工作。"（第16页）关于同一个故事的另一个版本，见Empson, 'A London Letter', *Poetry*, 49 (1937); *Argufying*, 417。

90. WE, 'In Eruption' (a review of Robert Graves, *The Crowning Privilege*), *New Statesman*, 1 October 1955), in *Argufying*, 130–131.

91. Telephone interview with Mrs Sybil Meredith, 10 July 1991.

92. 见艾丽斯·斯图尔特讣告，载*The Guardian*, 28 June 2002, p. 18; *The Independent*, 9 July 2002, p. 18; *The Times*, 27 June 2002, p. 36。

93. Gail Vines, 'A Nuclear Reactionary', *Times Higher Education Supplement*, 28 July 1995, p. 16. 这张照片和其后三张来自1991年3月23日的一次对艾丽斯·斯图尔特的访谈。See also *Half a Century of Social Medicine: An Annotated Bibliography of the Work of Alice M. Stewart*, ed. C. Renate Barber, Wisborough Green, Billingshurst: Piers Press, 1987; and Clive Cookson, 'Unsung Heroine', *Financial Times*, 19 January 1995.

94. 卢多维奇·斯图尔特的父亲，一个来自法国学者，是剑桥大学三一学院的院士，他母亲杰西（Jessie）是古典学家，纽纳姆学院院士。

95. "贴满灵丹妙药的"（nostrum-plastered）这个短语来自燕卜荪的诗歌《蚂蚁》，它把蚂蚁的洞穴与伦敦地铁相比较。

96. Gayle Greene, *The Woman Who Knew Too Much: Alice Stewart and the Secrets of Radiation*, Ann Arbor: University of Michigan Press, 1999, 48.

97. *The New York Times*, 3 May 1990.

98. Greene, *The Woman Who Knew Too Much*, 229.

第十章

《复义七型》：批评与接受

我想要告诉你一个关于《复义》的三十五年的秘密，但我想不起……
我那时得到了朋友（如布鲁诺夫斯基）的大力支持，很喜欢有攻击者，他
们的愚蠢行为是一个有趣的研究分支。我想很多评论对这本书的赞美有点
过头，但在那时对我来说这不可能发生，我认为我被攻击了。最夸张的赞
美文章出自J. H. P.马克斯之手，他带着西班牙式的堂皇说道，我可以说出
（比如午餐时碰到他们）我们的朋友们目前读了多少章节，因为他们轮流
模仿每一个新的章节。他们在读《源氏物语》，也许这些赞美来自紫式
部，而不是贡戈拉。

——1966年1月31日致克里斯托弗·里克斯的信

"我正在给霍格思出版社提供一本语法—批评类型的书，题为《复义七
型》，"1929年6月燕卜荪在写给朋友伊恩·帕森斯（Ian Parsons）的信中说道
（帕森斯从剑桥毕业后成为查托与温达斯出版社的编辑）："你们不出版篇幅短的
书（1.5万字），是吗？"[1] 这是第一则关于这项文学研究著作的外部信息，该著作
最终将被称为本世纪最具革命性的批评成果。燕卜荪这部青年时代的著作"将会在
英语世界的文学研究里掀起一场革命"，正如约翰·凯里教授（John Carey）正确
地说道。[2] 到七月，燕卜荪发现，似乎自己都很吃惊："《复义》在我手中不断成
长……"[3] 在7月2日发出的一张明信片中，他自信地预言："将在六个星期左右让
你得到《复义》。"但是这本书没有那么快完成。在被玛德林学院赶走之后，燕卜
荪夏天在约克郡的家中重新开始了工作（在当年下半年迁居伦敦之前）；那时书的
长度在几个星期之内就翻了一番。"我正试图完成《复义》（现在有六万多字），

并把它出版，"他在秋天对理查兹解密说，"但是我被一个疑虑所牵制，即我不确定我写的是否都是正确的。我感到如果它（《复义》而不是我的疑虑）吸引了注意力，那么我的立场就更加稳固。"[4]

结果，书稿的大部分在年底就寄给了出版商，其余部分在1930年4月寄出：全部加起来一共大约九万字。"我刚刚把《复义》的终稿寄给了查托出版社，询问他们应该如何修改，"燕卜荪告诉他的导师。"这是一本不太专业的书……"阅读《复义》完整稿的第一人实际上是查托出版社的资深合伙人查尔斯·普伦蒂斯（Charles Prentice）——"一个具有非凡的感知品味的人，"正如帕森斯后来说道；"我很清楚地记得他进来说他一口气把它看完了，一直到看凌晨两点才看完。"[5]帕森斯因此很渴望出版这本史无前例的书（"你的自我造就的风格——如果我可以这样称它的话——在我看来非常适合这种分析"[6]），在7月底他再次写信道："我很高兴听到《复义》的进展如此迅速、如此令人满意，并且我已经非常渴望发现你的七种类型……"[7]

1930年4月13日，《复义七型》最终被查托与温达斯出版社接受出版（提前支付稿费25英镑，版税以现在的标准看非常可观：前6000册15%，以后20%）；共印刷了2000个印张，书于11月6日上市［1931年由哈考特·布雷斯出版公司出版的美国版计划印刷500个印张］；[8]定价7先令6便士。然而到1930年底预定销售总共只有146册，这不是好兆头——实际上，销售前1500册花了十几年。[9]尽管如此，《复义七型》的评论非常多——虽然有些评论承认它们感觉理解起来有点缠绕，另外一些甚至有一种进攻性的防御心理。一颗批评新星诞生了，没有人能够质疑他的生成性天才。[10] F. R. 利维斯在《剑桥评论》中为他欢呼："他的书显示了一颗在这个时代完全活跃的心灵，这样一本书具有非常不同寻常的重要性。"[11] I. A. 理查兹从北京推荐这部著作给T. S.艾略特，虽然推荐的方式可以被认为是赞扬他学生的潜力，而不是目前的成就："燕卜荪的书刚刚寄达，匆匆地看完，我更加相信尽管他有一些年轻人的夸张（做得过头之处），但是他有真货，也有把它们传达出来的文笔。你自己看看。"[12]

燕卜荪的评论者总是说，他有很多东西需要交代，特别是因为他太"机灵"——评论者用该词时带有贬义。他的阐释显示出使人振奋的洞见，也显示出应用起来有点可疑的方法，没有提供真正的文学理论。他在操作他自己设计的那一套

"方法"时非常熟练，但是没有试图作出价值判断或批评结论。比如，燕卜荪的朋友詹姆斯·史密斯（James Smith）1931年7月在《标准》杂志中警告说："有……价值判断被遗忘的危险。"[13]虽然分析结果显示了燕卜荪非凡而敏锐的感知力，但是他的评论者说，他的方法常常导致一种不负责任或懈怠失职的后果（这在他本人，后来也在他的传人——所谓的"新批评家"身上见到）。厄尔·韦尔比（T. Earle Welby）在一篇题为《该采取立场了》['Time to Make a Stand'，《周末评论》（Week-End Review）1931年1月3日]的文章中，以实质上是严肃的神情抗议说，这个"非凡而年轻的新手"是"如此恶作剧地有出息……以至于他必须被立刻灭掉，如果可能的话。"[三十五年之后，燕卜荪仍然记得这则书评，但是他把作者的名字弄错了："也许P. H. 纽比（P. H. Newby）写了一篇特别可笑的攻击文章。"[14]]

"《复义七型》一出来，评论者就告诉我，"燕卜荪后来写信给一个晚辈批评家罗杰·塞尔说："不是所有诗歌都是意义含混的，并且我也能够理解，这个方法用在那些对此过程有一些冲动和需求的作家身上效果最好……"[15]如果人们现在已经普遍承认他的复义七型的分类或标尺（或等级，如果可以算是等级的话）——数字七代表了一个方便的、可操作的范围，而不是一个绝对的数字——并没有产生一种普适的分类体系，那么在书刚出版时，它的这样一个暗示，其实也令人信服地作了展示，引发了最多的义愤，即诗歌效果可以通过观察用词、修辞、语法、句法因素来说明；一首诗是可分析的意义的集合体。约翰·米德尔顿·默里（John Middleton Murry）在《泰晤士报文学增刊》（Times Literary Supplement，1930年12月18日）中从正面提出理由辩护道："诗歌之所以成为诗歌，正是因为它有力量防止这些异想天开的思想。在某种程度上诗歌是一种咒语……因为虽然它听起来肯定像悖论，诗歌和构成它的文字不是同一回事，同理，一个有机整体与部分的总和也不是同一回事。"[16]直截了当地说，燕卜荪有胆量展示，诗歌可以（也许总是）总合成一个实用意义。一首诗由复杂的概念组成，而不仅仅是单一意义的话语和近似的音律；它可以接受分析，同样也可以接受被动的感受—欣赏式描述——"谦卑而乐意地接受诗歌给予的整体印象"，正如韦尔比保护性地称呼后者。[17]

但是最初的惊讶或冒犯集中在两个中肯的反对意见上。第一，他的方法似乎绕开了价值判断，不管怎样，他过多地使用了（可能潜在是无法控制的）联想式，有时是印象主义式的阐释形式。第二，他过多地专注于局部，没有与整体联系——拆分一句话或者一个部分，以代替一首诗——以至于词语和短语所产生的局部效果被用来充当具有完整上下文的阐述。总之，他能够发现无数可能的（对他来说，似乎肯定是吸引人的）含混意义，但是很少关注它们与作品整体的关联。正如埃尔德·奥尔森（Elder Olson）后来解释这个案例时说，燕卜荪可能被指控混淆了"潜在意义和实际意义"——明显的危险是过度解读——无论如何，燕卜荪认为是"诗歌决定性特征的含混……不是一个诗歌原则；而是对一个观点的合理化……燕卜荪的假设……既没有暗示那些数据，也没有被那些数据暗示。"[18]

《复义七型》尽管充满了缺乏训练的热情，它的确使含混"现象"成为了一种批评手段，而不是批评原则。尽管它有数字化的结构，它不是提供了一个方法，而是展示了燕卜荪自己被方法化的卓越才华。虽然他没有收回他关于含混是所有优秀诗歌内在品质的观点，但它是否是所有诗歌必要的，甚至定义性的品质仍然是一个问题。[19] 他关于含混的主张最有可能属于E. D.小赫希（E. D. Hirsch Jr.）所说的"广义的类型理论"的范畴；它是一种"价值—偏好"。[20]［既然这个涵盖一切的术语"含混"——燕卜荪给予了它尽可能广泛的意义——有可能带有软弱或动摇的暗示，批评界的某些竞争对手有时提出了更加正面的术语，但是没有一个能够能像含混一样抓住这个概念的范畴。例如，菲利普·惠尔赖特（Philip Wheelwright）发明了术语"多义指涉"，即多重意义或复杂性。[21]］但是燕卜荪的圆满成功之处是他展示和揭示了无数的例子，在这些例子中含混大量存在，并且有根本性的效果。"我在《复义》中瞄准的读者群是那些对这个题目感兴趣的人，解释他们一致同意的效果是如何获得的，"他在1971年解释道。[22]不是指示，而是解释。然而，如果他相信他仅仅是展开了一个激进而晦涩的机器的零部件——诗歌效果的行动模式——那么许多评论家会指控他沉溺于毫无节制的行为（他只能责备自己在第一章里就引入了这个比喻），或者说沉溺于他的爱好与活泼之中，正如缪里尔·布拉德布鲁克所说。根据他们的判断，他成倍地扩大了阐释的丰富的（有时是拆分的、焦点不明的）可能性，以至于达到了累赘的程度。[23] "我意识到在书中，"燕卜荪在第二版的前言中以一个无力的段落回应道，"我不需要那些无关的含混，我应该说把它们排斥在外的努力取得了一定的成功。诚然，这些不需要的多余意义在多大程度上实际出现在文本中，从而使我们的思考偏离了正道，尽管我们尽最大努力避免这种情况发生，这个问题显然具有合法性；并且有些答案也是重要的。但是它不是我在这本书中所关注的问题。"（第xiii页）随着岁月的流逝，他有时选择以事后想到的反驳来逃避——例如他说"避免有些错误的最佳做法是你欣然承认它"[24]——但是到50年代他将重新开始树立典型的、为辩护自己的立场而产生的战斗性："如果这首诗不错，如果我能够以我想用的方法去阅读它，"他在一篇重要的评论文章《仍然奇怪的必要性》（'Still the Strange Necessity'）中写道，"直到批评家完成阐释之前，诗中的任何因素都不会是无关的，我仍然认为这是一个恰当的目标……"[25]

他从来没有关注建立一套理论、一套批评实践原则的重要性。在《词语分析》（1950）一文中——该文在坚持他的信念方面非常显著——他宣称："一个批评家应该像一只猎犬一样相信自己的鼻子，如果他允许任何一种理论或原则把他引向了别处，他就没有完成他的工作。这对我来说是问题的深刻真相……"[26]然而任何一个批评家如果拒绝在方法和路径上，更不要说在目标上立法，那么他很可能在分析严谨性方面跌倒，从而沦为不负责任的业余行为；而有好几位读者在这方面指责了燕卜荪。例如，克林斯·布鲁克斯（Cleanth Brooks）严厉地批评他是"一个不可救药的业余人士"[27]。然而在这两个问题上，燕卜荪立场坚定。虽然其他批评家选择作价值判断，但他没有感到必须这样做："对一首诗歌的整体价值作出评价不是［我］这种批评的主要目的，或者只应该在分析整体之后自然产生。"[28]第二，在含混这个根本性问题上，他认为这是不言自明的道理，即诗歌不只是见证美，或者描写顿悟；也不一定是个人信心或心态宁静的产物。相反，在正常情况下，根据定义，它是一个复杂而浓缩的话语模式，它需要诗人描写个人、社会、心理和思想的深刻冲突，涵盖不同的和相互冲突的表现形式、态度或思想。含混有对抗的内涵。要不然我们怎样解释（在第二版的前言中他以此问题掀起了高潮）诗歌中存在的"如此横七竖八的骚动和如此宽阔广袤的宁静"[29]？如果一首诗能够对思想有所回应，那么它就不仅仅由情感性陈述构成：它诉说着复义或者意义冲突的语法。

"我读大学时对文学效果的语义分析感兴趣，"他在1939年告诉广播听众。

这只是文学批评的一部分，因为这个兴趣是展示文学效果如何产生的准科学兴趣。它本身不作价值判断。它假设在最有可能知道的人群中有一种共识，知道某篇作品产生了什么效果，然后认为这个效果只可能产生于一种奇特的但可演示的过程，即意义结构相互交织、相互作用。你后来可能从这种方法中获得价值判断，但开始时它并不如此。这种批评的根本理念是，人的心灵（作为一个心理事实）根据一个词的潜在意义之间的关系，事实上并不假设一句话只有一个语法结构，每个词只有一个意义，或者甚至一个词内部只有一套暗示。在直截了当的日常语言使用中，以及品尝意义可能性的文学阅读中，人的心灵能够更好地抓住意义可能性的结构，这要比它仔细地揣量文字意义时状态更好……但是对一般文学经验的充分的逻辑分析不仅不是单一的，而且它是如此复杂，以至于看上去很枯燥且不太可能。现在如果你接受这个悖论性的理论，并且我相信它是可行的，那么关于批评的整体问题都会呈现出不同面貌。自亚里斯多德以来所有批评都认为，在一定程度上理解文学如何对你产生作用，将使你更好地欣赏文学。但是在这方面有很多需要理解。因此……我竭力以一种盲目的方式去开发出一种方便的分析体系……

因此，经常的情况是当燕卜荪谈起诗歌的含混或者意义的复杂性时，他总是要考虑"联想的意义"或理论的主张：其目的与语法学家和语言学家的区别在于紧密联系。杰弗里·斯特里克兰（Geoffrey Strickland）在《威廉·燕卜荪的批评》（'The Criticism of William Empson'）一文中声称，他的"含混和复杂性理论主要是技术性的。它关注的是分析，而不是判断"[30]。但是，暗示判断和评价是技术分析的唯一替代物，其实就是抹去两者之间的其他一切。燕卜荪本人对"给批评家立规矩"这个想法嗤之以鼻；[31]他在技术与阐释之间的所有领域自由地游走。尽管如此，他仍然在所有阶段都被引诱犯下错误；并且他感到有荣誉的义务去回应所有的挑战，承认他的对手经常有很强大的理由。"争论需要想象力，"早在1931年他就预见道："你必须尽力去理解你的对手的观点，以便选择那些值得去讨论的东西；以便你能发现他的错误的根源，或你与他分歧的根源。"[32]

除了针对他在早期著作中没有提供价值判断的指控——他对这个指控的回应并不怎么令人满意，即他几乎不会费劲去解释那些入选的例子，除非他认为它们是好诗——批评家最为频繁地投向他的指控是，在《复义》中，他过多地夸耀"可能的替代性反应"（他自己的原话）。[33]这位在批评上相当随意的年轻人有时切中要害，有时也失之甚远：他对作家的目的以及文学和历史的关联等问题关注太少。根据R. G.考克斯（R. G. Cox）对第二版的评论，"他典型的错误是缺乏来自总体关联感的控制，很有趣的是这在他的第一个例子中就已经出现：解释'荒废的歌坛，那里百鸟曾合唱'［莎士比亚，十四行诗第73首］。"[34]燕卜荪在1954年10月20日的BBC广播节目《文学观点》（*Literary Opinion*）中承认：

> 在那些说燕卜荪荒唐的批评家当中，在我看来最强大的观点是，他们说一篇作品的总体效果和作家的总体意图，就是你如何理解一行诗的决定性因素。批评家绝不能选择一行诗，从中得出令人惊讶的无关意义，因为那不是正确阅读诗歌的人所做的事情。是的，我从来没有否认过这一点；并且我一直能够回应说，一共三四次，从来没有忽略任何严肃的抨击，说我一直以来考虑的是整体背景，那就是为什么我认为多余的意义也适合。三个主要的例子是莎士比亚一首十四行诗的一行，乔治·赫伯特的一首诗（《牺牲》）和杰勒德·曼利·霍普金斯的一首诗（《乘风者》）……我知道我犯过错误，但是你不能嘲笑和否定整个方法；它仍然能够成立，即使时尚发生了变化。

他的错误还包括从记忆中错误地引用作品的任性习惯。[35]

F. W.贝特森［F. W. Bateson，在一篇引用马修·阿诺德的题为《当前批评的功用》（'The Function of Criticism at the Present Time'）的文章中，以及在之后的通信中］借用了埃德蒙德·威尔森（Edmund Wilson）针对T. S.艾略特的指控——它"完全是非历史性的"——来批评燕卜荪所表现出的一种"有缺陷的整体感"，即他发明了"现在已是臭名昭著的理由，一共十个"，来将莎士比亚的树枝与荒废的寺院联系起来。"真正的批评失误比这更加深刻，"贝特森声称。"简单地说就是，燕卜荪阐述的那一行诗不是一个单独的句子，甚至不是一个单独的从句。它是一个文字的碎片，严格地说，像那样把它移出它的句法环境，它就变得不可理解。"燕卜荪的回答在那一点上是不能令人信服的，他的最终评论虽然勇敢，但也许有点受伤："这个段落来自我早期的《复义》的开篇，在真正的问题开始之前，它的意图只是为了展示如果植入一些背景它会如何；在莎士比亚时代，寺院废墟一定是一种显著特征，以至于任何当代读者都很容易想到这行诗歌的这个意思——这不是莎士比亚的心灵所特有的问题。我认为，我提供了这个包含一点背景的温和例子不会使人们惊讶得去接吻或去打架。"[36]在其他案例中，他会以一种更加肯定的、更加令人信服的辩护来回应，特别是关于赫伯特的《牺牲》和霍普金斯的《乘风者》。[37]

后来造成最大伤害的指控，总是以《复义七型》所表现的年轻气盛、无所节制为基础，以不同形式给他带来争端，如所谓的"新批评"——约翰·克罗·兰塞姆（John Crowe Ransom）必须为此负责，由于他在《新批评》（*The New Critism*, 1941）中确认了它的渊源及其后来的不同"流派"，包括解构主义，燕卜荪对它们感到愤怒，并不予承认。[38]甚至在1986年，约翰·凯里仍然在《星期日泰晤士报》（*Sunday Times*）中传播一个常见的误述，还有这条关于《复义七型》的随意报道（完全没有考虑燕卜荪的后期立场）：

> 从根本上说，这本书所展示的是如果你足够聪明，你就可以找到前人特别是诗人从来没有想到过的不同意义。因此，你可以无数次地对文学经典传统进行重写。寻找最终意义或"作者"意义的问题已经不复存在——批评家的任务就是将那些吸引公众的意义剥离出来。
>
> 该方法的一个方面是作者不再重要，因为文学不再被视为个性的表现。对燕卜荪来说这是一个优势。[39]

真实情况是燕卜荪对那些他称为"绞尽脑汁的理论批评家"的人感到震惊，[40]因为他们抛弃作者意图，蔑视历史主义：这就是为什么后来他竭尽全力为《复义》中几个关键性的、受到批评家挑战的分析段落补上了"背景"——虽然似乎也很显然，在撰写该书时他不具备足够的历史知识。[41]后来他总是竭力恢复或者重新建构一个关于历史情况和创作意图的能够站得住脚的解释：一部文学作品的局部条件和可能的目的。他于1979年写道：

> 凯里在成为教授［1976年］的就职演讲中宣布了一个严格的政策；不许再作释义，不许再读入意思或明确表述意思，因为所有这些损害文本的

做法都是破坏行为。我自己曾经支持过某些粗陋的东西，我想他能够在我五十年前写的东西里找到更强有力的例子，但是我从来没有故意超越作者的意图，无论这是在他意识之中还是他意识之外。但是在我看来，他所宣布的这套做法实际上与教学不符，更不要说他自己的批评风格；问题已经变成他是否能够像胡迪尼（Houdini）一样消失之后再出现。[42]

三年之后，他真正地感到高兴，因为约翰·凯里实际上"深深地对作者怀有同情之心，知道作者想做什么……这是从他的就职演说向前迈了应该受到欢迎的一步"[43]。

"现代课堂要求孩子们只阅读他们面前的纸页上的文字，"燕卜荪在一封信中写道（约1973年），"决不期待他们具有综合的信息或生活的知识（当然，除了那一大堆老师必须迎合的偏见）：因此当我能够从这个没有空气的地方之外的角度说话时，我感到有点高兴。"[44]如果那些"绞尽脑汁的理论批评家"证实了他不情愿尝试创立一套批评理论，人类生活环境的令人振奋的新鲜空气使他坚信决不能低估作家的智商。他相信，任何作者都会自然地质疑或不同意传统的文化教条，这是不言自明的。"矛盾是一个强大的文学武器，"他在《复义》（第197页）中坚称；并且再次在第二版的前言中这样说："当詹姆斯·史密斯先生［1931年在《标准》中］反对我描述'在作者心中汹涌撞击的冲突'时，我想他非常严肃地过高估计了自己的力量；他在击打批评的根基，而不是我。"[45]击打批评的根基就是否认批评家能够尝试一种有效的解释：这剥夺了他接近诗人心理和诗歌的社会与思想背景的权利。

正如燕卜荪理解的那样，好诗决不会作随便的综合，而是会竭力对付诗人文化中的主张和反主张；它肯定不会用反讽或者悖论来解决这个冲突，这就意味着节省了信仰和思想。根据定义，最好的作者总是保留着他们判断的独立性，超越阿谀奉承。艺术与正统不可调和。"一个社会总是在进步，一个艺术家在社会中的作用相当于时装设计师，"他后来这样说柯尔律治，其灵感来自赫伯特·里德（Herbert Read）在《情感的真正声音》（*The True Voice of Feeling*，1953）中对浪漫主义艺术家的主张的叙述——燕卜荪认为这不是什么新鲜东西，而是创造性心灵的永恒条件。"艺术家的悖论正好与基督教悖论相反；他必须无情地说出他喜欢什么、要什么，并且只有用这样的自私，他才能帮助他人。"[46] 这个悖论符合他从 I. A. 理查兹那里学来的边沁式伦理（Benthamite ethic）。[47] 这种持续关注理性的抵抗弥合了一个显著的差异，即他早期著作的排他性、非判断性兴趣——首先是技术性分析，然后是语言学——与《弥尔顿的上帝》（*Milton's God*，1961）和后期相关著作的伦理主张之间的差异。

休·肯纳（Hugh Kenner）曾经凸显了他称之为《复义》的"流浪汉的冒险热情"[48]；二十多年后（1974年），燕卜荪自己倾向于同意，但是对这句话进行了坚决的补偿性修改：

> 含混这个术语如果暗示了作者很狡猾或者玩花招，那就是一个糟糕的术语——他只需要意识到这个过程，如果他碰到了一个有害的含混，足以使他尝试不同形式的词语。也许我喜欢这个术语，是因为我自己那时正在欢乐地把想象的结果视为鬼把戏。但是我现在认为一个读者很快就会忽视这个有害的暗示，我在严肃的案例分析中肯定不需要它。[49]

毫无疑问，最严肃的两个案例是他对霍普金斯的《乘风者》和赫伯特的《牺牲》的高潮性分析，他坚持认为两位作者都感到是被迫面对，而不是使自己适应基督教教义中令人安慰而阴险狡诈的伪悖论。换句话说，《复义七型》已经在聚集风暴，它将在《弥尔顿的上帝》中爆发。《弥尔顿的上帝》不仅提供了将想象性文学诉诸认知分析的新模式，而且它还——狡猾地和快乐地——用两个分析案例达到高潮，挑战基督教教义和历史。虽然批评界最终理解了燕卜荪的异端邪说，但是当时的评论总体上发现他的分析性诗歌批评方法太让人震惊，以至于没有抓住他的大逆不道。但是这并不是挑剔那些读者的感知能力，他们是对这个新型批评感到畏缩和惊叹的第一批人。在撰写的时候，甚至燕卜荪自己都没有充分意识到他那煽动性洞见更加深刻和持久的意义，特别是因为（正如他后来认为）他们那时还被同样新颖、同样令人欣喜的弗洛伊德的心理分析模式感染并且分心。正如燕卜荪对霍普金斯和赫伯特诗歌的理解，他们在诗歌中凸现了耶稣的召唤和人类思想——道德独立性的反召唤之间的存在冲突感。即使他对《牺牲》的最初分析部分地使用了弗洛伊德的术语，在来年他将坚持认为，他对诗歌中逻辑矛盾的理解仍然是绝对正确的。

读者不应该忽视真正的意义，仅仅因为年轻的作者可能过于沉溺于他解释这一点的方式。赫伯特勇敢地面对了真正的"内心冲突"，而不是一个心理学的特殊问题。"我能够宣布，"他后来在1947年写道，"我的最后一种含混的最后一个例子并不关注神经分裂，而是关注一首完全公众性的神学诗歌。"[50]再后来，在1963年，他在《赫伯特的古怪》（'Herbert's Quaintness'）一文中进行了重新评估：

> 我把《牺牲》作为我书中的最后一个例子，代表最极端的一种含混，是因为它描写的耶稣一方面宽恕了那些折磨他的人，另一方面又将他们罚入地狱去接受永恒的折磨。在我现在看来，我那时的态度属于我所说的"新基督教"。很高兴发现了这么一个堂皇的例子，我在作者后背拍了一巴掌，赶着他向前，使他变得更加可恶……现在更加明白它显示的内容，我渴望着离它而去。[51]

燕卜荪坚称，赫伯特在诗歌中面对的是基督教上帝的命令与人类与生俱来的权利之间的根本性对立：人类实施个人判断的责任。这两个方面从传统上讲是不可调和的，并且这个冲突在那些被迫面对这个命题的诗人中产生，不是因为努力去解决或驱散，而是因为努力去包容不可忍受的张力。"基督教悖论是一个道德的尴尬，这在赫伯特时代流传甚广，"他评论道。"玄学派机智的基本要求，不是其有意识的目的，就是控制住这些疑惑。"[52]

因此，从燕卜荪的一生来看，他对《牺牲》的早期评论是一个基本的文本；这些写于1929—1930年间的评论为他后期带有强烈的宗教盘问的著作播下了种子——特别是《弥尔顿的上帝》。[53]

1941年，约翰·克罗·兰塞姆针对《复义七型》公正地写道："我相信这是有史以来关于阅读的最具有想象力的著作，而燕卜荪也是诗歌所公开获得的最仔细、最足智多谋的读者。"[54]这本书成功地、永远地改变了英语文学批评的模式和功能——评论者和读者时而感到兴奋，时而感到不高兴，但是从此不会再有任何一个批评家仅仅去"欣赏"一首诗，而不作持续的语义分析，然而它所建立的这个示范花了十年左右才被接受为一流的观念、未来的榜样。同时，毁誉参半的评论对于改变他的命运没有起到什么作用：他没有真正的工作，甚至没有可以去探索的职业道路。《复义》的接受是鼓舞人心的，但他仍然需要一个事业；否则，正如他后来坦言伦敦时期（1930—1931）时说，他在布卢姆斯伯里的行为开始有点"歇斯底里"。[55] 除了在个人关系上跌倒，估计他生活费也很紧张。1930年夏天，他开始做家庭教师，正如他告诉理查兹："我正在给一些年轻人补习公务员英语考试；这对我很好，因为我必须带给他们一些需要记住的年代和引文列表；我一直到八月初都会干这个，但我可以作出一些安排，如果在那之前就开始的话。"理查兹希望在中国给他找到一个"开始"，但是随着时间的推移，职位似乎没有找到。因此，在《复义》刚刚面世之时（预见有小规模的销售量），他询问兄长亚瑟（Arthur），如果他依赖于家族留给他的那份微薄收入，这是否可取。

"亲爱的比尔，"他非常实际的兄长回复道，

> 遗嘱没有提到租金分配，除非收到了一定数量的钱，你大概有权获得你的那部分钱，只要领地仍然在运作……
>
> 然而总体来说，家族在经济状况上有点暗淡；毫无疑问它将会好转，但是如果我是你的话，我当然不会放弃任何机会去挣一份诚实的钱……
>
> 你的亚瑟[56]

虽然燕卜荪开始渴望跟随理查兹去中国，但是1931年出现的唯一机会是彼得·昆内尔过早地放弃的一个职位：日本的一个固定年限（三年）的大学职位。带着一些疑虑，他接受了这个工作——但是接受之前还寻求艾略特写信把他推荐给亚瑟·韦利（Arthur Waley）——中文和日文诗歌的翻译家（从来没有到过远东，但是建立了有价值的联系）。他随意地感谢了艾略特的帮助。

> 感谢那封推荐信，结果我不能使用，韦利外出了。我得到了一份东京的工作，更安全，工资更高，但是不大有趣（这似乎没有疑问）：我将在八月去那儿。
>
> 你的真诚的燕卜荪[57]

结果它无与伦比地有趣，最终还很危险。

1. 关于燕卜荪与伊恩·帕森斯通信的这些介绍来自查托与温达斯出版社档案资料，目前存放于里丁大学（Reading University）图书馆。

2. 'John Carey's Books of the Century', *Sunday Times*, 13 June 1999, p. 12.

3. WE, letter to Ian Parsons, received 2 July 1929.

4. Undated letter；理查兹日记（玛德林学院）显示理查兹于12月12日收到此信："今天燕卜荪来信，他的《复义》已经完成六万字。"关于在剑桥大学发生的灾难，理查兹补充道："他没有澄清更多。"

5. Ian Parsons, letter to Christopher Ricks, 24 February 1966.

6. Ian Parsons, letter to WE, 13 April 1930.

7. Ian Parsons, letter to WE, 24 July 1930.

8. 第二版（修订并重排）于1947年2月面世，印数3500册；其中1500册给了纽约的新方向出版社（New Directions），该社从1947到1954年间总共售出了4169册。该书于1949年3月、1953年7月、1956年12月、1963年10月在英国再版。游隼出版社（Peregrine）简装版于1962年和1965年出版。纽约正午出版社（The Noonday Press）出版了"子午线"简装版（Meridian paperback）（提前向燕卜荪和新方向出版社支付稿费合计1000英镑），到1959年10月就售出7000至8000册。

9. Ian Parsons, letter to WE, 7 November 1930.（燕卜荪没有坐等人们对他的书发表评论，而是立即从事新的工作，这些工作成果将被收录到他的第二部著作《田园诗的几种变体》（1935）中：那个秋天，他将提炼出《爱丽丝漫游仙境》的心理暗示。正如伊恩·帕森斯1930年11月7日的书信所示："同时我希望你的《爱丽丝》有所进展。"

10. 根据丽莎·罗顿斯基（Lisa A. Rodensky）在1995年的企鹅版前言中所说，《复义》在1930年获得17篇评论，在1931年获得16篇评论。埃德蒙·布伦登在他的评论中开玩笑说："我想我要讲一个新的秘密现在已经晚了，我通常是如此，燕卜荪已经来了……我甚至不能写一首歌谣来欢迎我们在座的批评家们；但是如果我能的话，我将毫无疑义地包括燕卜荪的名字。"（'The Oracular Poets', *The Nation & Athenaeum*, 22 November 1930, p. 267.）See also Christopher Ricks, 'Seven Types of Ambiguity' (in a series, 'How well have they worn?—8', *The Times*, 24 February 1966).

11. F. R. Leavis, 'Intelligence and Sensibility', *Cambridge Primary Review*, 52/1275, 6 January 1931, 187. 伊恩·帕森斯在一封致燕卜荪的信（1933年2月20日）中承认，利维斯的赞扬对推广燕卜荪的书起了很大作用："《复义》现在已经建立起一定的名声（利维斯夫妇不停地为它宣传，虽然只是在一个小圈子中，如果能够用一些诗歌尽快跟进，将是一个很好的计划。你觉得呢？）"。

12. *Selected Letters of I. A. Richards*, 60 (letter dated 30 November 1930). 根据E. W. F. 汤姆林（E. W. F. Tomlin）提供的未经确认的证据显示，艾略特曾经评论《复义》说："他认为燕卜荪应该从头到尾重写《复义》。"（*T. S. Eliot: A Friendship*, London: Routledge, 1988, 45.）

13. James Smith, 'Books of the Quarter', *The Criterion*, 10/41 (July 1931); reprinted in John Constable (ed.), *Critical Essays on William Empson*, Aldershot: Scolar Press, 1993, 43; 该书在

下文将缩写为"Constable"。"我不记得有任何评论，除了詹姆斯·史密斯那篇，"燕卜荪在三十五年后写道（letter to Christopher Ricks, 31 January 1966）。他如此严肃地对待史密斯的评论，他以至于用了第二版前言中的很大篇幅来回应他。同样，缪里尔·布拉德布鲁克在《威廉·燕卜荪的批评》［见《细查》（Scrutiny），2/3（1933年12月），第254页］中也抱怨燕卜荪的批评缺乏"比较的价值判断。"（Constable, 54.）

14. WE, letter to Christopher Ricks, 31 January 1966 (Christopher Ricks).

15. Undated letter (c. 1973)to Roger Sale (copy in Empson Papers).

16. ［John Middleton Murry］, 'Analytical Criticism', *TLS* 29/1507 (18 December 1930), 1082; reprinted in Constable, 30.

17. T. Earle Welby, 'Time to Make a Stand', *Week-End Review*, 3/43 (3 January 1931), 18.

18. Elder Olson, 'William Empson, Contemporary Criticism and Poetic Diction', *Modern Philology*, 47/4 (May 1950), 227, 233–234. 最近，苏宋鹏（Soon Peng Su）宣称，燕卜荪对含混的定义"不加区分地灵活，毫无约束地宣称任何表达方式都是含混的"；燕卜荪的"弱点在于给予读者毫无约束的自由，将含混投射到任何词汇或文本的任何部分……这将会导致过度解读的危险，没有标准决定词汇的意义可以延伸多远，或者向那个方向延伸。"（*Lexical Ambiguity in Poetry*, London: Longman, 1994, 8.）

19. "我为我在此思考的这种含混主张了什么？"他在第二版前言中写道："是否所有好诗都含混？我认为是的，但是我乐意相信，我开发的这种方法常常与这种展示无关。"（*Seven Types of Ambiguity*, London: Chatto & Windus, 1947, xv.）也许令人吃惊，约翰·米德尔顿·默里在评论中承认，"含混，按照燕卜荪使用该词时的宽泛和宽容的意思，对诗歌来说几乎是必要的。"（p. 29）

20. E. D. Hirsch Jr., *The Aims of Interpretation*, Chicago: University of Chicago Press, 1976, 116, 122.

21. Philip Wheelwright, *The Burning Fountain*, Bloomington: Indiana University Press, 1954, 61.

22. WE, letter to Karunakar Jha, 20 June 1971 (copy in Empson Papers).

23. "这毫无节制……"约翰·米德尔顿·默里在《泰晤士报文学增刊》中写道（1930年12月18日）。"这是一个极其有能力的年轻人的著作，他学会了控制自己的能力，也许没有理由控制这些能力。人们会有这样一种印象，他在诗歌中找到了释放或在诗歌中完全释放了自己，并且诗歌除了给予他机会自由发挥他的能力外没有其他特别的重要性。"（p. 31）

24. WE, 'Explaining Modern Poetry' (1937); *Argufying*, 103.

25. WE, 'Still the Strange Necessity' (1955); *Argufying*, 123.

26. WE, 'The Verbal Analysis' (1950), *Argufying*, 104.

27. René Wellek, *A History of Modern Criticism: 1750–1950: English Criticism, 1900–1950*, London: Jonathan Cape, 1986, 205–206.

28. WE, 'The Verbal Analysis', *Argufying*, 106.参见小赫希颇有道理的主张："对文学的决定性文学评价实际上是同义反复掩盖下的一个幻象，用以评价的理想的文学模式由于不能够推演出真正的文学评价标准变得毫无希望。我这话说得很绝对，因为对批评史中出现的各种评价原则进行分析后显示，这些标准的建立从来就没有成功过，并且从这个事例的性质来看，不可能成功。"（*The Aims of Interpretation*, 114.）

29. Ibid., p. xv.

30. Geoffrey Strickland, 'The Criticism of William Empson', *Mandrake*, 2 (Winter 1954–1955), 322–323.

31. 'Answers to Comments', *Essays in Criticism*, 3/2 (1953), 120.

32. WE, 'I. A. Richards and Practical Criticism' (1931); *Argufying*, 201.

33. *Ambiguity*, x.

34. R. G. Cox, *Scrutiny* (Spring 1948).

35. R. G. Cox, 'Ambiguity Revised', *Scrutiny*, 15 (Spring 1948), 148; Newell F. Ford, 'Empson's and Ransom's Mutilations of Texts', *Philological Quarterly*, 29 (January 1950), 81–84. 在他所有的创造性误引中，受到最多诟病的例子之一是他对艾略特的《不朽的低语》（'Whispers of Immortality'）一诗中句法的多个可能性的讨论，他主张说（《复义》，第79页）非显在的语法结构被标点符号突出来。不幸的是，正如罗伯特·贝尔（Robert Beare）解释道（'Notes on the Text of T. S. Eliot: Variants from Russell Square', *Studies in Bibliography*, 9, 1957, 27–28），那些特殊的含混的可能性仅仅在1920—1932年的艾略特诗歌版本中是存在的——包括燕卜荪使用的版本，即《诗歌1909—1925》（*Poems 1909–1925*, London, 1925）——在这些版本中那几行诗歌的标点符号出现了印刷错误；这些文本错误最后在《诗歌全集》（*Collected Poems 1909–1935*, London, 1936）中被更正。

贝尔关于艾略特诗歌文本的文章发表两年后，弗莱德森·鲍尔斯（Fredson Bowers）在他重要的研究著作《文本与文学批评》（*Textual and Literary Criticism*, Cambridge, 1959）中——它已经成为一部现代经典——显然对燕卜荪的阐释"把戏"充满嘲讽地夸口说："真相是燕卜荪研究了艾略特，编织了关于艾略特文学艺术的精心构架的理论……根据不是来自第三版就是第四版……不是诗人，而是印刷机引入了燕卜荪所美慕的句法含混，并且感到是全诗的关键所在。我非常希望知道，当艾略特读到燕卜荪对该诗和子虚乌有的证据的评论，他会脸红还是会捧腹大笑。"（第31—32页）除了贝尔的文章没有把标点符号错误归咎于印刷机［贝尔仅仅说"该诗在克诺夫出版社（Knopf）的1920年版本基础上中作了全面修订"］，很难明白为什么燕卜荪对该诗歌的解释基于经典诗集《诗歌1909—1925》而仍然被指责为可笑的臆造——这是1929—1930年间英国读者可以得到的唯一版本。

同样在几年之后，罗杰·塞尔在《威廉·燕卜荪的成就》一文中抱怨道，"燕卜荪对《不朽的低语》进行了错误的标点，以便从诗歌中解读出一种读者在正确标点的版本中无法读出的意思"，总体上讲，对他来说，似乎燕卜荪展示出一种"难以置信的、对细节不严谨的倾向"［*Hudson Review*, 19, (Autumn 1966)］。同样，回应塞尔的指责的明显办法是说实际上不是燕卜荪错误地引用了艾略特，而是1920—1932年间出版的艾略特的诗歌版本错误地引用了艾略特；而且"正确"文本的观念本身也是值得怀疑的，正如最新的目录学权威所说。

燕卜荪非常愤怒地拒绝了关于他故意错误引用（目的是支持一个虚假的、具有创造性的观点）这一说法，奋力地回应了塞尔的谣言。［Hudson Review, 20 (Winter 1967–1968)］

我不擅长校对我自己作品，总是发现我想要写的东西，总是想它是否还可以改进；在我的第一本书中我愚蠢地模仿赫兹利特（Hazlitt），从事一件似乎是文明的事情，不时地根据我的记忆征用引文，足以满足当时的目标。合并起来的效果就是对一首诗的奇特的标点符号进行仔细解读，有时候会碰到标点符号是错误的，旁边显然是粗心的引文。我写的那段话几乎就是毫无意义，除非把标点符号弄对了，我尽快地竭力这样做，但是我的对手已经在说我欺骗：他们说我错误地引用是为了使之与我的阐释相匹配，而且他们仍然在这样说。当然我能够明白，在评论一首长诗时，人们可能忍不住会编造一个细节以适应整体的阐释，但是我在这里评论的几乎都是短诗。我渴望着解释它们为何如此的美，当然我并无兴趣进行文本造假：我们常人的脆弱有许多形式，几乎任何其他形式对我都具有更大的诱惑。我针对这个文本所写下的文字并不适用于那个印刷出来的错误版本。多年来，我有时会查阅这些指责背后的事实，这些指责在我看来总像是明显的谎言，都不值得去谴责它们。这已经驱离了我心中对文本研究者肃然起敬的感觉。"〔*Hudson Review*, 20, (Winter 1967–1968)〕

〔德昆西（De Quincey）在一篇关于托马斯·托尔福德（Thomas Noon Talfourd）撰写的查尔斯·兰姆（Charles Lamb）传的书评（1848）中哀叹赫兹利特的"老套的引经据典的习惯，这将读者置于这个人对最学生气的阅读材料的最老套的记忆的支配之中"。（*The Collected Writing of Thomas De Quincey*, vol. v, ed. David Masson, London: A. & C. Black, 1897, 236–237.）

燕卜荪真正而更加不幸的错误的例子出现在第173页，这几乎肯定可以被归咎于他的"赫兹利特习惯"，在这一页上他把以下两行半诗歌的作者说成是卡鲁（Carew）。

> 你耳朵上的那颗珠宝……
> 将永存并成为一颗宝石
> 而你的美丽世界将消失。

事实上，这个段落来自赫里克（Herrick），应该是这样的：

> 当你戴的那颗绿宝石，
> 从你柔软的耳尖掉落，
> 将永存并成为一颗宝石，
> 而你的美丽世界将消失。

36. F. W. Bateson, 'The Function of Criticism at the Present Time', *Essays in Criticism*, 3/1 (January 1953), 8–9; WE's 'Answers to Comments', 114–120; and a final exchange, ' "Bare Ruined Choirs" ', 357–363. 尽管他在莎士比亚议题上尽职尽责地逗弄燕卜荪，贝特森仍然在私下告诉他："所有这一切的令人尴尬之处是我在骨子里知道你是健在的文学批评家中最好的一位（既然艾略特已经不从事文学批评了）。只有在你错的时候，我才必须说，是不是？"（Bateson's letter to Empson, 24 January 1953）；他在1953年4月2日再次寻求机会安慰他说："我很遗憾我们发生了这样的争论，因为——尽管我有诸多保留——但我对你的仰慕真的胜过对其他任何健在的批评家。"（Empson Papers）See also Tom Paulin, 'The Art of Criticism: 2 Ambiguity', *Independent on Sunday*, 15 January 1995, p. 36.

37. 关于赫伯特，燕卜荪的对手是罗斯蒙德·图夫，见Rosemond Tuve, 'On Herbert's "Sacrifice" ' *(Kenyon Review*, 12, Winter 1950), 51–75; *A Reading of George Herbert*, London: Faber & Faber, 1952. By WE: 'George Herbert and Miss Tuve' (1950), *Argufying*, 250–255; 'Herbert's Quaintness' (1963), *Argufying*, 256–259;' Last Words on George Herbert', *SSS* 119–128; also, 'Hopkins's "The Windhover": A Controversy' (1954–1955), *Argufying*, 330–337. 关于乔治·赫伯特争论的明智而审慎的评价，见Philip Hobsbaum, *A Theory of Communication*, Basingstoke: Macmillan Press, 1970, 131–134.

38. 虽然经常被纳入新批评，但燕卜荪从来没有将自己的批评程序视为遵循了与柯林斯·布鲁克斯（Cleanth Brooks）、约翰·克罗·兰瑟姆或者W. K.维姆赛特相同的批评原则。例如，他总是坚持说文学作品完全不是自给自足的——不是一个仅可进行内部分析和为自身分析的审美对象——而是在他看来与历史境况紧密相连，与背景和创作意图紧密相连。

39. John Carey, 'Burnt-Out Case', *Sunday Times*, 30 November 1986, p. 53. 后来，凯里毫不含糊地赞扬《复义》为一本"世纪之书"；赞扬燕卜荪为"无可比拟的敏感而聪颖的读者"。（*Sunday Times*, 13 June 1999, p. 12.）

40. WE, 'Still the Strange Necessity' (1955), *Argufying*, 127.

41. "当我1952年从共产主义中国回到英国时，"燕卜荪在回应罗杰·塞尔的批评时写道，"人们常常告诉我，我显然不懂历史，因此我不得不为在学校学习过的那些观点查阅证据，我每次都发现它们坚如磐石。"〔*Hudson Review*, 20/4, (Winter 1967–1968)〕同样，在致"米勒先生"的信中（1974年11月19日），他说："坚持认为我注重背景，虽然我在出版的批评文字中常常视之为当然，但似乎需要以书面形式对杂志说同一点……"（*Empson Papers*）

42. WE, 'The Love of DeWnition' (1979), *Argufying*, 270. 约翰·凯里在他的就职演说《作为流氓的批评家》（'The Critic as Vandal'）中说，"解释肯定会改变意义，我们视这一点为原则。改变说法就是损毁。"作为他的具体的（精心挑选的）批评例子，以说明解释诗歌必然分离形式与内容，他引用了燕卜荪对乔治·赫伯特《苦恼》（'Affliction'）一诗的分析（见《复义七型》第6章）并评论说："燕卜荪想要阻止读者像他们所想到的那样去理解这行诗歌，因此他将它简化为一种解释，以使他们把这行诗的意思视为那样而感到耻辱，从而更加乐于相信燕卜荪不的太可能的替换品。"（'The Critic as Vandal—1', *New Statesman*, 6 August 1976, p. 178.）燕卜荪作出了富有战斗精神的辩护，包括以下评论：

这首诗概括了赫伯特的生平，说他希望进入统治阶级的职业，这个职业对他是开放的，但是他同时感到上帝正在召唤他从事宗教事业，然而现在，在响应了那个召唤之后，他感到上帝不再需要他了。他大胆地说出了自己以这样的方式被抛弃并筹划着走向其他的生活道路。

呃，我将更换事业，去寻找，

寻找某个其他的主人。

啊，我的上帝，虽然我被遗忘，

让我不要爱你，如果我没有爱你。

显然在最后一个双行体之前有一个停顿，他发现他不能使自己离开。最后一行也许表达了一种完全地自我放弃："我将爱你，无论你怎样对我"，然后"让我不要爱你"，非常奇怪，不得不成为一种诅咒——他招致了可以想象的最严厉的惩罚。"惩罚我，如果我不坚守牧师职责。"〔凯里〕指责我为低水平读者写作，但是它的确显示了这个版本的奇怪的逻辑或句法。另一个版本会更自然地连接前边那些诗行，发出一个实际的呼吁："不要呼唤我，如果我没有真正的职业。不要让我在欲望上爱你，如果我不能实际上爱你。"两种意思没有冲突，他不知道他能够说哪一种，但是如果他的本意是两种意思，那么就有理由给予最后一行诗那种特殊的形式，一个悖论或者谜团。很有可能我的替换意思说得很蹩脚，但是那只是一件小事。关于主要观点，如果有人说我说这话是欺骗，那么我认为他几乎就是神经。（*New Statement*, 13 August 1976, p. 208.）

See also '"There Is No Penance Due to Ignorance"' (a review of *John Donne: Life, Mind and Art*, by John Carey), *New York Review of Books*, 28/19 (3 December 1981), 42–50.

43. WE, 'The Love of DeWnition', *Argufying*, 270–271.他发现凯里在*Approaches to Marvell: The York Tercentenary Lectures* 一书中的文章"非常好"（p. 269）。

44. Letter to Roger Sale, n.d. (copy in Empson Papers).

45. 《复义》第xiii页引用了 Smith, 'Books of the Quarter'（Constable, 44）。爱德华·M.威尔森（Edward M. Wilson）后来在詹姆士·史密斯回忆录中说："应威廉·燕卜荪的请求，我给史密斯寄去了《复义七型》第二版前言的初稿，作者在文中回应了1931年《标准》杂志刊登的书评所提出的批评。史密斯读了，但没有说什么。"['James Smith (1904–1972)', in James Smith, *Shakespearean and Other Essays*, Cambridge: Cambridge University Press, 1974, 345.]

46. WE, '"The Ancient Mariner"'（1964），*Argufying*, 317.

47. WE, 'The Verbal Analysis', *Argufying* 105："这里出现的另一个问题是这样一个想法，即诗歌越是复杂，越是不容易解释就越好；这是一个常见的幻象，被表达出来时总是让我吃惊。然而，我认为它非常接近我的立场；不管怎样，它能够对接理查兹的价值理论，满足更多的冲动，而不是更少，并对接艾略特寻找表达现代生活复杂性的诗歌语言的努力。"

48. Hugh Kenner, 'Alice in Empsonland', *Hudson Review*, 1 (Spring 1952), 138.

49. Letter to 'Mr Miller', 19 November 1974 (Empson Papers).

50. *Ambiguity*, p. viii.

51. WE, 'Herbert's Quaintness', *Argufying*, 257.

52. Ibid., 258.

53. 在后来的一本无日期（1960）的笔记本中，燕卜荪回想道："［格雷厄姆］·霍夫说反对基督教的后果是我再不能够欣赏英国文学，这对我的职业能力是一个打击。我不认为是这样，但是对于赫伯特的《牺牲》一诗来说可能就是这样。我现在感到他［赫伯特］是一头蠢驴，如果他没有意识到这首诗里的含混的话，至少也是变态。他不应该容忍这样令人恶心的理论——在这个程度上我赞同三十多年前反对我的人们。从手稿中是否可以找到证据，说明他在后来的版本中增加了含混？但是那又有什么用处？"（Empson Papers）

54. John Crowe Ransom, *The New Criticism*, Norfolk, Conn.: New Directions, 1941, 102.

55. WE, letter to Sylvia Townsend Warner, 4 June 1932 (Reading)."我将在这里再呆两年，如果我能的话。当然，情况使人麻木，但是我并不像在布卢姆斯伯里那样歇斯底里。"

56. Arthur Empson, letter to WE, 18 November 1930 (Empson Papers).

57. WE, undated letter to T. S. Eliot (courtesy of Faber & Faber Ltd.).

第十一章

东京磨难

在东京的第一晚，燕卜荪就引起了一场小麻烦，此事可能影响了他和东道主的关系。住进离皇宫（Imperial Palace）不远的车站酒店（Station Hotel）之后，他勇敢地出门寻访食物、酒饮和香烟。回来时，天太晚了，酒店已经锁门。而他却早已醉醺醺的，想要从一楼的窗户挤进去，但是那扇窗户偏偏只通往酒店旁边的红砖车站。据报告说："两个在东京车站职员室值班的警卫给出现在窗户上的两条大腿惊醒了。他们立刻想到是个贼想要进入大楼。于是他们就抓住这个陌生闯入者的腿，把他拖下来。他恰巧落在一个水桶里，而桶里为了防备火灾或地震是一直装满了水的。"最后直到酒店登记处确认了来客的姓名才算搞清楚。

不幸的是，燕卜荪醉酒胡为的事在第二天（1931年9月1日）被作为一条滑稽传闻上了一家报纸《朝日》（Asahi），标题如下："抓住才知，原非窃贼，实为大学教授！"[1] 他从一开始就乱了阵脚，虽然这场骚乱对他或对任何人来说都是一样地让人心烦，他却不能再给自己抹黑了。一般说来，燕卜荪对于良好或得体的举止向来不在行，也没人就东京的职业行为习惯给过他足够的讲解。

他在东京文理大学（Tokyo University of Literature and Science）—— 一所新建的致力于教师培训的政府机构——自1931年8月29日始担任英语语言文学教授。他这份任期三年的合约，将因为一件更为严重的事件而结束。

对于一个把英国文学的信息带给日本青年的年轻教师（不到二十五岁），这不是一个好时期。日本将走上与西方抗衡的道路，而他的学生们也将被那场凶猛的民族主义浪潮所席卷，这也标志着所谓"十五年战争"（Fifteen Years' War）时期的开始——实际上也是第二次世界大战的开始——这一切都发生在他刚刚到达东京的一个月内。六年之后，1937年8月，他将在北京现身，其时正值日军对中国发动全面进攻。不过，在东京时他就听说了"奉天事变"①（Mukden Incident），即在9月18

日，日本远驻中国北部的军事力量关东军军官将他们征服满洲，从而阻止可觉察的来自苏维埃俄国、中国以及西方帝国主义的威胁的计划付诸实施。（"似乎没什么可怀疑的，"燕卜荪写信给母亲，滑稽地宽慰家人们说："日本人并不想住在满洲，那里很冷，而且满地都是中国人。"[2]）在东京，一个月以前，首相、民政党主席滨口雄幸（Hamaguchi Osachi）因其在1930年所受枪伤未愈辞世。此前，他将自己执掌的无用的政府移交给若槻礼次郎（Wakatsuki Reijiro），此人所组内阁在该年年底也以辞职告终。他的继任者、政友会党魁犬养毅（Inukai Tsuyoshi）内阁多存活不到五个月，此人在1932年的"五一五事变"（15 May Incident）中遇刺——在他原定接待查理·卓别林的当天（而卓别林则跑去看了一场相扑巡回赛）。前财政部长井上准之助（Inouye Junnosuke）和实业家、三井控股公司总裁团琢磨男爵——二人同为自由派——也被谋杀；3月1日，名义上所谓独立的"满洲国"建立，可怜的前清朝皇帝溥仪被设为傀儡首席执政。在经济问题和外交政策危机的夹击下，两个保守政党都无法复兴这个国家。于是，文职与武职官员掌握政权，并立即加大军事开支和战备生产，重整经济。军国主义打败了议会内阁制政府。[3]

理查德·斯托里（Richard Storry）写道："'五一五事变'对于现代中国民族主义有着重大意义，其重要性仅次于八个月前的'九一八事变'。1932年5月15日之后，作为官员生活因素之一的自由派思想变得后续乏力。从控制满洲开始的海外扩张道路已经无法挽回，那也是一条在国内逐步升级的独裁统治之路。"[4]

像所有不怎么懂得日本文化与情感的外国人一样，燕卜荪感觉与这个国家很难达成一致，特别是在该国日益控制严格的情况下。彼得·昆内尔——曾于1930至1931年间担任燕卜荪将按合约担任的同一职位——记录说："每个在政府学校或大学任教的讲师都认为他们首先是官员，要想成功，必须抱持官方观点。在政治上和社交上都必须毫无过失……"[5]同事们严肃的关注削弱了这位英国人的士气，于是，一年后能够回国，让他松了一口气。然而，回到伦敦一年以后，也正是燕卜荪出发去东京一年之后，昆内尔把他可怜的公务之行转化成一本优雅而又绝对坦诚的书，并在1932年以《从东京到北京的一场肤浅旅行》（*A Superficial Journey through Tokyo and Peking*）为题出版。燕卜荪认为这是"一本好书……只不过他本不应该写的"[6]。

"我曾把日本人想象成机智的、异常敏锐的民族，他们生来拥有所有的表面天赋，"昆内尔写道。"初次见面，却证明恰恰相反。犹疑、缄默、时时紧张，他们好像是一群处在青春期的人，交替着独断与轻蔑，常会突然崩溃又奇怪地恢复，突然迸发无礼之举，又会长久地自觉窘迫，太过热切，太过审慎，太过客气。"[7]

事先，燕卜荪也曾受到诸如此类的警告，在给I. A. 理查兹的首批信件中，他曾经明显地赞同上述观点，语气在喧闹的讽刺、犹豫以及为自己的自怨自艾而羞耻之间摇摆：

> 别人告诉我你在上一封信中所说的关于精神状况十分痛苦的事；其实，在离开伦敦之前，我听昆内尔说到这个话题。的确，日本人是群让人不舒服的虚伪的人，他们并不会欣赏任何眼前的东西：那些像消化不良的猎犬似的，用水汪汪的受迫害者的眼睛看着你的皈依的基督徒（在讲堂上最令人尴尬的事）好像还有些情感生活；其他的好像都奇怪地长着龅牙、毫无血色，像虱子般地坚守着他们那种随时听命皇帝召唤的生活状态。在文理大学有一位教师，好像很喜欢自己读的东西：我认为他们是一个好民族，只是最近的历史使他们变得很可怕。
>
> 我曾经傻傻地谈了蒲柏（Pope）和多恩（他们都忍受了很久，因为他们被告知那是最新的时尚）和其他类似的东西；目前为止，少有任何联系。反正，日本教师不记得学生的名字；人人警告我，不管我做什么，不要邀请学生吃午餐。那肯定是胡说；不过，我现在是愿意恭听各种意见的。（一个教师郑重地警告我不要买自行车，说那是为我的尊严考虑。不过，这事我可没有听他的。）反正，我从没和教师们争执过。
>
> 至于昆内尔说他们很愚昧，其实剑桥的英文系也不是多么了不起。如果有人能够让他们不要总像蚂蚁似的，那倒是不错；然而很难相信他们能够真的喜欢任何文学。
>
> 不过真的，当人们担心我的承受能力，给我这些善意的警告时，我并不觉得我是那么脆弱。真的，有一大笔酬劳和一个好厨子，每周只需工作八小时，一个年轻人应当没有什么好抱怨的……[8]

比紧张的人际关系更让他担心的是东京的绝对喧闹；这是人口密集的城市中他永远无法习惯的一个特点。下榻在皇宫不远处一个舒服公寓后不久，他与奥斯汀·威廉·梅德利（Austin William Medley）［东京外语学校（Tokyo School of Foreign Languages）一位深受欢迎的老式英语语言教授奥斯汀·比勒尔（Austin Birrell）的外甥］住了几周。他把此人称作"老前辈"。后来他又租下了一栋日式房子，位于中央区5丁目富士见町23号（23 Fujimicho，5-chome，Kojimachi-ku，"一栋漂亮的小房子，非常隐蔽，在那儿我在叫作榻榻米的垫子上滚来滚去"[9]），距离英国大使馆和靖国神社（Yasukuni Jinja Shrine）不远，离大学骑车只有一英里的距离。房租是由大学出的。按惯例要雇佣一个厨子兼管家，对他来说这与其说是一种奢侈倒不如说是必须，因为他掌握的那点日语还不够独立购物的水平。"当我要学两句日语的时候，我被这种语言的幼稚吓了一跳。"他后来写道；于是他很快就放弃了这种努力。[10]而说到书面文字，那更是痴心妄想："一个想要学习欧洲字母的日本人告诉我，汉字是中国带给他的国家最大的诅咒。也许是这么回事，不过在汉字传到日本（大概在公元800年）之前，他们根本没有任何书写文字。我得说，如果他们真的那么讨厌中国以至要把汉字丢弃的话，那对他们确有很大好处。他们移动时都很雄壮，但是站定的时候却有种个个长相近似，令人无法分辨的感觉。"[11]不过讨厌的噪音却比其他任何事物都让他头疼。"彼得［·昆内尔］抱怨了日本种种事情，唯一漏掉的就是噪音：这是我目前无法克服的一件事。"他哀叹道。[12]对他母亲，他也哀叹说："他们正在我的房子旁边建一座警察医院，太吵了；倒是并不比隔壁的无线电或者我的厨子更吵，但还是非常吵……日本人好像对于噪音没有什么感觉，如果是没意思的东西，他们就不去听。"[13]昆内尔说："日本人的舌头就像日本人的木屐一样单调地吧嗒作响；他们的语言充满了滑动的辅音。"[14]对他的继任者饱受煎熬的耳朵来说，婴儿的哭泣之声几乎与日本语言令人恐惧的声响没有多大区别。燕卜荪甚至在他的住所之外另租了一个工作间，开始是一栋公寓里面的一个房间，后来是一间接一间的"讨厌的"旅馆客房，但是那里也找不到马韦尔所说的"美丽的安静"[15]。毫无疑问，在东京的第一年给他带来很多压力，包括令他情绪烦乱焦躁的一次（他所谓的）"神经质的恐慌"；他在五年之后（1937年）回忆说，"在日本有一段时间，我有两所房子，在不同旅馆有三个房间，我把时间都花在从一个地方到另一个地方寻找某个能够远离恐惧的时刻上了，那时我的双手抖动得连筷子都拿不住。"[16]

一年之后，当他的耳朵和神经遭受了彻底的打击，当东京"汗水淋漓、甲虫横行"之时，他迁到三幸町白金台519号（519 Shirokane Sankocho），位于高轮（Takanawa，一个高级郊外住宅区）海军上将财部公馆的一所可爱而"贵得荒唐"的两层欧式房子，那里比他先前的住所更加适合他。[17] 福原林太郎（Fukuhara Rintaro）——此人毕业于东京高等师范学校（Tokyo Higher Normal School），后又曾赴伦敦大学（London University）学习[18]，以后还会成为燕卜荪在文理大学最亲密的同事——回忆说："一栋主房屋面朝一个静静的池塘，周围是无数的梅树和花园；还有两三所房屋并排矗立在水岸边。燕卜荪先生住在这样一所别墅风格的房子内。"[19] 地下室住着他的管家——"厨艺特别好"——燕卜荪开玩笑说，此人看起来很古老，好像自打荷兰人移民于此时她就扎根在这里了。一层有两间屋子：一间是起居室，"摆有青铜雕像、书柜和留声机等物"，另一间是个斯巴达式的卧室，有床架和橱柜，"墙上挂着燕卜荪母亲的肖像照片"。楼上，仍据福原说，"看上去就像书柜、打字机、床、桌子、浴盆等等构成的一片混沌世界。"燕卜荪显然在这片混乱中如鱼得水；好像如果有可能的话，他希望任下面那一层的房间自己料理自己，而他自己则在楼上的起居室兼卧室享受这快乐而混乱的生活。然而，在迁居不久后写的一封半带愠怒的信中，他说，虽然并非对于日本的方方面面均怀恶意，但却永远无法摆脱无处不在的噪音滋扰所带来的不利因素。

> 每个人都能在日本找到些可兹抱怨的东西，这实在遗憾，因为日本人讨厌不被人喜爱（并非仅仅因为情况不同，在那方面，他们的确是刻意地"精致"；你记得那位源氏的朝臣，他有着打节拍的天赋——在用一个附在棍子上的拍子来打扫尘土时，也有同样集中的风格之感，——啪嗒、啪嗒、啪嗒，噼啪、噼啪、噼啪——慢慢地、不太有效地，有一种带些幼稚的魅力，可这种东西很容易变得令人反感），但是我想最让人们头疼的是噪音；中午时分，街上卖豆腐的小扁哨一吹，立时让你停下你手上做的任何事，然后他们就大声嚷叫，那更像是佛教僧人的声音，而不是别的。我刚刚搬到一栋欧式房子里，希望逃离那声音，我很恼火——实际上是绝望——因为我发现这里和以前一样糟糕。但是我基本上听不到日本婴儿和厨子以及日式房子中滑动隔扇的尖叫声了，那些噪音曾经阻止了我所有的精神生活。

"卖豆腐小贩的哨子是我听到过的最为伤感的声音，"他告诉一个学生说。[21] 除了讨厌的噪音邻居外，东京并没有提供别的。然而有关这个新住处的真正重大问题，是它远离市中心，位于城市的西南面，靠近目黑车站（Meguro Station），在与大学对角五六英里的地方。燕卜荪的对策是搞到一辆摩托车，这辆车为他效力达两年之久。[22] 东京当时绝不像今天这样整日地交通堵塞，不过在高峰期，像20年代中期曾在日本讲学的G. C. 艾伦（G. C. Allen）教授回忆说的："可以看到乘客们像苍蝇一样附着在电车外面"[23]；并且他的脚踏车在学校周围的某个地方被人偷走了[24]。不过，他曾经因为无视交通信号而被警察严厉警告过，[25]另一次，他在一场小事故中鼻子受了轻伤，还有一次，他丢掉了一些自己本以为牢牢地放在身后的笔记本。[26]听到他的摩托车嘟嘟地开进大学校园时，他的学生会大声鼓掌。[27]"有时候会看到一个他喜欢的学生和诗人一起坐在车上，"一位学生回忆说，"我们多么崇拜那个坐在摩托上的诗人英雄啊，我们多么羡慕那个学生，他能有荣耀伴着那诗人在车上！"[28]

虽然曾经有人警告燕卜荪，不要与学生过从太密，他却急切地在校外要与学生们在一起，而且很快成了一位广受欢迎的角色。他来东京时不过带了那件他讲课时穿的暖和西装——据一位在场者说，他的手提箱里只放了一个柠檬和一双鞋[29]——而且一直在出大汗。在他9月14日的第一次课后，学生们邀请他去芝公园（Shiba Park）游泳，于是他乐意地同意了。是，他会游泳，他爽快地告诉他们，但是他没有游泳裤；所以学生们按照日本传统装束那样用块红布给他系在腰胯处了事。

不过，实际上他除了狗刨几乎不会什么别的姿势，他的学生们倒是在他周围转着圈地游得很欢。他不想被比下去，于是就炫耀他的大腿肌肉，声称西方人有比细皮嫩肉的日本人更结实的肌肉。但是当游泳最好的堀井清（Horii Kiyoshi）走到跳水台上去展示技术时，燕卜荪跳起来，把他推进水里，他甚至还把堀井的眼镜打落到水中。"我干了多傻的事啊！"燕卜荪喊道；那大概是唯一一次他向一个日本学生道歉，学生当中的一个后来写道。[30]这件事并不仅仅显示出燕卜荪被一股种族竞争的情绪所影响，他一定也感觉对这些几乎跟他是同一代，却身手敏捷的年轻人很嫉妒。虽然他当时并不成熟，与人疏离、求胜心切，但他还是竭尽全力与他那些奇怪的看不透的学生们搞好关系："他们好像一群模糊的褪色的群像，必须摩擦才能让那些独立的形象显现出来"，就像昆内尔说的；并且他们穿着制服，那更帮他们模糊了所有的个性。他们看上去像 "一群年轻的电车司机"，昆内尔说；然而他们其实远不止如此："他们的上衣和铜纽扣使他们给人一种谦恭的幼稚的感觉，但是除了少数人之外，他们大都已婚，而且有很多已经成了几个孩子的尽责的父亲。"[31]不过，燕卜荪仍然尽力把他们当作小兄弟看待，经常与他们一起泡咖啡馆或是去电影院。虽然有着猫头鹰一般的长相，他却很强健，而且任何人若是想打网球他都乐意奉陪——"不知疲倦地打网球，我记得是这样，"福原说，"就像他分析阅读英文似的。"[32]不过，对于日本人对棒球的狂热，他却很不以为然，他认为这东西"对于迅速精准动作与紧张兴奋的兴趣"使它显得实在太美国味了。[33]

他的大部分教学工作在东京文理大学进行，那是附属于小石川（Koishikawa）地区的高等师范学校的一个黑乎乎的地方，不过每周一次他也会到更有名望的东京帝国大学（Tokyo Imperial University），该大学位于皇宫附近的一座小山顶上，有一排乔治亚式的楼房。文理大学的英语系小而舒适，只有三位教授和两个助教；主任是石川林四郎（Ishikawa Rinshiro）教授（有关此人，彼得·昆内尔写道："他庄严的自由发展政策非常彻底，不像刻意而为；不过，另一方面，我对他私下性格的观察似乎显示他是个简单友善的人。"[34]）；神保嘉久（Jimbo Kaku）是位语言学教授。在更加豪华的帝大，英语员工的主任是市川三喜（Ichikawa Sanki，生于1886年）教授，此人是一位严峻的语言学者，埃德蒙·布伦登在1925—1926年间曾与此人共事，认为他是个严肃得让人沮丧的人。[35]燕卜荪是由市川亲自任命在东京帝国大学做兼职讲席的，并在伦敦接受过此人面试，但是通常没多少必要与他打什么交道，而只在很远处对他表示一下景仰。

燕卜荪最喜欢教的是伊丽莎白时期戏剧和17世纪诗歌；也讲授英国文学简史课程，包括小说家选读，比如伍尔夫和劳伦斯，以及一些现代诗歌——使用，比如，1932年新出版的选集《新签名》（迈克尔·罗伯茨编辑）。[36]1938年赴日本讲授英国文学的约翰·莫里斯（John Morris）发现，"T. S. 艾略特在日本人心目中与我的前任威廉·燕卜荪有着扯不断的联系，因为正是后者将前者的作品介绍给他们的。"在为一本日本版的艾略特《文选》（Selected Essays，1933）所写的介绍中，燕卜荪着重指出佛教在道德教化方面比基督教早了有多久。除了诸如此类的很多论断外，他还指出艾略特"强调社会与传统，而贬抑个人，这（对于远东的人们来说）是佛教的而非基督教的论点"。他说：艾略特的"根本观点是，人可以设法摆脱机械性的无价值，只不过艾略特先生选择将它用基督教语言来表达……但是此观点当然是在佛教有关因果报应的遁世观念中固有的。" 他想使艾略特的基督教传统思想能够为日本人接受，并且展示出同样的崇高理想也早已在佛教中存在。他具有挑战性的结论是："要么艾略特先生对于基督教传统的支持是想说，真理是有国界或有种族的，或是偶然的，要么是正统不可能将自身限制在基督教传统之内。"[37]另外，燕卜荪在他的课上还讲到了很多他日后收入《田园诗的几种变体》（1935）中的观点——那些专一于自我约束的学生不仅有幸听到有关《失乐园》、马韦尔的《花园》（'The Garden'）和卡罗尔的《爱丽丝漫游仙境》等的讲座，其至还有某些大约二十年后会在《复杂词的结构》（*The Structure of Complex Words*）中最终定型的散文：比如，他在1932年就作了有关"诚实"（honest）和"理性"（sense）这两个词在莎士比亚作品中的使用的讲座。（"在莎士比亚的作品中有对于感官享受的巨大恐惧，特别是在那些伟大的悲剧中，"他忧郁地告诉一个他最好的学生。[38]）

然而，他很快意识到日本人无法听懂口语。其至像小川一雄（Ogawa Kazuo）这样的学生，也觉得理解一堂英文讲座"异常困难"。而此人1932年4月进入帝国大学，且已上了两年多燕卜荪的课，后来成为一位出色的评论家。

问题不仅仅出在燕卜荪行云流水似的语速上；拉夫卡迪奥·赫恩（Lafcadio Hearn）当初是缓慢念诵每一个讲座，包括标点符号的，而昆内尔也不无遗憾地照做："学生可能听不懂你在说什么，但他会记下来……而且感觉自己颇有所得。一页笔记美妙而确切；那是知识。对于书面文字的神秘崇敬使它获得了一种独立于其意义之外的价值。"[39]作为这个由来已久的做法的一个变体，燕卜荪则把他讲座中的重要内容写在黑板上作为补充，刚刚写完就马上擦掉，一遍一遍重复，直到他的头上和肩上盖了一层粉笔末。他直率地在下面这封信中表达出来的对学生们的讽刺性蔑视，与其说是真实感受到的倒不如说是为收信人——总爱冷嘲热讽的约翰·海沃德（John Hayward）特意调味过的："说到教学，我很喜欢在公共场合自言自语。关键是，你要看黑板或任何其他地方，但不要看那一群青蛙。他们可以读你写在黑板上的东西，但是不懂你说的是什么。如果你有规律地在黑板上写字，而且保持一个说话的声音，而不必等着什么智慧的信号或是开个玩笑，这一个小时就会顺利地度过。"[40]事实上，1934年2月，他在一篇文章中就这个程序发布了一份可信的辩解书，此文首先以日语发表："英语讲师，如果懒得学日语，应当把他认为值得注意的所有的话都写在黑板上，同时保持讲话，部分为了给自己解闷，部分为了给他的学生们做听力练习；而学生们如果在讲话后用纸和笔来问问题，或者在茶会上要纸和笔，也不必显出尴尬。"[41]不过，一年以前，他却写信给 I. A. 理查兹模棱两可地说：

> 我不能抱怨这里的无聊，因为我来这里，就是想要给自己上一堂真正的无聊课：我的神经比我离开布卢姆斯伯里时好多了。一年来对着空气讲些聪明话——浪费"才华"——已经把我头脑里一大堆的胡话都洗净了。这种事再坚持上两年是否会成为纯粹的自我毁灭就是另一码事了。（你可能想，这话听起来对于学生们太过分了，但是的确他们真的最喜欢这样的做法：他们从你的语气里揣摩意思，像狗一样。——只要之后你在黑板上写下些句子就行了。）[42]

实际上，就像石川林四郎教授说的，燕卜荪"讲课非常认真"，而且"对学生们很和蔼"[43]——不过有可能，他的一些课太过阳春白雪。特别是，他会长篇大论地讲解多恩和马韦尔，从不吝惜细节，而似乎无意覆盖整个英语诗歌领域。

比如，小川一雄回忆说，燕卜荪从没有谈过丁尼生或勃朗宁（Browning）；在讨论完华兹华斯的《露西》组诗（'Lucy Poems'）后，有人曾听他咕哝说："自那以后，他就只写些坏坏的诗。"[44]

"公众意见控制了大众，没有学生希望与众不同。"彼得·昆内尔遗憾地说；"一致性，而不是个性，是他们的目标，一个学生，在别人面前和你说话的时候，非常小心，只是说些大众化的看法……我曾经花费数小时试图从我的日本朋友那里挤出一些真实的、有趣的个人意见。"[45]当燕卜荪拿起粉笔的时候，在那方面并没有什么改变；实际上，这个问题被学生体内涌动的强大的极端民族主义情绪严重地复杂化了。学生们严格地压抑个人观点，以防自己被认为政治上有嫌疑。一个这种自我压制的例子在不久便出现了，结果是燕卜荪不得不讲述这个悲伤的故事："我正在与某个班读《达洛威夫人》（Mrs Dalloway），最后让他们写一篇文章，关于'她在多大程度上是讽刺性的？'他们走过来，说他们不想写那方面的内容，因为那可能与政治相关。他们似乎被监视得太厉害了，以至于想从他们那里挤出些想法就是完全白费力气；于是我就只在约定的时间里随便唠叨叨罢了。"[46]

因为他自己也不清楚《达洛威夫人》是否是一本讽刺性的政治小说，但几乎可以肯定的是，学生们害怕这本书可能的含义而不愿研究这个问题，反而促使他自己写了一篇相关论文。于是，在1932年12月，他在《升起的一代》（*Eigo Seinen, The Rising Generation*）上发表了一篇论文，此文后来又在1933年4月以一个更有煽动性的题目《作为政治讽刺的达洛威夫人》（*Mrs Dalloway as* a Political Satire）再版，因为他发现这本小说不仅联系到政治良知的观点，并且代表了田园诗的一种版本。"将复杂融入简单"的技巧是接受或者宣传"贫与富之间一个合理或美好关系"的手段，在《田园诗的几种变体》中他如此说道，[47]在假设这样一种和谐，在传达社会一体的观念上，田园诗传统与复义一样是在"冲突的背景之下"运行的。迪莉斯·鲍威尔（Dilys Powell）在评论燕卜荪的一本书时，正确地指出："田园诗，如［燕卜荪］所理解的，在保持着，比如，农民与贵族的同情平衡的同时，能够通过它的超然，来达到既批评又颂扬的目的。"[48]这种情况下，田园诗传统可以作为一种批判，一种怀疑方式，一种独立判断，甚至是颠覆，同时又平衡了社会内部的矛盾。社会要求田园诗主角同时既代表那种表达异见的冲动，又将其从社会本身清洗出去。

既是局内人又是局外人，他是必须的和受欢迎的替罪羊，悖论一般地，他又成为"统一性社会力量"的确切代表。于是在他那篇关于《达洛威夫人》的灵巧文章中，他写道，受战后疲劳症困扰的塞普蒂默斯·沃伦·史密斯（Septimus Warren Smith）——"基督和替罪羊"——的作用就是面对脆弱而又勇敢的女主角，既批判又歌颂她。有一段需要在此引用，因为它在两句令人晕眩且节奏铿锵酸楚的句子中展示出真挚感人的田园诗时刻，如燕卜荪在《田园诗的几种变体》中说的，它在田园的"技巧"下集中了所有情感的、社会的、玄学的和存在的含义：

> 最后，在她的宴会成功之时，那是她对于自己部落同样秩序的一种坚持，她听到那个认为自己是基督和替罪羊的人自杀的消息，她感觉到自己认为本该也那样做的想法是她的真诚的某种证明；她的感觉超出了她本来的装腔作势，因为她能够理解他，在这一刻，他对于她，变得就像他的疯

狂使他认为自己对于每个人的意义一样，他是个牺牲的英雄，他的悲剧让她与这个世界达成和解。这件事使达洛威夫人显得更加真实，也有了更加扎实的根基，因为她不再那么依赖于庇护，也展示出达洛威夫人要到达理解需要跨越的那道鸿沟，展示出这份力量的无用，即使对于她自己，以及它的尊严，展示出史密斯那份有关自己是一个被放逐者的信仰的虚假与真实，展示出最遥远的人类关系的亲密，以及那份最深远的人类信仰融化作一种闪烁的、随意的光明，在她的心中稍纵即逝。[49]

这样的思考显示出一种道德洞察的罕见深度，也真正理解了悲剧的浪费。

而说到它独特的政治寓意，燕卜荪指出，这部小说，"像很多战后的好作品一样，对于冲突作出了空白声明，［伍尔夫］表明她可以感受到双方，知道怎样爱和如何恨她的贵族们。"一方面，弗吉尼亚·伍尔夫展现出"先进的政治思想"或者激进的讽刺；另一方面，她似乎又宠爱统治阶级，即使他们很让她光火。[50]燕卜荪说，比起采取压抑想象同情力的、生硬的左派或右派观点，能够以这样平衡的评判力来写作是个更好的成就。

这对那些被"从上面来的法西斯主义"控制的学生来说是一堂勇敢的课。十年之后当他为BBC写政治宣传时，他同时带着伤感与轻蔑回忆此事。在珍珠港被袭一周后的一次广播中，他引用学生在《达洛威夫人》的政治讽刺面前表现的集体退缩这件事，作为道德和知识暴政的一个可怕例子。"所有那些男孩子们，你们知道，都在严密的监视之下，以防他们有任何左派政治观点的迹象，一旦被怀疑有'危险思想'，他们就再也不能找到工作，更不用说在警察局里他们会出什么事了。我想这种对于学生的普遍约束与监管是他们最值得注意的事。当然，如果一个正在成长的心灵被那样紧地捆住，没有什么真正的教育是可以进行的。"[51]他没有责备学生，因为他们只是被迫地成为一个压抑性的国家机器的受害者。然而，教师们则有责任展示出勇气，也有责任找到一条出路，来战胜一个要在教育自由之上强加限制的机器。1953年，在谢菲尔德大学的首场讲座中，他将强调这一点："当然，在这样的情况下，老师没有责任鼓动学生去找麻烦，但是另一方面，他又必须坚持指出环绕和滋养了他致力于教授的文学作品的真实意见。"[52]

1932年1月，他来东京讲课刚刚四个月，在上海的战事让集权军事帝国主义思潮的含义在他的课堂上清楚地展露出来。被派遣"保护"中国闸北区的日本海军陆战队遇到来自蔡廷锴领导的19路军意想不到的水平的抵抗，此人宣称他的三万五广东兵要"和日军血战到最后一兵一卒，哪怕士兵们的血把黄浦江染红"。日本海军登陆部队被驱赶到日本驻扎地路障之后。于是，海军上将塩沢（Shiozawa）对中国士兵和义勇军狂轰滥炸，却起不到什么作用。日方无计可施，只得调动更多军队应战，最后，经过多天毫无结果的战斗，他们动用了一个大约七万人的部队来对抗中方仅剩的两万人。中方部队最终被击败，但却在战事开始后坚持了好几个星期；而日本方面，他们必须依靠陆军的增援来解救被困的帝国海军。这场胜利，日本并没有赢得任何东西，而中国却在可耻的日军面前赢得了荣誉：敌众我寡、武器落后，中国却在最终被打败之前显示出英雄本色。

在战事进行中，文理大学燕卜荪授课的班级中有一些学生应征入伍，且有一人在上海战死，所以学生们狂热的爱国主义情绪被极大地煽动起来。燕卜荪惊讶地看到战争怎样改变了他的学生们的思想。凑巧，他当时正与学生们谈论有关A. E. 豪斯曼（A. E. Housman）的诗，却看到他们把这些诗当作是直接的政治信息。

"我希望人们能够懂得他们……为了光荣而死的孩子们永远不会变老"，这样的诗句被理解成某种福音书。"我们在一个班上读豪斯曼，我认为这会适合他们（当然，自杀是一种国民运动），"他用黑色幽默向他的国人汇报，"但是我却读到一堆无聊的论文，说豪斯曼肯定是位好诗人，因为他让他们想要自杀，特别是死在上海，这真是让人难堪……我不知道这是否会让那位老绅士为自己感到羞愧呢？"[53] 虽然他把这当作笑话来说，但他还是真实地感觉到学生们的反应；十年之后，他再次把这事作为一篇政治宣传性材料，用在1941年12月14日BBC的广播中，在该文中，他声称，年轻人能够对豪斯曼的诗歌作出这样的反应，实在是有些不对劲："我认为豪斯曼很对。我们为自己国家而死，将不会对任何人有好处，但我们会受到崇敬，我们都希望受到崇敬，所以无论如何，我们死了反而会更好。"[54]

在他的BBC宣传广播最后一段，紧随这段豪斯曼轶闻之后，他表示，自己的学生们在1932年给他心中注入了一剂道德凉意。在那段文字中，他选择把日本人描绘成如此深深地扎根于种族主义，以致人们必须以厌恶的情绪看待他们：他们是难以描述的异类，而不是什么微不足道的伪装者。

我想在年轻日本人［他昔日的学生］与更大些的学生之间，已经形成了一种重要的分歧，不论是好是坏。更大些的能够记得当他们还不是一个危险的大国时，他们只是些有趣的小日本人，那时白人们总是俯视他们。现在，日本人已经很小心，不让崛起的一代知道任何人曾对日本有那样的感觉。年轻人只是为作为伟大的统治种族的一员而骄傲。这事的好处是，它的确让他们不再那么容易敏感。当然，当日本人说他们希望每个人都享有种族平等时——这也是他们的宣传内容之一——他们是在睁眼说瞎话。我与日本学生一起至少读过三遍莎士比亚的《奥赛罗》（Othello），每一次，真正友好同时又茫然的学生都会对我说，或者写下，"为什么你或者我要对一个有关黑人的故事感兴趣呢？"他们相信我与他们有同感；他们并非在吹嘘，他们感觉，那只是一个统治种族问另一个统治种族的自然的问题。为什么英国人或者日本人要把时间浪费在奥赛罗的问题上呢？

他在BBC说，日本之行教会他去为他的学生和同事感到"非常伤心"。"那时已经很明显，他们被这个可怕的机器困住，已没有出路可寻，几乎找不到呼吸的空间。"在那件事发生的十年之后，他仍然无法调整自己的记忆，他对于军事性思想控制的直白反感在1932年3月的一封信中表露无遗：

日本国旗（一个荷包蛋，或者绷带上的一摊血，给人感觉就像一个被麻醉的阿米巴虫那种疯狂的简单与自以为是。）是很好的证据：剧场（的确像他们说的那样精彩）上演着在上海丧生的"英雄"们的故事....爱国主义的努力已使整个国家与婴儿一同爬行，浑身脏兮兮的而且又吵又闹，它也肯定会引起下一代的饥荒。

不过，这是一种污秽地看待一个国家的方式。[55]

虽然对极端国家主义十分反感，他还是继续满怀热情地讲课，既没有采取玩世不恭的捷径也没有轻视他的学生。锤炼班级中最好的头脑是他的原则。后来学生们回忆说，他对他们的功课要求极其严格，甚至苛刻。"你们怎么想？"他催促他们说；当他们自己没有什么可说的时候，他就说："你们必须要有观点。" 他的直接批评从不放过任何人。也许他给学生最有用的帮助，就是为他们的论文写下详细的评语。"你必须明确定义词汇，才能将它们区分开来，"他坚持说。"说到论证，你把这个问题处理得太窄了。"[56]

野川京（Kyo Nogawa）写的一篇特别的论文——关于格雷（Gray）的《墓园挽歌》（'Elegy in a Country Churchyard'）的——报偿了燕卜荪的苦心，这篇文章甚至激发他在《田园诗的几种变体》开篇几页自己也讨论了这首诗。让燕卜荪不解的是格雷那种泰然的傲慢态度，那种徒有其表的同情的表达方式，因为《挽歌》无疑是"带有潜在政治思想的诗歌中一个奇怪的个案"。燕卜荪在30年代所作的注解，作为批评解构的杰作是前无古人的；如今它仍然是一个令人震惊的启示：[57]

> 多少晶莹皎洁的珍宝
>
> 被海底暗不见底的洞穴掩埋
>
> 多少花儿吐艳而无人见
>
> 芬芳白白散入荒原的空气。

这几句的意思是，正如其语境已明白表达的，18世纪的英国没有奖学金体系或"任才能驰骋"机制。这话以伤感的语气说出，但读者却被带入一种并不愿意去改变现状的心态之中……通过将社会安排与自然对比，他使前者显得不可避免，而事实并非如此，并且给予它一份它本不该有的庄严。另外，珍宝并不介意躲在洞中，花儿更愿意不被采摘；我们感觉人并不像花朵，那样短命、自然、有价值，这就会诱导我们感觉一个人没有机会反而更好。而"吐艳"一词的性暗示则带来基督教的观点，说童贞本身就是好的，因此任何放弃也都是好的；这就诱导我们感觉那个因社会安排而没有被尘世玷污的可怜人实际上是幸运的。那悲伤的语气，表达出诗人理解反对贵族的思想，不过他也批判这些思想；墓园沉思的不言自明之意，以及这给予他的文体的普世与超脱之感，都表达出，似乎通过对比，我们应当接受社会的不公平，就像我们应当接受死亡的不可避免一样。[58]

这样敏锐的分析可能来源于当时燕卜荪觉得有必要为野川京作注释的想法，那时他在该学生的论文上写下大量注解，那无数的有关用词和引用问题的解释，通常会击垮一名日本读者。比如，燕卜荪把"他们多么欢欣地赶牲口下地！"一句中"欢欣地"（jocund）这个词（"不管是格雷还是农夫在真正高兴的时候都不会用到"）为野川京描述成"是有些做作的旧式的，为的是让你感觉［格雷］是有意地在自己和社会地位比他低的人之间拉开距离"。虽然他自己不是马克思主义者，更不是革命者，燕卜荪却觉察到格雷的感伤主义之下的保守，以及对社会不公正的隐含的默许。［美国批评家肯尼思·伯克（Kenneth Burke）很赞赏燕卜荪对于社会学问题的注意，他把燕卜荪对格雷诗歌的分析赞扬为"深刻的马克思主义的"。我们应当说，这里的"马克思主义"是比较表面化的。燕卜荪更关注这种情况下的伦理与苦难，以及人类体验的真实性问题，而不是任何特别的政治规划。］于是，当野川京在他的文章中称格雷是"和善、谦逊、稳重，对于无名的人们抱有自然的同情"时，燕卜荪很聪明地纠正道："不：一个阴沉的老先生，同情仅停留在理论上"，这便不奇怪了。同样的，当京称格雷因"太过细腻的情感"而痛苦，而"对于如此罕见的精致，人类社会却太过粗糙与无礼"时，燕卜荪则反驳了他的这种过度溢美："这世上有很多这样的人，但并非所有有罕见的精致的人都像格雷这般失意。也许应当说所有有着细腻情感的人都会遭受很大的痛苦，但是很多人保有活力，并且获得了一些很快乐的时刻。"[59] 燕卜荪后来声称，因为他的学生中很多都是秘密的左翼人士，即便不是所谓"马克思男孩"，他们不见得需要他来解构格雷田园诗的伪装。不过，总而言之，燕卜荪当得起他给予弗吉尼亚·伍尔夫的称赞，因为当他在《田园诗》中动手写下受格雷《挽歌》启发的那些大气魄的思考时，他不仅表现出自己左翼的不平情绪，更表达了真正评判的平衡。

燕卜荪分析《挽歌》的文章中另有两句表达了一种他之前作品中并未广泛表现出来的情感共鸣。作为一个曾失去自己的"奖学金"的人——剑桥大学的"副院士"——他有理由感觉，一个无情的制度性道德标准剥夺了他凭借自己的才能本应获得的英国学术生涯，而他一方面写下有关英国文学和社会的此类思考，一方面却过着流亡的生活，可以理解他与格雷被忽视的灵魂之间会产生某种共鸣。

> 很多人，并不是共产主义者，却被这诗中巨大的平静之下的自满激怒了，这似乎部分地因为他们感觉，在那隐含的政治意识中有一种欺骗；"资产阶级"自己也不喜欢文学中有太多的"资产阶级意识"。

然而，诗中所说又是一个永恒的真理，社会要阻止对于人力的浪费，也只能是在程度上有所减轻；即使幸福生活中的浪费，即使是亲密生活中的疏离，都会被深深地感受到，这也是悲剧的中心情感。任何有意义的事情都必须接受这一点，因为它不能出卖自己；如果不能够得到机会，它的力量就必须要准备好将被浪费。[60]

很多别的学生也从他为他们批改的文章中获益。当入江幸男（Irie Yukio，此人后来做了教授）选择狄更斯（Dickens）作为他在文理大学毕业论文题目时，他被燕卜荪热情的回复点燃了兴致："那太棒了。我一直想能够多研究些狄更斯呢。你能写一篇关于狄更斯的有趣文章，来促使我有兴趣花更多时间研究狄更斯吗？"[61] 在帝大，燕卜荪指导了一篇题为《弗吉尼亚·伍尔夫的风格》（'The Style of Virginia Woolf'）的论文，作者是梶木隆一（Kajiki Ryuichi），当时是英语系一名助教（后来成为教授），他被导师的精力和智慧深深影响。[62] 佐山荣太郎（Eitaro Sayama），此人后来也做了教授，也是一样，他在文理大学时，因为由燕卜荪指导并高调推荐他的一篇有关多恩诗歌的大一论文而获得莎士比亚奖章。[63] 然而不管怎样，教育过程对于双方来说都是一个艰难的奋斗过程；每一个能够上升到燕卜荪式研究方法的学生后面都是几个不能掌握如何自己独立研究文学作品的学生：他们只能模仿教授或者一些批评性的文本。有一个学生曾有过这样的痛苦经历，在就他的论文《约瑟夫·康拉德作品中的悲剧面》（'The Tragic Side in Joseph Conrad's Work'）答辩时，他竟然不能理解燕卜荪提出的任何一个问题——他完全听不懂这个英国人说的任何一个词——但是燕卜荪还是让他通过了。另一个学生离校时，明确地感觉到，燕卜荪相信（虽然他从没有说过这样的话）日本人是无法理解英语诗歌深邃含义的，所以他才强迫他们去研究小说家——比如菲尔丁（Fielding）和史沫莱特（Smollett）。当然他鼓励他们去读很多不同种类的小说［在帝大的最后一次讲座中，他还建议他们去读厄内斯特·海明威（Ernest Hemingway）和P. G. 沃德豪斯（P. G. Wodehouse）］，[64] 但是几乎不能想象他会放弃让学生们的心灵向诗歌敞开的努力。他可能更喜欢只教诗歌，但是又不得不承认日本学生更应该先就优秀的英语散文形成自己的观点。他的一篇简明而有趣的宣言《教文学》（'Teaching Literature'），由他的学生成田成寿（Narita Shigehisa）译为日文，于1934年在

《文艺》（*Bungei, Literary Art*）上发表，在此文中他欣然宣称：

> 一名讲师更愿意将重心放到诗歌上，因为一种浓缩的媒介是如此方便——你可以给出简短而惊人的例子，可以找出关于它们很多可说的话……不过，虽然你可以欣赏用外语写成的诗歌，要对它作出独立评价却相当难……学生更容易在评论散文方面变得自立……
>
> 日本真正从欧洲学到的，也是引进像我这样老师的最初原因，是科学的成功和产生科学的思维习惯。其在文学中的主要体现是逻辑结构的控制，它表现为修辞以及判断的速度，它表现为机智；它们对诗歌来说都很重要，但是学习它们的源泉却是散文。[66]

学生能够在多大程度上效仿他在修辞和勤奋上所树立的楷模就很不确定了。从这封写给约翰·海沃德的信中，可以看到他们所取得成绩的水平和他对他们的努力所采取的温和的屈就态度：

> 我的学生们必须在学年末写一篇论文。（在两所大学，我都被告知他们必须都得通过。"给他们ABCD；D是不及格，所以给他们ABC"；"60分以下是不及格，所以按最高30分给他们评分，然后加上60分"，这些是给一位友好的外国教授的指示。）在帝大我监考他们写上两个小时。最后，一个年轻人走进来，带着尊严和礼貌解释说，他很抱歉没有参加我的考试，因为他昨晚喝醉了，刚刚醒来。他可能只是捏造了这么个理由来表示自己并无恶意。在文理大，他们将来都要做教师，所以他们都要维护自己的尊严，要在业余时间写论文。我搞了个茶会（一年中大概会有15次），差不多所有人都选择写"D. H. 劳伦斯和性"。整个屋子都被成群结队的学生淹没了，这让我有些吃惊，因为不由地感觉到自己的学生生活与这何其相似——在茶桌的两边，在日本语言与留声机音乐的混战中，两个年轻人坐下来写他们关于性的论文，一旦你接受他们是多么无望的傻瓜，你会觉得他们真的很友好。[67]

（燕卜荪晚上在自己家里招待学生的时候，会给他们上一盘简单的小菜，比如他的管家做的天妇罗，喝的东西一般是一桶啤酒。）他很高兴地看到，至少在帝大"三十个学生中就会有六个，找到一条我没有在讲座中提到过的本·琼生（Ben Jonson）的话——无论如何，虽然他们如此浅薄，这件事却并非完全儿戏。"[68]但大多数时候，他与学生的接触准确地印证了彼得·昆内尔在前一年的经历中总结的教训："讲师与学生之间总隔着一层帷幕，它也许会变得薄一些，但绝不会消失。教师对学生们的品味和个人偏好一无所知；直到最后他仍然一无所知。"[69]

燕卜荪任教一年之后仍然保持的乐观心态，主要证明了他作为一名教师所做工作的有效，而不是学生的成绩。他在1932年12月2日写信给I. A. 理查兹说：

> 我的学生们经常要求我就研究方法作些解释，我总告诉他们，我不知道这个词是什么意思……福原跟我开玩笑说，我的书（你把它称作"流动的"很有道理）充满了方法论，所以我需要就这一点有个定论……
>
> 我想到东方来的一个原因就是要搞清楚，跨越这么大的鸿沟的教育情况是什么样的，但是大多数文理大学的学生（他们都已经做过些教学工作）特别急切地希望保住面子，以至我也被迫紧张地在这方面与他们保持一致，这样一年之后，我还是对他们究竟知道什么了解甚少，更不要说，对他们来说怎样学文学有效，或者什么方法可以使别的东西有效。不过，当彼得〔·昆内尔〕说他们没有人对文学有任何感觉的时候，他也许是在抱怨文学教学的正常情况：不见得当时唬人的东西就一定没有用，虽然我学维吉尔（Virgil）的时候懵懂一片，但我现在对维吉尔还是有些感觉了。[70]

在其他地方，他失望地重申："日本人总是'日本到欧洲式的'，他们总是担心丢面子。"[71]"当我在没有任何日语知识的情况下在日本讲授英语书信的时候……我变得对这个系统非常感兴趣。"燕卜荪在1935年写道，"有时候那是唯一让我感觉自己有用的事情。"他指的是那套叫作"基本英语"的系统，那是一种简化的英语语言形式，基于一套基本语法和仅仅八百五十个词汇，由C. K. 奥格登（C. K. Ogden，1889—1957）创立，并经由I. A. 理查兹热心推广。

（在理查兹的邀请下，燕卜荪在赴日之前曾与奥格登晤面。）虽然，教日本学生英语严格说来并非他的本职工作，但欣赏能力从来都是与分析能力分不开的。他解释说，他关心的"是在英语方面有较好能力和长足知识的年轻人，对他们来说，使用基本英语不过是这个伟大的语言灌木丛中的一块小空地；当他们的写作消失在这片灌木丛中时，他们要做的只是用基本英语写下两三个可能的意思。"于是他发现基本英语并不像奥格登希望它成为的那样重要——一种为了科学与和平的便利的、国际"辅助性"语言——而更像是一种可以展示出实用性的"向着给予词汇正确感觉的完整英语迈出的第一步"。他的学生们在一次课堂练习中精彩地证实了这一点：当他要求他们去为这句谚语"眼不见，心不烦"（Out of sight, out of mind）找个替换说法时，他们说"看不见的，疯狂的"（Invisible, insane）。[72] 另外，他发现这个系统对自己的工作也有长久益处，因为作为"一种对如他这样的英国人的写作测试，一种将陈述内容与形式和感情分开的方法，它同样有指导价值，（它也应用在学校的'释义'课上），至少对我而言，它已经变成我阅读一些深切真实的东西时一个固定的步骤，我总要看那些东西在基本英语中是否仍然说得通。"他的批判性写作也深深地留下了这个技巧的烙印；后来他对奥格登真诚地说："一般说来……基本英语的分析性极强，从而经常显得笨拙，除非你展开一个依赖于某个关键词的模糊短语：一旦你这样做，结果通常会比原来的好。"[73]

　　后来，在一篇题为《基本英语与交流》（'Basic and Communication'）的谈话中，他向读者建议说，基本英语原本不是作为一种教学工具，而是作为一种对于"任何语言或任何清晰思想的根本观点"的研究而出现的。"理查兹博士的《理性的基本规则》（Basic Rules of Reason）原本是为一个哲学家社团——亚里斯多德协会撰写的一篇论文，他用基本英语写成此书，因为那对他来说似乎是唯一可以把哲学家的观点理出头绪，或者在不同哲学家观点之间建立联系的希望。"另外，当他论证说基本英语自然地帮助他发展思想的明晰性与批评的合理性时，他再次指出他的理论与实际操作之间的统一性：

　　　　基本英语并非一种特别简单的英语；它避免了那些"例外"，那些带有无价值的花巧的词汇，但与通常用于交谈的语言相比，它使"语法"（而不是别的什么），即英语词汇顺序与结构的基本原则，得到更多重视，而且用基本英语把一件事说得足够清楚可能是一项思想的训练……有限的词汇表不仅可以最快地给人够用的英语知识，即最有用的那种，它也是最好的使他们在将来写英文和读英文书时形成好品味的方法。

于是他采取了一种坚决的，虽非毫不含糊的立场支持基本英语，认为它可能是帮助外国学习者学会英语的最佳媒介。"我并非一个奥格登狂热派，"他后来承认，"我不认同他的动词……"奥格登坚持在基本英语词汇表中没有动词，只有十六个"操纵词"（operator），比如"给"（give）和"拿"（take），燕卜荪却觉得没理由解释，为什么那些可以用作动词的以ing或ed为后缀的名词，不能归为动词。[74] 同样，他不认为奥格登把名词（表示"事物"的词）的数量绝对地控制到六百个有多大益处。比如，1933年，他告诉奥格登："顺便一提，'职责'（duty）这个词在基本英语中是一个'洞'。它只能严格地被两个否定词来阐释——'在此类情况下不去做就是不对的事情'。"[75] 然而，大多数时候，他对于基本英语还是坚定地支持的，个中原因，他在1973年回顾说："对于老师和学生来说，任何合理的词汇表都比没有要好，但是基本英语作为英语学习海洋中的第一个码头，自然有几个优点。对于不准备再深入的学生来说，它让他在已掌握的语言范围内可以自信地活动，因为他可以依赖类比而不会碰上'不规则'的语法形式。"当然，燕卜荪在维护这个系统时会变得尖酸而机智，比如，当一位读者向《日本纪事报》（*Japan Chronicle*）抱怨，基本英语是非象征性的、人造的东西，并非文学英语的入门，不适合日本人时，他反驳说："没有人否认基本英语很简单，它像炸弹一样紧凑，至少，它也是你必须学习的英语的一部分；它更是首先要学的一种有价值的，同时也很方便的东西。"从个人角度而言，他害怕他所谓的"浪费的绝望和误解的肮脏"，因此人们应当欢迎这样一个消除了非理性与不理解的系统。"说它不适合日本人，我可以相信；它的确不适合我们凡人的本质；它是一个逻辑的和分析的体系，就其自身而言，可能是一种太过敏锐的心能训练，反而不适合人们使用。但是，比之立刻要学习两万个词汇来说，它当然可以是学习英语的愉快的第一步。"[76]

"所以我很高兴能在远东为基本英语做一个小运动，不过现在我认为做得太小了，"他在1973年说。"那几乎只是给当地报纸写些东西，以及揭露反对者的谎言。这类信件很少有人回应；反对者们只是后来继续说同样的谎话。我把J. B. S. 霍尔丹（J. B. S. Haldane）的一些文章翻译成基本英语［《科学展望》和《科学与幸福》（皆发表于1935年）］，只是恐怕编辑们对我的动词使用作了很多更正。不过，这给我在这种语言的使用上培养了一定的流利度……"[77] 实际上，他为基本英语所作贡献远比他在谦虚的回忆中说的要多。例如，在10月16日到达日本后几个星期之内，他曾经在英语教学研究学会的第八次年会上就基本英语做了讲座，并对其推广，据《日本时报》（*Japan Times*）报道，他说："基本英语不依赖任何语言上的花巧……基本英语并非如某些批评者所说的不过是一种术语或'混杂语言'。"他指出，越来越多的作者开始认识到"严肃简洁风格"的优点，爱德华·加内特（Edward Garnett）的散文就"很像基本英语"，即使像史文朋（Swinburne）这样，通常被人们与语言的某种特别的丰富性联系起来的诗人，在想要创造一种运动和能量的效果时，如在《祭品》（'An Oblation'）中，也会设法使用单音节词汇和一种简单的句子结构。[78]

然而，如《日本纪事报》指出的，在这个表面热忱但内容含混的辩护之下却是一份讽刺："就目前而言，燕卜荪教授在扮演一个反叛角色，因为学会还没有官方正式批准基本英语。"[79] 英语教学研究学会（The Institute for Research in English Teaching，IRET）在日本政府支持之下，于1923年由哈罗德·E. 帕尔默（Harold E. Palmer，1877—1949）创立，此人是一个有着毋庸置疑的活力和适应力的英国人——他的女儿称呼他为"一位偶像破坏者，革命者和改革者"[80]。前一年，作为"文部科学省（教育部）语言学顾问"，他应召来到日本。正如燕卜荪后来带着假笑说的，帕尔默于是成了"在一个重要位置上的一位非常忙的人"——不过，事实上"他的意见从来没有被采用过。他很像奥格登，而且不幸的是两人还见过面。于是他们之间发生了一场冲突：虽然双方都就此事给出了自己的一套详细说法，究竟发生了什么，外人却一直无从得知。"[81] 哈罗德·帕尔默显然研究了一下基本英语，然后下了致命的结论——根据H. 邦格斯（H. Bongers）博士的论文，他说——"基本英语实际不过是它的发明者们所宣称的那样：一种并非旨在学习标准英语的人造语言。"[82] 事实上，在1925年，帕尔默也曾发行了自己的标准英语读本，那是一个五年制课程，因此可想而知，即使比他更加公正无私的教育者，也不希望一个有着不同理念的教师在自己的地盘占便宜。（在一个东京业余戏剧俱乐部排演的滑稽剧中，他曾经以诙谐的风格把自己描述成"我的任务，我的雄心，就是作为完美语言学者的楷模"[83]。）然而，帕尔默也曾经第一个反对东京的既得利益者，此类人物的代表是日本英语教师的老前辈、高等师范学校（文理大学的前身）的冈仓芳三郎（Okakura Yoshisaburö, 1868—1936）教授，冈仓可不太喜欢这位新从英国来的语言学家。[84] 另一方面，当时高等师范学校的一位高级教师（后来在文理大学做燕卜荪的上司）——石川林四郎——肯定认为冈仓是个老顽固，石川不仅参加了当时刚刚成型的学会，还定期邀请帕尔默来学校做讲座。[85] 也许并不奇怪，当基本英语刚出现时，冈仓对它颇有好感，并且也相应地承担了燕卜荪所称的奥格登派"指挥官"的职责。[86]

燕卜荪很快认识到，其实基本英语事业变成了一个被帕尔默、石川一方与冈仓一方打过来打过去的羽毛球。1932年8月，他对奥格登说，"冈仓在他旧日的学生那里很有影响，不过石川，此人在高师和文理大都取代了冈仓的位置，可能会影响到同一批人，而且他总爱推诿，总是反对……"[87] 毫无疑问，帕尔默已经就词汇筛选原则做了多年工作（事实上，比奥格登还长），而且1911年就编定了他的第一个词汇表。早在1915年，他就在伦敦大学学院做了关于限制词汇的讲座；1917年，他还在《科学研究与语言教学》（*The Scientific Study and Teaching of Languages*）中探讨了基本英语；在1930年出版的［奥格登的《基本英语：带有规则与语法的综述》（*Basic English: A General Introduction with Rules and Grammar*）出版的同一年］英语教学研究学会的《词汇遴选的第一次阶段性报告》（*First Interim Report on Vocabulary Selection*）正是由I. A. 理查兹认可并作前言的。帕尔默甚至也颁布了自己的六百词词汇表，主要用于为起步阶段的学习者复述简单故事之用。[88] 但是他并没有创立像基本英语所说的那种适用于各领域的系统，而冈仓则宣称后者非常好。几年之后，燕卜荪把他记得的，有关这场争论的事转述给帕尔默在英语教学研究会的继任者A. S. 霍恩比（A. S. Hornby）：

> 依我看，帕尔默很大程度上在作弊，特别是，他还搬出一些方案，那实际上是对奥格登方法的笨拙抄袭，但他却将之做为自己长期以来一直在逐渐完善的发明而公之于众。最明显的例子是他的初学者六百优先词汇表。我知道，我的印象可能是错的，而且双方都指责对方不诚实。然而使这件事变得毋庸置疑的，我想，是在私底下［H. 维尔·］雷德曼（［H. Vere］Redman）告诉我的一件事，［此人曾在东京商学院（Tokyo

Commercial College），即现在的一桥大学（Hitotsubashi University）任教］，你也知道他一直是帕尔默的挚友，［他们曾在1932年合著《语言学习事业》（*This Language-Learning Business*）］。帕尔默与冈仓教授有次会面时他曾经在场，冈仓耐心地向帕尔默一件一件地指出，自从基本英语出现后，帕尔默组织的对基本英语的抄袭。

帕尔默无言以对，最后拒绝再听下去。（在那场晤面刚刚结束之后）雷德曼评论说，他本以为自己已经摆脱了种族偏见，但是他仍然觉得听到一个白人被黄种人彻底揭发，而感到很羞耻。[89]

自然，燕卜荪不是一个不偏不倚的证人，因为他把大量的精力投入到推广基本英语的工作中。但是在这件事发生很久之后，他至少并没有调整自己的记忆；即便在1933年（6月），他也曾说，"我不认为帕尔默的灵魂是个大谜题；他有着巨大的自我欺骗能力。但是冈仓我就不理解了，不过我挺喜欢他；很清楚，他更像是把基本英语作为攻击帕尔默和其他人的工具，而不是真心希望基本英语能够成功。"[90]无论如何，基本英语落到了两所学校头上，而结果是个令人不快的双重讽刺：帕尔默不愿认可受到冈仓支持的基本英语；若非帕尔默的偏见，基本英语应该会在日本表现得很好。而可能最大的讽刺是，如燕卜荪在1973年回忆的，这场冲突最后证明在某种程度上是有成果的："让我们恼火的是，他们总是说这整个的基本英语体系从理论上来说就是错的，然而，当第二年的教科书出炉时，他们又大块地抄袭了基本英语。结果当然是大幅度提高了教学水平。"

除了这个有着部分建设性的矛盾体之外，日本人抵制基本英语教学法还有另外两个原因。第一个是一种很自然的担心：他们害怕说英语时会听起来很傻。"因为特别害怕显得可笑，于是他们便反对基本英语，"1932年燕卜荪写信给奥格登说。他的解决方案虽然聪明却是徒劳："［我的］回答是，在英语中除了显得装腔作势或是引起阶级情感，其他没有什么明显值得笑话的东西，而基本英语则根本没有这两个问题；然而这话并不能让他们感觉安全。"另一个抵制基本英语的原因是根深蒂固的学术尊严问题，对此他又抱怨说："日本教育巨大的文化压力和他们面对困难时紧抱的安全感（当涉及到文学产出时，这两者都是完全破坏性的）使得推介基本英语成为一个特别困难的领域。"比如，在帝国大学，他察觉到一些同事"特别有文学腔"，他们倾向于"说他［冈仓］是个闲着打发时间的老头，而这其实也差不多是对的"。[91]

在写给理查兹的信中，燕卜荪讲述了自己如何费尽心机，希望诱导他的同事们接受基本英语的合理性：

> 当像福原这样的人如此敏捷地反对它的时候，我感到，他认为需要对语言的文化态度保持高调（即使在简单的陈述中也要使用知性语言），然而这种高调只能通过虚张声势，通过文学教师在教育上严加束缚来达到。所有语言教学都必须与文学语言教学挂钩。（于是，说他们是在保护自己的饭碗，即便那是真的，也会显得心胸狭窄。）"我们学习英语是为了它道德的特性而非为了交流。'对此，唯一明显的回答会显得带有侮辱性——日本学生不能从他们现在的混沌局面中觅得任何素质，除了极少数情况下有人愿意从中找出些文学的东西。基本英语中那种反文学的感觉，那种你不需要的时候就把语言推开的愿望，似乎很像复辟时期要把伊丽莎白时期诗歌传统象征推开的愿望——那个运动显然催生了好作品（返回到某种很像基本英语的东西），而且现在看来那个运动也已经被神圣化了。但是对福原说这些话没有什么用，他更愿意听人说，人们不能非常有效地从基本英语过渡到文学研究——这确是事实，然而，推动这场争论的来自双方的精明，即使是公正的，也显得具有破坏性。[92]

他也向这个系统固执的缔造者奥格登献上了同样理由充足而又带有些烦恼的建议："在日本需要强调的是，基本英语仅仅是，那个收集英语以及《贝奥武甫》（*Beowulf*）的各个阶段的烦人且如今变得传统的事业中，有用的第一阶段。[93]

另一方面，对来自剑桥的淘气的老朋友约翰·海沃德，他难免就要开一下基本英语的玩笑："在我心里，我不知道它究竟是个伟大发明还是对堵住了嘴的不列颠的简单的强暴。"[94]然而，虽然并未获胜，燕卜荪可能从努力推广基本英语这件事上得到——远比他在向文理大学和帝大的学生们口述文学史及文学观点时——更大的满足感。后来他在一封信中坦率地宣称："我是个基本英语爱好者……我在教育事业中的主要兴趣就是基本英语——这是唯一会对他们有些好处的东西，如果他们愿意用它的话。"[95]

　　学校之外，他喜欢旅行，以及浸润在当地的文化之中，特别是剧场和佛教文化。除了四处奔波之外，他也同样喜欢在夏日阳光下赤身躺着，不过总是带上本正在读的书。他喜欢观光和日光浴，特别是，如果有个男性朋友陪伴的话。他眼中日本年轻人的幼稚，那种小狗般的样子和举动，让他既着迷又气恼。他偶然遇到一个比他大三岁的年轻人中野好夫（Nakano Yoshio，一位教师），此人是埃德蒙·布伦登的学生，后来做了批评家和记者，以及东京大学英国文学教授。他们约好去看能剧，但是中野去燕卜荪家接他时却看到他赤身裸体地在游廊上晒太阳。五十年后，中野温和地回忆说，燕卜荪完全不介意他的出现。"我们坐着喝了大约三十分钟茶，当时他受过割礼的小宝贝一览无余［'毫无遮掩'］，直冲着我。"[96] 后来他们一起去看能剧《柿田川》（*Kakutagawa*），燕卜荪看得聚精会神。

　　燕卜荪后来又与中野好夫去过一次剧场，其他时候他也和别的年轻人去过。他与佐山荣太郎去看过《忠烈肉弹三勇士》（*Nikudan sanyushi*），那是个歌舞戏，支持日本在满洲的军国主义，在风格与内容的宣传性上都很有感染力。[97] 他向西尔维娅·汤森·沃纳（Sylvia Townsend Warner）谈了他的最初印象——"读完韦利先生［亚瑟·韦利的《日本的能剧》（*The No Plays of Japan*，1921）］再去看能剧很有趣：他们并不像你想象的那样凯尔特式和无望，因为那些舞蹈是很棒的南海岛屿事物，他们总是啼叫着，呓语着，像公兔子似的跺着脚。"[98] 他很快变成了日本风格戏剧——它的隐喻和动作——的热衷者，特别是因为这种戏剧激起了他对东西方文化性情之不同的积极思考。他被能剧超越个人的美俘获了。

　　在体验了一番令他喜悦的大声而又死一般地缓慢的仪式之后，他相信，能剧的气质，与促成他自己很多诗歌的哲学"观念"产生了共鸣——"生活在于在矛盾中间保持自我"。他在一篇于1937年发表在《听众》上的、拥抱世界的文章《远东的芭蕾》（'Ballet of the Far East'）中，充分发展了这个有关平衡的重要观点。此文值得详细引用，因为它对于舞蹈种类与神明观念之间联系的分析合理入微，也因为在此文中燕卜荪热心地表达出他对于东方的、非个人性观念的赞赏以及对西方个人主义观念的贬抑。

　　　　在西方，最高的神是一个人，在东方则不是。人们有关人的思想也追随这一点……这大约是世界各个文明的基本分界线，我们需要理解在另一边的人们……

　　能剧令人难以置信地缓慢……音乐对于神经有一种直接的效果。它基于分别由不同的敲击乐来承担的八种节拍之上。现在，科学家们似乎同意，我们对于节奏的不同的感觉，是基于它与我们心跳相比的或快或慢，几乎所有的欧洲音乐都比心跳更快……我们所有的乐器都是为了我们可以随之非常直率地蹦跳，就像满怀善意的狗；而在他们的音乐中，你安静地坐下，像一只猫般强化你自己……比心跳快的节奏好像是你可以控制的，或者好像被什么人控制的，我们表面上广阔的音乐领域总是像西方一样地直率，总是个人直抒胸臆。基于比心跳慢的节奏的音乐，则能够携带一种情感上的重量，甚至自省，当然偶尔也有加快的片段，但它仍然保持了非个人性。我只希望在这里说，必须严肃看待音乐，把它看作某种适合整个故事的东西，而这个故事很可能是这个世界的另一半真相……

　　如果你已经适应了远东的舞台，你就很难像芭蕾舞观众那样认真地对待俄国芭蕾舞。与这样的舞蹈相比，俄国芭蕾舞是一种被美化了的嬉闹。在严肃力量的舞蹈中，舞者可以静立几分钟，让你观察他觉察不到的呼吸动作，就像猫在观察一只老鼠。现在西方的音乐无法静立，它原本就不会给舞者这样的机会。如果我们能够做到在目前的情况下几乎毫无希望做到的，即，做一个合理的尝试，把整个世界看作一个地方，利用其中最好的东西，那么很明显，远东的音乐是最适合严肃舞蹈的正规音乐。明白事理又喜欢西方芭蕾的人会告诉你芭蕾永恒的东西是它永远的青春。这的确不错，但那是一种有限的乐趣。在所有其他的艺术中，远东有一套，我们有另一套，说哪一边更好是愚蠢的。但是在戏剧舞蹈上远东则让我们显得可笑了。

　　1932年，燕卜荪急于逃离首都令人窒息的闷热，于是很高兴可以去轻井泽夏日大学（Karuizawa Summer University）做客座讲师——轻井泽是东京西北九十英里外一座休假小镇，靠近活火山浅见火山（Mount Asama），在日本的主要高山山脉，当地所谓"中部"，平缓的南坡——在那里他讲授现代诗歌。

秋冬时节，他去滑雪。1932年末，他接受了英国文学教授土井高知（Doi Kochi）的邀请——此人曾于1927年在学术期刊《改造》（Kaizo）上发表了第一篇有关乔伊斯的《尤利西斯》的日文文章，当时供职于仙台（Sendai，日本东北地区首府）东北帝国大学（Tohoko Imperial University）——伴随一队学生进山，在山里他们有一个木屋。但是他一看到这队年轻人以苦心费力的精确方式尾随在他们的领导后面时，他就后悔参加这次旅行了。"这些滑雪的小孩子串成的小鱼们，走到同一个练习场再一同回来——更高些的斜坡几乎从没有人走过，"他在日记本中讥讽道。这群温顺的学生构成的场面让他很不高兴；那湿乎乎的雪和挡在低坡上的茂密桦树也同样让他恼火。实际上，他感觉，那么多的"日本的缺点"集合起来，逼迫他四处转来转去"像只生气的鹦鹉似的热血沸腾"。（他向来不忌讳创造理论，于是便写道："一个人在一间日本屋里会一直生气的原因是，那里没有镜子——那是一件会刺痛你的，因此也是社会性的物品，不过单独面对它时也是一件糟糕的物品。"）然而，他对于这座没有什么好东西的大山的悲观看法，倒是意外地激发他来赞颂这里的景色，虽然文章也是满带愠色的："低处，那些恼人的经常出现的树木包裹着被风吹过的冰雪，看起来像是鬼魅，数量多得讨厌，如同花椰菜般的表面有一种灰乎乎的感觉，使它们显出日本墓地上萦绕的那种奇怪的永恒的凄惨之感。它们又像茶桌上的可可粉卷，又像……把爱丽丝和那些尊贵的士兵送出城的一队鼓手。"然而，在山顶，他看到一座神道教神社，很感动，他们在那神社"默默无言地吃了午餐，之后土井对它参拜，说它'很老'。当被问及究竟有多老时，他（有些愠怒地）回答说，很老的意思是接近五百年而不是五十年。神社被风卷来的雪包裹着，看上去像是来自马盖特（Margate）的盖满贝壳的礼物。在这儿，你必然会有一刻对神道教感到一丝同情：这赤裸平滑的雪和这最后一段斜坡上可怕的风——那里太陡不适合滑雪——给了我本来希望应该来自大山的瞬间感觉——可爱而又可怕，因为冷漠：像针一样简单的风景。"最后，一天结束，大家都躺下来的时候，他发现自己其实很喜欢这个住宿的地方："很奇怪，但却是真的，在那么低的温度下，一个人可以在没有生火的屋子里感觉很舒适——只要你躲在床垫底下，当然，你必须或者写作，或者说话或者睡觉。只是我还没有学会面对这里的卫生设施。"［不久，他和土井搬到一家传统的木纸材料修建的日式旅馆，并在那里迎接1933年新年；在那里，他得知有两种同样有效的取暖方法："旅馆的门都是拉开式的（这里的墙壁都是米纸障子），仅靠烧炭的茶炉（炬燵）取暖，你坐在毯子上，双脚搭在它们上面，非常舒服。日本酒（就像大米布丁里加入很多烹调用雪利酒）是一种很好的饮料，只要你多加锻炼。"[99]]

然而还有一个最后的发现在大学的小屋内等着他，这个发现让他想到与他打交道的是一群多么不同的外国青年：在为学生们准备的来访者记事簿上，有一条留言让他害怕地想起文理大学学生们在A. E. 豪斯曼诗歌中得到的信息："在英文中作为一种'文艺'的事情被写下来的，在这个夏天却真实发生了，"燕卜荪在笔记中记录道："必须走到山谷里，然后带着晚上的食物回来：很累，而且你可能会迷路。但是，之后，有完成任务的学生们用英文写道：'我们必须没有畏惧：如果死亡来临，它会让我们都英俊、美丽。'你要记得，开始时，他们都很勇敢，但是，在我们感到烦恼的时候，他们却开始想到死亡。"显然，当燕卜荪指给土井教授看那个不知名的日本学生对于浪漫死亡过于急切的祈求时，土井"脸红得像个孩子"，"因此，我无法继续说那些自己原本想好的恭维的话。"[100]

他非常谨慎地说出自己心中的不同观点："虽然我很胆小，可又经常做些对我来说似乎是很大胆的事情，然而实际上做那些事不过是出于愤怒啊。"

他向来不会被远东旅行中难熬的困苦和不便吓倒，总是以享受的精神来接受这一切，然而，在1933年的一封机智的信中他还是这样描述自己的困惑："我总是有些难堪地想，人们在旅途中到底得到了什么，来弥补旅途自身的无聊呢；除了一点吧——待在家里你需要很大的想象力。"[101]这是一条值得收录在任何一部格言词典中的警句。后来，他了解到约翰逊（Johnson）博士在去苏格兰西部群岛的时候曾经带着克罗克（Crocker）的《算数》（*Arithmetic*），"因为（他说）你会厌倦任何的文学作品，但是科学书籍却是无穷尽的。"[102]他完全同意约翰生的观点，后来去印度旅行时，他这样说："我买了一本代数课本，为的是在船上的时候保持我灵魂的活力。"[103][在1937—1939年间与中国人一起避难时，他把"一本学校算术论文书"作为珍贵的休闲之物；不过，"也值得带上迪伦·托马斯的诗歌，因为它们也是无穷尽的"。[104]]

他最雄心勃勃的——也是最勇敢的——探险，把他带向了一条意想不到的道路，不是去寻找滑雪的坡道，而是去寻找佛像。下一年他将害羞地宣称，因为他在日本和中国的经历，他的鼻子已经"深深地抵入佛教之中"[105]。值得注意的是，作为一名博学的业余爱好者，他寻找佛教雕像的兴致达到了狂热的程度。"佛像是容易接近的艺术中我唯一觉得喜欢的。"他说。[106] 这话实则是太过轻描淡写了，事实上，他彻底地钻研了在日本以及他到过的远东任何地方，琢磨过的数不清的佛像的技法与含义。比如，1933年，春假期间，他离开大学到了中国，此行的特别目的是要拜访云冈（在北京西北方），在那里，公元5世纪时，人们从岩石中挖出广阔的洞穴，很多洞穴还带有巨大的佛像。他从北京的北方旅馆（Hotel du Nord）向家里写信说：

　　我半醉地坐在这个酒吧里，守着一本关于"价值的理论"的蠢书。今天刚从长城某个拐弯处的一些洞窟中参观最早的中国佛教雕塑回来。（那里没有战争），那些雕像真的非常可爱，可惜现在正在很快地被美国收藏者们砍成碎片（他们只喜欢脸！！！）。不过那些雕刻已经存在了一千五百年，后来终于拍了些适当的照片（大概在拍下这些照片一个世纪之后，它们就会全部崩碎，除非采取复杂而昂贵的方法来保护它们），那可能是一种可靠的不朽方式。自从1924年的相片集被制作出来之后，很多佛头被偷走了，三十个洞窟中有四个完全塌陷。实在是让人震惊——这些照片拍得正是时候，这当然不是说照片除了作为某种纪念之外，还能有什么更重要的意义，不然人们也不会费力地去看……

　　很显然，看着北京的祭坛什么的，那种普世之国的情感会被重新点燃，不管还有没有皇帝：但是我对那个一无所知，自然也不会有什么感情。这个国家的混乱显得被过度夸大了：为我们做向导的邋遢老人让人生厌的温和与在日本的情况无异，并没有什么特别的国家性。

　　我不懂得中国人说明朝的龙指的是什么意思，后来我终于看到中国人的长相和行动都很像龙——困倦，同时又傲慢而危险，有点女性化——但是稍微看看博物馆的画像，也会告诉你这些东西……

　　这些早期的雕刻，很容易地可以与米开朗基罗（Michael Angelo）的作品媲美——在云冈，很多装饰性的飞天没有东方的自省，不带有印度或其他什么影响，更像北方汉人的动物雕塑：他们只是选择不那样做。我想我们大部分的伟大传统只是拒绝追随机会的历史。[107]

在日本，他仔细搜寻了古都奈良（Nara），那里满是各种雕像，在那里他兴奋地发现最早期的佛像"实在值得过来看看。后来的作品，我不喜欢，虽然它们都是很好的雕塑（有帷帐和其他东西）：佛像的脸很快变成像鼻涕虫似的东西，嘴的周围有一汪黄油。但是早期的佛像，感觉好像已经准备好了迎接一场巨大而又稍纵即逝的心智成就。"[108] 此时，燕卜荪已变成一个真正的纯粹主义者，他认为，在京都，一些起初自朝鲜引进的艺术表现形式，如今已如此舒适地融入日本生活之中，简直成为"一种古怪的家庭玩笑"。[109] 他甚至向玛乔丽·西胁（Marjorie Nishiwaki）学习绘画，这是一位嫁到日本人家的英国画家，当时住在东京南部古老的中世纪古都镰仓（Kamakura）。显然他显示出超越一般水平的才能，因此才可以在很多地方以纯熟的技法画下各种佛像的样子。

在另一个假期，他设法来到朝鲜，那里正是日本凶狠的殖民控制的目标。他做了细致的笔记，但是大部分都遗失了，不过汉城（Seoul）的艺术却给他留下了深刻印象：

> 首都的博物馆很不错，但我只记得一个巨大的青铜弥勒佛，与広隆寺（Koriuji，在京都）那个是一种类型的，我想这个更好些，不过我没有什么好照片。佛像的手指好像是通过用镊子推动光滑的铜管做成的，它们太不可思议了：你会为它们纳闷，它们会让你想象到（如果不是真的进入）一个完全不同的存在状态。我怀疑在朝鲜看到的东西中，还能有什么别的可以与奈良结合，使历史联系变得如此合理，除了帷幔的细节之外。朝鲜几乎所有的好东西都被毁掉了。旧宫殿在城市中心有一个不错的场地，前面是一条很大的街道，可是日本人已经建了一个管辖性的兵营来抢夺景观。回廊里，一系列的雕像很特别，因为在每一张脸上都保持了同样的铸铁的平坦感觉，灯笼式的下巴，毫无生气，没有死，因为从未活过，然而却试图假笑。它们好像是很早的作品。

从朝鲜回日本的旅途中，他不得不乘坐统舱的卧铺，舱里塞得满满的，而且让人生厌；于是，他感觉"能在甲板的空板子上睡得沉沉的，很满意"。但是，在京都，他的钱花光了，这时正是在赶往东京的路上，而且也不能兑现支票。"我发现我把笔记本丢了，"他后来写道，"在饭店又积累了一张账单，而且整个一周都在完全的失败中度过，只是在街上四处闲逛。绝望造成了某种疾病，我忘了是什么了，可能是感冒。最后旅馆接受了我的支票，放我回家了。我希望，对于生命中这次奇怪的缺口，我能记得更多些。"最有可能的是，他只是简单地喝多了，只是像纯粹累坏了的人那样，睡了个大觉。

后来，当他终于辞掉在东京的职位回国时，他在那次炎热夏季的长途旅行中在缅甸、锡兰和印度下车逗留——还是为了寻找佛像这个特别目的。他对于佛教的景仰超过其他任何宗教，包括印度教（Hinduism），这种心情在他在印度记录的笔记中明显表露出来，在那里他写道：

> 佛教的复兴恐怕是没有希望了，但那没有什么关系；当我到达菩提伽耶（Bodh-Gaya）［佛祖］开悟的那棵菩提树前时，我看到一些穿着黄袍的人，我有一种巨大的感情上的安慰，不管怎样，不管他们所知有多么少。他们已经建了一个特别好的寺庙［摩诃菩提寺（Mahabodhi temple）］以及静修房，这里有着奇妙的英国式壁画。一个肮脏赤裸，仅有一截缠腰布和一片垂饰遮羞的男人，声称自己是大英帝国的官方导游，见你朝这片废墟走来，就扑过来，用英语不停地重复说，所有塑像都是阿育王时期的，而实际上那个时期的塑像根本没有能够留存下来的。

菩提伽耶是他在印度拜访的唯一的地方，而这地方似乎"实在不值得去看"，他后来对乔治·桑瑟姆（George Sansom，此人是驻东京英国大使馆商务参赞；日本文化顶级学者之一，他自己也曾研究过日本和朝鲜各个地区的寺庙、神社和博物馆）说，但是"作为弥补，［他］一路小跑着去了巴拉巴洞穴（Barabar caves），那里空空的，打磨得很齐整，"他正确地猜测说，"那里可能是福斯特（Forster）在《印度之行》（A Passage to India）中［描述马拉巴洞穴（Marabar caves）时］所想到的地方，虽然它们并不完全相符。"[110]

佛教道德允许信徒通过不断转世来提高自身的道德价值，这让他感觉佛教总体上比基督教更加人性化，而且确实更加慷慨。然而，真正吸引他的，主要还不是这种信仰的道德性，而是他在远东四处寻找的佛祖的无数面孔的意义。两点特别因素让他对最早的佛祖真实雕像着迷：（ⅰ）最古老的雕像所呈现的表情之谜，它们既表现出信仰的根本意义，又超越了国家和种族的界限；（ⅱ）那个形象以及形象所表达的信息，从印度一直传播到太平洋的过程。对于不在意的西方游客来说，佛祖那不可理解的，甚至冷漠的脸似乎在东方世界被广泛复制；而燕卜荪勤勉的眼睛却使他可以区分，不单这个形象从一个国家到一个国家间不同，实际上还有，在同一国家的不同历史阶段也不同，而且他能够看出佛祖表情融合了两种表面上看来不可兼容的意义的范式。为了那本日后带给他世界声誉的书——《复义七型》，他曾经自修了文学表达中的复义问题；于是，在30年代，他发现佛祖表情的秘密也隐含了根本的复义。因此，便不奇怪，多罗西娅·理查兹（Dorothea Richards）会于1934年在日记中写道："威廉·燕卜荪回来了，似乎想要试着写一篇有关日本雕塑中表达复义的文章，他好像被奈良迷倒了。"[111] 1936年2月5日，他在《听众》上发表了一篇短文，描述他的一些发现，不过他对自己论述的理论依据有所保留；最后，在第二次世界大战结束时，他坐下来完成了自己一直珍爱的计划，一篇专题论文，名为《佛祖的面孔》［The Faces of Buddha，另一个显得更加庄重学术的题目是《佛祖面孔的不对称性》（Asymmetry in Buddha Faces）］，文中穿插了许多他在旅途中搜集的照片作为插图。不幸的是，他在1947年返回中国后不久，完稿连同照片便在伦敦丢失了，这事并非由于他的错，而且让他长期伤心不已。不过，原本堆积在他小屋里的这篇文章的草稿，有几页幸存了下来，——特别幸运的是包括这开篇的一页，因为这一页给出了他完整理论的关键点：

专家们总倾向于避免谈论关于伟大的佛祖头像的表情问题，部分原因是，这整个有关面孔的话题很少被科学理解，于是人们只好求诸于个人印象。当我问波士顿博物馆的兰登·沃纳（Langdon Warner）先生有关它们的问题时，他欢快地说，"那是条疯狂的路"。但是那些脸是宏伟的，如果我们必须因为害怕说错话而保持沉默，那其实就是对于我们的无能为力的奇怪坦白了。我认为有一桩被西方评论家忽视的事情需要弄清楚，这事会让你更好地理解和欣赏这些塑像。必须同意，这些面孔令人吃惊且引人注目的特点，大部分来自于它们组合了似乎不可兼容的东西，特别是一个完全地静止与一个帮助祈祷者的动态力量。现在，当然这两样东西要在整张脸孔上扩散开来，不然它便没有了统一性：这整个工作相当精妙。但是，在那些伟大时期取得这个效果的通常做法是一个可靠而又简单的方法：这两个不可调和的东西被主要分散到面孔的两侧。

当我在日本时，曾有机会去建议这个理论给姊崎胜（Anesaki Masaru）先生［此人是宗教艺术的著名专家］，我非常小心地这样做了，以为他会把这看作是我一时迷恋的小把戏。而他却把这个理论看作是明显的、众所周知的，还让我去比较一下能剧舞台上的面具。它们给出了一些类似历史证据的东西，因为艺人的传统并未丢失［他们远比推古（Suiko）雕像的时期要晚］：它们的脸在建造的时候，就是为了要带有两种表情的，这一点肯定为人熟知。[112]

他的结论与他关于文学复义的论述紧密结合。

在他的内心中逐渐成长的一个认识是，佛祖的面孔代表了某种并非必然，甚至明显的国家性或者种族性（考虑到它的形象源于印度）的东西，它可能跨越地理和历史，串联了从一个与地中海世界联系的点，到东方世界最远的地方。在30年代早期见证了民族主义疯狂错位的表现之后，他开始关心能否通过各个国家的宗教神话、艺术以及种族融合，来缩小国家间的不同，并加强不同国家间共同点的意义。于是，他在《佛祖的面孔》中论证说，把佛祖的表情看作"仅仅是种族性的"是错误的：

> 西北方的希腊罗马艺术家，在公元一世纪时，似乎已经打破了印度关于佛祖是不可以描摹的传统，他们的阿波罗（Apollo）的平静与马图拉（Mathura）人性而强健的大地之神的传统形成冲突……在理解面孔上这个单纯种族性的困难，比你预期的可能要小，吴哥（Angkor）以及阿旃陀（Ajanta）的艺术家似乎用把同样的面孔放到人类所有种族身上来作为消遣。

甚至在大约三年前，当他抱怨不知道"在达尔文的书［《人与动物的感情表达》（*The Expression of the Emotions in Man and the Animals*），1873］之后还有什么关于面孔的好书"时，他就曾宣称，"我确信对于整个人类种族来说，通过面孔来看出性格的基本原则是相同的——考虑到个人彼此区别的类型——但是这些类型到底有什么意义？等等等等。"他至少感觉肯定的是，佛祖形象跨越各个国家，因此任何一个国家声称佛祖形象是属于某一个固定种族的说法，都是有害的谬误。比如，在第二次世界大战期间担任BBC汉语部编辑时，他曾以日本帝国为例，说：

> 日本人类学家高兴地承认来自中国、蒙古和南海岛屿的移民浪潮。然后又有北方的长毛虾夷人（Hairy Ainu），这些人肯定曾与日本人通婚。长毛虾夷人据猜测可能是我们这样的高加索人。喜多川歌麿（Utamaro）木刻中的漂亮女孩有着窄窄的面孔和弯曲的鼻子，典型的犹太类型，这种形象只在日本贵族中才真正出现；这个成分可能来自南海的阿拉伯商人。事实上，它是一个相当完全的民族混合体。[113]

1933年，也就是在日本最后一年的开始，他向西尔维娅·汤森·沃纳先讲述了关于乡间的事，后来又谈了关于人们的奇妙宿命式行径——话语中掺杂着讽刺性的怪念头和轻蔑的担心：

> 这是日本一年中最好的时节，在舒服的凉爽天气里，高高的天上闪耀着太阳。你满眼看到的只是秋天的色彩，因为大多数的树都是松树。不过，可能以后会更好，那时你已经远离它们，稻田也已经安定下来，像脆脆的须苴。在那时候，这个国家才不会像日本版画那样让人讨厌。
>
> 另外，现在是自杀的季节，那可是这里的一项国家性体育项目。有一个特别热衷于此的人把自己投到大岛（Oshima）火山口时（一个度假小岛——最受欢迎的度假胜地之一），对游客们喊道："来吧，让我们一起跳吧。"火山口实际上可以容纳这大半个国家。但是，警察却有更加严肃的看法，于是张贴了些黑白的告示："你的国家需要你。""请慎重考虑。" 我的大多数学生因为一股潮湿的幼稚病式的忧郁而显得黏乎乎的，即使在他们咯咯笑的时候也如此。如果他们在一场长期而耗人的战争中被惨痛地击败——这是他们自找的——他们可能真会愿意全部死光，像更南

面的一些小岛上的人们那样。它实际上就是一个南海的岛屿，虽然你不能这样告诉他们——他们总是或在水中或钻出水面，或在洗澡或在游泳，他们的房子明显是为更暖些的气候而建的（滑雪经过稻草席上堆满积雪的农舍，见到整个墙壁都向风敞开着，孩子们躺在被子下面彼此逗着玩，真是奇怪的景象）。他们使用的所有颜色，甚至不协调的粉色，都是些水下的颜色，水母的颜色，质感也同样是水母般的。[114]

他估计说，很多人在仿效埃特纳火山（Etna）上的恩培多克勒（Empedocles），纷纷跳入三元山（Mount Mihara）的火山口，这话并没有夸张。爱德华·塞登斯蒂克（Edward Seidensticker）证实了燕卜荪有关自杀潮的说法（很多此类行为缘于意志消沉、疾病、家庭困难，包括经济萧条带来的影响）：

> 1933年早些时候，一个来自东京的女孩跳进大岛的一个火山口，那是伊豆诸岛（Izu Islands）中最大的一个，位置在相模湾（Sagami Bay）及其附近，东京的南部，这些岛屿是东京府的一部分。这个女孩还带了一个朋友来见证这件事，并且通告整个世界。一个跳进同一火山口的风尚开始了。到年末时，大概有一千人跳入其中，其中五分之四是年轻人……
>
> 大规模自杀发生的那一年好像总体上是一个紧张的神经质的年份。这一年，日本拒绝了要求日方从满洲撤军的《李顿报告》（Lytton Report），离开了国际联盟［3月27日］。孤立与忧虑的情绪席卷了这片土地。[115]

国际联盟在1933年2月17日正式采纳了《李顿报告》。它拒绝承认"满洲国""在法律上或事实上的"虚假地位，但是，它并没有采取其他行动来驱逐日军；而日本方面却从国际联盟退出，这足以证明国联没有实际能力。

几个月过去了，燕卜荪感到的孤立与疏离丝毫没有减少。1932年11月他以惊人的直率报告说：在校园里，"你会感到大众的极端爱国主义和官方的军国主义仿佛加在脖颈背后的一块重物；我的日本同事对这一点感受比我更加真切。"而说到在中国战事的未来，他只能尝试些没有道理的乐观猜测，一些并不灵通的当地意见也支持了这种猜测："国联这样整体地丢面子实在是件坏事。但是眼前的情形却是，这个游戏会让日本迅速垮台。这一点甚至不需要外界的干涉。"[116] 但是G. C. 艾伦教授注意到，日本的萧条"是相对短期的。到1933年，经济复苏已经准备就绪，这主要是通过扩张式的货币政策和工业生产的提高来实现的。"

燕卜荪的社会联系有限。他认识一些人，比如H.维尔·雷德曼以及乔治·桑瑟姆爵士及其夫人凯瑟琳，他认为这夫妻二人都很快活。不过，就只有这么多了。他喜欢浪迹海外的人们那种奇怪的放肆狂欢，比如，他在1933年10月与约翰·海沃德开玩笑说："舰队进来了，我则沉迷于和一些能干的家伙们喝酒，把他们带到好啤酒馆被看作是做善事。你要知道，他们的眼睛有多么蓝，多么的理想派而且有文化，但是，对于一位流亡者来说那真是让人烦乱。"[117] 实际上很有可能燕卜荪与某位船员享受了那老一套的一夜情：他在1934年回英国的旅途中，顺便拜访了朋友和同代人罗纳德·博特拉尔，并强迫博特拉尔和他一起去泡酒吧。博特拉尔在1974年的《燕卜荪纪念文集》（Empson Festschrift）中用他糟糕的打油诗来回顾这段愚蠢但又史诗般的冒险（博特拉尔的诗歌虽然不好，但有时提供的事实依据还是可以信赖的）：

> 在新加坡，我们蹒跚着、寻觅着
> 在水手中间，在每个肮脏的洞窟内
> 寻觅着诺比·克拉克，但是寻到的那个
> 并不是他的诺比。
> 这让他相当懊恼，
> 他并不知道，虽然他常把选词当作爱好，
> 海军里的克拉克们，都叫做诺比。

> 玛格丽特和我把他捧上了天，
> 我们安排了第二天
> 在一个文化午宴上
> 让他露面，那里的
> 女士们，都穿戴成最时髦的样子，
> 敬畏地看着他。
> 在食物前面，这位诗人站立着。

一个开场演讲？对，短而快：

"我快要吐了。"

这就是女士们听到和看到的。[118]

而在另一个极端，他曾经请求在日英协会（Japan-British Society）露面，却发现自己会和秩父亲王（Prince Chichibu）谈话，此人是天皇［裕仁天皇（Hirohito），后来以他的年号昭和闻名］的兄弟，他曾经在牛津的玛德林学院短暂学习，也曾在伦敦大学学院语音学系上过课（哈罗德·E.帕尔默曾经在东京做过他的英语教师，埃德蒙·布伦登也担任过这个角色）。燕卜荪关于这次与皇室会面的描述，特别是其间还有他的一个英勇而又荒唐的对话开场白，值得全文转引：

> 我抱怨了几句有关花费的话之后就走到那里，因为，虽然一个教授在那种场合实际上并不引人注目，我可不想错过任何乐子。一个英国低级外交官扯着我的领子说，"你去和秩父聊聊"—— 因为外交官只能用一种非常特别的，专门用于皇室的日语与他讲话，我则可以用英语与他交谈，而不致打破任何礼仪，当然他完全听得懂英语。这就好像忽然发现自己站在一个闪亮的舞台上，可是并不知道自己的台词似的。为此，我将永远对自己高看上一眼，因为那时我立刻想到了对这位友好角色说的一个还过得去的话题。我说："你为什么不在日本这里养一群猎犬呢？"而这就是我需要说的所有的话。于是秩父立刻说，第一个愿意在日本养一群猎犬的人，肯定会发大财，但是猎犬主人将必须与有着非常特别的狐狸迷信的农民们一起配合。他必须自己就是一个狐仙，同时又是一个狐仙的救护者，不过这倒并不难做，秩父正在很细致地给我讲解这一点时，我忽然又被人拉着衣领扯开，因为一位英国外交官驾到，他准备好要用那种专用于皇室的日语与秩父讲话。考虑到除了开头的那一句，我还没有说过别的什么话，只是一味高兴地叫喊，如果我说，我觉得这个打扰肯定让秩父很不高兴，我希望不会显得自己太好虚荣，毕竟，除非他愿意像对我似的那样行事，他是不可能专程跑到这个特别的俱乐部的。这件事……在我心中留下这样的印象：皇室是愿意你用一种并非战战兢兢的方式与他谈话的，只要你的方

式并非鲁莽或者在政治上有什么错误。

说来奇怪，但并不难相信，他把亲王的话还是比较当真了，而且甚至在一封书信的草稿中建议他的姐姐莫莉（Molly）说，她和丈夫菲利普·基钦（Philip Kitching）可以考虑移民到日本，来这里养一群猎犬。"狐狸目前是一个迷信的恐怖对象，"他据实报告说，"当你租一匹马，骑着到乡下，你看到的在岔路口的神龛里供奉的究竟是佛祖还是狐狸，实在很难定夺。我认识的一个乡下女人［可能是田山千代子（Chiyoko Hatakeyama），见下文］告诉我，她很小的时候，她告诉弟弟说，妈妈是一只狐狸精（晚上会变成狐狸，而且冲着人叫）。当妈妈回来时，小男孩便蜷缩在角落里，朝妈妈吐唾沫。你看这里多么需要打猎呀。但是不能在米乡打猎，不然你会踏坏堤坝的，（会吗？）不过，你可以在北部打猎，那里是牧场地带……这似乎是一封很傻的信，但是不到十天之前，日本皇位的继承者同意了我的看法，不过他说，他们最好把熊和狐狸一起打。英国人——特别是像打猎这样的事——在日本仍然有很大的影响—— 看看他们所有人滑雪的样子，有人可从这里面发了财……你到这里来比我要好；从你的角度来看他们都是好人，不过从我的角度来看就不是那么好了。"[119]（他特别急切地要劝说他的姐姐和姐夫移民到日本来，于是还在信中违心地加上这样的话："说到学点日语，这［菲利普］必须要做，我认识一个人有很好的学习系统：你只需要学习一千个词汇，可能甚至还没有这么多，再加上一个非常简单的语法就够了，没有人懂得所有的日语的。"）

说到他与那些叼着烟袋的矮小日本人的接触，那些人可能不像秩父这样老于世故（很奇怪，那些在英国受过教育的日本人，有时会把英国称作"家乡"），这些接触往往会被恼人的繁文缛节束缚。燕卜荪1942年在BBC广播中坚称，人人都知道，让日本人对外国人友好是很难的，然而"即使在两个日本人之间，人际关系也倾向于有些苍白。我记得伟大的语言学家冈仓先生说过一件奇怪的事，说这话时本是毫无缘由的，就像日本人的自信心总来得毫无缘由一样；他对我说：'我们没有通俗日语，这是我们最大的困难之一，我们没法像英国人那样彼此平等地说话，在我们的语法中总是暗含着一种正式的关系。'所以，我还是不同意全世界所注意到的日本人身上奇怪的僵硬感，是种族的或遗传的特性这个说法；那是他们近代历史和政治结构的直接后果。"[120]

一旦天气不错，他就会去明治神宫（Meiji Shrine）旁边的神宫游泳池消磨时光，希望能够结识些不需要有正式往来的朋友，这没有什么奇怪的。医学学生佐藤永信（Sato Nobuo）便是一位这样的朋友，他注意到这个外国人总是带一条浴巾和一块手表到游泳池，而且每次都带着一本不同的书，一天是一卷关于佛教的书，另一天则是一本新小说。[121]

　　事实上，燕卜荪大部分时间都在游泳池的混凝土沿上读书，两个小时里只有五到十分钟会下水游泳。他带佐藤回家喝酒的时候，用蹩脚的日语给出租车司机指路。（关于所谓日本人典型的无法快速作出决定的特点，燕卜荪在第二次世界大战期间开玩笑说，"东京的出租车司机过去总是带一个人坐在前排座位，来帮助他作出决断；这另外的人也并不比真正的司机更认识路，但是只要有两个人，他们就会考虑考虑。"[122] 燕卜荪对这类挖苦话的实际含义可是深有体会。因为在1934年，他因自己一个人与出租车司机同行而几乎造成大麻烦。）佐藤注意到，燕卜荪的衣服虽然整洁却很破旧，他的头发像"麻雀窝"，屋子也很凌乱。燕卜荪透露说他不是基督徒，又解释"牛津"和"剑桥"这两个地名的来历。从那之后他们经常在泳池见面，在那里，佐藤注意到燕卜荪的游泳技术与自己的英语一样差。于是佐藤试着教他如何正确地游泳，但是徒劳无功；不过，燕卜荪却摆出一副对于自己在游泳方面毫无建树一事不屑一顾的样子。

　　有一天，他们一起去徒步旅行，穿越三浦半岛（Miura Peninsula）去镰仓古城，那里聚集着大量的佛教寺庙和神道教神社。他们一边走一边聊。佐藤对于英国文学一无所知，于是他们就聊起了植物学、动物学、有机化学和医学。佐藤很吃惊，燕卜荪竟然对于碳原子、概率论、二甲苯和苯酚的结构，甚至维他命D与紫外线的关系这类话题都很熟悉。［另一天，有个学生带燕卜荪去参观一块墓地，那里埋葬着拉夫卡迪奥·赫恩和小说家漱石（Soseki），燕卜荪便炫耀他的数学能力，他先问了坟墓的尺寸，然后便计算出共有多少具尸体埋在这整片墓地中。］当他和佐藤迷路时，燕卜荪拿出他的刀子，插入土中，又趴在地上，耳朵朝向它：他在听是否有人走来了，他说。当他确信听力所及没有人的时候，他们就继续按他大步流星的速度前进。两个小时后，他们到达镰仓，进了一家饭馆，享受了一顿鳝鱼、米饭和西瓜组成的美餐。当一对夫妇带着个婴儿进来时，燕卜荪说他讨厌婴儿，就像讨厌蛇一样，于是他和佐藤就离开了。在令人心碎而又美丽的长谷寺（Hasedera

Temple），他们看到三十英尺高的十一面观音，那是日本最大的木制雕像——佐藤又一次惊讶地发现这些燕卜荪全都知道。然后他们又去相模湾游泳，还在由比浜海岸（Yuigahama Beach）摔跤。游泳之前，燕卜荪把自己的手表埋在沙里，可是之后却找不到了。"没关系，那只是个不值钱的东西，"他耸耸肩说。（有时候，他好像希望自己因为这样的孩子气，这样的无可救药，而被人爱。）后来，根据佐藤永信的说法，他们离开了海滩——就像那样，赤身裸体而且光着脚——去拜访燕卜荪的美术老师玛乔丽·西胁，幸运的是，当时她不在家。再后来，在他们寻找一家茶社的时候（大概那时他们已经又穿上了衣服），燕卜荪坚持说一定要找一家"不放唱片的"的店。回到东京，他们找了一家中国餐馆，因为燕卜荪说他喜欢中国食物——不过，当他费力地去点菜时，总难免要把"花"和"面粉"搞混。

另一次，为了躲避当天的空袭演习，他们决定去乡下，装备好三明治之后，他们坐车经过所泽市（Tokorozawa）郊区，到达村山水库（Murayama Reservoir）。到达目的地时，已经是晚上了，当时正在施行灯火管制，所以湖水看上去一片漆黑。但是，燕卜荪这个强健的步行者没有被阻挠到。佐藤注意到，在城里，就连最短的距离他也要乘出租车，但是在乡下他却走得特别快，很难跟得上他。他们被汗水和雨水浸得透湿，野餐也是在黑暗中吃的。有时候，燕卜荪一定显出是在扮演专业的英国人，因为除了"喝茶时间"，他从不休息。但是实际上他并没有要表现什么：他就是这样精力充沛。

佐藤永信说："我最喜欢的，是他孩子般的天真，他的率性，他不愿就自己的意见作出妥协，还有他有空就读书的劲头。"燕卜荪对佐藤非常慷慨，借给他书、唱片，甚至他的打字机。他告诉佐藤说，他回到英国之后，就不再做教师了。

燕卜荪唯一提到与佐藤永信友情的文字，开始于他对他们镰仓之行的回忆，这充分显示出他审美感觉的高超层次；那篇回忆在结束时提到，他的日常生活包括一些闲暇的乐趣，但更多的却是工作中的不快：

> 昨天，我翻山越岭走了六英里，到达镰仓：满眼松树、桦树和竹子，小路崎岖，上上下下。小而陡的青山，俯瞰酸绿色的平坦稻田和大海。潮湿、沸腾的电一般的阳光，野生虎皮百合以及硕大的天鹅绒般的黑蝴蝶。与我同行的是一个我在市政游泳池认识的出色的年轻人，他准备将来做医

生，现在正试图教我爬泳。是我该离开这个国家的时候了——我一直害怕第三年——但是，这里的确有一种从无所事事中得来的、真切而懒散的快乐。只有当他们与文学无关时，你才会特别喜欢他们，而喜欢他们又不得不为他们感到难过，因为，的确除了阴郁的厌恶与不屑之外，还可以感觉到很多东西。[123]

他的感情并不局限于他在游泳池结识的年轻人。1933年早些时候，他给I. A. 理查兹的信中显示出好像日本女性是一种未知量：她们是某种异类，她们对于像他这样的西方男性，除了理论上之外不会有什么兴趣。的确，当理查兹宣称，日本女性对于西方人来说显得奇怪是因为她们的社会很少或者没有浪漫爱情的传统时，燕卜荪思考了导师的意见，然后得出自己的结论，这结论可以说既轻蔑又毫无根据。不过为他说句公道话，燕卜荪自己也认为这些想法"太过醒龊"：

> 您认为浪漫爱情在东方是新鲜事，我不知道这在哪一方面来说是对的。所有这些爱人自杀的故事都足够传统了。桑瑟姆告诉我，日本一旦出现不完全忙于军纪的有闲阶层，所谓的浪漫爱情诗歌也就出现了。要说这东西没有被官方认可，我不知道维特式（Wertherism）的多愁善感曾经在哪个地方被认可过。然而在日本女人与西方女人之间，似乎有着特别的不同，而这只靠"她们没有选举权"或"她们在实际事务中被轻视"这样的解释来打发是不够的：她们与欧洲南部的女性非常不同，那里的女性似乎在法律上与她们的地位相同，有人告诉我说，在日本，妻子可以处理小店中的所有账目，而且像法国女人一样享有领导权。你可以说，那是年龄战争而不是性别战争：老奶奶有足够的影响力。不同主要在于有关"谁坐桌子的首位"的观点——"谁统治客厅"—— 你忽视的是打杂女佣的吸气，那意思是说她已经把屋子收拾好，也意味着要展示给你她想的是什么。无疑，在中国这是完全不同的。人们有时说，女人在那里过得很好。日本男人会同意，他们从日本女人身上得到的乐趣很少（比他们从书本上读到的，能够从欧洲女人身上得到的要少）——因为这些原因，我为这里的年轻男人感到难过。但是我不认为，这是因为某些词——比如"爱"——的

用法上的变化所致，主要是传统上要求女性要显得迟钝并且幼稚，这更加让人无望。[124]

几个月后，情况发生了很大变化。1933年夏天，他与一个名叫春（Haru）的年轻女人有了恋情。她的家住在横滨（Yokohama），自己在驻东京德国大使家里做育婴保姆。那是一个身材纤弱的漂亮姑娘，烫着最时新的波浪发。在燕卜荪留存下来的文件中，曾经提及她几次，第一次是在1933年10月8日的一封信中："'太多稻米'（中国黄包车夫们对于疾病的统称，我不知道他们是否也会用它来描述饥饿），今年在日本种了'太多稻米'，农民们处境困难. 我的年轻姑娘希望把自己卖给一个德国商人来养活他的双亲，但是她的一个姐夫来帮忙，于是化险为夷了。我没有提出任何建议，只是为她买了些衣物。'[125] 如果这次提及春显得粗疏或者自大，原因可能是，在写给约翰·海沃德的信中，燕卜荪总显得很轻率。（春的父母，像这段话字里行间暗示出的那样，是贫穷农民吗？又或者是遭遇不幸的有些田产的人呢？没有什么文字或者个人的证据能够证明任何一方面。）但是，与春的关系，对于燕卜荪来说，当然对春也一样，绝不仅仅是一场随意的或相互利用的性接触。这段感情激发他写下了一首诗，那是他在日本创作的很少几首诗中的一首。《晨歌》（'Aubade'）也是一首罕见的直接透露他私生活的诗。三十年后，在一次访谈中，他解释这首诗的方式显出那时候他是抱有正直而且善意的希望的。"我在日本时……通常在殖民地待了很多年的人会警告年轻人：不要去娶个日本女人，因为十年之内我们就会与日本开战，那时你娶了个日本女人就有大麻烦了，这首诗就是关于这个的。"[126]

这是这首诗的前半部分（最终稿）：

> 黎明时分地震把我们从梦中惊醒。
> 我的家位于崖顶，地震可将书籍
> 震落书架，将一排排酒瓶摔碎。
> 接着是寂静，然后是更大的余震。
> 看来最好的选择就是起身离开。

太大的震级，我的双脚无法站稳。

我期待着各种楼宇都被震垮。

坚定站立的心是因为你无法逃避。

似乎很安全，可她还是起身穿衣。

备受保护的游人给导游出了难题。

然后我说，花园？她笑着说，不。

她要的是出租车，我要的是休息。

看来最好的选择就是起身离开。

语言有问题，但你必须交流尝试。

她能否指出个可躺下的坚固地点？

坚定站立的心是因为你无法逃避。

地震伤亡不是她想要说的问题。

问题是一旦被惊醒，他会大叫，

发现她不在家，他就会知晓。

我试着说半小时后再回去报到。

看来最好的选择就是起身离开。[127]

    诗歌内部的证据以及诗歌的类型可能暗示，最后一节的"他"也许是这个女人的丈夫或者父亲，S. F. 博尔特（S. F. Bolt）却在一封公开信中透露："这个人……是诗人的伴侣，那个保姆，要照看的一个小男孩——我曾写了篇东西，认为这首诗涉及一位丈夫，燕卜苏便向我作了上述的解释。"[128] 博尔特博士进一步对我解释说："这事发生在我做《三角洲》（Delta）诗歌编辑的时候，当时我正在撰写一系列有关诗歌创作手法的文章。在一篇有关重复的文章中，我展示了'坚定的心'等等，如何一个诗节一个诗节地发展意思。这就涉及到解释，包括把'他'解释成丈夫。另一位编辑［也是燕卜苏在谢菲尔德大学的同事］伊恩·麦基洛普（Ian MacKillop），在发表之前将稿件拿给燕卜苏看，然后写信给我说，燕卜苏看到暗示那个女性是别的男人妻子的话时很恼火，确凿地说，这个女人是德国大使家的保姆。"[129] 很有可能，罗纳德·博特拉尔也错了，不过是关于其他细节的，因为他说燕卜荪：

> 威士忌果腹后，开车上班
>
> 然后又与那个女仆调情
>
> 这女子的雇主，可是凶险的瑞士部长[130]

在燕卜荪到达东京后三周，即1931年9月21日，便经历了人生中第一次地震，此次地震中共有十三人丧生；以后两年里，他又经历了几次小地震。在这首诗所谈到的时候，一旦地震将这对熟睡的恋人惊醒，女人的第一反应不是尽快冲出燕卜荪的宅子逃命，而是要乘出租车赶回家。虽然这段恋情并非通奸，她与恋人在外留宿，仍然算得上是件丑闻。

这首诗的关键是回响的叠句之间的震荡，指出责任与欲望之间互相冲突的召唤。"看来最好的选择就是起身离开"也指出流亡国外者的爱国之情。"坚定站立的心是因为我们无法逃避" 触及爱情、婚姻的可能性，以及作出决定等问题。到底哪一个更高尚，是留下来，在东京娶了这个女人，还是听从祖国以及更深切的政治立场的召唤：这个问题成为诗歌剩余部分的支点，最后以接受更大的真理结束（这一点通过最后一行的"我们"这个复数概念得以概括），新的承诺必须屈从于更长远的不可剥夺的责任。任何一个选择都不会令人满意，或者减少一分痛苦，最终还是积极现实主义的原则赢得了这场竞赛。

> 正是在矛盾中，它们凸显出来。
>
> 看来最好的选择就是起身离开。
>
> 起身，是让人振奋的坚决回答，
>
> 坚定站立的心是因为我们无法逃避。

在这最后几行中，燕卜荪说："主要意思是，如果世界大战将要发生，那你就不可能从战争中摆脱出来。"重点是"被动地忍受。我们必须承受它，我们不可能躲避历史的现实"。于是，关于在这首诗中，被戏剧化了的与那名日本女子的恋情，这几行直白地说："我们不能结婚，我们必须准备好分离。"

另一处提及春是在1935年1月，他们分开后几个月。燕卜荪说（在他写给凯瑟琳·桑瑟姆的一封信中），在离开日本之前他给了悲伤的春一些经济上的资助。"我收到来自东京的春的一封明信片说，她保存着那笔钱，很少，我离开时给她的，她说当我特别困难的时候，就会把钱给我寄回来的，她相信我肯定会有需要这笔钱的时候。她写信的时候很高兴了。我盼望她能够走一条更有希望的道路。"[131] 这样的措词显现出，他一定在自己与她之间拉开了一条比较大的情感距离。这最后一句，虽然很和蔼，却并没有显露出任何希望她朝他的方向走来的可能。

这次简短的跨文化接触之后，这段关系并没有像它可能的那样，勇敢地结束。春在1935年夏天到访英国，在将来的诗人和学者戴维·维弗尔（David Wevill）家做保姆，多年之后后者回忆说：

> 1954年秋天，我从加拿大回来，刚刚开始在剑桥的学业。我给父母写信，告诉他们我正在读的一些诗人的名字，包括燕卜荪。我父亲，我想他对于作家或者文学一无所知，给我回信问道，这是否是那个我们在克里登（Croydon）（我想）租住的房子里他曾遇到的那个威廉·燕卜荪，当时我们正客居英国［1935年，从横滨来］……我的父母曾经把那个年轻姑娘作为我的保姆带来，根据法律，我父亲有责任保证她作为一名日本公民安全返回日本。燕卜荪来敲我们的门，说要见她，编了个什么故事我就不知道了，但是我相信燕卜荪曾经几次通过各种方式试图见她。我好像记得，我父亲可能找到警方，要求他们控制燕卜荪。[132]

这样不确定的回忆表明，维弗尔的父亲相信燕卜荪是在骚扰这个女人，或者至少是过度纠缠不清（有可能在拜访那家人家之前，先喝了些酒来壮胆）。燕卜荪的确与春接触过几次——虽然不太可能确定哪一方不太乐意。他们甚至一起出城——可能是在一种逐渐积聚的尴尬、遗憾与相互指责的心境之下——可能去了他的朋友菲莉丝·克鲁乔夫（Phyllis Chroustchoff）在德文郡（Devon）的家。证据是，他在1942年的一本日记中有这样一个条目："我记得一个日本女孩和我一同走入一片德文郡的草地，在郁郁葱葱而又无忧无虑的夏季里咆哮着。她看了看那十英尺厚十五英尺高的树篱笆说，'在日本我们吃所有那些东西'，要不就因为所有的东西都在刺伤她的大腿，而感到又吃惊又生气。'你们为什么让这些东西生长呢？'她不能理解荨麻与蓟刺。但是，我曾把这看作是日本美丽的地方，那里的农业就像园艺。"[133] 1935年10月11日，他告诉桑瑟姆："春今天离开英国，在昨天连哄带骗地见了最后一面之后，她显得挺高兴。"[134] 明显地，他并不认为自己有责任要送她上船，那艘船将带她去加拿大。

在11月13日，他在给桑瑟姆的另一份简报中，表达出一种明显松了口气的心情，因为他对她的幸福的责任，已经转移到别人身上，甚至是春自己身上了："春从加拿大写来非常高兴的信，她在那里已经交了朋友了。维弗尔一家把行李落下了，于是派她回去取，我必须要为春宣称，一旦不受束缚，她就变成一个善于社交的角色。"[135] 不过，在约翰·达文波特（John Davenport）写给朱利安·特里维廉（Julian Trevelyan）的一封信中，某句离题的话暗示出在她离开后几星期里，燕卜荪可能感到很烦乱："约翰·海沃德收到比尔的信了，但是因为这信明显是在巨大情感或酒精作用下写成的，我们还是一如既往地全然不知他究竟怎样了。"[136]

然而，还有另外一条证据也应考虑进去。最早发表于《今日生活与书信》（*Life & Letter Today*，1937年冬）的《晨歌》版本，在诗的正中间（紧随上文引用的开篇几个诗节之后）包括了八行，暗示出这件事的结局是纠结的，可能会造成伤害——这伤害对女人来说，比对他自己要更大些：

> 没有一本散文体的书，这对她不公，
> 来自现实的抒情诗肯定令人苦恼，
> 它更加折磨人；折磨更加缓慢，
> 不过关键并不是它要花费多长时间，
> 看来最好的选择就是起身离开。
>
> 我不知道，什么力量促使它死去，
> 什么黑色生命还可能与它继续合谋。
> 坚定站立的心是因为我们无法逃避。

可能他发觉，最初令人陶醉的关系，以惊人的速度转变成一场恼人的绝对错误，或者一个他无法面对的大谎言。［在那首诗在杂志上发表几个月之后，他写信给《今日生活与书信》的编辑罗伯特·赫林（Robert Herring）说："你们发表的这首关于一个日本女孩的诗，当我在这里看到这份样本时，它让我感觉大脑一片空白。我感觉到只是一种模糊的尴尬。"[137]］可能他无法在自己心里找到某种坚定的意志来结束这份感情。又或者，当他祈求被释放的时候，她不让他走。我们无法确切知道究竟如何。我们所知，只是他选择在以后付印的版本中，去掉上文引用的诗行，可能因为诗中提及的"折磨"和"黑色生命"会暗示出她已经变得满怀怨恨，或是简单地自取其辱式地纠缠不放。

而不幸的真相是，可能她真的试图要保持他们之间的爱情，即使当那份感情已经自然凋谢之后。燕卜荪对于这份感情的最后断言，写在1940年7月23日给罗纳德·博特拉尔的信中（自从上次见到"可怜的春"之后，他现在这么称呼她，他已经到过中国，而且重返祖国）：

> 我回到英国之后见到了一封她写来的伤心欲绝的信，然后就丢失了地址；不过可能这反而是件好事。[138]

另外一次有些希望但并非完全令人满意的个人接触，发生在1934年3月，那时，他在东京短暂接待了一位来自日本北部很有天赋的女性。之前，他们曾有几个月的书信往来。她叫田山千代子，一位三十二岁的诗人和中学英语教师，曾有人鼓励她寄给燕卜荪一些她用英文写成的诗。[139]许多年后，有人问及，她是否是他在东京的一名学生，燕卜荪坦率但是相当轻松地回答说：

> 不，她只是日本北部某个地方一个学校的教师，她写了些英文诗，希望找人帮她把诗润色一下。我觉得它们挺好的。我的确见过她一次——她做完这些事之后到东京来——我意思是说，在她寄给我这些诗歌，我又把它们寄回去之后——我非常愿意保持这份联系。但是她却有些畏缩，我没有再见到她，她也没有留下个地址。但是我们没有过争吵——她只是有些畏缩……我想那是些好诗歌[140]

她实际上比燕卜荪大四岁，出生于1902年11月13日，在宫城县登米郡宝村（Takarae，Tome-gun，Miyagi-ken，北部区府仙台往北的一个小村子）。田山出生在一个农民家庭，家中共六个孩子，她在女孩中排行第二，其父养以蚕为业，但在华尔街股灾之后，他的生意也破产了。八岁时，她经历了一场大劫难，有一箱桑叶落下来砸在她的右臂上，那条胳膊在雪松树皮石膏中，被粗暴地挤压碎了，几天之后大夫发现这条臂膀已经无法治愈，不得不在肩膀处截去。

这个早年令人伤心的残疾并未阻碍她的发展——她能够用左手在钢琴上弹奏曲子，甚至能够滑雪——她是在开明教师的培养之下成长起来的。1915年，她进入位于仙台的宫城县女子学校（Miyagi Girl's School），这是一所基督教基金建立的学校，在这里，她成为一名寄宿生，并于1920年按期毕业。这里的大部分课程都由传教士教师用英文教授，所以千代子在英文方面既博览群书，也有很强的表达能力。在1915年到1920年间，她又在相关的更高学府——现在叫做宫城学院（Myagi Gakuin）——学习英国文学，那是一所私立女子大学，由传教士在1886年建立。在大学里，除了其他活动外，她还参演了一次无删减英语话剧《李尔王》（King Lear），并扮演了任务繁重的主角；通过自己的投入与努力，加之语言上的早期优势以及总是要求更多的排练，她圆满完成了任务。1926年4月，她接受了一份青森县弘前市（Hirosaki in Aomori Prefecture）一所女子学校的教师席位［在本州（Honshu）最北部地区］；但是九年之后，1935年11月，她从学校请了病假，因为得了严重的肺结核，并且需要忍受很长一段恢复期——1937年，她因健康状况不佳，辞掉了女校的工作。

田山本可以在1934年3月之前就遇到燕卜荪的。1932年，他曾经在轻井泽讲授夏季课程，而且可能原定明年还要去那里讲课，但是因为某种原因，他没能成行。可能是在1933年，她参加了另一场夏季课程，然而，很清楚她在那里学习时，燕卜荪没有教过她。她的一位朋友，也是燕卜荪在东京大学的学生平井 藤原浩（Hiroshi Hirai），1933年夏天作为中间人，安排把她的诗歌拿来给这位客座英语教授看。[141]燕卜荪很欣赏她的作品，也对她的进展很感兴趣，于是不辞辛苦写了一系列有关她的那些尝试性的诗歌的信，为她提供了详细的修改建议：他仔细修改了所有类似古体或者陈旧的诗歌倒装等问题，以及所有的习语使用错误或其他的蹩脚之处。特别是他在自己透彻的评论中毫不手软，这也是用没有任何屈尊的态度来对她表示赞许。

在第一封信中（1933年6月15日），他便直截了当地告诉她："用外语写诗是一种很好的消化这种语言写成的文学的方式，而消化了一种外国文学，则对用你自己的语言来创作很有帮助；但是实际上用外语写成的诗歌不过是一种练习。所以如果我对这首诗的评论非常尖刻，这并不是针对你的实际能力的。"

在另一封信中，他警告她，不要选择那种更容易的路子，即以为自己可以用自由体来创作诗歌：尝试绕过最好的学徒期训练是行不通的。

> 一个人最好的诗歌，通常都是很快写出来的：越好的，我想越简单，不过人们通过练习写慢诗来达到写快诗的能力。如果你想要得到写作英语诗歌的技巧，最好的办法是写一个规范的十音节的韵律，比如对句，你不必让这个练习干扰你情感的真挚表达：试着翻译一些你特别喜欢的东西。那些能够写出很好的自由体英文诗的人，都曾严格地训练自己写作规矩的格律诗——除了沃尔特·惠特曼（Walt Whitman）之外，不过，他的目标不是诗歌效果。[142]

他从一开始就告诉她，最好的诗歌强烈依赖对自然语言节奏的调和："比起严格的格律诗来，自由体需要更多的直接性，更少对正常英语的偏离——它表达了一种特殊的真诚，而没有理由来压迫它的语言。所以'一个孩子的面容枯萎'（a child's look sere）［她在一首叫做《欲望》（'Desire'）的诗中写的］这样的倒装是不好的。"[143] 同样："自由体诗几乎总是很轻盈，而且富于变化……当然，让节奏围绕一个严格的格律旋转要更困难：如果你不习惯用英语讲话，那几乎是不可能的。"还有：

> 你总是从抑扬格跳到扬抑抑格，那更像用自由体诗写的散文，但是，严格的形式会对读者有一个更强烈的效果：我想这就是为什么，一个人如果不在更加严格的形式中做更加苛刻的练习，那么他就不会写出好的自由体英文诗。（我的意思不是说，它们更难写好，而是如果它们有一点错的话，就会更糟）……

> 实际上，说到翻译，我应当说亚瑟·韦利的自由体诗的方法是最

好的。

关键是我们要从格律诗中学习自由体诗。[144]

在另一封信中他鼓励她在诗歌中超越自我，进行理性思考，或者就日本社会中思想或信仰的碰撞进行思考，而不仅局限于寻求表达自己的情感。事实上，他找到了一条巧妙的方法来告诉她，她的作品有些过于自我了：

人生重要一点，是保持宽广的兴趣，这样你就可以在它们变得陈旧之前，从一点移动到另一点，你不这样看吗？……英语诗歌正在进入一种纠结状态，因为那么多东西都已被很好地在散文中说过（也更有可能被读到）了，这使得它开始变得反省：我不知道日本诗歌现在如何。当然用一种外语，写出包含关于不同种类感情的诗，困难确实非比寻常。但是在你自己的日语诗中，可能展示出不同哲学的冲突和社会喜剧，引用一些与你很不同的人的特别好的诗句——实际上设法像现代主义那样"聪明些"，会是一件很好的事情。即使理性随后对于情感没有好效果的话，不过它经常是有的，它也是对情感的一种逃离。

这可能是个坏建议。

我并不认为你的诗歌只是毫无思想的情感表达；它不是。但是书写关于离自己很远的一些题目，经常最后是很有用的。

你的真诚的

W. 燕卜荪[145]

1934年4月，在访问东京时，她终于有机会与燕卜荪会面：他邀请她去他在三幸町白金台的家。"如果我今晚不睡，"那次会面的前夜，她在日记中写道，"我将会在我们第一次会面时，胡言乱语滔滔不绝。"她听人谣传说燕卜荪因为心不在焉而出名，便想到，非常有可能他会忘记他们的约会；于是她又为自己解嘲式地加上一句："因为那将是一次忘记了曾经邀请他的学生而去散步的诗人先生，与我这个对于时间很随便的人的会谈。"来到他家里，她被让进一间很小的起居室，燕卜荪也及时地出现了。"在那一刻，我感觉到一种类似恐惧的自卑感从我心中消失了。那是因为他的脸让我想到一尊孩子气的希腊雕像的脸——带着有些"害羞"的表情，另外，我问候他时，他用文雅而平静的嗓音还礼。"燕卜荪注意到，她可能比他要害羞得多，因为太过礼貌和客气而显得非常拘谨，于是他努力表现出尽可能的随便。然而，带有讽刺性的是，他这种刻意的随便，这种没有等级观念的态度，反而使她无所适从；他兴之所至便给她看他收集的佛像照片的行动，也同样让她不知所措——他可能没有察觉，或者可能忘记了，她是个虔诚的基督徒。

当我被邀请品尝桌上的樱桃时，我这个乡下人，感到有些不好意思。他自己拿来一整个蛋糕，有四分之一被切去了，他请我品尝。在我们讨论事情之前，他先从书架上拿下来很多佛教的画片，把它们在我面前一一展开。有一会儿，我有些困惑，不知该如何解释这件事，但是我想"可能他把它们与我无拘无束的个性联系起来了，或者通过我寄给他的我的诗，把我与它们联系在一起（虽然它们在英文里实在称不得诗）。

无论如何，他都没有提到有关诗和文学的任何话。因为我那么的沉迷于这些画片，我也忘记了对他的盛情表示谢意。几分钟后，他忽然说："在银座的富士冰（Fuji-Ice in Ginza）一起共进午餐如何？"我是个乡下人，这让我又深深地感动了一次。但是因为这种事涉及到日本女性的尊严，我沉静地表达了我的谢意，并答应一点钟与他见面，于是便告辞了。[146]

第二天，当她准时到达那家冰激凌餐厅的时候，她有些无奈又好笑地发现他却姗姗来迟，因为他一贯都是让别人等着的人。他们点了一盘羊肉，当她请求他把她盘中的肉切开的时候，他表现出吃惊的样子——虽然即使不注意细节的燕卜荪，也不太可能没有注意到她的右臂是装的假肢。"他接过我的盘子，很仔细地把羊肉切成片，"她在日记中写道，又有些过分客气地加上一句她"几乎没有预料到如此的善意"。[147]在就餐时，她特别"兴奋"，她对自己承认说，以至于几乎无法享受食物或者他们间的谈话。午饭后，他们去了丸之内（Marunouchi）一家卖埃及器皿的店铺，然后又去了上野（Ueno）一个佛教雕塑博物馆。田山感到既受宠若惊又很是难为情，这并不奇怪：这可能是她第一次与英国男人，或者甚至是与任何外国男性，一同出门闲逛。"当E先生与我说这说那的时候，他们一定把我当成了他的妻子。但是因为我们来自不同种族，也许他们想象我是他别的什么人。"这最后一句明显的意思是"女朋友"或者甚至是"情人"。她被陶醉了——毕竟，对她来说，他看起来就像"一尊孩子气的希腊雕像"，而且很"害羞"，对她的举止也很文雅。总而言之，她因为她的"诗人先生"对她的关注而十分喜悦。"我们分别时，都承诺说会在仙台再次见面并且握了手。但是在仙台，我还是将它放弃了。我很难过它曾经发生过。我的确很后悔。"在她，她可以振作精神、幽默、外向，但是她对于这位外国人可爱又急切恭敬的姿态可能对于燕卜荪来说非常不舒服：他觉得她，用他后来的话说，"非常畏缩"。同样，似乎很清楚，他也觉得她相当迷人："我很愿意保持这段联系。"在一封显然是在他们那唯一一次会面之后写的信中，他说："你给我看的大部分诗歌都是非常内省的——我应当说，比生活中的你要更加内省。"[148] 他确信，她内心里有一个比她的举止所展示出来的更加充分吸引人的个性。

然而具有讽刺性的是，1934年夏天，在他离开东京前不久，在他们的信件交流中，她问他——为了某些比她能够直接说出的要深得多的原因——她的诗是否足够传达她的性别特征：意思是说，它们是否显得足够"女性"？

> 几乎可以肯定，[他回复说] 女性作家们只是通过展示自己的"女性"一面不可能达到好的效果——艾米莉·勃朗特（Emily Bronte）像乔治·桑（George Sand）一样"不女性化"，不过两者方式的方式不同。简·奥斯汀接受她生活中的局限作为艺术的基础，但是她依赖一种强烈的"狡黠"面，你很难把那称作"女性化"。如果我是你，就不会为此担心。[149]

大概立刻注意到自己的话缺乏风度，或者在最后一句自己造成了一点没有预料到的歧义，他又在空白处加上一句："如果让我说，你的艺术太女性化了，而不是不够女性化。"负责收集燕卜荪与田山的通信的彼得·鲁滨逊（Peter Robinson）对此评论说："文化差异导致误解的可能性在这里很高。若按日本人眼光，田山可能无论如何也会被看作不够女性化。她可能已经决定了，婚姻并不适合她，这本身就可能已经将她与传统行为习惯隔离开来。"[150]

如果他们这次笨拙的会面没有导致进一步的个人关系——二人可能都被对方吸引，但是都不知道有什么有效方法可以把这份关系发展得更深入——这次接触倒是让燕卜荪对她的作品投入更多注意力。在这之后不久，4月16日，她起草了一首诗——以学生对先生的口吻——诚挚地献给他，这首诗名为《一个疯女人》（'A Lunatic Woman'），是关于一个被错误地指控谋杀了自己儿子的心思烦乱的女人的：

> 你的疯狂来自哪里，年轻的母亲？
> "我吃掉了，那窒息我孩子的律条。
> 我偷了一条围巾，来掩藏我的宝贝，
> 但这着魔的围巾将我的孩子隐没在黑暗里。
>
> 在这牢狱内，我看不到他。
> 薄暮中，他着魔法一样飘去，
> 呵，万能的法官，你宣称我杀了我的孩子？
> 呵，不，我爱他，爱他，我最可爱的玩具！"
>
> 我知道你的疯狂源于何处，可怜的母亲！
> 但愿在超过天堂的更远处
> 不再有天堂，在那里黑暗将变成光亮，
> 我们的责备都是褒奖，左方是右方。

　　这首诗满含了她用英文写成的诗歌中典型的力量与弱点。燕卜荪特别喜欢这首诗的主题和风格——"对于一个基督徒来说，她可以在天堂中寻求慰藉——我猜，比天堂更远的天堂是不是佛教的？"他带着希望在寄给她的意见中，这样探寻性地写到；他就田山使用的技法也作了非常敏锐的评价："结尾处韵律应当更强烈些，这样就使那种慰藉显得更加严肃。你让它跑得太快，就显得轻佻了"——他决定开始用一种比以前更加直接的方式，来使它成为自己的作品。早些时候，他曾一直坚持编辑的笔触，现在则甚至就她的诗写了自己的版本：

> 你的疯狂来自哪里，年轻的母亲？

我吃掉了，窒息我孩子的律条。

我偷了一条围巾来掩藏我的宝贝。

它是着了魔法的。他已不在这里，

他不和我同在狱中。黑暗降临，

而他，在魔法作用下，像烟雾般飘去，

他是我的生命，我的欢乐——

法官们却说，是我杀死了我的孩子。

他完全了解，以那样的方式占有她的诗，将会带来伤害，至少也是无礼的行为——以前，他只是修改她的草稿，还没有将它们看作是直译的原始材料，供日后大批量改头换面之用——为了显得不难么难堪，他在自己版本旁边写到："现在回头看看，我的尝试很不好，"但他还是把这首诗寄给了她。

也许，理解他对她作品的所有权交易这个新阶段的最好办法，是承认他已经更紧密地感受这些诗并且更加同情地关注它们。他真正地关心要"专业化"她的作品，使它们更适合以英文发表；另外，他感觉自己并没有冒犯她的意思，因为这些最近的诗稿本身都是些翻译草稿。尽管如此，在这种占有行为之下，还是有着没有感情和专横的东西在内的，而且有一点很重要，那就是，直到他返回英国之后，他才开始把她试图翻译自己诗歌的努力视作他重新创作的原料草稿。他与她的距离，以及与那些诗歌原始关联情境的距离，一定帮助他感觉足够客观，可以更加有力地处理她的作品——好像她的诗歌可以轻易变成他的。然而他由编辑者到共同创作者的转变，并没有经过探讨或者得到同意。

1934年夏，他回到英国。"看来最好的选择就是起身离开，"他一定这样想。[151] 田山千代子在他离开前，并没有蒙赏赐告知他的英国地址，只是继续写作她自己的诗歌，包括一些直接用英文写成的和一些她的日文诗的英译。

她曾尝试通过邮局与他联系。（有一位她问询的人无礼地回复说："你与E先生是什么关系？我很好奇。"）[152] 在这段时间的日记中，很奇怪，她也这样记录道："认识E先生这个讨厌妇女的人的人们，一定认为他不太可能在世界的一个偏远角落竟会有一位女相识。"[153] 说到"讨厌妇女的人"，她的意思不可能是说燕卜荪仇恨妇女，但是既然使用这个词，她就肯定是搜集了一些关于他和年轻男子的谣传：可能她挺为难，误以为有同性恋感觉就是不喜欢女性。

回到英国几个月之后，他的确收到了来自她的一封信（现在丢失了，或者被丢掉了），这封信他选择不作回复。但是在临近1935年中期的时候，他又收到她的另一封信。他在7月9日用一种唐突得甚至惊人的直率回复说：

亲爱的田山小姐：

你的上一封信我已收到，我当时想我要"把这件事情放下"，我这样做有些粗鲁，甚至懦弱：然后这封信送来了这么好的一首诗，甚至激发我自己也写了一首附在里面。我已经将它作为我翻译的你的诗寄给了一家报纸，没有你的同意，我本来不该这么做的。我说"我自己的一首"，不过点子全是你的，问题也正在这里。

没有必要"修理"你的老师，因为在某种程度上，他一直是个骗子。我想要看到更多的你日文诗歌的翻译，我想，那些诗歌的原文一定特别好，但是我从没有真正相信：（1）你有可能写作好的英文诗——好到你真愿意去做它：你可能会小有成功，但是不会在最好的读者面前取得成功。我知道中世纪的欧洲人可以写相当不错的拉丁文（日本人也能写不错的中文），但是那都不是他们正常的媒介——他们被训练来的唯一媒介。用外语写作好诗几乎是不可能的，你甚至没有合适的条件。我从没有真正相信；（2）我的"教导"，除了是把我的那种诗强加到你的诗上，还能有什么别的。当然，里面有些语法错误，但是作为诗歌它们最好含有些错误——英语读者应当理解，日本感情是应当去猜的，英国感情则不是这样。如果你是个英国人而且也像你这样写作，我也会想要作很多同样的"修改"，而你是不愿意让我那样去做的，因此反对"修改"的个人原因与国家传统之间的原因同样强烈。

我想要做的是这样的——不是因为出于好心，或者因为我为自己的坏行为而抱歉，而是因为那让我感兴趣，而且我想，我也许能够做好——如果你愿意送一些你的诗的"修正"稿，还有更多的英文诗，以及一些直接的［"简单"被划掉］你的日文诗歌的译稿，我愿意试着做一本"翻译"

的小书，并且把它在英国出版。

可能这对你没有什么用。但是我会认为我自己是很幸运的，因为可以得到这么好的材料来加工，当然，如果你愿意让我这样做的话。

你的真诚的

W.燕卜荪

这封信很蛮横，也没有什么商量余地，但是它的真诚同样令人印象深刻，它没有谨小慎微或者矫情应付。[154] 其本质意思事实上与他两年前在他的第一封信中告诉她的无异："实际上用外语写成的诗歌不过是一种练习。" 她的翻译很有前途，但是就它们本身而言，算不得英文好诗。他将很愿意接受用英文将它们重新改写这个挑战，但是他必须完全按照自己的方式去做这件事。这件事不能通过希望在两种文化之间达到某种混杂融合，或者通过她理解的自己写的东西与他从这首英文诗中读出来的意思之间的交叉来完成。他说自己总是感觉，"把我的那种诗强加到你的诗上"；他也许同样可以换一种说法——对于她的作品，他所能做的最好的就是，因为手头没有日文原稿，把她的那种诗加到他的诗上。这封信异常坦诚，但是对于收信人来说，它肯定也显得太过有压迫感，因为她一直有一个愿望，想用英文来写诗——那是她的第二语言，也是她深爱的语言。

那封迎来他这种诚实但是又令人灰心的答复的信中，原本附上了她的一首名为《傻子》（'Fool'）的英文诗，那是她在1935年1月15日写就的。很不幸，田山的英文稿并没有留下来（哈佛大学的燕卜荪文件中没有副本，她自己留在日本的文稿中也没有）。不过，她的日文原诗却保存了下来，这里是对原诗的直译，译者为彼得·鲁滨逊、斋藤千佳代（Chikayo Saito）和原英一（Eichi Hara）：

> 一个不会仇恨别人的大傻瓜，
> 看啊！
> 他大步走过城镇。
>
> 眼睛多么睿智
> 嘴巴被常识扭曲，

他们嘲笑的对象

是他特立独行的身体。

似乎没有天堂的穹顶

似乎目力所及再无世界，

人们的眼睛和嘴巴

需要一个鄙视的对象，

放进他们常识的框框。

像蛆虫般涌动的眼睛，

像毒花般大笑的嘴唇，

看啊！

不管这些，在他们中间

一个大傻瓜在四处闲逛。

对他来说，人们的眼睛是明亮的星，

对他肮脏的耳朵，

那嘲弄的大笑，就是悦耳的音乐，

他继续着自己的梦境，

朝远处的天边凝望，

那不懂得仇恨别人的傻瓜，

看啊！

他大步走过城镇。

1934年11月8日

　　燕卜荪感觉如此受到激发，于是也不免跟在后面补充一番；他随即把这首诗改头换面变成了自己的：更加紧凑、简洁也几乎同样精辟。

来描述一下这傻子，他认识

所有人，唯独不认识敌人

涉过泪水，跨过隐藏的嘲笑

逆着潮流，他走着。

他在那些疆域享受着自由

你的轻蔑，甚至你的理性，都给他援助。

绝对的健康也治愈不了他的伤痛

睿智的战马将载他飞离黑暗，

被悬念挂起，被永远延误。

"你的眼睛，是尸体上的蛆虫；

你的嘴唇是毒花。"

他变化的双眼，它们化作了星星。

嘴唇的所有低语，都化作凉爽的夏雨。

在倒数第二行中，关于傻子的变形知觉，他在寄给田山的文本中手写下这样一
条注解：

他给予了他们尊严（从他的仇恨化成的艺术中，提取出美丽）。我想
你是这个意思，但是不敢肯定。你要知道我们是一种什么情况——

如果你不是那个意思，我也不想改变我的翻译。但若是成书的话，你
肯定会先看到我的翻译，也会阻止我把你的意思过分曲解。

也许，在翻译中我想要达到的最大不同，是把意思集中到更少的几个
词上——这是今天的英语诗歌特别急切地想要去做的，也许过于急切了。

在他的话中要注意的关键，是他承认他在以自己的方式来改写这首诗的时候，
已经投入了很多自己的思想，如他自己所说，它已经变得更像是他自己的作品，而

不是一篇翻译之作。他将维护它，而不愿意支持她最后的更正。于是，她可能认为他对她的慷慨努力，已经变成了几乎是一桩创造性的偷窃行为；当然，她若是有这种想法，也是情有可原的。不管怎样，如果在他的信中有一丝不耐烦，一种要她面对现实的需要，他的论点却也很难加以辩驳。他的信中，最好的一部分，是他提议愿意把她的一些日文诗转化成英文的想法。不过如果那是讨人高兴的事，那潜台词却又令人泄气。那是一个她将无法面对的两难处境：他不能从她的日文原诗入手，又对她写的英文诗不满意。但是，她若要接受他的帮助，又要首先想办法为自己在日文中所写的内容找到最好的等价英文。在某种程度上，他只是简单地对她承认，同时也是对自己承认，他对她的早期诗歌所作的所有编辑性建议与修改，仍然无法让它们成为好的英语诗，从这个角度上说，那实际上是白费精力，而且若是有别的想法也是自我欺骗。现在，在一个他自己没有什么原创诗歌可写的时候，他可能觉得自己有权利从田山的作品中获得更多的东西；但是，他所能做的只是尽力克服她自己为自己的诗歌所作翻译的局限——不是通过编辑，而是重写。

彼得·鲁滨逊敏锐地评价说，燕卜荪"努力要消除她将他看作'老师'或'先生'时，所暗含的忠诚与理想化的情绪"。他也注意到田山在收到这封信后，"似乎错过了'更多英语诗歌'这句话的含义。尽管［燕卜荪的信中］有着令人泄气的率直，他还是提出愿意修改她用英文写作的诗歌，并帮助她发表。她在8月14日收到这封信，并于第二天在自己的日记中记录道，他写信说"他特别反对外国人用英文来写诗"。她补充说，"虽然不得不同意那的确是对的，我仍然无法轻易放弃或者改变我的目标。我要等待一个机会。他高度表扬了我的诗中的内容。"在这里，她性格中坚韧的一面显现无疑。

她写给燕卜荪的回信的一部分草稿在她的文稿中留存了下来，这封信最终在8月30日寄出：它显得端庄、谦逊而又勇敢。

> 非常感谢您的回信，它让我异常欢喜。能够收到您给予我的拙诗有着重要价值的建议，我也深感荣幸。我非常理解您所说的，因为我一直知道自己对于英文诗歌的固执。但是要打破"对自己的承诺"，我很难过。我已经计划好……[155]

事实上，因为他雄心勃勃地表示，要编纂一卷她诗歌的"翻译"，她立刻就着手准备了。次年，她寄给她另外三首诗（尽管在9月份她被肺结核击倒），其中两首与《傻子》一起，最后作为"C.田山作，W. E.译"进入了燕卜荪的《全集》（*Complete Poems*）。其中一首名为《回声》（'Echo'），创作于1936年4月，在燕卜荪的版本或"翻译"中被称作《影子》（'The Shadow'）。1936年5月30或31日后，她又写信给他（那时她仍在病中），她似乎是在他又一次的提议之下，虽然那封信没能保存下来，作出这样的回应的：

> 我在3月底收到您的信，然后就尝试着寄给您一些我的诗歌。但我还是没法做到，虽然自从4月以来我已经好多了……
>
> 我选择了我的三首作品，我想它们比较像那首《傻子》。《一只小鸟的独白》（'A little bird's solioquy'）是我在放弃写作英文诗的雄心之后创造的。

最后那一句，她是在向她的"先生"表示，她接受他就她的英文诗作出的真诚而痛苦的判决：她服从中的尊严，可能会引起他一阵自责。

在她的文件中，她寄给他的几首诗中的最后一首的日文草稿留存了下来：那是《鸟之独白》（她英文翻译的题目是《一只小鸟的独白》），此诗写于1935年8月，正好与她收到燕卜荪的来信，对她写作好的英文诗的能力作出令人灰心的评价的时间相吻合。这首诗她翻译的英文版本没有留存下来，但是日文草稿附有一条注释，翻译出来是这样的："现在我将放弃写作英语诗，我希望我的老师W. E.有一个光明的未来。我将此诗献给他。下面是那首诗的直译，译者是彼得·鲁滨逊、斋藤千佳代和原英一：

> 高飞吧，
>
> 伟大的雄鹰，
>
> 高飞吧，飞得远些
>
> 飞过夜晚的群山
>
> 飞进永远的白天。

天空中，那是你的眼睛

俯瞰那无畏的太阳光照耀的世界

和那月亮低语着倾诉的秘密。

那眼睛，令小鸟们畏缩不前

我听到你的翅膀在我头顶震动，

可怜的我，收拢双翅，

颤抖着躲藏在小枝的后面

倾听着那声响。

但是，当你的翅膀

飞过模糊的烟幕，飞过丛山，

不怕那吹皱我皮肤，吹乱我头发的湿风，

雄健地挥舞，

离去，我的双眼挥去虚弱与恐惧

流下喜悦的泪水，

太阳把它们照亮。

高飞吧，飞吧，飞上苍穹，

伟大的雄鹰，

至少我的思想也将跟随你的翅膀

跟随你到你打开天堂之门的地方，

然后向这阴暗的地球，洒下光亮。

可能燕卜荪从没有注意到，她的诗可能是她对于他的情感的某种寓言——他是那只大鸟、雄鹰，而她则是一只小鸟——也没有注意到这首诗是她对于用英文写作诗歌的某种道别。那伟大的雄鹰真的飞高了，飞远了，再也不会被她看到了，但是他对她来说代表了一种渴望，同时也是一份失落。不过，燕卜荪还是很赞赏这首诗的，并且着手把它重新打造成一首紧凑的抒情诗，发表在1936年8月5日的《听众》上：

> 飞高飞远吧，巨大的雄鹰，
>
> 去那深渊的无尽白天里
>
> 蔑视这包围群山的夜晚。
>
> 你的眼睛是我们的畏惧，
>
> 它们探寻着月亮的秘密
>
> 或者正午更大的背叛。
>
> 不要仅仅守在那高处
>
> 使我总躲藏在那无用的树枝下颤抖。
>
> 穿越火山干燥的烟雾
>
> 或那潮湿的云朵，也许它们会更好地鼓励你的羽翼。
>
> 然后，看着你的光辉，我会快乐地哭泣，
>
> 忘记我的怯懦，忘记我的软弱，
>
> 感受充足的阳光，洒落在我的泪滴上。
>
> 我将相信，你是一把通向天堂的钥匙，
>
> 我将相信，你是洒向这灰暗世界的主要光亮。
>
> C.田山作（W.燕卜荪译）

"在9月，"鲁滨逊叙述说，"田山收到［燕卜荪一位资深同事］东京文理大学莎士比亚学者福原林太郎的一封来信，信中附有燕卜荪的信，以及《听众》杂志1936年8月5日这一期的第252页……燕卜荪没有直接给她写信，可能是因为她的地址被搞丢了，或者环境阻碍了进一步的联系，或者他对此有所顾虑。"燕卜荪信的内容不为人所知：不知是比较平淡，还是更加令人气馁，或者只是一般的客套话。但是与鲁滨逊有关燕卜荪情况的揣测可能相抵触的是，除非他真的丢失了田山的通信地址，他是不太可能将信由福原转交的。他一定极其高兴能将这首诗付印，虽然那已经不完全是她的诗了。同样，不知她是否又给他写过信，或者因为他强加给她的英文诗的框架，而感觉很受伤害，又或者因为他鲁莽的强占行为，她比自己愿意承认的要更加伤心。

"家庭回忆说，"鲁滨逊写道，"大约这个时候，燕卜荪给田山寄来一笔稿酬。根据英国杂志发表文章的惯例，这笔钱大概是两个金镑。它们被用来买了一件和服上的领子和一些献到坟墓上的花朵。"[156] 这笔钱，对田山家人来说应该很及时，但是这与她失去曾经如此珍惜，并从中获益的师生情分相比，便算不得什么了。不过，燕卜荪倒是对自己的地位作了一个聪明的转变：他不再是她的老师，而只是她作品的改编者——就像鲁滨逊指出的，"'诗人'和'译者'从此不再接触。"

在《风暴将至》（*The Gathering Storm*）中燕卜荪收入了《傻子》、《影子》和《小鸟向大鸟说》（'The Small Bird to the Big'），还有这个尾注："我没有征得田山小姐的同意，再次出版这些她作品的'翻译'。我的职责只是润色她的英文，我想我没有加入一个比喻或想法。"这口气显然是笨拙的自我辩护——它更像是一份免责声明，而不是个简单的解释——所以在这些话后面隐含的意思是，他可能感觉到他在利用她的作品。另外，他又在这个注释上加上下面的踌躇之词，显得不但多余而且带有讽刺的挑衅意味："可能我应该说清楚，她与《晨歌》那首诗没有任何关系。"

"在她1935年5月30日的日记中，"彼得·鲁滨逊记录说，"她写道，'H（福原）先生送来一张E先生诗集的一本二手书的广告。虽然我想要，但是因为没有钱而感到很伤心。"留存下来的书面证据和家人的回忆暗示，田山千代子去世时并不知道，更没有看到，燕卜荪各种版本的诗集中都包括了他声称是她"非常好的诗歌"的翻译。鲁滨逊就此事的叙述中那最后的一笔非常伤感，但是在没有更多证据的情况下，那一笔可能使他的女主人公显得比实际生活中更可怜也更不幸：作为一个能够为自己负责的成年人——作为一个可以正大光明地表现出勇气、精力和强悍的，而且总是乐天派的女性——如果她真的想要得到燕卜荪的诗集，她是肯定有机会可以得到的。还好，彼得·鲁滨逊综述了一下她后来的事业发展：30年代后期她在位于神奈川县川崎（Kawasaki, Kanagawa Prefecture）的中原女子高中（Nakahara Girl's Senior High School）任教，1941年她在东京的朝日学院（Shoei Gakuin）任教一段时间；在太平洋战争期间她与牛津大学毕业生吉本正（Tadasu Yoshimoto）一起努力创建了一家为盲人开办的学校；在50年代，她在宫城县迫町佐沼高中（Sanuma Senior High）任教，后来髋部受伤后退休。1982年1月26日，她在田山氏的家中去世，享年八十岁。

不管历史真相如何，但有一点可能是真的，那就是，因为燕卜荪对她的直言不讳，结果毁掉了本来更加有意义的一项计划：也就是他计划的那一系列译文——不过从此以后，他就她的英文诗的修改版本便一直成为他的两部诗集《风暴将至》（1940）和《诗集》（1955）中的一部分。他的直率可能促使他丧失了进一步合作的机会。这是个从头到尾让人伤心的故事。在1932年12月7日，将近他的合约期一半的时候，尚在他与春开始交往的几个月前，燕卜荪写信给家里说：

> 这里生活非常舒适，如果你的意志足够坚强的话（我的意思是说，以自我为中心）：日本人真是非常文明，你只会恼恨他们为何如此的悲惨（他们对待政治的态度就如同战前俄罗斯知识分子一样，但这只是他们悲惨的一方面）。你必须尽量不要介意这个国家精神层面的东西——我感觉自己在这里生活就像小虫生活在罐子里似的。但上帝知道，当你生活在这里时，你必须把英格兰的一切都忘记。（诗人谢拉德·）韦恩斯（Sherard Vines）写了些唠唠叨叨的小书，抱怨说日本不像拉夫卡迪奥·赫恩那样，这种调调对我来说显然有失公正：话说回来，谁想要它像拉夫卡迪奥·赫恩啦？当然，我仅仅局限在自己的小圈子里（并且十分庆幸能有书信往来，就像个卧病不起的病人一样），但这也正是我想来的部分原因。[157]

拉夫卡迪奥·赫恩自1890年开始在日本居住，并在东京帝国大学讲授英国文学（1896—1903），他穿日本服装，还找了个日本妻子，取了个日本名字小泉八云（Koizumo Yakumo）。他"入乡随俗"，很快就改变了自己本国的习俗，而适应了日本当地文化。燕卜荪是个典型的英国人，无法像赫恩自怨自艾的做法一样同化自己。不管怎样，赫恩所模仿的那套从根本上来说仪式化的文化，已经随着武士道而消散，只是被当作政治神话引用。然而，在19世纪30年代，燕卜荪看到的是一个被政治压力摧毁的国度。他的很多学生似乎都在被法西斯帝国主义政府和受迫害的亚文化这两股力量撕扯。他们坚持温和的无产阶级至上意识形态，而燕卜荪认为那是一种"臆造的概念"——至少当它运用到文学中的时候是这样。"好作品背后总要有某种社会冲突，这大概是不错的，"在《无产阶级文学》（'Proletarian

Literature'）一文中（《田园诗的几种变体》开篇一章）他赞同地说道："但这并不是反对共产主义政治主张……这仅仅是对共产主义美学的批判。"[158]

然而，不管他在1932年12月说自己多么冷静、明智、"意志坚强"和"自我中心"，几个月之内，或者正与日本退出国际联盟的同时，"日本逐渐与西方世界隔离，并对英美在其政治、社会、文化生活领域产生的影响产生排斥，"如戈登·M.伯格（Gordon M. Berger）所说。[159]他坚决地反对东道国的政治决策，并冒着风险明确自己的态度。值得注意的是，根据1933年5月10日发表在剑桥的《格兰塔》杂志的一篇题为《猖獗的日本》（'Japan Rampant'）的文章［署名C.-B，事实上作者是雅各布·布鲁诺夫斯基（Jacob Bronowski）][160]，由于某些原因，可能是社会职责的压力，燕卜荪曾写过一篇日志，并"私下将其在侨居日本，并对日本国问题感兴趣的欧洲人中间传播"。不幸的是，此日志已不复存在。

不过，仅凭布鲁诺夫斯基的日志也足可窥到，燕卜荪——布鲁诺夫斯基啰唆地称其为"一丝不苟的调查者和深刻的评判者"——一直在秘密准备，并向国外传送一份日本当权者会认为是扰乱公共安全的文件。考虑到承认这是"私下流传"，布鲁诺夫斯基决定发表日志内容，不管多么简略，甚至并非原话，且在未经允许的情形下，都已成为不负责任的行为，这可能会使作者遭受牢狱之灾。布鲁诺夫斯基写道，"燕卜荪谈到在日本大学教授学生的困难，这些困难是由家庭寡头政治、军队统治引起的，更是由极端民族主义情绪引起的。他清楚地指明，日本学生现在在日本的角色正如纳粹党学生在德国的角色一样。他们只对统治和权力感兴趣，企图首先统治太平洋地区，然后是整个世界。他们没有自己的文化，也憎恨中国和西方的文化。[161]（布鲁诺夫斯基的这一段后面继续使用一些更加强有力的句子，不过在此之后，他更像在注释那份日志而非记录日志所言。）

对军事统治和过度民族情绪的评论很可能直接来自燕卜荪。但在布鲁诺夫斯基坚称燕卜荪把他的学生都看作是沙文主义者和狂妄自大的人，是纳粹青年的翻版时，我们就有理由怀疑他过度解释了。那不太可能，即便是在强大的敌视态度之下。但也许这就是黑暗的事实，虽然在他合约到期的最后几个月里，他还是不愿意承认。事实上，斋藤实（Saito Makoto）大将替代了被暗杀的政友会党魁犬养毅，组阁之后，他在1933年提出追求"自治力量"的政策，这意味着日本想"通过军事外交力量扫除苏维埃政府、中国国民党政府和英美国家的势力"[162]；意大利和德国也间接追随这一扩张主义政策。[163]

另一方面，布鲁诺夫斯基的文章与燕卜荪自己高兴地保留下来的一篇文章意见相左。那篇文章用铅笔写在一个薄薄的小册子中，大概是某封被他忘记的家书草稿。文中内容若落入歹人之手怕是要让他吃官司。他写道，"在日本我所认识的共产主义者们（每一个聪明的年轻人都是共产主义者）告诉我，日本不会发生革命"。日本共产党在1922年由许多不同的社会主义派别组成，在当时是不被承认的。

所有的共产主义者及其同人都被残酷地打压，实际上，由于所谓的"转向"运动，日本共产党几乎在1935年被根除（战后只有不到十五个党员活了下来）。那些随意的话可能会让他付出惨重的代价。[164]

几年后，在回忆自己在日本的生活时，燕卜荪说："我发现我所有的学生都坚持自由派或左派观点，都是些非常模糊的观点，同时也十分害怕被别人知道，主要因为，他们可能会因此而失去工作。这些观点就像某种必要的得体，如同要穿的一条裤子，而这裤子又不能有洞眼。我并非要取笑，但当时总有警察在四处寻觅着风吹草动。"最可怕的是这个国家野蛮的、日益增长的民族主义情绪。这是在他评论H. E.怀尔兹（H. E. Wildes）1935年（此时他已返回英国）出版的《日本危机》（*Japan in Crisis*）一书时发表的见解。"说这个岛国'高度反动的法西斯主义比无产阶级思想更危险'会有误导之嫌，"他根据自己的个人体会论证说，"因为它们不必特别不同。如果日本走上无产阶级道路，它仍然会保持极端的民族主义，并且会特别有可能保留君主作为民族主义而非阶级体系的象征。这并非在狱中改造共产党员的本意，虽然酷刑的确是真的……的确，现在的统治者非常害怕共产主义，因为，不像当地的共产党员，他们相信这东西是国际的。但是日本是少数几个会出现一个或多或少无产阶级而非资产阶级法西斯主义的国家之一。"[165]（列宁曾经写道，没有工人阶级可以开创自己的革命。"因为工人阶级不可能在运动中自己创建一套独立的意识形态，唯一的选择是或者资产阶级或者社会主义的意识形态。"[166]）

燕卜荪冒着可能的风险，尽力地把这个具有煽动性质的见解包括在一篇文章中（上文已提及），此文首先于1934年2月在日本以日文译文发表在《文艺》杂志上。在很大程度上，或至少对大多数读者来说，"讲授文学"不会引起争论，更不会具有破坏性：那不过是个迷人的有关文学研究价值的个人陈述而已。比如，燕卜荪称这种自由情感："这个过程若不是全然无用，那么普通学生，只要可以接触到图书馆，便可以得到廉价的文学之乐，情感生活的宽广与充实，心灵的独立，以及一种平衡之感。"[167]［福原林太郎回忆说："燕卜荪在1933年文理大学讲堂所做有关《文学的效果》（'Consequence of Literature'）的校外班讲座中，曾表达过类似的观点。"[168]］但是政治审查很快在燕卜荪的宣言中发现了违禁的含蓄嘲讽的话语：

> 据说，明显作为窒息独立思想的有力工具的现代文学教育系统，实际上是被一些胆小但又狡猾的想要逃避政治改变的人设计出来的。如果这种荒唐事是真实情况的话，那他们就犯了一个错误，如今很明显，这种群体性思维模式极易被促成共产主义或是法西斯主义，需要相当的思想独立来使一个国家与它的邻邦保持在同样的水准上。[169]

审查者在此处加以干预，并未感到丝毫尴尬。并且不考虑在此段落中保持意思的连贯性，删除了出版的日文稿中"逃避政治改变"和"极易被促成共产主义"两处——即使提到这些话题就是过分的。

燕卜荪并非共产主义者，但他与一些参与此运动的知识分子熟识；具体说来，东京帝国大学和第一高等学校（First High School）都是马克思主义的温床。但是后来出了一件事，不过这也没有什么可怕的：燕卜荪认识了一个三十二岁的新西兰人，威廉·马克斯韦尔·比克顿（William Maxwell Bickerton），此人自从1924年以来就在东京任教，最初任教于东京商业大学（Tokyo University of Commerce），后来转入第一高等学校，而最近又转入府立高等学校［Furitsu（Prefectual）High School］。马克斯韦尔·比克顿因将日语的无产阶级小说，如小林多喜二（Kobayashi）的《蟹工船》（The Cannery Boat）译为英文而素有盛名。1934年3月13日，比克顿被警方羁押——在那里他遭到虐待，或者据称遭到毒打——并被指控犯有推广共产主义思想的罪名。《日本广告人》（Japan Advertiser）在月末将此故事予以刊载："因被控犯有涉及红色活动行为，外国教授被拘两周"。4月30日，在东京地区法院（Tokyo District Court）举行的初步审判中，控方提出证据证实，自从1933年9月以来，他共在四个场合给予日本共产党经济上的支持（他并没有加入该党，但这只是因为当时该党领导已经被抓）。根据1928年敕令制定的《有关维护和平与秩序法律》（*Law relating to the Preservation of Peace and Order*）的修正案，他被起诉，并被还押等待公开审判。比克顿"很清楚"，在官方的文件中写道，"日本共产党是一个秘密组织，其目的是作为共产国际的日本分支，旨在通过革命途径改变本国的国家宪法，否定私有财产制度，并创建一个无产阶级专政统治，从而实现社会主义国家制度。"[170]

驻东京的英国领事为救助比克顿积极采取行动，并及时使其得到取保释放。正是这个时候，燕卜荪与此事有了牵连——不是因为意识形态上的原因，而是因为他认识到被押入狱在如今日本这样一个恐怖政权里将是非常可怕的——他要设法将比克顿偷送出日本。根据罗纳德·博特拉尔的说法，（燕卜荪本人肯定向他说过此事），他将比克顿的衣物带走，并且给他准备了一套完全不同的装束，再配上墨镜和假胡须。然后他为比克顿定了一艘外国轮船的船票，显然是用了假名，最后，他在把比克顿收拾得尽量不引人注目的情况下，把他偷偷带上船。然而，在这时候，这个故事罩上了一层可疑的荒谬感：这两人向舷门走去时，一个秘密警察出现了——还带来了比克顿所有的旧衣服，洗净熨平。不过，这逃跑之旅的最后一个小细节或许并没有我们想象的那样可笑（1941年与燕卜荪成婚的赫塔·燕卜荪了解到燕卜荪曾经在安排这些衣物的运送过程中出现了一个差错）。而也有可能的是，东京当局更愿意对比克顿逃跑这件事睁一只眼闭一只眼——如果不是实际上帮助他潜逃的话——而不是将此事扩大成一场多大的国际事件。无论如何，比克顿肯定是弃保潜逃，于6月8日，乘坐驶往维多利亚和温哥华的"印度皇后号"（*Empress of India*）离开日本。

并没有迹象表明燕卜荪一人通过诡计安排了比克顿逃离日本。实际上，我们也不能断定，他是否因帮助或教唆逃跑而受到怀疑或是询问。但是有证据表明，他的确知道当局在那时候已经注意他了。1934年初，迈克尔·罗伯茨写信给他，问询关于在日本找份工作的可能性，燕卜荪直截了当地回复说："我的工作还没有被恢复。在这里，他们都很害怕，有危险政治思想的老师，不管那是多么一点点的粉红色。帝大和文理大学（我任教的地方）都希望雇佣老一些的教师，因为他们已经在这里工作有一段时间，而且不会和学生们谈话太多。"[171] 好像他在简单地告诉罗伯茨，一个前英国共产党党员，日本人会将他定性为一位"有危险政治思想……不管那是多么一点点的粉红色"，但是也同样明显的是，他是在说自己。"但是对我自己来说，"他继续写道，"因为将要离开这里，我感觉很难过〔这里很平静，而且经常很有意思，我自己也在忙于绘画课（老师是玛乔丽·西胁）〕——不过，当然，我必须离开：不能在这里定居下来。"这封信的日期是3月28日，马克斯韦尔·比克顿被羁押两个星期之后。因此，有理由推测他得知了此次逮捕事件，虽然它还没有见诸报端，而且已经在心里先自上了一课。自然，他的信中并没有暴露出有关设法将比克顿解救出来的任何计划，因为在这个新西兰人被批准审判之前——那要到下个月月末——这样一个计划是无法提前设计的。

燕卜荪好像总在自找麻烦，似乎他需要一个长期的危机来缓解自身的焦虑感。若不是因为已经签署了一个定期的雇佣合同，他非常有可能已经被开除了。问题来到时，不是政治性的而是与性相关——正如五年前在剑桥一样。他在一家酒馆喝醉了，然后上了一辆出租车回家，又对出租车司机动手动脚。他找了个荒唐的借口告诉博特拉尔说，"日本男人和女人看起来都很像，于是我犯了个错误。"[172] 但这是个严重的错误。出租车司机好像是把此事报告给了警方，而警方则建议文理大学校长最好让燕卜荪离开日本。〔彼得·F.亚历山大（Peter F. Alexander），当时正在报道一篇关于梶木隆一教授的访谈，他确认说，燕卜荪"因为同性恋行为，跟当局惹上了大麻烦，而且日本警方也介入了"。[173]〕大概就这件事，他感觉更多的是好笑而不是羞愧——他毫不含糊地承认，"有种蔓延的同性恋感觉"[174]——来年，1935年，燕卜荪把这段丑闻写入一些粗糙但也有趣的诗里。那首辛辣而又机智自贬的颂歌《信之六：一桩婚姻》，虽然看上去是关于一个曾经拥有罕见美丽的女人，实际上（正如早先解释过的）是写给他的朋友德斯蒙德·李（Desmond Lee）的，燕卜荪在在大学最后一年时曾经对此人爱慕不已。诗中好像暗示他在寻找这位完美爱人的其他化身，燕卜荪在第三节中写道：

想象着，出租车少年身上同样的美，
因为日本式的烈酒与稚嫩的作用，
却不能在那一刻辨别，
事实上他还没有达到青春期。

我被非常公正地（因为另一桩事件

那司机的嫉妒好像是主要的原因）

——但并非法律意义上的，被当地报纸点了名

谁知道呢，谁知道呢？

从那个贞洁、美丽的国度被放逐，

　　那里生活如此陌生，就如同这曲传统的调子。

　　另一方面，一年以后，他才决定将此事告诉I. A. 理查兹，这多少也表明他比自己承认的要更加感到羞愧。"顺便说，我只得告诉理查兹我在日本的愚蠢行为，这事我本该早些告诉他的，"在1935年给桑瑟姆的信中，他这样写道。[175] 实际上有可能，他在那时候向理查兹坦白此事，是因为他所信任的导师即将离开英国远赴日本，在那里，他若从旁人之口得到这个消息，一定会很失望。然而奇怪的是，并没有任何有关燕卜荪离开日本的记录表明他是在一片阴云之下离开的。6月22日，在名主滝饭店（Nanushinotaki Restaurant）为他举行的告别宴会上，燕卜荪身着他习惯的皱巴巴的亚麻西装。到场的有石川教授、福原教授，还有二十几个穿着得体的学生。一大群人集合在福原教授身旁，在横滨车站（Yokohama Station）送燕卜荪上了"鹿岛丸号"（Kashima maru）客轮。出人意料的是，当船启动时，燕卜荪摘下他的巴拿马帽子向那一大群朋友和学生扔去。[176] 扔出帽子时，他摇晃了一下，手中的报纸掉落到了海里。福原想，这位诗人好像"现在已经飞到无法挽回的高度，是个自由人了"。燕卜荪没有什么打算——除了渴望在回程中路过锡兰和印度时，尽可能多地看到佛脸——只是抱有一种模糊的希望，在有着文学气息的伦敦，他可以有所发展。

　　然而，还有另外一份文件，现存于伦敦公共记录办公室（Public Record Office in London），有必要予以考虑。如果它的内容不是彻头彻尾的谎话，那就暗示了一个有关敲诈或贿赂的情况。它暗示出燕卜荪或者出卖了灵魂，或者把天皇军队最后利用了一回——也许两者兼有。1939年12月4日〔日本袭击珍珠港（Pearl Harbor）两年前〕，驻东京的英国大使馆对外交部远东办公室（Far Eastern Department of the Foreign Office）转达了一些由H.韦尔·雷德曼从日军总参谋部的角松（Kadamatsu）少校那里得来的传闻。这封信的主要内容是日本人为他们在处理与

英国人利益相关的问题时过于慷慨而感到遗憾；他们的抱怨包括这件特别的小事：

> 在继续有关宣传的话题时，角松少校提到燕卜荪先生的名字，此人曾经居住于东京，后来又在当时迁往云南的北京大学任教授。（他也曾到访重庆。）角松少校说，他的办公室曾经聘请此人做过某种自由的宣传性人物，他有不受限制的资金来源——按照少校的说法，"我们豪华地供养了他一年"。
>
> 他们的目的是让他影响外国的意见，使其倾向于新秩序。然而，按照角松少校的说法，燕卜荪先生的外宣工作却常常是对日本军队的声望有害的。因为他卓越的智慧天赋，他是个极其捉摸不定的人，而且并不适合军方安排他做的事。如果角松少校所说属实，则日本军方就犯了一个奇妙的判断上的错误。[177]

燕卜荪不可能自愿接受为那个被他嗤之以鼻的虚假的日本"新秩序"去做正面宣传。如果他确实接受了一笔来自日本军方的"无限制的"资金，我们首先要考虑，他这样做是否是因为受到胁迫。有可能这件事是在比克顿事件之后，他们以暴力威胁他的结果。他们可能提出威胁，要因为他的同性恋骚扰行为而将他下狱，许诺如果他同意他们的要求，将给予减刑。因此，后来，他仅仅——用上文引用的他那嘲讽性的诗句——"非常公正地……从那个贞洁、美丽的国度被放逐"。他也暗示出，自己只是"法律意义上"被驱逐，因为他作为合约教师的时间也正好到期。简而言之，一个比较可能的解释是，他们如此严重地威吓他，使他同意达成某种协议，不管他是多么不情愿。然而，即使受到威吓，他是否真愿意做什么事，这事很值得怀疑：要知道，他非常坚忍，而且能够承受高强度的痛苦。

另一种可能性是他在某种程度上赢得了他们的信任，骗他们给了他一笔可观的报酬，却完成了一个空头的任务。若是那样的话，就有可能是日方建议他做个"双重间谍"。而燕卜荪，本来就喜欢恶作剧，就会享受这整个游戏过程，知道这个闹剧最终将会以日本人的损失收场。这肯定会成为他长期消愁解闷的东西。不管怎样，正如英国大使馆所说，他们严重误解了他们用的这个人。

然而，当这一切都被说了和做了以后，整个事件仍然显得像是一条愚蠢的错误信息。日本军方知道，燕卜荪于他在战时中国的两年中曾短暂访问重庆，然而这件事很蹊跷。因为这说明他们有着非常好的情报组织——如果他们对他不感兴趣又为什么会费劲追踪燕卜荪的行踪呢？[178]然而，从相反的角度来看待这个问题，就应当问两个更好的问题。为什么他们首先愿意为他们的囚犯支付赎金呢？如果他们能够控制他，为什么又会支付他一笔"无限制的"金钱呢？简言之，角松少校的证言会显得既虚假又毫无道理。如果这话是在一年以后说的，那时燕卜荪已经开始在BBC工作，那可能还有个意义——损毁他的声誉——但是在1939年12月，他已经没有什么重要的工作：他正在美国艰难地要筹集些资金回到英国家中呢。

不管怎样，如果指控属实，燕卜荪便是既睿智又诙谐：他委曲行事，又能平安脱身（还得了一笔可观的收益）。即使他收到了日本的汇款，他还是继续原原本本地讲出他看到的真相。没有证据，不管是文件还是传闻，表明他曾经为日本作过宣传。事实上，他的率直在他离开这个国家两年之后写的一篇文章中表露无遗，此文发表于1936年11月号的《听众》，题为《生活在日本》（'Living in Japan'），是对两本书的评论：格蕾丝·詹姆斯（Grace James）的《日本》（*Japan*）和他的朋友桑瑟姆夫人的《生活在东京》（*Living in Tokyo*）；这篇评论是真诚的道别，完全符合他对那个地方的特别的个人经历。

要想描写日本而不加以甜腻腻的赞赏或者猛烈的抨击很难，而这种困难很少有描写日本的书能够绕开，因为这个国家总是强加给你某种感觉。（其一是）这对于很多有文化的日本人在阅读这类书时会有坏影响；一种意见加强了他们的自满，另一种意见则使他们把外部世界看作是强烈的且没有道理的敌人。日本人有形形色色，但是很少有人能够把那种粗鲁的外国书看作是简单、好笑的谣言。另外，人们需要更好的理解，而这方面，粗鲁的书则根本不能提供任何帮助；还好，这两本书都是和蔼可亲的。

两位作者都是精通日本语言并在东京居住的女士。詹姆斯夫人最近又回到那里，但是总记挂着在一个不同的东京度过的童年时光；桑瑟姆夫人在英国大使馆待了相当时日，且与很多真正的日本朋友交往。两人都没有试图为日本的政策辩护，或者像日本的官方游览指南那样写些恶心的闲言，或者像拉夫卡迪奥·赫恩那样以一个欧洲人神经质式的恐怖来赞扬日本。总体来说，桑瑟姆夫人不太关注旧式的美好，而更擅长在保持她赞扬口气的同时，也加入些批评。但是在两者的背后都有着同样的推动力。她们感觉外国人，特别是游客们，需要被告知某些要点：在那个国家里，第一要点是礼貌，如果你很友善而且愿意做事，几乎任何事情都能为你做到，一旦你习惯了那些频繁的小烦扰之后，你就会发现日本生活中的事件都是人性化的、有趣的。这的确是真的……

但是一个赞赏这两本书的目的和行文的人，会感觉有必要对她们在批评中所暗示的意思作进一步的深入探讨。她们不能远离日本的"魅力"，这东西的确存在，而那会给你某种奇怪的反感。.

日本人有力量在一件事物中我们认为最令人不愉快的方面，也找到某种魅力的源泉。妓院门外的一棵柳树是诗歌的伟大源泉，在那里终日被锁在门内的女孩们向她们的爱人投去最后一瞥；还有《源氏物语》（Tale of Genji）中小皇帝的一颗烂牙，它让小皇帝的脸显得"顽皮"。那当然并非源自残酷或愚蠢，而且那也比现代化的混乱要长久得多。那可能与他们本是伟大的操纵者而不是伟大的思想者有关。他们不愿发现任何事物中的基本原则。在任何情况下，这种魅力都存在某种普遍的荒谬感，那与中国全然无关；在你已经热爱的人身上它显得很美妙，作为美好的小习俗的保鲜剂它让人崇敬，作为帝国子民的传统观点它又令人敬畏。在这些书中的日本与（比如）对外政策上体现出来的日本之间的鸿沟，与日本人心中的鸿沟相对应，而且如果你想一下，比如，现代德国，那里也有一个鸿沟，而且它的那些坏地方也同样愚蠢而危险，但是似乎德国的鸿沟显得更有可能会被填平。你越是喜欢和崇敬日本人，越会感觉到他们是最后的与这个世界隔绝的人们。[179]

"有很多用英文写成的书，是关于日本有多么凶残的，"他在别的地方写道，"它们都是由教师写成的：像我这样的人。"[180] 他自己从来没有写过这样的书。

1. Sumie Okada, *Western Writers in Japan*, Basingstoke: Macmillan Press, 1999, 44; Kyohei Ogihara, 'About Emp-san' (题目有双关之意, 日文中敬称"××君"), *Eigo-Seinen (The Rising Generation)*, 106/10 (1 October 1960), 32; interview with Professor F. Narita, 9 April 1984.

2. WE, undated letter (*c.* late 1931) to his mother (Empson Papers).

3. Sir Robert Craigie, *Behind the Japanese Mask*, London: Hutchinson & Co., 1945; Shunsuke Tsurumi, *An Intellectual History of Wartime Japan: 1931–1945*, London: KPI, 1986, ch. 5: 'Greater Asia'; Ikuhita Hata, 'Continental Expansion, 1905–1941', in *The Cambridge History of Japan*, vol. vi: *The Twentieth Century,* ed. Peter Duus, Cambridge: Cambridge University Press, 1988, esp. pp. 290–298.

4. Richard Storry, *The Double Patriots: A Study of Japanese Nationalism*, London: Chatto & Windus, 1957, 124.

5. Peter Quennell, *A Superficial Journey through Tokyo and Peking*, 1932; repr. Oxford: Oxford University Press, 1986, 99.

6. WE, letter to Michael Roberts, 2 April 1933 (Janet Adam Smith). 这并不是说燕卜荪未打算就自己的经历写本书，但是昆内尔草率而又颇为俏皮地对日本发表了一通意见，就像某位人类学家描写某个奇怪而又傻气的原始部落似的，而燕卜荪肯定是想写一本带有调解意味的书，一本在某种程度上写给日本的书。下面是《燕卜荪档案》中残存的几页由他亲笔修订的打印文稿：

> 写这些东西，是因为我认为日本人将会有兴趣听听一个外国人有关日本的意见；英国或者法国公众是不在乎外国人怎么想他们的，除非他们确信有些东西说得极为无礼，不然，他们便只会感到好笑，会想，"他就这么理解啊"……在这里我说话却有些不知深浅，我不知道对于"日本"，这个被错误理解作统一体的存在，什么是值得说的，但是应当指出的是，英国是在将自己最好的工作做完之后，才成为"欧洲"的一部分，而在欧洲从来没有一个人种标准；可怜的希特勒，想要成为一个欧洲人，却握住了万字符，那东西其实代表的恰恰是东方；欧洲还没有被它自己的国际语言——拉丁语——联合起来，这种语言便从阿拉伯人那里引进了有关柏拉图的回忆以及各种科学。

> 一个英国文人在日本谋得份不错的工作，便有人警告他（如果还没有，他也应当得到这样的警告），那可是对"神经"的考验——这个模糊的词在合适的语境中意义也很明显；如果我自己的神经没能经得住考验，我就不会写这些东西了。一些神经无法经受这种考验的英国人写了几本有关"日本"的颇为粗暴的书，而一个睿智的日本教师则会从这些书中找出很多深刻的道理来教训他的学生。任何宣传"日本"的书都会令这种考验变得极为严重，那英国人会很惊讶地看到他的学生们（这话怎么说都不为过，我这样的英国人见到学生们这样会很害怕）讨论这些宣传材料，而且他们还请他去瞻仰富士山。他已经见过这山的百十张照片了，也很有景仰之情，那么他们真的傻到非要他说出这些话来吗？有关日本，他们所景仰的，除了那些显而易见的之外，还能有什么呢？而最根本的误解是，那英国人把他对日本的景仰看作理所当然，而他与之交谈的日本人却不敢这样做，我不是说我自己，而是至少三个我认识的人。这正是这个国际处境中令人困惑之处。我所接触到的日本的爱国主义都是虚荣而已……

困难之处之在于那种尴尬，而这似乎在日本也是一个特别困难的问题。根据这个国家的习俗，当一个人感觉应当表现出尊敬的时候，他应当作出些尴尬的表示才显得有礼貌。如今我认为，我在这里的感觉，在中国和欧洲也同样常见；与我尊敬的人们在一起的时候，我总要表现出尴尬，但是我们彼此都感觉那其实是一种不自觉的粗鲁表现……我曾听说，在日本的外国人感觉极难判断日本人究竟是粗鲁还是过度礼貌，答案是按照我的习俗是过度礼貌的，在这里却是粗鲁。

7. Quennell, *A Superficial Journey*, 115.

8. WE, letter to I. A. Richards, 13 October 1931 (I. A. Richards Collection). 此信奇怪的首段，可以看作是因早有预期而产生的某种对日本人的侮辱，因为在一封致约翰·海沃德的书信中他也曾简略使用同样的词汇："我正在翻阅你的多恩［海沃德为 the Nonesuch 出版社编纂的多恩作品集］，考虑着我明天的首场讲座该说些什么。当然，他们都是基督徒，都带着小狗一般改信者的眼神。（而那些教授们，都太英国化了，简直有些荒唐，你一眼便可以看出谁是长老会信徒，谁是国教徒。）"（Undated letter to John Hayward, King's College, Cambridge: WE/JDH/5.）

9. WE, letter to I. A. Richards, 13 October 1931.

10. WE, letter to I. A. Richards, 23 April 1932.

11. WE, undated letter (*c.* 1931–1932) to his mother (Empson Papers).

12. WE, undated letter to John Hayward, ?March 1932 (King's College, Cambridge: WE/JDH/6).

13. WE, undated letter (*c.* 1931–1932) to his mother (Empson Papers).

14. Quennell, *A Superficial Journey*, 166.

15. WE, undated letter to John Hayward, ?March 1932 (King's College, Cambridge: WE/JDH/6).
"我四处找寻一个没有噪音的地方。我曾经住过公寓，也住过日式房子，他们都有各自不同的噪音，所以也算是一种调节，但是我在哪里都无法工作。"（letter to I. A. Richards, 23 April 1932: I. A. Richards Collection.）

16. WE, holograph notes written on Christmas Day 1937 (Empson Paper).

17. WE, letter to C. K. Ogden, 31 August 1932 (McMaster University Library); Ryuichi Kajiki, letter to JH, 22 September 1984.

18. *The Japan Biographical Encyclopedia and Who's Who*, 3rd edn., Tokyo: The Rengo Press, 1964–1965. 燕卜荪在《升起的一代》中曾向福原致敬（1 June 1981, p. 168）："我非常景仰福原。我在日本工作时，他是我的上级……给了我很多帮助和好建议……"

19. Rintaro Fukuhara, 'Mr William Empson in Japan', in Gill, 22.

20. WE, letter to Sylvia Townsend Warner, 4 June 1932 (Reading University Library, MS 1399/1/2).

21. 燕卜荪对野川京有关格雷的《挽歌》的论文所作的顺带评论，被福原引用（Fukuhara, "Mr William Empson in Japan", in Gill, 25）；此前曾在福原的另一篇文章中引用［Fukuhara, "Empson and/on Gray", *Essays in English Language and Literature* (Otsuka English Association), iv (November 1936), 159.］。

22. Kai Yuzuru, "Two Old Familiar Faces", 32; Ogawa Kazuo, "My Impression of Prof. Empson", *The Rising Generation*, 1 September 1960 (原文为日文).

23. G. C. Allen, *An Appointment in Japan*, London: Athlone Press, 1983.

24. Professor Kai Yuzuru, letter to JH, 20 February 1986.

25. Telephone conversation with Kajiki Ryuichi, Tokyo, 11 April 1984; Kajiki, letter to JH, 22 September 1984.

26. Interview with Professor F. Narita and Professor Y. Irie, Tokyo, 9 April 1984.

27. Fukuhara, 'Mr William Empson in Japan', 22.

28. Kazuo Ogawa, letter to JH, 28 April 1984.

29. Naritoshi Narita, cited in Okada, *Western Writers in Japan*, 44.

30. 有关游泳的轶事，后来被入江幸男写进一篇文章［Irie Yukio, "Swimming together with William Empson", *A Flower Basket*, 14 September 1933（感谢入江教授好意提供）］；另据与成田和入江的访谈，1984年4月9日。

31. Quennell, *A Superficial Journey*, 96, 102.

32. Fukuhara, "Mr William Empson in Japan", 23.

33. WE, draft article/broadcast, 4 pp. typescript (Empson Papers).

34. Quennell, *A Superficial Journey*, 99.

35. Sumie Okada, *Edmund Blunden and Japan: The History of a Relationship*, Basingstoke: Macmillan Press, 1988, 200; See also Barry Webb, *Edmund Blunden: A Biography*, New Haven: Yale University Press, 1990. 市川三喜教授的小传见*The Japan Biographical Encyclopedia and Who's Who*, 3rd edn。

36. Interview with Narita and Irie, 9 April 1984.

37. WE, *Introduction to T. S. Eliot's Selected Essays*, Tokyo: Kinseido, 1933; reprinted in Argufying, 568–569.

38. 在入江幸男的论文《莎士比亚对生活的态度》（'On Shakespeare's Attitude to Life'）上所作的评注："那些喜剧角色很适合你，（有关理性的双关语，对此我可能讨论过多，实际上是写讽刺笑话），但是莎士比亚自己的观点更具冲突或者更加全面。"尤其值得注意的是，早在1932年，燕卜荪便在讲座中谈论有关自己的论文《〈一报还一报〉中的理性》（'Sense in Measure for Measure'）的内容，那时距这篇文章某个版本1938年秋天在《南方评论》（*Southern Review*）上发表，还有六年的时间。（这篇文章经过修改，被收录到1951年出版的《复杂词的结构》一书中。）虽然他还没有完成《田园诗的几种变体》（1935），但那时他已经为自己下一本大书中的某些章节下工夫了。入江幸男的另一篇论文涉及"批评理论是否必要或有用？有无好作品在无理论的情况下写成？"，其结尾声称："优秀文字来源于作者优秀（充实）的生活，而这不必依赖于批评理论。所以，优秀文字也不必依赖批评理论，自然，也已经有很多并无理论依据的优秀文字问世。"燕卜荪对此文的评价简洁而有理："你要想过充实的生活，大概需要懂得充实生活究竟是什么，而要懂得这个，你大概就需要有个批评理论了。"（致谢入江教授）

39. Quennell, *A Superficial Journey*, 96.

40. WE, letter to John Hayward, ?March 1932 (King's College, Cambridge: WE/JDH/6).

41. WE, 'Teaching Literature', *Argufying*, 97.

42. WE, letter to I. A. Richards, 9 January 1933 (I. A. Richards Collection).

43. Ishikawa Rinshiro, testimonial for WE, 15 December 1936 (Empson Papers).

44. Ogawa Kazuo, 'A reminiscence of William Empson'，写于1952年；来源不明（小川教授好意提供复印件）。燕卜荪在写作《〈序曲〉中的理性》［ 'Sense in *The Preluele*' *(SCW*, 1951)］时，已经修正了自己对于华兹华斯成熟诗作的看法。

45. Quennell, *A Superficial Journey*, 101–102.

46. WE, letter to I. A. Richards, 23 April 1932 (I. A. Richards Collection).

47. *Pastoral*, 49, 159.

48. Dilys Powell, 'Elusive "Pastoral"', *Sunday Times*, 9 February 1936.

49. 'Mrs Dalloway', *Eigo Seinen (The Rising Generation)*, 68/6 (15 December 1932), 182; repr., as *'Mrs Dalloway* as a Political Satire', in *Essays in English Language and Literature* (Tokyo), 1 (April 1933); in *Argufying*, 451.

50. 'Mrs Dalloway as a Political Satire', *Argufying*, 450–452.

51. WE, "Calling the West Indies: Close-Up", BBC broadcast script, 14 December 1941 (BBC Written Archives Centre)；以 'Did You Hear That?— How the Japanese student thinks' 为题，发表在1942年1月1日《听众》第9页上。二战行将结束时，燕卜荪曾经在《约翰牛》（*John Bull*）杂志上发表名为《日本的困惑》（ 'Puzzle of the Jap'）一文，重申这些看法（vol. 78, no. 2045, 25 August 1945, 10）："在东京，学生们时刻处在警察的监视之下。当时的监督体系极其严厉，以至于我在讲座中若是稍稍有一点自由思想的影子，学生们便会窃笑……相当多这样有'自由'思想的日本年轻人，后来被政治警察杀掉了。而钳制他们更紧的一点，是他们明白如果自己被怀疑有一点点的政治问题，便连个工作也找不到。那样，他们便只能挨饿。"

52. WE, 'Teaching English in the Far East and England', *SSS*, 216.

53. WE, undated letter to John Hayward, ?March 1932 (King's College, Cambridge: WE/JDH/6).

54. WE, "Calling the West Indies: Close-Up".燕卜荪的确被学生们对于豪斯曼的反应震惊了；他后来不仅反复思考这个话题，在写作中也多次提及。在一篇名为《理想主义的陷阱》（ 'The Traps of Idealism'）的BBC广播中（1936年9月3日播出），他曾经回忆起自己在1932年冬春之交在日本的经历："学期尚未结束，班上便有几个学生被征入伍，调往上海，那里当时中日双方交战正酣；他们当中有一位战死了，不过我还是很庆幸，他在学期之初便离开了，所以，我不可能把这种毒药灌输到他的思想里去，不然，我便要感到自己要为他的死负些责任了……如果你把豪斯曼写的东西当作直接的建议，那他还真就是在喷射毒药，这，我过去从没有意识到。当然，豪斯曼实际的意思是说，在特殊的情境之下，一个人有这样的想法也很好；这个人原本认为自己为了一个正义的理由而参战，但是战死之时，却明白了战争的理由远非正义，不过，他总还是觉得自己的生命是有意义的。一个人带着这样的精神参战，不是为了爱国，而是为了自己对于死亡的某种理想化的情感，在我看来，似乎令人痛苦，而且实际上也颇为奴性。即使你承认，根本说来，死亡是最好的，也不应当把理想扯进来。当然，这些受过教育的日本年轻人的想法更多是来自于佛教而不是豪斯曼，但是在佛教中究竟是哪一层的思想会指引人去渴望死亡，这应该是你最不愿从这门伟大的宗教中学到的东西了吧。（Empson Papers.）可比较阅读燕卜荪的诗《死亡的无知》（ 'Ignorance of Death'），此诗草稿可能写于同一时期。

55. WE, undated letter to John Hayward, ?March 1932 (King's College, Cambridge: WE/JDH/6).

56. S.T.U., 'Farewell to Empson'（原文为日语），*Eibungaku-Fukei（English Literary Scenes*,

此为东京文理大学一份研究生期刊），1934年8月，第50—51页。燕卜荪后来曾经与他以前的一位学生开玩笑说，"我不记得自己在讲座中说的话了，希望你没有被我的错误过度干扰。你们谁也没有告诉我我错了，所以，自从那时候起，我都一直是自以为是呢。"（letter to Professor Kai Yuzuru, 10 August 1978; 致谢海谦。）

57. The passage on Gray's elegy appeared in August 1933, in the Japanese periodical *New English and American Literature* (Rodensky, p. xiv).

58. *Pastoral*, 11–12.

59. Fukuhara, 'Mr William Empson in Japan', 25–26; 燕卜荪的短评曾被福原教授在其日文文章中原文引用，见 'Empson and/on Gray', *Essays in English Language and Literature* (Otsuka English Association), iv (November 1936), 155–163。

60. *Pastoral*, 12. J. 布赖恩·哈维（J. Brian. Harvey）在《左翼评论》（*Left Review*）上曾抨击燕卜荪："但是认为人们必须接受社会的不公平，这种想法并非永恒真理，所以，燕卜荪先生持这种态度，便证明了他并不理解辩证唯物主义的一个根本原理——量变最终必将导致质变。所以，他学者式地与马克思主义者在他们自己的阵地上交锋，从一开始便站不住脚。"（'Proletarian or Pastoral?', *Left Review, February* 1936, p. 231.）但是，燕卜荪并非有意轻慢马克思主义理论。

61. Interview with Professor Irie Yukio, 9 April 1984.

62. Telephone interview with Professor Kajiki Ryuichi, Tokyo, 11 April 1984; and Kajiki, letter to JH, 22 September 1984.

63. Telephone interview with Professor Eitaro Sayama, Tokyo, 9 April 1984.

64. Kazuo Ogawa, letter to JH, 28 April 1984.

65. *The Japan Biographical Encyclopedia and Who's Who.*

66. *Argufying*, 96.

67. WE, letter to John Hayward, 7 March 1933 (King's College, Cambridge: WE/JDH/7).

68. Ibid.

69. Quennell, *A Superficial Journey*, 101.

70. WE, letter to I. A. Richards, 2 September 1932 (I. A. Richards Collection). 在一个学生的论文中，有一条有关个人经历的反映，这相当不寻常，也令他颇为高兴。他在1932年写给国内的信中说："我觉得他们也不是那么不可理解：有个人在一篇有关讽刺和蒲柏的论文中，使用心解释他感觉去爱自己的父亲有多么难。"（letter to John Hayward,? March 1932; King College, Cambridge: WE/ JDH/6.）

71. 燕卜荪书信片段或杂记，写于从朝鲜返回途中滞留京都旅馆的日子。（Empson Papers）

72. Bottrall, 'William Empson', Gill, 50.

73. WE, letter to C. K. Ogden, n.d. (1933).

74. WE, letters to Ogden, 16 March 1933, ［?8 June］1933, and 31 August 1931 (McMaster University Library); Harold E. Palmer, letter to WE, 12 November 1932 (McMaster); WE, draft letter to Palmer, 13 November ［1933］(Empson Papers). "福原似乎不想把ing和ed词看作动词了，他现在希望不在ing和ed词中加入限定词，"燕卜荪在1932年9月2日致理查兹的书信中说。"不过，在交谈中让他们表面上同意你的想法，也没有什么意义。"（I. A Richards

Collection）

75. WE, letter to C. K. Ogden, n.d. (1933).

76. WE, 'The learning of English' (letter), *The Japan Chronicle*, 25 November 1931, p. 5.

77. WE, 'The Hammer's Ring', in Reuben Brower, Helen Vendler, John Hollander (eds.), *I. A. Richards: Essays in His Honor*, New York: Oxford University Press, 1973，79.

78. Report in *Japan Times*, 20 October 1931.

79. *The Japan Chronicle*, 29 October 1931.

80. Dorothée Anderson, 'Harold E. Palmer: A Biographical Essay', in Harold E. Palmer and H. Vere Redman, *This Language-Learning Business* (1932), Oxford: Oxford University Press, 1969，153. 有关此事的细节以及下面一段都取自安德森有关父亲的文章。

81. WE, letter to Sylvia Townsend Warner, 10 October 1933 (Reading University Library).

82. H. Bongers, *The History and Principles of Vocabulary Control*, Woerden: Wocopi, 1947，Dorothée Anderson在文章中引用，见Palmer and Redman, *This Language-Learning Business*, 152。

83. 帕尔默的话被安德森引用，见Palmer and Redman, *This Language-Learning Business*, 141。

84. 冈仓教授的讣告全文见 'International Notes', *The Basic News*, 1 (January–March 1937), 11–14。

85. "今天（16日）我与教师大会的一些人讲到基本英语的事，"燕卜荪在写于1931年10月13日的致理查兹的信中说，"之后，老石川说，他和顾问委员会（是叫这个吧？）不看好这东西，而且他们正在等着我的课本到位，然后再考虑它们是否合适——我认为他虽然滑头，倒还诚实：所以我想还是有些希望的。"（I. A. Richards Collection）

86. WE, letter to C. K. Ogden, 31 August 1932 (McMaster).

87. Ibid.

88. A. S. Hornby, letter to WE, 22 February 1947 (McMaster).

89. WE, letter to A. S. Hornby, 19 February 1947 (McMaster).

90. WE, letter to C. K. Ogden, 10 June 1933.

91. WE, letter to C. K. Ogden, 31 August 1932 (McMaster).

92. WE, letter to I. A. Richards, 2 September 1932 (I. A. Richards Collection).

93. WE, letter to C. K. Ogden, n.d. (1933).

94. WE, letter to John Hayward, 12 July 1933 (King's College, Cambridge: WE/JDH/3).

95. WE, letter to Sylvia Townsend Warner, 10 October 1933.在*The Basic News*第一期（1937年1月—3月）第7页的《国际评论》中，他得到了应得的赞颂："燕卜荪教授与同仁通过在《日本纪事报》上的一系列回应某些老派英语教师和英语教学研究会的文章，使基本英语为大众所认识。"

96. Nakano Yoshio, 'A Visit to the Noh Drama with William Empson', *The Rising Generation* (Tokyo), 1 September 1981, p. 383. (原文为日文)

97. Okada, *Western Writers in Japan*, 45.

98. WE, letter to Sylvia Townsend Warner, 4 June 1932 (Reading University Library: MS 1399/1/2).

99. WE, postcard to Phyllis Chroustchoff, 'New Year's Night' 1932 (courtesy of Igor Chroustchoff).

100. 在后来的一份文章草稿中（写于中国），燕卜荪补充说："我很乐意冷静下来，并开始说这事多么像德国人的做法，这大概是既正确也够策略的说法了，但是我的日本朋友们已经气得面红耳赤了。根据这种传统，你把胆小看作是一种契约的源头；一旦发生问题，你便求助于责任或是对于死亡的浪漫兴趣，或者别的什么。一个英国团体则会通过蔑视他们所面临的问题来获得一种勇气。他们的传统比我们的要真诚，也的确会给你更多的情感冲击，但是你也可能认为这种传统使得一个集体更容易崩溃，虽然个人也许无碍。中国人似乎没有这方面的传统，也许我们需要这么个传统。"

101. WE, letter to John Hayward, 7 March 1933 (King's College, Cambridge).

102. WE, untitled review of Dylan Thomas's *Collected Poems* and *Under Milk Wood*, in *New Statesman & Nation*, 15 May 1954, p. 635; *Argufying*, 392.

103. WE, letter to George Sansom, (?September) 1934 (Empson Papers).

104. WE, untitled review of Dylan Thomas, as n. 102 above.

105. Undated version of letter published as 'Mr Empson and the Fire Sermon', *Essays in Criticism*, 6/4 (October 1956), 482–483 (Empson Papers).

106. WE, letter to John Hayward, 7 March 1933 (King's College, Cambridge: WE/JDH/7).

107. Ibid. 第二段内容在致迈克尔·罗伯茨的信（1933年4月2日）中再次出现："我在这个颇为宜人的地方，感触极深的一点是，那种普遍的对于国家的崇拜肯定会重现——这些神坛，就像足球场一样，将会被重新启用。当然人们的'感情'价值几何就更当别论了。"（致谢珍妮特·亚当·史密斯）

108. WE, letter to Sylvia Townsend Warner, 4 June 1932 (Reading University Library, MS 1399/1/2).

109. 燕卜荪在信头为京都饭店的信纸上所写书信或杂记。（Empson Papers）

110. WE, letter to George Sansom, 2 September 1934 (Empson Papers).乔治·桑瑟姆（1883—1965）于1904年加入远东的英国领事馆，时年20岁；1907年，他开始做驻东京的英国大使的私人秘书。查尔斯·埃利奥特（Charles Eliot）爵士，1919至1926年任英国大使，此人在1921年写道："在智力方面，他大概是驻日本的英国公职人员中最棒的。"（Quoted in Katharine Sansom, *Sir George Sansom and Japan: A Memoir*, Tallahassee, Fla.: Diplomatic Press, 1972, 13.）1926至1939年间，他在东京任商务参赞。1935年，他被封为爵士，1947他被封为大英帝国骑士团大十字勋章骑士。战后，他成为哥伦比亚大学远东研究所（Far Eastern Institute at Columbia University）的第一任主任。他的著作包括《日本语言历史语法》（*Historical Grammar of the Japanese Language*, 1928），《日本：文化简史》（*Japan: A Short Cultural History*, 1931），以及《日本史》（*History of Japan*, 3卷, 1958—1964）。参见 Gordon Daniels, 'Sir George Sansom (1883–1965): Historian and Diplomat', in Sir Hugh Cortazzi and Gordon Daniels (eds.), *Britain and Japan 1859–1991: Themes and Personalities* (London: Routledge, 1991), 277–288.

111. Dorothea Richards journal, Old Library, Magdalene College, Cambridge.

112. 兰登·沃纳（1881—1955）：1906—1913年间任波士顿艺术博物馆（Museum of Fine Art, Boston）东方艺术部副主管；燕卜荪在1939年与他在波士顿交谈的时候，他正担任哈佛大学福格博物馆（Fogg Museum）实地调研员。凯瑟琳·桑瑟姆将此人描述为"一个快乐的海盗式的人物……极为文雅，又热爱艺术。我们对他奇妙的中国之行早有耳闻，在那儿他找到了许多不为人知的满是雕塑与绘画的洞窟。"（*Sir George Sansom and Japan*, 20.）

113. WE, 'These Japanese', The Listener, 5 March 1942, p.293.

114. WE, letter to Sylvia Townsend Warner, 10 October 1933 (Reading University Library, MS 1399/1/1).

115. Edward Seidensticker, *Tokyo Rising: The City since the Great Earthquake*, New York: Alfred A. Knopf, 1990, 36.

116. WE, letter to Michael Roberts, 12 November 1932 (Janet Adam Smith).

117. WE, letter to John Hayward, 8 October 1933 (King's College, Cambridge: WE/JDH/4).

118. 博特拉尔可能无意间把他们泡吧的地点搞混了。博特拉尔的确曾经在假期前往东京看望燕卜荪，大概也正是那一次，燕卜荪"与一些水手们喝了一场"——不过，不能据此断言这类事没有在其他场合发生过。也许，他们这次通宵畅饮发生在1934年8月的早间，即燕卜荪返回英国途中在新加坡驻足的时候。

119. WE, undated draft letter to Molly Kitching (notebook in Empson Papers).

120. WE, 'These Japanese', 294.

121. 以下四段中的信息主要取自佐藤永信所写一篇日文文章 'Remembering Mr Empson'，见 Eibungaku-Fukai (2/1, 1934)；英文翻译Gordon Daniels。

122. WE, 'These Japanese', 294.

123. WE, letter to John Hayward, 12 July 1933 (King's College, Cambridge: WE/JDH/3).

124. WE, letter to I. A. Richards, 9 January 1933 (I. A. Richards Collection).

125. WE, letter to John Hayward, 8 October 1933 (King's College, Cambridge: WE/JDH/4).

126. 当时，欧洲游客与日本女性产生感情纠葛并不少见，特别有名的一桩便是埃德蒙·布伦登的事（见Okada, *Edmund Blunden and Japan*; Webb, *Edmund Blunden*）。

127. WE, *Complete Poems*, 69.

128. S. F. Bolt, letter to the editor, *The London Review of Books*, 15/16 (19 August 1993), 5.

129. S. F. Bolt, letter to JH, 26 August 1993.

130. Bottrall, 'William Empson', Gill, 50.

131. WE, letter to Katharine Sansom, 13 January［1935?］(Empson Papers).

132. David Wevill's letter is quoted in Okada, *Western Writers in Japan*, 48.

133. 1942年在BBC工作时的笔记本。（Empson Papers）根据查尔斯·马奇的说法（他认为自己是从凯瑟琳·雷恩那里听来的），传言是，那个女的"跟着"燕卜荪到了英国；"似乎他们一起来到乡下，而比尔后来绕着个大草垛转，想要甩掉她——大概他是这么告诉凯瑟琳的）。"（JH, interview with Madge, June 1983.）

134. WE, letter to Sir George Sansom, 11 October 1935 (Empson Papers).

135. WE, letter to Sir George Sansom, 13 November 1935 (Empson Papers).

136. John Davenport, letter to Trevelyan (Julian Trevelyan Papers, Wren Library, Trinity College, Cambridge: JOT 4/16). 早些时候，达文波特曾在安多弗（Andover）附近的家中招待燕卜荪；他在1935年11月15日致特里维廉的信中说："比尔·燕卜荪和博纳姆·卡特斯（Bonham Carters）——且不谈夏洛特（Charlotte）关于他们的好笑回忆——周六将来访，肯定很有趣。"(Julian Trevelyan Papers)

137. WE, letter to Robert Herring, 14 July 1938 (Empson Papers).

138. WE, letter to Ronald Bottrall, 23 July 1940 (Humanities Research Center, University of Texas at Austin).

139. 以下有关燕卜荪与田山千代子关系的叙述得益于彼得·鲁滨逊的文章 'Very Shrinking Behaviour', *TLS*, 18 July 2003, pp. 13–15。鲁滨逊还非常好心地把自己打印的燕卜荪与田山千代子来往书信内容给我。

140. *Complete Poems*, 322–323.

141. 平井藤原浩后来获得博士学位，并任教于福岛大学（Fukushima University）；他曾出版过诗歌以及一部王尔德的传记（1960）。

142. WE, undated letter to Hatakeyama, 1933?

143. WE, letter to Hatakeyama, 15 June 1933.

144. WE, letter to Hatakeyama, 23 December (1933).

145. 燕卜荪一封书信的末尾，无日期，可能写于1934年3月26日二人见面之后。

146. Extracts from Hatakeyama's diary by courtesy of Peter Robinson.

147. Quoted in Peter Robinson, 'Ice cream with Empson' (letter), *TLS*, 24 October 2003, p. 19.

148. 燕卜荪一封书信的末尾，可能写于二人在1934年3月26日见面之后。

149. WE, undated letter to Hatakeyama, June 1934?

150. Robinson, 'Very Shrinking Behaviour', 14.

151. Quotation from WE's poem 'Aubade'.

152. Tamotsu Sone, quoted in Robinson, 'Very Shrinking Behaviour', 14.

153. Quoted in Robinson, 'Very Shrinking Behaviour', 14.

154. 鲁滨逊写道，"这里，燕卜荪是要避免日本的师生关系等级观念所造成的误解，同样也要避免英国的师生平等理想之下可能隐藏的引人误会的恩主观念。"（Ibid., 15.）

155. Ibid.

156. Ibid., 15.

157. WE, letter to Michael Roberts, 7 December 1932 (Janet Adam Smith).谢拉德·韦恩斯曾在日本执教多年，他的著作包括 *YOFUKU, or Japan in Trousers*（London，1931）。燕卜荪曾经在《剑桥评论》1928年11月第23期第161页评论《拱廊》（*Triforium*）说："他的平心静气并非来自一切释怀，而是来自于对于各式欲望的实在而又博学的满足感，那种人们会与美酒佳肴联系在一起的满足感。那种浸润全身的失望，那种艾略特先生培养的学者的拜伦情怀，一种写作有关深沉的精神上的不满足感的诗歌的习惯，可不是韦恩斯感兴趣的东西……我们时代的秃头［在韦恩斯的诗作中］露面的机会真少啊，或许已经成了埋在一束束花朵下的一块纪念碑吧。"

158. *Pastoral*, 9.

159. Gordon M. Berger, 'Politics and Mobilization in Japan, 1931–1945', in *The Cambridge History of Japan*, vi: *The Twentieth Century*, 109.

160. 这个论断是基于布鲁诺夫斯基的传记作者约翰·维斯的权威见解所下的。

161. 'C.-B.' (Jacob Bronowski), 'Japan Rampant', *The Granta*, 10 May 1933, p. 415.

162. Crowley, *Japan's Quest*, quoted in Berger, 'Politics and Mobilization in Japan, 1931–1945', 112.

163. Ikuhiko Hata, 'Continental Expansion, 1905–1941', in *The Cambridge History of Japan,* vi: *The Twentieth Century*, 295–298.

164. 彼得·杜思（Peter Duus）与欧文·沙因那（Iriwin Scheiner）指出："奇怪的是，虽然政府加大了对共产党的打击力度，而且变节行为也逐渐增多，但马克思主义却在19世纪20年代末和30年代初在知识领域增加了其力量和影响。马克思主义原理在知识领域之所以意义如此重大，部分原因是，其辩证唯物主义和历史唯物主义的理论从整体上对人类社会、经济和政治行为作出了解释。"（'Socialism, Liberalism, and Marxism, 1901–1931', in *The Cambridge History of Japan,* vol. vi: *The Twentieth Century*, 709.) See also Quennell, *A Superficial Journey*, 108; Shunsuke Tsurumi, *An Intellectual History of Wartime Japan: 1931–1945*, ch. 8: 'Germs of Anti-Stalinism'.

165. WE, 'Moralising over Japan', *World*, 2/3 (March 1935), 292–293.

166. Lenin quoted in Leszek Kolakowski, *Main Currents of Marxism: Its Origins, Growth and Dissolution* (Oxford, 1978), ii. 386; cited in Duus and Scheiner, 'Socialism, Liberalism, and Marxism, 1901–1931', 701.

167. WE, 'Teaching Literature', *Argufying*, 93.

168. Fukuhara, 'Mr William Empson in Japan', 28.

169. WE, 'Teaching Literature', *Argufying*, 95.

170. See FO 262/1878/ 151. 158081 (Public Record Office, London).

171. WE, letter to Michael Roberts, 28 March 1934 (Janet Adam Smith).

172. Interview with Ronald Bottrall.

173. Peter F. Alexander, *William Plomer: A Biography*, Oxford: Oxford University Press, 1989, 357 n. 99; Alexander, letter to JH, 24 April 1991. Professor Kajiki wrote to me on 3 April 1991："的确有关于他的同性恋行为的传言，但是我们无法证实这一点。我肯定，在这方面，他与他的学生们是没有任何问题的……不过，还好，这个事从没有见诸报端"；1991年5月8日，"的确，我在上一封信中曾经告诉你，当时有个我无法证实的传言，但是，我不能说这个传言全然是空穴来风。不可否认，他有同性恋倾向，而且极有可能，他有几次可能得偿心愿的机会。我们可以容易地设想到，日本警方在收到有关这个问题的报告时，一定是相当担心，但是职权所限，他们又无能为力，因为那毕竟不是犯罪行为。无论如何，在我的熟人的圈子中，没有人批评燕卜荪的行为，虽然，在我们当中，这事已经成为某种公开的秘密了。"根据另一份报告，这事其实是见诸报端了的。［Nakano Yoshio, 'A Visit to the Noh Drama with William Empson', *The Rising Generation*, 127/6 (1 September 1981), 383.］

174. WE, letter to John Hayward, 18 May 1948 (King's College, Cambridge: WE/JDH/13).

175. WE, letter to George Sansom, 13 November 1935 (Empson Papers).

176. Fukuhara, 'Mr William Empson in Japan', 31; S.T.U., 'Farewell to Empson', 51.

177. FO 371/24742 Political: Far Eastern—Japan 1940; files 953–1559; Public Record Office, London (letter from Tokyo Chancery, British Embassy, Tokyo, to Far Eastern Department, Foreign Officece, 4 December 1939).

178. 无论如何，越来越令人好奇的是，在燕卜荪的文稿中，有一份奇怪的自传式的东西保存了下来，里面似乎暗示他1937年在重庆的时候，的确曾经受到跟踪：

我生命中最为惊险而神奇的一幕，发生在我在重庆上船之前，当时我正在城里闲逛。这里不像长沙，更像欧洲，道路开阔，店铺整齐，不过售卖的东西倒是不及长沙齐全；街道的样子，自然是决定于省里的各级官员。我看了看表，转身往回走，却被一个流着鼻涕、斜眼歪戴帽子的小男孩撞了一下，这小孩使劲地抬头看，但不是看我，而是看我脑后的什么东西。我害怕染上什么皮肤病，慌忙推开他，大步往前走，左右避让着人行道上踯躅的人群，大概走了一百码，我被人群挡住了，这时，还是那个小孩，还是以同样的动作撞了我一下，我想，他大概是对外国人好奇，要么是想讨些钱，要么是为了什么别的讨厌的原因才这样做，于是我就尽我所能地大步前进。我只知道一条穿过这个城市的迂回道路，快步走也要花上两个小时；那样走肯定很傻，但是正好可以消磨时间，而问路总是没有什么用的。但是在五次被挡住，而且五次都遇到同一个小孩之后，我开始明白，这的确是发生在我身上的一件奇事，我注意身后的路，同时快步疾行，确保这事就此打住。我们都喜欢魔法故事，我乐意对于对这事的真实性持半信半疑态度。后来，这事又发生了三次。我相信自己走过拥挤的人行道，总要比那个孱弱的小孩快，而他又非常好认。有时，我就站在那里，等他出现，我能够一下子往后看出好远，但是只有当我被人群挡住的时候他才会出现，而且他总是那样看着个奇怪的方向，而且总是碰到我。我不清楚那到底是怎么回事，以至于我曾经认为这事也许是自己假想出来的。

虽然燕卜荪对于他遇到的那个顽童这事有自己的一番理论，但是这事也许给有关他曾经在重庆被日本秘密警察授意跟踪的说法，提供了一个好笑的佐证。

179. WE, 'Living in Japan' (unsigned), *The Listener*, 4 November 1936, p. 876.
180. 小笔记本。（Empson Papers）

译者注

① 即九一八事变。

第十二章

《诗歌》1935

我们时代科学的发展，虽然很有可能引发灾难，但它是如此之宏伟，
我绝不希望早于这个时代出生，我估计大多数之前出生的值得研究的诗人
也会有同感，如果他们还活着的话。

——《莎士比亚的悍妇的力量》，第146页

虽然因为收录在1929年《剑桥诗歌1929》中的一些诗作而赢得早名，燕卜荪还
要再等上六年，才会有出版商推出他的一部诗集。碰巧在1929年夏天，正是在他取
得学位同时又失去研究员职位的时候，他从玛德林学院写信给朋友伊恩·帕森斯，
希望给他寄去"大约二十首诗"，让他考虑。后者不久前刚刚加入查托与温达斯出
版社。帕森斯对这些诗作感到有些犹豫——"对于这么少的作品，实在很难作出判
断"[1]——但是不管怎样，还是要求看看它们；他在6月14日收到了一件包裹，随信
还有一条谦虚而又令人迷惑的信息：

它们当中，大部分你已经看过。一共有23首。我不知道所写的这些
是否够数（天呀，我指的是这个合集的数量，而不是从专业角度上来说
的"产出"）。（不过，从那个角度理解也可以）；我很乐意听到你的
建议。

虽然查托出版社最初拒绝了这些诗，帕森斯仍然非正式地将它们保留了下来。
如果《复义七型》表现得好，那么它们可能会有助于诗集的出版。然而，虽然F.
R.利维斯也在对《复义》一书所作评论（《剑桥评论》 *Cambridge Review*，1931

年1月号）的结尾处说了这样推荐性的话——"而且，立刻将会有一本他应我们的要求写给我们的诗集出版，"[2]——直到1933年2月，帕森斯才想到要趁《复义》的成功再赚上一笔："紧随其后再出一些诗歌，大概是个不错的计划。"[3]不过，作为一个长期以来的忠实朋友，他在1934年5月24日再次提及此事："那么诗歌呢？"同时，燕卜荪的声望因为其他出版物的出现而得到提升，那些出版物中包括迈克尔·罗伯茨编辑并受到热议的选集《新签名》（London: Hogarth Press, 1932），这本选集重印了他的五首诗：《最后的痛》（'This Last Pain'）、《信》、《有关本地植物的记录》（'Note on Local Flora'）、《露营》和《访问朱诺的邀请》。

《诗歌》（Poems），作为一本收录了三十首诗以及注释的合集，红布封面，定价六先令，在1935年5月印了一千册——那刚好是在迪伦·托马斯的首部诗集《十八首诗》（18 Poems）出版一年之后。[4]标题页装点着一幅线描的时髦的插着羽毛的帽子，那是由伊恩·帕森斯的妻子、画家特尔基·里奇（Trekkie Ritchie）特别设计的。[5]（截至1940年，有六百册《诗歌》售出，剩余在仓库中的，在1940年和1941年德国空袭中被毁。[6]燕卜荪收到了预支的十镑稿费。）那些诗实际上是燕卜荪的年轻之作，虽然在书出版时他已几乎三十岁了，作品中的大部分是他二十出头时创作的。这三十首诗中，有二十首在1930年以前已经发表过（有十六首发表的时间在1927到1928年间），不过，这本书的确包括了燕卜荪在20世纪30年代早期创作的大部分作品，包括充满怀疑与坚忍的《最后的痛》，自然神论的《教义观点》（'Doctrinal Point'）和他极佳的有关慷慨馈赠的宣言《向大英博物馆致敬》（'Homage to the British Museum'）。［另外九首发表于1935年前的作品，包括《信之四》和《旅行札记》（'Travel Note'）——后来又更名为《四条腿，两条腿，三条腿》（'Four Legs，Two Legs，Three Legs'）——没有收录在这首部诗集中］。

批评家们要锻炼自己来适应《诗歌》明显个性化的诗歌语言，小心地赞扬它们别出心裁的技法，它们的暗喻，它们思维的缜密，它们的智慧。I. A. 理查兹（I. A. Richards）警告《剑桥评论》的读者们（1936年2月），小心这些诗中他所谓的"独特的、无法解释的激情"；迈克尔·罗伯茨颇有帮助地指出，燕卜荪"在科学与审美的观察世界的角度上的冲突"之感［《伦敦水星》（London Mercury），1935年8月］；伊迪丝·西特韦尔（Edith Sitwell，《伦敦水星》，1936年2月）则指出它们含义的强烈与深刻。

但是早期评论者们并没有立刻发现，在那些诗激励性的、严苛的词藻和句法密度之下是这样的事实——虽然它们有着艾略特般诗歌材料的外表（也有些同样的风格）——燕卜荪已经带着对占据主导地位的、由艾略特发起的现代主义模式的挑战，进入了诗歌界。他将在1974年解释道：

> 在1930年前后开始写作诗歌的大多数诗人，希望从法国象征主义者和17世纪的英国玄学派诗人那里学习方法和技巧，但是马拉美（Mallarmé）只要在诗歌中遇到论证，便认为那是粗俗的事，而多恩却总是在他的诗歌里论证。年轻的艾略特很有雄心也很勇敢，我现在仍然这么认为，（在他的散文中）他写了这么多东西来推荐多恩，一个与他的实践如此不同的诗人；我想，当他告诉他的追随者们不必费心论证问题时，他不过是表现得很宽容，或者是宽慰他们而已。"（Contemporary Poets, third edition, London, 1980）

他在那段中指的是艾略特后期的（在1931年作出的）一句断言，艾略特争辩说："多恩，我坚信，不是怀疑论者。"[7]燕卜荪进一步解释说，"我只模仿多恩，这让我显得毫无意义地笨拙或衣衫不整，"然后，他又继续坚持说"论证"是他诗歌的心脏和灵魂。虽然后来他承认"论证可能是个烦人的、开玩笑式的词"，但是，他相信这个词表达了这样的思想：诗歌可以恰当而有力地表现"我们在平常生活中所作的那种论证……一种并非特别高雅的论证"。[8]不管怎样，这个词恰当地将他自己的那种诗歌——展开一场论证，表达一个立场，被理性的命令所驱赶——与象征—意象主义的轴心区分开来：现代主义用图像写作的原则，倾向于视觉而不是概念，意象而不是动词。

罗斯蒙德·图夫（Rosemond Tuve）在她的权威性的研究《伊丽莎白和雅各宾时期的意象》（Elizabethan and Jacobean Imagery, 1947）一书中，将会反驳燕卜荪的观点，指出多恩的诗歌包含了她所谓的"不协调意图"，即传统与新学之间的冲突。[9]对她来说，多恩表面上的新奇复杂，最好通过参考修辞传统和严格的拉米斯逻辑法来解释。在对此书气愤的评论《多恩与修辞传统》（'Donne and the

Rhetorical Tradition'）一文中，燕卜荪则反驳说，这样的解读减弱了多恩那种异议者的天赋，因为这样便把那些诗"解释偏了"，让它们显得不过是传统而普通的。且不论在这个问题上究竟是图夫还是燕卜荪正确，她的书中一个旁支但有力的论证却反驳了那个相对比较近的文学见解，即对于感官体验的表现在任何意义上都是足够诗歌性的。她反对本质上是现代主义的感知诗歌方案，那种用感性特征对情感状态的描绘。

事实上，她对狭隘的、反理性的象征—意象主义审美原则的反驳与燕卜荪是相同的。哲学家、批评家T. E. 休姆（T. E. Hulme）的理论支撑着现代主义美学的重要部分，[10] 他明白地宣称，"准确地描述是诗歌的合法目标"；艺术家只是为了感受而感受。休姆进一步声称，"体会到的视觉感受"和"生动的印象"是诗歌的要点；视觉意象提供"纯粹的美学情感"。[11]面对休姆限定性的教条，燕卜荪与图夫都同意，玄学派诗歌涉及的是哲学和本体论的问题，它们所关注的比思想过程本身——对于个人感觉的颂扬——更多，并且努力超越自我而表达普遍的概念和意义：用逻辑一贯性来解释和衡量概念。[12]就燕卜荪而言，意象并非目的，而要服务于更大的框架。这个有关诗歌的观点并非反动而是激进的；它有着已被证明的谱系。早在1927年，当开始发表诗歌时，燕卜荪就坚定地声称："说有伟大能力的人，只是简单地解释他们的思维习惯，便能够创造艾略特先生所谓的'综合体'，这是个谬论；他们必须通过创造出艺术品才能做到这一点。"[13]

在BBC广播《威廉·燕卜荪的诗歌》（*The Poems of William Empson*，1952年12月15日）中，他将会以这样的话开场：

> 首先，我想就我这种诗歌的整体思想说点东西——为什么会有人想要它。在20年代，有一个复兴所谓玄学派诗歌的普遍运动，主要是复兴约翰·多恩的风格；与别人的相比，我想我的诗是更加直接的模仿。这种诗通过所谓的"奇喻"（conceits）来表现，彻底地挖掘一个比喻，或者把一个观点拉伸到荒唐的极端，而毫不考虑"浪漫主义"诗歌的要求，主题必须被"意象"的平常含义或者常为人使用的词语烘托出来，于是一种基本的诗歌感觉便在某种程度上表现在氛围之中了。我认为，当我的诗在两次大战之间出现的时候，很多人觉得它们比较困难，那只是因为他们没有了

解到，要理解这些诗，需要他们坚定地抓住那个论点，而且必须漠视其他的诗歌效果。

然而，当我以这种温和的方式谈论这个技巧的时候，它似乎显得没有意义。无论如何，没有理由要求每个人都喜欢这种结果。这种风格的目的，在我看来，而且我相信在多恩的心里也一样，是去表达一种具有巨大张力的思想状态，在这种状态中，相互冲突的情感间没有任何障碍，因此世界的陌生感便被敏锐地感觉出来。

在那篇讲话的打字稿后面，还附有一句值得注意的话，特别提到罗伯特·格雷夫斯（Robert Graves）有关诗歌作为治疗模式的早期理论，这句话后来在节目播出时被去掉了："有一些诗歌理论声称，诗歌应当表达一种冲突，然后再化解它；但是这种诗歌似乎却因为无法解决的、直接的冲突而变得强大，这种冲突，如果可能解决的话，也只能是在给予这种世界的陌生感时，才能得以解决。"燕卜荪诗歌的力量和困难可能存在于冲突与解决之间的那条鸿沟之中，因为这些他在诗歌中深刻论证的问题，并非必然产出明晰的解决方案。

于是，燕卜荪发起了他对于象征主义和意象主义运动的挑战；在他开始以模仿多恩的方式写作自己的诗歌三十多年后的一篇文章中，燕卜荪解释说：

我现在知道我真的很喜欢［多恩］，因为他总是论证，而别人却感觉他的这一面需要小心地处理，因为那不符合象征主义的理论……象征主义的源头之一——反理性运动告诉你，思考是肮脏和低级的……在本世纪写下的最好的英文诗都是象征主义的，它们的确都很不错。但是这已经持续了够长的时间了……文学理论者一般谈起话来，就像除了象征派就没有其他诗歌是可能的一样。他们的主要原则是，诗人绝不能直接说出他想说的；因为那样就会将诗歌所谓"理性化"，他必须发明一套用隐喻暗示的方法，那便被称作意象。我很高兴看到格雷厄姆·霍夫先生（Graham Hough）在最近的一本书中，偶尔提到他在解释《荒原》给他的学生们听时，总是感觉"用这样的方式说话多粗鲁呵！"……这整个的教义说，所有的诗歌都只包含一片片逻辑上毫无关联的意象的拼贴……这对于诗歌和散文都有害处，主要因为它会培养逃避意识和错误的暗示……这与另一个传统，即公正的公开辩论，完全脱节……今天人们听到的支持象征派的论点开启了这样的信仰，即所有的思想都是通过意象做到的。这一点被意象主义者T. E. 休姆坚决地表达出来，他在一战前不久说，思想先于语言，并且包含在两个意象的同时显现之中……文学人士所谓的意象，似乎总是一个视觉形象，一个你头脑中的图像，但是心理学家承认所有感官的以及肌肉动作的形象……视觉形象并非最根本的。我想……叶芝的《拜占庭》虽然是象征派的，但却宏伟地充满了肌肉的形象，但是我想它是一个故事，一点吸引人的科学幻想。[14]

燕卜苏信奉多恩诗歌的玄学派模式，结果引发了一些评论家对他的敌视。比如休·肯纳（Hugh Kenner）后来认为只是赞扬燕卜苏的"姿态的胜利"和"快乐的做作"便足够了[15]，而A. 阿尔瓦雷斯（A. Alvarez）后来声称，这些诗歌代表"对于整个'风格'的概念，最细腻的、带有批评性的崇敬"[16]。然而，将这个说法再进一步，批评家们逐渐认识到，燕卜苏的诗歌有着如此鲜明的特色，它只能与奥登的诗歌相比；事实上，它的风格与含义对奥登的诗歌提出了某种挑战，大有与之抗衡之势。F. W. 贝特森（F. W. Bateson）后来总结对于这一点的认识时，认为燕卜苏之于奥登，就像罗切斯特（Rochester）之于德莱顿。他说，罗切斯特和燕卜苏最好的段落，都有着"更加鲜明的个人特色，而德莱顿和奥登虽然更加人性化，却也更加无趣"[17]。事实上，正如希拉里·科克（Hilary Corke）后来在《听众》（1955年10月6日）上所写的，燕卜苏诗歌中的观点，更加关注"人类的激情而不是玄学的脚注"。

丹尼斯·多诺霍（Denis Donoghue）教授对燕卜苏作出这样的评价："'玄学'的标签以及与多恩的联系，都是偶然的。从本质上以及倾向上说来，燕卜苏是一个说教诗人，是蒲柏，而不是多恩的继承者。"[18]但是我相信他与多恩的紧密关系是深刻而真切的。他是一个玄学诗人，不仅因为他机智而博学，也因为他热切地追寻并讨论存在与经验的本质。按照赫伯特·格里尔森（Herbert Grierson）爵士的说法，我们应该理解：

如同丁尼生一样，多恩更加关注科学的发展，关注人类对于宇宙的知识方面的革命，以及它在传统信仰领域的瓦解性的影响。对他来说，新的天文学在对地球在宇宙中地位的新解释，与对同心宇宙理论的动摇方面，是令人着迷的，就像新的地质学曾经让丁尼生着迷一样。（*The Poems of John Donne*, ii, Oxford: Oxford University Press, 1905, p. xxviii. ）

同样，在著名的《玄学派歌诗与十七世纪诗歌》（*Metaphysical Lyrics and Poems of the Seventeenth Century*，1921）中，格里尔森坚持认为多恩的《周年纪念日》（*Anniversaries*）仍然是"我们的文学中，有关在一个有着古老传统与新鲜学识的敏感心灵中，令人瓦解的冲突最完整的记录"[19]。

正是这样，燕卜荪进行了比T. S. 艾略特所声称的更加细致的对多恩诗歌的解读，而且他也确认了格里尔森的看法。后来他写道，很"自然地，可以推想多恩相信他在诗歌中所说的话——天主教完整世界图景已经破碎……成为各自分散的个体"。他也指出，多恩"在1606年读了开普勒有关新星的书，在1610年又读到了伽利略（Galileo）通过望远镜所作出的发现"。[20] 燕卜荪称，如果你遵循着发现我们的世界之外还有多个可能世界的逻辑，那么，有关天文学的争论，在基督教文化的任何时候便都会有深远的神学和道德的影响：

在我们的时代，与在多恩的时代一样，相信在其他行星上存在理性生命，与只能通过基督才能得到拯救的信仰之间，很难协调……通过他的诗可以判断出，年轻的多恩相信任何行星上都会有相应的神的肉身，也很高兴地把持这种信仰，因为它自动地将一个独立的良心从任何尘世宗教权威中解放出来。[21]

他声称，多恩有关独立行星的重复暗喻，代表着自由以及"人类可怕的孤独"[22]。在现代科学有关世界知识的背景之下，燕卜荪为自己选择了同样痛苦的悖论。关于多恩的神圣十四行诗《我是一个巧妙造就的小世界》（'I am a little world made cunningly'），他如此写道："我想那悔恨的愿意在上帝面前赎罪的希望，与一个逐渐萎缩的企图消灭自身以及从上帝处逃亡的渴望交织在一起。"[23] 同样，在他自己的一首诗《信之三》（'Letter III'）中，他渴望再次被赐予"我没有细节的命令，设计者的草图"，而那首华丽的《最后的痛》则在寻觅一种痛苦、坚忍的不可知论：

> 人们借以长久安逸生活的所有大梦
> 都被神奇灯笼映射在地狱烟幕中；
> 我早已暗示过，这就是真实，
> 一张粉饰的、玲珑的、透明的幻灯片。

这一节与他评论多恩的观点非常相似，在他看来，多恩给予个人、给予个人之间的爱与教会这一宗教组织形成了鲜明对照。他说，多恩"把这个组织只看作是对个人的苍白模仿。人建立来控制自己的所有想象的结构，都不过源于对这些基本关系的简单模仿……"[24]。燕卜荪在对《最后的痛》的注释中解释道："这首诗的想法是，人类本性能够构思它自身不可企及的神圣状态"[25]，所以他的结论是，人必须生活在自己的神话中，不管多么绝望：

> 假装相信相信是得体的东西，
> 再伪装那如此设想出来的状态，
> 建造一座完全得体的大厦，
> 代替幽灵可以在里边保暖的房子。
>
> 然后，用奇迹与我一同想象
> （含糊的礼物，如同神明的恩赐）
> 那并不可能存在的东西，
> 然后从绝望中学习一种风格。

换句话说，人类必须忍受、坚守有关绝对秩序观念所带来的痛苦压力，而这些观念，他知道，都仅仅是观念而已。另一首诗《教义观点》，通过展示对于无感觉的植物生命的美丽的狂热嫉妒，又一次陈述了这种困境：

上天注定它们在血液里是自由的，

汁液拯救了它们，也为它们流淌，

它们的质地决定了它们的结构；

它们的材质总是很有智慧。

无论是否发芽，蜡质堆积闪亮，还是炫耀

体胖疯癫的圣人们在大好的年华里祈祷，

还是留下一根熏黑赤裸的枝条，

只有顶端垂下一枝孤零零的花朵，

它们不知有什么事不会让它们美丽

　　这样的诗句，通过娴熟的讽刺性双关，表达了这样的观点：植物既不需要也不寻求拯救者。

　　也许，燕卜荪的诗歌中，或者主要是早期诗歌中，最持久的困难点是，他拥抱的那些博学的领域超出了大多数读者的正常知识范围。作为20世纪20年代剑桥所弘扬的理性人文主义的产物，燕卜荪像吸收文学一样地吸收着新兴科学："我们的时代最顶级的文学是科学性的"，在1927年10月剑桥联盟关于"文学在今天的衰落"的辩论中，他如此说。[26] 1905到1930年间，我们有关物理世界本质的理解有了革命性的发展：卢瑟福（Rutherford）、玻尔（Bohr）、爱因斯坦与埃丁顿的发现都出现在这一时期——燕卜荪在埃丁顿的研究中——《物质世界的本质》（*The Nature of the Physical World*，1928）、《空间时间与万有引力》（*Space Time and Gravitation*）以及《恒星与原子》（*Stars and Atoms*，1927）——攫取到最大的精神食粮。比如，1928年，在《物质世界的本质》中埃丁顿回忆说，

　　1911年，卢瑟福引入自从德谟克利特（Democritus）以来在我们有关物质的观点中最伟大的改变……当我们将宇宙作为它现在被猜想的样子，与那个我们曾经一般设想出来的宇宙相比，最引人瞩目的变化，不是爱因斯坦对于空间和时间的重组，而是我们认为最为坚固的所有东西都分解为漂浮在虚空中的碎屑。这给那些认为事物都多多少少是它们本来看上去的

样子的人以突然的打击。现代物理学揭示出的源自内部的虚空，比天文学揭示出的星际空间的巨大虚空更加令人不安。

　　原子原来是与太阳系一样的多孔。如果我们把人体所有未充满的空间去除，然后把他的质子和电子都集合到一起，那么这个人便会被压缩成一个只能用放大镜看到的颗粒。

　　有了这样的知识之后，那还要写什么样的诗歌呢？燕卜荪早期诗歌中想象的问题，的确被现代科学有关人类内涵的信息搅动了——不仅包括天体物理学［《世界的尽头》、《露营》、《地球在洗涤中缩水了》（'Earth has Shrunk in the Wash'）、《信之一》］，还有生物学（《访问朱诺的邀请》），植物学［《行动中的价值》、《中国》（'China'）］，化学［《维拉内拉诗》、《酒神巴克斯》、《错过约会》（'Missing Dates'）］，昆虫学（《蚂蚁》），几何学（《信之五》），进化论［《物质空间与真空》（'Plenum and Vacuum'）］，人类学（《向大英博物馆致敬》），时间理论［《对于玄学的不满》（'Dissatisfaction with Metaphysics'）］，这个表可以一直列下去。在1947年写给一位中国友人的信中（那时他已经几乎停止写诗了），燕卜荪以惊讶的眼光回顾说：

　　我与你分歧最大之处是关于科学。我认为当代除了在科学领域的成就之外，在想象领域的工作没有什么可以引以自豪的，而且很明显，像爱因斯坦和者埃丁顿这样的物理学家很好地运用了想象力。我想，一个批评家，若脱离了当代思想唯一富饶的那个部分，就不太可能理解一部优秀的作品面世时将给人带来什么感觉。至于我自己的作品，我肯定我总是发现科学家的世界图景比任何"文学影响"的世界图景更加刺激、更加有用。不管怎样，对我来说，说科学思想不是真正的思想是见识短浅的，那似乎不过是一场大学里各个系部之间为了争夺谁应当得到更多的钱或更好的楼的争吵。就此而言，最近五十年所有好的哲学思想都被现代物理学所影响，所以，就你自己的观点，诗歌也应当是被影响的，但是它就像是贵妇手下的丫头，直到某件衣服不流行了，才能穿上它。[27]

但这并不是说他的诗歌是直接关于科学的，例如，就像刘易斯·沃尔珀特（Lewis Wolpert）教授认为的，燕卜荪的一首最有名也最广为选录的诗歌《露营》，并非真是关于天体物理学的。[28] 燕卜荪诗歌的独特力量来源于其类比式想象的广度和精巧。门罗·K.斯皮尔斯（Monroe K. Spears）在一篇主题是"宇宙学与作家"的文章中称，《世界的尽头》"将宇宙与弥尔顿式的以及奢华的浪漫主义意象相比较，是关于相对论的诗歌中少见的佳作"——这是很恰当的。然而《世界的尽头》是燕卜荪诗歌中唯一一首将科学既作为主题又作为比喻的，科学既是本体又是喻体。斯皮尔斯还表示"《致一位老夫人》可能是唯一一首基于（在这点上多少是现代的）天文学的好诗，特别是在探讨宇宙航行中飞往太阳系里另一个有生命居住的行星（它应该只能是指火星）的可能性方面"[29]。但是这种想法只表明，斯皮尔斯并未将思想一直维系在这首诗上；而燕卜荪的诗却有着宏伟的比喻性，他将母亲置于这个世界之外，到一个精神上和社会层面上都很遥远的地方；斯皮尔斯采取了一种浮于文字表面的读法——虽然他用"基于"这个词把自己包裹起来。但是妈妈并非一个暗喻。［在1961年的一篇有关"科学与诗歌"的文章中，T. R. 亨（T. R. Henn）——此人凑巧曾经是1929年燕卜荪参加英国文学学士学位考试的一名考官——特别而且错误地将"老妇人"指认为是月亮。[30]］说到宇宙航行，真正的意义就是宇宙航行这个想法本身，而这个想法的含义是完整与独立的：它代表了摆脱权威与制度的渴望。燕卜荪在自己的诗歌中面对的最根本问题是：想象力是否可以与新科学的挑战及道德压迫相匹配？他对于现代世界中科学的位置的担忧为他的诗歌充入了［根据他的朋友凯瑟琳·雷恩（Kathleen Raine）的说法］一些令人痛苦的问题，这些问题是关于人类如何试图"为如此矛盾的知识和经验领域强加上秩序，使包含二者的心灵充满混乱——如燕卜荪所说，那种从'从绝望中学习风度'的冲动"[31]。雷恩回忆说，他带入20世纪20年代的想象力，"必须与一个既令人震惊又令人振奋的新的科学世界观相适应"。例如，燕卜荪在一篇早期文章中写道：

> 真理的科学观点……是头脑，虽然在其他方面是被动的，却能够搜集有关外界的命题；科学思想在诗歌中的应用很有趣，因为它弱化了真理观念……使它成为一种自我矛盾的东西。
>
> 然而人们必须接受这个矛盾作为最终真理……[32]

正因如此，他才蔑视某些作家认为可以从有关世界的极端对立的说法中找出一种综合体的天真想法。他对于简单思想的不耐烦非常明显，例如，在评论C. E.普莱恩（C. E. Playne）的《战前英国思想》（*The Pre-War Mind in Britain*，1928）时，他写道，"她有'科学的'头脑；比如，她很喜欢真诚地重复两个对立的东西，希望得出一个包含它们的综合体……"[33] 毫不奇怪，当某些评论者说他的玄学派诗歌过于"理性化"时，他会非常恼火。在诗歌中和在生活中一样，大问题是科学并不乐意或甚至不必适应人类文化、思想或道德的框架。

他的几首最好的诗表达了现代物理科学的可怕冲击力，以及在现象世界面前良知的痛苦、惊愕。

因此，他的诗在严格意义上讲是玄学的，关键不是人类精神如何猜想世界，而是对于现实的理解如何强迫我们去思考。例如，《充实与虚空》（'Plenum and Vacuum'）的结尾有这样的诗节：

> 物质包括物质必须容纳的东西：
> 即它产生的空间，玻璃苍穹的透气孔，
> 天堂不过是其七条彩虹的附属品。
> 是冥河拥有强力，而非地狱操控。

这首诗的论题是，如果物质的微粒理论被强行引入量子的真空理论，那么人类关于罪与罚的契约意识就不过是投射到完全不真实的存在之上的道德合约。如果我们现在知道宇宙或多或少是虚空的，我们可能作出这样的结论：道德的束缚以及我们所猜想的天意，都只不过是人类的玄学想象。这里的意思是说，燕卜荪在诗歌中运用科学并非是将它作为一种时髦的特性，而是带着一种痛苦的困惑之情，感觉自己被伦理的痛苦所烦扰。正如他在1963年坦言——那时他在《弥尔顿的上帝》中激烈地谴责基督教的上帝是一个"折磨人的怪兽"之后不久——"伦理学的最高事件"是"道德发现，它常常使个人被他的社会称作叛徒"。[35]

在科学被置于美学或宗教领域去理解，在由此产生的痛苦悖论或矛盾中，燕卜荪的机智与巧妙被惊醒了。在燕卜荪写作早期诗歌时出现的E. A. 伯特（E. A. Burtt）著名的《现代科学的玄学基础》（*The Metaphysical Foundations of Modern*

Science，1930）一书，称早期科学家被迫形成一些体系，因为这些体系是唯一可以合理地将他们所知事实排序的；换言之，他们的科学结论不可避免地是基于未被认识到的玄学猜想之上的。但是，燕卜荪在对此书的评论中说，"根据一个人的理性的先见来解释发现是不保险的，因为发现行为确切说来是跳出先见之外的"[36]。从共识中提炼出个人良知，难免会伴有恐惧与敬畏，以及燕卜荪的诗歌所表现出的在复杂暗示面前所持有的尖锐的诚实作风。

《世界的尽头》突兀地、几乎习惯性地，然而也是惊讶地问道，

> 啊，对自由的渴望，如何没有铁窗；
> 空间就像大地，圆圆的，衬有软垫的牢房；
> 测量星球的深度，铅垂在背后撞击你；
> 瞎子撒旦的声音震荡在整个地狱。

> 在软绵绵的空气中，这样的金属有啥用，
> 怎能刺穿那舒服地蜷曲着的深壑？
> 每个切线形的平原都触及到地表的一隅，
> 每个方向的每一点都是世界的尽头。

> 知识树上的苹果与常常健忘的池塘
> 从坦塔罗斯①头旁弯过，距差太大。
> 影子拒绝散去。世界尽头就在这里。

如同马洛（Marlowe）的靡菲斯特（Mephistopheles），却没有靡菲斯特的答案，燕卜荪问道，这是否是地狱。物理科学能够告诉我们关于人的命运的什么呢？爱因斯坦的"广义相对论"（1916）证明了时空的弯曲，于是，便有了詹姆斯·A. 科尔曼（James A. Coleman）最近所说的那种困境，"宇宙没有外缘，因为……若在某一空间线持续旅行，你将最终回到起点。我们的宇宙将自己罩在其中。"[37]

在这里，我们处理的是一个四维世界，它曾经困扰了上个世纪的许多小说家（也许还有很多诗人），从H. G.威尔斯（H. G. Wells）到多丽丝·莱辛（Doris

Lessing）、马丁·艾米斯（Martin Amis）和伊恩·麦克尤恩（Ian McEwan）。这首诗的寓意，如果你喜欢这么说的话，是我们被我们的宇宙囚禁，这，像燕卜荪的诗说的，是一个"衬有软垫的牢房"，没有栏杆——它是"舒服地蜷曲着"（一句令人惊讶的讽刺性的话）。这个事实既是个致命的威胁，也是对人类精神的安慰。一个自我封闭的宇宙，拒绝我们逃脱它封闭式的系统；对于时空实际上没有"终点"的理解，一定会震惊我们对于精神追求的渴望。

另一首试图逃脱自然的框架，并且在不能实现这个愿望时流露出同样的惊慌的诗，名为《露营》。这首十四行诗从它的论点到它充满活力、令人震惊的开篇都在呼应多恩：

> 现在她把刷牙的水吐进了湖里：
> 慷慨地赐予它（上帝的恩泽）
> 清晨的苍白与清爽的雾气遮住的东西：
> 那神圣的镜面（可以被意志击破）
> 恢复了，超越了自然：或者让上天
> （它很模糊）模仿她的方式，她半醒
> 在岩石之间洒下一天星辰。
> 肥皂的张力将星辰的图案放大。
> 圣母平缓地出现在天空，
> 穹顶张开，容纳主的到来。

根本上，这是一首完全现实主义的诗：在未反映出现实天空的晨雾中，用湖水刷牙的女人看上去就像银河的创造者，将星星点点的牙膏滴落到水中，因为水的张力，这些点又散开去。以一种微观的方式，她创造了一个世界——"让上天……模仿她的方式"——像圣母或者女神，她能够升入她自己创造的宇宙之中。（当然，燕卜荪在这里也是讽刺基督教有关基督和玛丽亚——身体升入天堂的教义：在这种意义上，天空将"容纳主"，而燕卜荪则暗示只有一艘"子弹船"或者太空船才能以这样的方式从地球上发射出去。）这首诗想象这个女人能够创造、控制并且进入一个不同的世界。然后这个小小描述与在更大范围内、在超越我们世界的宇宙范围内这样进行比较，后者实际上将是灾难性的：

> 不，是我们在星系间遨游、探寻，
>
> 我们超光速数千倍的子弹船飞翔。
>
> 谁在星辰间如此移动，谁将使星辰解体；
>
> 看它们在那里模糊，消失，被超越。

任何设法超越宇宙最高速的物体都将会摧毁宇宙。爱因斯坦的相对论留给我们一个绝对真理——"光速是可能达到的最大速度"——詹姆斯·A.科尔曼解释说：

> 我们熟悉的物体永远不可能达到光速，因为那样它们的质量将会变成无限，这就意味着那将需要无限的能量才能使它们达到那种程度。一个无限的能量，意味着宇宙中所有的能量还要多得多的能力。[38]

然而这首诗的语气却是充满信心的，因为它也是在谈论令人沉醉的人类之爱的本质，这给予诗歌大胆的奇想的可能。自然世界的框架用毁灭威胁着我们，然而我们却能够在爱的独立世界中逃脱它的威胁，"超越"它。

燕卜荪显然渴望知识的权威，渴望一种绝对的、可知的并可以最终向我们解释我们自己的秩序。在他最初发表的一篇文章《艾略特先生散论》（'Some Notes on Mr. Eliot'，1929年11月）中，他引用了艾略特《不朽的低语》（'Whispers of Immortality'）中涉及多恩的诗句——

> 多恩，我觉得，也是如此，
>
> 　　他认为无物能把感觉替代，
>
> 会抓捕，会掐紧，会穿透，
>
> 　　独具只眼，远在经验之外。
>
> 他了解骨髓的痛楚，
>
> 　　以及骨架的痉挛颤抖，
>
> 无论怎样去接触肉体

也无法医治发烧的骨头。（赵毅衡译）

　　——并配上这条深刻的注释，"价值和先见并非通过感官得到，然而，又没有其他类型的知识。我们的孤独，没有任何的人类接触能够改变，然而，人类接触却众所周知是绝对的价值。"[39] 就这样，此类矛盾体迫使燕卜荪成为一个慷慨的怀疑论者和人文主义者。他早期诗歌中的哲学——包括《世界的尽头》和《最后的痛》，以及《信之五》中的玄学式的比喻——与他在1934年写的一篇散文相呼应："似乎没有多大必要比断言 '宇宙秩序的原因与人类的智慧有着某种遥远的类比'的休谟更加具有怀疑精神。"[40]

　　30年代在日本和中国教学时，燕卜荪就胸怀宽广地吸收了那里的行为和信仰规范，那些规范挑战并与他眼中的欧洲基督教的骄矜相抵触，就如同哥白尼（Copernicus）和伽利略曾经挑战多恩继承的世界观一样。燕卜荪在1937年解释道，"在西方，最高的神是一个人，在东方则不是。人们有关人的思想也追随这一点……这大约是世界各个文明的基本分界线，而且我们需要理解在另一边的人们。"[41] 他认为，国家间最大的分歧并非种族性的而是宗教性的，而且为了理解什么能够使人们团结、什么能够使人们分散，有必要寻求那"整体的故事"——"而这个故事很可能是这个世界的另一半真相。"

　　因为他也盛赞《荒原》，于是便跟随艾略特暂时的先导，他还求助于佛教〔以及T. H. 赫胥黎（T. H. Huxley）对佛教的敬仰〕，而且从第一手资料研习佛教；他深切地渴望理解世界上的不同宗教和哲学体系。他从没有真正信奉佛教（他更倾向于一种泛神论，这一点他在自己急切而批判性地阅读迪伦·托马斯时也找到了），但是对于佛教规范的欣赏，促使他在《诗歌》（1935）和《诗歌全集》的序言中写出了著名的"火的教诫"的自己的版本，不是作为表达个人信仰的一篇文章，而是作为对任何读者狭小偏见的挑战。[42] 在某种程度上，这可与多恩有关世界多重性的观点相印证，燕卜荪感觉被我们星球上不同信仰体系之间的矛盾困扰。"那个对远东关于神与人观点作出最高表达的人是佛陀，"他写道，"而且他是雅利安人，如同我们一样的种族……"[43] 燕卜荪渴望寻找一种所有人都可以同意的终极真理，于是在试图调节各种矛盾的努力中折磨着自己：从这些矛盾中来的论点，是在他所有诗歌中都能够感觉到的内容。

虽然他的诗歌显示出，人们在调和各种观点和派别的努力中所表现出来的无能为力让他痛苦，而且经常绝望，但他还是能够写出像《向大英博物馆致敬》这样奇妙宏大的诗歌，这也展示出他的人本主义的无派系精神。此诗是向一个神明的膜拜——澳大利亚的海神唐格拉（Tangaroa）——这位神祇被描绘成正在吞噬着所有的神明：

在人种学部分有一位至高无上的神；

一副空洞的蟾蜍模样，覆着空白的盾牌

他需要他的肚皮来容纳万神庙，

万神庙需要从他后部的洞塞进去，

在肚脐上，在正式强调的那个点上，在感觉器官上

沾满了虱子，玩偶和当地的神祇

他光滑的木头与世界上所有的教义一起爬行。

前往那里，让我们吸收各个国度的文化

在我们的判断中融入它们的准则。

然后，如果我们被自然的迟疑阻滞

（人们一直在问出路在哪里）

让我们站在这里，承认我们无路可走。

我们即一切，让我们承认，那就是了不起的，

或者它给了我们进行怀疑的好处；

让我们把我们这抔尘土献给这位大神

并且授予他统治这座建筑全部的权力

那句十一音节的诗行"他光滑的木头与世界上所有的教义一起爬行"，在这首曲意地表达出某种厌恶与亲切的沉着的诗歌中可谓神来之笔。

燕卜苏将会跟随T. S.艾略特的脚步，在自己的诗歌中提供大量的注释；不过，在他1935年出版《诗歌》之前，他便在自己的批评实践中坚信，任何一首诗歌的方法和结构都应当是可以解释的。早在1929年他便给友人写信说：

我自己，当然，喜欢饶舌，要把每件事解释清楚，但那是大学时候的我。一旦你开始就解释的不可能性的原因作探讨的时候，你就被卷入世界遥远的后方去了。[44]

几乎可以肯定，也是在1929年，他写了一篇关于这个话题的引人注目的文章，去世后以《晦涩与注解》（'Obscurity and Annotation'）为题发表。[45]此文推动了这样一个见解，即难懂的当代作者的确需要为自己的诗歌写注释：

> 诗人，事实上，或者应当简单些，或者应当自己写些注释；而读者要么应当花些力气读，要么停止把注释看作是矫饰或是坏诗歌的表现。
>
> 当然，有些注释太过迂腐，但是说所有的都是这样（说读者一看到它们就申斥），在任何时候都是不明智的，而如今更是不明智的。因为，似乎很重要的是，两派都应当就此事更加宽容；关于注释能够为人们提供信息这一点没有什么争议，因为有关何为基本知识的观念已经改变了……有必要写些简单的、耐心的、有启发性的、比较长的注释给自己的诗歌，而又不要惹恼读者。我也了解，没有人为自己的诗歌写注释而不显得很傻的，但是，因为知识变得逐渐多样，最终这件事必须要做。

从一开始，当他向查托与温达斯出版社投出"有关二十首诗"的合集时，曾经说（也许那是一种反话式的道歉）这些诗歌中很少有超过一页纸的，他在一封信中解释说：

> 另一方面，我应当印出特别详细的注释，至少与文本长度一样，来解释不光是那些特殊的征引，阐释特别扼要的语法，等等，还有整首诗的观点，并且做些显得有意思的批评性的言论。而且我应当为这样幅度的注释抱歉，而且应当说，期望人们猜测我的诗歌究竟讲的什么内容，比在文后解释一下更为无礼，我应当避免那种艾略特式的知识分子臭架子。[46]

虽然艾略特为《荒原》（1922）写下的一些注释，如批评家格罗弗·史密斯

（Grover Smith）所称，明确地是为了严肃的目的[47]——而且这样的重要注释可能显得带有引导性，比如，设定了对于铁睿西斯（Tiresias）和圣奥古斯丁（Saint Augustine）以及佛祖的解读，学生们和其他读者对这些东西确实极其感激，在后来的年月中甚至把它们的含义视作理所当然，而不再提起这些注释——其他的则显得过于学究气和刻板的考古气。[48] 艾略特后来也接受了这个看法，在《批评的前沿》（'The Frontiers of Criticism'，1956）中他用狡猾的哀婉口气谈道，自己为了迎合商业的权宜，要将这首诗扩展成一部书，于是才搞了"一套虚伪学问的非凡展示"：他觉得"后悔"，因为他的注释"引发了错误的兴致"。[49]

因此，艾略特可能被理解成是在一种不情愿的迂腐心境下为《荒原》提供了注释，然而，燕卜荪的注释却是一种帮助说明。他在《诗歌全集》中写道："自己在某个自己都不甚了了的领域捡起些零碎的信息，就希望读者应当已经知晓这些信息，这实在无理。"又在《诗歌选集》录音的唱片封套的注释中写道："注释肯定是随意的，不同的人需要不同的东西，但是，它们可能至少显示出，作者希望自己是可以被理解的。"在至少另外一处地方，他用自己的雅量分析艾略特可能的动机，"的确，《荒原》的某些注释是与私人信息关联的，但那正是一个要写出这些注释的原因；这类注释的意义，是防止读者过度担忧和过度研究"［《标准》15（1936年4月），第519页］。燕卜荪的注释拓展了这些诗歌"大众辩论"的领域；但它们并没有表现出作者的沾沾自喜。

从一开始，他的目标就是要做一件诚实的事，要订立一份合同：他希望他的读者们对于他作诗的方法与涉及的材料都有所了解。他的诗歌虽然精妙，却并非要有意欺骗；诗人不是要主张掩藏自己的真正意图。最多，一个注释可以成为一首诗的功能的一部分；最少，它可以起个补充作用——而且也显示出诗人愿意主动地交流。这个注释可以作为一个"散文式的桥梁"，就像燕卜荪在第二卷诗集《风暴将至》（1940）的《有关注释的注释》（'Note on Note'）中所说的。他曾在1929年写信给帕森斯说："当我自己不是确实地需要去解释它们的时候，我感觉注释是没有必要的；但是，我想，如果有足够的批评性文字来讨论一首诗，从而需要读者更少的注意力的时候，人们将会更愿意去读它，同样，这也会提高人们阅读文学批评杂志和小说的兴趣——我想我会的。紧凑而没有注释的诗歌有一种不祥的氛围，就像一场没有对话的引诱。"[50]

那句古怪的话，"没有对话的引诱"，我们可以把它当作是指燕卜荪诗歌中有很多是关于对爱和联系的真挚欲望的；这句话也反驳了丹尼斯·多诺霍关于燕卜荪基本上是个说教型诗人的说法。尽管有时突兀地显得坚决，尽管偶尔简洁而准确，但是燕卜荪的诗更多地体现出不确定性和急切的欲望，而不是遵从教条；就如他在1937年写道，"那第一个，或者也是唯一确定的有关写诗的理由，是澄清你自己的心灵和调整你自己的情感"[51]——或者另一次，十年之后，当他分析迪伦·托马斯的诗时，他作出这样心有戚戚的论断："作者的晦涩可能并非源于浓缩，而是源于拒绝明确说出含义"[52]。

燕卜荪决定为自己的诗歌写下伴随式的散文评语带有欺骗性，这与文学史家们倾向于认为是现代主义—新批评的美学原则相抵触，也与语义独立和文学有机形式的原则相抵触，该原则否认作者能够引出和批评性地构造一首诗的意思。如果很多后现代主义文本的特质是自我评论，那燕卜荪跨越了"作品"与"评论"的神圣界限，如史蒂文·康纳（Steven Connor）所称，他便是一个——只在那个意思上——尚未命名的（在没有人想到要承认这种做法合法之前）后现代主义者[53]。

评论者曾经不止一次对燕卜荪的注释表达出愤怒，他们认为这或者是先发制人的攻击，劫持了本属于读者的特权，或者就是纯粹的无礼。然而希拉里·科克在一篇评论《诗歌全集》的文章中提出一个合理的（虽然也同样令人迷惑的）方法来看待这些注释：燕卜荪"是一位有着巨大特色的批评家，他的诗歌就是对于他的批评的批评；同样，他的批评从另一个角度上来说，就是关于他的诗歌的诗歌。确实，这位诗人的'创作单元'并不仅限于诗歌，而是诗歌加上为诗歌所作注解……在思想上遗留下来的不是过去意义上的'一首诗'（一种可以被记住的音乐性的语言序列），而是一个智力的结构物，就像是某个'活动的'雕塑，各个部分从这边动到那边。保守人士完全可以更喜欢老派的诗歌，但不要因为燕卜荪先生的诗歌没有写成他本来就没打算要写成的那种，而去责备他。"[54]虽然批评家斯坦利·苏丹（Stanley Sultan）辩称艾略特的"注释"实际上是《荒原》本身的，而不是关于《荒原》的，这个有用的区别应当更好地适用于——按照科克建议的——燕卜荪的"注释"[55]。他的多卷诗歌，从最好的意义上讲，都是双重声音的。

尽管他号称是现代玄学诗人，擅长机智谜题（或者干涩的理性玄思——心理上坐立不安，而且很少表达真实情感——像一些反对他的批评者所说的）的诗人，享有盛名。对燕卜荪来说，最重要的是他的诗歌是强烈情感的载体。在某些书中他被说成是"诗人的诗人"；即使在仰慕他的诗人中，不管是老一辈的还是当代的［除了T. S. 艾略特，还有从W. H. 奥登、伊迪丝·西特韦尔、约翰·贝奇曼（John Betjeman）到罗伊·坎贝尔（Roy Campbell）和迪伦·托马斯等各色诗人］，对他的推崇主要都是基于对他的才智的敬仰——就如同他的导师理查兹一样。罗伯特·洛厄尔（Robert Lowell）后来在1958年写信给燕卜荪说："不可否认，对您诗歌的赞赏不管多高都不过分。您有着多恩的活力，但是又有着更有用的而且更加经验性的对于现代科学和英语格律学的知识。我想您是用我们的语言写作的最睿智的诗人，可能也是最好的。我把您与哈代、格雷夫斯、奥登和菲利普·拉金（Philip Larkin）并列在一起。"[56] 在其他场合，洛厄尔把他赞颂为"批评界的国王"，而且满怀热忱地谈论他的诗歌中的"智慧"。不过在某个场合，他也这样写道："燕卜荪最好的诗歌，大概有六七首吧，虽然睿智但却直接"——这个说法本来被认为是暗示"直接"是诗歌中更好的部分。[57] 然而，即使后来洛厄尔把燕卜荪这位诗人更多看作是某种偶像而不是启迪，在40年代，毋庸置疑，洛厄尔很多的早期诗歌都是从燕卜荪的诗里采到火种的。[58] 另一位伟大的美国诗人约翰·贝里曼（John Berryman）也同样崇拜作为批评家的燕卜荪，他在自己那本燕卜荪《诗歌全集》（1949）的扉页上以看起来像是惊讶的方式写下这样的话："直白、警醒、简洁而又优雅的诗作。"[59] 燕卜荪的朋友路易斯·麦克尼斯（Louis MacNeice）记录下自己这样的意见："奇怪"，燕卜荪"大多数时候是位人性化的而且常常是很动人的诗人"。[60] 然而，就燕卜荪本人而言，他的玄学派诗歌的精髓却是情感的强度。A.阿尔瓦雷斯在1956年温和地对燕卜荪表示，有一天他在读燕卜荪的诗歌时，怀疑他有些哗众取宠。燕卜荪和蔼但极其坦率地回答说："它们本没有什么晦涩难懂的。它们源自孤独与痛苦，本不适合表演，但是其实大家知道大多数的表演中都如此，包括小丑表演。"[61]

　　燕卜荪对这样一个事实很警觉：50年代一些诗人把他的作品作为榜样，仿效他们认为是燕卜荪诗歌中［如批评家安东尼·哈特利（Anthony Hartley）在一次访谈中所说］不墨守成规的、冷静的、科学性的、分析性的内容，对于修辞与滥情的不信任，以及试图表达思想与道德意思的复杂层面的努力。[62] 他们同样仰慕他作为一位匠人的技巧：比如，在早期的诗歌中，他借鉴了三行体（terza rima）和维拉内拉诗（villanelle），以及八行体（ottava rima）和皇家韵（rime royal），达到了当代英语诗歌中相当高的水平。知道他的仰慕者们只是借用或者模仿那些细枝末节的东西，而不是驱动他作品的那份情感——"孤独与痛苦"。在1954年BBC广播《文学观点》（*Literary Opinion*）中，他评价说：

> 最近，《邂逅》（*Encounter*）杂志刊登了一首笑话诗，而且有些很好笑的注释，意思是说燕卜荪对于年轻诗人是个坏影响。你知道吗，当那些年轻诗人，不管是英国的还是美国的，善意地把他们的作品给我看时，我也经常对他们说这种话。
>
> 对我而言，燕卜荪自己的诗歌，虽然来自一个比较局限而且狭窄的天赋，却并不像模仿者们所呈现的那样狭窄：那的确感觉太过狭窄，我若是不认可那样的东西应该是情有可原的。[63]

他总是强调，诗歌是被"不满足"所驱使的，而诗歌本身可能会帮助弥补这种缺憾；一个诗人所能做的最好的事，就是努力发现并且表达意义。绝望的劝导离教育性的断言相差甚远，因此，一些批评者在燕卜荪身上只发现了机智——而没有看到他的诗歌从痛苦中说出的真理，便实在遗憾了。例如，有关《信之二》（'Letter II'），他曾经明白地断言："我敢说对于这首诗的主题——另一出让人不满意的学生恋情，诗歌的语言显得太过暴力，但是当时对我来说那种事的确是足够令人伤心的。"T. S. 艾略特回头来看那些在30年代成熟起来的一代人的作品时，也认识到了同样的东西：那代人包括奥登、斯彭德（Spender）、麦克尼斯、戴–路易斯（Day-Lewis）以及燕卜荪。在一封1939年的信中，艾略特明白地向燕卜荪诗歌中的智慧与勇气致敬："我发誓，我相信比尔比任何其他诗人都更有头脑，而且对于生命中带有的任何痛苦……有着更多的抵抗力。"[64]

---

1. Ian Parsons, letter to WE, 6 June 1929.帕森斯补充说："在您费心准备您复杂的注释等等之前，可否先把那二十几首诗的打印件，暂不需注释，寄给我们呢？"

2. F. R. Leavis, 'Intelligence and Sensibility', *Cambridge Review*, 16 January 1931, p. 187.

3. Ian Parsons, letter to WE, 20 February 1933 (Reading).帕森斯问道，"你感觉如何？……无论如何，先出版一本你的诗集应当不错。"

4. 在燕卜荪的《诗歌》（1935）于英国出版之前，一个有14首早期诗作的大理石花纹封面的集子便私下流通了，书名也是简单的《诗歌》，出版者是东京附近的砧村（Kinulamura）的狐狸与水仙出版社（The Fox & Daffodil Press）。一条署名"狐狸与水仙出版社成员"——Tamotsu Sone, Yoshitaka Sakai, and Tsuneo Kitamura（按指都是燕卜荪在东京文理大学的学生）——的日文注释，这样写道，"这个合集征得作者的同意，仅发行100册，以便在他的熟人与学生中间传阅。不久燕卜荪先生将返回英国，我们希望这本小书能够成为他在日本逗留的一个纪念。在此，特别感谢开隆堂出版株式会社（Kairyudo Publishing Company）社长忍（Shinobu）先生的鼎力相助。"

5. See obituary of Trekkie Parsons by Janet Adam Smith in *The Independent* (29 July 1995); and *The Times* (2 August 1995).

6. 与此形成反差的是，奥登的首部《诗歌》（1930），初版印刷也是1000册，却在十年里卖了6500册；而《看吧，陌生人！》（*Look, Strange*! 1936）则在初版两个月内便卖空了首印的2350册。奥登作品的销量在20世纪30年代算是相当不俗的了。

7. 'Donne in our Time', in Theodore Spencer (ed.), *A Garland for John Donne*, Cambridge, Mass.: Harvard University Press, 1931.

8. WE, 'Argufying in Poetry', *The Listener*, 22 August 1963, p. 277; *Argufying*, 167. 后来（？1984）他会对他的编辑半发牢骚似地说，"如今，诗人总要把自己打扮成个迷途的兔子似的"。（draft letter to Andrew Motion; Empson Papers）

9. Rosemund Tuve, *Elizabethan and Jacobean Imagery*, 1947; repr. Chicago: University of Chicago Press, 1961, 419.

10. Ronald Schuchard, *Eliot's Dark Angel: Intersections of Life and Art*, New York: Oxford University Press, 1999, ch. 2: 'Hulme of Original Sin', 52–69.

11. T. E. Hulme, *Speculations*, London: Kegan Paul, 1924, 127, 152, 154, 164.

12. 燕卜荪对于弗吉尼亚·伍尔夫略失偏颇的评价，源自传统的对于小说优劣的看法，这也促成他对伍尔夫的"印象派方法"之谬误的批判："它试图用一种实际上是讲故事的副产品的东西，来替代讲故事本身，使其成为小说的兴趣中心；它试图去关联感觉而不是感情，而后者才是使感觉有意思的东西……关于伍尔夫夫人任性又跳跃的才华肆意地描述性段落，人们只能说，作为整体构想的组成部分，它们似乎不够令人满意……如果这些松散的、有关理解的单元被统一成一个系统该多好……如果这些恣意宣泄的、玄想比喻的素材被集中成诗歌的水晶该多好……"（'VirginiaWoolf', in Edgell Rickword ed., *Scrutinies*, 2, London: Wishart & Co., 1931, 214–216; *Argufying*, 448–449.）

T. S. 艾略特对于玄学诗中局部的"字面比喻"以及此类比喻所传达的统一情感的专注，可以被视作忽略了最好的玄学诗形式与结构的特色。正如燕卜荪批判马韦尔的《宝冠》（'The Coronet'）时所说的，"如果技巧不是用来表达什么意思，那么这技巧便没有用处……它是被精雕细刻出来承载一个实在而又真挚的思想活动的……"（'The Love of Definition', *Cambridge Review*, 25 May 1979, 145; *Argufying*, 267.）有关"视觉形象"的问题，燕卜荪写道，“我必须承认，我的视觉想像不够发达，读到一行诗句，我脑海里不会产生一组图像，当然我还是能够看见东西的，特别是做完眼睛手术之后，更没有问题了。但是，既然存在视觉想像不发达的人，这便足可以驳斥意象派的大多数想法了。”（'Yeats and the Spirits', *The New York Review of Books*, 13 December 1973, p. 43; *Argufying*, 353.）

13. WE, 'More Barren Leaves' (review of *Proper Studies*, by Aldous Huxley), *The Granta*, 18 November 1927, p. 123; *EG* 28.

14. 'Argufying in Poetry', *The Listener*, 22 August 1963, pp. 277, 290; *Argufying*, p. 167–170. 燕卜荪将格雷厄姆·霍夫的看法转述为，"'如果你向一个对20世纪诗歌一无所知的聪明人解释《荒原》是如何行文达意的，你会感觉极为尴尬，因为你要向他讲明那些做作、扭曲、故意远离正统交流模式的原则何以有道理。"（*Image and Experience*, London: Gerald Duckworth, 1960, 28.）霍夫在他的书长长的首章《关于文学革命的反思》（'Reflections on a Literary Revolution'）中的表述，在反对印象"派"方面，确与燕卜荪相合。例如，该章中有这样一段话："我坚持这样的看法……意象的罗列根本不是什么方法，而是对于方法的否定。事实上，我最实在的看法是，诗歌，就其内部而言，应当像其他的言语一样是达意的。"（第25页）燕卜荪转述赫伯特·里德援引T. E. 休姆的话，《感情的真正声音》（*The True Voice of Feeling*, London: Faber & Faber, 1953, 109）："思想先于语言，思想存在于两个形象在心中的同时呈现。"这句隽语最早是由迈克尔·罗伯茨在《T. E.休姆》（*T. E. Hulme*）中援引休姆的话。（London: Faber & Faber, 1938, 281; See further WE's review, 'Jam Theory and Imagism', in *Argufying*, 113–116.）

15. Hugh Kenner, 'Son of Spiders', *Poetry*, June 1950.

16. A. Alvarez, '"A Style from a Despair": William Empson', *The Twentieth Century*, April 1957.

17. F.W. Bateson, 'Auden's (and Empson's) Heirs', *Essays in Criticism*, January 1957.

18. Denis Donoghue, 'Reading a Poem: Empson's "Arachne"', *Studies*, 45 (1956), 220.

19. *Metaphysical Lyrics and Poems of the Seventeenth Century*, ed. H. Grierson, Oxford: Clarendon Press, 1921, p. xxvi.

20. 'Donne the Space Man', *Kenyon Review*, 19 (Summer 1957), 344, 350; *Essays on Renaissance Literature*, 1, p. 84.

21. 'Donne the Space Man', 339, 341; *Argufying*, 79, 81.

22. WE, 'Donne and the Rhetorical Tradition', *Kenyon Review*, 2 (1949), 581; *Argufying*, 71.

23. WE, 'Donne and the Rhetorical Tradition', 580; *Argufying*, 71.

24. WE, 'Donne the Space Man', 347; *Argufying*, 86.

25. WE, *Complete Poems*, 257.

26. 'The Union,' *The Granta*, 28 October 1927, p. 66.

27. WE, letter to Qien Xuexi, 7 September 1947 (courtesy of Qien Xuexi).

28. Lewis Wolpert in conversation; also Wolpert, 'Let there be enlightenment' (a review of *The Faber Book of Science*, ed. John Carey), *Sunday Times*, 17 September 1995, book supplement, p. 4.

29. Monroe K. Spears, 'Cosmology and the Writer', *Hudson Review*, 47/1 (Spring 1994), 37.

30. T. R. Henn, 'Science and Poetry', *Nature* (5 August 1961), 534–539.

31. Kathleen Raine, 'And Learn a Style from a Despair', *New Statesman & Nation*, 5 November 1955.

32. Review of Elizabeth Holmes, *Aspects of Elizabethan Imagery*, in *Criterion*, 9/37 (July 1930), 770; repr. in *SSS* 68.

33. WE, 'Playne but Worthy' (rev. of *The Pre-War Mind in Britain*, by C. E. Playne), *The Granta*, 27 April 1928, p. 376; *EG* 51.

34. 在赫西奥德（Hesiod）的《神谱》（*Theogony*）中，冥河是九层屏障，"穿过那片世界源头与尽头的荒无人烟的地方的……"（F. M. Cornford, *From Religion to Philosophy,* London: Edward Arnold, 1912, 24）；它是一道藩篱或是一条誓言，一种禁忌的象征。

35. WE, 'The Just Man Made Innocent', *New Statesman*, 19 April 1963; *Argufying*, 378.

36. 'The Metaphysical Foundations of Modern Science', *Criterion*, 10/38 (October 1930), 169; *Argufying*, 531.

37. James A. Coleman, *Relativity for the Layman*, Harmondsworth: Penguin, 1969, 126.

38. Coleman, *Relativity for the Layman*, 62.

39. *Experiment*, 4 (November 1929), 8.

40. *The Criterion*, 14 (1934–1935), 483.

41. WE, 'Ballet of the Far East', *The Listener*, 7 July 1937, p. 16; *Argufying*, 577.

42. "佛教当然值得尊敬；原因之一，当然不是唯一，便是它是一种终极思想；当人想要纵览人的思想能够就某一题目想到些什么的时候，需要记得佛教。不过，我当然不想把自己说成是个误打误撞的佛教信徒。" ['Everything, beggars, is on fire', *Arrows* (Sheffield University), New Year edition 1957, p. 6; *Argufying*, 600).]

43. WE, 'Ballet of the Far East', 16; *Argufying*, 577.

44. WE, undated letter (1929–1930) to Julian Trevelyan (courtesy of the late Julian Trevelyan, whose papers are now in the Wren Library, Trinity College, Cambridge).

45. WE, *Argufying*, 70–87.

46. WE, undated letter to Ian Parsons, received 6 June 1929.

47. Grover Smith, *The Waste Land*, London: George Allen & Unwin, 1983, 81 (Unwin Critical Library).

48. 1929年时，燕卜荪的想法是这样的："艾略特先生为《荒原》写注释，言下之意是，'你们看，如果你们还没有读米德尔顿的某个剧，那你最好赶紧去读'——这种教师的口吻显然不合时宜，那是属于知识还被当作是同一领域里的东西的时代。提到某个东西，并不表示作者就对这个题目在行，那也许不过是记在他脑子里的某个信息，临时拿来作为比喻用罢了。每个人读的东西都是五花八门，零零碎碎，和他的一样。"（'Obscurity and Annotation', *Argufying*, 71.）

49. T. S. Eliot, *On Poetry and Poets*, London: Faber & Faber, 1957, 109–110. 现在，众所周知，《荒原》的出版史比艾略特承认的要复杂得多，参见 Lawrence Rainey, 'The Price of Modernism: Publishing *The Waste Land*', in Ronald Bush (ed.), *T. S. Eliot: The Modernist in History*, Cambridge, 1991, 91–133。

50. WE, undated letter to Ian Parsons, received 14 June 1929 (Reading).在 'Obscurity and Annotation' 一文（*Argufying*, 72）中他会重提这个笑话。

51. WE, 'A London Letter', *Poetry*, 49 (1937), 222; *Argufying*, 417.

52. WE, 'To Understand a Modern Poem', *Strand*, March 1947; *Argufying*, 383.

53. Steven Connor, *Postmodernist Culture: An Introduction to Theories of the Contemporary*, Oxford: Basil Blackwell, 1989, 99.

54. Hilary Corke, 'Riding a Hare', *The Listener*, 54/1388 (6 October 1955), 565.

55. S. Sultan, *Ulysses, The Waste Land, and Modernism*, Port Washington, NY, 1977, 41; cited in Smith, *The Waste Land*, 80. J. H. Willis Jr. 附注称："燕卜荪的注释，并不提供准确的文献佐证，只是解释，往往自成一体。效果上与原文一一对应，通常为他的诗提供了另一种维度，或扩展了诗的意思，或为诗添加了散文的趣味。"（*William Empson*, New York: Columbia University Press, 1969, 28–29.）让-雅克·勒赛克勒在 'William Empson's Cosmicomics' 一文中对于燕卜荪的注释的"奇特"之处有一番有趣的评论。（Christopher Norris and Nigel Mapp (eds.), *William Empson: The Critical Achievement*, Cambridge: Cambridge University Press, 1993, 269–293.）勒赛克勒写道，"燕卜荪的注释与艾略特的不同，它们并不点明出处，而是提供词源学意义上的'解释'，即展示意义。除此之外，别无他用。它们所展示的意义常常与维特根斯坦的'私人语言'的意义颇为相似（那著名的不可能性），以至于我们几乎无法自己努力得知……这些注释有个撩人的地方：它们所提供的大部分信息我们无法凭借理性推知，而我们可以推知的一些信息——有时候，是大部分信息——它们又并不提供。这自然不是批评燕卜荪：完整的解释将会完全消弭读者理解诗歌的努力，也令人无法忍受地限制读者解读作品的自由，使阅读变得比较无聊。"（pp. 273–274）

56. Robert Lowell, letter to WE, 29 January 1958 (Empson Papers). 1955年约翰·贝奇曼在《每日电讯报》（*Daily Telegraph*）上评论《诗歌全集》的一篇文章中说："威廉·燕卜荪的《诗歌全集》收诗不多，却很难读，让我并不情愿地被吸引，我一遍又一遍地去读它们。"罗伊·坎贝尔在一篇名为《燕卜荪：当代英国诗人与学者》（'William Empson: Contemporary English Poet and Scholar'）的文章（这是一篇在战争时期由中央新闻署印制，并得到英国文化委员会许可流通的无日期文章［S.6547］）中表达了以下颇为慷慨的个人观点：

在这些注释中，你会接触到燕卜荪先生其人，那是一番迷人的体验。你会遇到一个充满好奇心的人，一个对于非学术的知识所知甚丰的饱学之士，当然还有一个在学术领域同样博学的学者。个人经历与回忆融入在更多的非个人的、哲理叙述的主线之中，让人感觉注释者人情味十足，而那个诗人也许完全相反。但是，注释者通过亲自介绍你认识那位诗人，使你与后者也打开僵局。燕卜荪的诗充满劫难与幻灭的描写，然而，却又有着不俗的机智与欢快……

燕卜荪先生是英国作家中少有的，谈话与写作同样精彩的一位，如今，除了爱尔兰人之外，很难见到什么人能够毫不迟疑地整句整句地说英语，但是燕卜荪一旦开始他那种久负盛名的独白，就会把人带到18世纪英国式谈话的黄金时期。听燕卜荪谈话，你会对他的诗歌下面潜藏的惊人的数学构造有所感悟，虽然与所有让人高兴的伙伴一样，他的谈话常常迸发偶然的光彩，但是更能触动你的，却是他说理的结构设计，以及他对于最艰深、复杂话题的掌控。

57. Ian Hamilton, 'A Conversation with Robert Lowell', *The Review*, 26（Summer 1971）, repr. in *Robert Lowell: Interviews and Memoirs*, ed. Jeffrey Meyers, Ann Arbor: University of

Michigan Press, 1988, 154. Philip Booth, 'Summers in Castine: Contact Prints, 1955–1965', *Salmagundi*, 37 (Spring 1977), repr. In *Robert Lowell*, ed. Meyers, 196. Robert Lowell, 'Digressions from Larkin's 20th-Century Verse', *Encounter*, 40/5 (May 1973), 68.

克里斯托弗·里克斯（Christopher Ricks）曾询问洛厄尔是否愿意为罗马·吉尔（Roma Gill）当时正在编纂的燕卜荪纪念文集（*William Empson: The Man and His Work*, 1974）贡献一篇文稿，洛厄尔在一张日期为1973年1月16日的明信片上写道，"我一直想写点关于威廉的东西，却没有成功，诗写不出来，而论文又超出我的批评能力，我无法在简单的一两段之间抓住他的精髓所在，而从回忆中挤出来的一些论断在这样一个文集中又会显得不敬。当初纪念我的老朋友艾伦·泰特（Allen Tate），我也遇到这样的情况，最后什么也没有写。威廉是很少的（唯一的），我曾经读过他写的每一篇文章，而从没有失望的作家中的一位。我也不想让他失望，许诺说写一篇文章，最后又写不出来。"（致谢克里斯托弗·里克斯）

58. 罗伯特·菲茨杰拉德（Rorbert Fitzgerald）在 'The Things of the Eye' 中谈到燕卜荪对洛厄尔的《威尔利老爷的城堡》（*Lord Weary's Castle*）的影响，此文载 *Poetry*, 132（May 1978），repr. in *Robert Lowell: Interviews and Memoirs*, ed. Meyers, 225。

59. 约翰·贝里曼的那本《诗歌全集》如今在明尼苏达大学威尔逊图书馆（Wilson Library, University of Minnesota）的特别收藏部。贝里曼与洛厄尔的同代人兰德尔·贾雷尔（Randall Jarrell）后来写道："我没有写过有关某些现代诗歌的干、硬或'古典'倾向——比如，燕卜荪与玛丽安·穆尔（Marianne Moore）的共同之处……（'The End of the Line', *The Nation*, February 1942; repr. in *Kipling, Auden & Co.: Essays and Reviews 1935–1964*, New York: Farrar, Straus & Giroux, 1980; Manchester: Carcanet Press, 1980, 83.）

60. 麦克尼斯在 *The Concise Encyclopedia of English and American Poets and Poetry* 中的"燕卜荪"词条末尾，下了句颇为奇怪的结论，"在他那一代人中他也许是独一无二的，因为他从无丝毫的自怨自艾。"（ed. Stephen Spender and Donald Hall, London: Hutchinson & Co., 1963, 128.）

61. WE, letter to A. Alvarez, 29 August 1956 (courtesy of A. Alvarez). 阿尔瓦雷斯在次年的《来自绝望的风格：威廉·燕卜荪》（'A Style from a Despair: William Empson'）中写道："诗歌是对于时代思想论调的一种极为强烈而敏感的情绪的产物。燕卜荪的创造似乎更多的是他对已经通过智慧理解了的东西，而非个人处境的情感反映……我认为，作为一个诗歌与思想的文体家，燕卜荪特别重要。"〔*The Twentieth Century*, 161 (April 1957), 346.〕G. S. 弗雷泽（G. S. Fraser）非常敏锐地注意到燕卜荪的诗中有"一种复杂、机智而又刻意令人困惑的形式，加诸于一种强大而几乎不可忍受的个人的忧伤之上。"（*Contemporary Poets*, ed. James Vinson, London: Macmillan Press, 1970; 3rd edn., 1980, 439.）同样，格雷厄姆·霍夫在一篇悼念燕卜荪的文章中写道，"通常的情况是，呈现在大多数读者面前的复杂智力谜题却源于作者感受到的某种痛苦的情感纠结。"（*The London Review of Books*, 21 June–4 July 1984, 17.）比较戴维·珀金斯（David Perkins）赞扬的话："复杂、反讽、辛辣却并不恶毒，燕卜荪的诗吸引人，因为它们在智慧层面令人兴奋，复杂而又直率凄凉……诗中是强烈的情感。如果他的诗歌风格在某种程度上是机智而又'玄学'的，他的伤害却是哈代式的。他控诉上帝的不存在和生命的必朽……我们有可能会按照新批评的标准来看待燕卜荪的文风，但是他的诗中体现出来的思想以及心理斗争却是真正吸引我们的。"（*A History of Modern Poetry: Modernism and*

After, Cambridge, Mass.: Harvard University Press, 1987, 100–101.）

62. Anthony Hartley, 'Poets of the Fifties', *The Spectator*, 193 (1954), 260–261. 燕卜苏诗歌的某些方面对于奥登的某些诗歌也有影响，最为明显的是，《时间不会说什么，但我早告诉你了》（'Time will say nothing but I told you so', 1940; 1941年首次发表时，名为《维拉内拉诗》），《有时候我们看得惊人地清楚》（'Sometimes we see astonishingly clearly', 1949）和《所有我们那种为什么之外的东西》（'All that which lies outside our sort of why', 1956）。见John Fuller, *W. H. Auden: A Commentary*, London: Faber & Faber, 1998, 400, 409, 467. 西尔维娅·普拉特（Sylvia Plath）在50年代的早期作品中也曾受到燕卜苏的影响，比如《致下楼梯的伊娃：一首维拉内拉诗》（'To Eva Descending the Stair: A Villanelle'），见*Collected Poems*, ed. Ted Hughes, London: Faber & Faber, 1981, 303.

63. WE, 'Literary Opinion' (broadcast 20 October 1954); copy in Empson Papers. 他所指的那首维拉内拉戏仿诗是帕特里克·迪金森（Patric Pickinson）的《在维拉内拉》（'At the Villa Nelle'）的结尾说，"年轻人把燕卜苏看作大师/这不得不让人看作是大灾难。"［*Encounter*, 3/1（July 1954), 63.］

有篇发表于《泰晤士报文学增刊》上的名为《双重目标》（'Double Target'）的文章（10 September 1954），这样说："身份不如艾略特或庞德先生的诗人，在某些方面好像燕卜苏先生或是格雷夫斯先生这样的更加'传统'的诗人，今天给年轻人们提供了比那两位伟大的实验派大师更加实用的可资效仿的榜样。"在给《泰晤士报文学增刊》的一封信中（1 October 1954），罗伯特·格雷夫斯特别提到这个观点："让我们……希望你们的评论者，不要把燕卜苏先生和我看作是新的全盛时期的沃勒（Waller）和德纳姆（Denham）。"安东尼·斯维特（Anthony Thwaite）则反对对"影响"的过度诠释，见其公开书信［'Young Writers', in *Encounter*, 2/5, (May 1954), 67–68］。有关直接（和承认的）影响，见John Wain的'The Marksman'。

其他对于燕卜苏的戏仿，包括迪伦·托马斯写于1940年的非完整维拉内拉诗'Request to Leda: Homage to William Empson'，此诗首发于 *Horizon*, 6/31 (July 1942), 6; D. J. Enright, 'Underneath the Arches', *Essays in Criticism* (October 1956); Richard Kell, 'Empsonium', *London Magazine*, 6/10 (October 1959), 55–56; L. E. Sissman, 'Just a Whack at Empson', *The Review* (June 1963), 75. 另见Babette Deutsch, 'Just a Smack at Empson's Epigoni', *Poetry London-New York*, 1/3 (Winter 1957), 47. G. S. 弗雷泽在其为 *Poetry Now: An Anthology*（London: Faber & Faber, 1956, 25）所写介绍中，提到燕卜苏的后辈们认为他"有着一流的头脑……可以以一种反讽的方式控制一个情感的内核"。埃德温·缪尔（Edwin Muir）在对弗雷泽的文集所作的评论（*The Observer*, 14 October 1956）中，反对弗雷泽的看法，而赞颂燕卜苏道，"燕卜苏先生诗歌中的情感有一种令人不舒服的真实，几乎令人刺痛（慢慢地，毒药充满了整个血流），而控制则相当困难。他通过创造一种令人震惊的为了控制而做的挣扎场面感动我们。而在他的追随者们那里，这控制便几乎是完全的了；情感在没有机会产生之前便被扼杀了。"在对两部选集*The Chatto Book of Modern Poetry*, ed. C. Day Lewis and John Lehmann, London: Chatto & Windus, 1956和*New Lines*, ed. Robert Conquest, London: Macmillan, 1956所作评论的结尾处，伊恩·格雷戈尔（Ian Gregor）说，"在新诗人的神圣殿堂中，有两尊显耀的神龛被乔治·奥威尔和燕卜苏先生占

据。一位对于理论系统的痛恨以及另一位紧张的文字精确性，联合起来影响了大量与最近几十年来的诗歌不同的诗歌作品。它们高雅、反讽、富有推理性，它们是18世纪应当懂得的诗，如果我们不能欣赏，那是因为咖啡店的气质已经被意式咖啡吧淹没，不复存在了。"（*The Tablet*, 10 November 1956.）

64. Quoted (with my ellipsis) in TS letter from John Hayward to Frank Morley—'Tarantula's Special News Service. Letter V'—October 1939 (King's College Library, Cambridge).

译者注

① 坦塔罗斯（Tantalus）：希腊传说中的一位国王，因犯过罪而被打入阴间并被罚站立在水中，当他想去饮水时水即流走，其头上挂有水果，但当他想拿水果时水果却退开。

第十三章

替罪羊与牺牲品：《田园诗的几种变体》

　　"你以一种温和的口吻说，我在'等待'，无疑，到时候我会开始那样做，"燕卜荪在1935年1月13日写信给一位东京友人说。但是他马上又解释说，过去的五个月中，他并没有闲下来。"自从返回英国，我已经准备了三本即将出版的书，而且现在仍然很忙。"[1]事实上，他低估了自己的产出能力：除了准备好将由查托与温达斯出版社出版的《诗歌》（1935年5月出版）和《田园诗的几种变体》（1935年10月）之外，他还准备了用基本英语"翻译"的他的老英雄J. B. S.霍尔丹（J. B. S. Haldane）的两部专论《科学展望》和《科学与健康》［两部作品均以"心灵模型"（Psyche Miniatures）为名在1935年出版］。此外，他还在努力撰写专论《佛祖的面孔》。他从来没有想过，从日本回国后自己应当找一份工作，多年后在一次访谈中他说，"我当时需要把一些书搞出来。"[2]

　　根据一位权威人士的说法，燕卜荪的第二部散文作品《田园诗的几种变体》代表了分析田园诗复杂模式的"最重要也是最没有帮助性的"尝试[3]。所以有必要从一开始就考虑这样一个问题：燕卜荪是否在内心真的想要将田园诗作为一个固有的类型去谈论，是否他给予这本书的这个有趣但是并不令人满意的标题，真正对他的作品起了坏作用，虽然复数"几种"可能向读者显示出一种超越任何标准或者规范模式的跳跃。另外值得注意的是，副标题避开了"类型"这个词——《文学中田园诗形式的研究》（*A Study of the Pastoral Form in Literature*）——可能因为他不屑于使用这种专业化的词汇。

　　他慢慢地认识到，自己在30年代早期写的这些文章，最终将在主题与论证上相一致；这些文章聚焦"田园"这一点，在1933到1934年才变得完全清晰起来。[4]在约翰·米德尔顿·默里（John Middleton Murry）作的一次探寻式的访谈中，燕卜荪承认"事实上，我是先写下大部分的文章，然后才注意到它们都有一个共同的话题，而且正因如此它们才令我感兴趣；我说了就这个话题应该说的话，然后想，把这些文章按照它们逐渐成长的过程付印出来也没有什么坏处。"[5] 他给予这本散文集这个谦虚的，几乎显得颇为随意的题目，也许专指"变体"或"旁支"，或者甚至是"突变"、"变形"或简单的"改变"会更好。因为，在很大程度上，他无视那些被认可为田园诗类型经典之作的文本，从忒奥克里托斯（Theocritus）、维吉尔到斯宾塞（Spenser）、弥尔顿、蒲柏、华兹华斯和哈代。如果他特别在题目中指出"戏仿田园诗"，那应该会更好，因为那样他的主题对于首批读者来说可能会更加清楚，也会得到更广泛的认可。他对于作为城镇中产阶级文化产物的传统田园诗功能的认识是，它将复杂转化为简单。卑微的牧人被给予了（比如说）廷臣的情感，于是起到了将相互冲突的社会与道德问题放入一个不同框架的作用，既批判又颂扬——因为田园诗形式是一个双面镜。这种形式也起到了调和与协调潜在的社会冲突的作用。田园诗，虽然表面显得简单，其实却起到了一个美丽的多层复杂形式的作用。乡野场景被认为是继承并保护了与人间伊甸园道德和社会层面的一致性——因为那个有着象征意义的牧人，就像一个神父式甚至基督式的人物，照料着他的羊群——可以被用来既恭维又嘲讽当权阶层。不过，《田园诗的几种变体》特别惊人以至显得极其怪异的地方是，燕卜苏按照就这种形式从属类上修订的定义，选择讨论的一系列文本：包括莎士比亚的一首十四行诗、《仙后》（*The Faerie Queene*）、《特洛伊罗斯与克瑞西达》（*Troilus and Cressida*，格林（Greene）的《培根修士和邦吉修士》（*Friar Bacon and Friar Bungay*），格雷（Gray）的《墓园挽歌》，盖伊（Gay）的《乞丐歌剧》（*The Beggar's Opera*）以及卡罗尔的《爱丽丝》故事。在这部书的高潮部分，他评论说，华兹华斯的《决心与独立》（'Resolution and Independence'）是"一首真正的田园诗，如果有真正的田园诗的话"；绝对重要的一点是，他轻描淡写地指称为"真正的"田园诗的东西，从整体而言并非他所要关注的。"也许我研究的都是些令人吃惊的问题，"他在第一章就承认，"而且一旦开始了一个例子，我就一直追随下去，而不会考虑整部书的统一性问题。"（第25页）[6]

事实上，早些时候燕卜苏便已经注意到，虽然几乎肯定没有觉察到它全部的含义，任何对于田园诗形式的研究，都必须重新评价旧的田园诗无数变体形式中的"戏法"，包括戏仿英雄体和戏仿田园体。大量现代例子都可以被看作是同样体现了牧人的生活与态度，它们通常是作为一种戏剧讽刺，或者秘密意图，或暗示，有时也作为某种无意的穿插情节。[7]

1930年7月——《复义七型》出版前四个月——他评论了A.V.贾奇斯（A. V. Judges）编纂的一份名为《伊丽莎白时期地下社会》（*The Elizabethan Underworld*）的文件汇编。这篇文章成为他评论家生涯中一个决定性的时刻，因为它同时指向两个方向：向后，指向他即将出版的《复义》；向前，指向他尚未开始构思的《田园诗》。一方面，他在文中特别提到，当时正在为他的第一本书撰写语义分析，他写道：自从伊丽莎白时期，"我们对于词汇自身复杂性的强调便被加强，于是一个单独的词语便被认为是一个复杂的分子，不可以在通常用法中拆开……"另一方面，他着迷地谈到，伊丽莎白时期所谓的"流浪汉小册子"，因为它们的想象性同情，自身有着特别的矛盾式力量：读者同时感到对作品中的暴徒既谴责又赞赏；它们甚至与亚里斯多德式（Aristotelian）的悲剧原理有着异曲同工之妙：

> 也许这些小册子中最引人注目的是那种感情的直接，它们可以在对流浪汉们表达热切同情的同时，也清楚地知道他们罪行的恐怖，以及后果的可悲与可怕。成功骗局的故事是"喜悦的"，因为诚实的读者会把自己想象成强盗，于是就会为他的勇气、敏捷、胜利以及对于人性的理解而喜悦；也会把自己想象成受害者，于是就会感到自己现在更加坚强，可以战胜这个骗局，因为他已经获得了知识。一种秘密的自由感使得二者不会彼此阻碍。（*SSS* 72–73）

特别值得注意的是，他的注意力被一些称作《新门监狱黑狗》（'The Black Dog of Newgate'）的诗篇吸引，那些诗，据称是由一位身披锁链、忍饥挨饿的罪犯创作的，并被一个真正的拦路强盗卢克·赫顿（Luke Hutton）记录下来。有一个诗节特别值得注意——因为它"语法结构的精妙"和"分析的强度"，而使得燕卜荪认为它值得与兰斯洛特·安德鲁斯（Lancelot Andrewes）的布道文相比——如果早些被他发现的话，他肯定会将其放入《复义七型》，并且与赫伯特的《牺牲》一同讨论：[8]

'我好悲伤，'我想，'因为你被绑在这锁链中！

我好悲伤，因为那些你渴望保存的东西！

我好悲伤，因为那些渴望满载悲伤的东西的人！

我好悲伤，因为我还在诉说着我们的悲伤！……'

赫顿的罪犯角色显然把自己看作替罪羊与牺牲品，虽然身为暴徒，他也同样是受害者。他既是一个个体，又是一个代表性人物；通过代表许多人讲话，他把自己设计成那个忍受又理解自己困境的人，同时也将自己作为赎罪祭品。他的力量远远超越了那个时刻；他的高尚使他比他为之抗争的其他众多囚徒更加不凡。因此，燕卜荪正确地在这样丰富的诗歌中找出了这个关键因素："赫顿在每一个单独诗行中均挖掘得更深，深入到某种人类处境的根本东西；在这个乞丐与基督之间有着潜在的比较。"正是这样，随着时间的推移，燕卜荪断定，任何此类戏仿英雄或戏仿田园式人物都可能是基督的"化身"。另外，这类榜样的多样性，同时代表和否定了英雄模式，可以作为耶稣基督单一启示的一个替代物。他们从资产阶级人本主义而来，却可以与单一的基督形象抗衡。

不过，在1930年，燕卜荪还没有达到公开声明任何如此宏大的玄学与伦理学观点的时候。直到1930年，他的主要兴趣点一直是语言学，因为他正在试图理解含有复杂词汇与句法的篇章中体现出来的文学中陈述的逆流与阻力。不过，"矛盾"（conflict）才是《复义七型》中的关键词，虽然后来，他因为显得将自己局限在他所挑选分析的篇章的言内张力之内，而非这类篇章所表达的更大的社会历史背景上，而受到批评。他的第一本书竟然会招来"无视背景，甚至反历史"的指责，这对他来说是相当遗憾的事。随之，一个受伤的同时也更加明智的燕卜荪，将会在《田园诗》的首章写道："文学是一个社会过程，同时也是一种试图化解承载了社会矛盾的个人内部矛盾的努力。"我们可以推测，他被那些抨击《复义》狭隘的批评者们刺痛，从而在《田园诗》中以一种宽广的社会性视角来代替他过去研究语义和句法多义性的 "复杂分子"时所采用的显微镜。"冲突"（clash）可以说是《田园诗》的主题词，因为它像其他动词或名词一样，在这本书的七篇文章中反复出现（不过两个补充性的积极词汇——"批评者"和"独立"——出现次数也同样频繁）。"矛盾" 可能同样适用，但是"冲突"比之更为抽象的"矛盾"有着更为真实和重要的内涵；它帮助燕卜荪把注意力向外集中到社会分工上，而不是向内集中到语言学含义上。

1931年的前几个月，《复义七型》出版之后，出发去日本前不久，燕卜荪花了一部分时间在大英博物馆，从一位学者的作品中抄写了一些段落，这位学者曾经是现在仍然是"固执地拘泥于文字"的代名词，他便是理查德·本特利（Richard Bentley，1662—1742）博士，剑桥大学三一学院颇受争议而又专横的大师。[9] 燕卜荪相信基督教既是欧洲文化的根基，也是它毁灭的源头，一段时间以来，他已经熟识了他认为的弥尔顿在《失乐园》中对于撒旦（Satan）形象的模糊态度。似乎对他来说，弥尔顿远不是要创作一个善与恶之间简单"冲突"的直白史诗，而是把这个故事作了相当的改动，以表明在撒旦与耶稣基督之间存在一种"奇特的"、"秘密的"平行，同时也表明了异教与基督教之间的"冲突"，在这场冲突中，作者也并非毫不含混地倾向于后者。首先，弥尔顿对于经典描述的使用，并非仅仅是一种用典的或互文性的精雕细琢，或是一种自命不凡的左顾右盼：它显示出——在作者心内以及在他的社会中———种关于利益与意识形态的根本、深刻矛盾的证据，他指出，"从异教的堕落就如同从乐园的堕落"。

作为一位饶有建树的马尼利乌斯（Manilius）、贺拉斯（Horace）和泰伦斯（Terence）等人文本的批评家，理查德·本特利一直以来被他认为的——自从弥尔顿的史诗于1669年问世以来六十五年间——各种扭曲的文本所困扰。后续版本仅仅是成功地扭曲了一个原本目盲的弥尔顿显然无力自己修正的文本——因为他也是雇佣了一些抄写员的。本特利自信"诗人自己的语言"可以"通过睿智和幸运的猜想"恢复出来，于是决心在年近七十的时候，依靠自己的审美能力来改正那可能被扭曲了的文本（不过，他却奇怪地选择了一个1720年的本无权威可言的版本作为底本）。他认为，弥尔顿那被措词鄙俗、搭配失衡、韵律错误伤害的伟大诗作，应当经过修正以适应经典史诗的评价标准；明晰与逻辑应当战胜粗鄙的风格。相应地，本特利的《弥尔顿的〈失乐园〉：新版》（*Milton's Paradise Lost: A New Edition*）推出超过八百条校正，以及大约七十处删节（最大一处达到五十五行之多：第三卷444—498行）。然而，他远不是根据严格的文献学原则提出改进意见的，而是在很多地方把自己放在弥尔顿合作者的地位。于是，他这种唐突的编辑策略以及误读被扎卡里·皮尔斯（Zachary Pearce）博士在名为《对弥尔顿的〈失乐园〉的评论》（*A Review of the Text of Milton's Paradise Lost*，1732）的四百页的批判书中揭露，此书再次树立了第一版的权威；而原本早已遭到乔纳森·斯威夫特嘲讽的本特利，此后又被亚历山大·蒲柏在《愚人记集注》（*Dunciad Variorum*）中捉弄了一番。[10]

燕卜荪称得上两百年来第一位对本特利所做之事表达尊重性关注的批评家（虽然他理解本特利推测性的批评经常是误解了弥尔顿的意思，而且本特利是那个臭名昭著的"说了蠢话的人"），不过并非——像有人攻击燕卜荪而断言的那样——因为他只是希望简单地用本特利来作为自己"反弥尔顿论战"的工具。[11] 毋庸置疑，燕卜荪对《失乐园》非常崇敬；但是他发现，它因为自身明显的自相矛盾而更加引人注目。不管怎样，他对于本特利试图把弥尔顿有时浮夸的或闪烁其词的用法整理规范的做法，还是表示完全理解的。虽然他的本意并非对这首诗吹毛求疵，他还是认为弥尔顿留下了"一个用素体诗形式作粗劣思考的可怕后代"。不过他认为最吸引人的是这样一个发现："弥尔顿对于异教神话的使用，好像对［本特利］来说，暗示出对于基督教神话的怀疑；对我来说，我认为他不仅是对的，而且这种怀疑的反复回响也是对于乐园描述的真正主旨所在。" 具有讽刺性的是，换句话说，当弥尔顿描述亚当（Adam）与夏娃（Eve）后来被从中驱逐出去的人世乐园的时候，他把这段故事用明显的异教主题表现出来（包括无邪的感官之乐，那正是堕落带来的对于性爱的约束的反面）。伊甸园是一个适合"圣洁的异教徒"的世界。面对这样的讽刺，燕卜荪用悲伤的雄辩之笔写道："看到农神福纳斯（Faunus）在树荫下徘徊，鬼魂在乐园的阴冷处哭泣，潘神（Pan）的欲望在伊甸园同样神圣，本特利自然会感到奇怪了。" 弥尔顿可能在探寻上帝处理人类第一次违逆的方法的道理所在，但是他却不自禁地在诗中表达出自己对一个更加不受限制的、没有罪恶的世界的渴望之情。

有时，燕卜荪能够迅速地利用本特利的评论所强调的一些表面上的错误。比如，两位批评者都注意到，在第十一卷102行，当上帝警告天使米迦列（Michael）

> 我命你去那基路伯中
>
> 挑选英勇的战士，以防那恶魔
>
> 或代表人类，或入侵
>
> 那空虚的领地，引发新的灾难

本特利对于可能就此说撒旦是给人以帮助的观点极其不满——"这种新的来自

大敌的对于人类的好意究竟从何而来？"——于是他将 "代表"（in behalf of）改为"憎恨我们"（in despite to us）；然而，对于弥尔顿来说，"代表"可能带有中性的"关于"或"涉及"的意思。在这一点上燕卜荪并不比本特利更明了，他便立刻利用了那个困扰了不擅多义性的本特利的时代错误。"认为存在一种故意的渐进式的撒旦的衰亡的看法并不被这段文字所支持。"他声称，弥尔顿给予了撒旦一种"被毁灭的慷慨"。同样地，燕卜荪起初承认，在下文中撒旦对亚当和夏娃的话中有明显的讽刺意味：

> 我寻求与你结盟
> 还有共同的友谊，如此直接，如此亲密，
> 我愿与你们共居一处，或者你们从此
> 去与我一同居住；我的寓所可能不像
> 这美丽的乐园，那么让你们欢欣，但是
> 接受你的创造者的礼物吧；他曾给予我
> 我也同样慷慨地给予你们；地狱将会敞开
> 她最宽广的门户，来款待你们两位
> 并且献上她所有的君主

然而，燕卜荪虽然同意，这段话几乎肯定地表达了对撒旦角色的一种暴力或者辛辣的讽刺（这也是公认的解释），他同时也极力要把这份讽刺转向对撒旦有利的一面："撒旦可能把这当作一个真实的邀请……而讽刺之处在于弥尔顿的可怕的上帝"——于是，提前为他二十年后论述弥尔顿的上帝埋下了伏笔。

尽管燕卜荪对于《失乐园》此类段落的解读是错误的，他仍然在关于这首诗的文章中作出了一份有力而且目的性很强的总体论证。如果赋予田园诗类型的反讽式转折造成了乐园与异教信仰的对等，那么伴随的而且同样讽刺性的结果就是，撒旦在这里起到了田园诗英雄的作用。有时，如燕卜荪所称（后来的评论者们也同意此说），弥尔顿有意地在撒旦与基督之间作了一个讽刺性的平行比较：比如，两者都被称作路西法（Lucifer），那有着象征意义的晨星——这一点在第五卷 708—710行对撒旦的描述中得到强调：[12]

他的容貌，像领导群星的晨星，

迷惑了他们，谎言骗取三分之一天军。

于是，撒旦便可以被描述成一个适当的基督的替代者，同时，通过一个简洁的悖论式手法，变为一个同时是戏仿英雄式和戏仿田园式的形象。

如燕卜荪所说，"撒旦同时是惩罚罪恶者与最高的罪人……两者是联合为一体的，因为……'很难将罪恶与独立评判区分开，而后者是一个充实生活所必需的力量'，而且，我想，因为'这罪人变成了法官'。"[13] 那表面看来的称谓上的相互抵触，却作为悖论而获得了能量与目的性：戏仿田园诗中的戏仿英雄被燕卜荪赞赏为他所认为的那个残酷的基督教模式的一个积极的对立面，一个真正的对手。要求人类屈从于单一神祇调停的有关牺牲性救赎的宗教，遭到世俗人本主义的戏仿英雄的挑战。

在收入《田园诗》的另外两篇早期文章中，燕卜荪进一步研究了构成他对于田园诗反讽式解读看法的根本"冲突"的其他几个方面。《那些拥有力量的》（'They That Have Power'）涉及莎士比亚唯一一首政治十四行诗［第九十四首《那些拥有力量去伤害的，却并不这样做》（'They that have power to hurt, and will do none'）］，文章试图解释前八行（似乎是颂扬那些拥有力量却无为的、懒散的，或者可能危险地消极的人，但是他们仍然拥有"推动"他人的力量）与后六行（思索那美丽的、芳香的，也必定是自主的花朵）之间复杂的关系。后者是前者的一个比喻吗？这首诗是在赞扬，还是在责备那些如石头般冰冷的、保守的，然而又有着影响的"他们"——那些"驾驭"权势的人呢？是否与其他的十四行诗不同，在这一首中卑微与冷静的自爱受到了褒扬呢？燕卜荪将这首诗歌读作表达了对马基雅维利式（Machiavellian）人物、妄图发迹者、野心家、伪君子［那可能指的是"W. H.先生"或是哈尔（Hal）王子］讽刺性的赞美："那青年仍然必须受到赞美与热爱，不管他怎样背弃他亲密的人，因为我们看到他满身闪耀着关乎成功的美德。"[14] 于是，这首诗中根本的"冲突"是存在于"赞赏与蔑视"之间的，那"似乎是依赖于阶级情感的冲突之上的"；而莎士比亚通过对比那位优雅的年轻人的品德与花朵的品德，非凡地将这种冲突化解。似乎可以肯定，这首诗事实上有着极为复杂的反讽与多义性，甚至比燕卜荪在他饶有趣味地即兴连批带讲中所涉及到的（他开玩笑地数到有"4096种可能的解释⋯⋯还有其他的可能性"）还要多，不过他的阐释是相当有说服力的；它甚至可以把那位有权力而又自私的保护人解释为另一个版本的田园式讽刺性英雄。[15] 他评论说，"这些十四行诗虽然充满了基督教的声音，关注的却是一个足以与基督教平衡的思想；它们表达出自我牺牲思想的反面。"［"平衡"是从他的导师 I. A.理查兹（I. A. Richards）的作品中借来的词，在《田园诗》作为一个整体的背景之下，是一个相当保守的说法。］

同样"冲突"的另一个形式是《马韦尔的〈花园〉》（Marvell's *Garden*），燕卜荪的解读方法是试图符合理查兹的信仰的，后者认为，最真实的诗歌一定要平衡并且协调不同的感情冲动。燕卜荪开始偏离《复义七型》中有关"无法解决的冲突才是诗歌的精髓"的主张，一度试图维护理查兹的信条，即最真实的诗歌应当不仅是"对于谜题的生动陈述"。以马韦尔的就花园隐退之所的玄学意义所作的伟大冥思为例，他判定："这首诗的关键之处在于对比并调和有意识的与无意识的状态、见解的直觉与理性的模式⋯⋯这结合了有意识思想的观念，包括各种事物因为理解各种事物和无意识的动物本质，包括各种事物因为与各种事物和谐相处⋯⋯事物的力量，源自结合不寻常的理性思想与不寻常的原始思想；关于知识处境的思想与关于术士可以通过思想控制外部世界的神奇想法相结合。"此处燕卜荪构想的惊人之处在于，不仅为理查兹的"诗歌作为一种调和性的善举"的主张找到了容身之处，而且提出了一种基于二元原则的诗歌理论。[16] 根据这种观点，田园式英雄被发现同时是代表性人物和特殊性人物（宏观与微观、复杂与简单）；他既是许多也是一个，因为他既体现了所有和每一个，也理解了所有和每一个；他既是局内人也是局外人，包容一切也代表一切。"田园式人物总是准备好要作一个批评者，"燕卜荪提出这个悖论，"他不仅包括每一事物，也可能以某种意想不到的方式理解每一事物。"

于是，在燕卜荪的思想中，逐渐膨胀的关于这个主题的一个因素就是，他了解到，文艺复兴之后的田园诗中的英雄与基督显现之间存在着具有强烈颠覆性的对应关系。他相信自己在俗世文学中找到了一系列具有与基督教神话中唯一救世主一样的品质与功能的"英雄"。这位总是作为救世主的讽刺性类似物的戏仿田园式角色，可以起到挑战那教条上注明是独一无二的基督教神祇的作用。事实上，他逐渐演进的田园诗"模式"的理论取代了旧式的有关田园诗类型的观点：它起到了加强他对于西方标准宗教的攻击的作用。作为他那个时代一个在知识上时刻保持警醒的人，燕卜荪总是急切地学习那些从达尔文以来，在历史和文化思想上产生革命性影响的，涉及人类学、神话和仪式的最新学问——尤其值得注意的是詹姆斯·弗雷泽爵士编纂的巨著《金枝》（*The Golden Bough*，1890）以及后来的一些由批评家撰写的相关作品，包括奥尔德斯·赫胥黎和温德姆·刘易斯（Wyndham Lewis）的作品（1927）以及R. E. 马尼–科尔兰德（R. E. Money-Kyrlend）的《性冲动的发展》（*The Development of the Sexual Impulses*，1932）——所有这些都充实了他的现代田园诗诗学和伦理学。[17] 在弗雷泽的这部比较人类学纲要中，燕卜荪特别深入地研读了第五卷与第六卷 ［《阿多尼斯、阿提斯、奥西里斯（*Adonis, Attis, Osiris*）》和《谷物与荒野之神》（*Spirits of the Corn and of the Wild*）］，以及《替罪羊》（*The Scapegoat*，1913），后者重点放在濒死的和复活的植物与生殖之神的形象及牺牲与替罪羊的关系之上。弗雷泽如此大规模地展示出，大部分有着长期历史的文明将信仰放在法耳玛科斯（pharmakos，意为"医药"）之上，他是一个这样的人物——开始时，他简直就是一个真正的罪犯——被委任来承担这个群体的罪责与痛苦，而这些又因为他的死亡而得到洗涤。这里的悖论在于，通过将他的世界的罪责加在自己身上，这个祭品——法耳玛科斯——被赋予了类似神的力量，并被认为如此，他的身上被加上了光环和神威。于是，罪犯变成了救赎者：将模式化的牺牲者仪式化地献祭，便产生重生。替罪羊，从罪恶之源、罪责的承载者，转变为受益者，他让那自己为之受罚的社会得以重生。热内·吉拉德（René Girard）后来用这样的话规划了这个概念的构想过程，这种将恶徒转变为神祇的重新评判："在神话中有两个阶段，但是解读者没能够将它们加以区分。第一个阶段，是谴责替罪羊的行为，这时他还没有变得神圣，所有罪恶的特征都缠绕在他身上。然后，是第二个阶段，这时通过集体的和解，他被神圣化。"[18] 被选作法耳玛科斯的人代表多数人来行事；"代表多数的一个"。然而，如吉拉德同样关键性地指出的，弗雷泽——他［像之前的爱德华·吉本（Edward Gibbon）一样］貌视基督教——没有认识到替罪羊现象持续的力量："他不理解，对于理解替罪羊来说，这种现象之中的有些东西是根本性的；他没有看到，那东西一直延续到我们自己的时代。他只看到一种将被后来的宗教怀疑与实证论思想清除的无知的迷信。"[19]

燕卜荪完全理解，对于西方世界来说，替罪羊的概念和特征并没有随着基督的死去而消亡。这个现象在无数的显现中存活了下来——就像他逐渐发现的——在他所谓的戏仿田园体的文学"把戏"中尤为显著。另外，通过研读一本充满人类学理论的批评性专著——温德姆·刘易斯的《狮子与狐狸：莎士比亚戏剧中的英雄角色》（*The Lion and the Fox: The Rôle of the Hero in the Plays of Shakespeare*，1927），他了解到，莎士比亚作品中的悲剧性英雄或者垂死的国王，可以被理解为替罪羊现象的极好例证。"国王的作用与有关牺牲的观点奇妙地结合在一起，"刘易斯写道，"詹姆斯·弗雷泽爵士为此提供了有力的证据……"[20] 因为替罪羊背负了集体的罪孽与痛苦，远古思想便把神王的死看作是一种赎罪：他"神奇的"死亡，使得部落自身得到和解。另外，刘易斯的作品可能还帮助燕卜荪来架构自己的理论，即其他的角色——特别是田园诗形式中的戏仿英雄们——可能取代神的位置；如刘易斯所称，"同样的有关'替代'的观念的另一种表达是，选择一位英雄或者战士，代表人民并且在人民身前像一堵盾牌一般抵御命运最有力的打击"（第143页）。替罪羊牺牲与田园诗模式的联系也并不仅仅局限在结构上，而是根本上的；如燕卜荪所说，有关田园式英雄重复或者行使替罪羊神的职能的观念，将"立刻导致对基督的正义性或是唯一性的怀疑"。

　　燕卜荪从他所称的刘易斯的"优秀的书"中得到启发，于是开始了自己比较笨拙的过度膨胀的文章，名为《双重情节》［副标题为《在主情节与次情节中的英雄体与田园体》（'Heroic and Pastoral in the Main Plot and Sub-Plot'）］，这将成为《田园诗》的第二章，它从人类学和文化的角度来思考悲剧英雄精彩的"神奇"含义："悲剧性英雄是一个在祭祀层面上的，也同样是亚里斯多德层面上的国王；他的死在某种意义上类似于基督的死，在某种意义上是为了他的部落，类似于为他的部落赎罪，使他的部落与神或自然达成和解。"这样的英雄并非代替基督行事，他是以自己的方式来行使那教堂原本只容许神之子——历史上的耶稣基督——行使的所有功能。在文章的第一部分，燕卜荪探讨了一些16—17世纪的戏剧——包括格林的《培根修士和邦吉修士》、莎士比亚的《特洛伊罗斯与克瑞西达》、《亨利四世（上）》（*Henry IV*），德莱顿的《时髦婚姻》（*Marriage à la Mode*）和米德尔顿的《调包婴儿》（*The Changeling*）——目的是要阐明次要情节不仅代表某些轻松场面，而且从根本上与主要情节紧密相连的方式。他以富有说服力的证据解释道，在悲喜剧的舞台上，有"一种英雄式与田园式神话的联姻"；而喜剧角色应当被理解为扮演了"在某种意义上的田园式神话人物……"但是在这个话题上还有另外一个维度，这也成为一个基本内容。在《特洛伊罗斯与克瑞西达》中（燕卜荪就此剧所写的内容最有意义），莎士比亚对比了两个情节中展示出来的性爱行为与政治行为的标准［瑟赛蒂兹（Thersites）扮演了那个必要的角色——"狂吠的狗和评论者"］：

> 这两部分形成一个共同的对比，这对比将两者都阐明了（"爱情与战争是相似的"），另外，二者大规模不确定的含混，似乎鼓励某种原始的思想方式（"克瑞西达将为特洛伊带来厄运，因为她是坏的"）。暗示的力量正是双重情节的优势所在；一旦你认识到两者的对应性，你便会看到，任何角色都可以拥有神威，因为他似乎会引起他所对应的东西，或者成为他所象征的东西的化身。

并非偶然地，燕卜荪在那个背景中使用了希腊词汇"逻各斯"（Logos，词汇、理性），这个词是早期神学家们用来专指耶稣基督的——三位一体中的第二位、真正的神和真正的人、人类独一无二的救主，而燕卜荪引用这些例子的不变目的便是，挑战历史上的基督的特权。他解释说："逻各斯一直以来被描述成宇宙中潜在的理性，也是那通过流淌自己的血并在圣餐仪式上与人分享来拯救人类的基督。"然而，根据燕卜荪的理论，基督也可能是一个法耳玛科斯的例子，但他并非是无以伦比的。简言之，基督被燕卜荪相对化了。"这种个人与整个道德、社会，以及最终物理秩序的认同，是玄学的标准手段，"他顺便提到这一点，好像在暗示这样一个带有巨大异议的观点是被普遍接受的。

有关任何人物都不必仅仅模仿逻各斯，而是可以真正承担逻各斯角色的理论，成为《双重情节》后半部分的要点所在，这看起来是比他有关"近代戏仿田园体作为容纳悲喜剧二元成分的形式"的理论更向前迈进了一大步，但事实上，它却是由前者直接推导得来的。燕卜荪在阅读詹姆斯·史密斯（James Smith）的《论玄学诗》［'On Metaphysical Poetry'，《细察》（Scrutiny），2/3，1933年12月］时[21]，为自己就他高兴地断定为"戏仿田园诗的渎神功用"的见解找到了增援。史密斯试图以这样的方式来定义玄学诗晦涩的本质："被恰当地称作玄学诗的诗歌，强烈地关注着玄学问题；关注着或来自于'多'与'一'的问题，或在困难的实质上与之极为相似的问题。"他进一步注意到，"多"与"一"的问题早在柏拉图（Plato）时代便已经出现，它包括了这些例子："有时候个人与其他个人抗争，并且互相依赖，如同多重的统一体；或者个人与世界抗争，或者与宇宙抗争，或者与神抗争……玄学问题来自于与玄想奇喻中的诸成分一样作用的成双地对立。以现实的多重性与统一性为例……两方面互相支持、互为补充，同时又彼此否定。"[22]

燕卜荪认为史密斯的文章"很优秀"，同时又颇为有益地加上了一段自己观点的概要：

> "'一'与'多'问题的最佳例证由逻各斯给出，他是一个个体的人。在所有那些普遍在特殊之中得到一种神圣的栖息之地的奇喻中，……其他的也都依赖于此，有一个暗示出来的，与被牺牲的异教英雄、与作为人之子的基督的对比……这立刻导致世界对于个人的依赖，或者事物被以拟人的方式对待……如果你选择一个重要的成员，结果便是英雄式的，如果你选择一个不重要的，那便是田园式的。

于是，燕卜荪拓展了的田园诗诗学与伦理学，拥抱了有关替罪羊和牺牲（担负责任的代表被赋予了超自然的品质）的传统"神奇"观点、悲剧英雄，以及对于"秘密的自由"的呼唤——"一种将个人变成比基督教所允许的范围更独立的渴望"，这是通过在诗歌中神化一个历史上的基督之外的逻各斯来实现的。无论如何，对于伊丽莎白一世（Elizabeth I）的神化就隐含着非基督教的一面在内；而多恩在他的诗歌中对一位他热爱的女性的颂扬，也有着同样的"异端"含义。正如燕卜荪机敏地强调的，"把［女王］的神性拿来赋予某个没有公众重要性的人，就像把英雄式的语言用在田园式的乡村青年身上"。关于多恩的《周年纪念日》，他同样合理地解说道："唯一可以使这首诗合理的办法，就是接受伊丽莎白·德鲁里（Elizabeth Drury）是逻各斯"［因此本·琼生（Ben Jonson）称《纪念日》是"亵渎的而且充满了渎神之词"是颇有见地的］。[23] 同样，在克拉肖（Crashaw）的诗歌《哭泣者》（'The Weeper'）中，圣抹大拉的玛丽亚（St Mary Magdalene）的眼泪"调和了大地与天堂，那些泪滴起到了被牺牲的神的功能"。

但是，也许在这一章中燕卜荪所给出的最有说服力的例子，是他简短但激动人心的对多恩的十四行诗《我是一个巧妙造就的小世界》（'I am a little world made cunningly'）的论述；它开启了燕卜荪在余生以几乎着魔的热情进行的一场战斗（他的一些反对者们会认为这是偏执狂）——特别是在战后的岁月里当 T. S. 艾略特关于多恩不是一个怀疑论者的毫无根据的断言几乎被当作金科玉律来接受的时候。根据燕卜荪敏锐的解释，在这样的诗行中——

> 你在那最高的天顶之上的空间
> 发现了新的天空，可以写出新的天地，
> 在我眼里造出新的海洋，于是我可以
> 用真诚的泪水，淹没我的世界

——多恩"将灵魂看作是孤单、独立的，在新的天文学中，它被看作是一个世界、一个小小的星球，完全独立，不受外界侵扰。你可以直接到达美洲，人类问题并非围绕一个全然正确的权威（比如教皇）安排，这些观点直接与一个新观点形成对照，即我们的世界之外，还有与这个世界类似的世界，所以不同世界的居住者可以按照自己的方式生活。"事实上，在《双重情节》通篇中，甚至在《田园诗》通篇中，燕卜荪都在轻柔但是坚定地强调着他的信仰，即对田园诗"形式"的最终解释是一种自由和独立的宣言。这篇文章中的关键词语，包括"秘密的自由"和"反抗因素"；还有一个观点，即田园诗英雄与悲喜剧英雄，以及在真正的玄学诗的比喻中所表达出来的真诚而且深切地探讨的意识形态的冲突，都同样代表着"一系列秘密地反对基督教的观念"。这个关键思想在40年代后期，他在北京的一个课堂讲座的笔记中曾经重申，"有一种修辞手法是把任何得到赞赏的人都称作逻各斯，因为他可能承载了这种理想而并不知情；设想一下这种隐蔽的渎神表达，在多大程度上被人们领会。"直到50年代在英国开始教学之后——那时，他认识到他的关于多恩诗歌的"异端"论断被像海伦·加德纳（Helen Gardner）和弗兰克·克莫德（Frank Kermode）这样的评论家自负地抛在一旁——他的语言才开始变得更加尖刻。在为一个平装版《田园诗》（1966）所写的序言中，他将强调："多恩的爱情诗是在为爱侣们要求一种反叛性的独立……"在同一篇文章后部，"独立"这个词被大写，以便更加具体醒目。不过，三十年前，他感觉没有必要使用大声的绝对化的语言。

思想独立与道德自由的宣言也是这本书中最后两篇文章——《〈乞丐歌剧〉：作为独立宗教的戏仿田园诗》（'The Beggar's Opera：Mock-Pastoral as the Cult of Independence'）和《〈爱丽丝漫游仙境〉：孩童恋人》（'Alice in Wonderland：The Child as Swain'）——的主旨。燕卜苏对盖伊的滑稽歌剧中麦克希斯（Macheath）一角透彻而迷人的分析，显示出戏仿英雄式与戏仿田园式是不可分割的。强盗麦克希斯作为一位充满悖论的英雄，一位伪装的田园式人物——正如燕卜苏所描述的——就像卢克·赫顿关于"黑狗"的诗句中的"流浪汉"：他既是替罪羊又是迷人的英雄，是被"多"景仰爱戴的"一"，是罪犯，却又讽刺性地应该坐到法官的位置上。作为理想与个人，他体现了"在富有与贫穷之间一种合适的或美丽的联系"这个概念。通过给予双方一个快乐的有关对方的理解，他减轻了社会冲突：他们通过对于他的事业的理解而增加了力量和同情心——知道越多，感觉越高兴。燕卜苏写道："有着强大阶级体制的国家，很有必要拥有一种不仅躲避它，而且打破它的艺术形式，这样就能够使各个阶级都可以感受到自己是更大的整体的一部分，或者简单地与其他阶级和平相处。"在此处值得注意的是，那些本来用于定义法耳玛科斯的类似神的功能的词，也同样准确地适用于麦克希斯。"支撑英雄的传统观点中，有一条说他是有一半逃脱道德束缚之外的，因为他必须有一半处在他的部落之外，才可以调解部落与神或部落与自然的关系。（同样，田园诗中的乡野青年也是半人半"自然"。在宗教中与此相对应的观点是基督就是替罪羊。）"麦克希斯（如燕卜苏指出的）处在塞万提斯（Cervantes）与雪莱之间。一方面，在堂吉诃德（Don Quixote）与基督之间的"那小心暗示的比较"，使得那脸色阴沉的骑士转身成为"那变为法官的愚人"；另一方面，浪漫主义诗人偷取了"乡野青年与英雄的尊严，为自己所用……很明显，那诗人作为被放逐者与不被认可的立法者的说法把他确切地放置在神话中悲剧英雄的位置上"。文学批评一般把《乞丐歌剧》看作是对于政治制度与权谋、忠诚与背叛的讽刺，燕卜苏却把麦克希斯看作是拥有更深远的意义的："他像是一位英雄，因为他足够强大，（在某种程度上）可以独立于社会之外，从而可以成为它的批评者……于是，便有了'流浪汉变法官'的模式，它自身也有着隐含的基督教的联系。'高贵的野蛮人'（德莱顿语）的意义在于他是关于政治上与思想上的自由人的另一个神话。"毫无疑问，盖伊的歌剧与燕卜苏重新划定的田园诗范式完美匹配。说到最显眼的例子，这部剧明白地提及作为戏仿基督的强盗。就麦克希斯的歌《在树下，我将快乐地受苦》（'At the tree I shall suffer with pleasure'），燕卜荪评论道："这半诗歌化、半俚语的词'树'适用于绞刑架和十字架两者，而至高的牺牲英雄是带着狂喜在受苦的。"麦克希斯是作为无赖汉的替罪羊，而"基督"则是美丽超凡的受苦的众目之的，也是一位代表荣耀与独立正直的形象。

如果说麦克希斯是"变成法官的流浪汉"，燕卜荪则把同样的田园诗模式扩展到刘易斯·卡罗尔的爱丽丝身上，他把她称作"变成法官的孩子"，而且得出了机智而又有创新性的结论。他对《爱丽丝》的有趣解释在首次出版后又被经常再版，因其将达尔文和弗洛伊德理论在文学中滑稽而又严肃深刻的应用，如今这篇文章已经成为现代批评中最常被引用的内容。文章中最吸引人的地方是，他以一种在他之前没有别的文学评论家敢于尝试的方式，把最新的分析性材料应用于爱丽丝身上时所带有的那种冒险精神——"所有的弗洛伊德的东西多么有趣呀！"就像他在《复义七型》中开玩笑式地说的。[24] "'仙境'是一个梦，但是'镜中奇境'（Looking-Glass）则是自我意识，"他毫不犹豫地说。"但是两者都是论题性的；你把这结果叫做寓言或是'完全的胡言'，取决于有关进步与工业化的观念……"他很高兴地吹去爱丽丝神秘的、充满傻气的、好笑的、令人紧张的历险之上的轻纱，但是他的观点并没有伤害读者从卡罗尔的创作中得来的快乐，因为，他独创而又有启发性的发现似乎如此吸引人而又真实。"这部书，关于成长讲得如此坦诚，以至于用弗洛伊德的方式来解释它，也并没有什么伟大的发现。"他这样开篇，但随后，他似乎沉浸于一种挑逗性的前戏，并不急于作直接的分析性解释，而是就进化论作了一篇艺术大师般的附带讨论：

> 我唯一感觉肯定的是关于进化的一个段落，来自《漫游仙境》的开篇（书中最为自然也最为"潜意识"的部分）当爱丽丝走出将她从地下密室中神奇地释放出来的泪水之浴时；很明确（比如关于喷水的地方）那盐水是海，生命从那里诞生；作为身体的产物，那也是羊水（这里还有其他力量在运行）；整体而言，个体发生重复了种系发生，而整个的诺亚方舟（Noah's Ark）同她一起走出大海。在道奇森（Dodgson）和坦尼尔（Tenniel）的插图中，有一个令人不安的猴头，而在文本中，还有一种绝

种的鸟。我们的思想于是被迫退回到物种历史，有个历史解读说老鼠是与征服者一起"过来"的；赛跑（race①）问题变成了繁殖问题，而这正是道奇森更直接感兴趣的，这里还有对于吹嘘自己祖先的人们晦涩的申斥。我们然后有了预选赛……你喜欢时就开始跑，高兴时就可以离开，而所有人都会赢。这件事的深刻之处在于，它（以19世纪的无礼方式）支持自然选择以展示民主的荒谬，支持民主（或者至少是自由）来展示自然选择的荒谬。赛跑并不鼓励速度快的人，因为理想主义不会让它鼓励速度快的人，因为生命，就像我们在最后一首诗中所读到的，是随意的，是一场梦。但是在这种慷慨面前，人类的价值并没有减弱；所有的动物都赢了，还有爱丽丝，因为她是人，所以她必须给予它们糖果，不过虽然它们要求这一点，它们却并没有忽视她比它们更高等这个事实。它们给予她她自己的优雅的顶针——她的劳动的象征，因为她也赢了，而且因为你们当中那最高的那个，应当是所有人的仆人。这是一段实在的象征；拥有政治头脑的科学家们倡导通过"选择"与自由竞争达到的进步，却要面对基督的完全的无政府主义。那种假装的幼稚给予它某种残酷的诚实；爱丽丝在她的魅力之下藏着些可笑和愚蠢，而且她可能更喜欢一种更加贵族化的体制。

我引用这一整段文字，既因为很难了解到底什么时候停顿，或者是否要停顿，又因为这段文字的风格和形式都是典型的燕卜荪式的：表面看来悠闲随意为之，充满偶然的见解，匆忙地从一个浮夸的观点跳到另一个。这一段并不短，但它只包括十个句子；虽然并不正式——节奏很快，一串观点和阐释迅速地也似乎自发地进出，"那是……""那是……""有一个……""有一个……""这是……""爱丽丝是……"，那连珠炮式的分析构想气势逼人，令人印象深刻。这整体的效果却绝非平庸：燕卜荪急于在一段中所能平衡的范围内，尽可能阐释最多的批评性观点。然而，有时候你会感觉到他太过超前了，几乎没有足够的耐心来将一个总结性的陈述填充完整，如他忽然把爱丽丝说成是"男人"和"基督"（人们需要跟随他田园诗主题的完整发展脉络，才能理解那个用典的合理性，当然那也需要把这本书作为一个整体来阅读，而不只是作为单独的文章集合）。其风格时常给人的感觉不是文章应有的安排有序，而是段落之间的随意性，让人觉得他事先未经准备。[25] 比如，在上文引用段落十几页之后，他又捡起了有关爱丽丝出生前体验的想法：

> 我说过她遨游的泪之海洋是羊水，这不免过于简单。你也可以把它看作
> 是忘川之水，灵魂重生前在那里沐浴（那是他们自己的眼泪，通过对于痛苦
> 的压抑，他们忘记，一如我们忘记自己的童年），或者是思想上的抵触通过
> 直觉和返回无意识来达到一种"解决"。无论如何，那都是一个被打扮得秀
> 气的而原本脏兮兮的形象；人们不必阅读道奇森的有关婴儿的讽刺诗就可
> 以知道，他多么反感现实生活中孩子在自己的泪水中打滚……自恋者的爱本
> 身，似乎基于一种要使自己超然于外的渴望，那也是这里的本质观点。

从个人的神话关联，他首先跳到精神分析，然后又跳到对于道奇森本人心理的
思考之上。无论如何，如果这段论述显得过于即兴，而且有时过于随意，那他能够
诚实地转回身来在自己身上挑毛病便显得非常可敬了。

燕卜荪对于卡罗尔的象征意义的弗洛伊德式解读的热忱，在下面的篇章中有了
更进一步的体现（这段文章在开篇的句子中违心地承认，人们对这种精神分析的饶
舌可以随意取舍）。燕卜荪对这种观点摆出一副游戏的架势，却是为了要出其不意
地迫使我们赞同他的观点。我们也需要明白，在这一章的开篇，大概十几页之前，
作为"一个明显的解释"，他曾经不经意地提到过，透过无性的清楚而空洞的眼睛
可以看到，红心女王是一个"不可控制的动物情感"的代表：

> 若要使《漫游仙境》所基于的梦境故事显得符合弗洛伊德理论，人们
> 只需把它讲出来。通过一个深洞，落入大地母亲的秘密之中，产生出一个
> 崭新的与世隔绝的灵魂，这灵魂在探寻着它是谁，它在这世界上的位置是
> 什么，以及它如何才能出去。那是在一个长长的低矮大厅中，红心女王宫
> 殿的一部分（非常优雅的一笔），从那里它只可以穿过一个小得可怕的洞
> 来到新鲜的空气之中和喷泉附近。在这个地方，因为受到的滋养方式，在
> 它身上会发生一些奇怪的变化，但是通常当它太大的时候它便不能出去，
> 当它太小的时候它又不被允许出去；因为至少有一点，作为一个小姑娘，
> 它自己是没有钥匙的。这是个有关生之伤痛的梦魇主题，即对这个房间来

说她长得太大了，几乎被它压碎，这个主题不仅在这里使用，还在她似乎已经出去之后更加痛苦地重复；兔子庄严地送她到它的房子，在那里一些食物使她重新长大，在道奇森所做的爱丽丝的画像中，她被挤在屋子中，一只脚伸到烟囱里，把那个试图降下来的可恶东西踢出去（当那家伙做陪审员的时候，她拿走了它的笔），她比在坦尼尔的画像中呈现出更加明显的胎儿姿势……并非框架清晰使得解释变得更简单；爱丽丝透过小洞向花园里窥视，可能是希望返回子宫，也可能是要从那里逃跑；我们被告知，她喜欢在自言自语的时候持两方面的观点，而整本书便在甘美的幻想的胡话世界与讽刺性的事实的胡话世界之间求得平衡。

或者，用他通常的话来讲，她显示出幻想与现实之间的冲突。

不管你认为他对于某些段落的"科学性的"解读是富有批判性而且很吸引人的，还是觉得那不过是些任意为之的东西，几乎毫无疑问的是，他关于爱丽丝的角色和她的功用的主要论点都是相当精当的。[26] 爱丽丝被定性为既势利眼又坚忍，而且总爱以"世俗的善良的口吻"说话，她代表了一种"权力的真实的感觉"。她是"一个像多恩的世界一样的小宇宙"，而且她继承了浪漫主义者关于孩子是"与自然有着合理的关系的"的看法，即华兹华斯相信的孩子感觉到"与自然的统一性"——而且有着由直觉出发的正确判断。但是，爱丽丝的精髓甚至要更加深刻："她是自由独立的心灵。这并非是矛盾的，因为她对于生活的认识是对的，她独立于所有那些犯了错的角色之外。但是这一点对于［道奇森］很重要，因为它使他能够以其他的来自流浪汉情愫的关于孩子的主要传统，来对抗那种华兹华斯情绪……通常说来，将各种人物集中到你自己身上的想法，会带来将你自己与自然调和，进而战胜自然的想法。爱丽丝们是更有自我保护意识的……这里有一种隔离之感，而那又正好被用作力量的来源。"总而言之，爱丽丝是一个独立的思想；"孩子，虽然是一种想象性的逃离方式，却变成了一位批判者。"燕卜荪聪明地将爱丽丝看作一个间接的但又不容置疑的田园诗模式的表现，这一点可以说是本书的绝妙之笔。

撒旦—异教徒—野心家—傻瓜—流浪汉—罪犯—孩子—批评者：他田园巡游的众神庙展现了一系列的局外人和被放逐者，每一个都在某一方面代表了他所谓的逃离宗教和社会传统的"真心的独立"，每一个也都展示出了代表完成替罪羊功能

（特别是作为一种挑战基督教有关赎罪的教条的方式）的悖论的能力。他们同时代表又反对；他们清楚表达或暗示出隐含的评判。另外，（从燕卜荪所展示的证据中可以清楚地看出）他们既代替了被牺牲的基督，也代表了作为批评者的艺术家。

他坚决排斥在他的田园诗范畴之外的次类型，即他称之为无产阶级文学的"伪造品"的一类作品——他用此书的开篇第一章来讨论这个题目。"人们可以将无产阶级文学定义成一种认为自己的利益与工厂所有者相反的工厂劳动阶级的政治宣传；这种狭窄的意思可能便是通常想要表达的，却并非很有趣。在一个成功的社会主义国家，你不可能有这种意义上的无产阶级文学。"相应地，他论证说——责备粗陋的马克思主义美学——"在无产阶级政治宣传中的工人"必须被看作是"一个神秘的宗教性人物"。传统的田园诗可能是关于像（神秘的）乡下青年那样的卑微民众的，但是它从来就不是这些人写的或者为这些人写的。田园诗的窍门是，将资产阶级的意识形态在象征性的牧羊人身上描画出来。更加深刻和持久的观念存在于真实的（或戏仿的）田园诗中，所以人们最好可以把任何好的"无产阶级"艺术都看作是"隐蔽的田园诗"。于是，这后一句话便深入到他美学的核心：" 要创造纯正的无产阶级艺术，艺术家必须与工人一致；而这是不可能的，不是因为政治的原因，而是因为艺术家从来不与任何公众一致。"（第19页）于是便可进一步认为，燕卜荪的《田园诗》的终极潜台词，便是针对作为"超然的思想"的艺术家极其孤独的事业的讽喻。艺术家结合了替罪羊（一个牺牲性宗教英雄的人性化版本）与他的社会价值的自由、独立的批评者的双重功能。

也许，燕卜荪没有在书中加上个正式的介绍真是欠考虑，他本可以在介绍中阐释他的修正性的研究范围，并且解释他的核心目的是谈论田园诗传统的一个替代物——戏仿田园诗、戏仿英雄诗。《田园诗的几种变体》在1935年出版时受到了褒贬不一的评价。[27] 当然，大部分评论者对燕卜荪区分不同的意识形态模式的能力和他所选文本的冲突性，以及他对文本的心理学含义的颇有说服力的论述大加赞赏；不过，很多评论者对他解释的独创性与语言的丰富性既惊奇又恼怒，还有一些人承认很难适应他的枝节交错或"迂回式"的风格；[28] 由W. W.诺顿公司（W. W. Norton & Company）在1937年9月出版的美国版甚至还带上了更加容易导致误解的书名——《英国田园诗》（English Pastoral Poetry；选择这个题目，并没有提前与燕卜荪商讨，他感觉这个题目"很可笑"），当然也收到了类似的评价。诗人、评论家约翰·克罗·兰塞姆［John Crowe Ransom，此人在40年代后期曾邀请燕卜荪在肯庸学院（Kenyon College）暑期班讲座，后来成为燕卜荪忠诚的仰慕者］认为燕卜荪使用了太多"过度的语言"，他把自己的最终意见以一句带有残酷机智的话总结说："燕卜荪先生是一个唯我论的评论家，因为对任何事他都有很多话要说，但是对于他说的话与诗人说的话能够'相对应'，却没有充足的信心。"[29] 但是大多数评论者，不管是在美国还是在英国，都感到燕卜荪的分析中的局部细节特别具有启发性——虽然似乎这些细节总是被奇思怪想的解释包围。

对于此书最为普遍的（也最为持久的）批评是：燕卜荪就他对田园诗模式的重构提供了无数的暗示，却没有说出其精髓要旨究竟为何物。一位批评者提出这样的问题：这本书满是想法和警句，但是它的确切论点究竟是什么呢？德斯蒙德·霍金斯（Desmond Hawkins）在《旁观者》（*The Spectator*）上撰文道："田园诗的典型角色……都是匆匆描画出来的，也总是在细节的重压之下沉没。细节本身当然很杰出，但是文章的主旨论点原本也应当从注释的丛林之中被搭救出来才对。"[30] G. W.斯托尼尔（G. W. Stonier）在《新政治家与国家》（*New Statesman and Nation*）上长篇累牍地慨叹说："他只是暗示了一个历史框架——例如，从简单田园诗到讽刺田园诗的发展，田园模式与英雄模式的相互作用——我已经把他的书读过两遍，试图发现或者推导出某种大纲。而这些文章则保持各自分离：似乎是为了它们各自的意外之处，而从这里那里选取了一些方面，似乎一个互相并不调和的杂烩自身反而比整体观点更有价值……燕卜荪先生……总是要逃避宽泛的观点……将它们联系在一起的，不是某种有关田园诗的模糊概念，而是燕卜荪的方法的统一性……《田园诗的几种变体》与《复义七型》相比，更有才气，但却少了一份学术性——读起来很精彩，但却不知所云。"[31] 约翰·米德尔顿·默里在一篇发表在《泰晤士报文学增刊》上的匿名文章中称，感觉燕卜荪是"下定决心不愿作出个结论"，不把他的论点明确说出来；《田园诗》是一本非常令人振奋且给人以启发的书，却最终令人失望地无花而终，很有必要以"某种规范性的影响"来约束一下它的"智力体操"。[32] 燕卜荪后来总是会急于对迟钝的或所知寥寥的评论者犀利地回敬一番的——他很喜欢用公开发表的文章来争辩——不过在那时候，他却选择只是回应他的批评者们一次。他在《泰晤士报文学增刊》上就默里的评论写了一篇温和的回复："在这一系列的文章中是有一条主线的，"他说——不过并没有为那些在他的书中迷宫里并未发现这条线索的人们指出线索究竟在哪里。[33]

然而，几乎在此书发表四十年之后，丹尼斯·多诺霍（Denis Donoghue）教授看到了这本书的不同价值所在；在一篇就庆贺燕卜荪退休的纪念文集所作的评论中，多诺霍教授认为："我自己的观点是《田园诗的几种变体》才是燕卜荪的杰作……它比《复义七型》或者《复杂词》或者《弥尔顿的上帝》都伟大，因为它所关注的主题否定了燕卜荪的自我放纵……《田园诗的几种变体》并未提供一种方法，而是提供了一个思想的适应性如何应用于最好的事业之中的经典例证。"[34]

考虑到燕卜荪苦心孤诣地研究有关"一"与"多"的根本玄学问题，以及田园式英雄与替罪羊、基督与牺牲性悲剧英雄的关系，可能在后来的岁月中对这本书所作的最为令人惊讶的批评来自保罗·阿尔珀斯（Paul Alpers）教授（此人是田园诗类型的深刻的权威，他在其他方面对于燕卜荪试图解释的田园诗的很多方面还是既理解又赞赏的）。燕卜荪"关于生命与文学的最深刻的设想"都是"社会和心理学的"，阿尔珀斯在1978年断言。"他对人类境遇在宗教与玄学上的看法似乎少有同感"；他表现得似乎"根本没有玄学的或存在主义的困境似的。对他来说，人类境遇总是历史性的和社会性的……"[35] 可能阿尔珀斯因为燕卜荪没有明白地展示出自己对于宗教的或理想的解决途径的信心，而对《田园诗》感到不满；[36] 但是，因为没有注意到这段指出田园诗通过一系列的反讽，拥抱社会评判和悲剧英雄主义的方式的文字（来自这本书的开篇几页）的力量所在，他也显示出自己对于燕卜荪的人文主义思考的广阔视野明显地茫然不知："现实主义类型的田园诗（戏仿田园诗所涉及的那种）……自然地表达出对于社会不公的看法。只要所描述的人物因为太穷困，无法享受社会的福利，而置身社会之外，他便是自由的，比如艺术家声称自己便具有这样的身份，于是他便可以成为社会的批评者；只要他被这样的处境逼迫而犯罪，他便是那要审判他的社会的审判者。这是对他和对社会的讽刺的源泉，如果他是个具有同情心的罪犯，他便可以被认为是暗示作为替罪羊的基督（因此可以唤起基督教的仁慈），以及牺牲性的悲剧英雄，那通常是高于这社会的人而非低于它的人，那又是一个讽刺的源泉。"与斯托尼尔的观点相反，这段话恰恰是《田园诗》一书的缩影。

燕卜荪肯定对被放逐者可能变为审判者以及作为批评者的替罪羊这样的观点有着相当程度的切身感受。对他来说，要从格雷的《挽歌》中学到的一课（在此书的开篇几页有所讨论）是，生活需要个人极大的坚忍，生活必须要承受。"即使幸福生活中的浪费"也要以坚忍去面对，如果一个人没有得到机会，他唯一可以免于困惑的做法就是保持高贵的自尊，而不是出卖自己的灵魂——正直总是会招致孤立。他在30年代中期创作的一首名为《错过约会》的诗中纯粹的情感流露，表明因为"浪费"造成的痛苦深深刺痛了燕卜荪的心。诗歌开篇写道：

> 慢慢地，毒药充满了整个血流，
> 厌倦的，既不是努力也不是失败，
> 留下的，只有荒废，它留下来，杀戮着。
>
> 那碾磨着的不是你的系统或者清晰的视觉，
> 磨成生命需要的细小的结果；
> 慢慢地，毒药充满了整个的血流。

关于他在最末一章有关《爱丽丝》中"儿童崇拜与势利眼"元素的讨论，他顺便问道，奥斯卡·王尔德是否可以被看作是勇敢地肯定与他所处社会价值观相违背的人物的典范。答案是王尔德和他的伙伴们并非真正独立于他们所处的社会之外。当他们谈论"罪"的时候，他们当然真正的意思是"丑闻"；他们要震惊社会的企图，相反却暴露了他们与社会的串通——他们向他们同时代人的道德评判低头，虽然他们自己并不这样认为。"通过暗示出自己值得人们把他们视作罪人，他们便宣称自己是接受社会上所有的道德观念的，因为他们希望在那方面成功，然而社会重视他们却只是因为他们与一个拒绝接受某些此类观念的思想运动相关联。有关人不能接受他所处社会的道德观念，却又被自己对于这些观念的情感所折磨的拜伦式主题，是真实而且永久的，将其建立在思想的不真诚之上，便会把它毁掉；而且会导致那种认为生命中最高尚部分也必须容许某种热切而幼稚的无礼之举的主张。"最后的那句极其轻蔑的话之激烈在这段时期的燕卜荪来说是很不寻常的；他对不真诚不屑一顾，还把王尔德自命不凡的叛逆者姿态看作是"奴隶性的"。他认为，王尔德可能表现出将自己与社会疏离，而实际上却深深地渴望被社会认同。

燕卜荪的批评，于是在很大程度上表现了他的本质性格和衷心的信念。无论如何，如果没有同时（满怀自怜地）思考玛德林学院曾经将他作为一件牺牲品这件事，他将很难深入研究田园式英雄在文学中的功能，并且在这本书中从始至终，坚持超然的批评理性的必要性，坚持由局外人做法官。《田园诗》的几个段落有着鲜明的宣言式的甚至指示性的风度；而且这样的段落在最后一章积聚到一点，于是似乎成为一篇有关信仰的宣言、一篇道德的证词。这本书的最后一句话这样写道："一位绅士不是他的传统的奴隶，因为需要时他可以将它们击碎；然而，即使他这样做时，当然更因为他不这样做，他也必须采取孩子的态度，同时又对其投以鄙视。"这句关于绅士不是传统的"奴隶"的话，是要与他所谈到的有关王尔德的话，形成鲜明地对比；不过这句话的后半部分，因为包含着限定性的从句和不知该放到何处的短语，实际上比它表面上显出的要更难解读。这位绅士拥有方法、理性，来对他所处社会的传统大声呵斥，然而他并不这样做：他的"礼貌"禁止他这样做。[37] 他必须在他的社会之内行事，即使同时在道德层面上置身其外。不过确切地说，是因为他必须怀疑他的社会中的道德价值和宗教规范，作为一个批评者他必须使自己像小孩子一样。要理解这本书最终一句的全部意思，读者必须翻回大概十五页，找到这个定义："孩子的独立性是重要的东西，在它背后的主题是，超然的理性带来的自我中心的情感生活。"在这最后的一章，燕卜荪数次倡导"超然的理性"的必要性——事实上那便是主旨所在——不过在一定程度上那已经超过了卡罗尔的《爱丽丝》中的例证。他强调超然的理性——批评者的诚实——的重要性时，同时也认识到一个人为此付出的代价是"痛苦的孤立"，那显然是基于自己痛苦经历的肺腑之言。

1. WE, letter to Katherine Sansom, 13 January 1935 (Empson Papers).

2. WE in undated interview with Christopher Norris and David Wilson (courtesy of Christopher Norris).

3. Andrew Ettin, *Literature and the Pastoral*, New Haven: Yale University Press, 1984, 189; quoted in Annabel Patterson, *Pastoral and Ideology: Virgil to Valéry*, Berkeley and Los Angeles: Univeristy of California Press,1987, 7.

4. 关于对这部作品的发展以及批评界对其接受情况的回顾，见Lisa A. Rodensky，'Prefatory

Note: On Origins, Revision and Reception', in *Some Versions of Pastoral*, Harmondsworth: Penguin, 1995, vii–xxviii; John Constable (ed.), *Critical Essays on William Empson*, Aldershot: Scolar Press, 1993。罗登斯基称，"燕卜荪在其1933年10月有关莎士比亚十四行诗第94首的文章中［首次］明白地将田园诗作为关注对象（p.xiii）。

5. WE, 'Some Versions of Pastoral', *TLS*, 7 December 1935, p. 838.

6. G. W. 斯托尼尔在一篇评论中抱怨说："燕卜荪先生避开更加直接的田园诗形式不谈……他这种对于一般的偏离，在我看来是个弱项，因为这样做，便让他的书缺少了那本来必须的规范。他只针对个别以及过远的变体。"（'Complexity', *New Statesman and Nation*, 10/243, 19 October 1935.）克里斯托弗·诺里斯（Christopher Norris）则合理地评论说，对于燕卜荪来说，田园诗"是他用来指称那些能够被他用来研究具有心理学深度（或直接的动机与意义的冲突）话题的各种文本的涵盖颇广的名词，或者方便的松散类型描述……"（'For Truth in Criticism: William Empson and the Claims of Theory', in *The Truth about Postmodernism*, Oxford: Basil Blackwell, 1993, 115.）

7. 比较诺里斯颇有道理的评论："燕卜荪的田园诗与其说是一种类型或文学'形式'，倒不如说是一种根据感情的根本结构产生不同变化的长期可能性，或者一种自我复杂化的反讽……"（'For Truth in Criticism', 111.）

8. 比较燕卜荪就赫伯特诗歌中的基督形象所作的评语："替罪羊与悲剧英雄，被爱因为被恨，被恨因为似神，免于被折磨因为已被折磨，折磨折磨他的人，因为他大慈大悲，所有人所有力量的源泉，因为他通过接受而夸大了他们的软弱，因为被社会抛弃，便有了重建社会的能力。"（*Ambiguity*, 233.）简言之，燕卜荪已经把赫伯特的基督按照弗雷泽式的牺牲英雄来定义了。

9. 在于伦敦致朱利安·特里维廉（此人已经接替任剑桥异教社秘书，而且还勇敢地邀请他回剑桥在协会演讲）的一封无日期（1930）的信中，燕卜荪写道，"我如今感觉自己可以读一篇文章……关于诗歌是否应当加注释，这事重不重要，以及是否困难什么的。如果你想要个抢眼的标题，那我建议用《斯芬克斯，或解释的未来》，你什么时候想要，我都可以写。如果这东西写成文章太短（它对于生活来说倒是太长），我可以从本特利编辑的《弥尔顿》和对本特利的回应中找些例子；那些回应让我特别兴奋（当然，不是说哪一篇有多好，而是因为它们提出了一些关键问题，同时代人的回应有时候颇有启发性。"（Wren Library, Trinity College, Cambridge.）

10. Robert E. Bourdette, Jr., '"To *Milton* lending sense": Richard Bentley and *Paradise Lost*', *Milton Quarterly*, 14/2 (May 1980), 37–49; R. Gordon Moyles, 'Iconoclast and Catalyst: Richard Bentley as Editor of *Paradise Lost*', in A. H. de Quehen (ed.), *Editing Poetry from Spenser to Dryden*, New York: Garland Publishing, 1981, 77–98; John K. Hale, 'Notes on Richard Bentley's Edition of *Paradise Lost* (1732)', *Milton Quarterly*, 18/2 (May 1984), 46–50; Joseph M. Levine, 'Bentley's Milton: Philology and Criticism in Eighteenth-Century England', *Journal of the History of Ideas*, 50/4 (October–December 1989), 549–568; Simon Jarvis, *Scholars and Gentlemen*: *Shakespearian Textual Criticism and Representations of Scholarly Labour 1725–1765*, Oxford: Oxford University Press, 1995.

11. 在此之前不久，亦有一篇论文出版：J.W. Mackail, *Bentley's Milton*, Warton Lecture, XV (London, 1924)。而对于燕卜荪有关弥尔顿和本特利的研究最为严厉的批评，则是Robert

Bernard Adams: 'Empson and Bentley: *Scherzo*'，见其专著 *Ikon: John Milton and the Modern Critics*, Ithaca, NY: Cornell University Press, 1955, 112–127。

12. *Paradise Lost*, ed. Alastair Fowler, Harlow: Longman, 1971, 301–302.

13. 在其30年代的笔记中，燕卜荪很高兴地写下，自己在一篇但丁的《天堂篇》（*Paradiso*）19世纪译文中的某些诗行中找到了一条有意思的复义：这里指的是亚当还是撒旦呢？"……那第一个骄傲的生灵/他是所有创造物的顶峰，因为/他不愿等待光明，便在未成熟时坠落了。"（The Revd Philip H. Wicksteed, *The Paradiso of Dante*〔Temple Classics〕, London: J. M. Dent & Co., 1899, p.231.）

   因为亚当与撒旦的模糊而产生的复义，〔在燕卜荪看来〕两者便可以看作统一。这恰与弥尔顿有关"堕落"的观念相反：在这里，堕落是因为想要知道得太多，而在那里，堕落却是因为忘记了那本来知道的。基督教的另一个重要的奇思妙想，也是诗人们热衷的话题，便是把基督看作替罪羊，把他看作在某种意义上的确有罪，于是也便适合他所承担的功能。（Empson Papers）

14. Jonathan Goldberg, *Sodometries: Renaissance Texts, Modern Sexualities*, Stanford, Calif.: Stanford University Press, 1992, 152–173.

15. 比较 Giorgio Melchiori, 'Lilies that fester: The Strategy of Sonnet 94 and the Ethics of Power', in *Shakespeare's Dramatic Meditations: An Experiment in Criticism*, Oxford: Clarendon Press, 1976, 35–69. 诺里斯称燕卜荪有关莎士比亚为其恩主所作颂词的论述"有着残酷的双重杀伤力"；"事实上，这本书的一个关键的反讽之处便是，它轻快地嘲笑了新批评对诗歌释义的否定——通常是提出多种可能的散文概述——而其自身的解释又极为复杂（或者充满了限定性的反讽），以至于没有什么释义能够配得上它们。"（'For Truth in Criticism', 124.）

16. 比较诺里斯的公正评价："许多读者感觉到这篇文章就像诗歌一样，有一种安静的愉悦之情，这种感觉来源于它在一种专注的、近乎神秘的静态状态中，一种很少在燕卜荪的批评文字中看到的情绪里持有的对立感念。（'For Truth in Criticism', 112.）另见Philip Hobsbaum就有关《花园》的论战所作的评论，见*A Theory of Communication*, Basingstoke: Macmillan Press, 1970, 135–141.

17. 如马克·汤普森（Mark Thompson）所说，燕卜荪拥有"一种庞大的比较方法，它大胆而又根基牢靠，形成于弗洛伊德、马克思以及弗雷泽的文化冲击第一次被广泛感知的时刻……对燕卜荪而言，精神分析与人类学，就像语言学一样，都是实证性、探索性与人性的。"（'"On the borderland"', *Edinburgh Review*, 85, 1991, 102.）有关弗雷泽，见 John B. Vickery, *The Literary Impact of 'The Golden Bough'*, Princeton: Princeton University Press, 1973; Robert Fraser, *The Making of 'The Golden Bough': The Origins and Growth of an Argument*, New York: St Martin's Press, 1990。

18. René Girard, *The Scapegoat* (1982), trans. Yvonne Freccero, Baltimore: Johns Hopkins University Press, 1986, 50. See also Robert Parker, *Miasma: Pollution and Purification in Early Greek Religion*, Oxford: Clarendon Press, 1983, ch. 9: 'Purifying the City'.

19. Girard, *The Scapegoat*, 120.

20. Wyndham Lewis, *The Lion and the Fox: The Rôle of the Hero in the Plays of Shakespeare*, London: Grant Richards, 1927, 135.

21. 罗登斯基指出，"史密斯的评论对于《田园诗的几种变体》来说有着特殊的重要意义，因为它帮助燕卜荪更好地表述他对于莎士比亚与马韦尔作品中的田园诗成分的看法。燕卜荪有关双情节的文章早于史密斯有关玄学派诗歌的文章，而令人惊奇的是……通过结合双情节与玄学派诗歌，然后再加上有关"一"与"多"的各种问题，燕卜荪便开始定义田园诗了。"（p.xiii）

22. James Smith, 'On Metaphysical Poetry', *Scrutiny*, 2/3 (December 1933), 227–228, 234–235. 比较奥尔德斯·赫胥黎在《一与多》中的论述："人可以也的确把自己和世界看作时而根本说来是多，时而根本说是一的存在。因此，既然从我们人类的目的来看，上帝只是人类所能感知的生命的总和——于是神便既是一也是多。"（*Do What You Will: Essays*, London: Chatto & Windus, 1929, 46–47.）

23. Ben Jonson, *Works*, ed. C. H. Herford and P. Simpson, Oxford: Clarendon Press, 1925, i. 133.

24. 马克·汤普森说，"除了燕卜荪之外，在30年代只有法国超现实主义者们是把刘易斯·卡罗尔认真对待的作家。"（'"On the borderland"', 103.）"在文学评论家中……燕卜荪相当独特，因为他使用并且融合了当时知识界的新发现，来构建一个连贯而又具历史眼光的世界观。他对于英国诗歌的精巧阐释，是建立在他对于世界文化的相互作用、范式与不同的古怪而博学的知识之上的。"（p.109）

25. 保罗·阿尔珀斯注意到，燕卜荪"论述中的不合常规，对于全书一致性的满不在乎，机智、对于白话体的娴熟运用，以及思维的跳跃性"。（'Empson on Pastoral', *New Literary History*, 10/1, Autumn 1978, 102.）See also Paul Alpers, *What is Pastoral?*, Chicago: University of Chicago Press, 1996, 37–43.

26. 美国评论家勒内·威勒克（René Wellek）以及其他一些论者，感觉燕卜荪把"弗洛伊德的理论过度阐释了"。（*A History of Modern Criticism: 1750–1950: English Criticism, 1900–1950*, London: Jonathan Cape, 1986, 283.）根据J. 埃尔温·琼斯（J. Elwyn Jones）和J. 弗朗西斯·格拉德斯通（J. Francis Gladstone）的说法，卡罗尔的两位最为权威的评论者兰斯林·格林（Lancelyn Green）和莫顿·科恩（Morton Cohen）都"对于作为论者的燕卜荪不屑一顾"，"科恩甚至连提都不愿提这位大评论家的名字"。（*The 'Alice' Companion: A Guide to Lewis Carroll's 'Alice' Books*, Basingstoke: Macmillan Press, 1998, 85.）不过琼斯和格拉德斯通还是肯定地说，"燕卜荪的文章是他那个时代里，要在爱丽丝评论中构建语境意义的最为严肃的尝试。"

27. 初版（定价8先令6便士）发行1750册；诺顿公司在1937年分销1600册，1949年该书第二次印刷，达4250本（其中有1500本由美国的新方向公司分销）。

28. "迂回式"这个词来自"J. K."发表于《格兰塔》45（1935年10月30日）上的一篇评论，文中说，"英雄诗与田园诗和牺牲英雄的结合很好，但是，我感觉，这种结合也会产生有关田园诗与喜剧的不恰当的暗示。"（第71—72页）另一方面，迪莉斯·鲍威尔（Dilys Powell）在一篇以称赞为主的评论中写道，书中有"极多放错了位置的奇思妙想"，包括把麦克希斯解释作戏仿英雄、戏仿田园、死亡的神以及基督。（*Sunday Times*, 9 February 1936）

29. John Crowe Ransom, 'Mr Empson's Muddles', *Southern Review*, 4/2 (July–April 1938–1939), 322–339.

30. Desmond Hawkins, 'Illuminated Texts', *The Spectator*, 95/5603 (15 November 1935); in Constable, 65. 比较H. A. Mason："田园诗主题仅仅并不完美地将这八篇文章联系起来……

这本书最初的整体性实在太小，以至作者在任何可能会引发离题议论的地方（这种地方委实不少），总会几无顾忌地离题而去。"（'W. Empson's Criticism', *Scrutiny*, 4/3, March 1936, 432; in Constable, 79.）

31. G. W. Stonier, untitled review in *New Statesman and Nation*, 10/243 (19 October 1935), in Constable, 61, 63.

32. ［J. Middleton Murry］, 'Pastoral and Proletarian: In Search of All Possible Meanings', *TLS* 34/1765 (30 November 1935), 798; in Constable, 67.

33. WE, 'Some Versions of Empson', *TLS* 34/1776 (7 December 1935), 838; in Constable, *Critical Essays on William Empson*, 68. 在一封无日期的书信草稿中，燕卜荪强调说，"我是鼻子嗅到有趣的东西，脑子便跟着跑，中间常有很长的耽搁，在把东西拿出来之前，并不晓得那成果内部会有多么大的一致性；但是，我想，这些文章还是彼此相合的，很奇怪，但也颇令我安心。"（Houghton Library; quoted in Rodensky, p. ix.）阿尔珀斯看待田园诗，仅仅依据他所谓的"贯穿其中的两个主要观点"。"第一，'田园诗过程'包括'将复杂装入简单'；第二，田园诗作为一种沟通不同、调节社会阶层的手段，有着促成统一的社会力量。"（第101页）不过，这两点都是燕卜荪研究的起点而非结论。同样，约翰·康斯特布尔，在其《燕卜荪评论集》（*Critical Essays on William Empson*）介绍中，把这本书的主题定为"以简单呈现复杂"（第8页），这便忽视了将田园诗人物与替罪羊和牺牲悲剧英雄相联系，与玄学中的主要困境相联系，以及与超脱于外的智慧相联系，这使主题更深一层。康斯特布尔后面的话又对他所研究的对象起了负面作用："作为一个系列，燕卜荪的四本书是在围着彼此绕圈子。《田园诗的几种变体》与《复义七型》的不同仅体现在将研究的层次由句与词上升到了叙述……他这个评论家手中只有几个紧密交织的话题。"（第11页）

34. Denis Donoghue, 'Some Versions of Empson', *TLS*, 7 June 1974, pp. 597–598.

35. Alpers, 'Empson on Pastoral', 119. ［比较汤普森（Thompson）："他的想法总是历史性和文化唯物主义的。"（'"On the borderland"', 108.）］阿尔珀斯误解了燕卜荪所说有关像多恩这样的作家将一个世俗人物称作"逻各斯"的做法所蕴含的颠覆、亵渎的意义的话："在燕卜荪看来，只有一个英雄能够完全承担他人的矛盾冲突，并且体验这些矛盾冲突，就如同它们发生在自己身上一样。这个英雄便是基督，正如塞尔指出的，基督在燕卜荪有关人类文化的讨论中，是作为'背景中一个统一性的人物'而存在的。"（第118页）上述文字，引自Roger Sale, 'The Achievement of William Empson', in *Modern Heroism*, Berkeley and Los Angeles: University of California Press, 1973, 107–192。

36. 1961年，燕卜荪曾说，"有些时候我曾表达出对于人祭与其变体的古老渴望的严肃兴趣，但是这并非暗示我有着基督教信仰。"（*Milton's God*, 10.）

37. 这种情绪与燕卜荪的话颇为相合："生活根本说来是不能满足人类精神的，然而……好的生活则要避免这样说……"（*Pastoral*, 114.）

译者注

① race有双关意义，既指赛跑又指种族。

第十四章

"等待结局，小伙们"：
政治、诗人与大众观察

完成《田园诗》（*Pastoral*）书稿之后，燕卜荪急于前往剑桥将书稿展示给I.
A.理查兹看，于是在11月二人得以见面。然而很奇怪，在成行之前他寄给理查兹的
书稿却并非来自《田园诗》，而显然是若干年后将收录到《复杂词的结构》一书中
的一篇文章的早期版本。"威廉·燕卜荪……刚刚给我送来他的新书的第一稿，我
觉得这书出奇地好，"理查兹给T. S.艾略特写信说。"那是关于'诚实'这个词的
一篇词典文章。"[1] 虽然理查兹的话有可能表示燕卜荪展示给他的是一本书和一篇
"关于'诚实'这个词"的文章，然而毫无疑问，这位忠实的学生首要先与理查兹
分享的是他认为老师会喜欢的作品，而且那也是部分地受到理查兹作品启发而写成
的（《田园诗》却不是）。在20与21日，他和理查兹花费了几个小时，深入地探讨
了理查兹所说的"他的'诚实'的材料及其技巧。那篇文章确是惊人地好。正是那
种我在写作《实用批评》的'理性与感觉'一章时，曾希望别人应该做的。"[2]

"目前为止他表现很好，"他为了妻子的缘故加了一句（她觉得燕卜荪很任
性）；"……在很多方面对我很有用。"不过，这位学生还是在那里待得太久，变
得不受欢迎了，就像理查兹在五天之后写给多罗西娅（Dorothea）的信中暗示出来
的那样："'W. 燕卜荪很可爱，可是我还是希望他能够早些走，因为我希望做些自
己的事。不过他肯定会为［此处无法辨认］我的主要业务做些非常优秀的工作的。
（保佑他。）"[3]

燕卜荪造访了F. R.利维斯位于切斯特顿厅新月6号（6 Chesterton Hall
Crescent）的宅邸，主要是希望利维斯能够在《细察》上为他即将出版的《田园
诗》的一章或几章作个出版前的宣传。"他改变了很多，"利维斯说：

Q〔亚瑟·奎勒—库奇（Arthur Quiller-Couch）爵士〕（在发表了一通反对理查兹的见解之后）告诉他，他变得在外表、声音和举止上都很像R了。总体来说，我们（利维斯和他的妻子奎妮）都不喜欢他，而且我想他感觉出来了。他来这里，实际上是请求我们在《细察》上发表他下一本书的某些部分，我谨慎地回答说，我们必须密切留意销售情况——不能冒流失我们任何读者的风险。那是正确的一步。他脱口而出说："啊，但是我想，我在给你们提供一个吸引很多读者的机会呀。"——当然是开玩笑式的，但是——我明白地告诉他，我们是否发表任何东西决定于3月份的《细察》是否有空余版面，以及查托出版社是否会出版那本书（《田园诗的几种变体》）这两方面。他今天带了一篇长长的有关《爱丽丝漫游仙境》的弗洛伊德式的唠叨文章，我们是不会在我的授意下发表这东西的，还有一个关于无产阶级文学的短篇（约7页）文章，这我肯定想用。作为田园诗的无产阶级文学这是个好点子，而且他的论述也足够精彩。

利维斯不是唯一一个说燕卜荪像理查兹的人。这种相似性不会帮助燕卜荪在利维斯那里得到好感，因为此人已经把自己看作是理查兹的敌人了，但是利维斯还有一些其他充足的理由来对这个年轻的访客保持反感。"他看上去还是像出国之前的那个聪明的年轻人，"他对罗纳德·博特拉尔（Ronald Bottrall，此人恰巧很欣赏燕卜荪这位诗人和评论家）抱怨说，"而我却没那么有耐心了。当然，我很热心，而且《细察》也很热心（不，我的意思不是说燕卜荪这么说了）。《细察》不会一直追随这位年轻人有趣的点子的。"尽管如此，他还是肯定地说，他将会发表《无产阶级的文学》（'Proletarian Literature'，那是后来书中章节的一个缩略版本），不过却不会接受有关《爱丽丝》的那篇文章："我们在3月会发表燕卜荪有关'无产阶级文学'的一篇好东西，那是他的下一本书中的内容（我恐怕从他的描述中看那将不会是一本书）。他特别希望我们发表他的有关《爱丽丝》的精神分析学的东西……你若是看到以弗洛伊德的方式解读卡罗尔的某些可能性，也许会在重读原书时感到些微的乐趣，但是谁愿意这样的东西有什么大用场呢？"[4] 在下个月，燕卜荪在大都市影院（Cosmopolitan Cinema）的剑桥大学英语俱乐部（Cambridge University English Club）讲演时使用了《无产阶级文学》作为文本，利维斯认为这是抢了即将出版的《细察》的先，于是当然更加不高兴。"E的行为不可原谅，"他写道，他也很高兴地说，甚至燕卜荪的一个朋友也与他有相同的观点。"我觉得威廉的行为非常不光彩，"据说爱德华·威尔逊（Edward Wilson）对利维斯这么说。于是利维斯在另一封给博特拉尔的信中总结自己对燕卜荪的反感道，"事实上，我现在不认为燕卜荪有多少智慧，虽然他曾经有些潜力。他也曾经有些危险的小聪明，而现在我认为他也没有什么更多的了。那种总是能够回球过网，那种从来不会有一瞬间疑惑的智力游戏——那不是思考。"[5]（值得赞赏的是，博特拉尔对于任何暗示燕卜荪愚蠢的说法都非常愤慨。）

在英语俱乐部听燕卜荪讲无产阶级文学的听众中，有一位是利奥·塞林格（Leo Salingar），他记得那是一次给人深刻印象的表演——主持人正是燕卜荪的朋友爱德华·威尔逊。燕卜荪"非常活跃，非常健谈，可能有些醉了。除了演讲的主要话题之外，我只记得他反驳一位女性提问者——可能是玛戈·海涅曼（Margot Heinemann），此人反对他说的有关日本共产主义知识分子的某些话，他回答说："但是上帝啊，女人，他们可都是些勇敢的人啊！"[6]

一段时间之后，利维斯吃惊地了解到，理查兹和E. M. W.蒂利亚德（E. M. W. Tillyard）当时正在斡旋要为燕卜荪谋求一个兼职的讲席，而这个职位后来却在1936年夏天落到他头上。[7]理查兹不仅未能为燕卜荪在剑桥谋求到一个学术职位，他甚至也未能让燕卜荪在玛德林学院恢复学籍。1月中旬，理查兹告知妻子说，一切似乎进展良好："他［院长］对于燕卜荪的事比较讲理，愿意尽力让他恢复学籍（以取得他的硕士学位）。"[8]然而，几天之后，燕卜荪似乎因为自己写了一封不得体的信给院长而把事情搞砸了。"那封给院长的信很糟，"理查兹叹息说。[9]没有别的办法，这位好学生不得不继续他的自由流放者的生活。

燕卜荪有来自父亲遗嘱的每年两百镑的钱可用，而从30年代伊始，他便从实际经验中学会每个星期仅靠三镑就可以过上过得去的日子了。于是他就返回伦敦，不过，在这段时期这个大都市却是一个明显地并不讨人喜欢的地方：街道与建筑上附着着陈年污垢，似乎到处都弥漫着一股淡淡的鱼腥味。他租住了一处简陋的、没有地毯的屋子，屋子里有张装了轮子的床（有一个小厨房可用，在那儿他将为这里的地方风味再添上自己的特色——煮他最喜欢的主食腌鱼干），地点在伦敦马奇蒙特街71号（No. 71 Marchmont Street）二层——一处肮脏的、养兔场般的建筑，一位来访者这样回忆说。〔'琼妮'·巴克（'Jonny' Back）——他在65号的前房东太太自1934年2月开始便与埃杰尔·里克沃德（Edgell Rickword）同住。〕[10] 他的新房东，金发的汤普森（Thompson）太太，是一位在夜总会演奏的黑人乐手的妻子。燕卜荪写信给东京的凯瑟琳·桑瑟姆（Catherine Sansom）说："我回到马奇蒙特街时，那里好像满是婴儿，就像在日本一样，但是我现在看不到他们了，所以，说到人口问题，那肯定只是个政治感情问题。当我在自己的卧室兼起居室安顿下来的第二天，我的房东太太就忽然地生了个孩子，刚过了一天她就给我送早餐；现在那孩子大多了……" 最近刚刚与罗纳德·博特拉尔完婚的玛格丽特·博特拉尔（Margaret Bottrall）拜访了燕卜荪在马奇蒙特街的寓所，并被他似乎毫不在意的"可怕的一团糟"震惊；他只是非常热情，也很有礼貌，一点都不介意洗碗槽里堆积着的脏盘子。她回忆说："在某种程度上，他礼数非常周全，因为他所受的教育使他自然地有着礼貌的举止。他说话的方式，就如同他的文字一般——深刻，又颇为滑稽：他的嗓音中藏着一缕幽默，他的表达非常清晰。"[11] 总而言之，这段时期他表现为尊严与古怪的混合体。

在同样肮脏，但甚至更小的隔壁屋子里，住着另一位漂泊在外的知识分子——伊戈尔·维诺格拉德夫（Igor Vinogradoff）。此人1901年9月生于莫斯科，其父保罗·维诺格拉德夫（Paul Vinogradoff，1854—1925）曾被英王封为骑士。保罗·维诺格拉德夫曾经是莫斯科大学（Moscow University）一位杰出的中世纪历史教授；作为一位自由派知识分子，他因不同意沙皇统治下的教育政策，在1903年应邀到英国，并在牛津担任法理学系主任的职位。其子伊戈尔曾在牛津龙学院（Dragon School）就读，后作为学者到了温切斯特；后来他在牛津的新学院赢得奖学金，在那里他主修了现代历史。再后来他在罗马学习了一段时间，后因其父去世而中断学业；他曾经在爱丁堡大学做欧洲和中世纪历史的讲师，后来又做了《曼彻斯特卫报》（Manchester Guardian）的首席作者。1927年到1928年间他与乔伊（Joy）成婚，此人是画家阿尔杰农·牛顿（Algernon Newton）的女儿，演员罗伯特·牛顿（Robert Newton）的妹妹，但是那段婚姻持续时间很短，两人育有一女塔尼娅〔Tanya，后来嫁给了作家、藏书家安东尼·霍布森（Anthony Hobson）〕。燕卜荪在1934年搬来与这位迷人的年轻人共享马奇蒙特街这块阴冷无趣的住处时，维诺格拉德夫以为报刊写作和为BBC做专题节目谋生，同时在为实现自己写作19世纪俄国历史的夙愿努力着。部分原因是他因为酗酒而损耗了丰富的才华——他被描述成"他的一代中最伟大的被浪费的天才"——那项主要工程永远也没有完成，但是同时他的确设法让与他同住的这位朋友的脑子里充满了关于俄国历史的丰富观念和信息，这些燕卜荪将永远不会忘记。[12]

燕卜荪后来在1937年为美国杂志《诗歌》（*Poetry*）写的一封《伦敦来信》（'London Letter'）中谈道："三年之后，最近我回到英格兰，让我吃惊的是，在每一位公共汽车司机身上都有着一种奇怪的耐心；那不是宿命论或者相信厄运将临的思想，而是一种感觉，感觉我们必须保持安静，小心行事，因为任何满怀希望的大改变都可能使事情变得更糟。"他说："在英国，奥登和斯彭德的诗歌销量相对较大，这两位都被看作是年轻的共产主义激进人士"，这事似乎是某种征兆。"那么多新近购买他们诗集的人，主要关注他们诗歌中表达的政治感情，我不认为这些人是唯心主义的，即只是欣赏某些情感，却并不打算照做；但我也不认为他们是想要把那些事情付诸实施的确定的支持者。在美国，他们可能要么是一种人，要么是另一种人；在英国，要从诗歌转向考虑这个国家应该怎样做，人们有一种模糊的安全感与迷惑感。"[13] 如果1934到1935年的这个国家给他的印象是比较谨慎，那么这段时间实际是一种刻意的平静：政治上的不稳定，大幅度的失业（官方统计数字记录，1934年英国的失业人口是2,389,068 人），欧洲法西斯主义上升的威胁在空气中飞舞着，引起了恐慌与不安情绪。到1936年，整个国家已经确切地感受到第二次世界大战的不可避免性。3月，德国部队公然藐视《凡尔赛和约》（*Treaty of Versailles*），重新占领非军事化的莱茵兰（Rhineland）；6月，海尔·塞拉西皇帝（Emperor Haile Selassie）被墨索里尼（Mussolini）的意大利军队从阿比西尼亚（Abyssinia）驱逐出境；7月，西班牙内战爆发。11月7日，2000名反饥饿游行示威者在伦敦聚集。具有象征意义的是，1936年是一个转折点：乔治五世（King George V）于1月去世；他的继任者爱德华八世（Edward VIII）在12月放弃王位。

"30年代早期的政治诗人们，作为诗人来说很幸运，"燕卜荪在1954年回忆说，"因为他们可以建议一些实际的东西（国内多些社会主义，国外建立一支人民阵线），这些建议，到了40年代，几乎整个国家都与他们达成一致。"[14] 下一场战争成了铁定的事，现在的问题只是预测它什么时候会来，同时就这场战争开些燕卜荪所谓的"迷人的"玩笑。"我的一位朋友，"他在这段时候谈论朱利安 · 特里维廉（Julian Trevelyan）说，"他在泰晤士河上的一个旧码头画画。他说，那里肯定会被误以为是议会大厦，所以他打算干脆在房顶上涂上'炸我吧'。"[15]

他自己这段时期最好的政治笑话，是以讽刺诗的形式和W. H.奥登开了个温和的玩笑，他毫不犹豫地认为对方是30年代最好的两大诗人之一。[16] "我非常地崇拜奥登这位诗人：我认为在我这样的岁数，或者更年轻一些的诗人中，他和迪伦·托马斯是仅有的两位可以被称作天才诗人的人。"对于奥登在30年代的作品，他如此评价。[17]（燕卜荪第一次遇到奥登是在30年代中期，可能是通过T. S.艾略特的介绍，他们后来在1938年又会在香港巧遇。）到30年代中期，奥登这位年轻的艺术大师已经被理所当然地接受为有关厄运的左翼预言家。奥登的诗滑稽地歌唱传统而垂死的英国文化即将到来的崩塌——狂热爆发，神经质的、令人恐慌的暴乱——同时也吹响了来自不可知的外部袭击的警报。"它比你想象的要来得晚，"他曾经很有名地向他多数的中产阶级听众说过这样令人震惊的话。最晚到1932年时，奥登似乎已经学习、借鉴或采用了马克思主义的观点，那时他写下了《一个共产主义者对其他同志说》（'A Communist to Others'）以及《我有个好看的侧影》（'I have a handsome profile'）；随后的一年，他又创作了一部"马克思主义"的戏剧《死亡之舞》（The Dance of Death）。不过在1932年秋，他在给他的朋友，舞蹈家、制作人鲁珀特·杜恩（Rupert Doone）的信中写道："不。我是个布尔乔亚。我不会加入共产党。"——事实上，他从没有加入过共产党——然而很明显，在30年代中期，他是被亲马克思主义的观点所吸引的。比如，路易斯·麦克尼斯1933年1月写信给安东尼·布伦特（Anthony Blunt）说："奥登来了，讲了一大通共产主义。"[18] 无论如何，燕卜荪一直认为奥登是击中了时代要害的。在1975年为BBC电视节目《阅书台》（Bookstand）所做的有关奥登的节目中，他坚持认为自己一直对30年代的奥登满怀信心：

> 你知道，要写作后来被人们称做标杆诗歌（pylon poetry）的那类作品——要写你多么应该建立一个社会主义的国家，你将多么喜欢它——而不显得虚假，是很难的。奥登却多少做到了让它听起来完全真诚，因为他让它听起来似乎是，他在嘲笑你，因为你不够明智，但是你大概不了解他嘲笑的是什么，不过，你能够听到这一点，那滑稽的神秘口气。这似乎给人极其深刻的印象……

你知道，标杆诗人始于1929年的大萧条——那时有极多的人失业，经济系统显然陷入极度混乱，而墨索里尼和希特勒又出现了——他们说的是，你应当在国内引入更多的社会主义，你需要一个福利国家，你应当在国外建立对抗希特勒的人民阵线，建立同盟国的联合。贯穿30年代，他们都在说着这些事，到1942年的时候，整个国家与他们达成一致。那么，这对于一个诗人来说，是一件幸运的事情，很遗憾，我并不在这些人之列。[19]

燕卜荪的戏仿歌谣《只是拍奥登一巴掌》（'Just a Smack at Auden'）在1937年秋首次出版，不仅从风格和内容上戏仿了奥登诗歌，比如《死之舞蹈》（'Danse Macabre'，"那是向客厅里的文明的叫喊道别"），或者他的诗剧《死亡之舞》（1933）和《在前沿》（On the Frontier，1937），它把奥登自己的口吻又反扣到"小伙们"自己身上（若知道奥登和他的"同伴们"经常被嘲笑为——尤其是被利维斯和他在《细察》的同事们——"只是叫嚷着马克思的公学男生"，以及奥登和燕卜荪正好同岁这件事，在这首诗中有关"小伙们"的笑话便很好解释了）。这里是这首十节诗的第一和最后两个小节——在中间一节提到的"公务员们叛变"，恰当地指向朱利安·邦达（Julien Benda）的《知识分子的背叛》（La Trahison des clercs，巴黎，1928），此书谴责了从巴雷斯（Barrès）、佩吉（Péguy）到邓南遮（D'Annunzio）、基普林（Kipling）、威廉·詹姆斯（William James）等一批作家，认为他们选择了参与他们时代的政治，从而背叛了他们作为中立的或"纯粹的"艺术家的职业：[20]

> 等待着结局，小伙们，等待着结局。
> 能是什么，能做什么？
> 我或你都变成了什么？
> 我们善良吗，还是我们真诚？
> 两两坐在一起，小伙们，等待着结局。
> ……
> 马克思说了些什么，小伙们，他在深思什么？
> 做星星之火没什么好，小伙们，等待着结局。

公务员们叛变，小伙们，那些降下的帷幕，

灯光变成了黑暗，小伙们，等待着结局。

等待着结局，小伙们，等待着结局。

没有调和的机会，小伙们，事事总要有个倾向。

想想叫卖的人们，小伙们，想想我们如何前行，

等待着结局，小伙们，等待着结局。

很多读者感觉燕卜荪的诗，凭着响亮而且似乎"嘲弄性地"就"结局"使用了尾语重复修辞手法，实际上是与奥登自信的厄运论的吆喝唱反调。但是燕卜荪却总是坚称，他的诗是一种政治性的家族内部玩笑——意思是，作为一个兄弟般的讽刺，主要是打趣而不是责备——在1977年的一期BBC 节目《威廉·燕卜荪的复义》（*The Ambiguity of William Empson*）中，他评论说：

> 特别是奥登的政治诗，以及他的群体的重要一点是他们与观众的特殊关系，你知道，他们在挑逗观众，在告诉他们，你们自己让自己出丑，你完全清楚将会发生什么事，你必须做些什么，你必须要面对它，当然，这种与读者的奇特亲密关系是极其有价值的。当利维斯抨击它的时候，说他们说话的口气都好像装作是工人的公学男生，然而事实上，那都是很好的政治宣传；现在不会是这样，但当时是。当时机到来时，最终这个国家准备好抵抗希特勒的程度，恰恰决定于这极大的准备工作……但是我想，奥登对于让公众思想为即将到来的战争——那场战争的确是到来了——作好准备所做的工作，是极其重要的。我［在那首诗中］的意思不是要责备他做了那件事，更不是说战争不会来，我也认为战争会来……我感觉有必要解释一下，而我后来与奥登见面时他说感觉那首诗很有趣。那不是什么争吵；不过，它看起来倒是蛮像一场争吵的。[21]

再后来，在他去世前几个月，他给安德鲁·莫申（Andrew Motion，此人是诗人和传记作家，当时是查托与温达斯出版社的诗歌编辑）写信说："我完全同意奥

登，不过我没办法像他那样把观点表达得那样好，关于二战就要来了，以及支持人民阵线是我们唯一的机会等东西。我只是想，他那样一再强调反而适得其反了，他读了我的玩笑之后，也觉得那样强调已经变成一种无聊的职责了。"[22] 事实上，在30年代，他在政治上和诗学上如此的倾向于奥登，以至于在后来的岁月里，有好几次他甚至坦言自己很后悔当时没有加入那个"帮派"，以及自己当时没能设法做到他所谓的"弯曲舌头"也写些像奥登那种形式的政治诗歌。无论如何，在1975年的一封信中，他还是明白地说道："我想我宣称自己也曾经是个政治诗人，像奥登、斯彭德和所有那些牛津的上足了发条搞宣传的小伙们（不过，我当时是在剑桥）一样的时候，我看起来很可笑；的确我从来没学过那样的技巧，所以也从来没有被看作是一个政治诗人。但是我的第二卷诗集《风暴将至》（1940）题目的意思正像温斯顿·丘吉尔窃取了我的话时所表达的意思一样，第二次世界大战正在逐渐、凶险、令人困惑地逼近。当然，这个题目是在战争的早些年中写完那些诗之后选定的，不过几乎所有的诗都是真正在考虑着这个我已经非常近距离遭遇到的前景……"［他自己的政治诗，的确与奥登那种颇为不同，它们包括《来自罗切斯特的反思》（'Reflection from Rochester'）、《中国》和《南岳之秋》（'Autumn on Nan-Yueh'）］。在奥登的事业发展里程中，燕卜荪认为唯一可悲的一步，是奥登与他的同伴们因为一些错误的原因而认为有必要改写，甚至更糟的是要否定他们的早期政治诗；"当然，"燕卜荪写道，"因为自己当初说了如今每个人都同意的东西而谴责自己（我想，只有路易斯·麦克尼斯没有这样做，而他为此遭受了巨大的精神压力），这种事在一个本没有什么污点的人生中也不是什么关键的东西。"[23]

在奥登这一方，他也报答了燕卜荪对他的敬仰，后来显示出，他并没有因为燕卜荪的讽刺诗——或者"嘲讽攻击"，评论家瓦伦丁·坎宁安（Valentine Cunningham）便这样不公正地称呼它——而生气，他后来也将一首谐趣诗献给燕卜荪，便可证明这一点。这首诗名为《敬酒（赠威廉·燕卜荪教授，在他1971年退休之际）》［'A Toast（To Professor William Empson on the occasion of his retirement in 1971）'］，专为罗马·吉尔（Roma Gill）编辑的纪念文集而作——不过它首先出现在奥登自己的文集《写给教子的信》（Epistle to a Godson，伦敦，1972）中。呼唤着燕卜荪（"亲爱的比尔，亲爱的同道中国通"），奥登以回顾三十五年前的往事开篇："谢菲尔德找到我时，最初我想 / 我是否该向燕卜荪也拍去一巴掌，/作为对你的充满魔力的诗篇的交换，/但是什么东西也没有出现。"不过，有可能最初奥登还是感觉到了燕卜荪对"小伙们"的肆意咆哮中的力量所在，因为在《双面人》（*The Double Man*，1941）的序言中，他写道："因为我们知道，我们不是小伙们/也永远不会是：我们中有些人痛恨生活，/也有些人完全反对生活。"（II. 17–19）

珍妮特·亚当·史密斯（Janet Adam Smith）曾在30年代早期做《听众》的助理编辑，后来在1935年与诗人、人类学家迈克尔·罗伯茨成婚。她曾说，燕卜荪与迈克尔·罗伯茨"共有某种你可以称作成熟，或者也许是悲观主义的东西……我想比起那些年轻的作家来，他们对于政治更加悲观，也更加现实；他们或许幻想更少一些，因为他们从不期望太多，而且他们并不是特别地要找一个伟大目标来定位自己。"[24] 但是燕卜荪在30年代中期却并不是这样看待自己的；他其实与奥登深有同感，而且担心这将至的风暴。

等待着结局，燕卜荪在大英博物馆的那段日子里非常努力地工作。工作之外，虽然没有刻意地要交些亲密的朋友，他还是会与最好的一些朋友往来，而且常常是行为放纵，有时甚至达到最坏的程度。事实上，他急于买醉这件事代表着空气中弥漫的某种歇斯底里的情绪，不论有没有伊戈尔·维诺格拉德夫做伴，燕卜荪总会成为布卢姆斯伯里和菲茨罗维亚的酒吧的常客，与各式人等交往，从小说家亚瑟·卡尔德—马歇尔（Arthur Calder-Marshall）到约翰·达文波特（John Davenport）和尼娜·哈姆内特（Nina Hamnett），也没有忘了他的老朋友鲍里斯·德·克鲁乔夫（Boris de Chroustchoff）和与鲍里斯疏离的太太菲莉丝（Phyllis）。"我想比尔有些终生的知交，"考尔德—马歇尔回忆说。"但他给我的感觉是对人们不太感兴趣。"[25] 燕卜荪不像以赛亚·伯林（Isaiah Berlin）那样爱传闲话；即使在朋友们中间，他也愿意保持一定的距离，而只是以姓来称呼他们。在一个比较典型的聚会上，休伯特·尼科尔森（Hubert Nicholson）注意到，他"咧嘴笑着，透过他厚厚的眼镜片四处张望"——然后，忽然"燕卜荪就唱起了圣歌［《当我审视那奇妙的十字架》（*When I survey the wondrous Cross*）］，后来一个男人口齿不清地唱了一大串下流的小曲、民谣、军歌和号子什么的。'应该有什么人把它们写下来，'燕卜荪说，'它们是人们能够创作出来的最好的东西。'"1937年2月4日，他把一首崭新的诗寄给朋友约翰·海沃德，并附有这样的信息："我想你好像最近因为我在醉酒后的一些小事而很生气，所以希望能够寄给你一份这东西的复本，不过我还是给你这个誊写本吧。这东西最好叫做'维拉内拉'，但它实际上叫做《错过约会》。"[26] 海沃德此后会一直记得燕卜荪寄给他这首诗的那一天，那是"一首特别好的诗，是为了因为在［位于肯辛顿（Kensington）的海沃德住所的］比那花园（Bina gardens）醉酒、胡闹，并且破坏东西等行为而表示歉意的"[27]。另一次，他到达朱利安·特里维廉与妻子厄休拉（Ursula）家的时候就已经醉了，但是他"谈话却绝对地精彩绝伦"，特里维廉回忆说。他特别地活跃，以致不仅打碎了一只酒杯，还严重地划伤了自己的手；然而他只是把血甩到火中，就继续与人聊天。[28] 在多年后的一次访谈中，当被问及30年代中期他都做了什么的时候，燕卜荪说："从1934年晚些时候到1937年……我真的不知道我在做什么。我很忙也很满足。"[29] 不过，大量证据表明，他经常饮酒过量，对自己毫不讲究。大卫·加斯科因（David Gascoyne）在1937年3月的某天，在伦敦图书馆撞上了他，发现他模样"格外惹人厌"："衣着邋遢；脸庞瘦小，小嘴紧闭，戴着眼镜；脸颊微微发红；指甲黑黑的。"[30] 不过，多亏他强壮而又韧性十足的体质，他仍然可以每日起身，或者在他的打字机前或者在图书馆工作。

几乎可以肯定那是在一个酒吧，可能通过约翰·达文波特，燕卜荪真正面对面地见到了双目夺人、皮肤透明、嘴唇翘起、魅力超凡、口若悬河、身材瘦削的年轻的迪伦·托马斯——这个"放荡的少年歌手"，就像德斯蒙德·霍金斯（Desmond Hawkins）所称呼他的。[31]（燕卜荪后来颇有道理地写道："在所有我遇到的并且喜欢的人中，我怀疑是否还有别人像他那样读了那么多的现代诗歌，却并不写作现代诗歌的。"[32]）托马斯肯定给他编造了很多关于自己的生活和时代的花哨故事，因为不久之后燕卜荪就开始把他引作（可能并非出于诚意，无论如何是没有提名道姓）一位有着坚定的田园诗潜质的人物——就像在为《诗歌》写的《伦敦来信》中写道：

> 我最近被一位出现在克莱恩费尔德酒馆（Kleinfeldt's）的威尔士诗人震惊了，他说他需要些钱，于是有人就给他提供了个在一家威尔士的煤矿做登记员的工作；这非常荒唐，他有个更惬意的想法，就是要做个杂货店老板。考虑到他那种威尔士民族主义，他那种模糊、平衡但强烈的政治兴趣，他作品中对于暴力的偏爱，以及他那种明显的竭尽诗才探讨涉及整个

宇宙却发生在他的皮肤之内的所有事情的方式，依我看，似乎做个登记员正是他想要的工作；我冲他大喊大叫了一会儿，旁边也有两个人在谈话，那两位的话我本来是应该听一听的。我告诉他，他在浪费自己作为威尔士人的机会，他应当充分利用这个他可以在各个阶级之间跨越的国家。我仍然认为那样的事应当在他身上发生，但是无疑，他说那个计划没有用是对的。英国人与美国人同样抱持着这样一个感人的信念，即现代英国的社会差异比任何其他地方都要强烈尖锐。[33]

1936年4月托马斯在写给他威尔士的朋友维农·瓦特金斯（Vernon Watkins）的信中说，他现在过的日子是名不虚传的"滥情、酗酒、多彩的衬衫、过多的谈话、过少的工作"，也提到了"与那些总是晚上出去混的人一起晚上出去混"——在那方面，他提到燕卜荪的名字。他还高兴地说，燕卜荪对他的诗特别热爱，甚至在就（迈克尔·罗伯茨编辑的）《费伯现代诗集》（*The Faber Book of Modern Verse*）所作短评中表扬了他的诗："顺便说，燕卜荪在媒体上对我很慷慨，他在评论费伯出版社的选集时说，这话不太正确，但却特别地满足了我瞬间的虚荣心，他说，在艾略特和我之间，除了欧文（Owen）和艾略特，很少甚至没有什么重要的东西再出现过。哈！哈！"托马斯也回报了燕卜荪这种深情的景仰，在他构思那本戏谑的侦探小说《国王的金丝雀之死》（与德斯蒙德·霍金斯合作，开始于30年代中期，与约翰·达文波特一同完成于40年代初）时，他很高兴地创作了一首对燕卜荪诗歌的很好的戏仿，这是一首维拉内拉诗的开篇：

应丽达的请求

向威廉·燕卜荪致敬

不是你的而是他的长了翅膀的欲望如今必须改头换面
那竖琴为翼的卡萨诺瓦也无法与他相匹。
小虫在水果之内拥有（精确）理性。

没有女孩会为一只鸟毁掉根须（葫芦本是男人）。

不要把一根羽毛在爱的交换中作为表记

不是你的而是他的长了翅膀的欲望如今必须改头换面。

　　托马斯肯定对燕卜荪的幽默感有着十足的信心，因为上述诗行是那篇戏谑之文《国王的金丝雀之死》中极少的几段在他在世时发表的〔《视野》（*Horizon*）第6期，1942年7月〕篇章之一。几年后，在一篇对托马斯遗作合集的评论中，燕卜荪将催促说："当然，早就是出版那篇名叫《国王的金丝雀之死》的侦探小说（有关桂冠诗人谋杀案的）的时候了，或者至少要宣布哪位年长的诗人威胁如果此作出版就要以诽谤罪起诉。"[34]

　　根据E. W. F.汤姆林（E. W. F. Tomlin）的说法，在一次 T. S.艾略特不定期在罗素广场24号（24 Russell Square）费伯—费伯出版社办公室召开的《标准》杂志的晚间聚会上，燕卜荪和托马斯都到场了，与他们一起的还有杰弗里·费伯（Geoffrey Faber）、A. L.罗斯（A. L. Rowse）和芭贝特·多伊奇（Babette Deutsch）。"那里最有权威的人物——艾略特，以最安静的方式控制着会场。他似乎从不提高嗓门，而燕卜荪则很快喝醉了，每隔一句就会在句末加上个"哎呀"，再往旁边一冲，总带着要把他身边不管什么人的酒杯打翻的架势。我记得，迪伦·托马斯来时已经醉了，而且不时地讲着脏话。"[35] 然而，并没有证据表明艾略特本人对燕卜荪显出高高在上的态度。艾略特虽然（友善地）认为燕卜荪因"声名扫地"而无法找到份工作，他还是很愿意与活泼、机智的燕卜荪相处的，而且数次接受燕卜荪的邀请与他一同喝酒或吃饭。[36] 比那花园约翰·海沃德的寓所醉酒之夜后，第二天，艾略特以玩笑的风格写道：

亲爱的约翰：

　　我希望你能理解，我本来打算早些离开的，而且我若是那样做也是挺容易的，因为我刚刚到，但是我对自己说那样对约翰不公平，因为比尔肯定会在那种情况下一直呆下去，而且如果放任比尔自己，那他肯定会呆到把威士忌都喝完为止，比尔根本不担心走回马奇蒙特街，他担心的是错过任何一滴威士忌。现在不要以为我怀有什么恶意，因为我珍惜比尔，也很关心他，他到达的时候是否喝醉了，我可能搞错了也希望我是搞错了，但是，当我看到他也没有经人介绍就偷偷摸摸、鬼鬼祟祟地扑向威士忌，我的心就沉了，而且，若不是比尔在场，我也不会喝那么多的威士忌，那对我很不好，特别是我已经和家人在一起这么久了，现在除了A级牛奶和巧克力冰激凌我已经戒了别的瘾了，但是我受不了看到比尔直奔威士忌而去的样子，而他又不能鉴别12.6d.和13.9d.的差别，对他来说那不过都是些烈酒罢了，所以我呆得很久，喝了过量的威士忌……[37]

燕卜荪煞费苦心地要安排艾略特与他的朋友桑瑟姆一家见面，那时他们已从日本回来；他还要让艾略特见他做外交官的兄弟查尔斯（Charles）及其来自巴勒斯坦的妻子。伊戈尔·维诺格拉德夫注意到艾略特虽然举止"得体"，却显然喜欢光顾一些波希米亚式的边缘地区。例如，在那家"法国"酒吧［'French' pub，位于索活区迪恩大街（Dean Street, Soho）］，艾略特饶有兴致地与燕卜荪在楼上的房间里打俄式台球的时候，维诺格拉德夫便正巧在场。[38] 朱利安·特里维廉与妻子厄休拉认为燕卜荪与艾略特"很亲密"；他们一起外出就餐时（1936年2月在索活区希腊街的一家上海餐馆），艾略特非常快活而且滔滔不绝。[39] 而在燕卜荪这方面，他却从来没有说过艾略特是自己的朋友（而且肯定向来称他为"艾略特先生"），他对艾略特的感情是混杂着喜爱与景仰、讥讽与怀疑的。艾略特的自负和那份"约翰生式的悲观"气度让他感到好笑。

> 在一个聚会上……艾略特忽然开始谈论自己的某封信被人误解了。"啊，信们啊，"他说，好像它们是些珍贵种类的鸟儿。"我曾经仔细研究过信件问题。我发现人们最容易犯的——有关信件的……错误是，在仔细地写完信后，他们走出门去，寻找一个邮筒。我认为更好的做法是，在认真地写完一封信后，应当……把它丢到火里。"这种事有些让人烦躁，因为你不知道你应该以多大的悲伤感来看待这句话；他显然不只是轻率地说说了事的。[40]

另一句悲伤的艾略特式警言是被凯瑟琳·桑瑟姆一句随意的话引发的——又或者是燕卜荪的嫂子莫妮卡（Monica，查尔斯的妻子）：

在某个宴会上，有一位非常迷人的外交官妻子在场，这人说她也很喜欢读书。她没有多少时间，却总是在床上读些东西，传记什么的。"手里拿着笔吗？"艾略特先生问，声音是刻意地在问问题的同时又不至显出悲观的调子。不过他又急忙地作出自我否定，说，"这是作为一个职业文人最大的惩罚，我无法再满怀乐趣地读任何东西了。"这话也有些道理，但是给我的印象却是，那种约翰生式的态度需要更多的兴致来反衬那份悲观；也许，无论如何，回头看看，那不过是一个被误解的抱怨，因为，如果这类妙语总要当作反话来读，那他当然不可能真的不再满怀乐趣地读任何东西了。[41]

　　燕卜荪唯一真正反对艾略特的事情是，他拥有一种中世纪的心态，或者被这种心态迷惑：特别是，他相信天堂与地狱。[42]

　　诗人、批评家迈克尔·罗伯茨的夫人珍妮特·亚当·史密斯邀请燕卜荪与他们夫妇一起去法属阿尔卑斯山（French Alps）滑雪，于是，1936年12月，燕卜荪与罗伯茨夫妇度过了一个绝对快乐的假期。[43]罗伯茨夫妇曾在事前警告他，因为他们将滑雪横跨整个国家，所以他应当作好轻装上阵的准备（他回答说："我喜欢滑雪也正因为这个。"）；但是当他们在维多利亚车站携带着鼓鼓的帆布包甚至还有一个公文包出现时，他却只是提了一个几乎是空的帆布包，他额外的衣物似乎只有一件日本造滑雪板止滑带和一副兔皮耳罩，那是他在东京从一个送报纸的男孩那里买来的。他们到达塔朗泰斯（Tarentaise）的时候，这对夫妇发现他实际上远比他们的滑雪技艺高超。那并不奇怪：他透露说，自己曾经通过了一个大英滑雪俱乐部的考试（二等）。因为没有什么规则的滑雪道，他们就不得不爬上蒂涅湖（Lac de Tignes）周围的关口和山顶，再尽他们所能地在粉状雪或风成雪板或危险的结冰的水沟上一路滑下来，以此来作为横跨全国的历险的演习。燕卜荪瘦削的身影——配上他帽翅上下飞舞的滑雪帽，就像他一有空就在笔记本上画的佛像的耳朵——总是冲在最前面，姿势优雅地飞速滑下陡坡。

　　在他们出发穿越大莫特（Grande Motte）和大卡斯（Grande Casse）的各个关口之前，燕卜荪外出去采购，希望能买到些牙膏。他却带回来一大块粉色的肥皂。带着十足的尊严，他对那位店主说（珍妮特·亚当·史密斯当时听到了他与店主的交谈，回来给罗伯茨转述说）："savon pour les dents"（法语，意为"牙用肥皂"）。那位店主，没有听懂他说的什么，就拿出一块正常大小的肥皂，燕卜苏又说道，这次更加加重了语气，"Non，Monsieur，savon *pour les dents*"（法语，意为"不，先生，牙用肥皂"），于是店主就递给他那块巨大的粉色方块，而他感觉自己应当把这买下来。这肯定会有用，他对罗伯茨夫妇说。

　　因为迈克尔·罗伯茨扭伤了膝盖，他们的横跨全国之旅耽误了一两天，但是他们通过回忆诗歌轻松地消磨过了这段时光。《夜莺颂》（'Ode to a Nightingale'）没有什么困难，但是《希腊古瓮颂》他们就费了些力气；燕卜苏与亚当·史密斯二人合力回忆起了叶芝的整首《拜占庭》。一天晚上，燕卜苏努力要记起有关九点圆的定理时，他坚决拒绝罗伯茨的帮助［后者曾在纽卡斯尔（Newcastle）的皇家文法学校（Royal Grammar School）讲授数学］说："我想自己把它搞出来。"另一次，燕卜苏忽然说到他一直思考的一些问题，那正是日后的《复杂词的结构》的开篇几个章节。"聊到词汇，"亚当·史密斯在她的日记中记录道："诚实、感性等等。"［燕卜苏听到一位导游告诉罗伯茨夫妇关于"英国女人峰"（Les Dames Anglaises）的一个当地解释时感到很好笑，那是勃朗峰（Mont Blanc）的伯特里山脊（Peuterey）上一组三个尖峰："因为它们这么长时间保持处女之身"。］ 在他们横跨全国，在大莫特和大卡斯山体周围的隘口上上下下的行程中，当三人在第一个小屋的炉火边取暖时，燕卜苏忽然问道："你们知道什么'A是B'形式的命题吗？"

　　　"上帝是爱，美是真理，力量是权利，"迈克尔立即回答道。

　　　"是的——我想知道这里的动词'是'（to be）是什么意思。《牛津词典》（*Oxford Dictionary*）的解释很有趣，其实却不得要领。'上帝是爱，美是真理，力量是权利'是非常不同的命题。我想要分析这种'A是B'的形式。我想这能写一本书。"

　　　"那么A是A呢？' 迈克尔问。"公事就是公事，男孩总是男孩。奇怪的是他们并不是同义重复。"

　　　"对，这是新的一类，"比尔说，一边拿出他的画着佛祖像的布尔圣莫里斯（Bourg St Maurice）笔记本。

他似乎并不畏惧危险；危险对他来说不过是一些用来戏弄他的朋友们的现实问题。在攀登陡峭的莱斯山口（Col de la Leisse）和穿越另一侧的长峡谷时，他们在一片雪崩过后又收紧成更加凶险形状的荒凉地带停下来吃口东西。

［燕卜荪自言自语道］"让我困惑的是，如果你必须在野外过夜你该怎么办。理查兹说你可以用雪橇挖一个洞，然后……"

"我们不会在野外过夜的，"罗伯茨说。

"或者也可以用冰屋的办法，"燕卜荪继续说。

"有个人在吃我的晚饭呢，"罗伯茨说，"快点。"

"对，当然，"燕卜荪回答着，一边扎紧他雪橇的鞋套，"你是军官的料。等战争开始的时候，我也去参军。"

亚当·史密斯回忆说，旅程中的另一天是最为艰难的："包括滑上一处冰川，穿过陡峭的大卡斯山的小山口，再滑下另一处冰川到达香槟谷（Champagny Valley）。"他们沿绳索滑下，到达山口的另一侧，这阻碍了他们的进程，而大山的阴影使那里显得格外寒冷——在他们停下来吃些东西的时候，甚至发现瓶子中的水也冻得硬邦邦的了。最后，在快到达谷底的时候他们同意解开绳索，但是那时候亚当·史密斯却被绊倒了：'我的雪橇向一侧一歪，滑到坚硬的雪上，我就栽倒了，一路翻着跟头，胳膊、腿、雪橇、帆布包滚作一团。我站起身来时很惊讶地发现自己竟然没有受伤。比尔过来了，他安安稳稳地滑下来，速度几乎和我摔下来一样快：'你知道，我想要先到达终点的'——好像这是一场德比的比赛！"

经过数天美妙的旅程，天气忽然变坏了，于是他们中断了假期，只在返回的路上在巴黎多逗留了一天。燕卜荪很高兴他的法语水平已经达到了几乎和他滑雪水平相当的程度；在圣父大街（rue des Saints-Pères）一家餐厅里的庆祝晚餐上，他气派地点餐，说：'Garçon, un canard complet!'（法语，意为"服务生，来一份全鸭！"）

有一天晚上，在一间山中旅社内，珍妮特·亚当·史密斯晚饭后径直上床就寝，而两个男人则聊了整个晚上，（后来罗伯茨告诉妻子说）他们"回顾在剑桥的最有前途的同辈人的名单，细数那些发了疯的、死掉的、自杀的、沉溺于酒精的和悄无声息的。最后比尔和迈克尔总结说，他们这代人能够活着，能够足够理智可以四处游荡，足够清醒可以自己再点一瓶酒，可真是件不易的事。"

能够说明燕卜荪在30年代与女性关系的细节材料，很少有留存下来的；不过显然他与菲莉丝·克鲁乔夫的友谊特别深，而且是真挚和互相支持的。[44] 他是通过她的丈夫鲍里斯认识她的，鲍里斯是一个传奇式的饱学之士，在大英博物馆附近的银街 [Silver Street，现在的贝里街（Bury Street）] 开了一家蝾螈书店（Salamander Bookshop，诗人罗伊·坎贝尔就住在书店楼下），他与燕卜荪有时会到犁铧酒馆（Plough）一起喝酒。鲍里斯·克鲁乔夫是个聪明的怪人，白俄罗斯后裔，所以自然地他的书店专营有关俄罗斯的书籍。他的祖父亚历山大来自乌克兰 [鲍里斯告诉燕卜荪说，自己的祖先"曾经拥有农奴 [尼基塔·] 赫鲁晓夫（Nikita Kruschev）出生的那片土地"]，而且曾经在慕尼黑的一栋房子里住过一段时间，在那里与画家康定斯基（Kandinsky）曾有交往；后来在洛桑（Lausanne）定居。[45] 鲍里斯曾就读于哈罗公学，后又在牛津林肯学院（Lincoln College）学习。他是个很有天赋的语言学家，而且有着惊人的记忆力和一副富有音乐性的好嗓子，他会讲俄语、意大利语、法语、德语和英语；他甚至还会唱德语歌。[46] 在各种业余爱好中，他尤其喜欢搜集东西；他狂热地搜集非洲偶像与古旧书籍 [据说与鲍里斯交好的D. H. 劳伦斯第一次看到那样的偶像就是在他的店里]。虽然鲍里斯自己并不怎么喝酒，他其实却是个完全的享乐主义者：向来是随意而为，行事无拘无束，经常到了令人讨厌的程度。他甚至拒绝把书卖给他不喜欢的人。另外，他喜欢烹饪，当然也希望人们会急切地吃他苦心准备的食物。一次，当他在精心调制一顿美味的晚餐时，他的妻子和朋友却出门去了酒吧，直到酒吧关门时才回来：当他们回到贝里街的时候，鲍里斯打开窗户，把他费心烧制的汤泼到他们身上。不过他妻子自己特有的那股冲劲与鲍里斯也不相上下。

菲莉丝·维庞德—克罗克（Phyllis Vipond-Crocker）是康沃尔（Cornwall）一位医生的女儿，比燕卜荪大六岁：她出生在1900年1月4日。与两个姐妹一样，她是个大美人，留着黑色的短发。画家劳拉·奈特（Laura Knight）曾数次为她画像（一幅特别漂亮的习作中画的是她十七岁的样子），而作曲家菲利普·赫赛尔廷 [Philip Heseltine，又名 彼得·沃洛克（Peter Warlock）]，曾爱上过她，并给她写了很多信和诗。事实上，是赫赛尔廷把她介绍给鲍里斯·克鲁乔夫的；二人结婚时，赫赛尔廷倍受打击。[47] 虽然次年生下一个儿子伊戈尔（Igor），但是她的日记显示出她很快就厌倦了这个孩子；伊戈尔自己后来也注意到，她甚至写了"孩子的新鲜感已经耗尽"一类的一条日记。她极其不喜欢做母亲的各种职责，于是就对孩子不闻不问。伊戈尔被送到苏格兰的一所寄宿学校，在那里——一旦安全地寄住下来之后——就没有人去看他了；后来他被一位名叫杰利内克（Jellinek）的律师（后来做了法官）收养——此人碰巧还曾为克鲁乔夫开设蝶蝘书店筹过钱。虽然好交际又不负责任，菲莉丝却是个很爱读书的人；她的儿子记得当他们要搬家时，她引用了《芬尼根守灵夜》（Finnegans Wake）中"孩子们处处有"（'Haveth Childers Everywhere'）这一段。她也喜欢在法国和瑞士漫步。但是她最喜欢的还是酒吧，常常喝到昏头昏脑为止：她简直就无法离开酒吧。流行的说法是"闹"（to roar）：每个人都要享受"闹哄哄的夜晚"——意思是玩得完全无拘无束，不管明朝如何。菲莉丝"特别地机智"，她的儿子回忆说。"如果有个笑话很残忍，却能让人们笑，她就肯定会把它讲出来。"但是每个人也都抱怨着神经紧张。"我想我该再来一杯健力士（Guinness），"菲莉丝就会说，"那对我的神经有好处。"那肯定是燕卜荪认识到的可靠又幽默的酒吧性情；但是似乎也很有可能她也同时扮演了燕卜荪的朋友和可信赖的知己的角色。菲莉丝"太滥情了"，伊戈尔·克鲁乔夫在一次谈话中回忆说，因此甚至有可能她和燕卜荪上过床——不过这一点她的儿子持怀疑态度。

不过，在与鲍里斯结婚一段时间之后，菲莉丝离开了他，去与吉尔伯特·巴克（Gilbert Back）医生同居，那是又一位极有教养的男人［见燕卜荪的诗《为一件结婚礼物致谢》（'Thanks for a Wedding Present'），诗前引用巴克医生在燕卜荪与赫塔·克劳斯（Hetta Crouse）在1941成婚之际写下的一首迷人的诗作为引语］。这个安排意味着燕卜荪的朋友菲莉丝与他的前房东、好友最终住在了一起，此人是一位专治肺结核的医生，在伦敦郡议会上班。巴克医生留着小胡子，喜欢在闲暇时去钓鱼，受到普遍欢迎——即使年幼的伊戈尔·克鲁乔夫也很喜欢他，因为巴克有一次给这个孩子买了一把斧子作为生日礼物！但是巴克医生与菲莉丝之间并非一切顺利。比如，当邋遢的菲莉丝不好好收拾家，弄得家里东西乱七八糟的时候，他就会很难受；她的酗酒和放纵行为肯定让两人关系紧张。1938年3月17日，她结束了自己的生命——那是在燕卜荪去中国八个月之后。奇怪的是，在20年代，人人都在整天谈论着自杀。作曲家范·迪耶仁（Van Dieren）明显患有心脏病，曾经随身携带一个小蓝瓶子：他宣称，在任何时候，他都可能被疼痛攫住；任何时候，他都可能喝下瓶中的东西。菲莉丝厌倦了这样的装腔作势，于是有一次便从他手中抢过小瓶把瓶中的东西一饮而尽。事实上，她是在巴克医生的生日那天自杀的，地点是他们伦敦汉尼克街4号（4 Henniker Mews）的家中，这之前曾发生一场家庭争执。"我要给你个礼物！"有人听到她对他喊道，然后她就跳到床上，打开煤气引火棒，在床单下吸了煤气。死亡证明简短地记录道："一氧化碳（煤气）中毒"，同时也加了一条免罪恩典的仪式性解释："在心绪烦乱的时候自杀身亡。"

关乎燕卜荪那段少有记载的与菲莉丝之间友情的黑色而引人注目的谜题是，他最喜欢的诗歌的最后二十行——那首精彩地含有多层深意而又暗指不详的对于酒精的颂歌，题名为《酒神巴克斯》，特别涉及到菲莉丝。"诗歌的结尾涉及到一段个人情形，"燕卜荪在战后一次为英国文化委员会（British Council）朗诵时透露说，"关于一位女士，她可以感受到这件事的整个背景。"[48] 另外，在1940年他选择把他的第二卷诗集《风暴将至》献给记忆中的菲莉丝，在此诗集中《酒神巴克斯》是作为主打之作的。虽然很难得到传记性的支持性文本，关键问题总难以回避：《酒神巴克斯》在某种意义上或某种程度上，是否是对菲莉丝的一首挽歌呢？

这里是这首诗的最后几行：

> 神已经把她绑架，把她掳入了云中，
> 她走上我的台阶，隔着鸿沟召唤我
> 她绝望地飘浮在那道鸿沟那边。
> 她咆哮着来了，似乎穿过凯旋之门
> 召唤我，要我在她的金袍上温暖双手
> 把她的绝望称为对她心中火焰的反抗。
>
> 那位用她的绝望制造出火焰的神明
> 从那抛物线般的下降拱门中造出
> 一道拱门，将他的注意力引向天际
> 　　冰冷的焦点借着别人的火焰燃烧
> 　　阿拉喀涅驾着她绳索般的云朵

一枚显迹光子系着火箭的生命线

用火焰的薄扇净化了他的道路

神的座驾的灯光后的圆形钢圈

火之轮分布在她的头颅两侧

穿过一团云雾，向前奔驰翱翔

包裹着火焰，那是天堂的衣衫

那神明已经在火中点燃她的绝望

在她部分绝望的炉栅后面，火

像铃声在拱顶与黑暗的拱门间回荡。

　　小威利斯教授（J. H. Willis Jr.）在对燕卜荪诗歌的一条评注中谈道，在这些渐进的诗行中，燕卜荪集中在神话人物塞姆莱（Semele）身上："他谈论了她对神圣爱人的绝望的诘问，她对命运的勇敢挑战，她激昂的死亡和她最后的升仙。在诗歌的末尾，她像是一位悲剧女英雄……她的金袍变成了炽烈的斗篷，集合了地狱的金袍（比较《失乐园》I，345）与天堂的金袍的双重特性。塞姆莱对于绝望的不安地控制，导致了她烈焰般闪耀的毁灭。当酒神巴克斯最终将她从地狱的'黑暗的拱门'里释放出来，带到万神殿轰鸣着的拱顶之下，她狂喜的升仙便发生了。"[49] 于是，这首诗结尾的二十行或可理解为，在某方面是燕卜荪为菲莉丝所唱的酒神颂歌，来洗去她死亡方式的可怕。

　　不过，诗行并非按照句法顺序安排——实际上它们是燕卜荪所写的作品中最接近于超现实主义的诗篇，因此很难给它们一个清晰的解释。燕卜荪在注释中写道，这位女性经历了"悲剧性的狂喜"，那也许表明她与炽热的神明朱庇特/宙斯（Jupiter / Zeus）的相遇，也可能是与巴克斯（酒神）的相遇，导致了她的死亡。相应的，有一个含义就是酗酒导致了她的悲剧结局。然而——令人惊奇的是——这首诗最后部分的整体，包括后来从完整作品中截去的部分，是在菲莉丝·克鲁乔夫在1938年自杀前写下并出版的。

　　然而，若从另一个角度来看待这个问题：很奇怪，燕卜荪的注释中没有提及巴克斯/狄厄尼索斯（Dionysos）的另一个方面，即性的方面，特别是他曾一直宣称自己着迷于"弗洛伊德和弗雷泽，尤其是他们就原始遗迹的研究"[50]。按照弗雷泽的说法，这个神是一个植物之神、生育之神，因此祭祀他的仪式也自然成为沉溺于（当然是神圣的）性爱与美酒的场合。因此，看待这首诗的高潮的另一种方式就是，这位女性通过饮酒最后能够战胜绝望，跨越绝望所造成的鸿沟（l. 75），走上"台阶"（l. 74），从而开始一场成功的性接触，而这首诗的最后一行可能就是在赞颂这件事。说到神话，塞姆莱被朱庇特掳到云朵之中，在那里神（这里可能是巴克斯，他生来便与火相关，也与性和美酒相关？）"用她的绝望制造火焰"（79）并且"在火中点燃他的绝望"（90）。

但是在诗的最后部分还有另外一面，它可能以一种不同寻常的方式把这幅图画变得更加复杂了。这首诗的第五部分首次发表于1937年1月的《诗歌》（芝加哥），那是距离菲莉丝自杀一年多以前。那个版本中在"把她的绝望称为对她心中火焰的反抗"之后还有这样的一段：

> 从草皮上砍下十字架作为占有物
> 它的拱形的树枝是最好的柴火
> 点燃后，火进了它们的一团烟雾
> 烟雾将双十字架吞入坟墓拱顶
> 所有树木的荷叶边皆变作拱形
> 它们探出的枝条是最早的绝望
> 它们的思想之圆可以容纳火的法庭
> 对此，狂喜的亚当不能够应对
> 像一头母牛越过月亮跳向小提琴
> 我们轮流跳跃跨过火焰的天穹。

就像在最终版本中的最后二十行一样，这个被截去的片段也很不容易阐明，但尚可得到一些信息和解释的点滴。一方面，"占有物"（seizin）——燕卜苏的拼写是不规则的——指的是所谓"让渡自由保有地"的象征性行为，"转让一块土地或房产的物质所有权"：将一件物品，比如一块草皮，作为一种财产的象征转付他人。通过提供这样一种占有物，"一个人"（显然这里指菲莉丝）允许被占有。随后的几行似乎指半宗教式地建起一堆篝火并将之点燃，一种燔祭，或者火祭。不要被"管道"和"拱顶"可能的女性性暗示意义干扰，接下来值得讨论的是，这段被截诗篇的第五行借用了燕卜荪早期诗歌《露宿在学院回廊》（'Sleeping Out in a College Cloister'）："淹没在树木的……花边之下"。那充满幻想的搭配似乎在暗指一个传统思想，即哥特式建筑的外形是受到树木启发的，以及一个事实，即当两条有着哥特式屋顶的走廊相交时，便形成了"交叉的拱顶"，这里的"交叉成拱"（groin/groyne）这个词可能是在幕后说出的。可能最值得注意的是，这一段的最后几行似乎把亚当在伊甸园中幸运的堕落和一种有关生殖的象征性行为暗示结合在一起。在《酒神巴克斯》作为一个整体之中，基督教形象与古典神话形象交叉，在被截片段中这一点也有所体现。可能，"探出的枝条"是伊甸园中的禁果之树，而那"思想之圆"就是苹果——识别善恶的果子。〔在《田园诗的几种变体》中，燕卜荪长篇累牍地写道关于马韦尔的《花园》（'The Garden'）中"绿色的思想"（l. 48）；而"思想之圆"可能也与《暴风雨》（The Tempest）中的普洛斯彼罗（Prospero）有关死亡的平静反思有关（IV. i. 156–158），因为是人的抗命为伊甸园带来了死亡，"我们不过是/那组成梦境的材料，我们的小小生命/不过包裹在一个睡梦之中。"〕相应地，在这段第六行中"最早的绝望"的说法可能来自弥尔顿的《失乐园》，融合了开篇的话（i. 1–2）——"关于人类最初违反天神命令/偷尝禁树的果子" ——以及ii.142–143中恶魔彼列（Belial）对叛乱天使们所做的有关坚持到底的劝告时说的话——"最后的希望/只能是完全的失望。"如果这样的话是迂回地谈及亚当在伊甸园屈服于夏娃的提议，那么下一行中"狂喜的亚当"便可能集合了亚当初次看到夏娃纯朴的美时所感触到的激情——"一见销魂，一见夺魄"（viii. 529–530）——与面对自己的堕落与抗命"不能应对"的感觉。不论在这一段的倒数第二行中对儿歌（或是荒唐歌谣）"嗨，滴多滴多，/老猫和小提琴，/母牛跳过月亮……"的引用，应当作何解释，显然，燕卜荪最后跳过一团火的意象是指向詹姆斯·弗雷泽爵士在《金枝》中对原始仪式的描述的。弗雷泽详述这个话题说〔参见例如，第一部分：《魔法与国王的演化》（The Magic Art and The Evolution of Kings）第二卷，以及第六部分：《美丽的巴尔德》（Balder the Beautiful）第一卷〕，人们总是愿意跳入盛典的篝火中来促进生殖能力，不管是庄稼的收获，还是人丁的兴旺；跳篝火也对净化自身很有好处。总之，燕卜荪最终从《酒神巴克斯》中砍去的那十行诗汇集了篝火、伊甸园中的亚当受诱惑与堕落（禁忌的知识和性的体验？），以及一个人们相信可用来促进生殖能力的充满活力的远古行为。

因此，这段文字的含义可能是对"异教"性主题的颂扬。所以，有理由相信燕卜荪是在秘密地赞颂他对菲莉丝的爱，或者甚至是赞颂与菲莉丝的一段情事——这是这首诗中谈到由复数的"我们"一起来做的体育活动，唯一的一点。但是它也同样可能是对于菲莉丝·克鲁乔夫对巴克医生的爱的赞颂（此人的姓可能包含在"巴克斯"之内）。不管这样一个明显的私人性的解读是否站得住脚，这些诗句确实地将狂喜的爱、性的结合以及导致自我毁灭的超人的激情联系起来。这些激荡的诗行中的主题是绝望、火焰和神性；天之"长袍"或华盖与坟墓中的"拱门"或"拱顶"并肩出现。

我们只能猜想，为什么燕卜荪会把这十行诗句从诗歌的终稿中砍去。可能他感觉到——面对菲莉丝真实的命运，她可怕的（可能也是冲动的）自杀——它们中间充斥的"异教"性爱内容是不和谐的。也许他后来不喜欢这首诗的写作风格。又或者他——最为吃惊地——记起了自己曾经说过的，诗人经常写东西，然后才去体验它们，于是他感觉到苦恼，或者甚至害怕，因为想到他有关狂喜和圆满终结的意象如此精确地预言了菲莉丝的死。多年之后，当被问及他为什么要把《风暴将至》献给一位"菲莉丝·克鲁乔夫"时，他支吾着说："我感觉我的生活中一大部分，我曾经……"他的声音小到听不到了，他的感情也没有说出来。[51]

查尔斯·马奇（Charles Madge）比燕卜荪小六岁，紧随其后也赢得了一笔去温切斯特的奖学金；同燕卜荪一样，马奇还赢得了一笔到剑桥大学玛德林学院学习的奖学金，在那里他从1931年开始读理科。[52] 经过病休之后，他换了专业，开始师从I. A.理查兹（又与燕卜荪类似）——理查兹曾前往中国很长时间，那时刚刚返回剑桥。［在剑桥，马奇读了《文学批评原则》和《复义七型》。］与燕卜荪不同的是，他没有获得学位便离开了剑桥。但是又像燕卜荪一样，他因为自己年轻的诗作而受到好评，那些诗歌甚至引起了T. S.艾略特的兴趣。另外，后来艾略特推荐他做了《每日镜报》（*Daily Mirror*）的记者。在休·赛克斯·戴维斯（Hugh Sykes Davies）举办的一个聚会上，马奇遇到戴维斯的妻子，漂亮而且才华横溢的年轻诗人凯瑟琳·雷恩——燕卜荪的朋友，不久两人就私奔了。待到燕卜荪从日本回来再次与雷恩取得联系时，她和马奇正在康沃尔一起生活；不过不管怎样，燕卜荪最近刚刚读过马奇的诗歌，而且说他喜欢，于是他就邀请他们共进午餐。他们确实会了面——燕卜荪非常高兴也非常友善——但是那次之后有好长一段时间他们没有再会面，因为马奇与雷恩去瑞典呆了几个月。接近1936年底的时候，马奇和雷恩一同回国，并住在一栋18世纪的房子中，这栋房子位于伦敦东南的布莱克希思区（Blackheath）格罗兹大厦6号（6 Grotes Buildings），紧邻英国皇家邮政总局电影部（GPO Film Unit），另一位老朋友，汉弗莱·詹宁斯（Humphrey Jennings）就在那里工作；詹宁斯的住所从这里步行便可到达。

燕卜荪很喜欢谦虚而又有才华的年轻的马奇，并且有意培养他。他带他一起与伊迪丝·西特韦尔共进午餐（那时，马奇认识到燕卜荪肯定预先向西特韦尔推荐了他的诗歌）；[53] 他们一起去看迪斯尼影片（不过燕卜荪并不喜欢他们看的那个什么片子——"迪斯尼的辉煌已经过去了，"他有模有样地宣称）；他们又去剧场看《演艺船》：燕卜荪很喜欢那首叫《老人河》（'Old Man River'）的歌，而且被保罗·罗伯逊（Paul Robeson）深深迷住了。马奇——他很喜欢燕卜荪，但是认为他有着"强硬而且有些固执的个性"——又被拉去位于戈登广场（Gordon Square）的C. K.奥格登（C. K. Ogden）家，参加一个晚会，在那里奥格登滑稽地带了个假面具，并朗诵了跳跃诗（sprung verse）和贺拉斯的《颂歌》（Odes）用以证明一个有关口语的理论。"燕卜荪对奥格登相当纵容，就像他对理查兹那样。我想，这三个人简直是密不可分的。"马奇为我回忆说。"我有时候感觉比尔的一部分古怪个性是从理查兹和奥格登那里学来的。理查兹不像奥格登那么古怪，而他们又都没有比尔古怪：但是我想他们的举止有些鼓励了他的古怪个性。"马奇不会忘记见到燕卜荪在伦敦中心边走边读书的那一刻——他是刚刚从剑桥商圈（Cambridge Circus）不知不觉地走到了大路上的。"事实上，那挺可怕的。"

马奇是个诗人，共产主义者，一个"受到挫折的预备科学家"，他也对超现实主义十分感兴趣。所以，艺术家不仅仅要寻求表达自己观点和无意识的想象，也要探索社会作为一个整体的心理，即"社会无意识"，这样的理论吸引了他。

他确切地感到，超现实主义能够将艺术与科学联合起来。1936年11月伦敦水晶宫（Crystal Palace）可怕的大火，以及12月份的"退位危机"，似乎深深撞击了普通民众的心田，马奇感觉有必要对此作更深入的研究。[54] 在《每日镜报》，他时不时地做些副主编的工作，主要是设计中心页的照片排布，有经验的版面设计者能够如此有直觉，如此敏感，与他称作"大众愿望"的东西如此步调一致，这让他非常着迷；他们以非常娴熟的技巧排布照片，创造出一种拼贴画的样式，一种"视觉诗歌"——一种对于大众民族意识和——而且是更重要的——"大众无意识的恐惧与愿望"的表达。[55] 这样的观念和影响帮助他坚定了信心：自己肯定能够承担研究不列颠人类学的任务——一个真正的民族志——会有广大的志愿观察员记录"平凡的"日常生活中的各种常规活动和礼仪、各种器具和象征。用凯瑟琳·雷恩的话说，马奇设想他的计划是"一个通过广告、通俗歌曲、出版物中的主题，以及人们把自己包围起来的各种物品所展示出来的各种形象，来记录这个国家的集体思维的潜意识波动的方法；……这个想法近似于（可能部分地决定于）超现实主义的"拾得之物"（objet trouvé，起着象征作用的物品）……"其结果是，结合了"一种有关非理性的超现实主义观念与一种新的社会学"，而形成了"大众观察"。[56] 马奇和雷恩在家里开了一些集思会来安排部署这个计划。天资聪颖而又口齿伶俐的汉弗莱·詹宁斯也参加了进来，他最近刚刚在伦敦参加了那次精彩的国际超现实主义展览，并在委员会担任组织工作；其他的朋友们也来参加了，包括大卫·加斯科因、斯图尔特·莱格（Stuart Legg）、鲁思文·托德（Ruthven Todd）和朱利安·特里维廉。燕卜荪也参加了进来，为此他数次坐火车到伦敦西南部。（加斯科因很不高兴，因为马奇和雷恩非常崇敬燕卜荪，而且总是"引用他所有的意见"。）[57]

不过，在关于"大众观察"的讨论中，如燕卜荪在一篇回忆中谈道的，健谈而又有创造性的艺术家、电影制作人汉弗莱·詹宁斯成为人们想象力关注的核心：

> 汉弗莱为星期天报纸的头条新闻标题并排在一起时所显示的秘密信息而着迷。那不是一种预先安排好的表演；他震惊地发现在每一页上都有一些东西可以解密出来。
>
> 当中有一些可能表达出民间信仰的愿望，比如，宇宙旅行或者转世变为一匹赛马，但是大部分都是简单老套的新政治家对于财阀统治的嘲讽。这种方法当然是一种意象主义，但是没有什么信息是通常意义上的"美学的"。所有的信息都可以被翻译成短句子，不过如果这样做便使它们损失了原有的光彩。"副主编们和版面设计者们能够了解他们在做什么吗？"我们问彼此；当然不管他们是否了解，我们依然赞赏他们。在有关《圣经》的阐释

中，这个问题就已经很熟悉了，在一个更小些的程度上，这个问题也同样存在于大多数我们崇拜的已去世的作家作品中。在那时候，大多数为托利党效力的记者实际上都已变得十分激进，不过他们不太可能通过这种方式来表达这一点；但是他们可能的确试图在页面上造成些不同的感觉，来减少它的枯燥之感。当然，想象力对于汉弗莱来说绝不是什么琐屑小事，那时候他正在拍电影，他认为任何材料都可以通过在剪切板上的排列与反差而产生美感。但是他不会只为了显示他的艺术才能而去选择一些无趣的素材，更不会依赖意象派的技法来展示一个普通的观点——那些表扬他的节目中这一方面的人，就我看来，对他是不公正的。他远离学术性的文学批评，却并不躲避公开的辩论和常识，他知道他有能力成为一个作家——他曾得过第一名。[58]

查尔斯·马奇将会记住他们关于"大众观察"的谈话，不过侧重点稍微有些不同："有几次比尔和汉弗莱·詹宁斯都以自己的方式谈话，而我则根本插不上话。他们是你可能与之交谈的最有趣的两个人，但是他们却彼此谈不拢。他们都是完全的独白者。最杰出也最有启发性的讲话者是汉弗莱·詹宁斯。相比之下，比尔谈话的方式想象力不够丰富，但是却能作出更加合理的判断。汉弗莱如此有想象力，他甚至会在谈话时把自己想象得脱离现实。毋庸置疑，他们是我在年轻时见到的两个最为非凡的人物。"[59]

他们的美学深思与战略熟虑的开篇之作便是一卷名为《五月十二日：大众观察日纵览，1937》（*May the Twelfth: Mass-Observation Day-Survey 1937*，伦敦：费伯—费伯，1937）的书，詹宁斯和马奇主编，但是威廉·燕卜荪的名字作为五位副主编之一（还包括凯瑟琳·雷恩）也出现在扉页上。这部重要作品是有关国王乔治六世（George VI）加冕的数百篇报道经过编辑后的汇编：内容涉及对数周准备的回应以及对当天的仪式进程的反应——"各种正方意见和反方意见……意见之间的交锋"——来自伦敦和全国各地。

虽然此书的巨大容量意图以一种公正的和被认为是"科学的"方式来展示大量见证者的证言——"主要以简单的文献记录形式"，一如主编们所相信的，但是这本书却被证明在编辑"设计"上是比较有争议性的。[60] 尽管从各种报道中抽取的无数引文不需要再加以阐释，这本书虽然自称是直接的社会学文献，但实际上却也相当于一份社会主义倾向的文本。在后来的一次访谈中，马奇回顾说，《五月十二日》是"一个纷乱生活的反映，未经加工的现实"，也许有这样一种可能，那就是，很有意思地，编辑者们对自己隐含的或更加深刻的动机至少是部分地没有意识到的。无论如何，正如杰里米·麦克克兰西（Jeremy MacClancy）说的，他们的第一章虽然完全是由报纸报道剪切拼贴而成，事实上却绝非客观公正："通过重复性地将加冕日前有关官方准备的报道与有关罢工、骚乱和工人的悲惨状况的文章并列展出，马奇和詹宁斯给谄媚的报纸编辑故作欢欣的花言巧语抹上一层讽刺的色彩，暴露出在平等并非原则的国家里，组织一场统一的全国性庆典所产生的紧张状况。"[61] 这卷作品起到了危害官方路线的作用，因为破坏了国家性的骄傲与盛典；它也是有意识地带有文学性的，它直接引用例如《亨利五世》（*Henry V*）这样的文学作品，而且把一些据说是真实的谈话用"他们自己的节奏和表现风格"展现出来。另外，这本书中有一个方面可能是要归功于燕卜荪的贡献，塞缪尔·海因斯（Samuel Hynes）提出这卷书读起来像是一本由前卫作家撰写的有关城市生活的无产阶级小说，而麦克克兰西却说：

> 然而，詹宁斯和马奇努力地强调他们不是在写一部小说。他们声称，即使最为敏感的现实主义小说家……也会认为很难，"如果不是不可能"去描述无产阶级世界的实质。与那些受过教育的失败者完全不同，观察者们，工人与中产阶级……被认为是"真正用他们自然的语言讲话"（詹宁斯，马奇 1937：37）……从这种意义上，马奇和詹宁斯并非仅仅在宣传一种民主的超现实主义，他们同时也在宣传一种民众的超现实主义。他们给人民以声音，用人民的语言讲话。[62]

如果的确如此，那么詹宁斯和马奇便显然采纳了燕卜荪对无产阶级文学的批判，即它不可能在真实的意义上存在——事实上，他们也在试图通过证明他们在书中所表现出的言语以及言语行为并非造作而是真实的这一点来克服燕卜荪指出的无产阶级美学的做作之感。

另外，书中有一段编者评论也借用了燕卜荪有关王权的说法——不过，在这位新国王乔治六世这里，马奇和詹宁斯颠覆性地建议说，他显然没有能力成为一位代表性和团结性的社会英雄："只要国王自己成为情感的目标，他就会被以家庭的或'弗洛伊德式的'关系看待而不是被看作一个能够做任何事情的人，或者甚至不是代表一个国家或一个阶级。事实上，这场表演主要是被以美学的方式来看待的，而这种方式又涉及到最少的压力，而且对于大多数人来说，是对目前局势的最好的社会适应。"[63] 无论如何，这样的评论，以这样的方式出现在一本宣称科学公正的书中，清楚地表明了编辑者的倾向性；此书有着明确的偏见。麦克克兰西推论说："他们的书中一个关键的目的就是，要提供一个与潜在于大部分官方言论之中的统一性目的的尖锐对比，为了达到这个目的他们提供了一系列具有颠覆性的不同反例：相反的事件和解释，相反地解读这些东西的方式。对于马奇和詹宁斯来说，《五月十二日》不是单一的而是有着多重含义的。"[64] 无论如何，肯定的一点是，马奇的确考虑到了燕卜荪对无产阶级文学的责难，因为他和汤姆·哈里森（Tom Harrisson）后来在一本名为《大众观察眼中的不列颠》（*Britain by Mass-Observation*，作为企鹅特别版于1939年出版）的书中引用了燕卜荪的话，在此书中有一段关于歌舞曲《朗伯斯漫步》（'The Lambeth Walk'）的内容，援引了燕卜荪作为它的主要依据。谈到《我和我的女孩》（*Me and My Girl*，1937）———一部主打《朗伯斯漫步》的音乐剧时，作者称（第157页）：

这部剧的目的在于展示朗伯斯人自然的举止与上层社会的矫揉造作的对比反差。在一本艰深的批评性学术著作《田园诗的几种变体》中，威廉·燕卜荪指出这种对比在文学中有多么重要，于是值得引用他在这个阶段所说的话，因为正是这种对比赋予了《朗伯斯漫步》以吸引力，它令人感觉是在暗示一种富人与穷人之间的美好关系，是让单纯的人们表达强烈的情感……它经常被戏仿，特别是为了使穷人显得值得尊敬但又可笑，就像经常在莎士比亚作品中见到的；而且当它以完整形式出现时，也并非仅仅是一种装腔作势。单纯的人会变成笨拙的傻瓜，但是他仍然比地位更高的人要更有"理性"，而且能说出根本上更加真实的话。他是"与自然有着联系的"，而更加复杂的人也需要这样做，所以波顿（Bottom）并不畏惧精灵们：他与自己的自然中的神秘力量有着联系，所以这个丑角有着"无意识"的机智——他可以说出真相因为他不会损失什么。"[65]

他们还从《我和我的女孩》的剧本中引用了一些话——如马奇后来讲到他们对这个剧的理解——"充分地印证了比尔的观点"。不奇怪的是,他们对于燕卜荪"无产阶级文学"的引用比燕卜荪的话在原文中所表达的意思更加明显地带有左翼倾向。

在一家当地酒馆喝啤酒时,燕卜荪很高兴地与詹宁斯和其他人一起讨论《五月十二日》的本质。但是,除了他与他们在无产阶级文学上有着相同的观点这个事实之外——詹宁斯与马奇一样真切地希望在社会上来一场社会主义性质的变革——不太可能辨别出燕卜荪对这本书到底在哪些地方做了什么明确的工作,不过有可能他帮助整理了来自全国各地的无数的报道——"目的不仅是展现,同时也是给这当下的直接的人类世界分类,并对之加以分析,"就像编纂者们在本书的最后一页写的——或者是写作者或者是编辑了那些简介性的注释。但是人们很重视他的好评;马奇后来说:"我不好说他在那本书中究竟负责什么;这一次他没有认为这整件事是完全的垃圾,就是这一点便让我们倍受鼓舞。"[67][虽然《五月十二日》作为科学性的记录文献价值远没有它作为一件艺术产品的价值持久,它仍然被人们与那本更为有名的,四年后出版的由詹姆斯·阿吉(James Agee)和沃克·埃文斯(Walker Evans)主编的《现在让我们来夸赞名人们》(*Let Us Now Praise Famous Men*)相提并论。][68]

不过,在1937年初加入大众观察运动,但当时并没有直接参与编纂《五月十二日》的汤姆·哈里森,却以一种粗鲁的方式嘲笑这本书,他的话可能也涉及到燕卜荪和他在这个计划中的边缘角色。"由一群知识分子诗人来编纂这本书真是个疯狂的点子,"他写道。[69]有着冒险精神的哈里森比燕卜荪小五岁——曾经在剑桥与马尔科姆·劳里(Malcolm Lowry)是朋友——当时二十五岁,是位有着丰富经验的旅行者、探险者和学者。他也是一位自学成才的鸟类学者和(自封的)人类学者:他曾参加牛津大学前往北极(Arctic)、婆罗洲(Borneo)和新赫布里底群岛(New Hebrides)的探险,在新赫布里底,他因为对"返归天然"的热情而赢得了一定的名声——据说是曾经在马勒库兰(Malekulan)部落生活甚至吃人肉:"味道像嫩猪肉,有些甜,"他说。在1937年初与马奇和詹宁斯会面之前,他就已经决心要研究"不列颠岛的食人族",甚至在兰开夏郡博尔顿镇(Lancashire town of Bolton)找到一栋偏僻的小房子落脚,并在一家纺纱厂找了份工作,后来他把这里命名为"工作镇"。他认为自己是一名自我牺牲的人类学家,于是决心完全地融入当地生活。

然而，当他去布莱克希思拜访他的人类学同志的时候，人们发现这位瘦削、英俊、严肃，说话不动声色，但又特别有趣的年轻人实际上像汉弗莱·詹宁斯一样地能说会道。"那个晚上我主要记得的，"大卫·加斯科因写道："是那样一幅画面：汉弗莱，两肘放在壁炉台的一边，而哈里森则把臂肘放在壁炉台的另一边，二人同时大声地对在座的人们讲着话，彼此都完全不关心对方在说些什么。"[70] 哈里森与詹宁斯从一开始就彼此敌视；作为诗人、艺术家、天才电影制作人的詹宁斯立刻被哈里森的"科学"严谨压制住了。詹宁斯斥责哈里森这位固执而天真的实证主义者为平庸，并且在《五月十二日》出版不久就离开了这场运动。不过，如果有人讨厌哈里森在组织性上的一意孤行，他那种雷厉风行的姿态和他自我宣传、推销的天赋，另一些人则对他毫无保留的热情和古怪的幽默反应良好，或者持容忍态度。"啊，我不知道，"燕卜荪说，"汤姆可能是个讨厌鬼，但他是个很好的讨厌鬼。"[71]

6月16日，朱利安·特里维廉开车，哈里森和燕卜荪坐在汽车的后座，一起从伦敦到博尔顿。他们晚上十点出发：

> 我们沿着干线道路向前开，经过长长的卡车车流，灯光或强或弱，讲述着只有它们的司机才懂得的语言。最后大概早上五点钟，比尔开始变得坐立不安，于是我们只好下车去一家咖啡馆，这样他就不会见到会奇怪的让他不安的破晓。我们在油腻的板凳上睡了几个小时，然后在日光中继续赶路，到达达文波特街（Davenport Street）吃早饭。那栋房子与博尔顿其他的房子一样，屋里有几张床和几张办公桌，一个干瘪的老太婆在呛人的炉火上为我们做了火腿煎蛋和茶。[72]

这支一直在变却一直充满斗志的志愿者小部队临时在达文波特街85号住了下来〔他们当中包括一位哈里森所谓的"哈勃·马克斯①主义者"（Harpo Marxist）〕，并按照哈里森的随意想法被安排了各种观察任务。特里维廉被安排画这个小镇，特别是博尔顿的烟囱——不过它们，哈里森宣称，"就像没有滋味的盐矿"[73]——而燕卜荪则被打发去做一个有关一家糖果店橱窗内的东西的报告。他取得的成功很有意思，特里维廉去画了一天有关纺纱厂和鹅卵石的拼贴画，晚上返回住所时："我发现大家都在欣赏比尔从糖果店带回来的一件富有弗洛伊德意味的战利品，一架银色的硬纸板梯子，伸向一把金色的钥匙，钥匙上悬挂着一枚戒指。"[74]另一次，当燕卜荪去博尔顿作短暂拜访时，显然决定要观察一位盲人在酒馆中喝啤酒的速度：令燕卜荪有些吃惊的是，实际上这位盲人喝啤酒的速度与他周围的正常人没有差别。

"我有一次去博尔顿，那里非常有趣，非常吸引人，但是我在那里不过待了一个周末，"燕卜荪后来说。"我不能假装说在那儿我很忙碌。"[75]事实上，他与大众观察这种松散的联系持续了不过几周时间：在博尔顿之行不到两个月之后，燕卜荪便开始警觉地关注中日战况，而且态度逐渐有所偏向。他从来没有成为大众观察项目的主将（这个项目在未来的几年中将会继续发展），而主要是一名感兴趣的局外分子，偶尔也参与一些座谈会。无论如何，他在这项运动中的参与程度非常微小，几乎都没有被记录下来。当然，他肯定提出了一些建议和反对意见，因为他在怀疑别人的意见和想法方面是从来不胆怯的。但是最重要的是，他是马奇、詹宁斯和哈里森这些头目的可靠且乐于出手相助的朋友。他很喜欢取笑他的真朋友们，这一点当然是燕卜荪的情感真实流露。这一点在这封写给C. K.奥格登的战时来信中表现得很明显，在信中他就马奇想从对每个细小的社会症候的研究中建立一个大型的社会心理学理论的倾向大开玩笑："我把你希望得到有关患感冒的信息的想法转告给了马奇，他于是提意要去着手此事，自然地，在此之前，在他自己的思想中先把这件事转变成一个有关战争对于神经的影响的综合心理学研究。那是一种非常极端主义或者时髦的看法：你无法让他们把感冒和战争分开。对我而言，那似乎是一场健康的文学运动。"[76]同样，在同一封信中，他希望能够记录下来他对他认为"大众观察"的发现中真正有价值的东西的赞扬："'大众观察'的新书《战争在国内开始》（*War Begins at Home*），在我看来比他们的前一本书要好得多。我同意，一个有能力的公务人员对那些事早就应该了解，但是现在的政府人士却并不了解，他们可能会被哈里森搜集的证据触动，所以那似乎是真正有用的一项信息。毋庸置疑，这与科学是两码事。"在这一点上他是对的。[77]

然而也许燕卜荪为马奇（可能通过马奇为整个的"大众观察"运动和其随后的出版物）所做的最好的一件事，便是为他上了一堂严肃的有关明晰、朴素、有效交流的重要性的课：找到你确切地想要说的东西和在心中装着你要面对的听众，这两件事极端重要。

1936年初，马奇相信他已经完成了他后来描述成是关于乔叟（Chaucer）、斯宾塞和弥尔顿的"一个很长的，可能是不成熟的，而且未经整理的手稿"。T. S.艾略特告诉马奇他很喜欢那部马奇后来自认为是"非凡"作品的书，并且表示愿意为他出版。不过，马奇还是同样把这本书拿给燕卜荪看，征求他的诚实意见。燕卜荪写于1936年3月16日的这封三页纸的信以那种由来已久的和最好的教学方式开篇，强调他认为的这部作品的优势所在："我把整本书翻了一遍，也读了很多页；里面当然有很多有趣的材料。关于狮子是高尚的——威彻利（Wycherley）的《直爽人》（*Plain Dealer*）中说，与其像一条鳄鱼，不如像慷慨的狮子和老虎那样把你的朋友诚恳地撕成碎片；[78] 这正是现代意义上的'慷慨'起作用的地方，我想他的意思是我们将会那样做——你有关'高尚'的论述使得这一点可能性更大了。很有意思，因为我也感觉哺乳动物以一些不为人熟知的方式表现出'慷慨'的一面，我不知道为什么……"但是在另外一些有关文本的不同优点的这类评价之后，他转向批评他认为的马奇的研究方法中极为严重的弱点——不是本着破坏性的精神，而是诚恳地劝告，因此值得在此处完整引用：

> 我认为这本书的形式极其无礼。有人觉得作家必须写些非常艰深的东西，因为反正没有人愿意去读它，我看这种想法是胡扯——如果你考虑到所有人，你就会有足够多的读者。当然，即使一个共产主义者也会有一定的民主感情；尽量平实写作的原因是，你是在那些并非专家的、仅仅了解一般生活知识的人那里检验你的观点。真正主观的写作对我来说是碰一碰就讨厌，外面黏糊糊的像大卫·加斯科因。我感觉我有权对这件事表现得粗鲁些，因为［我］也容易犯同样的错误。在你动笔写任何东西的时候，你最好先假想一下，英格兰长期以来就是一个稳定的共产主义国家，你面临的唯一困难是（a）让你的同志们听到你想要说的，（b）让他们相信你不是在胡扯；认为未来已经来到了，就是一个适合你风格的象征；你会发现这样在两个方面都有好处——既让你写得更好，也让人们更愿意买你的书。整章的引用，却又不说为什么引用，整篇的引用却又不说从哪里引来的，所有诸如此类的东西，只不过是放任你自己疯狂胡为却又没有个疯狂的借口。当然我们写的这类评论没有什么钱可挣，但是有些东西我们还

是需要的：销量和成功，足够的承认和评价可以让我们继续做我们的事而不必遭受孤立带来的疯狂，你可以立刻在今天的英国得到这些，但是你必须首先不要装作自己是疯子。你把原稿给我，征求我的意见，那你肯定希望我认真对待你，那么我就真诚地建议你不要把稿子像现在这样就拿去出版。最好把它改成几本书，而且把你大量的政治观点都写进去：你若是把那些东西写进去，我看不出会有什么坏处，那会使这部作品更加人性化，你会有足够的兴趣来找到你想说的主要的东西，我自己总是在重写我的稿子使它变得能让人理解的时候，才逐渐找到我想要说的东西的，我还没有读你的很多页引文的一个原因是，我非常怀疑你是否已经发现了你认为这些引文有趣的原因，我肯定一旦你发现，它们肯定就是真正的原因。

　　我是喝了点小啤酒才把这话甩出来的，希望你不会特别地敏感吧。要有策略地说这些话挺困难的，可是我不认为你会像你写的这东西那么的神经质，说到公众，当然是真正地一片糊涂；最近的各种事件中所显示出的公众意见的状态，我也赞同，我和他们一样糊涂，我感觉我可以写些像样的（当然是卖不出去的）书，带着"是国家部分地提供了我们的语言"这样的想法，一个根本就不这样看的人当然就有不同的处境了，我本该想到那直接的解决办法是把政治坚定而清晰地引进来。当然你在心里不会把玛德林［学院］作为你孤立的源头吧？我遇到那些老相识时，总是急切地要表现出友好，因为感激他们把我轰走。无论如何，只是算作某个理论吧，文学的象征需要一个能够理解象征的公众：一定要想象这样一群公众，事实上，你会想象到这样真实的一群，但是那些不为公众写作的人甚至都没有觉察到他们是住在疯人院里呢。

爱你和凯瑟琳

比尔·燕卜荪[79]

马奇很好地接受了建议，没有出版他的打印稿。他如此珍惜燕卜荪的那些强健的话语，甚至到去世时还保留着这封信。

1. I. A. Richards, letter to T. S. Eliot, 29 October–7 November 1934, in *Selected Letters of I. A. Richards C.H.*, ed. John Constable, Oxford: Clarendon Press, 1990, 84. 理查兹开玩笑地说："我想若是有必要，他也会［在《标准》上的某篇评论中］撕碎我编辑的柯尔律治。"

2. I. A. Richards, letter to Eliot, 21 November 1934; *Selected Letters*, 85.

3. I. A. Richards, letter to D. Richards, 26 November 1934 (Magdalene).

4. F. R. Leavis, letter to Ronald Bottrall, 19 January 1935 (Harry Ransom Humanities Research Center, University of Texas at Austin); Ian MacKillop, F. R. Leavis: *A Life in Criticism*, London: Allen Lane, 1995, 205–206.

5. F. R. Leavis, letter to Ronald Bottrall, 26 March 1935 (HRC, Texas).

6. Leo Salingar, letter to Haffenden, 21 September 1987.

7. F. R. Leavis, letter to Ronald Bottrall, 5 December 1936 (HRC, Texas); MacKillop, *F. R. Leavis*, 157–159, 181.

8. I. A. Richards, letter to D. E. Richards, 26 November 1934 (Magdalene).

9. Richards, letter to D. E. Richards, 28 January 1936 (Selected Letters, 87).

10. Charles Hobday, *Edgell Rickword*, Manchester: Carcanet Press, 1989, 153.

11. Interview wich Margaret Bottrall, 25 March 1991.玛格丽特·博特拉尔于1928年在一个猎人舞会上经介绍与燕卜荪相识，在舞会上，查尔斯·燕卜荪——此人仪表堂堂却颇为羞涩——本想与一位迷人的年轻漂亮姑娘莫妮卡·汤姆林搭讪（她住在坎特伯雷，父亲在那里做教士）。查尔斯把弟弟带来，结果，威廉·燕卜荪却与玛格丽特（莫妮卡的朋友）高兴地大聊起玄学派诗歌。

12. 在战争期间，伊戈尔·维诺格拉德夫作为俄国公民，不允许参加英国军队；而是在BBC担任剧本写作的工作，他的作品有《纳粹卐字的阴影》（*The Shadow of the Swastika*，还有一些与燕卜荪合写的专题节目），后来还参与了BBC官方史的写作工作。战后，他被接纳入英国籍，后来在女婿安东尼·霍布森的帮助下，他成为索斯比公司（Sotheby）俄国手稿方面的顾问；在他承担的各项任务中，有一项是将谢尔盖·里法尔（Serge Lifar）的图书馆编目，以便在蒙特卡罗（Monte Carlo）出售。他还为《每日电讯报》（*Daily Telegraph*）和《泰晤士报文学增刊》（*TSL*）撰写了很多有关俄国历史的书评。他于1987年8月去世，次年，他的女儿因癌症去世。他所著关于俄国历史的论文现存于利兹大学。他生命中最幸运的巧遇发生在1923年，那年他在从牛津前往盖辛顿（Garsington）途中遇到朱利安（Julian），对方是菲利普·莫雷尔和奥托琳·莫雷尔（Philip and Lady Ottoline Morrell）的女儿，但是女方的父母正确地认为他是个性格狂野又身无分文的小伙子，便不允许他们结婚；后来，二人在1939年再次巧遇（她在1928年已经与别人结婚），于是两人发展出一段婚外情，这段感情在战争期间一直延续，最后到了1946年，她终于与丈夫离婚，并与伊戈尔成婚。［以上信息由阿德里安·古德曼（Adrian Goodman）好意提供。］

13. WE, 'A London Letter', *Poetry* (Chicago), 49 (1937); in *Argufying*, 415–416. 燕卜荪在1935年8月20日，同样写信给身在日本的拉尔夫·霍奇森，"我在伦敦注意到，他们把好多外国人的饭馆都关了——过去一顿中餐是最便宜又管饱的，但是如今那东西就不怎么能撩动你的热情了。而且现在人们都有着颇为古怪的耐性——他们感觉任何一点小争吵会让事情变糟。我也相信，我曾经见到几个印度人与黑人一起转悠——那若是真的，就肯定大有隐情。"（Ralph

Hodgson Papers, Yale University: GEN MSS 245: Box 9, folder 177.)

14. WE, 'The Collected Dylan Thomas', *New Statesman and Nation*, 15 May 1954; in *Argufying*, 393.

15. WE, 'A London Letter', *Argufying*, 416.

16. 燕卜荪一贯欣赏奥登的天才；他对奥登早期作品《双方付账》的评论，便以这样的溢美之词结尾："［这个剧本的］设计如此感人的一个原因便是，它将心理分析与超现实主义和别的东西，以及当今思想的一个根本构成部分——所有的非理性主义倾向，都放到了合适的地方；所有这些构成正常与理性的悲剧形式的部分，实际上，它们构成了悲剧情景。人们会感觉，身处许多，或许更好的悲剧危机之中，而实际上只是因为这种艺术手法被秘密地运用在作品之中。在整个剧作的范围之内（第27页），集合了我们思考这个问题的所有方法；它带有一种似乎可以使一部作品定义一代人的态度的完整性。"［'A Note on W. H. Auden's *Paid on Both Sides*'（1931）; *Argufying*, 371.］

    在一篇起草于1941年的未发表文章中，燕卜荪选择为奥登的诗中一行著名的诗句辩护，这句诗将会受到来自各方面的攻击，最为有名的便是乔治·奥威尔（George Orwell）对他的批判："沃伊特（Voigt）在一本政治书中说，如今的诗人都是战争贩子，而且通过引用奥登的《西班牙》（*Spain*）来证明自己的这个观点：'自觉地接受必要的谋杀带来的罪'。当然，悖论总可以以不同方式解读：谋杀说明杀戮行为是邪恶的，而必要（考虑到目的）说明它又是好的，所以，你不知道诗人所指的是什么样的杀戮。不过，当然这句话来自一颗对于战争颇为敏感的良心，而不是一颗无情之心。要想了解什么是真正的贩卖战争，请参见《底波拉（Deborah）之歌》。但是这句诗中也许有一种德国哲学的成分，这让沃伊特比奥登更感觉这句诗像是纳粹的武器。奥登另一个惊人之处是关于权力的恐怖的描述，比如《F6升起》（*The Ascent of F6*）。所有权力都产生腐败……令我吃惊的是，至今竟然没有人把阿克顿（Acton）勋爵的这句格言反过来说过。所有无能都产生腐败，绝对的无能绝对地产生腐败。这句话与上一句同样正确，不过也许它们都是要推广同一件事——权力遍及整个国家的传播。把文学中的智慧转变成政治计划总不是件容易事。"（Empson Papers）

17. WE, 'Early Auden'（1963）, in *Argufying*, 375.

18. 汉弗莱·卡彭特（Humphrey Carpenter）引用奥登的话，见 *W. H. Auden: A Biography*, London: Allen & Unwin, 1981, 153; Louis MacNeice in Jon Stallworthy, *Louis MacNeice*, London: Faber & Faber, 1995, 153。See also Justin Replogle, 'Auden's Marxism', *PMLA*, 80（December 1965）, 584–595.

19. 'Early Auden', in *Argufying*, 375–376.

20. 《只是拍奥登一巴掌》首次发表于《当代诗歌与散文》（*Contemporary Poetry and Prose*, Autumn, 1937, 24–26）；后登载于《年度诗歌1938》（*The Year's Poetry 1938*, London, 1938）。燕卜荪可能因为在《剑桥评论》第49期（1928年6月6日，第485—488页）读到T. S.艾略特的《朱利恩·奔达的理想主义》（'The Idealism of Julien Benda'）一文，而了解到奔达对一众知识分子的反击的，因为艾略特的文章就登在他的诗《书信》（后来改称《信之二》）旁边。

21. 燕卜荪在大卫·佩里（David Perry）制作的 *The Ambiguity of William Empson*, BBC Radio 3（22 October 1977）的谈话。（National Sound Archive, The British Library: T1726W）

22. WE, letter to Andrew Motion, 14 August 1983 (Chatto & Windus Archive, University of Reading Library).

23. WE, letter to Christopher Ricks, 19 January 1975 (courtesy of Christopher Ricks).在《早年奥登》（'Early Auden'，1975）一文中，他也说道，"我曾听后来的评论家说，'啊，燕卜荪还没有脸皮厚到要做个标杆诗人；他也许说不出什么东西来，但他至少没有说。'其实，我当然完全赞同标杆诗人们。我一直认为自己只要有机会，就应当对这一点明确表态：我认为他们没错，只不过我自己不懂这样的诗怎么写罢了"（*Argufying*, 375—376）。

24. 《燕卜荪的复义》中引用珍妮特·亚当·史密斯的话。有关珍妮特·亚当·史密斯（1905—1999），见以下报纸讣告：《每日电讯报》，1999年9月14日；《卫报》（*The Guardian*, by Nicolas Barker），1999年9月14日；《独立报》（*The Independent*, by Leonard Miall），1999年9月13日；《泰晤士报》，1999年9月13日。

25. Interview with Arthur Calder-Marshall, 19, June 1988.

26. 致谢西奥多·霍夫曼（Theodore Hofmann）。燕卜荪在这里是在幽默地回应《镜中奇境》（*Through the Looking Glass, and What Alice Found There*）第8章［《我的发明》（'It's My Own Invention'）］中，白马骑士与爱丽丝的谈话：

    "……这首歌的名字叫做《黑线鳕的眼睛》。"

    "啊，这首歌的名字是这个啊，"爱丽丝说，装出感兴趣的样子。

    "不，你不懂，"骑士说，显出有些不高兴。"名字叫做那个。但名字实际上是《老人》。"

    "那么我刚才应当说，'这首歌叫做这个吗？'"爱丽丝纠正自己说。

    "不，你不应当那么说，那是另一码事。这首歌叫做《方法与方式》，但它只是叫做这个，你明白了吧。"

27. John Hayward, letter to Frank Morley, October 1938 (Hayward Collection, King's College, Cambridge: JDH/FVM/15).

28. Interview with Julian Trevelyan.

29. Undated interview with Christopher Norris and David Wilson.

30. David Gascoyne, *Journal 1936–37*, London: Enitharmon Press, 1980, 59.大卫·加斯科因（1916—2001）是一位诗人、翻译家、散文家、日记作者，而且是一个记述超现实主义历史的人。见以下报纸讣告：《每日电讯报》和《卫报》（2001年11月27日），《泰晤士报》（2001年11月28日）。

31. Desmond Hawkins, *When I Was: A Memoir of the Years between the Wars*, Basingstoke: Macmillan Press, 1989, 118.朱利安·特里威廉在和我交谈时，回忆起曾经在后半夜与达文波特、燕卜荪和托马斯去汉普斯特西斯（Hampstead Heath），而且一路上托马斯都在讲着污秽的故事。

32. 'London Letter', *Argufying*, 417.

33. Ibid., 416–417.

34. WE. 'Some More Dylan Thomas', *The Listener*, 28 October 1971; in *Argufying*, 408. "我记得他告诉我说，动不动第二天就无事可做有多么可怕，"燕卜荪在别的地方回忆托马斯说，"有时候，他说，'我买一条玛氏巧克力，我想明天我就吃这个，于是我就可以睡着了，因为我有了个计划。'不太喜欢这种故意雕琢的赚人眼泪的故事，但是，无事可做，也会让我借酒浇愁的。"不过，托马斯做什么事都是值得原谅的，就因为他那份幽默感：他特别能逗人开心，所以很多人感觉自己得到了丰厚的回报。他必须喝酒，这样才能糊里糊涂地去承担逗人开心的工作，而且因为所有这群人（不管是怎么聚到一起的）都要被吸引着加入到这个幽默的盛宴中去。"（'Dylan Thomas in Maturity', a review of *The Life of Dylan Thomas*, by Constantine FitzGibbon, in *The New Stateman*, 29 October 1965; *Argufying*, 407.）

35. E. W. F. Tomlin, *T. S. Eliot: A Friendship*, London: Routledge, 1988, 91.

36. T. S. Eliot, letter to I. A. Richards, 24 September 1935: "你的两个最优秀的学生因名声不佳无法找到工作……"（Richards Papers）燕卜荪喜欢给人讲他有次去拜访费伯出版社的一件趣事，在那儿他看到艾略特弓着身子，手里拿着一册利维斯主编的期刊《细察》："利维斯的所作所为真令人恶心，他的论点简直是暴民胡说，难道就没人能让他闭嘴吗？——然后，他带着一种冷冷的愤恨语气说，"当然，下一个就该轮到我了。"那时候，利维斯正一方面大骂理查兹，一方面又竭力奉承艾略特。"虽然我知道这段轶事，但我并不是艾略特的亲密朋友，当然，我也不是偷听来的。他就是把任何到他办公室的人都看作是谈话的荣誉成员。我是理查兹的学生，自然知道艾略特指的是什么事，但是他来说这番话，还是让我颇为吃惊，这番话让他在我心中威望陡增，至今仍然如此。"（'The Hammer's Ring'〔1973〕，*Argufying*, 217.）不过，燕卜荪或许是不小心，又可能是故意挑衅，竟然把艾略特的这番话也传到了利维斯本人耳中：燕卜荪"在30年代无意间（他不像正常人那么聪明）把罗素广场的一幕透露给我，"利维斯在某个时候写道。（引用见MacKillop, *F. R. Leavis*, 207.）

37. T. S. Eliot to John Hayward, 13 October 1936 (Hayward Bequest, King's College, Cambridge: 1/12/1/5).

38. Interview with Igor Vingradoff, 1985.

39. Interview with Julian Trevelyan.

40. WE, , 'The Style of the Master', in Richard March and Tambimuttu (eds.), *T. S. Eliot: A Symposium*, London: Editions Poetry London, 1948; in *Argufying*, 362–363.

41. Ibid., 362.

42. WE, from a TV film *The Mysterious Mr Eliot by Stephen Cross*, New York: McGraw-Hill Films, n.d., quoted in Russell Kirk, 'Eliot's Christian Imagination', in *The Placing of T. S. Eliot*, ed. Jewel Spears Brooker, Columbia: University of Missouri Press, 1991, 139.

43. 以下五段得益于珍妮特·亚当·史密斯的回忆，'A is B at 8,000 feet', in Gill, 34–40。

44. 此段及下段得益于与伊戈尔·克鲁乔夫的访谈，1991年1月1日。

45. WE, interview with Norrisand Wilson. 鲍里斯的朋友塞西尔·格雷（Cecil Gray）后来把他称做"普希金（Pushkin）和穆索尔斯基（Moussorgsky）笔下的贵族鲍里斯·戈杜诺夫（Boris Godunov）的后人，一个杰出的藏书家，在食用菌方面的权威，他比诺曼·道格拉斯（Norman Douglas）和我更讨厌工作，我们两人有一次从巴约讷（Bayonne）走到卡尔卡索纳（Carcassone）……"（*Musical Chairs: or Between Two Stools: Being the Life and Memoirs*, London: Home & Van Thal, 1948, 291.）

46. 他的儿子伊戈尔·克鲁乔夫在1991年告诉我说，他曾在伦敦的皇家自由医院（Royal Free Hospital）的收发室工作；一次，他看到一封致燕卜荪的电报，就拿到他的屋里。"鲍里斯！是啊！嗓音好听！我本应该也不落后才对，"燕卜荪感叹说。

47. Barry Smith, *Peter Warlock: The Life of Philip Heseltine*, Oxford: Oxford University Press, 1994; and British Library Add. MS 57794.

48. *Contemporary Poets Reading Their Own Poems*, British Council (National Sound Archive, British Library: 10226 WR).

49. J. H. Willis, Jr., 'The Poetry of William Empson' (unpublished Ph.D. thesis: Columbia University, New York, 1967), 291.

50. 'George Herbert and Miss Tuve' (1950), in *Argufying*, 253.

51. WE, interview with Christopher Norris and David Wilson.

52. 关于马奇（1912—1996），见以下报纸讣告：《泰晤士报》，1996年1月25日；《卫报》（by Angus Calder），1996年1月20日；《独立报》（by Michael Young），1996年1月24日。

53. 伊迪丝·西特韦尔1937年在伦敦大学所做诺斯克利夫讲座《现代文学的三个时代》（'Three Eras of Modern Poetry'）中赞扬了燕卜荪与罗纳德·博特拉尔和迪伦·托马斯三人的诗［此讲座基于她的书《现代诗歌的各个方面》（*Aspects of Modern Poetry*）］。（John Lehmann, *A Nest of Tigers: Edith, Osbert and Sacheverell Sitwell in Their Times*, London: Macmillan, 1968, 134–135.）

54. 大卫·加斯科因就老水晶宫的大火写到，"对于我们大多数人来说，——我指的是我们'大众观察者'——它以某种象征的方式代表了一场我们早就开始想到即将要爆发的世界大火，我们感觉，对于大众来说，它无意识的带有这种意味。"（*Journal 1936–37*, 39.）

55. Jeremy MacClancy, 'Brief Encounter: The Meeting, in Mass-Observation, of British Surrealism and Popular Anthropology', *Journal of the Royal Anthropological Institute*, 1/3 (September 1995), 498.

56. Kathleen Raine, *Defending Ancient Spring*, London: Oxford University Press, 1967, 47.

57. Gascoyne, *Journal 1936–37*, 60. "但是他可真无聊！"加斯科因接着说，"他的诗越来越无味，越来越干瘪；不过他早期的诗，比如《阿拉喀涅》或《适合标度》［《标度》］（'The proper scale'［'The Scales'］），除了它们包含的知识分子的字谜般的独创性（或者它们著名的复义），这些诗在某种层面上，装饰性地或者惹人联想地，有些趣味。"但是，在1980年，他却回忆道（第12页），"我现在一点也不像当初那样看待燕卜荪或者他的诗歌了，如今，我非常欣赏他的诗歌，也非常景仰他的品评文字。"

58. 燕卜荪有关詹宁斯的回忆，未发表。［致谢玛丽-卢·詹宁斯（Mary-Lou Jennings）］。凯文·杰克森（Kevin Jackson）肯定了燕卜荪对他朋友的目的的看法："詹宁斯试图找寻出那些有关他的同胞们思想中未被承认的半异教信仰和偶像崇拜的细小但却明显的线索。"（*The Humphrey Jennings Film Reader*, Manchester: Carcanet, 1993, p. xv.）

59. Interview with Madge, June 1983. 在詹宁斯逝世后不久，T. S.艾略特写信给理查兹，赞扬他所谓的詹宁斯的"思想的活跃与谈吐的力量"。（18 October 1950; Richards Papers）

60. *May the Twelfth*, London: Faber & Faber, 1937, 347.

61. MacClancy, 'Brief Encounter', 500.

62. Ibid., 501.

63. *May the Twelfth*, 92.

64. MacClancy, 'Brief Encounter', 502.

65. *Britain by Mass-Observation*, arranged and written by Tom Harrisson and Charles Madge (reissued London: The Cresset Library, 1986, pp. 157–158). 此书在十天内卖出十万册。

66. Charles Madge, letter to JH, 20 March 1991.

67. JH interview with Madge, June 1983.

68. Anthony W. Hodgkinson and Rodney E. Sheratsky, *Humphrey Jennings—More Than a Maker of Films*, Hanover, NH: Published for Clark University by the University Press of New England, 1982, 39.

69. Tom Harrisson, letter to a friend, quoted in MacClancy, 'Brief Encounter', 502.

70. Gascoyne, *Journal 1936–37*, 10.

71. Madge interview; letter to JH, 20 March 1991.关于哈里森与"大众观察"，又见Judith M. Heimann, *The Most Offending Soul Alive: Tom Harrisson and his Remarkable Life*, Honolulu: University of Hawai'i Press, 1988, esp. ch. 13: 'Mass-Observation', and ch. 15: 'M-O in Bolton'. 牛津布鲁克斯大学（Oxford Brookes University）人类学讲师杰里米·麦克克兰西曾经写过一篇有关海曼传记的评论，称毫无疑问哈里森对于"大众观察的贡献确是原创的。因为它解放性的规划是无与伦比的近后现代主义范例：多文本的创造，对民族志权威的拷问，对于自反性之必要的认识，对于人类学的颠覆性潜力的认识，必不可少的民族志的文学本质，对于西方工业社会的研究，以及对于构成文化的代码与表达之间根本上的竞争关系的认识。所有这些成分，都呈现在早年的'大众观察'中，而哈里森则是它的三个主要推动者之一。"（'Cage me a Harrisson', *TLS*, 16 August 2002, p.3.）

72. Julian Trevelyan, *Indigo Days*, London: MacGibbon & Kee, 1957, 83.

73. Tom Harrisson, letter to Trevelyan, 7 June 1937 (Julian Trevelyan Papers, Trinity College, Cambridge). 哈里森劝说他的朋友道："博尔顿艺术等着你呢！我保证，你会喜欢的。"

74. Trevelyan, *Indigo Days*, 84. "大众观察是……一个奇妙的不可能实现的工程，不受任何有关方法的思想约束，只是一种模糊、全面包含的观察行动。哈里森可能会派一个全职的观察者去查看糖果店橱窗里陈列的东西……"（MacClancy, 'Cage me a Harrisson', 3.）

75. Interview with Christopher Norris and David Wilson.

76. WE, letter to C. K. Ogden, 14 February 1940 (McMaster University Library).

77. 比较伍德罗·怀亚特（Woodrow Wyatt）在一条传记条目中对汤姆·哈里森所作的肯定："1939年大众观察报告的可靠性被广泛接受，以至情报部把它用来就二战期间国民士气作细节研究。它们都成为了重要历史文献……"（DNB 1971–1980）

78. "……我选择去诚实、直接地表达粗野的地方，在那里人们像慷慨、饥饿的狮子、老虎一样彼此吞噬，而不像鳄鱼一样假惺惺的……"（William Wycherley, *The Plain Dealer*［1676］, i. i. 612–16.）

79. WE, letter to Madge, dated by Madge 16 March 1936 (courtesy of the late Charles Madge).

译者注
① 美国著名电影演员。

第十五章

露营：中国，1937—1938

> 诗讲得成为一种乐趣，
>
> 　免去了逃避之嫌或废话连篇。
>
> 我忽然感到不设法飞走
>
> 　倒使他们逃避得更远。
>
> 这是一种航天的本领，
>
> 　称为高翔，会便你把明星扮演
>
> ——《南岳之秋》①

"我当时若是拒绝离开英国该有多蠢啊，"1938年3月，燕卜荪带着对自己的一份吃惊写道，那是在他在战乱中的中国住了六个多月之后了。[1]最终，他将会在那里工作——他是唯一一个忍受了他所谓的"当地生活的恐怖"（这评论也颇有道理）的欧洲人。[2]到1939年8月结束时，刚刚超过两年整。但是在1937年8月，他作出去中国的决定是颇为草率的。

他在1937年早些时候接到通知，称他被给予一个在国立北京大学（中国最古老的且是第一所由政府资助的现代大学）任教三年的机会，这让他长舒了一口气。在过去的两年中，他在伦敦靠一笔很少但还充足的个人收入过活，另外还通过教一些私人学生和偶尔出版一些散文和评论得到些补贴；而且他总是无法抗拒"菲茨罗维亚的吸引力"[3]，意思是指聚会和酒吧，那地方在布卢姆斯伯里的尽头。更早些时候，他曾经考虑过在新加坡申请一个学术职位，但是他让这个机会溜走了。另外一次，他请求T. S.艾略特给他提供一份推荐信，用作他申请位于开罗（Cairo）的埃及大学（Egyptian University）的教授职位之用。"我的确是个很有兴致的，而且很用功的讲师，但是我并没有期望你能知道这一点，"他对艾略特说；他显然也非常想要得到这份工作，事实上任何工作都行。杰弗里·费伯的秘书埃丽卡·赖特（Erica Wright）这个时候在燕卜荪的信上为艾略特先生写下了这样一条信息："燕卜荪先生打电话来，对此事很焦急。"[4] 因此他得到北京的这个职位是结合了"两个世界的优势"，他写道，"知道我有了个工作，而且在伦敦四处奔波。"

年中，他回到约克的家中，收拾了他此行所需的每件东西，并向母亲道别。他的哥哥亚瑟（Arthur）与他一起拜访了住在雷尼肖厅（Renishaw Hall）的伊迪丝·西特韦尔，之后开车送他去南方，在韦林花园城（Welwyn Garden City）车站把他放下。在车站的站台上，他们看到报纸上首次报道，在北京卢沟桥发生"七七事变"之后——当时的北京叫做北平，那是个比较乐观的称谓（北京的意思是"北方的京城"，而北平的意思是"北方平安"）——日本入侵中国的消息。"那时我唯一的担心是我的中国之行因此泡汤，"后来燕卜荪写道。[5] 他从C. K.奥格登那里得到了更多的信息，后者8月9日告诉他：

> 我在周五收到来自北京的电报……里面暗示一切事情都没有比预期的更糟——"还活着"。
>
> 我想大概很难……或者根本没办法离开，居民们听到战争的声音，仍然继续他们的生活——希望不会再有未经警告就来的轰炸，或者报复，或者暴乱。[6]

燕卜荪以不常见的啰唆说，在他看来似乎很清楚的是理查兹"正在现场"。奥格登建议他再等等新的消息，但是他连续发了两份电报，电文均为"必到，除非告知不可"，而且每份都给出了不同的最后日期，第二份是8月12日。

艾弗和多罗西娅·理查兹事实上没能从北京给他回电报，因为电信通信已经被切断，信件也被审查。但是多罗西娅·理查兹曾经写去一封信，可惜燕卜荪并没有收到：

> 目前情况不太好。时局比较令人担忧。我们不知道究竟发生了什么事，而且可以听到就在城外周围在打仗。火车已经停开了。很多［中国］

军队，但是却没有装备或组织，如果战事超过了这些小规模冲突的范围的话，这里有可能变成另一个阿比西尼亚（Abysynia）。也许［北京］在几天之后就会落入［日本人］手里。热得吓人。自然这也就使我们的［基本英语］……计划变得不确定了。希望你没有担心……这真是太让人沮丧了，简直没有希望。说到我们自己，我们在城里面也不太可能看到多少东西。这里极其平静，城门早六点打开，晚八点关上。晚上九点会有宵禁，宵禁之后除了少数几个外国人外，其他人都会待在家里……你什么时候会收到这封信，我不知道。越来越热了。[7]

理查兹夫妇"几乎在北京做了囚犯"，多罗西娅·理查兹给别人写信说。由于不清楚此次事件是否会扩大成全面的双方战争，他们起初的看法是，中国人手里挥舞的都是些过时的武器，根本无法与日军匹敌，所以应当设法与日方达成任何形式的和解——不管可能会是多么蒙羞——而不要冒可能遭受大屠杀的险。[8] 无论如何，日方显然希望迫使当地的抵抗力量不做什么大的抵抗就向南部撤退。飞机在头顶三十英尺的上空飞过，巷战在几个街区之外就可以听到。7月28日星期六，多罗西娅在日记中记录道："坐到凌晨两点，听着全球的政治宣传。日本荒唐的自相矛盾……伦敦全是温布尔登（Wimbledon）网球，有关东方的消息都微不足道，除了最后通牒——也是非常彬彬有礼。"城里的每一条胡同口都挖了壕沟；7月28日所有的外国领事馆都通知本国国民到东交民巷公使馆避难。几天之后，人们又都回到自己的家中。虽然仍处于隔离状态——即使记者也只被允许在英国领事馆通过无线电发送三百词的急电——北京再次陷入寂静：日军已经攻下了这座城，而且将在未来的八年里控制这里。"在新的统治者的统治之下，北京表面上非常宁静和正常，工作正常开展，"多罗西娅·理查兹写道。"我们只能得到很少的消息，不知道到底发生了什么事，一部分是因为无线电信号被阻，一部分原因是我们的新闻主要是政治宣传……重要的大学将被关闭，并迁往［南方］……"[9]

"比尔·燕卜荪和我们在一起，"她在9月1日的日记中又写道，"他是三天前坐火车到达的。然而却没有工作可做。这情形令人抓狂。" 实际上燕卜荪8月12日即从伦敦出发，他后来说，希望自己更早些到北京就好了。他并没有天真地希望自己会来到一片有着迷人的兴奋之感的地区，而是预见到了一场远东战争的全球性意义；当他登上跨西伯利亚特快列车的时候，便决定对自己所目睹的每一件事都做一个真实的记述。

他把德国贬作"一个穷困痛苦的地方"，而盼望着早日到达俄国。在30年代早期他就对马克思主义产生兴趣，并且从与室友伊戈尔·维诺格拉德夫的交谈中获知了很多俄国历史。在边境上，他看到两个德国妇女拿出一些珠宝匣子，而海关人员则想要通过"测算流程"来估量它们的价值。他能够放到他们面前的不过是一口袋二先令六便士的硬币。车站的墙上贴着用大多数的欧洲语言书写的"全世界工人们，团结起来"的标语。

坐在一个来自英国帝国化学工业公司（ICI）的商人旁边，燕卜荪想要帮助那两个德国妇女就该在火车到达中国边境之前调头回家，还是该一路直到她们的目的地上海这件事拿个主意。这队人马一到达莫斯科，他便为丢下那个更有主见的女人感到高兴——她喜欢伏特加（"这让谈话更加容易，因为没有喜欢啤酒的人会吞得下俄国啤酒"）——让她去为贵族们缅怀往昔去了，而他则搭乘电车去了现代西方艺术博物馆（Museum of Modern Western Art）。有关他看了哪些画作他并没有留下记录，但是他写道，高更（Gauguin）"把天空画成藤黄色（只是黄色，但他忍不住用到'藤黄'），他的角色都从那里面迸发出来，给人一种可以说是粗俗的招贴画式的感觉，但是我却要说，我认为那惊人地美"，那时他肯定想到的是那幅《采摘水果》（Gathering Fruit）。高更并不是个浪漫主义者，他说，而只是一个精确的报告者——由这个发现，他得到了一个教训，这个教训将对他在中国的两年很有帮助："合宜的报道，"他判断说，有着重要的力量，"可以告诉一个种族如何去尊重另一个种族。"

在此之前，他曾经有过这样的一次旅行，那是在他去日本的路上，而且那次他在车厢里遇上几个可以讲法语的俄国人。这次他却感到与人很疏远，而且很担心，只是为自己不懂得那不断地播送着政治信息的广播而感到高兴。他后来在旅行笔记中记载道，在一些小站上，他看到俄国妇女"就像驮载重物的牲畜，而在中国就不同了"，还看到"乞丐们在月台上就像是纪念碑一般"。火车站呈现出一片"与往日无异的明显的阶级差异的景象，要说有什么新东西，那就是这种奇怪的恐惧的重压"。

"我不是在谈论有关共产主义的理论，那是这个世界上有教养的人们都需要而且必须学习的，"他接着写道，"我是在说有关那个糟糕的国家，自从16世纪欧洲发明了'进步'之后，她的整个历史就带着她急转直下。"俄国历史似乎"像一块烙印一样地真实"：

> 稍微懂些历史的人都不会对俄国近现代史上屠杀官僚的暴行感到奇怪。我猜这个国家需要三个世纪的时间，没有人能够像我这样为一个民族而感到兴奋，在月台上跳上跳下，偷眼瞧着那些疲惫不堪的人们的颧骨：我想他们是些了不起的人，即使今天这样可怕的绝望，我想，也不过就像是在身上开了个小口，脏东西跑到表面上来了。但是天啊，告诉一个达勒姆（Durham）的矿工，马克思有些话是对他说的，也许他（马克思）的确如此，但是不要假装斯大林（Stalin）也是一样。

一天早晨，火车临时停靠，那地方有几条铁轨在几间木屋和一座斯大林塑像边交错在一起，在寒冷的雾气中，五六个发动机对着彼此不停地轰鸣；燕卜荪感觉他进入了来自《白鲸》（Moby-Dick）的一群鲸里，或者"像是小图美（Toomai）看到一群大象在跳舞"。火车经常要为那些往东方运送军队的列车让路，于是当终于告别最后一段西伯利亚，坐上一辆整洁的日本列车，在漂亮的乘务员、新鲜的面包和啤酒的陪伴下进入满洲时，他感觉大大地松了一口气。即使那些边境官员们有关军队动向的急切询问，也似乎让他感到一种带着讽刺的欢迎之情。在穿越俄国的枯燥而漫长的转线旅程之后，他感觉装饰整洁的日本列车那种规则的夜晚的节拍"如此明亮、辉煌和可靠"，于是他把卧铺头顶的灯打开，匆匆写下一些诗句——它们后来形成了那首名叫《美丽的列车》（'The Beautiful Train'）的诗——并以这样一个切分音的句子结束："如此坚定，带着如此重负，却踏着如此轻盈快乐的脚步。"另一方面，他不得不承认，当日本侵略者正在袭击这个他选择要为之服务的国家时，他却从这列火车中得到如此的乐趣，这让他心神不安。在此刻他所体验到的这些矛盾情绪，在这首诗的倒数第二行中真实地反映出来："而我是个纠结的人，爱着我憎恶的东西。"

一天之内，他又开始以那种十分混杂的心情来看待那些日本人的面孔，他上一次看到他们是在1934年。一位在哈尔滨的德国旅馆老板带给他一条令人心焦的消息，华北的大学都被关闭了，主要是因为日本人对中国教师不信任。另外，共产党的抵抗使得任何城外的活动都成为不可能。第二天，他只好登上了一列日本的军车，他发现自己的座位是在豪华车厢的一个角落，那节车厢是被用来做一些日本指挥官的办公室的。在餐车上，他试着用自己懂得的一点点日语点一个大碗盖饭，却发现乘务员只为他提供了一份精心烹制的鱼和肉的菜，那是日本士兵——即使其中有佛教徒——必须吃的东西。回到自己的车厢时，他发现那些军官已经被一批神气活现的欧洲妇女和孩子赶了出去。他坐着打瞌睡，看着太阳从被水淹没的稻田里升起来；在天津换车之后，这段穿越尘土飞扬的平原通往北京的路程，数次因日本军人来检查中国乘客而被耽搁。

1933年，在他首次拜访中国时，他感到被北京"折服"。从西北部的白塔寺（White dagoba）审视紫禁城（Forbidden City），他感觉紫禁城"就像是无敌舰队悠闲地停泊在一座无敌的海港"。紫禁城给他的印象是，这是他见到的唯一一座"是政府的工具，而非一个人虚荣的坟墓"的城市。在故宫（Imperial Palace）的各个房间内，穿着草鞋缓步走来走去的中国士兵，手挽着手注视着古代的宝物，给他一种温柔的感觉：不穿军靴的军队看上去很奇怪，不可怕。他曾经到城市的西面，越过长城去寻访云冈的古代佛教洞窟，那次旅程的最后一段路，他搭乘的是一辆有篷的牛车，一直蹲坐在一张草席上。山羊和牛在洞窟中歇脚，巨大的塑像也都被损坏了：它们的手被投机取利的人砍去卖了。那时候，中日双方的军队已经在长城沿线开战，所以考虑到牛车可能会被征用，他就找了一个向导——"否则的话我应该有足够的劲头买一本汉语手册，可以仰仗民众的指引。"结果他把那些介绍全丢了，而且也"几乎没有遇到任何人"，他在一个笔记本中回忆说。

现在，在1937年8月的最后一周，日方刚刚完成了野蛮的攻击，正在占领这座城市，此前他们杀死了宋司令手下29军共两千名士兵（该军共有一万名士兵）。不过，在车站拥挤着下车的人潮之中，还是举行了一个颇不协调的欢迎仪式。迎接燕卜荪的是正字（基本英语）学会中国分会［Orthological (Basic English) Institute of China，正式成立于1933年］四位德高望重的教授组成的委员会，他们带着燕卜荪穿过古老的内城水门。四人中包括分会既热心又脾气好的会长R. D.（"吉姆"）·詹姆森［R. D. ('Jim') Jameson］——"这个人留着好笑的山羊胡，戴着眼镜，笑容可掬，举止讨人喜欢"。年轻的汉学家费正清（John King Fairbank）

在30年代这样描述他——此人自1925年开始便在北京的国立清华大学〔National Tsinghua (Qinghua) University〕讲授英国文学。詹姆森受I. A.理查兹的激励，投身于在中国的基本英语事业。[10] 燕卜荪唯一感到失望的是理查兹本人因为碰巧当晚外出吃饭，没有在欢迎者之列。吴富恒教授（Wu Fu-heng，后来任在济南的山东大学校长）记得，在几句客套话之后，燕卜荪忽然很奇怪地说："我就像个鬼似的来中国了。"[11]

在遂安伯胡同5号（5 Sui An Po Hutung）正字学会宽敞的总部，人们匆忙地磋商关于在中国的中学课程中开设基本英语的前景。燕卜荪既受到鼓舞又有些心烦意乱，于是时不时地从椅子上跳起来去找他的烟嘴：他的举动让委员会的另一位成员水天同（Shui Tien-tung）——此人只比燕卜荪小四岁，却已经是基本英语的中坚力量——感觉他是那种心不在焉的教授的典型代表。[12]

但是他当时的烦乱是有原因的。外国人无法长期保证安全，即使是在公使馆——多罗西娅·理查兹很久以后还记得当时与燕卜荪一起坐在院子里，听到子弹就在墙外呼啸。于是不久燕卜荪与理查兹夫妇就到德国人开的六国饭店（Grand Hotel des Wagon-lits）避难。除了喜欢理查兹夫妇的陪伴之外，燕卜荪愿意与这对夫妇在一起还有一个关键的原因：大学的钱无法从国民党政府的首都南京到达他的手上。

"这座神圣的城市，有着令人惊奇的美丽，而且很安静，因为中国人都很沮丧；非常诡异，"他给家人写信说，信上的字暴露出他的紧张——或者也许是酒精的作用。"没有消息进来，我们总是在交换着传闻，非常烦人。"[13]

很快他们又返回天津——旅途很危险，因为长着高高的谷子的田地里藏着狙击手，见到移动的东西就打，不管是敌是友——燕卜荪一行希望从那里坐船经过上海到香港去；他们与好热闹的美国记者埃德加·斯诺（Edgar Snow）一起喝了几个小时的德国好啤酒。[14] 1936年斯诺完成了一项壮举，他设法深入陕北革命根据地，采访了共产党领袖，包括毛泽东和周恩来：他的先锋报道《红星照耀中国》（Red Star over China）在1937年7月刚刚出版。斯诺在此次与匆匆路过的英国学者的会面中特别记得一件事，后来在《亚洲的战争》（The Battle for Asia，1941）中，他写道："或者是理查兹或者是燕卜荪给日本人创造了一个新的、如今被广泛使用的绰号，那个小小的"日儿"（Nip）——这个词在某种程度上特别适合在中国的日本人，他们与在本国的那些日本人是不同的。"[15]（几乎可以肯定这事是燕卜荪干的，因为他一直有创造或者缩短专有名词的习惯。）

在连哄带骗地成功漂洋过海这件事上，理查兹显示了天生的权威，令人钦佩。他们只找到一艘轮船，但是却被告知当局下令禁止任何妇女进入上海。理查兹立刻与领事和船舶代理会晤，并得到许可，多罗西娅可以与丈夫随行。在青岛他们又看到了另一艘轮船——"蓝烟囱号"，这艘船已经满员了；但是理查兹找到了一条极佳的补救方法——一张玛德林学院信纸——然后在上面写了些类似"洛克菲勒"（Rockefeller）这样的有魔法的词。

燕卜荪记录说，那个代理正巧是个"老玛德林学生（可恶的小兔子）"，结果，立刻为他们在官员吸烟室内搭了几张床（按照一等舱的全额票价每人十一镑），于是"那位英国女士"多罗西娅又被"救"了。[16] 在9月的第二周，他们在香港登陆，燕卜荪在香港会所（Hong Kong Club）下榻，同时制订了去内地的计划。

此行的目的，是在华南建立一个基本英语的委员会，而湖南省的长沙市便成为与来自教育部的代表会面的地方。"我们希望可以在战线以南为基本英语找到发展机会，让北京的学会去处理北部的事务，"多罗西娅9月1日在理查兹的日记本上写道：

> 问题的关键是用基本英语来写作适合教中国学校的书。目前所有的教学都是一片混乱。目前日方对中国的大学采取完全敌对态度，他们认为大学是危险思想的温床，所谓危险思想就是导致任何人对他们所说的话持怀疑态度的东西。这整个事情都非常可恶，而当局对此的态度则显出令人吃惊的软弱——只有大使级的伤痛才能引起比卑躬屈膝更高些的反应——数万的平民被炸成碎片，政府却没有作出任何抗议。

燕卜荪在香港的各类交往当中，包括他与北京大学文学院院长——"伟大的胡适"，他这样称呼他——的见面，胡适是在去华盛顿为中国作政治宣传的路上。作为中外自由学术团体的领军人物之一，胡适被费正清（他在五年前与胡适会过面）描绘成"现代的伏尔泰"。胡适出生于1891年，曾在康奈尔大学和哥伦比亚大学就读，并曾在哲学家约翰·杜威（John Dewey）于1919到1921年间在中国巡回讲座期间担任翻译，后来曾主编《独立评论》（*The Independent Critic*）杂志。在芝加哥大学，他曾经做过《中国的文艺复兴》（*The Chinese Renaissance*）的讲座，他甚至还出版了一本回忆录——《四十自述》（*Autobiography at Forty*）。"北京到明年就会在中国的统治下安顿下来。"胡适告诉燕卜荪，而燕卜荪则友好地把胡适看作是位"不太可信的人，但是很会说话"[17]。

另一位新相识是维克多·珀塞尔（Victor Purcell），一位英国的公务员，自从1924年就在位于槟榔屿的马来亚政府中国秘书处（Chinese secretariat of the Malayan Civil Service at Penang）任职——后来做了英属海峡殖民地教育部（Education Department for the Straits Settlements）副部长——他与燕卜荪和理查兹夫妇在后来的一个月的华南之旅中同行。

他曾被颁发英联邦服务研究奖学金以资助他与基本英语的合作。"我想他是个了不起的人，"理查兹那时对珀塞尔这样评价道。"这儿的所有事都由殖民地公务人员管理，像珀塞尔这样一个热心而又敏锐的基本英语拥护者的价值是无法估量的。从他身上，我学到了很多东西。我看他似乎也对中国教育存在的普遍问题看得非常清楚。"[18]（对我们来说）更值得注意的是，珀塞尔将在1938年出版一本相当厚重且可读性很高的书来纪念他与这一行人一起度过的几个星期。《中国万年青》（*Chinese Evergreen*）实际上是关于他们这次旅行的一个绝对真实的记录，因为珀塞尔没有改动任何的事实，除了有意要掩盖他极其古怪的同伴们的身份。I.A.理查兹在书中被称为"爱德华"（Edwards），而燕卜荪自然被称为"达德利"（Dudley）——取自历史上那对臭名昭著的难兄难弟燕卜荪和达德利［迪伦·托马斯后来在玩笑之作《国王的金丝雀之死》中也给燕卜荪用了这个假名］。

事实证明，离开香港与进入香港一样地困难。广九铁路（Canton-Kowloon railway）总是受到日本的轰炸袭击，西河还有很多沉船用来阻止海军对广东的袭击。于是，9月21日，一行十三位毫无畏惧的旅客齐集在启德机场（Kai Tek Aerodrome）来搭乘一架小飞机——一架三个引擎的容克，驾驶员是个德国人。那天清晨，收音机中说，有二十一架日本飞机轰炸了距离香港不到八十英里的广东，这些飞机在回台湾的路上非常有可能会与这架向北飞往长沙的容克相遇。这架飞机虽然轻巧却很显眼，看上去就像喷成铝色的皱巴巴的铁块，机身上还带有中文的识别标志。[19]当飞机飞离香港港口冲向最高点时，多罗西娅·理查兹感到心情慌乱，却惊讶地看见燕卜荪安静地坐下，然后开始摆弄他的代数习题，似乎完全地气定神闲。但是此行很幸运地没有遇到任何麻烦。[20] 沿着北江水道，他们穿过浙岭（Cheling），越过南岭（Nanling）山脉，又掠过无数的江河，河水淤积成各种颜色，"从蓝绿色到咖啡与番茄汤色，"理查兹夫人如此描述说。"稻田就像上色很坏的玻璃，"她说，"从三千英尺左右看下去，铁路几乎看不见，这也就解释了为什么轰炸机很奇怪地竟然没有能够切断几乎中国的命脉。"经过时速一百英里的数小时飞行之后，它们在色彩斑斓、空气湿润的湖南省境地降落。

横跨在湘江之上的长沙是一座满眼灰色的城市，狭窄的石板路弯弯曲曲，路两旁是有着厚厚墙壁的房子。城市的东南面，是一所很大的美国圣经学院（American Bible Institute），煞有介事地取名为"中国耶鲁"，由一位校长与哈钦斯（Hutchins）夫人一同管理，这里便是英语教学会议的主办地。理查兹写道："中国耶鲁像一小块安娜堡市（Ann Arbor）粘到一座很大的、蜿蜒的，有些丑陋，天气又潮湿得可怕的城镇之上。"学院的场地离火车站太近，未免令人紧张——火车站是轰炸机的一个主要目标，理查兹夫人说——虽然美国人想在本地医院的草地上铺开一些红十字会的旗帜，来警示日方这里是中立国财产，但是不起作用。[21] 燕卜荪和珀塞尔决定尽快离开这个学院：他们并不是过分担心空袭，而是布道团不停地唱圣歌实在让他们受不了。理查兹在他与妻子共用的日记本上写道："珀塞尔和燕卜荪进来宣布说他们已经给自己找了家下等德国馆子，有很多的酒。"[22]

在基本英语会议上的十三位官方代表中包括曾宝荪（Tseng Po Sun）②博士，湖南老牌地主家族后裔（他的曾祖父曾国藩，曾镇压太平军）。曾宝荪个子不高，穿着传统中国学者的灰色长衫，是一位贵格会教徒（Quaker），对于中国的教育问题有着长期的实际体会，而且智慧超群。维克多·珀塞尔形容他，"回答你的问题非常简洁，答完双唇紧紧一闭，转而又把嘴一撇。但是他若是谈到个感兴趣的话题，就会变成个你碰到过的说话最流畅、最滔滔不绝的人。他辩论时从来不支吾；一句最随便的插话也会被他抓住某个点来支持他的论证，然而他又从不会让人感觉他在独霸整个的谈话。"[23] 另一位主要的参与者是叶公超（George Yeh, Yeh Kung-chao），他是个本性自由、快活又健谈的教育家。叶生在一个有教养的广东人家庭（只比燕卜荪大三岁），曾在剑桥大学获得印欧语言学硕士学位，而在那之前他曾经在马萨诸塞（Massachusetts）的阿默斯特学院（Amherst College）以优异成绩获得英国文学学士学位［在那里，他的天赋还曾经得到罗伯特·弗罗斯特（Robert Frost）的赏识］；自从1935年起，他便在北京大学的西方语言与文学系讲课。[24] 他当时还被尊称为"中国的约翰生博士"。得到理查兹的授意，叶对在北京大学帮燕卜荪谋得一个职位起了很大作用。

虽然燕卜荪并非参加会议的官方代表，他在日本时使用基本英语的经验和他已经得到验证的文学技能却是实实在在的财富，于是便被指派参加讨论。"他可以说是现有的最好的基本英语专家之一，而且已经学了不少中文，所以会非常有用，"理查兹告诉洛克菲勒基金会（Rockefeller Foundation）。（这话的后半部分中策略性的夸张，不必让我们怀疑前半部分的真实性。[25]）"一个有着四亿八千万人口的国家的教育的未来可不是小事，"珀塞尔正确地评价说。[26]

燕卜荪后来写道："委员会一致认为教师总是倾向于花上一整年的时间来讲解语言中的细微差别是个要不得的大问题；实际上，这一点已经成了一种口号。说到这一点，我也认识一些学生，中国的还有日本的，他们总是满腔愁怨地说起他们的启蒙英语老师，因为那些人老是强调这些小东西，便让学习这件事几乎变得不可能。"[27] 说到发音问题，他感觉急需通过最实用的方式鼓励学生们"尽量轻松地说英语"。"那种要教授上层社会南部英语发音的理想似乎是典型的所谓'最好'就是'好'的敌人的例子，即便可以认为那种发音的确是最好的发音。"有关词汇和语法问题的讨论，用去了委员会好几天的时间——根据珀塞尔的说法，小组讨论变成了"谈话的狂欢节"[28]——不过一些决议还是及时地通过了。根据几年后燕卜荪的回忆，会议的主要建议是"中学里需要"根据基本英语学习有限的词汇，"在每个阶段所引入的词汇应当仔细分级，语法中的问题和不规则现象应当控制到最小范围内，目的应当是在较早的阶段给予学生一种在使用有限词汇和语法规则方面的信心和自由，而学生要有时间做深入的练习。"这样一个计划听起来足够直接；但是燕卜荪很快就发现，在一个战事连绵的国家里，特别是在国民党的官僚作风和地区性党派争斗的大环境下，要开展这个计划就完全是另外一码事了。多年以后，即使在北京解放，内战结束之后，他仍然为委员会制定的官方建议在中间的那些年中没能得到实施而叹息不已——"实际上有很多的力量来阻止这事的实施，"他在1950年向新中国的共产党政府说（语气很坚定，也不带明显的讽刺）。[29]

艾弗和多罗西娅·理查兹后来决定向中国西南进发，去度个假，爬爬山。北京大学（燕卜荪原定的雇主，一般简称为"北大"）和清华大学（也在北京）和天津南开大学（Nankai University）的学生——日军入侵时都在休假——都被通知下个学期在长沙汇合［毛泽东曾经在这里的第一师范学校（Normal School number 1）教书］。因为联合大学还没有正式组建，燕卜荪决定利用这段闲暇时间游览一番，于是便与理查兹夫妇同行，他们两位也与燕卜荪一样对可能的危险满不在乎。

这一行人与国民党交通部副部长王范森（Wang Fan-sen）③取得了联系，此人胖胖的，粗脖短发，性情随和，当时正巧因公到南方出差。"部长既快活又冷静，不太像个官员，倒是更像个军阀。"燕卜荪说，"他的一个下属给我们两个点了烟卷，正准备再给自己点上时——这当然是犯了一个欧洲的忌讳——部长就从他的手中把火柴打落，又为他的下属道歉说：'他不知道这个风俗，不过他是很忠诚的。'"30 王先生非常仁慈地答应为一行各色混杂的队伍安排交通——这群人包括一位军方代表李将军和太太及患病的儿子，一个在中国教某种汉语方言的土耳其人和几个其他的中国男人和妇女——经过数日耽搁之后，他派了七辆小汽车和两辆卡车组成的车队，并由一队士兵武装护送。"之所以要派这么个护送队伍，并非是因为有那么多的盗匪，虽然这也在考虑之列，"燕卜荪写道，"实际上，几乎所有的汽车和客车都被军队征用了，于是这样的一次行程也就只好需要这样的一个特殊安排。"31有两辆小汽车漆上了绿、棕、黑的掩护色，而英国游客则被安排乘坐由湖南省省长提供的1937年产福特V8——他还英明地为他们提供了一张写给云南省省长的珍贵的介绍信（多罗西娅·理查兹在10月13日的日记中特别写道："注意：中国签证还不够，必须要省级介绍信。"）。

"英国车"开始时在前面领路——"珀塞尔很讨厌，"理查兹夫人写道（9月30日），"不愿等待远远落在后面的部长"——但是王副部长很快就找回了面子：他要求游客们转到队伍的中间位置，在那一客车的士兵后面。他客气而负责地解释说，他恐怕遇到土匪。命令变更使得这些外国游客受到公路上的热浪和前面车辆掀起的黏乎乎的红色尘土的双重袭击，"双手感觉像是套在粗糙的干洗过的皮手套里，"珀塞尔就这次严酷的经历这样写道。32 道路极为原始，满是沙砾，坑坑洼洼，满眼尽是干旱与荒芜，每一条河都要乘着摩托筏子渡过。另外，每停一处，他们都会被小孩子们骚扰一番——"像鱼子酱一样厚的人糕"，珀塞尔这样称呼他们。他还经常会患上沙眼症。不过给他们提供的食物倒是很不错，而喝的据说是提神的茶——不过这茶，按照珀塞尔的说法，总是味道像"恶心的草药"或者脏兮兮的热水。[33]

副部长一路穿的都是一身便装制服——一件衬衫和和一条宽松的裤子；I. A.理查兹则穿着短裤和厚重的鞋子，还系着领子和领带——珀塞尔认为"那是个很棒的折中式混搭——下半身是探险者，上半身是外交家和学者"；多罗西娅·理查兹则穿着"一套牢靠实用的衣服，一件适合远足的花呢长裙，戴着一顶双层毡帽"。珀塞尔还注意到，艾弗和多罗西娅·理查兹实际上很少分开，"他们两个形成自己的一个小部队，军需自给，行动完全一致"[34]。（理查兹实际上还安排通过铁路由广东运来他们的登山设备，包括帐篷和冰凿。燕卜荪也同样在自己的旅行装备中备有一套滑雪板；但是他根本就没有用上这东西，而且半年后它们就被偷走了。）珀塞尔又写道："看到［理查兹夫妇］事先把一切安排得如此自给自足，［燕卜荪］和我都感到自己太没有远见——至少，给我那种感觉，但是我感觉［燕卜荪］或许根本就没有想到这一点。他总是一个人自己溜达出去抽烟。他从不着急也不担心。我后来读了［燕卜荪］的诗，那都是一流的作品，但是他是你能想象到的最沉默寡言的诗人，当然在热啤酒的影响下就不同了。"[35]

进程十分缓慢，不到一百英里的衡阳城花了一整天的时间才赶到，在城里，燕卜荪和珀塞尔住在一座到处刷着腥乎乎的漆料、摇摇晃晃的木结构衙门里，同睡在一张满是虫子的床上。（这里住了七十个男男女女，可是却只有一个厕所。）更让珀塞尔恼怒的是他发现这次旅行中夜间的诸多烦扰——臭味、虫子、跳蚤和蚊子——似乎对燕卜荪的酣然大睡丝毫没有影响。[36] 对于他们西南之行路上的惨状他肯定没有夸张；即使像多罗西娅·理查兹这种已经习惯了艰苦旅行中的恐怖与损失的人也说："这里真是脏得让人恶心……我们在小县城的大旅社下榻，那里满是无法形容的肮脏。"[37]

在吃晚饭的时候，向来精力充沛而又颇有主见的理查兹夫人恳请副部长第二天推迟一下出发时间，以便有空去爬一下当地名为衡山或南岳的圣山。维克多·珀塞尔记下了他们谈话的一些片段：

> "要是可以去看看这里的圣山就好了，王先生。我一直盼望着可以拜
> 访一下圣山呢。我已经到过五大圣山中的其他两个了，我真的很希望踏遍

这五座圣山呢。"

"她收集圣山——就像收集邮票似的，"［燕卜荪］一边摆弄着一盘猪肉烧蘑菇一边对我嘟哝着说……

"我希望我们可以明天到桂林，"副部长说，"桂林是个非常著名的地方。中国艺术家认为桂林是世界上最好的地方。奇妙的岩石——洞穴——就像宋代的画似的。"

"很少有人踏遍五岳圣山，"［理查兹］夫人坚持说，"来到这里这么近了，却不去爬一下，似乎是件很愚蠢的事。我特别想去，——不过，当然——[38]

当然，让人无法抗拒的理查兹夫人遂了心愿，这一队人马于是便上了衡山，随行的还有副部长执意要派给他们的一顶轿子。（多罗西娅·理查兹对这次遂心所愿有着自己的记述，那是在几天之后写的，因此言语间便带有些讽刺意味，而她可能并未察觉："第一天我们路过了岳麓山［衡山］，那是中国著名的五岳圣山之一，当我表达了没能停一下去山上走一遭的遗憾时，部长马上燃起了热情，当即调转车队往回开了整整七十英里——人们大概很不愿意——所以我们在山顶上过了一夜，第二天破晓时才继续我们的行程。"[39]）上山并不费力，不过景色还是绝对令人欢喜的，按照珀塞尔的看法——燕卜荪与理查兹夫妇和他的意见截然相反，他们的目的地——山顶的佛寺，并不值得他们哪怕这一点点努力："在正殿有一尊巨大的石佛，有着一脸自命不凡的傻笑。"[40]虽然寺中人等对他们礼貌接待，并且准备了一桌堪称典范的素斋，但是寺里的客房却完全没有与大寺相配的豪华可言：珀塞尔只得下榻在一间老鼠横行的屋子里。燕卜荪引来了此行唯一的一场戏剧性事件，不过幸运的是这事情并不大。因为总是急于快些赶路，他登山的时候走得太快，竟然把同伴给丢了。在迅速到达山顶之后，他很明智地返回镇上，而没有在山顶一直转悠到晚上。他错过了佛教宴席，但是在回镇上的路上，一位好心的农民让这个"洋鬼子"吃了顿落花生。[41]

在广西省边界，护送队伍被一个迎接副部长的、手里提着写有"欢迎"字样灯笼的军队代表团迎上了。[42]在途中，燕卜荪注意到有一个"像哈姆雷特（Hamlet）模样的穿着斗篷的人"，戴着看上去像是威尔士女人的帽子，"用一根棍子平着向我们猛地一抖，动作之快似乎不是肌肉动作促成的"；就燕卜荪所知，车队是被"一个道士诅咒了"。一直拖到晚上，穿过在很多地方已经淹没了道路的洪水，他们到达重兵防守的广西首府桂林，这里似乎完全被国民党军队控制。"身着军服，看上去颇为精干的男女青年四处走动。"燕卜荪在他的《中国来信》（'Letter from China'）中写道，那篇文章大概六周之后在伦敦的漂亮杂志《夜与日》（*Night and Day*）上发表。"除了特别高的将领之外，所有官员都在胸前别着写有姓名和官衔的标签，像'扶轮社'的人似的。学生们当然也佩戴着这东西；他们的住宿由军队按军营方式安排，每周有五小时的军训时间……我只是写下这些零星的信息；我不知道在这里法西斯有多大影响。共产党也没有涉及这么靠南的地区，我也察觉不到这里有什么像德国那样压抑的感觉。"[43]

在同一封公开信的起首段落，他毫不介意地透露说，"我们计划明天启程去法属印度支那（French Indo-China），但是关于需要在边境出示那些有关接种当下流行的霍乱疫苗的证明还有些疑虑，所以那不是去云南的一条可靠的路。"后来不可避免地又有些其他的耽搁，最后他们在桂林又多待了十天。他们住在一所很不舒服的偷工减料盖成的旅社内，旅社的名字却毫不相称地叫作"麒麟宫"。不过还是有些娱乐和出外散心的机会，让这些焦躁的外国人稍稍安心。后来李将军要到华北去接受一份指挥任务，于是他们搞了一个宴会，还有戏曲表演。"我从那些戏里面受到的教育就是，女人比男人更适合当兵，"燕卜荪这样推断。[44]另一天晚上，他们在当地的飞机场观看了军队操练。

桂林因它令人惊奇的高耸的石灰岩山峦而闻名，燕卜荪发现这里的石灰岩堡垒像副部长所说的那样令人着迷："一片像蚂蚁般但是足有二百英尺高的小山，它们或者像是锡兰的舍利塔残骸，你要是见过它们的话……我想是拉斯金（Ruskin）说过，中国的风景画没有什么好的，因为画中从来没有描绘山的骨架，然而那些山实际上是根本没有骨架的。不过它们看上去不像在画中那样似乎摸上去黏黏的……在镇中心有一座这样的山，方圆大约二十码，有六十码高，从一个平整的小公园里矗立起来，看起来像一座小丘……据传说这里有些不怕轰炸的洞穴，可以容得下整个中国政府和军务部。"[45]

最为难忘的出行，有着福斯特小说中的特点，因为它带领大家到了一个燕卜荪简单地称为"有一个声音"的地方，而且还激发他写下了有关佛曲萦绕不去力量的未经发表的礼赞：

　　副部长的大部分人马都被拉去看当地的景点了，那些地方大概都是步行十分钟便可到达的；善良又漂亮的王太太总是带着各种让人宽心的消息，但是却不知道这一行人到底要做些什么，到底这些人是自己作决定，还是完全被司机驱赶着四处转，在目前这个地方，这些人到底想要游荡、逡巡多久——这种事你做多久都可以，那种高雅的无所事事，甚至会成为一种无聊，你本来想着只有在低级动物身上见到呢，而那也曾经让济慈认为夜莺是不朽的。（就像我说的有关中国的任何性急的话一样，这一点在日本人身上也是一样。我们认为［广西的］法西斯政权不愿意让我们单独四处游荡，这对我们来说实在是没有必要的小心或者礼貌。关于走路，我可能有些神经质，无论如何，如果不能大步流星一直走下去，我就会感到特别烦躁——在一个地方坐着，什么都不干，倒不至于有多么不好。不过，我们上了一座颇为夸张的山丘，那里满是隧道，在一个隧道口有一座寺庙，我们有些人沿着山下的石头小路爬上去，挺困难的，正因为如此也才有趣。你穿过一些洞穴，经过几个隧道口，（似乎）农民们有时在那里露营，也常常会留下很多东西，其中有一个隧道看上去有些意味，也颇为吸引人。我蹚着泥浆一直往前走，直到眼前一片漆黑，扔出些火柴，借着亮光我看到隧道弯弯曲曲一直陡陡地延伸下去，都是非常滑的岩石，如果没有个火把只是沿着路往前走就很蠢了。在隧道的深处我听到深沉而美妙的佛教典礼上的吟唱之声。其他人赶过来时一片不敬的大呼小叫却没有得到任何回应，想来我们不过是太无知了。可能那声音来自于另一头日光下的一座寺院，不过没有人想要去看个究竟。关于这件事，我想到了"勿忘"，那些报纸的鲜花般的名字，所有深藏在我心中本来已经被忘记了的宗教传说（我所知道的那些）都被翻了出来；当弥勒菩萨飞升，取代圣尊，后者的教派被人们完全遗忘的时候，我希望我的灵魂可以重新回到这个小隧道来倾听这伟大的韵律仍然毫无减弱地在大山幽深的心脏中脉动。

维克多·珀塞尔被此次进入幽深洞穴的探险吓到了，但是他自己的叙述基本上还是与燕卜荪所说的它的声音与甜美的意境相吻合的："如今在阳光底下，脚踩着坚实的大地，再来回想那肃穆的吟唱在这地狱般的迷宫无尽的回廊与网罗之间回荡，是非常神秘与美丽的，但是在当时它却让我不寒而栗。"[46]

至少在精神或者思想层面上，燕卜荪对于佛教及其造像的狂热兴趣为他在中国立身提供了很大的权威性。作为教师他还没有接到正式委任，至今仍然不确定是否会被大学聘用。不过，他并没有把此行变成一场毫无目的的旅行，而是开始考虑写一本有关他对战时中国观察的游记；[47]另外，他还完成了在日本时即开始着手的有关佛教艺术的专论。结果是，他虽然写了几页有关此次旅行的所谓"闲话"，那个游记计划却没有最终完成，比较可信的原因主要是他缺乏那种把自己看作任何戏剧的主要人物的自我中心意识。"真正的自传似乎没有记录的必要，"1939年5月16日他在给他的出版者的信中写道。[48]大部分他感兴趣和关注的东西总是把他带向自己身外更远的地方；他回顾说，在中国的时候，"要写些关于目前这个世界现状的闲话式的个人印象似乎是件让人无法忍受的无足轻重的事"[49]。（大概一年之后，他听说维克多·珀塞尔出版了一本有关他们一同旅行的书，便说道："我多么喜欢所有的那一切，那些都是写作一本书的多么好的素材啊，但是可怜的老珀塞尔当然是不会讲这个故事的，他不过是故事中的一个人物罢了。除了特别的穷困，也没有什么别的东西会让我来写这个故事的；你若是那么公开地传闲话，还会有哪个朋友信任你呢？别的作者要做痞子我管不着，但是我不会。"[50]）

但是在桂林的神奇惊喜更坚定了他要探寻并且研究他能够找到的所有佛教场所的决心；1938年4月，在中国南部六个月里来来回回跋涉了几千英里之后，他仍然有精力去柬埔寨（Cambodia）探访吴哥窟。

随着在桂林的日子一天天过去，这一行旅客中的欧洲人变得越来越焦躁易怒，不过，副部长总是告诉人们，明天就可以出发离开这里了；人们开始骂他的公告不过是骗人的拖延之词。

虽然车队中他们只是副部长的客人，可是却总摆出一副他必须即刻满足他们的需求的架势。不过，他还是信守了诺言，最后把他们送到了法属印度支那。在南宁，他不得不与他们分手，剩余的人连同士兵和行李都被挤进一辆公共汽车里，一路颠簸到龙洲，从那里他们提议搭火车去河内（Hanoi）。"司机开起车来像是脑子中了一枪的兔子似的，"珀塞尔写道。事实上，在途中某处，汽车险些冲下路堤，还好司机控制住了车子，再后来当汽车在一座桥下穿过时，司机玩了命地大喊大叫：似乎他已经判断出来，这桥太低，可能会将车顶掀掉。[51]

不过还有一场劫难在等着他们呢。当他们在一个客车管理站停下来喝茶的时候，他们发现了一张地图，这张图把终点站放在龙山（Longsan）④，在国境外六十英里左右的地方，而不是像1937年7月由国家公路交通委员会（National Highway Traffic Commission）发行的《游客中国公路地图》（*Tourist's Road Map of China*）所标注出的那样在龙洲。[52] 多日来积累的郁闷之情爆发，英国小分队试图迫使司机在岔路口转弯驶往龙山；但是不管他们怎么怒气冲冲地抱怨，他依然坚持要把他们先送往龙洲。当时正是10月10日，中国的"双十节"——中华民国建立二十六周年纪念日，在他们的护照被正规检查之前，谁也不能通过边境。但是幸运的是他们设法找到了法国领事，当时他正要赶去与当地长官共进庆祝晚宴呢。

"到达边境的前夜，"燕卜荪三十年多年后回忆说，"我们所有人都给发了伪造的注射疫苗的证明，那是法国人要求的，所以感觉真的好极了。"这段故事的确值得为之大吃大喝一顿。

在经过了此次旅程中中国部分的起起落落之后，能够到达法属印度支那（未来的越南）对他们来说是个莫大的安慰，燕卜荪后来在写给《夜与日》的文章中说："在那里你若是留意，会看到一群完全不同的人，马来亚和缅甸可爱的、呛人的、小野猫般的温柔，鲜艳的锈褐色袍子，猩红色和翠绿色的围巾，对于佛教的虔诚，还有统治民族贡献的一大特色，那种强烈而又成功的外省法国人的狭隘。"[53]（燕卜荪所说的这番外表，很快历史就将证明是非常具有欺骗性的，因为法属印度支那不久便将爆发一场独立战争。）10月的第二周，旅行者们到达了热气腾腾的河内市，多罗西娅·理查兹在10月11日的日记中把这里描述成一个"规划合理的宽阔的都城——有着绿树成荫的宽马路，湖边还有一些商店。法国旅社相当不错，简单实际，价格低廉……不过在下午5∶30的时候就热得汗流浃背，没有扇子的生活将会非常痛苦。"

这一行人开始分散。珀塞尔从海防找了条船打道回府，燕卜荪则改道回中国，与理查兹夫妇在昆明（云南府）又待了几天，在那里他们见到了人类学家约瑟夫·F. 罗克（Joseph F. Rock）。精力充沛的罗克正在云南高山腹地研究古老的纳西王国的人们，他是个说话直爽的人，可惜的是关于他与年轻的燕卜荪交往的故事只有一则重要的幸存了下来，而这则故事是后来由理查兹讲出来的。（理查兹不是个爱传闲话的人，所以这则逸闻一定对他来讲无甚大碍，而且非常好笑、令人难忘）："当燕卜荪抽烟斗的时候，罗克像个苏丹似的说，"把那脏东西扔掉"，一边说着，一边指着燕卜荪的烟斗。燕卜荪特别和善，他就按照他的吩咐做了，没有丝毫辩解。"[54]

10月19日，燕卜荪把理查兹夫妇留在云南，自己只身返回长沙。[55]乘飞机到达四川省会成都之后，他又搭乘长途汽车前往位于长江上游的一个半岛上的重庆——在那里他经历了他所谓的"两场幻想的空袭"（"如果你在远东看到一个人睡着了，"他凭着自己痛苦的经验挖苦道，"那么你就叫醒他，问他是不是睡得舒服，这是很有礼貌的一件事。"）——最终他乘坐一艘轮船顺流而下到了长沙。

与那张新发现的地图爆炸性相遇，成为这些游客们之间关系中的最低点：对于大多数人来说，在这一连串的挫折和不便之后，这件事似乎突破了他们忍耐的极限，于是他们指责副部长，因为在他们眼里的那些本无必要的困难和让人气恼的空头保证一再拖延，耽误了他们的行程。

维克多·珀塞尔坦然承认他自己也很恼火，不过后来他感觉实际上他并不能真正理解他的同伴们。虽然他很赞赏多罗西娅·理查兹面对各种困难时所表现出来的乐观信心，但却觉得她的丈夫太过冷淡，很难与他进行任何形式的舒服的交流。理查兹似乎"像鬼火似的难以捉摸而又疏远"，他这样写道。但是燕卜荪，他则认为既性格随和又几乎是非常坚定地独立持重，在《中国万年青》中他断言说："我挺愿意和［燕卜荪］一起作个艰难的旅行的——比如，骑着单峰骆驼到喀什噶尔（Kashgar）——他不会让我神经紧张。他完全不带个人情绪。"[56]

珀塞尔为燕卜荪能够全身心地投入到研究一道代数题目当中去感到非常惊讶：

> 那总是同一道题目。我至少在两百张不同的纸片上看到这道题的图解，有时候还会有一页半的代数符号，但是我从没搞清楚这道题究竟是什么。它似乎是关于证明某个圆可以在九个点上与一个三角形相交——这听起来简直是胡扯，所以我肯定是搞错了。［燕卜荪］说他可以很容易地用代数法把它证明出来，但是应该还有一个简单的几何证明方法，他若是能把它找出来就好了。他不知道是否有人已经发现了这个证明方法，因此他

不知道自己是在寻找失落的以色列部落，还是在寻找另一颗行星。无论如何，他总感觉这道题是心灵慰藉的源泉。在煎熬和磨难的时候，比如当延误或者外交谈判异乎寻常地让人气恼，比如当我们像落在出租车里面的雨伞似的被人忘在路边，［理查兹］会用他那种疏远的方式适度地恼怒一下，［理查兹］夫人则通过反复谈论某个单一的话题来表达她的烦恼，而我则满怀杀人的想法坐在一旁，不过［燕卜荪］却会拿出他的烟嘴和他写有那道题目的纸来。他通常总会坐到一块石头上，或者离我们和我们的小麻烦远一些的某个东西上，而不愿与我们这边的事有任何瓜葛。我的确见到他有一次至少是有些恼火，但是一般情况下他会说的最厉害的骂人话也不过就是"真像那些日本人！"我想，他不可能对人产生仇恨。[57]

但是燕卜荪绝不是像同伴们看到的那么心不在焉或者对周围的事毫无洞察力。他认为那位副部长在尽最大能力向他们解释他们在桂林长期滞留这件事上，一直表现出"慷慨、快活而又有效率"。另外，从王先生的行为中，他立刻推导出一幅简洁的"中国式礼貌"特性的分析（他认为中国式礼貌与"紧张窘迫而又一意孤行"的日本式礼貌有着有趣的不同之处）：

在英国，人们一想到中国人，就会有这样一个观念：中国人彼此都是怪怪地过分礼貌，而且说起话来都带着阴险虚假的谦卑。这种《启隆的钱包》（'Wallet of Kai Lung'）之类的东西在英国人的心中总与那种关于背地里已经设好酷刑室的自命不凡的窃笑联系在一起；礼貌总是与残酷并排在一起。这是一幅非常不讨人喜欢的图画。

这些流行的传说也并非全是妄言，无论如何它们也总比官方宣传的调子要持续的时间长些；它们有着更深的根源；它们也值得我们思考。似乎欧洲人是从一股欧洲人的（特别是英国人的）性格和审美方式中发明或者注意到了这种中国佬（Chinaman）［燕卜荪当时还不知道这样的称呼会冒犯中国人］的典型的——首先，在我们面对关于鸦片战争的控告，试图为自己辩解之前，是没有人听说过这个中国佬启隆的，而且他与英国文学中的"堕落者"群体完全一致。但是，没有关系；那并不能证明我们就不对；我们自己的罪过可能也教会我们理解中国人的典型罪过。争辩说从来没有一个像启隆这样的中国人或是英国人是件愚蠢的事；当然有这样的人；不过当你考虑这种人是现在冒出来很多，还是在将来会被培养出很多来，你就需要些事实根据了。

谁是这个中国人启隆？当然是政府官员或者类似政府官员的人。他真的更像中国人而不是英国人吗？是的，因为我们从中国人那里学来了这一整套的有关通过考试选拔公务员的观念，那也是他们给予我们的最好的东西［比茶或者丝绸要好，另外，可能他们并没有给我们印刷术——当然格拉德斯通（Gladstone）并没有承认他的公务员计划源自哪里，但是思想的联系可以非常清晰地梳理出来］。中国的统治阶级如今真的已经习惯于这样做了吗？我想，那一点都不危险，并不像英国人那样严重。

中国人上等的礼貌中的严格规范如今已经不再教授给年轻人了，在这方面，日本如今也是如此，两国的年轻人如今都显得颇为唐突。不过，大多数的中国人还是比大多数的英国人更加关注别人的感情，于是让人感觉，即使是某个可怕的真相，也终是不可避免的事情。或者至少观察者们都同意这个说法。这一点被英国人用混杂英语描述成关心"面子"。似乎大家如今都同意"保全脸面"是个有用的英语词，而不仅是在描述中国人的某种特性的时候有用。我自己的经历是非常有限的……但是根据我自己的很少的接触，我也愿意同意见多识广的人们告诉我的话，在这里［英国］，启隆要比那里多。

我们要清楚一点，在中国的确存在对礼貌的粗暴使用，而且将会继续存在下去。我曾经与一行人在当时的中国交通部副部长的护送之下，搭乘一队汽车从长沙赶往法属印度支那，那位副部长此行的目的并没有向我们讲明，但是很显然他是在检查当时一条重要公路上是否可能存在任何形式的政治混乱。同时，他也愿意护送这一队欧洲人出中国。我们的旅程尚未结束时，便清楚了，这些可能的混乱以及与之相应的在边境的间谍恐慌如此严重，若没有他的帮助，我们根本没法通过关卡。同时，当然他还要在不同的城镇里做他的工作，而且他也没有理由告诉我们他为什么会在某个地方停下。对于这些停顿，我采取了过于"亲中国"的观点，因为我很高兴可以四

处看看，然而我的同伴们却计划着去航海或者赴什么约会。所以官方的安排
会让他们（在我看来）可笑地大发脾气。……我想让你们看看，在桂林的十
天里，每天当副部长在早晨短暂地露一下面（我们知道他就在一个电话响
个不停的办公室里），说"好了，明天我们就走"的时候，那些重要的欧洲
人逐渐积累的狂怒。大概五天之后迎接他的便只有怒吼，而他还是以耐心
和蔼的方式告诉我们那句话，如同一个并不期望能够被孩子理解，但又总是
要向孩子们解释事情，并且对他们很和善的成年人那样。

他暗示出，听那些不愿正确理解问题的人讲话真的很烦，但是他还是
会找出些时间来听一听。这是一位上了些年纪的中国人，如果是个年轻些
的可能会更加坦率；事实上一个年轻些的中国人可能根本不会自取其辱地
来帮助我们。要记得，在他那样位置上的人，如果有一点爱国心的话就不
可能告诉一批可能是间谍的人，到底是什么原因将我们耽搁住了。他本来
可以说，"你们被无限期地耽搁住了"，而不会招致一通错加在他身上的
抱怨。他非常有信心能够满足我们对于时间的可笑要求。他铁定了每天都
会以一个主人的身份来安抚他的客人，并且倾听他们的抱怨。然后他又毫
不动摇地按规矩办事。

燕卜荪的文章很好地反映出了他的确善解人意。他宽厚地承认，"其他人必须
按时赶到目的地，而我只是四处闲逛，不必考虑时间或地点，所以我这内心平静的
理由并没有什么值得炫耀的。"虽然他是个没有公务在身的旅客，不过他那种宽容
的态度也并不完全是因为他不急着赶时间。主要是他在气质上非常温和，能够以一
名道士的耐心忍受各种各样大量的压力，而这些压力可能会让其他大多数人都因挫
折感和自怨自艾而痛哭不已。虽然他并非对他所谓的"中国式旅行中疯狂的苦恼
事"无动于衷，但还是会不带有一丝沾沾自喜地写道："我不认为这点不舒服会让
我总是记在心里，或者是什么值得描述的好东西……"[58]

"不过旅行中出现一丝戏剧性的东西倒也是正常的，但若是你已经断断续续
旅行了两三个月了，便有些不同了，"燕卜荪在1937年承认。[59]他很骄傲可以独自
一人返回长沙，因为他很正确地感觉到I. A.理查兹已经开始把他看作是"一个恍惚
的、不合格的旅行者"了。[60]实际上，他很好地注意到他们一同旅行中的意外和机

遇，对一行人中人们之间和国家之间的紧张关系也同样警觉。虽然他总是讨厌为自己的利益而大动肝火，但在那年晚些时候他还是以可爱的自知之明注意到"当情况明显地变得困难的时候，人们都会开始关注外在世界"[61]。

返回长沙让他与日军对华北的入侵和他们对东部沿海残忍而老练的进攻所造成的浩劫凑得更近了。7月7日之后的几周里，日军以教科书般的效率进军，在陆军攻取军事目标及占领城镇、铁路和公路时，他们只是遇到了一些缺乏组织性的抵抗；而他们的飞机则在天空中飞来飞去。然而，在8月13日，也就是战事爆发刚刚过了一个月之后，蒋介石下决心要守住上海和长江下游的峡谷，不过这场损失惨重的博弈最终仍然以失败告终。白修德（Theodore H. White）和贾安娜（Annalee Jacoby）在《中国的惊雷》（*Thunder out of China*，1946）中说，"在军事意义上，上海的抵抗是徒劳的，但是在政治意义上，它在此次战争中却起到了展示性的作用。它惊醒了最为厌世的老派中国人，在历史的记录中毫无疑问地证明了，在几乎无望的情况下，中国人民能够展示出多么巨大的忍耐与英雄气概。上海的战役甚至具有更大的内部价值。有关此次战役的故事，通过口口相传传到内地，燃起了一股不断蔓延的爱国情绪。长江沿线的战事让整个国家有时间动员起来。"[62]

后来的几周里，来自东部沿海的大批人民匆忙放弃了他们被占领的家乡，向内地迁徙。在有条件的地方，工厂和工业作坊都被转移，这也成为现代社会最惊人的大规模疏散行动之一。燕卜荪回忆说，看到"一台二十吨重的锅炉，足有两个村子那么大，被人用绞车拉着在一条没有固化的尘土飞扬的土路上走。他们把绞车固定到前方五十码的地方，二十个苦力起劲地拉动滑轮。注意，他们一路上都是唱着号子的，为的是可以在拉绳子的时候节奏一致。那个大锅炉要运到五百英里外的地方。大概三天后你办完自己的一点事从几百英里之外乘汽车回来时，那个大家伙还在那里，而他们还在唱着号子，不过你要想一想，他们已经是走了六英里左右了。不过，那还不错，他们还是蛮有效率，一天两英里；一年内应该就可以用于生产了。如果你坚持做一件事，那就没有什么事情是不可能的。我想到的那个锅炉如今已经投入使用有六个月了。"无论如何，如白修德和贾安娜所说："中国抢救了她不到10%的纺织能力，大概40%的机械厂和重工业，但是却从自己11个陈旧的兵工厂中抢救出了80%左右。这就意味着中国老百姓将会衣不蔽体，但是中国军队的最低需求却可以基本满足。"[63]数十万人设法通过封锁线，加入到大迁徙的队伍中，但是数百万人却不得不在日军占领区挨过八年时光。

日方尤其对华北的著名大学深有忌惮，因为这些大学长期积极地反对日军的领土侵略和腐败统治；在战争的首轮凶猛浪潮中，侵略者们便对他们发起报复行动，特别是针对被美国大力资助的清华大学（北京）。"他们捣毁了学校的实验室，或者把实验设备转移到日本，并且用学生体育馆来做日本马的马厩，"白修德和贾安娜写道。[64] 在战争期间，事实上，清华的校舍被派上了多种用场，比如用作医院、酒吧或者妓院等。[65] 1937年7月，即战争的第一个月，月末，定点轰炸之后的炮火近距离射击计划将天津的南开大学完全摧毁。"在中国思想抵抗的总部所在地北京大学的地下室里，日本特别警察为他们的政治和军事审讯而建立了审讯总部。"到战争的第一年年末，总共有九十一所学校，或者被摧毁，或者被迫关闭。虽然日军迅速侵占或摧毁了这些大学的建筑或者设备，他们却无法控制学校里的人们；很快就有相当数量的教工和学生加入到被占领区之外的大逃亡队伍中。总共有不少于五十二所教育机构逃到内地；另有二十五所到外国租界或者香港暂避。"敌人可以毁掉我的南开的身体，"张伯苓校长说，"但他毁不掉它的灵魂。"

"此次西行，没有什么比在极端艰难的情况下，在四川和云南重建被日军在东部故意摧毁的中国大学更加重要的了。"罗士培（P. M. Roxby，此人是远东方面问题的权威）在1942年说。"它们是敌人的主要攻击目标，因为它们是思想领导和文化运动的核心，对于中国的复兴扮演着引人注目的角色。"[66]

国立北京大学和清华大学以及南开大学为了9月1日开学的秋季课程而多次召开共同会议；有一次在长沙他们以长沙临时大学（简称临大）的名字集合在一起。燕卜荪写道："人们穿过日军并不明确的封锁线到达那里，除了身上穿的衣服或者还有一些课堂讲义之外，别的一无所有；那是份相当危险的工作，而且你肯定不能带上一个图书馆。想象一下，如果牛津和剑桥可以在上述情况下一同来到巴罗（Barrow），双方不会争吵得特别厉害，还能够联合在一起，这是个很有趣的设想。"[67]

但是由于城市中居住空间短缺，集中在一起的人们必须分散开来。文学院的人们坐了一天南去的公共汽车到达连绵七十二座山峰的衡山脚下的衡山镇。

衡山镇再往南行上几英里之后，他们到达了一座简朴的小村庄南岳，它位于名叫屠云峰⑤的圣山的低坡处：这也是燕卜荪与理查兹夫妇几周前曾经攀登过的那座山。〔中国的名字太复杂，燕卜荪一直无法区分那个镇和那座山的名字：他著名的诗《南岳之秋》（'Autumn on Nan-Yueh'）严格说来应当命名为'Autumn at Nan-Yueh'或'Autumn on Tu Yun Feng'（《屠云峰之秋》）。〕

罗莎莉·周（Rosalie Chou）——此人便是为人熟知的作家、小说家韩素音——在一年之后也被迫在另一轮的难民潮中来到南岳暂住，她在1938年10月28日的一封信中写道，乡间"非常美妙"；在她精彩的自传的第三卷《无鸟的夏天》（*Birdless Summer*）中，她这样描绘那座村庄：

> 大块石灰石铺就、贯穿南北的雄伟的帝国公路横穿这里，因为南岳处于从南部的广东到长江流域城市道路几乎中心的位置——这条路被历朝的骑兵和官员的车辆用了几个世纪之久——也是一个朝圣的地方。一条可爱的河上坐落着美丽的宋代古桥，河水的支流从山上跳跃而下，古桥上曾经有运送盐粮贡赋的车辆走过，有来自中原富饶的各省为朝廷供应丝绸的队伍经过，还有士兵和难民们无数次地路过。太平军起义的年代，它为那些农民军团效力，一个世纪之前，那些农民战士们穿过南岳一路行军到达长沙，继续向前，攻取武汉。[68]

1937年11月，临时大学的文学院在一所教会圣经学校的简朴校舍中暂时安家，燕卜荪把这里形容成一种"原教旨主义的西姆拉（Simla）"[69]。这里的住所既拥挤又简陋，不过山上的景致倒是壮美如画，也算是一种补偿。附近是白龙潭，一潭池水上悬着一条摄人心神的瀑布，另一处美景是所谓的水帘洞；若再费些力气，便可跋涉十二英里路程到达圣山顶上的禅宗寺院。燕卜荪说，"圣山的标准是（一）它必须是孤零零的，这样四方的人们就都可以看到家乡；（二）它必须有本事看上去比它实际上要大……当然，我真的很高兴，因为当我第一次在山上奔跑时，我发现自己几乎可以越过山肩就立刻来到另一座巨大的峡谷中。感受到魔力的核心是那种力量感，任何还过得去的步行者在这里都会得到一种力量感……"他感觉这里的景色令人迷醉，"空气舒畅，环境舒适，乡间……每次你向窗外看去，它都会变得更美。冬天包围湖南的雾气对我们来说只是景物的变化，有时候它显得像是中国画中更加不可思议的效果，比如，在中远处的，那像一条带着圆尾巴的白练的雾……"[70]

每年几千朝圣者来攀登这座圣山，但是他们当中有很多人都身体畸形得异常悲惨，必须装在篮子里被人抬上山。若是健康的路人拒绝给他们施舍，他们就会从一个篮子里朝另一个篮子里大声地吆喝着斥责那些人。燕卜荪直率地评论说："这些让人受不了的行尸走肉却充满活力，身上带着中国人民完全的、不可摧毁的喜庆之气。""我居住的那座圣山，"他在《南岳之秋》中写道，

> ……守候着乞丐，
>
> 　他们的畸形会使你回到梦里，
> 而他们不做梦，还大声笑着骂着，
> 　虽是靠人用箩筐挑来此地，
> 　现在却张眼看香客们通过，
> 　像一把筛子要筛下一点东西。
> 　香客们逃开，乞丐们只能慢走。

"我是飞来的，部分的旅程是这样"，他在这首诗前面的部分准确地写道，意思是说他已经从昆明来到长沙，一半路程是搭乘飞机的；现在，与数百万的中国人一起，他在飞行——逃亡——逃离日本敌人，不过还是会停下来思索一下，圣山上的朝圣者们展示了一种不同的世间的庇护：

> 肉身还在时，我们不想飞行，
> 　想飞行时，我们已经成了污泥。

即使缠了足的老太太，背上附着婴儿，也能够在一天之内攀上这座山。燕卜荪看到她们被摧残的双脚时，感到难过，同时又完全地为她们的精力和意志而惊叹。但是侮辱女性的时尚并非仅仅局限于远东，他冷静地提醒自己：他自己的母亲，穿着紧紧的胸衣，是根本不可能挨到山顶的。但是，虽然一路上他看到了那么多让人不快的场面，他还是认为到达圣路尽头的这场旅程，因为那所佛教寺院的"真挚文明"而显得非常值得，在那里他感觉那位口才非凡的"方丈"（在诗中他这样称呼他）应该已经"超越了伟大人物"。韩素音后来在谈到大山带来的欣喜之情时与燕

卜苏也有同样的感受，在《无鸟的夏天》中她写道："庞大的佛教寺院，红墙金顶，比例优美，周围百年大树环绕，闪耀着紫色与琥珀色，它们的雄伟与南岳村庄的窄小与贫穷形成永远的惊人反差。"

燕卜苏的同事中有很多往往也是受过国外教育的，已经非常适应城市的便利的人，与乡村生活的首次遭遇，给了他们新事物所能带来的所有惊愕。燕卜苏认为他们与乡村生活的那种不寻常而同时又绝对艰难的接触"显然是一个健康的改变"。"我记得，"两年多之后他写道，"当……长途客车等着汽油渡船慢慢地嘎嘎驶过一条宽宽的大河的时候，一位同事说，'在内地能发现这个真是新鲜啊。'当时是这次长途跋涉的早期阶段，他还不习惯在接下来的一千英里向西的路途中总会有汽油渡船这个想法。"[72] 燕卜苏说这话时并不带有任何比他的同事们更加优越的感觉，因为要适应新世界他感到同样多的困难。事实上，作为山上唯一的一位欧洲人，他必须要面对巨大的文化挑战，其中包括他无法与任何不会说英语的人交流。

让他高兴的是他与中国最杰出的哲学家之一金岳霖共住一室，此人与大多数教职人员一样，曾经在美国和英国学习过一段时间：他们非常喜欢在学院的阳台上一起坐着，交换有关维特根斯坦的逸闻趣事。[73] 但是即使像"老金"这样的昵称也让燕卜苏感觉到他实在无法学会汉语这门语言。"韦氏（Wade）系统中邪恶的精妙之处成为中国与欧洲的一种新的奇妙障碍，"他慨叹道。"'AO'读音是'OW'，而道教（Taosim）则读作DOWISM，但是不管我怎么设法写出些英文字母来表达'loud'这个音而又不带有'd'都没有用，因为英文里本就没有这样的表达法。金（GIN）是个姓氏，但是耳朵比我好的人却能听出这个词与gin（杜松子酒）有着些许的不同，你若是听不出来就会被人瞧不起。"[74] 在他打印出的笔记中，有一页显示出他从这件事中吸取到一条精细的教训："确实，我对汉语的无知（我曾经学过汉语，所以就像是一个耳聋的老妇人一般，我在理解力上有着令人尴尬的缺陷，而且我也不是自己表现出来的那么傻）实际上是一种保护手段。但是我希望自己没有害怕到把不过是懒惰（那是件骄傲的事）都归咎于恐惧。"大概一年之后他重申："我认为自己没有学习一定量常用的汉语真是个傻子，但是真实情况是，我没法对这种语言感兴趣；那似乎是一种很坏的语言。"[75] 同样，因为他声称自己在阅读或思考时从不会形成视觉形象，汉字对他来说便一定成了一种无可救药的可怕东西。

而金教授这方面，也对燕卜苏不知羞耻地，并且似乎非常怡然地忽视洗漱和洗衣服感到同样地震惊。"我们必须强迫他洗漱，"他对我回忆说。不过他认为燕卜荪在其他方面还是个很令人愉快的伙伴的，"很有精神"，但是总专注于自己的什么念头，以至于显得有些古怪。比如，有一天去餐厅就餐时，燕卜荪忽然发现自己身上有些不对称：他发现自己只穿着一只拖鞋。不过他并没有返回寝室去取另一只拖鞋，而是直接把他穿在脚上的那一只踢掉了事。[76]

食物对他来说又是另外一个小问题，至少在最初的时候如此。像许多外国人一样，燕卜荪也声称自己很喜欢中国食物，但是他很快学会更小心地表达自己的意见。当学校的厨子做了几乎难以下咽的食物时，他的同事们就会笑他，于是他就坚持说，自己总是喜欢好的中国食物（不过后来他吹嘘说，自己是"北大教工中唯一喜欢低级的中国食物的人"[77]）。他第一次参加大学宴会的经历也是同样地尴尬。也真够奇怪，那次是他参加宴会的时候去晚了，因为在最后一刻他忽然决定试试在山上洗他的第一个澡。他自己的笔记中记录了这个故事："宴会开场对于一个饥肠辘辘的人来说真是难过，开胃小菜也是同样，因为你不知道后面会上些什么东西；四盘菜都非常精巧，味道非凡，不过却实在不是可以大嚼的东西；好在食物源源不断地上来，而且我也喝上了虎骨酒，于是我心里清楚这次宴会还是很不错的。它的确不错。我希望它是公家付账，而不是某个个人大为破费又无人领情的礼物。"（在为《南岳之秋》写的注释中，他解释说，他认为虎骨酒是"一种当你深陷困境时⑥应当求助的好饮品。里面的虎骨据说可以让你变得勇敢"。这话中的含混之处显露出这样的可能性，他也许喝了太多的葡萄酒——淹没在自己的热澡盆中时——甚至是在去赴宴之前。）在某个时刻，他感觉自己已经吃得足够饱了，于是希望接下来会上些开胃点心或者奶酪什么的；但是"数不清的各种东西断断续续地继续上来"。菜肴包括鸡蛋炒西芹（"或多或少"），然后是一只鸡，后来还有"一种非常美妙的汤，他们说那是用一种水母做的，但是这东西却长到了山上，于是叶公超夸赞说这可是很难得的东西"。后来，又上来了熬白菜。"'这就更好了，'叶公超说，意思是说这要比那水母汤好，于是便专注于熬白菜了。这让我完全迷惑了，因为我能够理解对上菜先后顺序的不在意，但是他显然是说在宴会的这个阶段大白菜会更好。"于是，燕卜荪认定，与北京的皇宫不同，这饭菜上似乎实在缺乏结构之感。

无论如何，就像他在很多年后仍然记得的，当他与交通部副部长的车队一同穿越中国西南的时候，他已经学到了他所谓的"有关中国食物的一种重要事实"：

他们那里有一种好吃的香橼水果叫作柚子，他们告诉我说那是葡萄柚的亲代物种，它很像橙子，但是在皮下还有一层很厚的软绵绵的白色外皮。我们在热浪中品尝着这些东西，并把柚皮从车中扔到路上，我注意到一个满是皱纹的老太太在捡拾那东西。对发生在我们周围的这样绝望的苦难我们却视而不见，这真是件可怕的事情，我当时想。但是当天晚上，当我们照例在一所东延西展、摇摇欲坠的旅馆就餐时，上的竟然是那种柚子皮，不过是用某种神奇的方法变成了供人吃的食物而且还加上了美味的酱汁，人们都认为那是店家招待我们的最好的东西之一。那个老太太收集这东西并不是因为她在挨饿，而是因为那是她家里人知道怎样烹调的一道美味佳肴。中国的农民在国家安生的时候是期望能够吃得好的，而且对于怎样才能吃得好又持着不同的意见。我不能盲目地乐观：有人写道，自从孔子的时代每隔十年在中国的某个省份就会闹一次饥荒；但是在你自己的省份，这种事只会两到三代人才会遇上一次。而在两次饥荒之间，他们对食物的满足感是很多样的，这在亚洲的其他地方，甚至事实上在整个人类历史上，都是无法比拟的。[78]

（十年之后燕卜荪将亲历一段更加接近饥荒的时期，那也是在共产党解放北平后的一年）。

在南岳的时候，他发觉自己在如何泡制好茶这个问题上与他的同事们也有分歧。"很奇怪，中国人竟然不懂茶；他们告诉我说，是我不懂茶。红茶必须要用热水来冲泡，而一般的绿茶则不需要；事实上一些日本的绿茶若是用滚开的水来冲泡就会被糟蹋了。但是我的同事们却执意要在暖水瓶里泡茶，这真是可怕，而且他们根本不喜欢绿茶。"他以一种愉快的缺乏信心的口气写道，他们的错误是"永远的理想主义的错误：他们让一种非常完美的绿茶的味道变成一种极其恶心的深色红茶的味道。不过你也可以相信他们说我不懂得品茶是对的。"

秋冬之际带来了圣经学院建立之初没有预料到的寒冷潮湿的天气：校舍里都没有壁炉或者烟囱——"这事很奇怪，"燕卜荪评价说。教工和学生们靠在铁架子上烧木炭来取暖，这相当危险，至少有四名学生曾经一氧化碳中毒——"那会使血液变成樱桃粉色，"燕卜荪以一种有些令人恐惧的科学的超然说道[79]——必须靠人工呼吸才能让患者复苏。当他在山上的逗留行将结束的时候，燕卜荪享受到了一个人住单间的奢侈待遇，不过这让他更加担忧自己会窒息而身边又没有人来按压他的胸脯为他施救。他穿起了中式的棉袍子，可是却发现做任何活动时，这东西都会让他大汗淋漓，即使是在打字或热切地谈话时。棉衣的重量让他慢下来，这件事的整体影响就是，让他认为自己对于中国人的心态有了部分的，不过仍然有些困惑的洞察：

> 裹在棉服中、双手揣在袖子里的生活必须以我看来的低调进行；你的目标就是保持被动；于是为人熟知的神秘的东方式平静便出现了。而有关将欲望减少的智慧便特别明显了；你少吃，少睡，少做事。有人可能把这看作是反对个人主义的一种力量，因为一个人若只是慢吞吞地过日子是不会感觉到自己的独特性的。唯一与这个理论相抵触的是"虚夸"（bombast）这个词，这个词在黑板上很容易解释出来；伊丽莎白时期的人们把一种诗歌形式称作"衬垫式诗行"，那是按照他们的衬垫式衣服叫的，就像在这里我们都穿的那种，而伊丽莎白时候的人们是你能说出来的最为吵闹、个性、高调的人了。

注意到这个国家饱受折磨的政治，及其前所未有的民族情绪的高涨，他也认为拉尔夫·沃尔多·爱默生（Ralph Waldo Emerson）给新英格兰的信息对如今的中国现状有着同样的意义。因为，它似乎有些矛盾地谈到自我否定的问题："波士顿婆罗门（Boston Brahmins）是真正的婆罗门，而且（就像他们一直这样说的）也是超验主义的，因为他们感觉到一种'所有即是唯一'的力量的吸引，那是一种将个人化解的神秘主义；你可以在所有感觉需要一种自然的统一的新兴国家里感觉到它的存在，比如德国、意大利和美国。"

在新学年伊始，大约一千五百名学生到达长沙，但是他们中有将近五百名随后离开了，这批学生中的主力到了毛泽东的队伍，或者去参加延安的抗日军政大学接受战时教育和马克思主义理论教育了，而其余的则加入到战区附属于国民党军队的部队当中。因为北方大学有着长期的反日情绪的传统，进入临时大学的学生们自然地发现他们自己被表达他们的爱国情绪和以学习为傲这两股力量可怕地分裂开来。

湖南省主席张治中将军在一次来访时所做讲座中，训斥学生们说："国难当头，你们这些年轻人为什么不去前线，躺在这里搞什么鬼？"[80] 燕卜荪说，一批批的学生们会时常找教授们要些上海元，作为去延安共产党根据地的路费。至少有一位专家级教师，是个神经病学专家，也出发去参加红军⑦了，但是显然他并没有顺利到达那里，而是又回到了大学，满面沮丧，但依然意志坚定。另一方面，另一位当地的将军陈诚则成功地劝告学生们继续他们的学业；他们是国家的财富，他说，他们的使命是成为一个恢复后的中国的领导者。

无论如何，对于大部分留在学校的学生来说，生活也并不容易。可能最大的困难是文学院几乎没有书来让他们学习。"那些讲座全凭着记忆来坚持进行，"燕卜荪带着坦诚的骄傲记录道。[81] "就当时的情况而言，看到教授们全凭着记忆来讲座，实在是挺好笑的。我记得足够多的诗歌，但是，我可记不住散文。"《南岳之秋》中的诗行，开篇是就叶芝的题词来了个双关戏仿，快乐地赞颂教学中的种种困苦：

> "灵魂记住了"——这正是
> 我们教授该做的事，
> ……
> 课堂上所讲一切题目的内容
> 　那埋在丢在北京的图书馆里，
> ……
> 版本的异同学不妨讨论
> 　我们讲诗，诗随讲而长成整体。
>
> 记起了散文常给人麻烦，
> 　虽然对于伍尔夫夫人有些喜欢，
> 多年来都未能压制，
> 　但拿到课堂上去开讲，
> 未必会替自己增光。

学生们实际上被他折服了，因为他可以在打字机上敲出那么多篇的诗歌，包括莎士比亚和弥尔顿的作品，而且有一点的确是真的，即他有着惊人的记忆抒情诗的能力。

直至今日，他通过记忆来写出文学名篇的神功依然为众人所津津乐道；那已经成为临时大学的传说故事中的一部分。燕卜荪1953年在谢菲尔德大学的开幕讲座中谦虚地回忆说："这件事对于中国的讲师们来说并不会像对于大多数人那样恐怖，因为他们有着熟记标准文本的长期传统。我因为可以凭借记忆打出一门课程所需的所有英语诗歌而给人们很好的印象，然而，这事之所以受到赞赏是因为我是一个外国人，若是中国人那就没有什么稀罕的了。实际上，我们当时是有一本散文选集的，可以照着这本书再打印出来在他们的作文课上用［选集中包括林顿·斯特雷奇（Lytton Strachey）、奥尔德斯·赫胥黎、弗吉尼亚·伍尔夫和T. S.艾略特］……但是除了这本书之外，的确是没有什么其他的书了。"[82] 在同一讲座中，他慷慨地把自己的高超能力归功于他的学生和同事："我想我们通过这种方式所取得的结果异乎寻常的好。无疑，主要原因是学生的水平都非常高；中国曾努力吸收欧洲的文化成就，而我见证了那段伟大时期的尾声，那时一个受过良好教育的中国人相当于一个受过最好教育的欧洲人。我的同事们彼此之间总是用三四种语言混合着谈话，没有丝毫做作，只是为了方便，若是记得我在听着时，就多用些英语；当然，对于中国文学的全面了解是被看作理所当然的事了。"[83]

这些都是事实；通常情况下，传说总比事实，哪怕是非凡的事实，跑得快，不过应当说明，并没有人要故意夸大什么事。比如，一些他当时的学生（其中很多人后来都成了著名教授）回忆说，燕卜荪可以凭记忆将整本的《奥赛罗》打印出来。[84]而他当时的笔记则老实地透露出事实的真相："一位好心人借给我一本炫目的1850年版的《莎士比亚全集》（Complete Shakespeare），这让我可以安全地上一门课。这本书中还有一张散开的扉页，上面竟然有斯威夫特和蒲柏的签名，这在这座圣山上显得颇为令人激动。"[85]引用这段坦白并非要削弱他的成就，而是要使它更加合理；当然，燕卜荪从来没有夸大过自己的任何成就。［当讲授了多年《批评史》（History of Criticism）的叶公超焦急地问他，亚里斯多德所谓"模仿"是什么意思的时候，他既感到同情，又舒了一口气。"我只知道他说音乐是对自然的模仿，而没有人知道希腊音乐究竟是什么样子；但是我们同意，如果希腊音乐是像中国或欧洲音乐那样的，那么亚里斯多德说'模仿自然'便没有什么道理了。于是，问题就这么解决了。"］

燕卜荪相信，被迫凭借记忆重建一部文学作品有一个效果显著："它迫使你考虑究竟什么是重要的东西，或者如果你想一想就已经知道了的东西，或者如果可能的话你自己想要知道些什么东西"诸如此类的问题。同样为人熟知的是，他在写评论的时候总要凭着记忆引用些诗句，他这种做法可能表明或者他对于措词和句法不屑一顾——更有可能的是——无论如何，他其实都已经把那些诗篇烂熟于心了。所有现有的证据都支持后一种可能性。例如，在圣诞前夜，当金岳霖教授不由自主地唱起一首可爱的德国颂歌的时候，燕卜荪因为自己不能把《圣诞颂歌》（'Venite Adoramus'）的所有词句完整背出而非常懊恼。"我们在孩提时候应当被教导多记住些东西才对，"他在第二天写道（那天就是圣诞节，但是在圣山上人们并不庆祝这个节日）；"对于数量的渴望误导了所有按结果得到报酬的教育者们，如果你选择出合适的诗篇，那么其他同样风格的诗作也会被明显地挑选出来；不过，那样的话可能没有人能够作出正确的选择。"[86]

在课堂上，如他不久之后记录的，他决定向他的学生们介绍A. E.豪斯曼的诗作，"因为这些诗歌的音乐性和结构明显都很好，而意思看上去也很直白，但实际上又非常深刻，于是人们总是快活地把自己所想的读进诗歌里去。另外，我熟记很多他的诗篇。"不过，不像在日本，在那里学生们对于豪斯曼的宿命论情绪报以可怕的热情回应；在中国，学生们却鄙视他。他们的国家现在正在为生存而战，而不是沉湎于某种死亡渴望，学生们渴望的是国家的解放与和平：

> 他在他的同情者们的文章中激发出来的一股潮湿的东方无为主义，让我颇为尴尬，我于是只好阴沉地转向玄学诗人，向他们发起些理论性的攻击，这减少了我不少打字之苦，因为班上大半的学生都离去了。豪斯曼对于作为最有尊严的自杀方式的战争的热情，在日本被广泛推崇，但是在中国却受到令人惊奇的冷遇；我知道他们不会同意豪斯曼的观点，但是没有办法让他们在文章中提到这种观点，而又不使其显得荒谬的。一个非常细微的谜题发生在
>
> > 号角在远处嘹亮地吹响；
> >
> > 嚎叫的横笛高声地应和；
> >
> > 猩红色的队伍欢快地出发；

我是女人所生，我将奋起。

有一处文字修订，"女人令我生厌"［或者"女人们令我生厌"
（Woman bores me或者Women bore me）］被认为是在这一诗行中唯一说
得通的文字。

事实上，一次又一次地，燕卜荪都注意到他对于日本人的心态所得出的任何结
论都不能轻易地加到中国人头上。在他所有的惊人发现中，有一条他对学生们的
描述：

在一个我们看来完全不道德的基础上作出严肃道德教化的倾向。
有关这方面一个最好的例子是，一个男生写了一篇有关苔丝德蒙娜
（Desdemona）性格的文章，我认为他不自觉地打碎了伟大的［A. C.］
布拉德利（Bradley）经常沉浸其中的那个道德思考体系。"她柔弱的性
格是她死亡的原因，她的豁达思想、坦诚和过度的慷慨是惹来人们批评的
东西，尤其是对于伊阿古（Iago）来说是这样的。"这并非偶然；一两页
之后，他又写道："她对于卡西奥（Cassio）太过慷慨，因此难以逃脱伊
阿古批评的眼睛。"你几乎说服我要做个基督徒；她那样做并不愚蠢（当
然，除非你知道怎样保护自己，免受伊阿古这样的人的伤害，不然便是不
懂得怎样更恰当地生活），不过那种行为是属于一个与我们的社会很不相
同的文明。[87]

他的学生明显地对于苔丝德蒙娜的不耐烦以及同情性想象力的缺乏，在燕卜荪
看来并不是什么站不住脚的观点，而是从一种不同文化背景出发的合理阐释，这也
是燕卜荪胸怀宽广的一个典型例证。他在别处评论说，"这是那些传教士们所说的
奇怪的罪恶感缺席现象"[88]。

同样令人迷惑的思想［他在同一篇文章中记录说］也出现在一个评论
A. E.豪斯曼的男学生身上，他说，豪斯曼"既不是乐观主义也不是悲观主
义，而是自得其乐"，而且进一步解释说，所有中国的最好的诗人都是自

得其乐的。很难想象，［豪斯曼诗歌中］那些可怕的自轻自贱情绪会与那些学会自得其乐的中国诗人所写诗篇有着同样的文学效果。天晓得，只会大喊大叫的人就是让人讨厌的人。我在这里引述他的观点，是因为我想他说了些真实情况；那既不是语言上的错误也不是批评上的失败。[89]

作为原则问题，燕卜荪甚至在语言课上也不轻易更正学生的语法错误，而是反思他们的表达模式，以免他们说话的深意未被理解——那可能是无意识的但仍然是正确的态度。与之相称的结果在他研究文学语言的复义时所采取的方法上也明白表露出来，对此他在谈论有关复杂词汇理论背后的所谓"寓意"时，简要地解释说："一个发展中的社会在决定实际问题时，主要依赖它对于那些它认为明显的、传统的词汇的解释，而不是当前教条的官方陈述。"

比如，在一堂有关歌谣的课后，有个学生在文章中写道，"歌谣应该尽可能地简单、俚俗（vulgar）"，这个说法让燕卜荪思索道，"天知道学生选择这种势利的词时是怎么想的，但是我相信纯粹的词汇错误冒充品味错误的可能性比你想象的要小得多。"事实上，在他当时的笔记中那条懊恼而又果断的评论后来成为《复杂词的结构》（1951）一书的关键所在。两年之后，在一个名为《基本英语与交流》的讲座中，他引用了上文学生的那句话作为一个恰当的例子，证明一种通过细致分析可以得到回报的语言学"花招"：

"应该"这个词在这里传达的意思是，所有的歌谣都应该是同一种东西——因为如果不符合标准就是不好的。但是一个作品可能是很好的诗歌，却并不是歌谣：一个写作歌谣的人并没有试图创作"标准歌谣"。有关对与错的话在这里并不适用；实际上，也没有任何关于试图创作歌谣的问题（在这里，歌谣指的是它的主要意思），因为真正的歌谣已经属于历史的一部分，它来自一个与我们的社会完全不同的社会。但是，那并不重要：这个说法的幽默之处在于"俚俗"这个词。这是个有深意的词。它的意思是说，没有受过教育的穷人品味低级。这在总体上说来可能是对的，但是穷人肯定使美丽的歌谣得以存在，而且也很有可能是他们创作了这些歌谣。这个词在这里实际上是在说，作者非常反感歌谣，但是又没有把这一点明确地说出来。这可能是这个人部分的感觉，但是他并不知道自己把这一点如此粗暴地表达出来了。我举这个例子是因为在［基本英语］词汇表中有一个具有同样花招的词，那几乎是这个词汇表中唯一一个有如此明白深意的词。"普通"（Common）便是"经常或一般"而且"品味低级"，于是也有着与"俚俗"一样的效果。所以，这不是一个绝对安全的词汇，虽然使用很广泛。作者所想的是"好的歌谣对于没有受过特别教育的人，或者没有受过其他种类诗歌教育的人，有吸引力"。但是他心里还在想着其他的东西，其中之一就是歌谣不是一种高级的诗歌形式。因为对于"俚俗"这个词有着很好的理解，或者至少是一定的理解，这对他的阅读有所帮助，而且让他感觉这个词用在这里很合适。他只是对于自己所使用词的力量估计不足；在这里，这个词的力量非常强大，足以完全摧毁他在文章的其他部分给予歌谣的默默赞赏。[90]

在日本时他从学生的反应中观察到"相当"（quite）这个词（在基本英语八百五十词汇中属于"操作类"）可以带有同样隐含的意思。"'相当'是'完全地，但是没有兴趣地'，所以你若是说得很热烈，这个词便用错了；'李尔王的死相当悲惨'意思是你对这个戏不太感兴趣。"

于是在完全不知情的情况下，他的日本和中国学生们一直在帮助他拷问他自己在道德上的先入之见，那是根本上源自于西方自由主义以及他自己的批评性认知的思想；在《复杂词的结构》中对于所谓"集中原则"的分析中，他的学生们所作贡献至关重要——因为那本书中包含的诸多文章，包括《〈一报还一报〉的意义》（'Sense in *Measure for Measure*'）和《〈序曲〉的意义》（'Sense in *the Prelude*'）都是在中国起草的。比如在《词汇的感情》（'Feelings in Words'，1936）中，他就直接受到日本学生的启发，把"相当"作为一个极好的例子，来阐释"有些词是要固定（如果可能的话也传导）一种简单的感情状态，而不直接将其说出，也并不把这种感情与它们的意义联系起来；它们也并非不稳定的词。"相当明显，他相信，"相当"这个词提供了"有关谈论一个词完全脱离其本身意思的情感部分的……真实范例"；探讨完这个词的情感转换之后，他得出这样的结论，"要解释这个词，你需要一个'意思'和一个'情感'，只需要一个，这是它整体情绪表达的基础所在。我并不假装自己懂得，为什么情感的部分矛盾实际上在某个时期自我转化而成为一种惬意的情绪，或者（也许是同一个问题）是什么在这个迷人的特别英国式的词汇中保持了一种未受支持的情感。"[91] 不过，他总是劝学生们不要读他本人发表的批评文章——他谦虚地认为他的书"只会让他们困惑，干扰他们"——"当我必须考虑他们为什么感觉有些东西很难学的时候，他们有时会教给我很多理论上的东西，至少我是这么想的……"

燕卜荪在南岳只逗留了两个多月，从1937年11月到次年2月。虽然其他一些教师感觉全凭记忆教课太过吃力，燕卜荪却相信他从这次经历中获益良多——他的学生们被他的专业精神、机敏头脑和在思想上对学生们平等相待的态度所鼓舞——他也与同事们建立了一种团结合作的感情；他后来总是把这座山看作是他理想的学术社区所在。虽然与世隔绝、资源匮乏，这个由一群流亡学者组成的教学团队却有着卓越的目的性。虽然都是逃难者的身份，他们却把自己战时所做的工作看作是在保存思想和文明的领导力量。比如，哲学家冯友兰（1895—1990）后来写道：

> 我们现在的命运就如同当年南宋的人们似的，被敌军驱赶着一直向南走。然而我们生活在一个美妙的团体中，这里有哲学家，有作家，有学者，大家都住在同一栋楼中。
>
> 这种历史时刻、地理位置与特殊人群的混合使得这段时间特别令人振奋、给人启迪。[92]

"我似乎一直忘记了/那些真在天上飞翔的人"，燕卜荪在《南岳之秋》中写到那些中国的政治人物和将军们；不过，他抱怨说，

> 实际上我们倒常常想起，
> 　到处都看出应该多想他们。
> 当地出现了部长之流，
> 　（被赶得远远离开了战争），
> 还有训练营，正是轰炸的目标。

......

诗不该逃避政治，

　　否则一切都变成荒唐。

这话的道理我也懂得，

　　但我就要演讲也只会歌唱，

而且到底有什么好处

　　用诗来表达，不管写得多悲壮，

半夜心里翻腾的疑问，

　　想起了家园，我所属的地方？

......

什么是我不曾面对的东西，

　　什么原因造成完全的绝望，

把地图分割成若干长线，

　　证明没有房屋真是正方？

毒害了心灵、毒害了空气的

　　不是民族主义，不是种族感，

是借口，后果，信号，

　　但不是已经存在的大现象。

　　11月，上海沦陷，屠杀与摧残接踵而来；12月13日，南京陷落，蒋介石不得不撤往内地，最终在长江上游峭壁之上的重庆重组政府。在圣山之上，这所流亡大学焦急地关注着主战场事态的发展；虽然当地颇为宁静，然而恐惧与紧张情绪仍然不可避免。

　　1937年圣诞节当晚，在做完一场有关《奥赛罗》的精彩讲座之后（"奥赛罗是个让人无法容忍的傻瓜，"他在笔记中写道，"奥赛罗是莎士比亚戏剧中唯一一个讲话像弥尔顿的人，而伊阿古是唯一讲话像蒲柏的，真实的人物与这两位都是毫不相干的。")——这场讲座显然受到好评[93]——燕卜荪患上了他所谓的"神经性恐惧症"。他自从1931到1932年在东京的第一年以来，还没有经历过任何如此可怕的情况。"实际上，只有写作的艺术可以让我思考，"他在另一个场合写道；[94] 然而即使在这种时候，他也要写下一个可能的解释，来应付这场突然且不可控的焦虑大发作。"不像别的固定的大学讲师，他们对待学生的态度就像南部美国人对待黑人那样，这位引进的讲师渴望令学生们高兴；这是件不光彩的事情，他不愿意随意地告诉别人。我对于自己作为讲师的能力比对自己出版作品——那些评论和诗歌——的能力更有一种虚荣心在；当然，若是把我的讲座出版，我会很害怕的，而且会更加小心自己出版的任何东西，以及其他方面；然而，上午讲座的成功应该不会引起焦虑性神经症的。"他本质上就是一个容易紧张，当然也很固执的人，他觉察到自己一般情况下是可以通过写作（那时候集中的兴趣可以战胜焦虑的神经）或者是酒精来平息抑制性的情绪的。在这个场合，他便狂饮虎骨酒，不过却感觉这东西"很奇怪"，对于"融化"神经起不到多大作用。事实上，他的焦虑并非源于教学不力，而是因为对自己的个人情况缺乏安全感——战争的威胁更使这种感受变得复杂了。在他自我探寻的笔记中，他写道，"神经性恐惧的最大麻烦是，你自己也搞不清楚那究竟是对什么东西的恐惧。在我身上，这种恐惧以一种合理的方式出现——当我预料到自己将在很长一段时间里过一种很悲惨穷困的生活时；不过，你也不能把它看作是对那件事的直接恐惧，不然你就可以向自己保证能够处理好这件事，然后就不会害怕了。"不过，这次不管是什么原因，他都不能通过"处理好"他的将来情况来解决这个问题了，因为在战时中国他不可能控制自己的未来。

实际上，日军火力已经推进到湖南，炸弹也开始落到长沙城了。大学必须撤出这里，向更南的地方迁移，应该是在云南省的某个地方，那里，燕卜荪曾经在前一年与理查兹夫妇一起访问过的。"所有这一切都进行得相当热闹，"燕卜荪在一篇《中国来信》的草稿中写道，"而且是正当日本人豪气干云地宣称他们要用炮弹彻底摧毁中国铁路的时候。我住在这里几乎是与世隔绝，自从校长与蒋介石就迁移一事会晤之后，就没有再见过他的面，也没有什么小道消息。令人惊奇的是，政府宁可出资让我们在海上绕道而行，也不愿意借给我们一些卡车，让我们走陆路，不过那样的话我们肯定需要很多的卡车，或者也可以把它们叫作客车。

如果那时候他想到了任何可能的其他做法，比如有可能坐船从香港直接回国，他也没有提到这一点。他已经下定决心将自己与大学的命运联系在一起，至少再坚持一年；毫无疑问，能够做到这一点，他显示了很大的"胆色"——这个欢快的词，他总是用来形容其他人，甚至地方（后来他也曾讽刺性地使用这个词，说"有胆色的小日本"）。他的胆色在《南岳之秋》的这些诗行中明白展现出来：

　　　而那些"新闻"，那些会议上的官腔，
　　那爬行着的雾，那些民防的陷阱，
　　　它们使你无法不恐慌。

　　　再说，你也不真是废物，
　　　只能像刺球那样紧附树身，
　　替代那些必须出去的人，
　　　不妨坦白地承认，
　　确有模糊的意图，
　　　想去那些发生大事的城镇……
　　这首诗的最后一节是对被悲伤地放弃的圣山生活的同样勇敢与心酸的
挽歌：

　　我说了我不想再飞了，
　　　至少一个长时期内。可是我没料到。
　　即使在暴风雨般的空气里，
　　　被扬得四散，又落地播稻，
　　脑子里七想八想，不断旋转，
　　　人们又在动了，我们也得上道。
　　我没有重大的个人损失，
　　　不过这首诗可完成不了，
　　得到平原上才能偷偷写成。
　　　我们在这里过了秋天。可是不妙，
　　那可爱的晒台已经不见，

正当群山把初雪迎到。

兵士们会来这里训练，

溪水仍会边流边谈边笑。

在3月初，他出发向南部而去，并提出想与一位叫做诺曼·弗朗斯（Norman France）的朋友（"非常好的伙伴）住一段时间，此人想必是他在剑桥认识的，当时正在香港大学（Hong Kong University）教书。他自己的大学信件转发地址当时还不清楚。

离开圣山的时候，他注意到，一些工人们正在修建一条通往圣经学院的碎石路。人们嘀咕说总司令将要亲临南岳。不过直到八个月之后，1938年10月，蒋介石才把武汉丢给日本人，并召集他的部长和司令们在南岳召开了一场会议。在那里，经过数天的商议，他制订了臭名昭著的"焦土政策"，口号是用空间换时间，这意味着他名义上的同盟军——中国共产党——将不得不独自抵抗日军。从1938年底到1945年蒋采取的政策是，与公开敌人的战斗主要是虚张声势，同时却积极打击他眼中的内忧——红色威胁。

11月12日，蒋烧掉了长沙城，表面是作为他所谓"焦土政策"的一部分，而更有可能的是，如韩素音指出的，

因为城内有一股积极活动的共产党地下势力；也有传言说秘密警察想要杀掉当时正在长沙的周恩来。这整片地区都活跃着地下游击队；长沙数年来一直是地下党总部。毛泽东在那里也训练了很多的人……

11月13日，蒋及夫人乘飞机到达新的堡垒——重庆——"自由中国的首都"，同行的还有高层官员……[95]

于是，如韩素音所说，到了1938年末，顺理成章地，"云南，这个红色根据地"脱颖而出，变成一个"充满热忱与爱国主义的闪耀的灯塔，吸引着来自中国四面八方的学生和知识分子。如果蒋向日本屈服，那么云南的威望就将无法抵挡地席卷整个中国"[96]。

1944年，日军占领南岳，那个曾经作为中国知识分子抵抗运动的高耸的象征的

小村庄。

"现在有一种声音，说在南岳人们并没有做什么事，"燕卜荪在1939年写道。"我们只是在混日子。我非常痛恨这种说法。"[97] 当然，他和同事们都尽自己所能坚持授课；而且他们在那种情况下还能够写出不少学术文章。燕卜荪一直在写那些日后汇集为《复杂词的结构》一书的文章；金岳霖完成了他的《论道》（*On the Tao*）；中国最著名的新儒学学者冯友兰完成了《新理学》（*The New Nev-Confucianism*）；汤用彤完成了他的《中国佛教史》（*History of Chinese Buddhism*）的第一部分。[98] 其他教员包括吴晗，诗人卞之琳，传奇诗人、艺术家、政治活动家闻一多，此人后来在1946年被国民党杀害；还有逻辑经验主义者洪谦（1909—1992），此人曾就学于柏林和耶拿（Jena），前不久刚刚完成在维也纳大学（Vienna University）八年的研究生学习回国，在维也纳时，他还参加了维也纳学派的会议（后来他成为中国最有名的当代哲学家，从1952年到1986年一直指导北京大学的西方哲学研究工作，并曾以访问学者身份数赴牛津大学）。[99]

燕卜荪甚至在山上还挤出时间写了一部小说的相当一部分内容，即去世后的合集《皇家野兽和其他作品》（*The Royal Beasts and Other Works*）中的那部《皇家野兽》（'The Royal Beasts'，1986）。[100] 这部小说，严格说来可算作寓言，它实际上为他早年对于生物学与人类学（包括达尔文的进化论）以及对于田园诗的兴趣和他在《弥尔顿的上帝》（1961）中所详细阐发的对于基督教教义的挑战之间提供了一条想象的纽带。故事以一种富有挑逗性的"节日"气氛开场，又吸收了燕卜荪在中国时对于宗教与文化的诸多思考，它讲述了一群新近发现的非洲变异体生物——那是些有理性的类人灵长目动物——它们精明地拒绝被定义为人类。燕卜荪笔下富有同情心而又聪明的主人公"无族"（Wuzzoo）引发了一系列好笑的反应，令西方人的文化预想颇为尴尬。这个故事坚定地植根于乔纳森·斯威夫特、塞缪尔·巴特勒、奥尔德斯·赫胥黎和T.F.波伊斯（T. F. Powys）的传统之内，含有丰富的神学和社会学意义，而且通篇都是讽刺。

不太可能确定燕卜荪在这篇唯一的散文体虚构作品上究竟花费了多少时间，但是他开始写作这篇作品的时间倒是很清楚：在刚刚到达中国几天之后。多罗西娅·理查兹在1937年9月8日的日记中"上海城外五十英里"（意思是在他们从天津去香港的旅途中）这个条目下写道："比尔开始写作他的'无族'动物小说。有一些很好笑的段落———一个爱情场面和一段大主教的讲话。"[101]（很可惜，那段爱情场面并没有保存下来。）在另一页，理查兹夫人甚至把燕卜荪自己称作"无族"（9月10日）。但是这部小说的大部分是他在圣山上写的；手稿中的一页是写在《南岳之秋》的两个诗节的打字稿背面的。

《皇家野兽》在下面这封未署日期，也没有寄出的写给（后来成为爵士）的索利·朱克曼（Solly Zuckerman）的信中描述得最为恰当，而朱克曼当时刚刚发表了两部权威性的有关哺乳类动物的生理学和社会学论著———《猴与猿的社会生活》（*The Social Life of Monkeys and Apes*，1932）和《人、猴、猿的行为相似性》（*Functional Affinities of Man, Monkeys and Apes*，1933）。［考虑到燕卜荪在信中把朱克曼的名字拼错这个事实，他写信的时候不太可能有那些书在手边，若果真如此，那么他在设想他虚构的"无如"（Wurroos）族时，能够记得那么复杂的形态学问题，真是了不起。］

亲爱的朱克曼博士：

我正在开始写作一部幻想小说，是关于一个并非人类的中非部落种族的。向您寻求一些建议，可能会给您添不少麻烦，但是我还是希望能够在这封信中把小说的主要内容介绍一下，如果您能感兴趣，并愿意回复，我将不胜感激。几所北京的大学已经把他们的文科系部迁移到了湖南的一座圣山之上，这里是个相对与世隔绝的地方，既然如今已经到了这里，最好能写本小说。

在一片人迹罕至、山峦纵横的地方，一块分裂主义者的自治领与英国直辖殖民地的交界处，已经被接收过来，此前与一位非洲酋长签署的条约也即废止，现在这个地区被界定为部落地区而不是领地。群山以北的所有土地，包括所有部落，都属于自治领。后来在这个新部落的领地内的山脚下发现了金矿。英国当时的状况是急需金子。殖民地总督于是声称这些人不能构成一个部落，于是这个案子被送到上院议员们手中。我想英国打赢了这案子，随后在第二个案子中，决定这些生物应当被算作人，就像股份公司的意思是一样的，所以英国法律也适用于他们。所有基督教派别都要求派遣传教人员，而日本人出于文化渗透的目的声称对于非人类物种，佛教是唯一适用的宗教。困难在于如何给这部小说创作一个足够响亮的结尾。恐怕我要让他们最后都死于一场伤寒大流行。很多东西都需要专业知识，而我在这里又一时无法凑齐这些知识。

关于那些生物，我希望把他们写得很吸引人，能够激发人们的同情，同时也足够聪明，可以坚持把他们的案子打下去。他们了解到自治领对于黑人的待遇，于是决定不加入自治领：他们以他们自己的神明赌咒说自己并非人类。（很想让他们赌咒，因为他们赌咒的时候就像图腾社会的鹦鹉似的；不过还是低调处理这一点为好。）他们都长着很值钱的皮毛，为了防止自己的皮毛被拿到市场上买卖，他们要求获得皇家野兽的地位，就像鲟鱼一样。他们有着严格的交配季节，到时身体会发生某种变化：一种显示性别的皮肤也许不够好看，而且也与交配季节不相匹配。人们可以说他们是狐猴类，可他们又是宽鼻扁口；所有狐猴类动物都长着老鼠似的脸，这我不喜欢。拥有交配季节意味着他们不需使用弗洛伊德的机制就变得理性了，这一点很有意思，值得试上一试。在这一点上他们对人类大加指责。但是他们一年到头都要互相理毛，他们非常渴望做这件事。有人给了故事的男主角一只波斯猫，他却把它扔出窗外，因为被煽动去做一件龌龊的反常之举而非常震惊。他们不能与人类杂交繁殖，至少小心翼翼地呈上法庭的证据让人们这样认为，因为那是用一种犯罪形式获得的，所以也不能作为一个有力的论点。

不过，他们的血液不能输给任何人类群体，而且他们还长着长长的毛茸茸的尾巴。我想找一群意见一致的科学家们来证明他们并非人类，这并不是什么难事，不过，有些专家会说他们是与人类近亲的种族。当然，你也许可以轻易地让法律拒绝接受科学的定义说，一个法律意义上的人是一个理性的动物，有能力遵守合约和其他东西。我想，天主教教会毫无疑问地会声称他们是人，其理由与它在16世纪作出有关火地岛土著（Terra del Fuegans）是人的伟大决定时所用理由相同；但是我需要找出来当时是用了什么理由。

也许可以把他们作为一种最近的突变，即三四代之前源于同一祖先。因此，他们的习俗是不固定的，他们需要一种新的语言，以及其他的东西。以前，他们曾经有一种"语言"，但是却没有物体名词，因为它是完全有关区别社会情况的。在那种情况下，天主教徒就可能声称，他们只是在变异之后才有了灵魂，这是天意的一个明显的例证。但是这可能会使得这个故事更加令人难以置信，我想。

除了开政治和宗教的玩笑之外，有意思的问题是一个有智慧，并且有固定交配季节的种族是否会得到发展，他们是否会与我们在头脑上有很大不同。他们从家庭生活中得不到社会性训练，也不能从被压抑的性欲中得到精神能力源泉；一年中的大部分时间他们都是成群结队的，就像狼和羊似的。人们必须猜想有一段非常困难的时期，在这段时期，他们在一个领导人的带领下制订通力合作的计划。我希望把他们设计成素食者，但是对酒精极有兴趣，不过只有在打猎的时候他们的合作计划才能达到一定程度。如果他们是水生动物，他们可能会像海狸一样制订计划，但是好像没有水生的猴子。可能的原因是他们灵长目的身体无法游得快，而且很容易感冒。一种会使用火的水生动物可能会有一些很有趣的习俗，但是又不太可信。我认为他们不太可能被描述成食草，并把干草作为政治大餐的原料的动物，因为没有猴子可以消化纤维素。（也不好把他们描述成一种全新的生物，因为可能关于他们是否是人类存在严肃的怀疑）。他们已经撤退到一座孤山地区，在那里他们抵御黑人的进攻；黑人们很害怕他们，并不过多谈论他们，不过当他们说起那些事时，又总是听起来好像是奇谈。这就足以解释他们为什么一直没有被发现了。但是不太清楚他们在深山里能够捕获什么大型动物。他们一定有着个人统治的复杂社会结构，我想，这在他们的古老语言中有所体现；因为不然的话，他们的生活似乎过于平淡而不太可能发展出智慧。想一想的话，种植稻米，或可作为一项不错的职业；一旦进入大山生活，他们就将做很多集中的水利工作，来让这水稻生长，而规划工作则需要具有统治权的领导者。或者让他们种植其他一些类似稻米的植物；他们可能很难搞到稻米。支配情形只有在交配季节才会出现，那时这一群就会自然地短期分成一对对。

不知道这种情形如何分散入各个交配期之间的平静的群体情形中去。两性差别并不明显，但是你对为你梳理皮毛的伙伴还是会严加筛选的。狩猎时的合作似乎还是比较容易发明的一件事，部分源于有人已经对猎获的动物有了主导支配权，部分源于目标更加容易看得见。一个没有互相统治或者普遍性爱的智慧种族，我认为太难想象了。当然，你可以把这部小说一直写下去，简单地说他们是个部落，但是有证据证明他们不属于人类，不过，这似乎不够有意思。

您现在知道这部小说的主题了。如蒙您回复一些意见，将不胜感激。

朱克曼爵士并不曾记得，在当时或是后来，收到过燕卜荪的咨询，不过，他的确读到了我寄给他的抄写本，而且评论说，他认为这故事"很吸引人。[燕卜荪的]故事中没有与生物学知识相抵触的地方，而且'无族'和其他与他一样的生物都很漂亮，让人不可思议。我特别喜欢他提到交配季节的方式。" [102]

无族（无如族有着令人困惑的名字的酋长）一出场，便披着厚厚的黑色皮毛，有着长尾巴和耷拉的耳朵。于是虽然注意到这种生物是有理性的、能言善辩的、有洞察力的这个明显事实，思想开明但颇为困惑的行政官乔治·比克斯特思（George Bickersteth）暂时决定把他定为"家养狗"。虽然有关这种动物与人的首次接触问题，在灵长目分类法和系统发展史方面的考虑，并没有得到严肃的讨论，他作为一种智力发达的宠物的最初地位还是不可能持续很长时间。

燕卜荪如此精确地描述这种动物，目的是要引起人类思考一个文化与哲学的困境：我们会给予一个新近发现的低等然而又有理性的生物以怎样的社会和精神价值？这个紧迫问题在比克斯特思夫人［这个角色受到安妮塔·卢斯（Anita Loos）的《绅士喜欢金发女郎》（Gentlemen Prefer Blondes）中洛尔莱·李（Lorelei Lee）及其朋友多萝西（Dorothy）的影响］发现无如族有着界限分明的交配季节时便被暗示出来。虽然燕卜荪不太喜欢狐猴属的长相，他（正如他告诉朱克曼的）还是考虑到无如族可能是类狐猴的动物——主要是因为繁殖习惯上的这个特别之处，这一点几乎肯定需要把它归入灵长目的子目。猴与猿"像人"，因为他们有着一个"流畅的、不间断的交配与繁殖生活"（如朱克曼在一句透出真挚愉快之情的话中所指出的）。[103] 无如族每年的无欲期"在类人猿当中是没有的"：律师在上院议员面前为无如族有关他们属于非灵长目的哺乳动物所作辩护中如此辩称。

他所描述的证据于是与朱克曼发表的研究论文观点一致，特别是有关间歇性繁殖习惯将有着把他们与灵长目区别开来的种族上的重要性："为了社会学分析的目的，哺乳动物可以被分为三个大组，第一组包括猴与猿（灵长目）。第二组动物则为非灵长目或低级哺乳动物，他们有着无欲期与一个界限分明的交配季节。"[104]

为无如族辩护的律师又提出了另一条重要的证据，他们不能与人类杂交：那种种间屏障服从林奈（Linnaean）分类法的有关观点，即"一个物种与邻近的但却是不同物种的生物是不可能成功杂交的"[105]。于是，如果无如族与人类没有明显的生理相似性，他们便必然有着不同的形态学地位。总之，如果没有无如族与人类杂交体的可能性，那么无论他们智慧水平有多高，法律也要把这些动物置于人类种族之外——讽刺的是，这正是他们想要的结果：他们通过某种方式听说了有关种族压迫的坏消息，而不愿意被当作一个"黑人部落"对待，他们宁愿被看作受保护的物种。

燕卜荪暗示出来的另一个要点是，与猴和猿一样，无如族通常情况下是一夫多妻制的：在燕卜荪文稿的某个残篇中，无族提到，他有三个孩子。"我想你可以把这叫做有所偏爱……他们都是一母所生。人们认为她很好看，你知道，显然我们彼此都很喜欢对方，等等。"那是件"比较反常的"行为，他一针见血地说道。朱克曼声称："有关持久的性关系的想法"

> 与生殖器官功能健全的有性动物一年一度变生殖器官功能不健全的无性动物这一点相抵触。这种由有性到完全无性行为的季节性改变是在人类经验范围之外的。好像是一种动物被周期性地阉割，然后，经过一段时间之后，又通过手术重新移植了一套功能完好的性腺……如达尔文所阐释的性选择这些行为在已经为人所知的次人灵长目动物中的社会机制中没有重要位置……也与性关系没有必要的联系。[106]

于是三年来无族一直将性关系固定在一个雌性身上便有些奇怪，虽然这一对彼此都很有感情（而这也是很独特的事情）。另外无如族是喜欢梳理皮毛的哺乳动物，这在朱克曼看来是次人灵长目动物社会行为中一个基本要素。[107]

然而，如果科学和法律都必须确定无如族是次人物种，那么这种生物明显的智慧特征是否显示出他们可能有灵魂呢？"任何人都能看出来我们与动物是相似的，"在开始他的这部寓言小说前一年，燕卜荪在一部书的书评中写道，"但是与这个神学问题一道出现的是有关分界线是分明还是模糊的问题。"[108]

对于燕卜荪来说，这是这个故事的关键症结所在，这也解释了为什么他会这样费神，要把这种异域动物写成是在生物学上可能真实存在的：那是他把一种动物从外太空直接带到地球上来的方式，而满怀寓意的无如族则与奇妙的火星人类同。自从多年以前，燕卜荪便认为，基督徒相信自己是见证了唯一真神的人以及通过基督在十字架上献身自己便可以得到灵魂的救赎这些想法，是无耻并且褊狭的。他对于基督教神明的直接攻击随着《弥尔顿的上帝》的出版变得广为人知，但是多年来基督教赎罪观的本质让他颇为苦恼。然而，虽然他谴责基督教的神，却没有轻易地否定任何宗教信仰的可能性。从早年间他便是一个玄学思考者，一直为思索人生的意义和目的而痛苦不已。早在1927年他便已经注意到温德姆·刘易斯（Wyndham Lewis）在《时间与西方人》（*Time and Western Man*）中所讲述的有关最近的文化发展已经永久性地破坏了某些"我们有关西方常识的信仰的主要支柱"——其中主要是（按燕卜荪的话说）"对思想的私人完整性的破坏，这是通过去除一个固定的上帝，从而培育了有关一个不可知的、持续转变的有机流动体而得以实现的，它也把所有的信仰都指向当下正在改变的需求。"[109]

因此，有理由把无族看作是燕卜荪的化身。燕卜荪是否看出他的主人公便是他自己，便不得而知了，但是可以肯定角色经常讲的是作者的想法。如果说燕卜荪感觉自己是个身处中国的异类，从文化传统和语言上都与他人疏离，那么他感觉自己其实更加深深地与西方世界的主导性宗教体系疏离。于是，在这一点上，《皇家野兽》便也是一部有关东西方宗教差异的寓言；写作这部小说，燕卜荪便坚定地作出了自己的好恶选择。后来，在一封起草于1938年的公开信中，他坚持说，"在中国，四大宗教中唯一能够尽快起到些好作用的一个便是佛教。"

燕卜荪后来写了《太空人多恩》（'Donne the Space Man'，1957）一文，此文与二十年前的《皇家野兽》所涉及的中心话题有着直接的关联。

燕卜荪后来声称，如果你遵循发现我们的世界之外还有多个世界的可能性的逻辑，那么在基督教文化任何时候的天文学发现都有着深刻的神学和道德影响：

> 你可能设想，为了保持上帝的公正，基督在所有的世界中都重复了自己的牺牲行为……但是这就必然否认了耶稣的唯一性，而且在某种意义上

是限制了具有人性的人与具有神性的人的统一。自然地，也可以设想到在这个世界上局部的或偶然的基督转世……[110]

《皇家野兽》的主角并不是一个外星人而是一种猿人，但是燕卜荪对其独特文化提出的问题同样适用。《太空人多恩》中的观点同样适用于无如族的难题："目前的科学研究现状……几乎迫使我们相信在其他行星上有生命……那就使得我们的心灵反抗任何明确地要求我们的地球拥有唯一理性居住者的学说……欧洲海上扩张使得这一点更加吸引基督徒的注意力；生活在福音书法力所及之外的人们的数量和种类众多，他们当中很多人并非明显地低于基督徒，这带来了一场震动。"[111]（小说中可类比的政治维度，讽刺了殖民者将人类强加到非灵长目的无如族身上的企图，显然是抨击了西方人对于远东和其他非欧洲国家的传统的对待方式。）

这个重要的宗教问题在小说的第三部分被提出来，小说中人物汤普森（Thompson）先生质疑将那些动物排除在人类之外会产生的宗教上的后果——"这些无如族，因为这个法庭的一个判决，就将永远被关在天堂大门之外吗？"——这个问题在第四和第五部分又有所发展。"当然，我应该事先说明，"小说中一个未提及名称的人说道，"基督教作为一种强大的高度集中的宗教，从根本上强调，你若是不信仰基督便不可能入天堂。"

上帝的正义性无论如何都受到了很大的压力，因为人类的绝大多数并没有得到机会。在基督诞生之前，有那么多伟大的古典异教徒，中国人甚至有一千年根本没有听说过基督。我敢说现在因为传教士们四处广泛传教，这事变得容易多了，但是但丁感觉这也颇为正常；上帝如何才能显得公正，必然成为一个由互相关联的寓言组成的终极谜题。

中国人在欧洲的传教士们将基督教掷到他们身上之前，从来没有听说过这种宗教：难道他们就与无如族和其他世界的人们一样，在听说基督之前，便要受到天谴吗？

这一脉思想成为燕卜荪思想的一个中心内容，不仅因为他的思考与怀疑的价值，也因为历史上的基督教将它作为一个生死攸关的话题。在17世纪初，宗教裁判所因乔尔丹诺·布鲁诺（Giordano Bruno）相信可能有多个世界而将其定罪，有理由相信他宣传的异端说法最终成为导致他死刑的罪名之一。"他们希望地球是唯一适合居住的行星，这样基督便可以成为唯一，"燕卜荪的代言人在《皇家野兽》中评论说。另外，如燕卜荪在《文学批评与基督教复兴》（'Literary Criticism and the Christian Revival'，1966）一文中指出的，

> 墨兰顿（Melanchthon）在哥白尼刚一发表其学说之时，便谴责他暗示出一种反对基督教的论点："耶稣基督是在每一个行星上都被钉上十字架吗？又或者是天父对火星人完全地不公呢？"……马乔里·尼科尔森（Marjorie Nicolson）教授在1935年仍然声称［《语言学研究》（*Studies in Philology*）］："多恩在他早期的诗歌中曾经暗示出的所谓多个世界的可能性，对于宗教信徒来说的确是一条危险的理论，甚至，正如它后来被人们所称作的，是一种'新邪说'。"[112]

一旦着迷于他所认为的反抗基督教上帝的绝对使命，那种热情可以追溯到他在1929年初读J. B. S.霍尔丹（J. B. S. Haldane）的《可能的世界》之时，那时燕卜荪便不放过任何机会反复重申自己的这一观点。在写作《皇家野兽》三十年之后，他又将另一位文学巨人拉入自己的阵营，那时他争辩说［或者说挑衅式地与诺思罗普·弗赖伊（Northrop Frye）教授的基督教传统观点作出相反的推测］，弥尔顿的"神学立场使他想要在其他行星上有类似人的生物存在，因为那将是对任何宗教宣称是唯一的拯救之道的说法作出一记决定性的打击"[113]。燕卜荪在《皇家野兽》中的理性声音辩称，"一旦可能存在基督没有降临，并在那里现身的世界，那里的人们没有可能听到福音，那么这件事的不公之处便变得令人无法忍受。"他的仁慈的解决方案是："唯一的解决方法是，基督在所有的世界中都做了这件事……而那将会给你有关历史上的耶稣的一个非常不同的概念；其一便是，基督可能作为人有着其他的化身。"他在后来的一篇文章（关于迪伦·托马斯的）中解释说："那种有关任何人都可以变成基督这个普世性角色的观念，是16世纪的一个主要邪说，而这种说法至今仍然在诗人们中间保持着。"[114] 当然，直至今天，那仍然是一种邪说，但是燕卜荪在这里既是循环论证又是故意寻衅。

他在《皇家野兽》中描画出的宗教和道德的思想——这种思想假定一种（如原文所说）"在泛神论与亚流主义（Arianism）之间的模糊"立场，"在这种情况下，福音书中所记载事件的历史重要性被降低到一种令人安心的无关紧要的地位。"这很大程度上要归功于他对于大乘佛教的理解。例如，在30年代的某个时期，他曾经就"真如"概念作出如下确切而兴致勃勃的注解：

> 菩萨不是仅仅变成一个佛，而是佛祖本身，那最终的无差别的真实，真如……
>
> 在阿育王（Asoka）时期到公元元年，在有关佛性的观念上有着重要的改变。……如今每个人都可以立志成佛。菩萨这个词在佛经中出现，在那里它的意思是佛在觉悟之前的状态。

同样，他对于有关基督唯一性的教条的反抗也预示了，他后来对奥尔德斯·赫胥黎在《长青哲学》（*The Perennial Philosophy*，1946）中阐发的有关每个人都参与到"神域"之中的观点的拥护。[115] 对于燕卜荪来说，绕开基督教教义的渴望成为一种道德热忱。对他来说，比之有关天堂与地狱的选择，一种可能结合了泛神论和佛教因缘说教义的宗教立场似乎更加慷慨、公正："将有关基督的观点普世化"，他在《太空人多恩》中提出（更早些的时候，在《皇家野兽》的第四和第五部分），使得"个体性不再那么重要"。[116]

《皇家野兽》从整体上说来是一部草拟的作品；但是即使未经任何风格和框架上的修饰，它仍然提出了燕卜荪在30年代所关注和研究的道德问题的所有重要方面，而且也为《弥尔顿的上帝》的中心内容——对基督教的控诉——作了准备。他相信，想象性的文学最基本的功用就是，"使你认识到别人依据与你不同的道德信念行事……另外，从埃斯库罗斯（Aeschylus）到易卜生（Ibsen），艺术家一直认为文学作品可以提出当下的道德问题，而且在一定程度上，通过让人们从全局的角度来看待这个问题，来改变那些领会到这一点的人们的判断。"[117] 同样，《皇家野兽》也站在文化与道德平等的想象行为的边缘，那将促使他在五年之后试图创作联系东方与西方的一个芭蕾舞剧，名为《大象与群鸟》（'The Elephant and the Birds'）。尽管他的寓言有着有力的主题思想，毫无疑问，燕卜荪对《皇家野兽》

的感觉与他对同时期写的诗《南岳之秋》一样："我希望这东西的快乐之情能够有始有终。"[118]

　　燕卜荪在中国一直忙于在极其困难的状况下进行的教学工作，而困难之一便是日军袭击的不断威胁，奇怪的并不是他没有写完《皇家野兽》，而是他竟然完成了这么多内容。我们不能认为，他厌倦了他的小说或者认为这是个不成功的任务，而应当认为他是被外界环境耽搁了。有理由认为在40年代末共产党解放北平的时候，他仍然把手稿带在身边，而且当他的一个缅甸朋友（此人凑巧也是一名佛教徒）抢救了他已经破烂的稿件时，他肯定心怀感激："当我离开共产党管控下的北平时，他帮我偷偷带出去一个小手提箱，里面装有一些未完成的戏剧，一部未完成的有关非洲的小说，这些东西都与中国无关；从那以后我没有看过那些东西，但是很感激〔敏登（U Myint Thein）〕[119]，因为他那样有条不紊而又果断敏捷地抢救了它们。"

1. WE, letter to mother, 15 March 1938 (Houghton).

2. WE, letter to T. Tunnard Moore, The British Council, 3 September 1945 (Houghton carbon).

3. WE, letter to Michael Roberts, 22 February 1939 (Janet Adam Smith).

4. WE, letter to T. S. Eliot, n.d., 1937 (Faber & Faber).

5. WE, loose-leaf holograph diary notes, 22 December 1937 (Empson Papers).

6. C. K. Ogden, letter to WE, 9 August 1937 (Empson Papers).

7. Richards diary: letter drafted/transcribed as for 11 July.

8. Richards diary: entry for 17 July.

9. Richards diary entry recorded as for Saturday, 21 August.

10. John Greenway, 'R. D. Jameson (1895—1959)', Western Folklore, 19/3: 153–154. "吉姆"·詹姆森曾在芝加哥、蒙彼利埃（Montpellier）和伦敦的国王学院学习；在做过一段时间新闻记者之后，他曾去伦斯勒理工学院（Rensselaer Polytechnic Institute）、爱达荷大学（University of Idaho）和格林内尔学院（Grinnell College）教书，后来离开美国，前往中国。他著述颇丰，（40岁之前）曾出版《音乐会与其他研究》（*The Concert and Other Studies*, 1917）、《游吟诗人的足迹》（*Trails of the Troubadours*, 伦敦, 1926, 以笔名 Ramon de Loi出版）、五卷本《欧洲文学简史》（*Short History of European Literature*, 上海, 1930）、《中国民间文学三讲》（*Three Lectures on Chinese Folklore*, 上海, 1932）以及《文学比较》（*A Comparison of Literatures*, 伦敦, 1935）。1938年离开中国之后，他于

1938—1942年间，在华盛顿任国会图书馆（Library of Congress）顾问；自1948年至他离世，一直在拉斯维加斯（Las Vegas）的新墨西哥高地大学（New Mexico Highlands College）任英语教授。作者感谢赫伯特·斯特恩教授［Herbert Stern，印第安纳州克劳福兹维尔瓦伯西学院（Wabash College, Crawfordsville, Indiana）英语系］展示给我看他有关罗伯特·温特（Robert Winter）、理查兹、正字学会和洛克菲勒基金会研究草稿的若干节。他有一章暂定题为《OIC与RF》（《正字学会中国分会与洛克菲勒基金会》），其中包含很多关于詹姆森在中国千方百计为基本英语所作贡献的信息。

11. Wu Fu-heng, letter to JH, 14 April 1984.

12. Shui Tien-tung, letter to JH, 4 April 1984.水天同早在30年代中期便编纂了一部用基本英语写成的《希腊罗马好故事》（‘Good Stories from Greece and Rome’），以及一部基本英语版的《黑骏马》（*Black Beauty*）。

有关在中国的基本英语项目的全面记述，可参见Rodney Koeneke, *Empires of the Mind: I. A. Richards and Basic English in China, 1929–1979*, Stanford, Calif.: Stanford University Press, 2004。

13. WE, letter to John Hayward, n.d. (King's College, Cambridge: WE/JDH/8).

14. S. Bernard Thomas, *Season of High Adventure: Edgar Snow in China*, University of California Press, 1996; *China Remembers Edgar Snow*, ed. Wang Xing, Beijing: Beijing Review, 1982.

15. Edgar Snow, *The Battle for Asia*, New York: Random House, 1941, 24.

16. WE, letter to Julian Trevelyan, 10 September 1937 (Trinity College, Cambridge); letter to John Hayward, 15 September 1937 (King's College, Cambridge: WE/JDH/7).

17. WE, letter to Hayward, 15 September 1937 (King's College, Cambridge: WE/JDH/7).

18. I. A. Richards to David H. Stevens, Director of the Humanities Program, Rockefeller Foundation, 10 September 1937 (Rockefeller Archive Center, 1/601, box 48, folder 400). See also V. W. W. S. Purcell, ‘The Teaching of Basic’, *The Basic News*, 5 (January–March 1938), 12–22. 二战后，珀塞尔将成为联合国亚洲事务顾问。他出版的作品包括《中国教育问题》（*The Problems of Chinese Education*，1936）、《东南亚华人》（*Chinese in Southeast Asia*，1951）和《一名马来西亚官员的回忆录》（*The Memoirs of a Malaysian Offcial*，1965）。

19. Victor Purcell, *Chinese Evergreen*, London: Michael Joseph, 1938, 36–49.

20. JH interview with Dorothea Richards, 1983.

21. Interview with Professor Li Fu-ning, Peking University, 16 March 1984.

22. Richards diary, 23 September 1937.

23. Purcell, *Chinese Evergreen*, 58.

24. 叶公超（1904—1981）后来任职于中央宣传部国际宣传处（Chinese Ministry of Information），先驻新加坡，后驻伦敦，在伦敦他还任大使馆参事。

25. I. A. Richards, letter to David H. Stevens, 1 September 1937 (Rockefeller Archive Center, 1/601, box 48, folder 400).

26. Purcell, *Chinese Evergreen*, 60.

27. WE, letter to Professor Richard Wilson, 15 December 1955.

28. Purcell, *Chinese Evergreen*, 71

29. WE, undated TS letter (Empson Papers). See also letter from R. D. Jameson to D. H. Stevens, with a 13-page memorandum 'On the Work of the Subcommittees', 10 September 1937; and letter from I. A. Richards to Jameson, 27 September 1937: both in Rockefeller Archive Center, RG1, series 601, box 48, folder 400. "让燕卜荪与珀塞尔二人同来，这件事本身便是不证自明的正确之举。"

30. WE, 'Letter from China', *Night and Day*, 25 November 1937, p. 20; reprinted in *SSS* 183. Koeneke (*Empires of the Mind*, 148) 说这位交通部副部长的名字叫徐恩曾；这里的混淆可能是因为珀塞尔叙述中用的是假名。

31. 'Letter from China', 20.

32. Purcell, *Chinese Evergreen*, 103.

33. Ibid., 113–115.

34. Ibid., 109.

35. Ibid.

36. Ibid., 122–124.

37. Letter, Dorothea Richards to John G. Pilley, 12 October 1937; John Paul Russo, *I. A. Richards: His Life and Work*, London: Routledge, 1989, 424.

38. Purcell, *Chinese Evergreen*, 121.

39. Dorothea Richards quoted in Russo, *I. A. Richards*, 423–424.

40. Purcell, *Chinese Evergreen*, 131.

41. Ibid., 135.

42. Ibid., 144–145.

43. 'Letter from China', *Night and Day*, 25 November 1937, p. 20; in *SSS* 184. See also an optimistic letter from I. A. Richards to David Stevens, 15 October 1937 (Rockefeller Archive Center, RG 1, series 601, box 48, folder 400).

44. 'Letter from China', *Night and Day*, 25 November 1937, p. 20; *SSS* 184.

45. Ibid., 184–185.

46. Purcell, *Chinese Evergreen*, 166.

47. "我感觉应当趁机利用一下这次旅行，"燕卜荪在1939年2月11日致信帕森斯说。"不过，写出来的东西也许是薄薄的、轻快的小册子；我不想假装自己懂得政治或者对人'坦诚'。"他在1939年5月4日到16日间致约翰·海沃德信中说，"伊恩·帕森斯想要一本游记，也许我可以清理一下内容，讲些得体的滑稽故事，然后就打住。"［致谢T.霍夫曼（T. Hofmann）］

48. WE, letter to Ian Parsons, 16 May 1939 (Reading University Library).

49. TS draft of unpublished article 'Letter from Yunnan'.

50. WE, letter to mother, 11 August 1938 (Empson Papers). 燕卜荪也给桑瑟姆夫人去信（1938年9月27日），说，"好像维克多·珀塞尔写了一本有关他和我以及理查兹夫妇穿越中国之旅的书，我需要找到一本看看。他一路上一直要和多罗西娅吵一架，结果这一架最后终于吵了……那时候，我感觉这事可以写成一本很好笑的小说，但是，我当时只把他看作是一个角色，更没有想自己要去写。事实上，当你旅行的时候，你所想到的往往总是些有关你的同伴的歪笑话，所以，这东西也就自然成了游记的素材了。但是，珀塞尔到底写了些什么，我还不清楚。"（Empson Papers）燕卜荪的话既揭示了他自己，也同样揭示了珀塞尔。实际上，珀塞尔还是做到把这本书写得亲切而又颇多理解，真诚而又不乏怜悯；他确实讲了些笑话，但并没有真正的歪笑话。珀塞尔后来在1938年12月19日致信理查兹说，"你读了我的《中国万年青》吗？我对您可能的反应感觉有些不安，不过比尔·燕卜荪［他刚刚到马来亚看望了珀塞尔，而后又返回昆明他那所流亡在外的中国大学］说，他认为我在书中对待大家都'很不错'。我希望你也这样认为。"（I. A. Richards Papers, Box 50; Magdalene College, Cambridge.）

51. Purcell, *Chinese Evergreen*, 250–251.

52. Ibid., 252.

53. 'Letter from China', *Night and Day*, 25 November 1937, p. 21; *SSS* 185.

54. Russo, *I. A. Richards*, 425.

55. 拉索把当时的情形搞错了："燕卜荪（在理查兹之前很久便）认识到政治处境的无望，并决定离开中国，而多罗西娅也记录下他的飞机在10月19日起飞。"（*I. A. Richards*, 425–426.）艾伦·M.霍林斯沃思（Alan M. Hollingsworth）在一篇更早些的有关理查兹在中国工作的文章中称，"在他那一代有影响的西方世界批评家、学者、教师、诗人中，理查兹是唯一一位（除了他的学生威廉·燕卜荪）真正在中国生活和教学的"，但是他在这里也错了，"在他那一代重要的、有影响的批评家—学者—教师—诗人中，只有理查兹自己真正前往中国教学和学习。"（'I. A. Richards in China and America'.）

56. Purcell, *Chinese Evergreen*, 175. 珀塞尔去世后不久，理查兹便致信燕卜荪提及他，"我希望自己当时对他更多些耐心！他像个门神似的，才华横溢，但却判断力欠佳。"（*Selected Letters*, 169.）

57. Purcell, *Chinese Evergreen*, 77–78.

58. WE, letter to mother, 11 August 1938; undated TS diary notes (Empson Papers).

59. WE, typescript notes on journey.

60. WE, letter to Professor Wilson, 15 December 1955: 'I did cross China alone…'

61. 亲笔杂记，写于1937年圣诞。

62. Theodore H. White and Annalee Jacoby, *Thunder out of China*, New York: William Sloane Associates, 1946, 52.

63. Ibid., 56.

64. Ibid., 58.

65. Lloyd E. Eastman, 'Nationalist China during the Sino-Japanese War 1937–1945', in John K. Fairbank and Albert Feuerwerker (eds.), *The Cambridge History of China*, vol. xiii: *Republican China 1912–1949, Part 2*, Cambridge: Cambridge University Press, 1986, 564–565.

66. Percy Maude Roxby, *China*, Oxford: Oxford University Press, 1942, Oxford Pamphlets on World Affairs, no. 54, p. 28.

67. WE, 'A Chinese University', *Life & Letters Today*, 25 (June 1940), 239; reprinted in *SSS* 190.

68. Han Suyin, *Birdless Summer: China: Autobiography, History*, Book 3, London: Jonathan Cape, 1968; Triad/Panther, 1982, 46. See also Han Suyin, *Destination Chungking*, London: Jonathan

Cape, 1942, ch. 6: 'Nanyu—Heart of China'.

69. WE, TS draft of a 'Letter from China'.

70. Ibid.

71. Ibid.

72. WE, 'A Chinese University', 243; SSS 192–193.

73. John Israel, *Lianda: A Chinese University in War and Revolution*, Stanford, Calif.: Stanford University Press, 1998, 157–158. "因为［金］据说是身处抽象世界的高处，而回避政治问题，一份左翼杂志称其为'隐士派'代表，但是，在课堂上，此人却展现出老于世故的智慧一面。他告诉学生们说，要想懂得哲学，他们应当去读小说，而不是读哲学家的文字，他最喜欢的例证来自于英格丽·褒曼（Ingrid Bergman）的电影。"（第158页）此章从易社强教授的不懈研究中汲取颇多。作者非常感激易教授与我分享他正在创作中的书稿，以及1988年与我在昆明分享一室时的乐观与宽容。

74. Draft TS notes, written at Christmas 1937.

75. WE, draft TS letter to mother, 11 August 1938 (Empson Papers).

76. Interview with Jin Yue Lin, Peking, April 1984. 1938年燕卜荪致信家中说，"我与这里的哲学教授再次成为朋友（我说了自己有关他的哲学的想法，我真是个傻瓜）。"（undated letter to mother）

77. WE, letter to T. Tunnard Moore, The British Council, 3 September 1945 (Houghton carbon).

78. WE, 'Chinese Food', foreword to Kenneth H. C. Lo, *Peking Cookery*, London, 1971; SSS 180–181.

79. Draft TS 'Letter from China'.

80. Quoted in John Israel 'Southwest Associated University: Preservation as an Ultimate Value', Paul K. T. Sih (ed.), *Nationalist China during the Sino-Japanese War, 1937–1945*, Hicksville, NY: Exposition Press, 1977, 136.

81. 'A Chinese University', SSS 190.

82. 'Teaching English in the Far East and England', SSS211.

83. Ibid., 211–212.

84. 比如，李赋宁教授在日期为1986年1月26日的文章《我记忆中的燕卜荪——一位年轻英国教师在中国》中便这么说；这一点在与李赋宁1984年3月16日的访谈中也得到证实。

85. TS draft of a 'Letter from China'.

86. Draft TS notes, written at Christmas 1937.

87. TS draft of WE's 'travel book' on China.

88. TS draft of article on 'Students in China'. 理查兹回忆说，"当黑旗升起，说明德伯家的苔丝被执行绞刑时"，他在清华大学的班上"爆发出震耳的掌声。（我当时正把这一页读给他们听。）在整本书中，他们一直在等着苔丝对父亲缺乏敬意这个罪过得到合适惩罚的时刻呢。"（'Sources of our Common Aim', *Poetries: Their Media and Ends*, ed. T. Easton, The Hague: Mouton, 1974, 172.）

89. TS draft of WE's 'travel book' on China.

90. 'Basic and Communication', SSS 165–166.

91. *SCW* 22–23, 25.

92. Quoted in Israel, *Lianda*, 23.

93. 他补充说，"我本打算要从一份复写副本中找一段奥赛罗最后的话来读，以展示它的格律，但是我的表演肯定很热闹；最后全班都吃吃地笑开了，显然他们很喜欢这场戏剧表演。"

94. TS draft article 'The Combined South Western Universities'.

95. Han Suyin, *Birdless Summer*, 53, 60.

96. Ibid., 57.

97. TS diary notes.

98. Israel, *Lianda,* 23.

99. Obituary of Hong Qian, by A. C. Grayling, *The Guardian*, 24 April 1992.

100. 燕卜荪说，他实际上在1937年9月10日前便开始创作他那本"傻小说"了，那时候他正与理查兹夫妇在香港。

101. Richards diary, 8 September 1937.

102. Lord Zuckerman, letter to JH, 7 April 1986.

103. S. Zuckerman, *The Social Life of Monkeys and Apes*, London: Kegan Paul, 1932, 51.

104. Ibid., 54.

105. S. Zuckerman, *Functional Affinities of Man, Monkeys and Apes*, London: Kegan Paul, 1933, 93.

106. Zuckerman, *The Social Life of Monkeys and Apes*, 63, 311.

107. Ibid., 304.

108. WE, 'Animals', *The Spectator*, 21 October 1936, p. 768.

109. 'Ask a Policeman', *The Granta*, 21 October 1927, p. 47; *EG* 19.

110. 'Donne the Space Man', *Kenyon Review*, 19/3 (Summer 1957), 339, 341; *Essays on Renaissance Literature*, i. 79, 81.

111. Ibid., 339–340.

112. WE, 'Literary Criticism and the Christian Revival', *Rationalist Annual*, London, 1966; *Argufying*, 634. See also Frances A. Yates on Giordano Bruno in *Renaissance and Reform: The Italian Contribution*, London: Routledge & Kegan Paul, 1983. 燕卜荪关于基督可能同样在其他世界（为那里的人们）死去这个推测，可以帮助我们解释他的诗《关于安尼塔·卢斯的反思》（'Reflection from Anita Loos'）中原本令人费解的一句："他［指基督］所指向的星，没有全然荒芜"。

113. 'Senator Milton' (rev. of Five Essays on Milton's Epics), *The Listener*, 28 July 1966. 有关弥尔顿对伽利略的研究的兴趣，见*Paradise Lost*, ed. Alistair Fowler, Harlow: Longman, 1971, notes to i. 286–291; iii. 589–590; v. 261–263; Marjorie H. Nicolson, 'A World in the Moon', *Smith College Studies in Modern Languages*, 17, 1936。

114. 'Dylan Thomas', *Essays in Criticism*, 13/2 (April 1963), 206; *Argufying*, 397.

115. 'Resurrection', *Critical Quarterly*, 6/2 (1964), 178; *Argufying*, 617.

116. 'Donne the Space Man', 353; *Essays on Renaissance Literature*, i. 91.

117. *Milton's God*, 261.

118. *Complete Poems*, 119.

119. 敏登（1900—1994），律师，外交官，曾就读于仰光大学（Kangoon University）和剑桥大学女王学院，1925年在林肯律师学院取得律师资格。1948年，他成为缅甸驻中国的首位大使，直至1953年离职。1957—1962年，他担任缅甸首席大法官之职，1962年被革命政府逮捕入狱六年。讣告见《泰晤士报》1994年10月6日。

译者注
① 本诗采用王佐良先生译文。
② 原文可能有误。据查Dr Tseng Po Sun为曾宝荪（1893—1978），系女性，为著名教育家。此处翻译仍从原文。
③ 音译。
④ 音译。
⑤ 英文原文为Tu Yun Feng，此处为音译。衡山七十二峰中并无与此读音相近的山峰，而临大文学院原址位于集贤峰。
⑥ 原文为drowned in hot water，直译为被热水淹没，引申为深陷困境。
⑦ 全国抗日战争爆发后，中国工农红军主力部队于1937年8月改编为八路军；留在南方八省的红军游击队于同年10月改编为新四军。此处从原文。

第十六章

"野蛮的生活，跳蚤和炸弹"：
中国，1938—1939

那好像是一堆小道消息。

——燕卜荪致迈克尔·罗伯茨的信，1939年1月12日

特啦啦。这里一切都显得挺黑暗的，但是终于无线电坏了，于是我们就不必被迫听新闻了。

——燕卜荪致伊恩·帕森斯，1939年5月16日

  从长沙到香港，乘火车花费了三天三夜的时间，没有卧铺。燕卜荪和叶公超（后者与他从长沙一道同行）坐着熬了这么久之后，看到这里却也满是逃难的中国人和外国记者，便一下子彻底地灰了心。燕卜荪考虑着找个警察帮忙；不过午夜刚过，叶公超便找到了些朋友，他们愿意收留两人在他们的住处打地铺；与他们一起的，还有一群难民和随行的孩子们。（后来燕卜荪带着些许恼怒回忆说："常规的中国［组织］方式就是在一个计划被获知之前，不透露任何信息，然后是逐渐增强的越来越坏的信息，直到最后在火车站站台上，人家说，'我想你知道你今天晚上没有地方睡吧？你是不是已经安排好了和谁一起住？'"[1]）不久，燕卜荪搬到诺曼·弗朗斯位于东部的漂亮房子里；在那里，他可以朝外眺望到小一些的群岛，它们看上去质地像天鹅绒，在月光下像很多鲸漂浮在海面上。

  他绕着这座岛各处跑，急切地渴望得到些确切的消息，而不是铺天盖地、添油加醋的传言；不久他撞上了W. H.奥登和克里斯托弗·伊舍伍德（Christopher Isherwood），二者是在去往战区的途中，此刻刚刚到达香港。

"我想，伊舍伍德很担心政治情况，"燕卜荪注意到，[2]而他感觉奥登既有气度又很风趣，"脖子粗粗的，抽着大雪茄"，而且有着"奥斯卡·王尔德般的魅力"。这两位通讯员告诉他，他们被邀请参观汇丰银行（Hong Kong-Shanghai Bank），于是自然地利用这个机会询问了董事长——燕卜荪恰当地称此人为"香港总督的老板"——对于战事的看法。"嗯，那只是当地人在打仗，"董事长评论说。[3]〔伊舍伍德的与此故事相印证的版本并没有收入《战地行纪》（*Journey to a War*，1939）而是收入了《克里斯托弗与他的伙伴们》（*Christopher and His Kind*，1977）："谈到当时中国遭受入侵一事，一位商人对克里斯托弗说：'当然，以我们的观点来看，战争双方都只是当地人'。"[4]〕

香港的报纸总是喜欢危言耸听，报告说，广东镇压下一起亲日派政变之后，如今已经在军事管制之下；但是燕卜荪到了那儿，发现"那里却是一座无忧无虑、闪闪放光的城市，街道和店铺都挤满了人"。并没有他在香港读到的那种"怀疑与焦虑狂潮"的任何证据。[5]另一次，他穿越珠江口到达穷困而又声名狼藉的被葡萄牙占领的澳门（有七平方英里大小），他首先与一位名叫乔治·雷纳（George Rainer）的英国教师住在一起（"他吃饭、穿衣都是中国式的"），后来又与一对来自英国领事馆的姓蒂勒尔（Tyrrell）的夫妇同住（太太来自"美国南方，一旦放开的话，是个很棒的强悍姑娘"），他们多少生活在一种自愿的隔离状态之中，尽量避免与当地人接触。"澳门是恶名在外的，"燕卜荪告诉母亲说，"这让澳门人很难过，他们不愿让他们的女儿们去参加你们的富尔福德（Fulford）鸡尾酒会。"在狂欢节期间，他参加了一个盛大的化装舞会，到场的各种国籍的客人都尽力打扮成让人一眼便可以看出身份的样子。印度人戴着头巾，"像牛奶一样绵软的白俄罗斯人都穿戴成白俄罗斯人的模样"；不过他也看到"身子笨重不抱幻想的、有着一半黑人血统的老妈妈们"护送着"她们令人心碎的半中国半欧洲血统的女儿们"。一个穿着满是灰尘的大衣的小个子竟然是位"倒台的政治家"——前参议员，他把一笔巨额的财产全部赌掉了；当有人玩笑着给他扎上一条红丝肩带的时候，他的脸上一直挂着欣喜的表情。除了这具骄傲的亡魂，燕卜荪发现自己很难找到任何纯种的葡萄牙人。他很赞赏他们——至少有一点，早期的殖民者乐意与当地人通婚——而且赞许地写道，葡萄牙人"在保持帝国地位上是失败的，而英国在这方面直到如今却是胜利的"。

回到香港之后，他感觉自己是"为了可悲的失败的东西，而离开了真实的东西"[6]。此地令人厌恶的种种情形的一个例证，便是香港会所（Hong Kong Club）不允许他邀请叶公超共进午餐的规定。

一天天，一周周，他挣扎着希望早些离开"这个谣言工厂的喧嚣"：[7] 最终，叶公超正式批准他可以去柬埔寨作个短期旅行，在那里他直奔伟大的佛教圣地吴哥窟。[8] 四月下旬，他经过东京湾（gulf of Tonking）进入法属印度支那，最后到达中国，因为得到通知，他所在的大学系部将在中国最西南的省份云南山地小城蒙自重新开始工作。大学的先锋官们已经成功说服了这里的省主席，允许三所流亡大学重组而成的国立西南联合大学（National South-West Associated University），即通常简称联大的，在云南省省会昆明落地。[9] 但是因为极端缺乏土地，文学院和法学院，至少在夏季学期，要在城外上课。

河内到蒙自的旅程包括一段两百多英里直到红河谷的累人的火车之旅（到昆明的整个旅途，坐火车要三天时间），从三角洲的热带稻田出发，穿过潮湿的雨林，越过位于寒冷的老街镇（Lao-Kai）的中国边境〔"丛林中有一座铺着石板路，有电灯照明的文明小镇，"多罗西娅·理查兹在上一年曾经记录说〕。最后一段旅程包括一段艰苦的、令人恶心的、盘曲上升的路，直达海平面以上清爽的七千英尺高度的中亚高原。

"蒙自是个老套的玩笑，就像水上骑兵①一样，"一位那个时代的旅行者说。[10] 这个小镇位于昆明以南一百英里的地方，距东京②与云南边界以北几小时的路程，像是近代历史的幽灵一般。蒙自"代表着逝去的伟大"，燕卜荪评论说。[11] "在蒙自看到的……住房就是现代中国与西方帝国主义碰撞的遗产，"易社强（John Israel）③在他的西南联合大学历史中解释说。"1899年，因为中法战争失败，中国答应宣布蒙自为通商口岸，在外国霸权设立的条款之下自由通商。并在城门外建立了一个海关和法国领事馆。"[12] 不过，到1938年，这座城镇的重要作用已经消失殆尽；曾经与一个相当规模商业城市相适应的庞大人口，如今也降到仅仅万人。"城墙之内，生活集中在一条未铺砖石的街道上，那里有一家银行，一家邮局和一些用木头或土坯建造的店铺，"易社强写道。[13] 燕卜荪很难相信自己已经到达了这座城市，因为他穿过那片巨大的平原之后，看到的只是几簇树林一样的东西而已；不过，这地方虽然破败，却证明实际是十分美丽的。

作为一处"通商口岸"，蒙自无论如何都显得有些奇怪与反常，没有河或适宜航行的海在附近流过，却有一个领半薪的海关官员在坚持职守，他的工作是"检查那些赶骡子人的载货清单并给他们发放检疫证书，"杰拉尔德·赖特林格（Gerald Reitlinger）在当时记录道。[14]法国铁路也不通到这里，因为当地百姓一直反对那东西（显然是出于宗教原因）；不过，当地却有一段称作个碧石铁路（Ge-Bi-Shi Railroad）的专用线，是为了开采附近著名的锡矿的，该铁路使用的寸轨根本无法让法国机车通行。在十五年前，那大概两百个在蒙自经商的欧洲人中，如今只有那个海关官员和一个希腊商人仍然留在这里。

燕卜荪被安置在凌乱但宽阔的海关围区内，那里离城东墙很近。海关围区原为几个院子里一长溜的单间屋子，据说是按照北京紫禁城的模式建造的，如今已经大半废弃，不过空间倒颇为充足，甚至可以作为学生的课室；燕卜荪只需步行十码便可到达讲课地。（虽然，法国人最开始时不愿意允许任何"当地人"占据他们的领事馆，但是上海的大使馆最终还是批准了对他们办公室的使用——不过，只能作为"公共场合"之用，而不能作为工作或睡觉的地方。）"我住在个马厩似的地方，满是蜈蚣和其他小虫子，"燕卜荪报告说，"与一众教授们一同吃饭，每月花费十二先令。"[15]他房间的墙壁是企口板做的，又不严丝合缝，透过缝隙，他可以看到也难免听到隔壁的邻居：那是些军事教官，他们刺耳的吵闹之声整日整夜地搅扰他，比他自己屋子里的虫子还令人难受。[16]"中国人是听不到任何噪音的，"他带着愠怒诙谐地说。"在夜里任何时候，学校的杂役都会全然无辜地站在门外，扯开嗓门彼此大喊大叫。中国人打个哈欠都可以在一百码之外听到。他们清喉咙（几乎总是在做这事）的时候，好像是犀牛要冲锋了。普通的谈话就像是刺耳地互相申斥。你总是躲不开这些噪音。这一点在中国和在日本是一样的，而我则是太容易被噪音烦扰了，我竟然尝试要在这些地方生活，真是太愚蠢了。我有些害怕下一年，那时候我们会住到十分拥挤的宿舍；不过，从另一方面想，那也许会很有意思。"[17]后来，他了解到，与他共事的有教养的中国人，在需要的时候当然是可以保持安静的；"当你把他们与别人相比的时候，大学里的人们有一件真正值得尊敬的事，那就是他们有能力保持得体而又不令人尴尬的安静状态。"

他在蒙自第一顿像样的饭，并没有摆出什么当地可口的食物来抚慰他生活上的不安之情。厨子给他准备的早饭是稀得可怕的粥，外加一个生鸡蛋和几粒咸花生米。然而，接下来，却发生了一件他认为是绝对卡夫卡式的事件。注意到有一个客人在享用一枚煮鸡蛋，燕卜荪就试图表示自己也想点上一份，他那位吃饱了的邻座，不仅帮他把意思翻译给厨子，还对他说，厨房人员必须先要生火才能满足他的这个请求。当燕卜荪看到厨子们真的在院中捡柴火的时候，他便放弃了所有的希望，出门去上课了。[18] 很长时间之后，他通过协商找到了一处更好的住处——"那是在废墟中站立的一间屋子，有一家人住在里面，他们也愿意烧晚饭"[19]——不过还没有等到他搬家，大学便搬出了蒙自。

虽然这里的生活环境不能给他提供什么物质享受，殖民海关围区却还保留了它"曾经的财富"的美好例证。它那部分由斯特拉·本森（Stella Benson）设计的园林，包括一个大大的草坪和一个赏心悦目的满栽成熟桉树、杜果树和木瓜树的植物园。（海关官员告诉燕卜荪说，本森的前夫不久前曾到访这个地方，他在园中一路走一路掉眼泪。）[20] 离围区不远处，在桉树和柳树包围之下的是南湖，在炎热季节（这里的气候是亚热带的），这座湖结成一片坚硬的实地，人可以在上面行走；但是到了六月，潮湿的季节又迅速把它从"一片烂泥塘"变成一湖浑水；在所有的教工中，燕卜荪是唯一一个高兴地每天扎入湖中给自己的一腔热血降降温的人。[21]

"这地方是一潭死水，而不是像长沙那样的传奇，"燕卜荪写道，"但是我希望，可以坚持我的事业，那就是再待上一年。"[22] 事实上，如同在长沙一样，他平静地完成了繁重的教学量：上午讲课，下午躲到一家越南咖啡馆，在那里一杯接一杯地喝浓烈的黑咖啡，一根接一根地抽土耳其雪茄，同时勤勉地批改学生的论文。[23] 夜里，他会喝大量的希腊酒。（当地的店主，一个穿着黑衣服的犹太希腊商人，名叫Kalos，直译成中文就是"葛洛士"——燕卜荪叫他"希腊疯子"。这人拒绝从河内订法国酒；他不喜欢法国人，而且断言说，他们总是在酒里掺假。）[24] 有一次，燕卜荪酒后（他本就是近视眼）跌倒了，划伤了自己，还打破了眼镜；于是，那眼镜只能用橡皮膏粘在一起。不过学生们注意到，在任何场合下，他都不会因为自己总是衣衫褴褛的外表和几乎是故意地不拘小节——任性——的举止而感到丝毫的害羞。一次，有个学生到他的房间拜访他，他竟然拿刚刚用来蘸水刮胡子的杯子给学生沏茶。[25] 宿醉或者其他的什么豪饮的后果都不会让他不顾自己的教学职责。实际上，他是一个极其有责任心的教师，李赋宁（那时的一个高年级学生）回忆说，即使是看上去病得很厉害的时候，他仍然会去上课；而他当时的高烧情况已足以把任何别人放倒了（那对燕卜荪也是不寻常的，因为他自己也承认感觉很虚弱，所以他肯定是真的病得不轻。）²⁶ 当他大声抱怨的时候，从不是为了自己，而是为了他的学生们。"我希望［当局］不要通过不给学生足够的照明，或者哪怕是一位好医生，这样的方式来表达对于战事的尊敬，"他写信给家里抱怨说。"宋氏家族的一位成员［胡适］据说在香港说，军队是在红十字的帮助下前进的，如果中国人能够从战争中学到这一点，那真是一个学习尚武精神的好开端。"²⁷

虽然少数但仍占一定数量的学生们以及一些教工——二百五十七名学生和十一位教师——通过从长沙到昆明一路行军"学会了尚武精神"。［史景迁（Jonathan Spence）在巨著《天安门：知识分子与中国革命》（*The Gate of Heavenly Peace: The Chinese and their Revolution, 1895–1980*）中写道，实际上男学生们并没有被"命令，从长沙一路走到昆明"，不过还是有三百名左右的学生这样做了。²⁸ 不管怎样，燕卜荪注意到，"至少有一位很优秀的学生因为没有选择参加这个具有象征意义的团体，而没有获得额外一年的奖学金。"］步行者们在那场难免曲折的旅程中——四十天里行进了一千多英里——忍受的身体上的困苦，坚定了他们战时的团结之情；他们经常会藐视那些选择更加容易的路线——坐火车由广东到香港，再经海路到海防——的同伴们——大概八百名学生和教工。艰难跋涉为他们赢得"步行团"的称号，而那些采取乘坐公共交通工具这种更加安全、快速方式的人们则无法企及他们这种共同的坚定决心：后者甚至有人会下饭馆、逛戏院，（甚至更糟的是）他们还在香港买了日本货，这既浪费了他们的钱财，也损伤了他们的民族自豪感。于是步行者便有充足理由嘲笑那些乘火车、坐轮船的人们无耻的自我纵容行径："这世界如今已经是一场席卷全球的改革到来的时代了！在国家陷入如此经济困境的时候，浪费这么多钱把这些家伙送到后方意义何在呢？是制造高级难民叛徒吗？"²⁹

燕卜荪本人也对选择坐火车、轮船这种方式感到一定的担忧，而且在逗留香港时说："我感觉，我们的一部分教授也应当步行，但是有多少理由让我们每个人都感觉自己要急急地渡过香港呀。"不过，一旦在云南安顿下来，"车、轮"难民们显然便向那些轻蔑、骄傲的步行者们发起了一轮反击，虽然燕卜荪还是未改自己对于那种英雄行为的价值的尊敬之情："这是学生们的志愿与热情的一种象征，"他断言。³⁰ 这场长途跋涉给学生们心中灌输了一种团结一致抗日的决心和一种仿效四年前那场传奇性的更加困苦的共产党长征的情绪。燕卜荪记录道："你会听到反对学生步行来云南的声音，但实际上没有人敢拿这件事开玩笑，因为那是以一种戏剧化的姿态安排的行动；它在一定程度上是一种政治宣传。"

更令人忧心的事情是，他的学生们从一开始便对非汉族的当地部落采取一种或者盛气凌人或者干脆躲避的态度。"蒙自的意思是懵懂的地方，中国人极其鄙视这里和这里的部落，"他在5月23日的信中报告说。[31]每月两次，很多操着当地部落语言的未被同化的土著居民，会来到蒙自的市场上，用手势语与汉人做生意（云南所有人口共一千一百万，其中三分之一分布于大约五十个不同部落之中。）与联大的那些涂脂抹粉、穿着高开叉旗袍和肉色丝袜的精致女生相比，他们似乎是来自另一个世界，而那些女生们也鄙夷地称当地人为"原始人"。[32]燕卜荪非常欣赏当地主要部族苗族人的举止做派，以及女人们身着刺绣的"方格裙"、满戴镯子与项链的模样，他的学生们却认为"苗人可能会吃掉他们"，他报告说。[33]这些学生们在现代沿海城市长大，习惯了西式的设施，他们于是很快得出个结论说，云南的部落居民（和被中国国家主义者们认为是"被盗走的财产"的法属印度支那的安南人一样），一定渴望着能够成为真正的中国的一部分。燕卜荪却不这样认为，他重视西南地区的政治独立性与风俗习惯。他很有先见地担心有一天中国人可能"试图作一个德奥合并"，而且从他个人的经验中总结说，"从悠闲的当地人那里，你可以比在任何英国殖民地都更容易得到友谊"。[34]

同样的情况却并不适用于法属印度支那；不过，燕卜荪并不这样认为。河内表面上被法国人治理得相当得力，他们为安南大多数人口提供了很好的条件——不过，也许是他在那里的短暂之旅让他作出了错误的判断。更重要的是，他相信，安南人自己，他们当然祖籍并非中国（虽然习惯上人们经常这样说他们），也并不看好被中国人压倒这一点。在一辆公共汽车上，一个穿着羊驼呢、戴着遮阳帽的安南人向他指出，汽车公司是中国人开的，随后立刻加上这样一个伤心的问题，"我想，即使在伦敦，大部分的生意也是中国人做的吧？"[35]但是燕卜荪只是通过那次偶然遭遇便作出推而广之的判断是愚蠢的：1938年，越南人实际上正艰难地要从法国统治下争取独立；到1939年，他们的殖民统治者们与日本渗透者沆瀣一气，镇压了独立运动。燕卜荪因为自己错误判断了当时法属印度支那（后来的越南）的局势而总是感到羞愧。甚至在1980年3月，他还在致金隄教授（此人是他战后的一位学生）的一封信中叹息说："我最错误的政治预言是关于法属印度支那的，我曾经在1939年从蒙自或者昆明到那里休过几次奢侈的假。我以为安南人很快乐，以为与英国人在他们的殖民地人民中间相比，法国人在印度支那更自在，也与当地人更加友好；我以为：感谢上帝，虽然世界上其他地方很快都要发生战争，但这些人们肯定会保持和平的。我不敢确定是否应当为此而鄙视他们，但是总体来说，我没有。自那以后，他们一直在打仗，有四十年了，而且展现出极度的英雄主义，到现在，你甚至可以把这叫作某种歇斯底里式的偏执。所以千万不要告诉我，我的政治预言是明智的。"[36]

虽然在1938年他的学生们最初对云南当地人有些许猜疑，燕卜荪却鄙视任何有关盗匪或其他危险的谣言，他坚持自己亲自调查实际情况——并非因为他勇敢到肆意蛮干的程度，而是因为他讨厌谣言，而且好奇心极强。蒙自坐落在一片如同巨大碟子形状的平原上，四周群山环绕，他感觉高高的地平线给他一种压迫之感。他本来就精力充沛，喜欢四处观光，当然也希望能看看群山背后是什么样的。"那是一片连绵不断的大平原，特别平坦，稻田的轮廓就像规矩的长方形似的，"在他到达蒙自后不久，他便这样写道。"你走出城后，就会发现其实向哪个方向走，都没有多大关系。那些山虽然看上去很近，其实却是遥不可及。"他有一次步行到了一个当地的露天锡矿，这里曾经因为对工人的非人道待遇而遭到国际联盟的谴责。在这里工作的往往是些小孩子，他们都是被贫困的父母卖来或者被绑架来的；孩子们都在露天地里睡觉，于是，很快便会染上结核病和其他疾病；一旦开始在矿上工作之后，平均只能再活三年时间。但是，燕卜荪却看到了一个现代化的锡矿，那里的矿工们被照顾得很好。"我似乎总是看不到坏环境，"他写道，心里怀疑面前的证据，感觉自己应当能够报告些他曾经听到的野蛮的工作环境。"人们看起来都很愤怒，而且脏兮兮的，不过挺健康，胖乎乎的。这是个可爱的地方，光秃秃的有些可怕，比你想象的要大得多；特别是在到过了圣山之后……"在另一封信中，他描述了自己怎样最终设法尝试一条出城的好路，而且有了令人惊喜的发现：

> 翻过这片岩石垒垒、呆板起伏的群山，我看到山顶上有一条溪谷，树木茵茵，一整座山村隐藏其间，村旁是一个湖或是个大池塘，在远处的岸边还有一个坚固的寺庙……沿着湖岸探入湖中的是真正山中稻田形成的空

中花园，弯弯曲曲如同显微镜下蜜蜂翅膀的线条，你向湖中看去，透过一层柔和的淡酸绿色的雾霭，可以看见高高站立的处于各个生长期的稻子，那种恢弘的设计或者"地质构造的"宫殿式结构（梯田非常深）的奇特效果——所有一切全部隐藏在我们不知道的一座碰巧有水的小小山谷之中，如果在我们的西伯利亚式的群山中看到这么个地方，那它就像是块小小凹地。有一种回家的感觉，我的意思是它让我对于中国的可爱的地方有了一种怀念之情，而且让我想到我的旅行，而不是空想。[37]

这处新发现的风景让他颇为欣喜，甚至启发他在他的诗《中国》中写下这样一节——

> 稻田是蜜蜂的翅膀
>
> （长城像巨龙蜿蜒）
>
> 如果你在飞行或看见
>
> （——墙的扭曲的轮廓）

——他为这一段加注说："山区的稻田……美极了……而且似乎从来没有被远东风景画家悠久而伟大的传统注意过。然而它们有着同样令人惊奇的起伏的质地，就像长城蜿蜒在险峻的山峦之间，以及茶杯上熟悉的龙（这个国家依靠她真正的军事战线或者神奇的防御，自己也成为一条巨龙）。一种文化能够对某件事并无意识却一直在使用它，这确是一个很重要而且很奇怪的现象。"但是必须重复一点，他在仔细研究一个课题之前，概括性的结论往往下得太早了。

种植水稻的梯田被引入这样的地方，只是因为人口超越了平原耕地的承载能力；另外，杨周翰（燕卜荪以前的学生）教授对我说："即使这些东西在后代的画家们致力于此类绘画的时候存在，那些画家也不会画它们，因为它们不是自然的一部分，带有太多的'尘世'之感。"[38]

燕卜荪常常被警告说，乡间虽然有着意想不到的美丽，但也同样危险。不过对他来说，"土匪问题是情有可原的"，在众多原因中，重要的一项就是蒙自"在尘世的交流中除了作为一个走私者的城镇之外，没有什么别的功能，……另外对于鸦片种植的抑制，以及战争时期赋税的增加，都被认为是使得一些淳朴的农民变为盗匪的原因；然而，恰恰相反，这些失败者们很多却都应征入伍了。"无论如何，他从自己深入乡间毫无顾忌的冒险中得到了极大乐趣，以至于他肯定开始认为所有那些有关盗匪的故事都不过是异想天开。（不过，对他来说，更危险的肯定是在恐怖的当地公园里面的大狗熊，因为有一次他想要喂狗熊酒喝的时候，被熊咬到了。）[39]

然而，他可不是一直走运，在一次探访一个锡矿的途中他真的遇到了几个土匪：

当我到达［一座山上的］主坡时，我感觉双腿已经不能再推着我往上挪了，而走回去也要有好长的路。我没法告诉你，伴着歌声和骡子颈上的铃声，那座恐怖的锡矿在夜晚是一片多么美丽的失落的希望；这真是个美丽的地方。不过在回去的途中，因为一天的孤独、干渴和炎热，我开始抽筋，我就数上一百步，然后停下，然后再数上一百，然后继续赶路。幸运的是天上有月亮，我想如果情况变得更糟的话，我可以在路上睡，但是我会正常地行动，而且会在第二天早上十点与我的班见面。我还记得很多别的时候的徒步跋涉。我感觉非常疼痛。于是这场抢劫便显得格外偶然；当时我正在最后一次歇脚，来自蒙自城门的灯光看起来已经相当近了。当一个人揉搓一条腿的背面来缓解痉挛的时候，往往会感觉另一条腿突然也出了问题，这是因为你采取的姿势给腿造成压力的缘故，而同时处理两条腿的问题就相当累人了。看到有人在月光下走过，我觉得温和地表达一下抱怨之情是礼貌之举，因为要不然我可能会显得很傻。那个人没有做声，只是蔫头耷脑地走着，然后忽然有三个人聚集到一起，手里都拿着刀，我告诉你，那刀都在月光下闪闪发光。也许，如果我更害怕一些或更生气一些，那痉挛就会自己好了，但是没办法，我还得继续揉搓我的左侧小腿肚子。两个人以几乎科学的效率抓住我，第三个则搜遍了我的口袋。可是科学效率干扰了我揉搓左腿，而且可能会给我的右腿也造成痉挛；我不得不反对，于是我们达成了一种妥协。我的腕表没经商量便被拿走了，还有我带的那一点点钱自然也保不住；我的眼镜也被抢走了，我停止了揉腿，来表示这一步显得太荒唐了——在这决定命运的停顿之后，我的眼镜又被放回到鼻梁上。我原想自己可能要被人一路领到印度支那去配副新眼镜的。然后，重要的事情发生了：搜查者们发现了香烟和火柴，三个人都高兴得喘粗气。我想这说明当地警察干得不错，因为这些家伙不能溜到城里去买香烟。然后，那些凶狠的家伙们就融入黑夜之中，而我呢，则继续揉我的两条腿。过了一会儿，有一个凶狠的家伙又回来了，并且问我，是否需要他把我扶到城门那里，他很抱歉，不能带我进城。我自信地跟他说，我一两分钟之后就会没事的，于是他就又融入到黑暗中去了。所有这些听起来好像我能自如地说中文，实际上我不能，不过，当时没有什么语言问题。[40]

他把这件事告诉了母亲——可想而知——为了宽慰她，在第二封信中他又加上这样的一丝自嘲："说到那些强盗们，你说他们让你吓了一跳，实际上目前他们并不会惹什么麻烦，除非你自己足够疯狂，天都黑了却跑到城外去犯病，而他们也只是拿了你带的东西，并不会伤害你。但他们倒是个很有意思的话题。"[41] 虽然他的叙述显得颇为随意，却没有理由怀疑他与那伙毛贼遭遇的真实性：实际上这件事当时在镇上广为传播。不过，虽然他把这件事情看得并不严重，学校领导却没有忽视这类持续危险的意思。"海关围区的图书馆天黑后还是开放的，"易社强教授记录说，"但是每隔一小时就会响一遍铃，提醒做完功课的学生们，武装护送人员已准备好，将会护送他们回寝室。"[42]

无论如何，即使能够证明在描述自己遭抢的经历时，燕卜荪不过是总愿与通常的看法唱反调，而且总是像典型的英国人那样嘴硬，他还是一直颇为正确地相信，土匪并非只是些山里的野蛮之辈、长征路上的逃兵或者各色打家劫舍的团伙。"土匪"这个词带有多重含义，包括原本自称效忠云南省主席（即使不是国民党政府）的走私分子和一些他称作"神秘的蒙自绅士"的人。[43]

这些"乡绅"——"一种土匪的工会"[44]——在他们禁止女学生在湖中游泳（"自然是穿着光鲜的上海游泳衣，"燕卜荪注意到）的时候，便让校方确切地见识了他们的权威所在；他们也同样就"混杂而行"提出了正式抗议。而后，这群同样的"乡绅"又发布了一个可怕的最后通牒，因为教师和学生的涌入使得租金飞涨，于是不可避免的后果便是阻止了从远方而来的贸易者（当然可能也包括走私者）。

土匪威胁说，如果大学在镇上再占用更多的房屋，他们就会枪杀两个学生，一男一女，来显示他们要坚持做他们的生意。大学（虽然"装出一副无所谓的样子"，燕卜荪注意到）感觉无法与他们叫板，于是显然就没有再占用更多的房子。[45]"他们以自己的方式也做了些颇为有理性的县议会的工作，"燕卜荪评论说；"而且这种同样的非官方议会，在更东边些的地方也可以同样地站起来反对日本占领军。"

虽然燕卜荪承认在更加偏远的山区，直到最近，那些主要的土匪一直干着杀人越货的暴行（即使在一年前左右，尚没有商队胆敢在没有武装小分队护送的情况下进入高原地区），不过他肯定理解土匪威胁背后的原因所在。可是，他的一些学生还是将那份吓人的通告解释为他们流亡到此的这个未被同化的省份粗野本性的进一步证据（如果需要证据的话）。"山中非汉族部落居民的存在，使得这个问题对我们来说变得更加复杂，"燕卜荪写道，"有些学生相信这些人希望割一颗人头来为秋季播种作个祭奠，这种想法是非常不公正的。"那些学生们——甚至大多数不抱有这种敌对的迷信想法的人们——相信带领这些山野部落走出落后处境是他们的职责所在；不过同时，他们也被自己承担的这个使命本身的自我矛盾困扰着。特别是（除了他们与当地部落居民的首次尴尬遭遇之外），学生们对于因为自身作为受过教育的精英的特权地位而产生的根本的两难处境，深有体会。

四年后为BBC的远东部门工作时，在一篇宣传性文章中，燕卜荪同情地强调了他们的问题。在1942年4月27日对国内广播中播出的《前进中的中国》（'China on the March'），是燕卜荪原稿的一个经过严重删节的版本，正好有半小时长。而文章的第一稿足有"单倍行距"打印的十八页稿纸之多，更加深刻地揭示了燕卜荪的个人态度，因此我将从原稿中引用以下内容。这篇稿子几乎完全根据他的个人经历和观察写成，形式上是一篇关于中国政治前景的虚构的圆桌会谈，共有五位参与者：一位广播员"A"，此人被描述成是"浪漫主义的"，而且"从未到过中国"；"B"是一位商人，同情社会主义，现在被一家在中国的英国公司聘用；"C"是一位好脾气的上层社会人士；以及"D"，一位新教传教士。这一组人中的最后一位成员，恰好是"E"——"一位来自流亡的公办大学的教师；亲现代中国，但是不像B那样左倾"——此人差不多是直接替燕卜荪说话的，他的各种意见中也涉及到他的学生们的雄心壮志：

　　　　当然，他们都在谈论着民主。那是个聪明的事情。如果一首诗不是无产阶级的，他们就会提出反对。但是他们会愿意穿上苦力的套服吗？你如果提出这一点，他们就会非常震惊，甚至不知道怎么才能原谅你。他们穿的，当然就像是电车司机的制服；有关学生制服的点子是从德国来的，这东西对于中国和日本来说非常方便。穿普通中国长衫的学生要有足够的勇气，因为那意味着他是非常右翼的。如果你是非常左翼的学生，不管是在中国还是在日本，你都会把你的电车司机制服搞得特别旧，特别破，特别脏。但是不管你有多么的共产主义，你都不会穿得像个苦力似的……［中国学生］可能比你们更加鄙视苦力……因为那就把他感觉自己所站的错误立场公开化了……别跟我说什么官员的腐败以及国民党的自我封闭；若是没有民意的约束，所有的官员都会腐败，而且他们是对的，因为如果民意不存在，如果在从上到下的统治与无政府主义之间没有中间选择，那么最好还是接受从上到下的统治。事实上，我的所有男学生们都敏锐地感觉到了那种反差，他们肯定感觉自己想要从上而下的统治。不要以为他们都腐化了。一点也不是。

在这样的评论中，燕卜荪采用了一种激烈的口吻，那并不是要否认中国人公认的民主志向，而是要向他的听众们指出一个事实，即这个国家现在仍然承受着剧烈的社会失衡的后果。在有知识的领导者与农业工人之间存在着一个历史性和教育性的鸿沟，任何希望使二者建立联系的进步统治者都需要开展数年的文化重建工作。易社强在一篇题为《西南联合大学：作为最后价值的保存》（'Southwest Associated University: Preservation as an Ultimate Value'）的文章中，肯定了燕卜荪对于学生的处境与期盼的评价："被迫过着工人阶级一样的生活，并没有使学生们学会工人阶级的世界观，就像自己种菜，他们当中很多人的确这么干了，也没有能够让他们像农民一样思考问题。事实上，生活水平的无产阶级化似乎更加深了他们要接受教育的顽固决心。他们仍然保持着知识分子精英的身份……"[46]

燕卜荪相信，如果真正的民主似乎还很远，那么中国在近期所能取得的最好局面，将是一个真正开明的寡头政治；但是同时他的学生们感觉到"深深的窘迫"，正如他在BBC讲稿中说的，"因为他们已经致力于要把一个现代的民主强加到一个基于苦力劳动的社会之上"。

事后看来，他当时对于国民党政府的倾向抱有过于乐观的态度，至少在1939年后半年以前如此，主要因为（就像韩素音和当时大部分中国自由主义学者一样）他更关注蒋介石所宣称的话而没有看到他的行为，而且相信蒋会坚持中华民国创建者们的精神。1924年，孙中山发表了一份宣言，称新的中国政府将经历三个阶段：（1）军政时期；（2）训政时期；随后逐步过渡到（3）宪政时期。长期以来，蒋介石都表现出（至少对于外部世界来说）要坚持遵守同一方案的样子，因为即使在1941年国民参政会结束时，他仍然宣称他将寻求在中国建立一个民主形式的政府；而且为了这个目的，他呼吁其他政党不要阻挠国民党"在孙中山指出的训政时期国民党一党统治的历史任务"。但是他的言论实际上只是一种煽动演说，而不是对什么自由民主前景的展望；而且，他的精力也越来越投入到对中国共产党的残暴镇压，而不是击败他们共同的敌人之上。在燕卜荪在中国的两年中，令他满怀希望，然而事实证明是错误的印象是，国民党可能从长远来看是代表着一股向善力量的。虽然他从没有低估毛泽东受过高度教育的智慧，以及他不可辩驳的大众支持，但他还是感觉他在联大的很多学生实际上是不假思索地便否定了蒋介石的成就——特别是在他似乎是将这个国家团结在一起的方法上。[47]

　　"外国人普遍地传言说，中国生活在一种紧张而又永久的阴谋状态之中。" 燕卜荪在一封未发表的公开信草稿中写道。就他在1938年从云南"这摊死水"中看到的，中国人更多的时候是在联合而不是搞阴谋——事实上，联合之情已经达到了相当的程度，他甚至为地区的完整性和部落传统的存在与否而担心了。从地理尺度来看，中国几乎达到了欧洲的大小（她所有的二十个省份，大部分都比英格兰大），她知道，任何以前为了成为一个统一国家所作的努力，在地区间的猜忌和遥远省份的不同民族面前都失败了。事实上，日本人相信中国文化的不固定性和她缺乏集权式组织的特点必将帮助他们轻而易举地迅速取得胜利。1938年3月燕卜荪从香港给家中写信说："日本人当然并不会预料到能够看到任何严肃的国家情感，那种东西只是最近才形成的，但是即使有这种东西，我也认为他们可能会赢。如果他们能够胜利的话，那这胜利的过程，除了真正的战争之外，也会是非常可怕的一件事。"[48]

　　考虑到普遍理解的事实，中国最多代表的是一种不固定的联邦而并非一个单独的国家，燕卜荪像别的"中国通"一样，在这个国家迅速地把自己联合起来以对付入侵者的时候被震惊了。这种空前的国家主义精神的事例从各处涌现出来——"城镇中质子制度最普鲁斯特式（Proustian）的暴行也无法使这个国家避免这一点，"燕卜荪写道。[49] 比如，在战争的第一波，凶猛而独立的云南省主席调遣了两万人马去保卫上海。甚至蒙自海关官员墨菲（Murphy）的彝族妻子——她一直因为汉人对她们部落的可怕待遇而痛恨汉人，而且根据他的经验她也从没有表达过对于国家大事的任何兴致——也开始提到"我们的部队"和"我们的胜利"，这让这位精力旺盛的官员既惊讶又厌恶。[50]

燕卜荪很快发现，国家主义的星火一直传播到川藏交界。在8月份暑假休息时，文学院最终离开了蒙自，而他则一路跋涉到达昆明以西大约三百英里的地方——大理的山脉分水岭，为的是可以与人类学家C. P.菲茨杰拉德（C. P. Fitzgerald）为伴。[51] 在那片遥远、寒风呼啸而又美丽的地区——那里小小的四面有围墙的镇子，在1928年的一场地震中几乎被整个摧毁——躺在洱海透明的蓝色航道与高耸入云的一万四千英尺的苍山之间，山上覆盖着大片的木兰、杜鹃花树、矮竹和巨大的松树。在那里，燕卜荪参观了最近机械化了的盐矿，意外地发现盐矿的经理穿着军官的衣服，扎着武装带，不过他实际上并非军人。盐矿已经被云南驻军的一个师征用。不过，那位经理不但没有因这样的事态发展而感到烦恼，反说对于盐矿的转手，他感到非常高兴。他解释说，要不是因为战事，这个矿至少要二十年之后才能机械化。

燕卜荪在中国西南的鲜红风景中甚至跋涉到更远的地方——骑着骡子——五六天时间走了九十英里路程，去拜访可爱的边远贸易城镇丽江。这里有着闻名于世的华丽的杜鹃花，一万英尺高的峡谷切透雪山山脉耀眼的冰雪，那里是喜马拉雅向东部的延伸——杰拉尔德·赖特林格（Gerald Reitlinger）当时把这里描述成"在到达西藏边境高地森林峡谷之前，中国政府管辖之下的最后城市"。这里的居民——纳西族人——属藏缅人种，几个世纪以来（直到18世纪）都拥立着自己的王。[52] 纳西人的"主要特别之处"是，据1938年的一份报告中说，"女人在外做所有的事情，而男人则待在家里，照料孩子"。[53] 高大的女人们在市场上做生意；她们的男人则在家里收拾屋子，或者在屋内缝缝补补。〔五十五年后，BBC四台一档关注这个地区特定人物生活的节目，将令人沉醉的丽江作为拍摄地：《云端之上》（*Beyond the Clouds*）在1994年播出。〕在1938年一个黑暗的深夜里，燕卜荪和他的同伴们走近一座偏远的村落，忽然传来听起来像是"狂野的号叫"的声音。这种可怕声音的真正含义让他印象如此深刻，他甚至把它放入四年之后的BBC电台专题节目《前进中的中国》：

> 现在这里是纳西族的地区，这些人因为他们的放荡狂欢而在传教士中间非常有名，于是我真的开始想象，我们正在走进一个纳西人的狂欢中。与我们一起的有一位美国浸礼会教友（Baptist），他说，"我好像听不出那是什么调子"。我想那很好，我把这看作是他到那时为止说得最摸不着头脑的话。但是当我们到达这个村子的时候，却发现事实上他是完全正确的。我们看到一群孩子们在唱着一首已经传遍全国的士兵的歌。在旅行者的故事中毫无例外地都会说到，当地村寨会对欧洲旅游者们给以极大的注意。但是这些孩子们只是继续唱着他们的歌。我们想要贿赂一下一个男人，让他把我们带到我们的村子，但是他说他害怕做这事，即使这是在做善事，然后就回床上休息了。于是我们就站在那里和他们一起唱了一两分钟，然后就在骡子后面一瘸一拐地继续赶路。我们最后终于找到了那个地方，主要还是靠运气。后来，我的同事展开一张蒋介石的大海报，把他交给村子的头人。那是个很奇怪的场面，因为那头人穿着相当光鲜的诺福克猎装，那是人类学家送给他的，他感到有些尴尬，也有些不悦。他说他很高兴又得到一件，但是他本来在村子里的学校中是有一件的；很快他就找到个机会指出，他管辖的这一百到一百五十户中，有五十个男人已经去参加汉人的军队了。你可要记得汉人与这些部落在历史上关系并不好。这些穿着奇装异服既不会说也不会写汉语的人，却如此平静而坚定地要决心到两千英里外去打败那里的日本侵略者，这在中国历史上是一件全新的事情。十年前，这些人还绝对地仇视汉人呢。正是这一点让我相信中华帝国如今的确是统一起来了。若是这还不能让你也相信这一点，我不知道什么事情能了。

他的诗《中国》的四、五小节，写作时间大概在1938年较早的几个月，提出的政治观点是，日本和中国就像是同一个"豆荚"的"两颗豆子"，至少部分原因是两国都曾经有"礼乐"之治的传统。孔子曾说，中华帝国是礼乐之治，意思是说

建功立业的领袖应当约束自己，要服务于民，要柔顺；结果便是，如燕卜荪在他的
BBC稿件中所说，受过教育的中国人"总是鄙视苦力的歌唱"——那种音乐有着不
那么紧张的，而且（对于西方人来说）更加自然的功能，伴随体力劳动，并为他们
鼓劲。燕卜荪作出结论说，"对于受过教育的中国人来说，真正的问题并非与西方
文化融合，而是与他们自己的劳动人民的歌唱融合"：换句话说，统治阶级还从来
没有找到与农民相通的目标，而如果他们希望建立一个新中国的话，那就真正需要
去寻找这个目标。"林语堂在这一点上讲得很不错；他说，中国人在没有一同受苦
之前，是不可能一同歌唱的。"因此，发现西部边陲非汉人部落也唱起了前线战士
的歌曲，让燕卜荪相信，中国作为一个统一的民族国家已经向前迈出了一大步。

然而，在这两小节中又有着强烈的政治神秘主义的暗示成分，这与此诗其他
部分的政治论调似乎存在矛盾——这种观点来自于对经典论著《道德经》（*Tao Te
Ching*）的选择性阐释（燕卜荪曾经研读过此书亚瑟·韦利的英译本）。像许多造访
中国的外国人一样，燕卜荪承认自己对于中国人美丽的生命力带有他所谓的"无知
的快乐情绪"；相应地，他告诉自己中国人性情中的柔韧度与适应性——或者那种
经受过训练的性格，一部分也正是由道家哲学赋予的——将会"吞没日本人，不管
日本人曾经怎样地蹂躏她"。那种脆弱的信任或者猜测在诗歌的最后一节中得到强
调，在这里，他运用了一个来自肝吸虫的生命周期的比喻——

> 羊身上的肝吸虫，完全可以
> 沾沾自喜，如此彻底地
> 融入蜗牛，它们变成了一体
> 在所有历史中最损毁、最漫长。

燕卜荪在他当时为这首诗所作注解中解释道，这几行诗指的是肝吸虫一旦完
全进入一只蜗牛之后"便无法……从蜗牛自身区分开来"这个事实。这里的暗示
就是不论日本寄生虫骚扰它的宿主有多么厉害，中国都能够消化这个侵略者，而
且仍然可以重组自身，并保持与原来一样的状态。［菲利普（Philip）与埃夫丽
尔·加德纳（Averil Gardner）在《上帝临近：威廉·燕卜荪诗歌评论》（*The God
Approached*：*A Commentary on the Poems of William Empson*）中很有用地指

出，燕卜荪实际上记错了他的信息来源和他所谈到的那种特别的肝吸虫。双盘吸虫并不侵扰绵羊，而是令人恶心地从蜗牛体内转移到鸟类体内再返回到蜗牛体内——在那里它发展成为一个"没有形状的活组织辐射网……它与［蜗牛的］组织混合在一起，使得解剖者很难或不可能将它完全剥离出来。"[54] 不过燕卜荪记错这一点并不影响这一诗节的意思表达。］"埋藏"在这首诗中的论点于是便依赖于那句格言，柔弱者从柔弱中得到更大的力量；从长远来看，中国人终要成为胜利者，即使在表面上他们被日本人打败。燕卜荪在《中国》一诗的注释中写道，"有关像水那样通过无虑来学习智慧和通过让步来取得胜利的观念，在中国思想中有很长的历史可循。"但是应当认识到这个概念只是适用于道家思想，而儒家才是一直以来中国道德哲学的主导意识形态时，燕卜荪在1947年与钱学熙教授的通信中就道家思想进行了一次辩论，钱教授令人信服地辩称，亚瑟·韦利的神秘主义与无为主义版本的《老子》事实上歪曲了它的哲学中本质上的现实主义。道家关于和平或与万物为一的教导"绝不是'神秘主义'的"，钱教授强调说，"它是可以从普通人皆可获得的经验中推导出来的"。韦利的版本只是简单地往道家思想上嫁接了两个并不适用的主题：瑜伽无为主义和对于"现实主义者"的坚决敌对思想。有理由说《中国》这首诗是基于一种靠不住的《老子》版本，而它的论证也来自于韦利的思想；但是在这样做的时候，燕卜荪肯定更依赖于他对于自己所亲身了解的中国人的信念，而不是任何真正的有关无为主义或和平主义的论点，那些东西他从没有真正相信过。正如他在对这首诗的注释中承认的，有关中国会吸收她的一时得逞的侵略者这一点，"普遍预测可能会变成真实情况，那也许要经过几个世纪，而且过程将会很艰难，但是那并不会使她对当下胜利的需要有丝毫怠慢"。无论如何，在中华帝国的漫长历史中，她的确是成功地吸收了那些曾经征服她的民族，但显然那是因为各种各样的原因，而非仅仅是通过让步；正如燕卜荪自己后来也注意到的，他在写作这首诗时对于中国的理解是有问题的。事实上，这首写于1938年早些时候的诗中的论点从根本上被那年夏天发生的事件动摇了，那时，燕卜荪亲自见证了中国前所未有的国家情感的高涨——那种集体的、虽然可能并不协调的、坚决抗战、绝不妥协的决心。

"造成全国上下联合抗日的原因是，有消息席卷全国，说日本人不像旧日的军阀们那样打仗，"燕卜荪后来写道，"他们不仅是对不设防城市烧杀掳掠、狂轰滥炸。日本人还做了一件比那更加刺伤农民的心的事情。据说他们把马放到茂盛的稻米田中。那可是真正的野蛮啊。"

他那首令人费解的《酒神巴克斯》，创作开始于日本，完稿却是1938年在中国，此诗出人意料地怨毒却又非常美丽而抒情地提及这场恐怖事件、这项侵略者的非人道行径的证据：

> 他周围的平原上满是破坏者们
> 在玉米田中放牧他们的战马。

燕卜荪并不赞赏国家主义，认为那是"一种传染性的而且是无药可医的疾病"——"是个愚蠢的东西"——"但是从实际经验看来"，他相信，"那又是国际政治中最有力的东西"。[55] 他立即把那看作是中国最强有力的武器：他毫不怀疑中国最终将赢得这场战争的胜利。"如果中国人可以培养一种国家主义，那也没有什么问题，"他在1938年中期写道："毕竟我们［英国人］不能反对爱尔兰或是巴勒斯坦的国家主义。"[56] 但是，他对于这个问题的突然肯定态度又引起了新的急迫问题。中国将如何处理她的胜利呢？不管那是短期的或是长期的。突然遣散农民士兵是否会简单地使土匪问题更加恶化呢？如果日本人在中国北部保留一个据点，是否至少在政治上会对中国有些益处呢？因为那样就需要士兵们来打击他们。但是有两个问题以巨大的压力令他困扰不已。中国人在他们新近找到的国家主义中获得的自豪感——它可能被用来支持一条强硬派意识形态——是否会导致这个国家限制自由通商，并且一概对国际影响关上他们的大门呢？中国会把枪口转向自己，打一场内战吗？"在这场战争中唯一令我失望的是日本人，"他写道，"他们有可能成功地将中国分裂成共产党统治的北方和资本家统治的南方。"他毫不犹豫地表明自己的政治倾向性："让我害怕的是日本人有可能促成一个共产党控制的北方（这对日本人自己也是灾难性的）。[57] 不管中国人取得迅速胜利是否会造成灾难性的后果，他还是为英国政府不愿意向中国提供更加及时的经济援助而感到难过，哪怕那样做只是为了将来在贸易中占得便宜也是好的。"但是这可能也是好事，就像我告诉我的朋友们的那样，［内维尔·］张伯伦（［Neville］Chamberlain）既不希望看到一个骄傲的中国也不希望看到一个骄傲的日本：两者都值得我们恐惧，两者都不该很快地取得胜利。"[58]

他对于这个政治问题的全面陈述，时间要在1938年6月，因为它娴熟地分析和作为一个与最终结果相反的公正的论述值得详细引用：

> 很难看出这场战争的结果会怎样，而我对于英国的"让他们彼此削弱对方"，或者在这件事上，"让日本人耗尽他们"，这种态度暗暗地有所同情。我看不到一年之后北京会在迅速的和平之后回到中央政府的前景；当然，必须重申，五十年来，所有金钱都流向各个港口（而不是村子里的某位成功者告老还乡，终老一生，支持乡里的事业），对中国产生了极大的危害。你可以从一场缓慢而可怕的战争中想象出好的政治结果。它会把中国共产党与现有的体制结合到一起，这有可能（除非他们在战争结束时能够手拉手作为拯救者站在一起，但是我不相信有这种可能），我看不出死守教条的共产主义在一个种植稻米（或者培育稻米）的国家里能有什么用处——能源和一个确切的计划才是急需的，但是他们不管怎样都对一个集权的中央政府并不习惯。[59]

从1938年的角度来看，没有人真的能够放眼看到十年之后共产党真正扮演拯救者的时候，但是在其他方面燕卜荪的分析都是极其有远见的。

数周来身体上的痛苦和士气上的受挫接连折磨着燕卜荪。在蒙自的这个学期末写的一封没有注明日期的信中，他半认真地断言，"虽然我许诺说要再待上一年，但是我不确定真的愿意那么做了。"不过，叶公超和国立北京大学校长蒋梦麟[60]都亲自请求要他留下：他们需要具有他这样能力的教师。"但是没有谁有责任帮助这些人在中国教育部面前保住面子，"燕卜荪评论说。[61]他的不快显然缘于极度的疲劳和士气低落。7月14日他报告说，"无论如何，通过把一些懒猪清除掉，更重要的是把一些富裕的或者有着良好教育的中国人转移到他们所谓的'内地'，总会形成很多好结果（当然这些事原本都要慢慢做的）；乡绅制度在中国实行了很长时间，但是最近对外港口变得很强大，所有的金钱和有能力的人都被拉到各个港口去了，这让这里的村子都更加可怕地贫穷下去。我的直觉都被某一种思想腐蚀了，那便是'我们'希望交战双方都虚弱下去；英国爱国者若是支持日本，便是疯了，但是'我们'也可能同样害怕一个迅速取得胜利的中国。"[62] 然而，他后来激动地得知，即使经过数周的轰炸，日本人到目前为止，仍没有能够成功切断广九铁路。一些英国皇家空军的军官于是对他这样慨叹日本的轰炸机："真让人恶心。他们辜负了大家对整个表演的预期。"[63] 这种评论当然恢复了他自己的那种职业自豪感（不过，广东最后在10月还是落入日本人手中）。

尽管有些此类暂时的道德上的小波动，他的事业中一个关键问题却是：在这个战争似乎注定要没有任何结果地一直拖下去的时刻，他为什么要下定决心留在中国呢？答案有一部分与学术有关。他知道，当日本人向世界宣称，要征服整个长江流域的时候，他们显然是眼大肚子小了，因为那个承诺随着一周周过去，证明他们越来越难以实现。[64] 燕卜荪承认，"我有种邪恶的渴望，要看到这群英勇而又愚蠢的人失败，因为我很好奇那时他们可能会做出什么事。"[65] 与他有关中国人从长远来看最终会用柔弱取得胜利的理论形成反差的是，日本人却把自己教育成在被征服的时候便感到彻底被击垮了。

8月11日，他在这封异常直率的信中全面袒露了他混杂的个人感情：

> 我不能假装出一副支持自由、反对法西斯的热情和那些别的东西，那些东西让我的大多数朋友认为，留在中国是件有尊严的事……我骄傲地说，所有这些可恶的爱远东的小家伙们都溜掉了，只剩下一个人，那就是我……不过，我还是很喜欢这里的人的，所以这也就使得留在这里很值得了……但是关于这种对于远东的爱，我感觉其实与张伯伦几乎一样地灰暗；热心支持中国的伟大原因，我真的支持中国，这原因不过是日本不能变得太强大。一个在蒋介石领导下的强大中国也许也是同样的事情，但是在那种情况发生之前，还有时间可以四处查看一番。同时，我与我所有的共产党朋友们也存在分歧，他们曾经开始认为我在信念上有些动摇，但是现在似乎认为我实际上正身处前线。合理地表现出你没有完全抛弃中国知识分子——已经有很多这种抛弃行为发生了——是一些在中国的英国人应当做的；不要期望得到感激，那有什么用，不要因为一些荒谬的政治原因，只不过是因为要把一些老的东西维持下去……这里所有的德国商人都用英语做生意，等等；这就在某种程度上维护住了英语教学的威望……我

很喜欢这事，目前也没有其他的工作可做，所以没有理由说得那么冠冕堂皇。我的去留并没有什么关系。但是我想要比那些"爱中国的人"更加坚持我的事业。[66]

这封信格外感人，尤其是他没有说任何方便却滥情的假话。他还没有准备好接受日益增多的学生们的那种不假思索的热情，那些人把自己对于未来的信仰全放到共产党的辉煌统治上。在燕卜荪看来，如果延安的红军要赢得他的选票，他们必须通过客观而又真正进步的实绩，证明自己适合管理国家，而且比国民党更有道义做这件事。无论如何，别人的选择不见得便是燕卜荪的选择：中国的内政并不是他直接感兴趣的事情，除非那跟他的教学工作有关。

他的宣言也包含了他因为被英国同事抛弃而感到的强烈自怜与愤恨。这两种反应都是可以理解的，不仅因为他暂时感到自己极度疲惫而且被环境所困，甚至不是因为与他的学生们相比他感觉好像是某种政治上的反动派。他来到中国并非抱有多么崇高的目的，不过是要找到个有钱挣的工作，而那些立志要做文化传教士的教育者们——在谈到"爱中国的人"时，他显然把多罗西娅·理查兹也算在内了[67]——却从战场上撤走了。推测起来，那些好人们应当是继续在遥远的地方关注着中国，只不过他们不愿意亲自来给中国以道义上的支持罢了。于是，把他的尴尬变成怨恨也让他在心理上得到一种必要的释放。

这封信根本上的坦诚，在于他承认对自己的个人与职业现状都感到不满，但是却下定决心要继续自己的工作。不管他对自己的角色有什么样的忧虑，他还是发现了一个伟大的真理——他认识到，固执与勇气一样会帮助他坚持到底。正如他自嘲地注意到的，与日本人一样，他的自尊心现在也遇到了危险。"我个人认为我很像个日本人，他们在这里痛苦地被自己的荣誉感困住了……当我说我要做什么事的时候，反对的原因听起来的确令人震惊，但却不是个可以停下来的好理由。"[68]

那不仅是一个有关个人自尊心或是怨恨的事。最重要的是，他相信，中国的教育改革被I. A.理查兹的离去或"抛弃"（用他自己的话说）严重阻滞了，理查兹本来打算从事指导基本英语的教学工作，后来却直接去马萨诸塞州的剑桥接受了一份新的工作。甚至在十年之后，当请求理查兹返回中国继续他的基本工作时，燕卜荪也以这种最强势的语言写信给他的导师："当然，我想你有一个实际的责任该回到这里……把这里的事业整理清楚……我一直觉得，自从我和叶公超在1938年坐在香港等你而你却没有来时起，你就让中国人失望了；你如果不在某个时候回来兑现你的诺言，那你就太愚蠢了……并不需要你作什么巨大的努力，只是来完成你的成就的一个重要部分，这事如果不能平静地做完，将会变成彻底的失败。"[69]

如果燕卜荪在1938年深夏，在评价自己似乎虚假的姿态时显得过于严厉，那么他同样坚定地坚持说，他从旅行和与他的那些特别有能力而且有韧性的朋友们一起的工作中得到巨大的快乐。散落在他的日记中的，是他一次又一次对于同事们的慷慨赞扬：

> 野营生活很有趣；我的同伴们都非常好；讲座似乎也进展不错。我希望自己在用打字机写有关《一报还一报》（*Measure for Measure*）中的感官的用法时，没有制造太多噪音。我的目光极其短浅。但是我知道那些与我一道吃饭的人们的素质。我猜想世界上没有别的国家会有那种人愿意参加大迁徙，愿意忍受这一切惊人的困苦，不仅没有虚假的英雄主义，而且还把旅途看作是既让你期待可以搜集有关你的专业的消息，又可以让你对当地的景色和食物产生浓厚兴趣的事。[70]……
>
> 想象一下，跟一群"学者们"露营是什么样子。要注意"学者们"是什么意思。看看你们在贵宾桌上的高谈阔论到了篝火旁被各种昆虫叮咬时是否还一样。我自己的感觉可能不过是一种逃跑主义的产物；在这地方与梦到这个地方是一样的错误。可能。但是这件事的好处、这件事的疗效……击中了我，就像大热天我的某位中国朋友好意地邀请我去吃饭，我先要跳到水中游一圈一样。[71]

即使如此，在某个不这样动情的心境下，他也会写信给东京的朋友凯瑟琳·桑瑟姆夫人。那是一个难得的在河内的假期："我很高兴自己可以逃出蒙自，那是个死气沉沉的城镇，但那也是个我曾经生活过的地方。"[72]

夏天，燕卜荪远足到西藏边境的大山之后，又跋涉到南方去拜访学者、评论家格雷厄姆·霍夫（Graham Hough），此人当时正在新加坡的莱佛士学院（Raffles College）授课。大概五十年后，在燕卜荪于1984年逝世后不久，霍夫回顾起与燕卜荪在远东的几次偶遇：

我有些害怕他。他不过和我年纪相仿，却要显得特别久经世故，而且比我要聪明不知多少倍。显然他不会高兴地容忍傻瓜们，而我在他面前总感觉自己就像是个傻瓜。在任何讨论中他都显得不耐烦地比你先走出好几步。对此，最好的对策就是慢下谈话的节奏，并且坚持说讨论的步骤应当是一步一步来的。对此他并不拒绝，如果被对方叫停，他总会愿意把事情讲得很明白。但是我经常不好意思总是采取这种拖延战术，于是总是被远远甩在后面……

我和他在一起的时间总是不够长，来不及把所有事情理出个头绪。我们不时在不同的地方碰面——新加坡、云南、河内……我对于旅居国外的燕卜荪的印象总是一个毫不妥协的英国人形象——说话、态度、举止都不加修饰，他处理任何事情的时候，总带着一种不可征服的样子，混合着有些傲慢的礼貌与极度的睿智。我想他这种表面上的泰然自若得来不易。他实际上注定是个孤独的人。他那种全然超脱的集中注意力的能力是传奇性的，但是与合适的伙伴在一起时，他又可以变得非常善于交际而且很快乐。他在中国的生活却没有怎么给他这样的机会。我强烈地意识到，自己安居于英属印度的一个繁荣角落，周围散布着些与我同类的人，而他却要返回流亡大学，返回那个正在被迅速摧毁的中国，去凭着记忆在黑板上写下他所记得的那些英国文学，因为那里并没有书。

回顾这些东西并非全无意义，因为我想它会帮助我们解释他的谈话和写作中令人费解和多所省略的本质所在。他自然的表达方式就是谈话；他喜欢谈话的非正式性和那种意见交换。但是他一生中有很长时间并没有他所需要的伙伴，于是谈话便只能在他自己的头脑中进行。当你遇到他的时候，或者更多时候是，当他坐下来写作的时候，迸发出来的只是一个突兀的总结；或者一个谈话的结论；或者辩论中一方的论点，而那位想象中的辩论对手则被省略掉了；或者是隐藏的意思，而明显的那一层意思早就被甩到一旁了。所以他的谈话的快乐——我似乎一直在强调它的各种难解之处，然而它的魅力同样也是让人难以招架的——是属于障碍跑或寻宝的那种。[73]

燕卜荪大概不会同意霍夫有关他在中国时缺乏"他所需要的伙伴"的推想；他相信他在流亡大学中的那些敏锐而明智的同事们都相当睿智，足以与他谈论任何话题。

1938年12月初，他从新加坡回到了国立西南联合大学，正赶上学校新址新学期开学之日——这里是昆明城，云南省的省会。（在"露营"的一年中已经成为他最亲密朋友的叶公超，此前曾经前往北京去看望妻子和家人；用的是一家广播公司经理的假身份，显然他经受住了日本人的严加盘问，最后顺利返回南方，来向人们讲述他的故事。）[74]

昆明被恰当地称作"春城和花之国"，它坐落在海拔一千九百米的一片巨大高原之上。南面，法国铁路将它与法属印度支那和大海相连；西面，是缅甸公路，一直延伸到仰光东面；东面，一条公路通到中国中部（通过贵州到达重庆）。因为它交通枢纽的地位，几百年来昆明一直是一个重要的都市。马可·波罗（Marco Polo）曾于1280年拜访这里，认为它是一个"巨大而又辉煌的城市"，有着数不清的商人和手工匠人。（在当地的部落居民中间，他报告了第一例所谓的"拟娩"④现象，而且他同样惊讶地发现中国人竟然燃烧"黑石头"来取暖。）享受着亚热带的气候，每年的平均气温在15℃，没有低纬度地区那种令人萎靡不振的潮湿，这里是花的天堂：它有着一万五千种各样植物，包括杜鹃、木兰、兰花、樱桃树和超过一百种各样山茶和樱草花。城市西南几英里外的地方躺在西山脚下的是滇池（也称作昆明湖或滇南湖）。滇池由云贵高原中部的一块断层形成，海拔高度是威尔士的斯诺登峰（Mount Snowdon）的两倍，是中国第六大淡水湖，一些当地居民把它称作"海"。它直径有九十五英里，方圆一百三十平方英里，周围群山环绕，旁边还有一个相当肥沃的盆地，1938年时遍植着稻子、燕麦和花生，还有中国最上等的鸦片。云南鸦片生意的"大河"在此涌出，一直遍及法属印度支那。

但是城市生活却远远低于云南清爽的自然环境所应当给予的。在古老城市的城墙之内，有几条宽阔的大道，鹅卵石或石板铺就的街道两旁是殖民风格的建筑，即所谓的"洋楼"，底层是石头砌成，二层则为装饰复杂、漆成绿色的木质结构。（可能正是这种建筑促使燕卜荪有一天对他的一个学生说，因为那些建筑和周围的群山，昆明让他想起佛罗伦萨。）[75] 公路之外更多的是穷街陋巷，土、砖、瓦板建成，两侧是粗制滥造的房屋，一律是泥土和柳条结构，涂成白色或淡彩色，有着夯实的土地面，一般都缺乏任何便利设施和卫生设备：它们也许看上去颇为可爱、古雅或别致，但是大多数却不过是当地农民、部落居民或匠人的简陋居所。（下雨时，土路就会迅速变得黏糊糊的；燕卜荪总是喜欢走路——也几乎没有什么别的选择——那时他就会显得整个人都裹在泥里似的。）

穿着蓝衫的汉人与身着更鲜艳服装的大概二十四个少数民族混居一处，这些少数民族中主要有彝、回、白、哈尼、拉祜、纳西、景颇、布朗、阿昌、怒、德昂、基诺和独龙，还有很多穆斯林和越南移民。刚好在联大到达这里三年之后，美国的陈纳德（Clair L. Chennault）将军，著名的飞虎队司令，见证了与燕卜荪首次随同艾弗（Ivor）和多罗西娅在1937年拜访过的几乎相同的昆明城景象：

> 矮胖的、黑黑的部落居民，头戴褪色的蓝头巾，做着边远小城的生意，驱赶着骡子拉的大篷车，满载盐巴、锡器和鸦片从狭窄的山间小路走来。吱吱作响、未涂润滑油的小马车一路呻吟着驶过昆明的石子路。大道两旁的胡椒树间总能看到水牛、黄牛和成群的肥猪。这里那里是一排排异类的法国别墅，在一片乌黑的瓦房顶和高大的橄榄绿的桉树之中不协调地隐约可见。[76]

这里人口只有十五万，但是这座城市已经扩展得过快，一条丑陋的碎石马路（或者环形公路）环绕着城墙，并且连接着古老与新近发展起来的地区。外国领事馆挤在靠近北门的地方，对于工人们来说，生活如果不是糟糕透顶，也是相当悲惨的，而精英们——商人、地主、买办、银行家——则从大多数被压迫者极端辛苦的体力劳作中攫取他们的财富。少数的统治者安稳地躲在深宅大院之中，长期以来维持着中国的封建体系，对农民的经济和教育利益则不闻不问。根据白修德和贾安娜在《中国的惊雷》中所说，"在战争之前，昆明比重庆更加落后"——重庆在1938年后期成为国民政府的首都。"街道都是窄窄的，小巷污秽不堪；那里是鸦片商人的国家级据点之一。几乎直到战争爆发之前，这里的妓女们都被关在一条两头都锁起来的街上；大富之家会买些奴婢到家里去使唤。"[77] 昆明只有三所高等中学和一所新近建立的大学（云南大学建于1922年，员工主要为受过法国教育的学者，1938年7月刚刚被改为国立大学），长期以来被认为是一潭文化死水——根据观察者的角度不同，被称作"沉睡的"或"原始的" ——而云南人自己则承受着自己也承认的具有破坏性的自卑情结。[78]

"战争向这个中世纪的污水坑倾倒了20世纪的两个元素，"白修德和贾安娜写道，"中国最好的大学和这片土地上最精明的银行业和商业投机者。这两大元素都受到当地统治者的保护，流亡大学是因为它们自由派的教授们形成了一个反抗蒋介石独裁的有节制然而声音喧嚣的前线，而投机者们则是因为他们全然肆无忌惮的黑市交易为他的城市每日都在增加财富。"[79]然而这份报告冷嘲热讽的口气需要用后来的眼光中和一下。

首先，云南省主席龙云害怕联大教工与学生的拥入再加上几万其他的难民可能会破坏他极力捍卫的权力。中国自由派和东方具有批判思想的人们与云南部落的仇外情绪在昆明这片战场相逢时，可能很容易颠覆他内部控制的微妙平衡。但是易社强评论说，龙云很快认识到，"联大学者们的到来将会增强当地文化和教育，也会提高龙云个人的声望。"[80]一旦国民党政府批准这些大学迁址，省主席便改变了他原本防御性的姿态："抵制就意味着直接反对蒋介石，而这是龙云要坚决避免的。"[81]从那以后，他便把这些大学作为自己行动的一个盾牌和许可证；相应地，他也将尽他所能保护这些大学。

联大在12月1日打开了它的大门，新学期在8日正式开始；校方决定第一个完整的学年将一直持续到1939年6月底。新学生与返校学生共有两千一百名。联大的校舍分布在城市的各个不同地区，有一些是废弃的学校，甚至是毁坏的寺庙，但是大学的主校区位于昆华农业学校那栋相对豪华的三层小楼中，学校的原有人员因为害怕炸弹袭击已经撤出城外。学校就位于西门外，校园包括一个二层马厩似的结构（上有未装玻璃的开口作为窗户），那便是狭窄而恶臭的宿舍。燕卜荪被临时安排与其他七名教师共用一间屋子——他把这屋子称作"小隔间"或是"小笼子"。因为没有合适的床，他毫无怨言地睡在一块支在架子上的黑板上；就像他在中国忍受了种种其他严酷环境一样，他对于艰苦的睡眠条件的欣然接受让他坚信自己的敬业精神："那并不是什么困难的事，"他在大概十五年之后回忆说，"但是我感觉那使我在某种程度上成为一个真正的教师。"（他的母亲给他寄的两个热水瓶，都按时到了他的手中。）[82]教授们后来被安排两个人住一间屋子。学生们则住得更加拥挤，因为他们是一排排挤着睡，每个房间住了足有二十多个学生。屋子里的灯光很暗；这里和其他几个地方密不透风的环境，后来造成多起肺结核病发生。其他一些疾病，在1939年也已经变得非常明显，它们包括沙眼、伤寒（老鼠自由地四处乱窜）、天花、猩红热、疟疾和因为缺乏营养引起的其他各种身体内部不适。[83] [当一场痘疮在镇上爆发时，某些当地儿童相信疾病来自神明，便把这称作"天花"，因为那些小泡泡出现在他们的面部；他们当中有些人因为这种信仰而拒绝就医。] [84]

"过度拥挤太严重了，"燕卜荪报告说，"他们甚至没有办法为他们仅有的那些书在图书馆找到个地方。" [85] 在那一年，大学开始动手修建新教室，那都是些他所谓的"昂贵的泥屋子"，房顶铺的是稻草：[86]它们"样子很古怪"，他准确地报告说，"泥巴被漆成黑色，斑斑驳驳的效果就像浸湿的吸墨纸，稻草像有些碎裂开的惨白的牛饲料"。[87]（之所以要搞这种粗糙的粉刷是为了作为伪装掩护。）那时每间屋子都有大概四十名学生睡在简陋的上下铺上，一位名叫许芥昱（Hsu Kai-yu）的学生后来用下面的打油诗来描述他们在小屋中的生活：

> 外面下大雨，
> 里面下小雨；
> 外面雨已息，
> 里面犹在滴。[88]

（有一间小屋如今被保留下来作为联大的纪念物，不过如今已经用波纹铁代替了当初屋顶上的茅草。）

如果燕卜荪感觉自己到了一个虽然空气污浊，但还算安全的小木屋作为避风港，那么他在第一晚便醒悟过来了，因为当他朝餐厅走去的时候，在月光下发现餐厅早已被炸成碎片。[89]不过他并没有灰心，而是吃了些三文鱼和龙虾罐头，就着些热水瓶里的热水，还有些法国白兰地把这乱七八糟的东西一股脑冲下嗓子。（第一次空袭发生在9月28日，清华大学原本租用的师范学校的一部分作为教授和学生宿舍的校舍被严重损毁；一些学生和杂役，还有一些当地居民，在空袭中遇难或受伤。）自那以后，燕卜荪有时会到一家叫作"海棠春"的饭店就餐，而社交性的饮酒场合，他会去城南车站附近"贵得离谱"的商务酒店，在那里他会喝得烂醉，不得不需要人力车把他送回宿舍；而且他还至少被抢劫过一次。[90]曾有人说，一名学生或者杂役（或者可能是他的同事叶公超）一天来到燕卜荪宿舍找他时，发现他躺在床底下，不过，这事也没有什么奇怪的。[91] 可他这种时常的豪饮并没有削弱他在学生们心中的地位；恰恰相反，那反而更加强了他作为中国传统中可敬的纵酒诗人形象的勇敢地位。

空袭警报几乎每时每刻都在响着，但是不久大家都了解到日军只会在中午的某个时刻空袭（因为轰炸机需要在傍晚前回到基地），于是学校的课一般在上午7到10点上，中午前吃完午餐后，就分散到附近的乡村之中，然后下午3到6点又继续上课。轰炸机飞得非常低，地面上的人们甚至可以看清飞行员的面目。"轰炸这回事很复杂，但又比较温和，"燕卜荪带着一贯的满不在乎说道。"上次的误报，有三个人在往城外逃的时候被踩死了，就在城门口；若是在城里买东西的时候遇上空袭可能就糟了。"[92] 但是，易社强注意到："空袭造成的是一个冷酷的现实。有几次，炸弹毁掉了教室、实验室、宿舍和教工住宅。虽然人员伤亡较为罕见，但是轰炸机的肆意破坏却加强了联大人的使命感……中国的文化机构成为日军攻击首要目标的公认的证据，滋养了这样一种信仰，即保护这些机构便是对侵略者的一种爱国主义的反抗。"[93] 令人难以置信的是，昆明城竟然没有消防车，这座城市地下水位过高，不可能建造防空掩体。但是当局已经在城市以南的高地上挖开了墓地——"重栽"遗骨，如燕卜荪所记录的，"到山上的大饼［原文如此］里去"——这样就可以为那些能够到达那里的人们提供暂避的壕沟。"这个学期伊始，我们便有了空袭警报装置，这是好事，人们可以沿着那些坟墓逃出城外，"燕卜荪写道，"我们看到有些男人在掘一个洞，当被问及他们为什么要掘那个洞的时候，他们说，这是缅甸铁路。这里附近的路堤已经修好，但是在雨中可能会垮掉。"[94] 他对于日常的撤离行动已经司空见惯，甚至在2月11日几乎感到想要尝试些危险的欲望："我们好久没有被炸了，这让我们相当不快。但是可能他们会赶在下雨之前来我们这里。"[95] 幸运的是，大部分的密集轰炸在1939年头几个月便懈怠下来，直到1940年（燕卜荪回到英国之后）才又重新开始。

正如龙主席所担心的，新来的人和云南当地人如果不是公开敌对，也是关系紧张的。当地人仇恨外省人，外省人对于他们来说的确是完全陌生的，他们有的时候会打学生甚至教授。对袭击非云南当地人，当地土话叫作"打上海人"，这是个泛指的说法，指所有的外来人，无论他们来自哪个省份，"易社强写道。"'上海人'变成个贬义词，并非偶然，因为'上海滑头'这个典型形象正好符合某些由外地来到中国西南与当地精英竞争的金融家、商人和政府官员的形象。"[96] 而那些闯入的学者们，他们是骄傲的外来人，不但蔑视不识字的群众，认为他们无知、懒散、沉迷于鸦片，而且斥责云南当地的精英人士是"封建"统治阶级。[97]

因为联大人与云南当地人以及地区政府与国民政府之间普遍存在的紧张关系，在这一学年中，当地的政治问题成为燕卜荪旅行手记和信件的主要内容。"问题是……到底是省主席和他的富裕同盟者们将要保持权力，还是中央政府会取得完全控制。笔者的个人看法是支持现在的省主席的，"燕卜荪强调说——附带有这样一个限定条件："当然他们应当表现得更好些……"[98] 大多数欧洲游客深深地怀疑龙云的目的和策略，判断说这个省的落后只能在中央政府迅速全面掌控之后才能得到解决。另一方面，感伤主义者们则无视一直困扰当地百姓的贫穷、债务、疾病等问题，大声疾呼着反对云南被现代化"毁掉"的那一天。云南是世界上最富饶的未经开采的矿产资源宝库之一，特别是这里存储有大量的锡，它有着燕卜荪希望的"体面的"发展前景。关键问题是如何"把这股资源用到人民身上"。[99] 本省的地主和其他生意人自古以来便为自己赢得了恶毒奸商的名声；但是燕卜荪认为"说云南省需要资金（它的确需要），而这些贪婪的家伙却拒绝让资金进入，这种说法是愚蠢的。事实上，他们在设法让本省所需的资金进入这里，有时甚至使用一些令人难以置信的方式。"如果中央政府接管云南，它几乎肯定会吸走这个省的工业利润："在云南，的确有一种当地人的整体性在……与整个中国的一种衷心认同感会意味着对当地部落居民的严重不公，"燕卜荪坚持说。另一方面，即使省主席和他的同盟者总是善于使用奸计，他们的政策也至少会对当地百姓作为一个整体更有利。"说省主席虽然是好意，却总是与一群富裕的云南人勾结在一起，这话并不错。作为一个商业问题，人们对这些人所要求的，就是让他们自己变得更加富裕。经济学家若是听到对于这一点的任何反对意见，定会感到不安；而实际上，一些反对意见如果不是特别错误的话，也肯定是不好的。而云南经济独立这个观点并没有什么值得人们鄙视的地方。"

因此，他对于云南省的独立政策抱有谨慎乐观的态度。只要云南当地政府足够谦逊，让云南人作为"同盟者"，那么就最好让它自己来决定经济和地区性计划事务。经济独立并不会影响到云南省的爱国主义情绪。虽然燕卜荪不愿意承认这个事实，但是即使在云南当地，爱国主义情绪也是极其坚决地支持共产党抗击日寇的壮举，而不是蒋介石卑鄙地奉行的撤退政策或者他那决心剔除共产党势力的右倾妄想症。中国式的爱国主义精神可以，也的确，在地方上发扬光大而不必掺杂国家主义，两者并无矛盾；只是在战后，燕卜荪才承认［正如他1961年在《弥尔顿的上帝》（*Milton's God*）中写道］，"在享受国家主义情绪的时候，是必然要牺牲一定的民主情绪的"[100]。

省主席的首席顾问缪云台控制着本省银行和其他商业利益，此人已经颁布法令，要求工业企业资本至少有51%要来自云南人（特指非汉人）；这个政策显然是敌视外来人的。不过云南领导人的狡诈之名深入人心，直到1946年一位见多识广的中国通仍然这样断言，"云南的政治充满了贪污腐败，人们相信缪先生愿意把他的省卖给那个出价最高的人。从中国出口的锡完全控制在他的手中。"[101] 燕卜荪在1938年持一种更加乐观的态度，虽然一方面他也承认缪可能参与了一定的财政扣押行为："似乎不可否认，即使是伟大的缪先生自己（自然，像这样的一个人是希望在国外有些资产储备的）也把他的大部分钱投入到这个省里面了。"

龙云，这位典型的军阀，并非汉人，而是彝族；燕卜荪后来了解到，此人虽然是佛教徒，却把他的孩子们送到基督教学校。[102] 燕卜荪喜欢这个人，因为他证明那种刻板地认为封建军阀便是独裁而又无比疏远的形象的想法是错误的。"因为经常被下属蒙骗，这位省主席不仅喜欢那种直白地马上告诉他出了什么问题的欧洲人，而且毫不犹豫地愿意相信这些人。这些欧洲人来见这位省主席的时候带着真诚的礼貌，却往往在离开时会说，这位省主席是抽鸦片的。" 省主席的确是抽鸦片的——与其他众多各式人等一样（联大学生"惊讶地发现鸦片竟然会被理所当然地敬给客人们，即使在政府办公场所也是如此"，易社强写道）[103]——龙云的反对者，往往引用这个事实来诋毁他的声誉。（甚至有人宣称龙云是中国最大的鸦片出口者。）然而燕卜荪却到那时一直是偏爱这位省主席的，他甚至准备发表一篇信息并不准确的有关吸食鸦片相对无害性的意见："笔者喝酒，而且从对自己可以接触到的瘾君子的观察中得出结论，即酒精才是更加危险的毒品……慈禧太后每天吸食鸦片，却生龙活虎，贻害无穷。鸦片的害处大概与杜松子酒相当；只要你可以从价格上控制它，它就可以成为工人们周六晚上消遣的东西。它比酒精更危险，是因为一旦习惯形成，它的花销要高得吓人。除此之外，它在功效上其实是一样的，任何假装出的对这东西的恐惧都是虚伪的；与酒精相比，它有个巨大的好处，那就是它可以让人毫无顾忌地讲话，而不至于让他们去打架。现在是时候把鸦片与真正可怕的毒品，如海洛因，区分开来了，就像人们已经把茶和杜松子酒和啤酒区分开来一样。省主席不会死在鸦片上，人们坐下来等着这件事发生没有什么用。"[104] 燕卜荪自己也尝试过鸦片，不过不会超过一次，而且一定发现这东西让自己变得格外热情地聒噪不休；但是在作出这种似是而非的推荐的时候，他却忽视了一点，即当吸食者身体健康、吃得饱饱的时候，它的毒性就不是那么强烈了。对于那些为了这个恶习而放弃了其他所有东西，让自己没有任何恰当营养来源的人来说，吸食鸦片的效果就可能是致命的了。韩素音在1938年对于这种病症观察得更加真切，她作了这样的描述："光滑的黄皮肤，朦胧半合的眼睛和那枯瘦的身体都表现得颇为分明；有钱人也抽鸦片，但是他们吃得好，鸦片在他们身上没有留下多少痕迹，但是鸦片却迅速摧毁了那些依赖它获得力量的人们，他们把那叫作'气'，那些人都是劳动者，挑担子的、挑滑竿的、拉舢板的，他们都吃不饱。"[105] 幸运的是，燕卜荪那时没有找到机会发表他这条被误导的意见；不过他这番话的背景显示出，他并不是要宣传鸦片的合法化，而是要反驳那些对于省主席的行为相对次要的反对意见，因为龙云的敌人在发现找不到好的理由来攻击他的行政管理行为时，便会攻击他的私人生活和品行。

但是燕卜荪对于鸦片成瘾的错误认识丝毫没有削弱他为龙云的辩解。开通于1938年12月份的新的缅甸公路全长七百十五英里，旅行者在仅仅六天之内便可穿过古老石板路上的马可·波罗路线从昆明到达腊戍（Lashio），并且政府还提供护卫。（过去需要一天的路程现在只要一个小时左右。）[106] 燕卜荪公正地判断，这条公路是省主席真正权威和决心的最好象征。"中国人可以建造缅甸公路，这真是个奇迹，"燕卜荪的代言人后来在BBC专题节目《前进中的中国》（1942年4月）中这样赞扬说。修建缅甸公路表明省主席不仅仅（令人惊讶地）促成了一项如此庞大的工程项目的物质安排，而且他还在当地难以治理的部落和土匪头上强加了足够的秩序，使得这项工程得以完工："六百英里，穿过世界上一些最困难的山村，上达八千英尺高度，几乎垂直，三个月建成，按时完工，且部分仅靠徒手完成。"直到30年代早期，第一辆"蒸汽车"或机动车（一辆客车）才进入大理平原，在那里燕卜荪曾经在一头骡子的陪伴下徒步长途跋涉去拜访C. P.菲茨杰拉德；直到最近几个月，没有旅客穿过大山不冒着被土匪劫掠的危险的。（不过，C. P.菲茨杰拉德在上一年一封写给多罗西娅·理查兹的信中却这样告诉她，"如果你要是有枪的话，就带上一支，或者一支左轮，因为山上的狼非常多。这里没有土匪，路上相当平静，不需要护送人员。"[107]）甚至在1938年后期，仍有谣言说一支两千人的土匪队伍正在昆明西南五十英里外的地方活动，那里正靠近流亡中的中山大学。[108]（无论如何，走缅甸公路都是件十分危险的事，山体滑坡和倾盆大雨随时都可能发生：1939年夏天，燕卜荪从美国领事馆探知，"平均每天伤亡人数"是"两辆卡车，三人；卡车滚下山路，车毁人亡"[109]。）中央政府在对待边远部落的问题上一直以来都是愚蠢而又背信弃义的——他们曾经邀请最后一位木里王（Muly king）赴宴，并将他杀害——而这些事，当地少数民族是不会轻易忘记的。另外，因为迅速上涨的米价和汽油的短缺，可能缅甸公路上的大部分货物都要靠骡队来运输，大概需要三十天时间；很多的赶骡人都是骄傲的穆斯林，在1870年的一次暴动后，曾有很多穆斯林被杀死。

在燕卜荪心中，所有这一切集中起来形成一个后来被结果充分证实的主张。如他在另一封未发表的公开信中写道的："现在的省主席很重要，因为他能够在很大程度上维持秩序。不清楚一个从重庆派来的新人是否也能做到这一点。人们不要以为这里的情况就是简单地一团糟，需要有人来清理干净。首先，这个省相信它刚刚摆脱了被法国人统治的命运，而它的方法主要是持续不断地给法国人制造小障碍。它非常珍惜这种区域性自由。"这也促使燕卜荪产生一个模棱两可的论点，他期望云南能够有一个繁荣的前景，不管是作为一个高产但是单边的省，还是作为英国通向整个中国的门径：因为现在英国资本正在倾入缅甸铁路，这个问题便有些重要性了；如果所有这些工程最后都归入一个分裂主义的云南，而不是一个通往中国的门径，那可能是件令人失望的事情。不过就此而言，一旦云南巨大的矿藏得到开发，那可能一个独立的云南加上一条英国的铁路将会提供很大的商业上的便利。不过又一定是一个外交上的损失。

那时，1938到1939年间，很少有观察者同意燕卜荪对省主席的正面看法："聪明的访客似乎从没有注意到他把这个地区从一个什么样的混乱局面中拯救出来。"他在一封信中写道。[110] 比如，在日军一次特别无力的对昆明的轰炸过后，有谣言说，省主席一定与日本人达成了一个私下交易，来保护他的个人利益。[111]（在这件事上，可能这个故事纯属无稽之谈，但是其他的国民党领袖——当然最引人注目的便是蒋介石自己——肯定与敌人做了交易。）

但是，燕卜荪并非对此省组织机构的各个方面都持乐观态度。几乎完全缺乏社会公益服务和医疗服务这两点让他极为忧虑。例如，甲状腺肿大是昆明的常见病，很多人患上大脖子病或是喉结肿胀，甚至一直牵连到鼻子处（在一学年里，大学生中有至少十例甲状腺肿大）；但是省政府却不但征收高盐税来偿还外国贷款，而且还因不愿花费每年区区两万元美元，而拒绝在食盐中加碘。[112] "我在1937年认为中国军队肯定会因为医疗条件低下而垮掉，"燕卜荪在BBC讲稿中评论说。

不过，有一天燕卜荪被当地政府应对昆明城里一场 "霍乱恐慌"的效率震惊。在每隔一百码的地方，当局就会在主要街道上悬挂一张 "耀眼的红蓝相间的海报"，画的是 "一个患了霍乱的人，蹲在一个浴盆中，往盆里注入鲜血，直到血由盆中溢出。在每一个街角都会有人对一群人宣讲霍乱是什么，而且给人们免费注射针剂……我必须坦白地承认，当我穿过这座城市到达医生那里时，我已经被霍乱吓坏了。它已经变成一件可以发生在我身上的事，而不只是什么你必须按部就班处理的实际却不可能发生的事。这种野蛮的方法是完全成功的。当地政府担心的其实是两个疑似霍乱病例，而且它们也根本没有传播"。在最短的时间内构想而成的这场公共信息运动的猛烈污秽程度给燕卜荪留下如此深刻的印象，以至于后来他把它作为一种重要的政治宣传材料讲给他的BBC的听众："我认为那就是民主所意味的东西。它意味着，当地市政府在市里被信任，他们必须迅速地做一些事情，他们不是在用BBC口气说话，或者害怕会让什么人不高兴……"不过当地政府为保卫这座城市免受那种特别的流行病的困扰而采取的迅速动作，虽然作为中国方面的战时宣传起了作用，但是却不能代表当时这个国家普遍的医疗或者社会公益服务状况。燕卜荪慨叹说，中国政府虽然在1938年坚持培训越来越多的高级医生，但是却没有为乡村卫生所提供支持，而那里才是可以容易地治疗普遍发生的小儿痢疾、沙眼和腹内蠕虫疾病的地方。

不过，总体说来，与到昆明的访客和初来者的偏见相反，燕卜荪为省主席的辩护是公正而又有远见的。正如易社强在他的联大历史中写道：

龙云主席作为一个有着新式武器的旧式军阀夺取权力，但是他却有很多现代顾问作为他的幕僚。他在1927年开始掌权的这个省曾经长期处于混乱之中，因为它的军事力量是依靠军事要塞的分散个人领导，而它的经济力量则依靠鸦片的生产与课税。龙主席取消了军事要塞体系，而且一直在找寻其他的经济作物来替代鸦片。根据他受过美国教育的顾问缪云台的建议，他开发了云南的锡矿，而且在国家资本主义的体制下向工业化迈出了第一步。因此，认为龙云是个愚昧的军阀的看法——联大的大多数现代派都抱有这个印象——是有几分过时的。他实际上是一群改革派的军事首脑中的一员……这些人认为他们的权力与他们领地的政治与经济发展是不可分割的。[113]

作为一个尚武之人，龙云给予国民政府表面上积极的抗日运动以令人敬畏的支持，他也为开发中国内部资源作出了很多努力。例如，1940年前的两年中，他在昆明建立了四个生产轻武器的兵工厂。同一时期，在他的省会，有二十多个新工厂投入生产，包括发电厂和棉纺厂（共一万八千纺锤）；不过，1940年当时的工业必需原材料的主要输送线海防—昆明铁路，因为法属印度支那的法国维希政府向日本屈服而被切断。[114] 除此之外，他还接纳国立西南联合大学直言不讳的自由派团体，缩减新闻审查，限制蒋介石的秘密警察对百姓的监控和骚扰。（1939年初燕卜荪还可以开玩笑说："关于审查制度……我听说的唯一此类事件是，一个从东部流亡过来的人写道，他讨厌云南，而审查人员通过了这封信，但是在信的边缘处写满了'不是真的，不是真的'。"不过，他没有预见到，不久以后事情就会变得多么糟糕。[115]费正清在《伟大的中国革命：1800—1985》（*The Great Chinese Revolution 1800–1985*）中写道，结果，因为龙云的庇护，"直到1945年末以前，国民党警察一直无法压制昆明的联大学生和教工为了创立一个联合政府和反对内战所开展的运动。当联大的主要教师、爱国人士闻一多在1946年中期被暗杀时，这件事证实了中国自由派知识分子与法西斯主义思想的国民党阵营普遍的疏离。"[116] 到1944年，龙云对中央政府的政策如此不满，以致他与来自山西和四川的军阀一同，与民主团同盟的领导人达成了本不太可能的秘密计划，目的是推翻重庆政府，创立国防政府。然而，龙云的密谋无果而终，蒋介石于1945年10月在昆明掀起政变，将龙云羁押。[117]

因此，燕卜荪在1938年时便逆着当时的主流意见，为省主席讲话，可见其洞察力相当深刻，而且的确有先见之明。他重大的错误在于，以为国民政府已经认可了龙主席的种种安排，而且多多少少许可了他独立发展的特权。"保持缅甸公路开通的过程很有可能是一个在重要地方人物之间的一场煞费苦心的安排，其中一些人，重庆方面可能会称作土匪，"燕卜荪在当时写道，"如果中央政府引起足够的仇恨（不过这事他们不太可能做到），那么这些土匪可能很快会被重新命名为游击队。"括号里面有关中央政府"不太可能"在云南引起仇恨的猜测，表明燕卜荪对当时局势过于乐观的看法和他自己缺乏更加广泛的知识。

在其他地方，他指出中央集权的政策在各个方面都是"有策略而且消息灵通的"[118]，"而且是一如既往地聪明"；不过，当然有可能，燕卜荪用这样的话夸赞国民党——所有这些话都是从原本打算发表的公开信草稿中摘录而来——不过是希望恳请他们能够有更好的表现。

而有关当地（大学之外的）事务的管理，他总是会给可能发生的事情涂上一层希望的釉彩。 劳埃德·E.伊斯门（Lloyd E. Eastman）曾经描述了流亡的企业家们如何试图"垄断政府的主要职能，广泛地控制银行业、贸易和经济。政府部门和工厂中最理想的工作，都不让当地人来做，因为下江人认为他们既懒散又毫无技能……在战争持续期间，当地人对于工作和社会地位中的歧视的愤慨从来没有消散过。"[119] 与官方记载相比，即使考虑到有可能在1938年时这个过程在云南不如在其他西部省份那样明显，燕卜荪在当时对于同一趋势的报告听起来仍然显得太过快活无知而且太过随和："此时正在发生的事情是，东部的中国人诚实地基于更优越的能力，正在坚定地向边缘地区深入，同时在上层则是分离派情绪逐渐减小，还有在本省的重要人物对于现代化将会成功的逐渐增强的信心，以及从下层而来的迅速增长的'中国'概念的爱国主义和对中国的信任。"[120] 如果燕卜荪的话原本是作为政治宣传之用，那么这些话中也显出它们是并非经过深思熟虑的。

所以，这不可避免的问题便是，1938到1939年间的燕卜荪，在对于国民政府的政策和行动的评价上是过于轻信还是相当狡猾？"我放到信中的那些点点滴滴的消息往往在一周内便证明是错误的（也是不公正的），"他在一篇未发表的《云南来信》（'Letter from Yunnan'）中欣然承认说。然而，在主要写于1938年末的一系列公开信中，他又坚持对地方和中央政府的关系采取乐观的态度。部分原因是，他的反应总是源于他的性格，如他自己所说，他总是愿意找寻"快乐的前景"，而不愿认可坏的念头；另外一部分的原因是，他倾向于对当时他的很多学生逐渐倒向共产党阵营持怀疑态度。如韩素音证实的，中国红军已经成为唯一代表"抗日爱国统一战线和社会改革日益增长的象征"。有关国民党荒唐的右翼行为的报道，即使在传播到大西南的时候经过了过滤，仍然在1938年时令人难以置信——特别是当蒋介石就在前不久，1937年9月22日，批准与共产党八路军建立联合阵线，由周恩来作为后者在重庆的代表。燕卜荪原本坚信国民党将在战争中起到诚实而智慧的领导作用，但是这一信仰却在1938年春被动摇了；那时，蒋介石的指挥官们下令掘开黄河堤坝，希望可以借此赶走日军，此举同时也能够淹死北方平原上几万中国人。[121]
但是对于燕卜荪，也像对于很多爱国的中国人一样，在那件事上，大多数当时对于总司令的愚蠢行径的敌对看法都被有关日军暴行的报道淹没了。另外，可能也是更重要的，云南的政治和文化局势（至少在抗战第一年）是如此特殊，当时甚至没有任何当地报道敢于为更宽广层面的"自由中国"说话。燕卜荪可能对这一点太过自信了，他写道，"至于中国，她应当还混得不错；不过我们住在云南。"[122]

具有讽刺性的是，燕卜荪在云南形成的这种特别而且相对受到屏蔽的看法，实际上却是直接源于当时省主席坚定的防御性策略，而这位省主席也因为开明而缓和地处理"少数民族"与国民政府的关系而受到燕卜荪的称赞；[123] 燕卜荪也称赞他的分离派立场——就如他写道，战后云南最好的前景是可以取得"自治领地位"。（当1939年春，米价飞升的时候，燕卜荪便得到了一个线索，但是显然他并没有沿着这个线索追踪下去："现在的情况是，中央政府想要把它自己的队伍派到这里来做卫戍部队，这对于当地统治者来说是个奇怪的还击。"）[124]

在燕卜荪由中国返回英国后，于1940年在伦敦发表的一篇名为《一所中国大学》（'A Chinese University'）的有意作为政治宣传的短文章中，燕卜荪似乎在赞颂国民党阻止学生们在战争中充分发挥作用的据说所谓明智之举：

> 其一，我认为［学生们］是有名地总爱抱怨他们的上司效率低下，所以我的一个同事［实际上是一位学生］阴沉着脸对我说，"人们认为在前线学生比士兵危害更大。"一个学生就这个主题写给我一篇文章……讲述了在保卫上海时一个学生旅的骇人故事，这些学生们坚持要求守卫一个特

别危险的地点，后来却四散奔逃，结果被他们身后的正规军开枪射击，最后几乎只剩一人。字里行间是中国式的冷静，那种冷静带有比传说中的英国人更强烈的傲慢，他说，学生其实是不适合当兵的。[125]

一件有关他不幸地对国民党的部署过于信赖的眼光的重要证据，来自他对一次与一些学生谈话的过度诠释。在1939年5月的最后一天，部分是为了招待一位从香港来昆明拜访的朋友乔治·赖歇尔（George Reicher，此人会说广东话），并让他熟悉这里的情况，他召集了一批他所谓的"阴郁的年轻爱国者"搞了一个餐会，所有这些人都是在当过一段时间游击队员后被派遣回大学的，主要是作为联络官。他们都不是英语系学生，也不会说任何外语，于是燕卜荪不得不依赖第三方的翻译。

> 他们对于外国访客的问题好像很糊涂［他在BBC讲稿中评论说］。当被问及"难道那些农民们不恨你们吗？"时，他们气愤地回答说，"他们爱我们。他们给我们肉吃。我们也给他们东西。"这是个典型的政治宣传性的回答。但是这种事你只有见到证人才能作出判断。这些孩子真的对我问问题的方式感到很惊讶，于是我们不得不需要些技巧，才不至于把这个晚宴给搅了。"我们在这儿的都是朋友，"我们说，"我们知道这类事情肯定不太好处理。我们只是想知道农民的处境到底有多艰难。"当然，没有中国人会狂热到不知道这话是什么意思的地步，于是他们立刻说，农民现在的处境要比以前好些了，而且也特别爱国。中央政府已经放弃了向被占领区征税，以换取农民对游击队的支持……这些孩子们大声嚷嚷着说，"我们不该受到这样突然的侮辱。"这些侮辱是来自参加宴会的我和我的朋友。这一席谈话让我看到这些游击队没有在哪一个村子里造成饥荒，因为翻过高山到十英里外的地方就能找到充足的食物；他们认为自己的确是这样做的。自然，我没有问他们是否可以靠吃苦力农夫的饭活着，因为他们已经耐心地靠吃那种饭活了一年。

（联大的教授们，包括燕卜荪，靠每月十二上海元生活——相当于大概七先令——学生的生活费是八上海元；难以置信的是，这些打仗的苦力却可以只靠一元多一点点过活。燕卜荪实际上放弃了他合同中一半的薪水，为的是与他的中国同事共担减薪的困难。）[126]

在他的BBC讲稿中，讲话者E（燕卜荪）进一步作出这样的证言，而没有提供任何更多的佐证；他推断说，在占领区的游击队活动是"中央政府异常顺畅的组织安排……［这些孩子们］是从北京城外三十英里的游击队或其他什么地方中挑选出来的，他们穿越中国内陆，被派到两千英里外的云南，来读波德莱尔（Baudelaire）或者工程学，或别的什么学科，而他们耐心地做着他们该做的事，丝毫没有感觉这有什么奇怪的。没有必要告诉我说，他们肯定是共产党；他们不是；他们完全不在乎表达他们的观点……"E继续作出论断道，在英国或美国，唯一愿意出版任何关于游击队运动内容的人，"是那些左翼作家们，从他们说话的方式中，你会以为那种事只可能发生在共产党控制的中国大北方。实际上合作抗敌最为强大的中心在湖南，那是紧邻广东的一个省份，完全在中央政府的控制之下。"

也许，燕卜荪那时并没有想到——假设那些学生说自己不是共产党的时候，说的是实话——他们可能对国民政府坚持让他们撤出前线去大学的指令背后的阴险图谋并不知情，又或者他们自己可能就是青年团的成员，那本是一个建立起来与共产党阵线强大的大众吸引力相抗衡的组织。

从1938年开始，蒋介石的教育部部长便由陈立夫担任，他曾经在匹兹堡大学（University of Pittsburgh）学习采矿工程，但却有着极右的政治哲学思想；是一个有着儒家思想的反动派，也是臭名昭著的秘密组织三合会成员。正如任以都教授所写，陈立夫"期望扩大自由中国的学生数量，从意识形态上紧靠孙中山的三民主义，希望以此来阻止不满的年轻人转向中国共产党。"[127]成立于1938年6月16日的三民主义青年团，旨在以国民党的法西斯"主义"和方法来培训年轻人。政府付款，让青年团成员——至1939年夏，达到五万人（当燕卜荪在他的餐会上与这些学生交谈时）——上大学，在那里政府给予他们完全的许可，可以欺侮自由派人士和激进分子。白修德和贾安娜报告说："教授们慨叹说学校正在被毁掉，因为，虽然青年团的人把学校的学术水平拉下来，教师们却不能给他们不及格。"[128]韩素音也确认，当教育部宣称学生们应当"保存实力，为以后国家重建服务"的时候，实际上它的真正意图却是发动年轻人来对抗共产党的影响。

除了用那种方式征用年轻人的思想之外，陈立夫还集中压制大学中的思想自由。他"在政治学科，如历史、经济、社会学领域"建立了"思想上的恐怖统治"；[129]他将课程重心从人文学科转到"实用"科目上；他还通过控制政府配给来钳制各个大学。1938年3月国民党紧急国会颁布命令："将创立一项战时教育项目，重点在于培养人民道德、加强科学研究，以及增加必要设施。"科学领域和人文领域的许多教授都对"战时教育"这个概念提出质疑：他们认为国民党提出的所谓"道德修养"是虚假的，而且相信大规模地将重点转移到实际或实用的教学上，危害了中国人高度重视的教育自由传统（对此蒋介石则日益嗤之以鼻）。公开反对政府法令的人当中，包括燕卜荪的朋友哲学家金岳霖，金教授机智地观察道："我们可以轻易地看到，将年轻人的注意力过多地……转移到一两个哪怕是的确有用的方面，并不会创造我们当中一些人需要的那种国民。"[130]

"陈立夫说，他信仰学术自由，"白修德和贾安娜说，"但是与他持不同意见的教授们在通货膨胀到来时，都变得骨瘦如柴了。"[131] 通货膨胀对昆明的影响比其他地方要大得多，到1939年4月，燕卜荪满怀疑惑地报告说，米价"忽然由十五块涨到四十块（哪种钱我忘记了），表面看来只限于这一个城镇……我的学校，过去负责每月按八块钱的标准给学生们提供膳食，现在却告诉他们，要自己找米吃了。"[132] 法币在1939年3月到8月间迅速贬值；3月七百元法币可兑换一百美元，但是到8月，一百美元的兑换价格则涨到两千元法币。不过，如果说那年夏天物价还只是涨了三倍，（那时的一法币大概折合八便士），从此之后，通货膨胀简直就成为了一场噩梦，到1943年11月时，生活消费指数已经是1937年7月可控水平的四百一十倍。[133]

作为思想上暴政的最后一招，陈立夫往大学里填塞了众多的学生，显然是要通过过度工作量加上个人穷困的双重压力来耗尽那些自由派学者的精力。在直到1939年的那一整学年的混乱与艰难当中，燕卜荪误读了当时的政治局势。他典型地试图为每一件事都涂上一种慷慨的建设性色彩，于是，他感觉几乎无法相信大众对于国民政府腐败与背信弃义的控诉。他也不相信他的学生们对于红军的敬意；他相信的是，既定的领导阶层将会遵守它的军事承诺，而且在没有确凿反面证据的情况下，应当支持它所谓的爱国努力。相应地，他让自己相信，政府对联大的政策反映了在紧急情况下的良好决策。在《一所中国大学》中，他包括了这样的话：

政府的观点似乎是，首先毋庸置疑，中国急需有技能的人；其次，你不希望一群学生在这个国家四处乱窜寻找红军……可能部分原因就是为了避免这一点的发生，中央政府才坚持要我们今年招收更多的学生；这对于大学来说有困难，因为那就意味着降低水准。[134]

有可能，燕卜荪写这篇文章的时候心里是非常清楚的，即这是一篇政治宣传文章（"衷心同情中国的人们，不得不压制那些可能被误解的真相，也许完全保持沉默会更好，"他在其他笔记中写道），因为他紧接着又写道，"我并不是把这件事拿来当什么丑事说的。"不过结尾的时候，他却用肯定是讽刺性的口气"赞扬"国民党说，"在日军占领区的游击队是简单而稳定地由中央政府控制的，经过一年这样的工作，这些孩子们被命令回来学习些东西。这让我感觉是很重要的一点，因为它证明中央政府有很强的组织能力。"（第194页）但是，正如他在BBC演讲稿《前进中的中国》的草稿中明确表达的，他好心替国民党辩护的努力，并不是一个毫不偏私的记者应当做的，实际上他的推断已经超过了学生们提供的证据所能证明的范围："当然，这些孩子们并没有那么说；他们不会想到要那么说；那只是发生在他们身上的事而已。"同样地，在他有关与这些孩子谈话的首次报告中——在1939年6月2日写给母亲的一封信中——很不幸，看到他认为的所谓国民党在战争中的优秀表现，他不禁采取了一种沾沾自喜的口吻：

引人注目的事情是，这些孩子们，在日本人的战线后方打游击的时候，他们仍然是受到中央政府控制的，而这些专门回来完成学业的孩子们之所以这样做，也是因为上方的指令……人们总是说，中国人无法组织任何事情，但是中国人可能是第一批可以自上而下组织游击战的人；值得注意的是，这些人天真的坦白中所表现出的，是中央的统筹安排有多么强大，我们这里的几个人代表了从西到东的三个省。[135]

实际上，燕卜荪自己在做出这个解释的时候也有些幼稚或"天真"，因为政府的教育政策实际上是出于阴谋破坏的目的，而不是出于关怀或是建设性的规划。他接受了国民政府的政治宣传，转而又把它用到自己在BBC的宣传（还有《一所中国大学》，第245页）中去，于是就有所选择地强调某些方面来加强这一点的合理性：他把在他第一次真实报道中的"代表三个省"扩大到"来自邻近五个省的五个孩子"。

但是不应该因为燕卜荪对国民党的行动和策略的错误解读而责备他。他在1939年秋天便离开了中国，而在那个时间之前，即使蒋介石最坚决的反对者也只能对他千变万化的行为有个些许的了解。在《无鸟的夏天》中，韩素音证实说："我不知道，蒋介石的撤退和不抵抗政策并非英雄式地反抗，而是一系列计划周密、有条有理的背信弃义行为……我所感到的快乐不过是幻觉；那是众多真诚地相信蒋介石真心要抗日的人们都曾有过的幻觉。"直到燕卜荪离开中国之后，国民党和教育部才真正开始尽其所能地控制各个大学；在40年代的时候，他们才开始向联大填塞大量的学生，以拖垮这里的教师，同时减少它的各项来源，以便坚决压制它的政治自由主义，并且令那些渴望在共产主义旗帜下为中国服务的学生们钳口。白修德和贾安娜在1946年记录道，"政府总是怀疑北方大学进步的政治见解，于是像鹰一样地紧盯着这些流亡中的学校，每年都把监控之网收得更紧。"[136]

无论如何，燕卜荪1940年的文章《一所中国大学》并没有起到什么坏作用。相反，它实现了为中国做一个好宣传的目的；因为，文章的主旨是赞扬中国的价值，以及鼓励西方同盟支持它反对日本的立场。它尽量给蒋介石和他的阵营在教育方面所谓的开明政策以赞赏——"政府的观点似乎是，首先毋庸置疑，中国急需有技能的人"——但是文章中最高的赞许是给大学自身的：它的智慧与正直，还有它生存下来的决心。蒋介石的权威如果不是得到大众授权的话，至少是受到国际社会认可的。燕卜荪在1940年是不会通过揭发国民党的暴政或中国的内部冲突来破坏中英关系的。

燕卜荪在《一所中国大学》中真切提出，当蒋介石加大大学的入学人数来试图与共产党招募年轻人的活动相抗衡时，蒋展示出他掌握着主动权。但是燕卜荪也在一条饱含深意的旁白中提出必要的限制条件："通过任何合理的方法减轻南北内战的危险都是很重要的事情。"（第244页）

也有必要注意到，虽然有一些大学生拥抱了共产主义阵营，但是大学教工中的主流却与燕卜荪一样是支持国民党的。"中国知识分子们首先是国家主义的，其次才是自由派的，"易社强评论道。"面对一个哪怕是仅仅展示出微弱的有着给予中国国内安定、国际尊严能力的国家政权，大多数中国知识分子都愿意放下他们的自由派思想。因此，他们在30年代的时候支持国民党，50年代的时候支持共产党。……在1949年之前，大多数自由派知识分子都没有成为共产党。他们只是越来越反对国民党。"[137]

不过，有切实证据证明，当燕卜荪离开中国的时候，他已经看到太多的东西，足以让他开始改变对蒋介石和他的政府的看法。他太诚实了，不可能在《一所中国大学》中不提及他相信对于中国来说最好的情况，而且肯定没有愚蠢到要对中国抗战提出任何尖锐批评——那将会破坏这篇文章作为一份为令人鼓舞的个人见证所证实的政治宣传材料的价值——但是值得注意的是，他为政府的辩护总是被"无疑"和"在一定程度上可能"这样的词语限定修饰。另外，与他发表的文章中的保守与谨慎形成反差的是，他从1938年开始为自己写的一些笔记中，明确地坚称，中央政府束缚学生的策略"是众多细节管理失误中的一条"：

> 在中国战线的后方肯定有很多无聊的工作需要有效率地完成，然而现在却没有人来做。学生们是可以做这些事的。你听人说，他们到了那里，总是太虚荣，太不安分，结果派不上用场。这只是因为他们认识到派给他们的工作是毫无意义的。即使再无聊的工作，如果是从上面发布命令，而且的确需要完成，那么这些受过教育的人的批判力量就不会是以现在这种痛苦的方式表现出来了；肯定会有很多有足够能力与忠诚的学生给这个国家巨大的帮助……但是那必须是爱国的工作，而且是被政府以某种他们可以保持并且向下级展示出来的方式承认的，不然的话他们就会失去由大学教育得来的那种重要的尊严地位。

此外，在中国写的最后一批信件中，有一封（日期是1939年8月8日）显示，他最终承认，虽然那仍然是比较勉强地，也许最后证明共产党的统治对中国来说才是对的；考虑到前面引用的易社强的证据，燕卜荪一定是联大教授中最早认识到这一点的一批人之一：

> 似乎很明显，某种形式的共产主义是唯一可以给中国一个稳定的（如

果那是人们所需要的话）非简单农业国国家的可行体制……人们总是说，如今俄国就像德国，从道德上讲，可能的确如此，但是一个宣称可以脱离经济衰退，一个却不能。对于他们的宣言我并不相信，但是那似乎是世界未来的主要议题。[138]

易社强写道："直到战争行将结束的时候……在教工中的两百名教授和副教授当中并没有马克思主义者。另外，最终赢得认可的一种马克思主义形式（在学生中要比在教师中多）是温和的'新民主主义'统一战线。虽然延安成为忠诚信仰者的圣地，但是共产党的领袖中对昆明的左翼人士最有吸引力的并非朴实的平民主义者毛泽东，而是温文尔雅、具有贵族气质的周恩来。"

1940年早期，蒋介石夫人以《和平与战争中的中国》（*China in Peace and War*）为题出版了一本政治宣传性文章合集，封面照片是她——一如既往地"非常迷人"，如燕卜荪（摆出一副严肃的面孔）所说——浓妆艳抹的样子。（有一次，一位"非常智慧的中国人"向燕卜荪表达出对于蒋夫人精细妆容的不满，燕卜荪尖锐而恰当地指出，她看起来像慈禧太后）。燕卜荪对这本书的评论，发表在《旁观者》报上，显示出他已经预见到中国将处于共产党的统治之下，以及他在广泛的政治敏锐度上已经有了很大进步。蒋夫人搞了一本"很无聊的书，"他写道，虽然她设法显得"非常鼓舞人心而又令人信任"——但是下面这个关键问题是例外：

> 她的影响中可能会被人们过于忽视的是她对中国共产党的顽固抵制。要看透一个人的行事原则并不容易。但是中国人对于外国人的理论并不在意；目前中国共产党的政策似乎主要在有关耕地的内容方面很好；在各个港口之外，政府对于商业的控制还是比较正常的；整体来说，似乎仍然有可能把中国特色的共产主义吸收到孙中山的名义之下。随着时间推移，主要的一件事是避免一场南北内战，因为那将会使北方受控于莫斯科。

"据说，"燕卜荪带着尖刻的不真诚口气说，"蒋介石比他的夫人更敏锐地感觉到这一点。"[139]

在燕卜荪写于云南的一封未完成的公开信中，他认为，"地区的，甚至是半地方的政治是中国的力量所在……主要和未解决的问题（在打赢战争和战后重建两方面）是如何使那种生活与高等教育的完备产品结合在一起。"

他认为，在这一整学年中，大学都在以极其令人敬佩的方式开展工作。一大批化学专业新生仍然学习一些实际的课程，虽然他们所需的物质资源几乎根本不存在。"在曲颈瓶下燃烧甲基化酒精是一种尤其不可想象的学术奢侈行为，"他注意到，"但是我听说，现在我们已经把尊严抛开，开始使用当地的米酒了：这东西生成的火焰很猛烈。"[140] 植物学家们则对从高地上采集来的各种类型的小麦进行实验研究；其他科学家们则将蓖麻籽开发来做商业用途，"这东西被农民看作是杂草，所以都是免费赠送的"，它们被转化成飞机用油、凡士林和蜡烛。[141]

燕卜荪总是急切要与新科学发现的步伐相一致，在1938年9月他听到一个传言说亚瑟·埃丁顿爵士已经计算出了宇宙中质子的确切数量，但是他感觉很懊恼，在他去新加坡拜访格雷厄姆·霍夫的时候没有从莱佛士学院的物理学家那里得到有关这个问题的任何信息。不过，一回到昆明，他便把这件事向一位联大的同事说了，"这个人两年前不得不把他所有的书都丢下，现在是两三个人住在一个小隔间里；他曾经在中国内陆待过一段时间，在那里，就算你知道要给哪儿写点东西也没有什么用，因为若是邮局还在正常工作，那真算你幸运。但是对他来说这些都不是关键……他用同情地口气叫嚷着，'啊，你去之前为什么没告诉我？当然我们这里有所有的那些东西。明天我就拿给你看。'他们的确有。你看，那毕竟是个大学，的确是个有好奇心的人生活得不错的地方……"[142]

"如果你想要知道关于西藏造像的知识，或是墨西哥最近是否有什么新的考古发现，只需问问谁是我们这里研究那方面的人，"他在笔记的另一页重申，"你可能认为他是中等偏下水平，但毕竟我们有这样的人。"[143] 对那时的情形，他并没有夸张：一天在课间休息的时候，他与一位博学的德语教授就中国金鱼问题展开的一场长长的随性的交谈，似乎便是特意为了证实他对这所大学的赞许似的。[144]

"变得懒得可怕。"在来到昆明的第一周他没来由地这样写自己。[145] 他讲授莎士比亚、当代英美诗歌（因为书籍依然稀少，所以他仍然口授文本或是即兴发挥），他的学生们都非常喜欢他的课；当他不讲课，也不费力地为学生们修改文章的时候，他就努力地要坚持在打字机上写自己的批评性文章的草稿。但是在学年中期，在一场他称之为"安南美食节"的纵情狂欢中，[146] 他不知怎么地搞到右臂脱曰，这事结果妨碍了他把整个讲座写到黑板上的通常做法。（1939年3月的一小段时间里，他也曾经在一位法中混血绅士运营的私立学校授课，那是一个"古怪的小个子"，总喜欢谈论有关遗失许久的财富和上层关系的无尽的故事。"在那里我的第一堂讲座上，他总是进进出出，就像一个来来回回送白兰地和香烟的管家，相当讨厌，而且据说他是付不起那个的……铁路还没有建成，他就回国了。"[147]）

但是他在大学里的学生们变得屈服了，他说道。"对于我们中国人来说，那是战争中最困难的时期，"李赋宁教授回忆说。"敌人已经占据了大半的国土，将我们的土地夷为荒地，杀戮我们的人民。对于其他国家支援我们保家卫国的战斗，我们已经不抱希望。"[148]学生们在战争的第一年展现出的热情已经"明显降温"，燕卜荪注意到；[149]讽刺的是，他们对应当去做而政府不让他们做的事情的论调也已经颇为厌倦，这倒也是好事……当然，爱国热情依然在，只是过去那种北京学生的激动人心的骄傲之情已经不复存在了。"[150]

"你要记得，"他在一篇题为《中国的学生》（'Students in China'）的文章的草稿中正确地解释说，"这些人，或者他们在大学里的前辈们，都曾经在当年难以捉摸的政治局势中起到积极的作用，不仅通过举行示威来迫使政府让步，还通过与不同军队的队伍亲善，传播高尚的政治理想。但是，现在他们却躲在云南，与一群并不友好的当地人在一起……"结果是，他在别处写道，"一种不情愿的无能为力"——虽然他们的爱国之情仍然与以前一样高涨。

燕卜荪越来越感觉与他的学生们一样地沮丧，因为很多原因，包括他在写作自己的批评性文章上几乎没有多大进展这件事。被炮弹、官僚政治和地方政治所困扰，他感觉在云南生活和讲课都很困难，更不要提坐下来长时间地写些东西了。与很多中国人不同，他对于嘈杂的人声尤其敏感——中国城市生活无尽的喧闹——而渴望一些宁静。"我衷心渴望我那本疯狂的小文学书能够有所进展，"他在5月抱怨说，"那些魔法书页慢慢地都被杂役给丢掉了。"[151]（那个杂役实际上扔掉了一整章）。[152]计划中的那本书，即十年之后出版的《复杂词的结构》，"尚没有成形"[153]，他悲叹说；它似乎"很混乱"，"看上去或者太琐碎或者太疯狂，让人不舒服"[154]。但是真正让他沮丧的并不是那本书，而是他每日生活中必须面对的琐事与愚蠢行为以及官僚作风。直到1939年2月，他仍然相信在昆明的这一学年将会是"有用的安息之所，可以让我那本可恶的小语言学书成形"[155]，但是结果却并非如此。

在黑板上睡了几天之后，他搬到一个英国及海外圣经公会（British and Foreign Bible Society）的房子里（实际上那里有两个独立的公会，而且彼此关系不和）。首先在长沙，后来在南岳，最后在昆明，燕卜荪这位反基督教者逐渐找寻到一个忍受基督教住所的窍门。奇怪的是，圣经公会英国一方的代表竟然是个既抽烟又喝酒的丹麦人莫佳德（Molgard）——"一个能干的生意人"，他贩卖圣经的生意做得不错——而海外（美国）方面的代表则是"邪恶的方博士"。[156] "莫佳德是个古怪的家伙，他总是喜欢游戏于两个世界之间，"燕卜荪报告说，"如果你不是传教士，他就为了给你啤酒喝，下流地斜睨着你。"[157] 传教团所在地北门街78号位于昆明北部的高地地带，是一栋简朴但舒适的带有游廊的二层木楼，一个阳台环绕小楼前后，还有一个花园。燕卜荪终于有了自己的房间，很高兴可以部分地看到这座城镇的远景。"那几乎正是我自己曾经徒劳地想着永远不要过的寄宿生活。"他写道。[158] "传教士们真的很古怪。前英国领事曾经在国王生日当天邀请所有的英籍人士来花园，却收到很多满含怒火的信，因为那将意味着他们必须为祝国王健康而饮酒。于是没有人来。于是，可以很明智地说，酒精的确有害……但是当然，如果你是一个深入蛮荒的异教徒中间的传教士，那害怕被熏染便是不明智的了。"[159]

附近，莲花遍布的翠湖公园北侧的城市中心是英国领事馆。（日本轰炸机不论日夜总是很容易定位这座城市，因为湖水闪烁就像一面镜子。当炮弹炸到湖中时，泥浆飞溅到领事馆，使得白色的墙壁变成棕色。"我很高兴这种事已经发生过了，"英国领事说，"我本打算要把房子漆成这种颜色的。"[160] 大致说来，燕卜荪认为那个总是摆出一副"漠然而又阴郁架势"的领事实际上"很可怜"："他因为曾经从上海那里搞到授权（今年是根据域外法权）来压制隔壁邻居的一条据他说总是乱叫的狗而闻名。他有一百镑的招待费，可并不招待别人。他的妻子总是喜欢说她喜欢日本，于是中国人就说他是个日本间谍……他告诉［一个朋友］，在一个原定的缅甸政府来访的前两天，缅甸公路便被封了，人们跑到公路上，带着五十吨重的机枪，要跟他讨论未来的前景。他是一个让人失望的人。"另一方面，美国领事和夫人——迈耶斯夫妇（the Meyers）——却做事非常有模有样。"他们慷慨感人，开了一个大聚会，香槟四处转，因为，他们说他们已经用光了别的东西了。"[161] 他们渴望"附庸风雅"，不过燕卜荪还是很喜欢与他们交往，也喜欢他们的聚会，当然结果总是有些遗憾。"随着我逐渐变老，"他向朋友约翰·海沃德（John Hayward）坦白说，"我发现自己在聚会上还是像过去一样，但是第二天，甚至是后来的几天，都会因为酗酒而加倍懊悔。"[162]

莫佳德与方不久就去休长假了，一个矮个、蓝眼睛、精力充沛的苏格兰人，名叫亚瑟·波拉德-厄克特（Arthur Pollard-Urquhart，此人曾经在清华大学西语系讲授英语课多年），租用了他们在北门街78号的地方，他在洛克菲勒基金会颇大的支持之下，代表R. D.詹姆森（R. D. Jameson）和I. A.理查兹在这里开设了基本英语学会的一个分支。[163] 正是波拉德-厄克特邀请理查兹1929年首次赴中国讲学。〔理查兹最近完成了一部四百二十七页的一年级学生用基本英语读本，并于10月在北京出版，书名为《中国学习者的第一本英文书》（*A First Book of English for Chinese Learners*）。燕卜荪认为此书"非常好，只是过于抽象。"〕[164] 波拉德-厄克特8月25日到达昆明，那是在理查兹返回美国之后三个月。燕卜荪很喜欢这个人，根据他的说法，波拉德-厄克特从根本上是一个"北京艺术与罪恶的爱好者"，但是他在克服重重困难，推动基本英语事业和传播基本英语文本方面却是极有外交手腕的。在昆明遇到的种种痛苦让波利（Polly，燕卜荪喜欢这样称呼他）感到很痛苦，他还成了"自然的女房东，虽然他很恼火自己要扮演这样的角色"：他喜欢在他的房子里接待各式的临时房客，包括一个推销《圣经》的上海人和他的太太，还有"教德语的沮丧的犹太难民"。燕卜荪也一反常态，开始用善意的遗憾来看待学会里持续的噪音和喧嚣：

> 过去我习惯的是黑板上的艰苦睡眠条件、崇高的理想和中餐席间友善的沉默，如今却从自己迷人的卧室和阳台走下来，去享受一顿美妙的西餐和一片永不停息的抱怨与对于中国的攻击之声。我很困惑波利为什么会如此自相矛盾，后来我才认识到那是因为中庸才是美德；关于每一个话题总有两个可能的意见，而他则把两个都讲出来。与《圣经》推销员有关鸟的高兴的谈话进展很平稳。波利：当然，中国人会抓鸟然后把它们活着卖掉，空手套白狼，对于中国人来说是不可抗拒的，当然，那是他们关注鸟的所有内容。过了一会儿，《圣经》推销员说，当然某些中国人是很喜欢鸟的，他们买鸟。我知道，波利抢白道，但是他们出的钱太多了，真是荒

唐的浪费。去年之后就有了很大的改变。[165]

各色其他的访客纷至沓来，包括很多学生和一些"古怪的中国教授"，这些教授们在两餐之间总会要求睡上一会儿，当然还有从香港来的诺曼·弗朗斯，"总是推着人们在适当的时间去适当的饭馆，似乎的确是件困难的工作。"燕卜荪慨叹道。[166]

冬天，他参与了一个为中国中学教师开设的基本英语短期"培训课程"（不过上课的学员仅有十五位）。他后来认为给他们做讲座是浪费时间——尤其是他们显然连理解他写在黑板上的内容都有困难——而应当让他们谈谈他们教学中的问题才对："一旦那些教师们能够被聚集在一起讨论，而且对此感兴趣，就可以说服他们，让他们看到现在的课本有什么问题。"他不太有说服力地安慰理查兹说。[167]然而，在云南推广基本英语的前景仍然显得很好。只是，到了春天，洛克菲勒基金会威胁说要撤回拨款。"他们总是变化无常，"燕卜荪抗议说。[168]好结果并没有迅速出现，他们抱怨说无论如何中国人并不欣赏他们的帮助。

其他威胁到基本英语未来的政治问题来自地方政府与国民政府之间激烈的竞争。因为两所大学，联大和云大，都受中央政府控制，省教育专员便以燕卜荪所谓的"洛克菲勒支持下的他自己的一场演出"为荣（因为基本英语学会坚定地保持独立于中央政府管辖之外的身份），而且拒绝任何来自大学里的中国教师在寒假"假期班"授课。[169]中央政府决定组织自己的更大的暑期学校，而且威胁要排斥任何来自基本英语学会的讲师，这可以看作是对于上述行为的直接回击。3月末，波拉德-厄克特离开云南去英国作两个月的旅行（他的母亲去世，他需要去处理一些家庭事务），于是燕卜荪便被留下来"设法推动一下理查兹的项目"[170]（他是这么看的）——虽然他并非正式的学会成员，而是受聘于联大。I. A.理查兹明智地委托了两位中国同事——吴富恒（他后来得到一笔奖学金，得以到哈佛在理查兹门下学习）和赵诏熊——来帮助他管理基本英语事业；但是"极坏"的赵却一到云南便在国立云南大学谋了一份差事，这让学会极为尴尬。[171]

燕卜荪声称感觉这些危机事件"很有趣"，但是他为解决这些危机所作的努力却显然是耗时又十分令人沮丧的："是谁来决定课程呢？"他抗议道，教育专员现在说他完全忠心于政府，所以自然他也在等待指示，现在只能做个业务经理。从另一方面来的唯一声明则来自我们大学的校长，他要求让大学来做这个工作，而不是波拉德的当地办公室的人。但是既然大学里的人都不愿做这个工作，而且波拉德的三个办公室实际上可以安排到两个大学的任意一个当中，来达到这个目的，看起来似乎我们最终的结果是要设计一个连贯性的课程。[172]

"你要理解，"他在给母亲的同一封信中强调说，"所有这一切纷纷扰扰都可以追溯到中央政府与各省之间缓慢却庞大的斗争。"不管他的母亲能否理解中国政治复杂的内部斗争，燕卜荪发现他最大的敌人其实是"茫然的犹豫不决"。[173] 最终，经过长期的面子之争，争执的双方终于达成一项不太情愿的和解，于是暑期学校在大学学年之末——7月份——正式开班。基本英语学会也正式参与教学工作。（河内—昆明铁路最近变得异常拥挤，以至于只有法国供应的货物才被允许从法属印度支那运过来，但是法国领事还是为基本英语事业提供了帮助，他安排理查兹的课本可以寄到他在领事馆的地址。）

燕卜荪为给中学教师开设的培训课贡献了三场讲座，其中一堂便简单地称作《基本英语与交流》。他告诉听众们，基本英语原本不是作为一种教学工具，而是作为一种对于"任何语言或任何清晰思想的根本观点"的研究而出现的。"理查兹博士的《理性的基本规则》一书原本是为一个哲学家社团——亚里斯多德协会（Aristotelian Society）撰写的一篇论文，他用基本英语写成此书，因为那对他来说似乎是唯一可以把哲学家的观点理出头绪或者在不同哲学家观点之间建立联系的希望。"

另外，在同一讲话中，当他论证说基本英语自然地帮助他发展思想的明晰性与批评的合理性时，他再次指出他的理论与实际操作之间的统一性：

> 基本英语并非一种特别简单的英语；它避免了那些"例外"，那些带有无价值的花巧的词汇，但相比通常用于交谈的语言，它使"语法"（而不是别的什么），即英语词汇顺序与结构的基本原则，得到更多重视，而且用基本英语把一件事说得足够清楚可能是一项思想的训练……有限的词汇表不仅可以最快地给人够用的英语知识，即最有用的那种，它也是最好的使他们在将来写英文和读英文书时形成好品味的方法。[174]

尽管他的讲话中满是直接的呼吁，面对他所遇到的反应，燕卜荪还是清楚地感觉相当泄气。在同一年晚些时候，在给一群不同的听众所做的讲座中，他解释了为什么现在急需把基本英语教学引入到中国的中学中去："用复杂词汇写成的英语句子常常让学生们纠结不清，而你总是可以通过大部分用基本英语写出替换的句子来消除歧义。这将会大有帮助，因为它能够给你一个可以回溯的坚实基础……但是我很少能够成功地让远东的学生们自己来使用基本英语，因为他们自尊心太强；他们说他们懂得的英语早就比这多了。当然，基本英语应该更早些被引入，而不是在大学阶段。"1939年8月，在写给I. A.理查兹的信中，他感觉自己只能传递给他这样一条平淡的鼓励性的话："有关基本英语的消息大致不错，不过当地中学教师太无知了，没办法学会一种方法，而被迫做这工作的大学毕业生们又太自负了。"

家庭问题使他职业生活中的问题变得更加复杂。到那年夏天，圣经公会的英国和外国部分决定合并，但不知因为什么原因却爆发了一场"圣经之战"，于是原本的两个伙伴现在却要将彼此由宅子里驱逐出去。不过，那个丹麦人莫佳德在7月底返回昆明，燕卜荪必须尽快找到新的住处。他和刚刚从英国回来的波拉德-厄克特最后不得不"在一个大坟墓里宿营'，那里原本是叶公超租来要安顿他的妻子和家人的（她们已设法逃出北京）。这座坟墓是燕卜荪在昆明的最后一个住处，不过它实际上并不像听起来那么恐怖。他在给迈克尔·罗伯茨（Michael Roberts）的信中解释道，"我住在一个大坟墓的一个神圣的凉亭之内，非常安静、舒适，大宅的管家会过来窥探，看我是否亵渎了这个地方；这里的主要家具是一张正规尺寸的乒乓球桌。"[175] 虽然这里相当豪华，却缺水、没电，也没有排水系统。

后来中央政府向大学颁布直接命令，要求其撤离该城。大学拒绝照做：他们争辩说，任何额外的巨变都会导致完全的瓦解；不过，他们当时确是正在为迁到城外的新校址作准备了（确切说来，大概在城外五十码）——那是些被称之为"新校园"的昂贵的泥屋子。[176] 学校赢得了这场斗争的胜利，在战时一直留在昆明。但是燕卜荪在这场争吵还远远没有得到解决的时候便离开了联大，甚至在十六个月之后，1940年12月，他仍然在担心："我写给中国的信还没有得到回复；如果大学又要搬迁，那可真是坏消息，但是他们是坚决地要避免这件事发生的。"

在1939年初，他曾经考虑过回国休一段时间假。他从没有过永远抛弃联大的打算，只是要从战时中国的严峻生活中跳出来，暂时喘息一下，如果可能的话，再把他的那本文学批评的书写完："我渴望闪耀，因为［那本后来命名为《复杂词的结构》的书的］材料一定要让人愉悦，否则便显得不真实……"他在2月22日写道，"我搜肠刮肚也找不出多少东西来了，我相信是这样的。"[177] 停滞不前和烦心事不断轮番打击着他的士气，让他感觉"懈怠、沉沦"，他在5月份给家里写信说。[178]
"我好像喝酒过多了，喝了太多白兰地。不过我还算健康，脾气也不错，但是似乎完全停止思考了。"同一月，他被批准了一年的假期，从这学年末开始——"腿上拴着链子，答应会再回来"[179]，学校支付了他的单程旅费。但是北京大学校长蒋梦麟动情地对他说，如果欧战爆发，那么他的假期将被认为是"无限期的"。

"比尔·燕卜荪明天就要离开这里了，"和蔼的波拉德–厄克特写信给 I. A.理查兹说。"他说这地方让他心烦意乱，的确，他变得特别古怪。他要去美国，不过最终会去欧洲。自然他会去哈佛看你，我会想他的，因为他是这里唯一智慧的外国人。"8月中旬一过，他便离开昆明前往法属印度支那，把他所有的书籍和留声机唱片都留给了联大。他与朋友诺曼·弗朗斯在河内待了几天，住在比例适中、安着凉爽的百叶窗的优雅的大都市酒店（Hotel Metropole）［后来，因二十年后格雷厄姆·格林（Graham Greene）在此下榻而闻名，现在称为统一酒店（Thong Nhat Hotel）］，在那里他希望能彻底放松一下。但是报纸却宣布了《苏德互不侵犯条约》（*Molotov–Ribbentrop Pact*）签署的消息，于是欧战即将到来的事实变得明白无误。旅馆里的另一位客人，从香港来度假的亚瑟·库珀（Arthur Cooper）曾通过朋友汉弗莱·詹宁斯（Humphrey Jennings）认识了燕卜荪。［詹宁斯实际上娶了库珀的妹妹西塞莉（Cicely）］，他们的共同相识还包括凯瑟琳·雷恩（Kathleen Raine）和查尔斯·马奇（Charles Madge）。在拥挤的旅馆餐厅另一端，在一片法语交谈的间歇，库珀忽然听到他那时所谓的"剑桥声"，于是立即认出了诺曼·弗朗斯那傲慢的上层社会腔调，说着"它们没有别的，就是一堆一堆的香肠"。在满是可怕消息的一天里，听到特别的英国声音让他很开心，于是库珀走到他们的桌子那里。燕卜荪把他当作好朋友对待，作为他的朋友们的朋友；这一周余下来的时间里，库珀分享了他关于任何可以想到的题目的富于启发性而又有趣的谈话——"有些话题他很了解，有些就不太了解了，"库珀回忆说，"但是那几乎一点也不影响我从他的谈话中得到的乐趣。"库珀会讲汉语，当时正在访问法国远东学院，他便把燕卜荪引荐给一位显赫的法国朋友弗朗索瓦·若弗鲁瓦–德肖姆（François

Géoffroy-Dechaume，此人后来做了驻仰光的法国大使，后来又做了驻华盛顿大使，但是尚未赴任便死于交通事故）。他碰巧正在服兵役，所以穿着军装。库珀感到很好笑，因为燕卜荪一直全神贯注地谈论自己有关佛教造像的观点——还展示出他搜集的照片来帮助阐释他的论证，并且不时地转向杰弗里–德肖姆谈上一句有关天气的话——却没有意识到父亲是著名画家、自己也是画家的杰弗里–德肖姆实际上对佛教造像这个题目是深有研究的。

> 比尔在那些日子里，在国外总显得非常剑桥，非常英国；或者至少做出那个样子，他总是在早晨的时候一声比一声高地用英文叫喊着要剃须水，然后就跑到我的房间，告诉我他想出来的一些有趣的理论，解释当地人为什么完全不在意这些！当然，他是个很有趣而且很棒的伴儿。我记得有一天晚上，我们一边喝着酒，一边走到街道台阶的顶端，那儿有一群黄包车夫和三轮车夫，大喊着向外国人跑过来，"法国女人、安南女人、混血女人！"比尔晃到最高一级台阶上，用吓人的法语大喊道，"就想要个塞内加尔军团的大黑中士！"[180]

不管是扮演快乐的小丑，还是简单地履行他的社会职责，燕卜荪实际上都已经快要把他的神经能量耗尽了。9月的第一周到达香港的时候，他的处境已经非常悲惨了。在那里他与另一位朋友休·威廉森（Hugh Williamson）一起度过了三天时光——这人的仆人被燕卜荪的穷困与肮脏的外貌吓了一跳——后来他又去诺曼·弗朗斯的漂亮房子住了一段时日，最后才搭乘一艘在挪威注册的货船前往美国。这个旅程更像是一次漫游而不只是横渡大海。在距离上海不远的地方，他在船上给家里写信说：

> 非常令人宽心……没有什么人谈话……别的乘客主要是美国女士们，和蔼、友好、漂亮的人们，她们把所有时间都花在茶会上，做出像小孩子似的样子：她们总是高兴地叫嚷着，不然，她们就会感觉自己不够合群。我在这船上已经有三四天时间了，可是她们从没有谈论过有关战争的事，当然，我在香港认识的所有人都要志愿参战，都在谈论着战略战术，几乎

不能谈论任何别的事情，所以这也是个不错的休息。我们只是得到些最基本的消息，没有别的。[181]

10月14日，他在洛杉矶上岸，甚至在二十二年之后他仍然清楚记得自己上岸后所做的事：

> 这个城市里有一个公园，园里有一个挺吓人的制高点，我跑到那制高点上，放声大叫；这是1939年，因此我的坏心情不能全部归咎于洛杉矶。我大喊大叫了一会儿之后，发现有男孩子们在用气枪向我射击，这让我在某种程度上有一种满足感；我便从山上下来，乘火车去了旧金山。[182]

他有充足的理由要通过那种发泄式的大喊大叫来排遣一下自己胸中的郁积。他刚刚在中国战争的泥潭中度过了两年时光——即使他这个不爱夸大其词的人也把那段生活描述为"野蛮人的生活、充斥着跳蚤和炸弹"[183]——而且接下来他将进入那出惨剧的续集——欧战。没有人能够告诉他，和平何时会再次降临。

1. WE, letter to Julian and Ursula Trevelyan, 'May 15?' 1938 (Empson Papers).
2. WE, letter to John Hayward, 23 May 1938 (T. Hofmann).
3. WE, letter to mother, 15 March 1938 (Houghton). 燕卜荪认为香港的真正总督是个"壮硕、智慧的老小子"。
4. Christopher Isherwood, *Christopher and His Kind: 1929–1939*, London: Eyre Methuen, 1977, 223.
5. WE, loose leaf of MS notes.
6. WE, letter to mother, 15 March 1938.
7. WE, draft TS article, 'Letter from China' (Empson Papers).
8. "吴哥在我看来好像是分裂成尊贵且有品位的印度派（例如，吴哥寺）和富有宏伟与奇诡想象的佛教派（巴戎寺）；真不走运，它们从一开始便被印度教弄脏了。"（letter to Michael Roberts, 'end of May' 1938; courtesy of the late Janet Adam Smith.）
9. 'Lyrical Harmonies in Spring City: Remembering Southwest Associated University: Special

Issue in Honor of the Fiftieth Anniversary of Southwest Associated University', ed. John Israel, *Chinese Education*, 21/2 (Summer 1988).

10. Gerald Reitlinger, *South of the Clouds*, London: The Travel Book Club, 1941, 29.

11. WE, letter to Julian and Ursula Trevelyan, 'May 15?' 1938 (Empson Papers).

12. John Israel, *Lianda: A Chinese University in War and Revolution*, Stanford, Calif.: Stanford University Press, 1998, 64. Israel, '50th Anniversary of a Special Wartime University', *China Reconstructs* (November 1988), 44–47.

13. Israel, *Lianda*, 65.

14. Reitlinger, *South of the Clouds*, 30.

15. WE, letter to Michael Roberts, 'end of May' 1938 (Janet Adam Smith); letter to John Hayward, 23 May 1938 (T. Hofmann).

16. WE, letter to John Hayward, 23 May 1938 (T. Hofmann).

17. WE, draft TS letter to mother, 11 August 1938 (Empson Papers).

18. WE, letter to Julian and Ursula Trevelyan, 'May 15?' 1938 (Empson Papers).

19. Undated draft letter to Michael Roberts, written in Mengtzu (Empson Papers).

20. WE, letter to John Hayward, 23 May 1938 (T. Hofmann).

21. WE, letter to mother, 6 June 1938："我这里有个游泳池，是湖中挖的一个深些的坑；我的同事们都羞于去那里游泳，因为泥水浑浊，不过我倒觉得没关系。"（Empson Papers）

22. WE, letter to Robert Herring (editor of *Life and Letters*), 6 June 1938. 那里多年来一直是一潭死水；易社强教授在1980年6月访问那座小镇的时候，发现自己是三十年来踏足这里的第一位美国白人。（Israel, *Lianda*, 74.）

23. Li Fu-ning, 'William Empson As I Remember Him'; interview with Li Fu-ning, 16 March 1984.

24. WE, letter to John Hayward, 23 May 1938 (T. Hofmann).

25. Interview with Li Zhiwei, Kunming, 4 November 1988.

26. Interview with Li Fu-ning, 16 March 1984.

27. WE, letter to Julian and Ursula Trevelyan, 'May 15?' 1938 (Empson Papers). 学生们"在天黑后必须借着星月之光和水上警察的灯火来读书，除此之外，就是一片漆黑了，"燕卜荪在一份《中国来信》的草稿中写道；另外，"在长沙可以买到的灯都是1880年在纽约登记专利的那种，靠机械装置产生气流。"

28. Jonathan D. Spence, *The Gate of Heavenly Peace: The Chinese and Their Revolution, 1895–1980*, London: Faber & Faber, 1982, 276. 有关学生们的远行的权威记述，见易社强：《西南联大》第二章 'Lianda's Long March'。

29. 匿名日记，1938年4月29日条，易社强书稿草稿第三章《从长沙到昆明》：2：《开往蒙自的慢车》，第3页引用；《西南联大》正式版64页中节引。

30. TS draft of article on 'Students in China'.

31. WE, letter to John Hayward, 23 May 1938 (T. Hofmann).

32. WE, letter to Julian and Ursula Trevelyan, 'May 15?' 1938 (Empson Papers).

33. WE, letter to John Hayward, 23 May 1938 (T. Hofmann).

34. Ibid.

35. Ibid.

36. WE, letter to Jin Di, 13 March 1980 (courtesy of Professor Jin Di).

37. WE, undated draft letter to John Hayward, 1938 (Empson Papers).

38. Yang Zhouhan, letter to JH, 22 July 1985.

39. WE, letter to John Hayward, 23 May 1938 (T. Hofmann); undated draft letter to Hayward, 1938 (Empson Papers).

40. WE, 'Chinese Bandits', *SSS* 188–189.

41. WE, letter to mother, 11 August 1938 (Empson Papers).

42. Isreal, *Lianda*, 67.

43. WE, letter to mother, 11 August 1938 (Empson Papers).

44. Undated TS draft of a 'Letter from China'.

45. Draft TS of a 'Letter from China'.

46. Isreal, 'Southwest Associated University', 145.

47. Spence, *The Gate of Heavenly Peace*, 282.

48. WE, letter to mother, 15 March 1938.

49. WE, undated draft letter to John Hayward, 1938 (Empson Papers).

50. WE, letter to Michael Roberts, 'end of May' 1938; to Robert Herring, 6 June 1938; undated draft 'Letter from China'; and a draft TS article on 'Yunnan' (Empson Papers).

51. 菲茨杰拉德后来出版了一本关于大理及当地居民的书，名为《五华楼》（*The Tower of Five Glories*，1972）。

52. Reitlinger, *South of the Clouds*, 83, 122.

53. 'Fourth Report on the Yunnan Situation, 10/12/38': Rockefeller Archive Center: Orthological Institute, May–December 1938, 1/601/Box 48, folder 402.

54. H. G. Wells, Julian Huxley, G. P. Wells, *The Science of Life* (1931), 572, quoted in Philip and Averil Gardner, *The God Approached: A Commentary on the Poems of William Empson*, London: Chatto & Windus, 1978, 212.

55. WE, TS draft letter to Robert Herring, 14 July 1938; TS draft of a 'Letter from China' written from Mengtzu, China (both in Empson Papers).

56. WE, undated letter to mother, 1938.

57. WE, undated TS draft letter to John Hayward, 1938 (Empson Papers).

58. TS draft letter to mother, 11 August 1938 (Empson Papers).

59. WE, letter to Robert Herring, 6 June 1938 (Houghton).

60. Chiang Monlin, *Tides from the West: A Chinese Autobiography*, New Haven: Yale University Press, 1947. 蒋梦麟曾在伯克利学习，在那里他曾协助编辑《大同日报》（*Chinese Free Press*，由"鼓舞人心的"孙中山亲自指导）；后来转入纽约的哥伦比亚大学，在那里他与胡适一道在杜威门下学习。

61. WE, fragment of draft letter to mother, n.d., p. 4.

62. WE, TS draft letter to Robert Herring, 14 July 1938 (Empson Papers).

63. Quoted in 'China on the March', broadcast on the BBC Home Service, 27 April 1942 (uncut text in Empson Papers).

64. WE, letter to Michael Roberts, 'end of May' 1938 (Janet Adam Smith); letter to Julian Trevelyan, 1 November 1938 (Trinity College, Cambridge).

65. Undated TS draft of a 'Letter from China', from Mengtzu (Empson Papers).

66. WE, letter to mother, 11 August 1938 (Empson Papers).

67. Compare a draft letter to Michael Roberts, written from Mengtzu in 1938："写书信而不谈政治显得很傻。不过，我不愿像理查兹夫人那样，把我自己称作'我们爱中国的人'。"（Empson Papers）

68. WE, letter to Julian and Ursula Trevelyan, 'May 15?' 1938 (Empson Papers).

69. WE, undated draft letter to I. A. Richards (?September 1948) (Empson Papers).

70. TS draft article 'The Combined South Western Universities'.

71. TS diary notes (Empson Papers).一年后，1939年6月29日，他自昆明（在那里他与西方来访者共享一栋房子）致信迈克尔·罗伯茨说，"那些西方人让人紧张兮兮的，在我看来，我和一群中国人去野营要自在多了。"（致谢已故的珍妮特·亚当·史密斯）

72. WE, letter to Lady Sansom, 27 September 1938 (Empson Papers).

73. 'Graham Hough thinks about William Empson and his work', *London Review of Books*, 21 June–4 July 1984, 16. 乔治转述了霍夫告诉他的一个故事："30年代，有一次在河内吃正餐的时候……［燕卜荪］对格雷厄姆·霍夫说……当时 D. H. 劳伦斯刚刚去世不久：'你知道我认为劳伦斯的小说是关于什么的吗？那些小说都是关于同时达到高潮这事，'然后又更加让人发窘地补充说，'我自己有一两次做到了。'"（*Never Ones for Theory? England and the War of Ideas*, Cambridge: The Lutterworth Press, 2000, 64.）

74. WE, letter to Michael Roberts, 4 December 1938 (Janet Adam Smith).

75. Interview with Professor Yang Zhouhan, Peking, 13 March 1984. 易社强将它与圣达菲（Santa Fe）相比（*Lianda*, 81）。

76. Clair Lee Chennault, *Way of a Fighter*, New York: Putnam's, 1949, 73; quoted in Isreal, *Liarda*, 82.

77. Theodore H. White and Annalee Jacoby, *Thunder out of China*, New York: William Sloane Associates, 1946, 160.

78. Israel, *Lianda*, 87–90; also 'General Report on the Province of Yunnan: The Education and the Possibilities for the Future' (Rockefeller Archive Center, 1/601, box 48, folder 403).

79. White and Jacoby, *Thunder out of China*, 160.

80. Israel, *Lianda*, 83.

81. Ibid. See also Owen Lattimore, *China Memoirs: Chiang Kai-shek and the War against Japan*, Tokyo: University of Tokyo Press, 1990, 126–130.

82. WE, letter to mother, 7 April 1939 (Empson Papers).

83. Israel, 'Southwest Associated University', 145.

84. Milla Gapanovich, unpublished essay 'Life in a Chinese town and in a Village in the Time of the Japanese War', July 1985 (privately supplied). 戈巴诺维奇（Gapanovich）夫人在战争期

间曾经一直在云南居住。她的丈夫伊万·伊凡诺维奇·戈巴诺维奇——噶邦福（Ivan Ivanovich Gapanovich—'Ge Bangfu'），是白俄贵族，毕业于彼得堡大学（Peterburg University），曾在清华任教授，讲授历史编纂学、古代史和俄国史。当学生向别的教授询问政治意见时，他便向学生们表达出，自从马可波罗时代起在中国居住的外国人的共同感受，"别把我当作个外国人，我也懂中国的事。"（Israel, *Lianda*, 153.）

85. WE, letter to Michael Roberts, 4 December 1938 (Janet Adam Smith).

86. WE, letter to I. A. Richards, 8 August 1939 (Richards Papers).

87. TS draft of a 'Letter from China'.

88. Israel, 'Southwest Associated University', 144.

89. WE, letter to Michael Roberts, 4 December 1938 (Janet Adam Smith); 'A Chinese University', 240; *SSS*, 191.

90. Interview with Professor Chao Chao-hsiung, Peking, 21 March 1984.

91. Wu Fu-heng, letter to JH, 14 April 1984; 相似的故事见 Li Fu-ning in 'William Empson As I Remember Him'; interview with Li Fu-ning, 16 March 1984; interview with Yang Zhouhan, Peking, 13 March 1984。

92. WE, letter to John Hayward, 4 March 1939 (T. Hofmann).

93. Israel, 'Southwest Associated University', 142.

94. WE, letter to John Hayward, 4 March 1939 (T. Hofmann).

95. WE, letter to Ian Parsons, 11 February 1939 (Reading?).

96. Israel, *Lianda*, 88.

97. Ibid., 85.

98. TS draft of a 'Letter from China'.

99. Draft TS article on 'Yunnan'.

100. *Milton's God*, 81.

101. Richard P. Dobson, *China Cycle*, London: Macmillan, 1946, 120.

102. 比较Israel, *Lianda*, 91。

103. Ibid., 87.

104. 有关云南生活的文章打印件草稿。在致母亲的书信中，燕卜荪写道，"在这些地方米价保持稳定，但是鸦片价格却稳步上涨，现在的价格大概是战前的两倍。你肯定觉得这就像是啤酒价。我的意思是说普通的鸦片吸食者都是沉稳、健康的工人；两者只有一个重要的区别；常喝啤酒的人，少喝些也可以很高兴，但是常吸鸦片的人就需要固定的量了。我从没费工夫去尝试鸦片，因为那要一个月左右才能在你身上产生效果，但是，那东西不像日本人用来做战争武器的海洛因那样可怕。英国人若是听说鸦片在新加坡和香港地区，更不用说澳门地区，可以公开销售，肯定会大吃一惊；中国官方是禁止鸦片的，因为人们吸食太多，但是很多能干的人也都吸鸦片；我们的教工中就有一个著名的瘾君子，其实就像个大酒鬼似的。我不知道自己能否看出二者的区别。不过，此地鸦片价格上涨，迫使一大批身体强健的人为了他们那一点额外的鸦片去想法赚钱。要是这种毒品让他们病了，他们倒是无害，不然的话，他们就做强盗了。"（TS draft letter to mother, 11 August 1938.）

105. Han Suyin, *Birdless Summer*: *China*: *Autobiography*, *History*, Book 3, London: Jonathan Cape,

1968; Triad/Panther, 1982, 112.

106. Harold B. Rattenbury, *China, My China*, London: Frederick Muller, 1944, 222.

107. C. P. Fitzgerald, letter to Dorothea Richards, 19 May 1937 (I. A. Richards Papers, Magdalene College, Cambridge).

108. Undated TS fragment of a 'Letter from China'.

109. WE, undated (?July 1939) and unposted letter to mother (Empson Papers).

110. WE, undated draft letter to Peter Fleming *(The Times)*. 附有关于中国时局的1700字短文（未发表），未标明日期（Empson Papers）。"我并不忙，实际上，因为少人谈话，让我感觉写些东西也难，这种情况我只见已故的沃尔特·雷利（Walter Raleigh）在文中提及。"

111. WE, letter to John Hayward, 4/16 May 1939 (T. Hofmann).

112. WE, letter to Anthony and Kitty West, 10 January 1939 (Empson Papers); letter to Michael Roberts, 12 January 1939; Reitlinger, *South of the Clouds*, 36.

113. Israel, *Lianda*, 82–83.

114. 'China's Economic War', *The Spectator*, 18 October 1940, p. 385.

115. WE, letter to 'Anthony and Kitty', 10 January 1939 (Empson Papers).

116. John King Fairbank, *The Great Chinese Revolution: 1800–1985*. New York: Perennial Library, 1987, 243. Kai-yu Hsu, 'The Life and Poetry of Wen I-to', *Harvard Journal of Asiatic Studies*, 21 (1958), 134–179.

117. See also A. Doak Barnett, *China on the Eve of Communist Takeover*, London: Thames & Hudson, 1963, 282–285.

118. WE, draft TS article on 'Yunnan'.

119. Eastman, 'Nationalist China during the Sino-Japanese War 1937–1945', in John K. Fairbank and Albert Feuerwerker (eds.,) *Cambridge History of China*, xiii, Part 2, Cambridge: Cambridge University Press, 1986, 565.

120. WE, draft TS article on 'Yunnan'.

121. WE, undated letter to mother, 1938; Spence, *The Gate of Heavenly Peace*, 274. See also Frank Moraes, *Report on Mao's China*, New York: Macmillan, 1953, 93.

122. Draft TS article on 'Yunnan'.

123. 与之形成对比的是（根据 *Cambridge History of China*, xiv, 1987, 105）"受西方的国家主义观念影响的国民党集团却实行同化政策，反对少数民族自治……"

124. WE, letter to mother, 7 April 1939 (Houghton).

125. WE, 'A Chinese University', 243–234; *SSS* 193.

126. WE, letter to T. Tunnard Moore, The British Council, 3 September 1945 (Houghton carbon).

127. E-tu Zen Sun, 'The Growth of the Academic Community 1912–1949', in Cambridge History of China, xiii, Part 2, 416.

128. White and Jacoby, *Thunder out of China*, 109.

129. Ibid.

130. Chin Yueh-lin, in Harley Farnsworth MacNair (ed.), *Voices from Unoccupied China*, Chicago: University of Chicago Press, 1944, p. liii; quoted in Israel, 'Southwest Associated University',

137; Israel: *Lianda*, 99.

131. White and Jacoby, *Thunder out of China*, 109.

132. WE, letter to mother, 7 April 1939 (Empson Papers). "中国钱稳步贬值，价格持续上涨，"他在7月25日告诉母亲说。（Empson Papers）另见蒋梦麟："抗战第二年我们初到昆明时，米才卖法币六块钱一担（约八十公斤），后来一担米慢慢涨到四十元，当时我们的一位经济学教授预言几个月内必定会涨到七十元，大家都笑他胡说八道，但是后来一担米却真的涨到七十元。"（*Tides from the West*, 226.）

133. Israel, 'Southwest Associated University', 143.

134. WE, 'A Chinese University', 244; *SSS* 193.

135. WE, letter to mother, 2 June 1939 (Empson Papers).

136. White and Jacoby, *Thunder out of China*, 60.

137. Israel, 'Random Notes on Wartime Chinese Intellectuals', *Republican China*, 9/3 (April 1984), 10–11, 12.

138. WE, letter to Michael Roberts, 8 August 1939 (Janet Adam Smith).

139. WE, 'Madame Chiang', *The Spectator*, 15 March 1940.

140. WE, 'A Chinese University', 242; *SSS*, 192. See also Pei-sung Tang, 'Chinese Universities on the March', *American Scholar*, 10/1 (1940–1), 41–48.

141. WE, letter to Michael Roberts, 12 January 1939 (Janet Adam Smith).

142. WE, 'A Chinese University', 241; *SSS* [191]

143. TS draft article 'The Combined South Western Universities'.

144. Interview with Professor Yang, Department of German, Peking University, 4 April 1984.

145. WE, letter to Michael Roberts, 4 December 1938 (Janet Adam Smith).

146. Undated draft letter to Michael Roberts, from Mengtzu (Empson Papers).

147. WE, letter to John Hayward, 4 March 1939 (T. Hofmann).

148. Li Fu-ning, 'William Empson As I Remember Him'.

149. TS draft of an article headed 'Students in China'.

150. TS draft of an article headed 'The Refugee Peking Universities'.

151. WE, letter to John Hayward, 4/16 May 1939 (T. Hofmann).

152. WE, letter to Ian Parsons, 16 May 1939 (Reading University Library).

153. WE, letter to Ian Parsons, 11 February 1939 (Reading University Library).

154. WE, letter to Michael Roberts, 12 June 1939 (Janet Adam Smith).

155. WE, letter to Michael Roberts, 22 February 1939 (Janet Adam Smith).

156. WE, undated (?July 1939) and unposted letter to mother (Empson Papers).

157. WE, undated (?July 1939) and unposted letter to mother (Empson Papers).

158. WE, letter to John Hayward, 4 March 1939 (T. Hofmann).

159. WE, undated (?July 1939) and unposted letter to mother (Empson Papers).

160. Gapanovich, 'Life in a Chinese Town and in a Village in the Time of the Japanese War'.

161. WE, letter to John Hayward, 4 March 1939 (T. Hofmann); a similar letter, virtually word for word, to mother, 4 March 1939.

162. WE, letter to John Hayward, 4/16 May 1939 (T. Hofmann).

163. 关于洛克菲勒基金会为中国的基础英语课程拨款的详细报告，见'Orthological Institute, China'：Rockefeller Archive Center, RG 1, series 601, box 48, folder 397。

164. WE, letter to Michael Roberts, 12 January 1939 (Janet Adam Smith).

165. WE, letter to John Hayward, 4 March 1939 (T. Hofmann).

166. WE, undated (?July 1939) and unposted letter to mother (Empson Papers).

167. WE, undated draft TS letter to I. A. Richards (Empson Papers).

168. WE, letter to mother, 4 March 1939 (Empson Papers).

169. WE, TS draft unsigned letter to mother, 12 June 1939 (Empson Papers).

170. WE, undated (?July 1939) and unposted letter to mother (Empson Papers).

171. WE, TS letter to I. A. Richards, undated draft (Empson Papers). 赵诏熊告诉我，他认为燕卜荪是用基本英语写作的最好的文体家，比理查兹还要好（interview, Peking, 21 March 1984）。

172. WE, (?unposted) TS letter to mother, 12 June 1939 (Empson Papers). "我感觉很喜欢这封信，你能不能把它放到抽屉中呢？"他在信头上写道，在闲谈有关基本英语在中国的情况中间，他又插上这样的话，"我想你不会读这些东西。你上一封信中说这东西多么多么无趣，所以也许有必要加入些政治话题。"

173. WE, undated draft TS letter to I. A. Richards (Empson Papers).

174. 'Basic and Communication', *SSS* 163–164, 169.

175. WE, letter to Michael Roberts, 8 August 1939 (Janet Adam Smith).

176. WE, letter to mother, 25 July 1939 (Empson Papers); to I. A. Richards, 8 August 1939; Israel, 'Southwest Associated University', 142–143.

177. WE, letter to Michael Roberts, 22 February 1939 (Janet Adam Smith).

178. WE, letter to Michael Roberts, 16 May 1939 (Janet Adam Smith).

179. Ibid.

180. Arthur Cooper, letters to JH, 21 September 1983, 3 October 1983.

181. WE, letter to mother, 23 September 1939 (Empson Papers).

182. *Milton's God*, 67.

183. TS draft of an unpublished 'Letter from China'.

译者注
① 指不存在的东西。
② 此处为越南北部地区，非日本东京。
③ 中文名易社强，费正清先生弟子，弗吉尼亚大学历史系荣休教授。译文中用其中文名。
④ 父亲假作母亲，父代母育（某些原始部族的风俗，婴儿出生后父亲应卧床、禁食等）。

英格兰我以为应该健飞如鹰，

但可能太迟了，或花时太长。

我有什么可教它？它自有办法，

回答像锣声一样洪亮。

——《南岳之秋》

　　面对他在中国承受的种种个人和职业的困难，以及他对这个国家政治和军事局势的恼怒看法，是什么最终让他一直在那两年里坚持下去的呢？"中国在她所有负责抵抗和重组的必要部门都极其缺乏训练有素的人，而且不能在一场可能要持续很长时间的战争中将她的培养工作松懈下来。"他在一篇题为《中国的学生》的未发表的文章中写道。但是，那是否在战争时期牺牲他自己的英国文学讲座便是一件合宜的事呢？他经常会这样问自己。"那种传统的未开化的观念在这里依然存在，认为教学生与做慈善差不了多少，不过慈善事业自身也是任何体面之人的首要职责，"他加上一句。但是即使这种认识也没有完全让他的良心宽慰下来。他作为一名英国人留在中国是否就是在做一件真正有意义的事呢？

　　有两个答案一直在他脑中萦绕不去。第一个是他由衷地感到无比幸运，能够与一群非凡的同事（还有学生）一起生活和工作，能够在一定程度上对他们的学术界有所贡献。他相信他对这些人个人与智慧的天赋再怎么赞扬也不为过，正是内心中想着这些人，他才写下了这个简单的构想：

　　一个大学的目标不是培养军官或者政治演说家（即使在最黑暗的战

争中也不是），而是首先要教育那些能够通过教育变得更好的个人（他们在任何阶层都是很少的一部分）；其次，是要从学生中搜集一批有资格组成一个大学的人，即当他们被安排到教工当中时，将能够成功回答任何通晓事理的人提出的问题。有关大学的观点（虽然完美的大学只存在于人们的空想之中）其实是很简单的。那是健谈的人爱谈论的话题。当博斯韦尔（Boswell）和约翰逊（Johnson）在赫布里底群岛的时候，他们忽然想到他们的私人朋友的团体将可以组成一个几乎完整的大学；那个团体中曾经包括一个数学家，后来那人去世了。在他去世之前，他们这里的人几乎可以教当时所有学科的知识。[1]

另一个合理而且真正令人满意的回答是在1938年早些时候他偶然发现的，在《一所中国大学》中他回忆说：

那是在蒙自时，一位经济系学生［张秋泽（Chang Chiu-tse）①］提出来的，当时我们在一个不太干净的池塘里游泳，当地村民也在里面给水牛洗澡，我必须告诉我的读者中的百万富翁们，任何放在浴缸里面的橡胶玩具都无法与一头水牛的魅力相比。水牛是奇怪的黏糊糊的，抓住它的尾巴，在它往前拖行的时候，设法爬到它的背上去，是我们的主要体育项目之一。这个学生说，中学里孩子们的意见总是错的。当他上中学的时候，他总想着能为国家效力是多好的一件事啊，而且认为最好是从事经济学方面的工作。但是现在，他说，我们可以看到经济学家们是完全没有用处的，学文学的学生们因为可以搞宣传，所以很重要。[2]

"鉴于这种态度，"他在一篇公开发表的文章的草稿中断言，"即使是教文学的老师也可以有理由被要求去战争中继续他们的工作。"[3]那似乎是一个为他自己的角色的"体面辩护"，尤其是因为中国人非常重视政治宣传工作；即使理科学生也需要学习至少一门欧洲语言，以便可以在他们所学专业上不至落后。"所以这里比欧洲更需要好教师。难以否认，即使是实用英语或者新闻英语也已经足够棘手，这便使得英语文学训练对教师来说十分有用。如果你不能分辨出讽刺，那你就不适合去读英语的政治文章。你也可以对那些超负荷工作却薪水可怜的教师们提出其他的要求（关于教学法的），但是一些文学训练是必需的［对于那些中学教师来说］。"

不久后波拉德–厄克特写信告诉他说，本省只有十七名学生在1940年考入各大学，这肯定让他感觉自己的论断是正确的。省教育专员"丢了很大的脸，对这些大学比过去更加恼火"，波拉德–厄克特写道。于是，这位长官要求基本英语学会出具一份有关本省英语教学水平低下原因的报告，而他们的回复也毫不含糊，并建议在他们的指导之下建立一个教师学会。于是以I. A.理查兹为顾问的基本英语实验学院在云南适时开办，英语教学的重建工作开始了。

但是10月6日，也就是在他给燕卜荪写下那封热情洋溢的信后不久——"我非常想你……在中国宴会上，我们讲燕卜荪的故事来活跃气氛，这样的故事可真不少，"他说。[5]——波拉德–厄克特便去世了，死因是在一次空袭中他出了交通事故，受伤后导致血液感染，后来又引发了坏疽。[6] "我为波拉德感到很难过；他是我的亲密朋友，"燕卜荪在给理查兹的信中写道。实验学院后来由罗伯特·温德（Robert Winter，1887—1987）负责，他是一个派头十足、极富天赋，又爱传闲话的基本英语领域的美国专家，在印第安纳州克劳斯维尔（Crawfordsville, Indiana）的瓦伯西学院（Wabash College）就读时曾经结识埃兹拉·庞德，并自20年代开始在清华讲授英国文学课程；他的朋友包括作家项美丽（Emily Hahn）。 燕卜荪战后在北京与温德熟识。[7]

在他在中国的最后几个月里，一种有关政治宣传的价值的信仰便在燕卜荪的心中萦绕不去。似乎他在为下一阶段自己的工作训练注意力，那时他将要加入BBC，并在适当时机领导其远东广播的中国部分。"我们慢慢地了解到，"他在一封未发表的《云南来信》中写道，"宣传竞争或者反宣传的技术是对宣传技术上最近可怕发现的唯一直接回应。罗斯福（Roosevelt）总统在欧洲是个令人钦佩的人物，因为他理解这个简单的真理。"

他甚至找到一个当地的场合来验证自己的这个命题。在他离开昆明前不久，文学院在农业研究所三楼的一个教室里举办了一场"英语晚会"，主持人是叶公超。英语系的学生们恰当地排演了W. B.叶芝的民族主义戏剧《胡里痕的凯瑟琳》（*Cathleen ni Houlihan*）。此外，根据可靠报告，燕卜荪也参与了一个节目，他实际上"唱"了一首自己的诗。[8] 然后，他选择背诵了一段他后来称为"纯粹壮丽"的演讲；那是《失乐园》第一卷中撒旦第一次对堕落天使们的演讲，其中包括这样的诗句：

> 但坚定的心志和岸然的骄矜
>
> 决不转变；由于真价值的受损，
>
> 激动了我，决心和强权决一胜负，
>
> 率领无数天军投入剧烈的战斗，
>
> 他们都厌恶天神的统治而来拥护我，
>
> 拿出全部力量跟至高的权力对抗，
>
> 在天界的疆场上做一次冒险的战斗，
>
> 动摇了他的宝座。我们损失了什么？
>
> 并非什么都丢光：不挠的意志、
>
> 热切的复仇心、不灭的憎恨，
>
> 以及永不屈服、永不退让的勇气……

这一段选得很妙，因为他的学生们立刻便可以看到，它适用于他们现在对日作战中的困境。"他背诵的这一段让我们充满了希望和复苏了的信心，"李赋宁教授对我回忆说。[9] 二十年后，在《弥尔顿的上帝》（1961）中燕卜荪对同一段演讲作了有问题的阐释，即它显示出"一位政治家身上相当程度的真诚"：它证明"撒旦的事业是正当的"，燕卜荪主张说。无论是否有学生会不愿接受认同撒旦，即使那是一个证明无辜的撒旦，他的解读肯定说中了他们的政治情绪；还是在《弥尔顿的上帝》中，他提到，联大的那次经历让他确信了这样一个事实，即这篇演讲有着"强烈而直接的影响"：

> 这段演讲受到听众的热烈欢迎，但是一些年长者也温和地抱怨了一下，那些人认为他们已经听了过多的政治宣传。我不确定听众们对这一段有多么熟悉，但是我至少知道它是被当作一篇直接的政治演讲送到他们耳朵里的，而这正是艾略特先生说的弥尔顿的风格做不来的事。你要理解，

听众真的想要抵抗到底，不管多么无力，就像撒旦，而且也会有同样的自豪；而且，他们不是基督徒，他们可以直接与他产生共鸣而不需要一套不同的宗教论证。[10]

且不论神学，燕卜荪在课堂上那番鼓舞士气的表演——那确是一场真诚而激动人心的表演——进一步在他心中提升了他对于好的政治宣传的价值和有效性的信心，这种信心将会在战争期间一直指导他的工作。到他穿越美国返回家乡英国的时候，他已经搜集到足够的证据来支持自己的这种信念，他很快发现自己需要把宣传付诸实践，既为了推动基本英语也为了扭转政治观点。

当经过"带有传奇色彩"的芝加哥时，他想要住在一个三十五美分一晚"小隔间"，为的是可以省些钱，他把那地方称作"可爱的客栈"（只住男宾）。但是这个经济策略没有成功，因为他很快就被人抢了一百美元，结果自己身上除了一张火车票外便没有什么了。幸运的是，在纽约他找到了W. H.奥登，对方爽快地借给了他五十美元。他在一篇献给奥登的名为《战时回忆》（'Wartime Recollections'，1975）的悼文中追忆了这次拜访：

> 他公寓的大落地窗隔着一条河正对着夜色中成群的摩天大厦，切斯特［·卡尔曼］（Chester［Kallman］）早就在那里了。奥登面容苍白、憔悴，一双小眼睛亮闪闪的像埃德蒙·布伦登（Edmund Blunden）。"当然你不能留朋友在这里。"他说，"没有人可以。没有食物，你只能靠三明治过活。要说喝的，你要是碰那东西，就会像块石头似的倒下去。"我解释说我没有钱买船票；你如果考虑到所有从英国来的钱都被冻结了，那么显然他肯定知道我没法把钱还他，他的行为应当被看作是高尚的。"我们要是不害怕，那肯定是傻瓜，"他说，"有很多事我们应当害怕。但是也要害怕钱吗？不，那就太过分了。"我很高兴在上船之前就可以把钱还他，让他吃了一惊。
>
> 我没有问任何问题，但是显然他不可能在英国待下去，做丘吉尔的桂冠诗人，因为他相信英国是帝国主义国家，但是美国不是，而我因为没有这样的声望，就可以安全地回家，做那些我应该做的小小的政治宣传工

作。我如今认识到他心中产生了一种巨大的厌恶感，那是完全社会性的，而非宗教性或政治性的，那让他相信，他成为一个伟大诗人之后写下的所有那些左派的东西，都是品味坏得可怕的；他一定要说，他不知道那些东西是什么意思或者他确信它们全都是错误的。但是他离开英国的实际原因，显然是他真的发觉自己政治立场尴尬，满身是刺，四处树敌，而且总是做些无谓的决策。[11]

然而，曾记得上次在香港遇到奥登的时候，对方可是社交场上闪耀的明星，于是燕卜荪在当时的一封信中报告说，"现在那张白脸上只剩皮包骨了。"他又告诫说："但是上帝，为什么这个人要选择住在世界上最贵的一座城市里呢？理查兹说，他写了这么多关于中国的事之后，又亲自看到了中国的战争并且见证了战争的真实恐怖。我想，这真是令人震惊；他是个很有趣的老兄，而且对我十分好，但是他给我的印象却是，我最好回到英国去，而不要在这里找份工作。"而说到他自己的大体情况，他感觉"总是四处跑来跑去实在是不稳定"，不过他还是想要积累一些有用的人脉，如果可能，甚至可以找份讲课的工作——"但是如今，美国似乎有太多搞英国文学的家伙了，怪不得他们都离开家呢……"[12]

燕卜荪给艾伦·泰特（Allen Tate）写信说，希望能够见他——"似乎普林斯顿离波士顿不远，"他含糊地试探着说[13]——不过他还是在11月4日首先到马萨诸塞的剑桥找到了I. A.和多罗西娅·理查兹。他看上去衣衫褴褛得无以言表，多罗西娅·理查兹在日记中记录道，"很健康，但是穿的是他在中国中部一天到晚穿的那同一件大衣，而那件西装曾经是［乔治］·雷纳（［George］Rainer）的！"几天之后，她在一封信中满意地写道，"幸运的是我们设法把他借的那件西装……清洗了（也修补了），不然哈佛大学看到这个特别可怕的'流浪汉'会炸了锅的。"（"有可能他会有机会在耶鲁找到份工作，"她在笔记中写道）。I. A.理查兹当时在哈佛大学做教育总顾问，他在办公室里，每天都淹没在不能卒读的各种小册子中。"真正的问题是，这些人是不是简直不会写文章？"他满怀疲倦地抱怨说。"是不是我应该从这些专论中读出些什么东西来，又或者是这里的职业习惯就是写些没有任何实际内容的浮夸的专论呢？"燕卜荪跟他开玩笑说："你希望是哪一种呢？"然后又用比他通常更带有挖苦性的口气说："问题是，严肃的官方书面英语无论如何是和我们说话的方式相差甚远的，但是这种语言竟然也与大多数美国人说话的方式差着十万八千里，那更像是有名的印度绅士或者中国学生写的东西。"[14]［那最后一句似乎不仅仅是玩笑而已；它明显暴露出一个肯定他自己也心知肚明的秘密情感，即有时候他会感觉对他的学生们有着屈尊俯就或者蔑视（？）的情绪。］

当燕卜荪在普林斯顿大学（Princeton University）做一堂关于《基本英语在批评中的使用》（'Basic English in Criticism'）的讲座时——在那里他遇到了艾伦·泰特和理查德·布莱克默（Richard Blackmur，"一位不错的老兄"）——他抓住这个机会试图去改正新的美国写作方法[15]，精彩地将这条他所谓的"主要内容"为一群文学学者们讲解出来：

> 一句合理的句子有一个重点，或者难点，或者精确欣赏点，或者其他什么别的东西。某些这种技巧［像用基本英语中的词汇］至少可以应对这种把整句话都充满知识术语的新兴的令人担忧的疾病。这个问题的根本在于无法保持在书面语言与口语之间的正常联系。那是一个礼貌问题；如果有一个令人困惑的词，稍加注意便可以处理，但是如果有六个就不行了。虽然看起来似乎在书面语中情况会好些，因为人们可以慢慢地研究书写出来的句子，并且可以返回重读某些句子，然而从另一个角度上看，这其实更糟糕。在书写出来的句子中如果有两三个费解的词，读者可能甚至不知道（可以这样说）哪一个才是真正迷惑人的。在印刷出来的文本中他无法猜出说话声音中的重点在哪里，而口语中某些重音则可以表现出这句话的具体意义是什么。
>
> 如果读者无法猜出来句子的含义，他便只能是在作者创作的语言海洋中颠簸而已。所有变成唯一。他也不会颠簸太长时间；他会停下来。但是我们必须在专家和外行人之间建立自由的交流，而外行人在某些事情上也可能是专家。不然的话，这整个的向前发展以及民主与别的什么都将停滞。[16]

阐释和展示基本英语的优点的工作也让他可以挣些钱偿还W. H.奥登，因为（在理查兹建议下）他很快找了一份临时工作——为波士顿的WRUL电台短波广播用基本英语写广播稿。他的稿件包括《基本英语与华兹华斯》〔'Basic English and Wordsworth'，后来在1940年秋发表在《肯庸评论》（*Kenyon Review*）上〕，还有一系列关于科技史的文章。[17] 在一篇科技稿中，他加入了这份及时的也许太理想化的政治说教：

> 与大多数的历史不同，科技史不是关于愚人愚行的故事，而是关于遍及全世界生活在不同时期不同地方的人们戮力合作建立一个知识体系的故事，这件事本身便是善事，对人类也有益处。现在这个时候，记得这一点是有益处的。

有关美国是否会迅速与英国一起并肩作战的问题在各处都引来人们的疑问。他发现，在美国，完全相反的政治观点就和选民一样多，这便使得预见美国将会向哪个方向摇摆变得几乎不可能。他害怕这个国家可能不会通过在战略上最为有力的方式来施加自己的影响以迫使交战各国能够更快地达到"体面而持续的和平"，不过美国自己也是一直因为危险的游说团体和虚假的朋友将自己搞得焦头烂额。在从芝加哥到波士顿的火车上，燕卜荪曾与一位爱尔兰老商人交谈，对方警告他说，波士顿的爱尔兰人有着强烈的反英情绪——他们至少会反感他的口音，而且坚持要在他到达那个城市的第一晚带他到一家体面的旅馆。当然，在波士顿和剑桥，燕卜荪都感觉与美国人说话时要"像与日本人谈话时一样随时小心自己的用词，比与中国人谈话的时候要小心得多"[18]。在波士顿的一个酒吧，燕卜荪一开口，一个爱尔兰裔美国人就脱下外套作好准备要打架：燕卜荪必须很快把话说完才避免了一场架。欧战似乎让每个人都变得对自己混杂的、自我防护的政治态度神经过敏。比如，西奥多·斯宾塞（Theodore Spencer）教授和太太在圣诞节当天招待他的时候，斯宾塞太太无意间提及他们的圣诞树是从英国运来的，然后就赶紧纠正自己道，"不，当然，我把它和德国搞混了。"燕卜荪注意到她脸红"到了耳根"，后来他就此评论说，"她很明显地感觉社交礼仪已经被破坏到了惊人的地步"。[19] 在社交场合，燕卜荪总是喝酒过度，然后就把他在中国见到的各种灼人的真相一股脑地倒出来。他把在中国当了两年流亡学者所积攒的苦水都倾泻出来，向任何不能理解全面中国体验——苦难、恐怖、英雄主义——的人大喊大叫。比如，多罗西娅·理查兹在11月

8日写道，"比尔喝得大醉，大喊大叫，就中国人如何挨饿，如何得甲状腺肿的事与人争吵——喊着'该死的'这个'该死的'那个。几乎到了特别可怕的程度。泰德〔·斯宾塞〕和我们所有人都很沮丧——因为看到这样的才华都白白浪费了。一种愤恨和蔑视随之而生。"虽然理查兹夫妇对他们眼中燕卜荪酗酒过度并且举止不当这件事很有看法，不过显然他冲每个人发火是因为他对中国的忠诚之心。他的中国朋友们在艰难地活着，面对日本人带给他们的最坏的处境，他们努力要保持知识文化和大学生活；然而，这里却是一群哈佛大学的世故的人们——他们只是忙着装点门面，保持正确的社交礼仪……而且是那么的漠然。

对燕卜荪而言，最终目的不是保持礼貌而是赢得战争。问题是"在一个充满紧张不安情绪并且出版业满布未经检验的断言的无序自由"的国度，如何最好地影响意见。他敏锐地观察到，不像在英国，美国的大众太容易受到政治宣传的影响，正是因为这个原因，他们才更加急于要保护自己免受不必要的压力：

> 美国人很容易感觉信仰会产生出目标，而他们的政客们在演讲中也总是说"我相信"（一些令人宽慰的信念），其效果好像是他们在努力使他们相信的东西变为现实。所有这些都使它们成为很好的宣传题目。但是他们都了解这些，他们也很害怕被拖进战争之中 ……的确，人们都认识到〔英国〕大使只是在做他通常的工作，而单纯的、坦然承认的政治宣传者们则又被看作试图让我们〔美国〕孩子们去送死的公众诱导者，于是自然地他们便会得到一个错误的看法，认为这个国家充满了反英情绪。[20]

燕卜荪在一篇题为《穿越美国》〔'Passing through U.S.A.'，《视野》（*Horizon*），1940年6月〕的文章中表达的上述观点是很有道理的；那是他刚刚在自己的亲身遭遇中偶然发现了这样的反对观点。

另一方面，从报纸新闻中提供的证据判断，美国似乎被这种利己主义思想控制，总是因为自己如此强大，而把自己看作是世界问题无可争辩的裁决者，以至于很多美国人总把自己看作是注定了要最终解决这场战争而不是明确地愿意去帮助他们的同盟："很难区分在某种程度上对世界其他部分负有责任的值得尊敬的感情和无助地被某种机器困住的感情，" 燕卜荪写道。[21]在公开发表的文章中，他把他的分析表达得既坚决又委婉；而私下里，他则感觉对美国人在那方面表现出来的优越感既反感又鄙视。在一封日期标记为1940年1月3日的给母亲的信中，他写道，"所有那一套被宠坏了的孩子的哭喊真让我反感。可能的确，如果他们能够下定决心，便真的可以成为世界警察，而且可以惩治任何做错事的人，但是没有哪个总统能够与别国签订一个正常的协定而不心知肚明参议员下个月就会把这协议撕毁的，因为他们实际上不能信守诺言，他们便不可能希望变得很重要。"[22]

他断定，如果美国在它自己的力量面前显得很无力，同时又很有可能会拒绝直接政治宣传的影响，那么英国人就应当至少拒绝他认为的"危险数量的伪装成和平主义和反帝国主义的半纳粹的政治宣传"[23]。他认为，即使是真诚的和平主义者，在道德上也是"扭曲的"和"过于拘谨的"：

> 如果你与那些声称不仅所有战争都是邪恶的，而且没有战争可以达到它的目标的美国年轻人谈话时说，"那么美国独立战争又怎样呢？"他们真的会很惊讶。他们从来没有想到要用实际例子来考量这个如此神圣的理想。美国报纸对于把铁屑卖给日本这件事有些敏感，但并不是因为这会帮助日本打败中国，仅仅是因为那些铁屑可以用来制造枪支，而那将是令人震惊的。[24]

他同意，和平主义者的论点并非全无逻辑；只是他们的理想主义对他来说显得不过是对于原则的亵渎。他自己并非如当时的读者们可能会倾向于认为的那样的好战分子，但是他的确被自己的爱国情绪鼓舞着，而且显然，美国那时仍然不愿采取一个坚决的与英国站在一起的立场这一点让他很恼火。无论如何，他下结论说，"美国似乎在转向当下需要她做的唯一真正重要的事，那就是当欧洲在作战的时候，它能够控制住远东的局势。"[25]虽然意识到如果同盟国看上去要失掉这场战争的话，可能美国和其他的"秘密同盟"会加以干涉，但是当他预见到美国很晚才会冲上舞台，抢夺胜利果实，然后又期望为它慷慨的援助而得到回报，仍然感觉受到侮辱。

虽然他并非狭隘的小英国人，但是他为英国没有像美国那样犹豫不决，而是直接地参加到这场正义之战中去，感到的骄傲之情却是毫不掩饰的。

"唯一重要的事情是综合的整治规划，"他从美国给母亲写信说。"我不得不就回家和成为一个令人讨厌的人而道歉，因为当我坐在这里的时候似乎很清楚我是不被需要的。不过，提包里带着些黄油和火腿，我似乎应当四处转转。"[26]

他在1940年1月28日到达利物浦（Liverpool），然后直接到约克的家里休息了一段时间。老朋友们看到三十三岁的燕卜荪总是沉默寡言，颇不寻常；朱利安·特里维廉对约翰·达文波特（John Davenport）提到燕卜荪冷淡的举止。达文波特对此的反应虽然善意却显示出他对于燕卜荪两年来坚忍地承受的苦难所知有限："我想比尔在这次长长的东方之行之后，总是显得有些害羞而且内向。我想这并没有什么奇怪的。"[27]

严重的近视妨碍了燕卜荪入伍，但是仅仅几个星期之内他便在广播公司找到了一份工作。"我回来后，感觉击败希特勒是当务之急，一定的。"他在很多年后以那种惯常的谦虚口吻说：

> 不过我也感觉比较有信心，自己可以参加到宣传机器之中来支援这场战争，但回过头来说，我被自己的无名保护了，不像诗人奥登，我仍然这样想，他拒绝成为丘吉尔的桂冠诗人是对的。就那件事而言，我的中国大学只是简单地认为我会要求无限期的战时休假（中国人早已经把我们的战争当作他们战争的一部分）；若是不这样做会很让人尴尬的。

不管是他在中国工作的时候，还是后来，他都没有想到，他的学生们会把他当作一位忠诚而且胸怀宽广的英雄看待，一位模范的有着真正涵养的"天生长者"。他也不知道他在1937到1939年的努力会在很大程度上决定未来中国英国文学研究与教学的发展。他那些年的学生们会成为这个国家主要的文学学者，他们一致认为燕卜荪是他们的良师益友，并承认从他那里获益良多。而就他自己而言，他只是做了他从事的工作而已，不管环境有多么艰难。回到英国之后，他仍然不改自己的英雄本色，简单地决定去做下一步应该做的事情。

若做别的事情，便会显得他意志不坚，不过他肯定曾经想着要做些其他工作的——比如在美国的一个学术职务。在BBC他将会为中国的利益而努力奋斗，就像他作抗击日本的政治宣传一样坚决。

他的信心有着绝对坚实的基础，因为在战争中的每一年，他的中国同事和学生们都在继续忍受着更加可怕的贫困。费正清在燕卜荪离开中国三年之后曾经代表美国战争信息办公室到访昆明，他被自己所见的国立西南联合大学越来越恶化的现状深深震惊了。他在一封日期为1942年9月23日的急件中报告说，因为"持续的营养不良，疾病，甚至士气低落"，教职人员们都"受到死亡的严重威胁"：

目前的教育部长，陈立夫博士，为了规范中国的知识界生活，一直在努力要控制清华以及其他大学的政策……结果便是持续的斗争，教育部和国民党的权力以及他们的财政后盾，与教员们维护教学自由的决心之间的抗衡……

特别地，国民党与教育部的努力采取了如下的形式：年轻的教员们被催促加入国民党……总体上对于该大学的资助（这也在大体上适用于西南联合大学）比它在中国的学术地位让它应得的要少得多——政府对它们的支持只是基于数量上而不是质量上的；在昆明，省级的云南大学得到大量的资助，比联大的经济状况要好得多，虽然后者包括了来自南开、北大、清华的中国学术界的精英。

这场斗争的例子不胜枚举，没有必要描述教员们如何在四壁空空的阁楼中，靠卖书、卖衣服、举债过活，并且患上各种营养不良疾病的生活……

如果可以承认，中国是在这场我们声称也参与其中的世界性的有关控制与自由的战争中的一个战场，那么很清楚，不能帮助这些人将是美国人在这场斗争的记录中一个可耻的污点。[28]

即使当官方报告称，BBC向中国的广播的效果与为了提供这些广播所耗费的精力并不相匹配的时候，燕卜荪仍然坚决要求持续向自由中国播放好消息的基本服务，并要求确保中国大学可以收到科学摘要以及中国新闻必须定期在BBC国内广播中播出。

他相信，不管他们所提供的东西有多么少，那项服务将会帮助中国人保持士气；那将清楚地证明英国重视面对共同敌人的中国战线。

1. TS draft of an unpublished 'Letter from China'.

2. *SSS*193–194.

3. TS draft of article headed 'The Refugee Peking Universities'.

4. From an undated letter from Pollard-Urquhart to WE (Empson Papers).

5. Loose page of undated letter (Sept. 1940) from Pollard-Urquhart to WE.他接着说，"大学领导层希望你回来"，然后又打趣地说，"你要是真回来的话，就带个懂道理的老婆来照料你，那你在这里就算幸福了。有人告诉我说，你的毛皮衣和几百块当地钞票在海防被人偷了，这事我可一点不奇怪！"（Empson Papers）水天同在1940年写信给理查兹，讲述了波拉德–厄克特可怕的早逝的经过：在一次空袭中，他被汽车撞倒，当时人流、车流拥挤着拼命地要从昆明狭窄的东门挤出去，他的伤口溃烂，变黑，得了坏疽，两星期后便离世了。"（Richards Papers, box 55）

6. Interview with Professor Chao Chao-hsiung, Peking, 21 March 1984.

7. 罗伯特·温德后来在1982年1月9日写信给一位学生王如杰（音译）说，"在［埃兹拉·庞德］的信中，他说我是克劳斯维尔最文明的人……没有庞德，也许我如今只是个在克劳斯维尔爬来爬去的傻瓜。事实上，我在中国是个好战的无神论者。"（James J. Wilhelm, 'On the Trail of the "One" Crawfordsville Incident or, The Poet in Hoosierland', *Paideuma*, 13/1, Spring 1984, 25; Herbert Stern, unpublished TS 'OIC III', 8; privately supplied.）理查兹曾在1927年与温德见面，在30年代中期把他称颂为"我们力量的巨大增强……此人才华横溢而又像是正等着基本英语给他展示才华的合适工作呢'。"（Letter to David H. Stevens, Rockefeller Archive Center, RG1, series 601, box 48, folder 398.）理查兹将一册他的《新诗与精选》（*New and Selected Poems*, 1978）题献给温德，称他为"最理解我的诗歌的读者"。多罗西娅·理查兹生动地回忆说，"温德对于中国的知识深刻、多样而又幽默。他教给我们好些古代中国文化知识——那时候黄包车夫们还留着辫子，穿着白袜子，不管天气好坏，都能从清华到北大一口气跑上十四英里的路，速度极快。他有一项出名的本事，就是懂得车夫们最粗野的骂人话，这一点远超普通外国人的知识范围。"（引用Stern, op. cit., 9.）See also Israel, *Lianda*, 162.

8. Interview with Xu Yuan-zhong, Peking University, 6 April 1984.

9. Li Fu-ning, 'William Empson As I Remember Him'. 理查兹后来在1969年3月13日给理查德·埃伯哈特写信说，"你听过燕卜荪背诵这些演说吗？那可是至高无上、最令人难忘的诗歌体验。"（致谢约翰·康斯特布尔）

10. *Milton's God* (1961, 1981), 44–45.

11. WE, 'Wartime Recollections', *Harvard Advocate*, 108/2–3 (1975); *SSS* 195–196.

12. WE, TS draft letter to mother, 8 November 1939 (Empson Papers).

13. WE, letter to Allen Tate, 31 October 1939 (Allen Tate Collection, Box 19, Princeton University Library).

14. WE, TS draft letter to mother, 8 November 1939 (Empson Papers).将印度绅士与中国学生并列在一起肯定是因为最近的一场谈话；燕卜荪在写于昆明的一封《中国来信》打印草稿中写道，"地区性的，甚至省级以下的政治是中国的力量所在，……而那个重要的、尚未解决的（有关打仗和战后的）问题是，将把那种生活安装到高等教育的充足产品上去。我们这里有个来执行什么任务的英国军官，他坚持把学生们叫做印度绅士。他想说的当然不是真的，不过，这仍然很危险，应当避免。"

15. WE, letter to Allen Tate, 18 December 1939 (Princeton University Library).

16. 几周之前，燕卜荪曾与评论家罗纳德·克兰（Ronald Crane）在芝加哥会面——克兰后来告诉剑桥的评论家乔治·沃森（George Waston）说，"他就坐在你现在在坐的地方，告诉我他曾经教给中国人基本英语。我说，"你的意思是要告诉我，你相信所有的东西都可以用不到1000个词讲清楚吗？'燕卜荪说他是这个意思。'我挑战你一下，请你从那个书架上随便拿一本书，打开，然后把书上的东西翻译成基本英语。'燕卜荪便随便地伸出一只手，碰巧抽出一本柯尔律治的《文学传记》，他胡乱地打开一页，看了一两分钟，便抬起眼睛认输说，'当然，那就把柯尔律治改得毫无意义了。'"（*Never Ones for Theory? England and the War of Ideas*, Cambridge: The Lutterworth Press, 2000, 68.）

17. John Paul Russo, *I. A. Richards: His Life and Work* (London: Routledge, 1989), 432, 775 n. 13.

18. WE, (?unposted) letter to mother, 3 January 1940 (Empson Papers). 此信成为他后来的文章《穿越美国》（'Passing through U.S.A.'）的基础。

19. WE, (?unposted) letter to mother, 3 January 1940 (Empson Papers).

20. WE, 'Passing through U.S.A.', *Horizon*, 1/6 (June 1940), 426–427.

21. Ibid., 428.

22. WE, (?unposted) letter to mother, 3 January 1940 (Empson Papers).

23. WE, 'Passing through U.S.A.', 430.

24. Ibid., 428.

25. WE, (?unposted) letter to mother, 3 January 1940 (Empson Papers).

26. Ibid.

27. John Davenport, letter to Julian Trevelyan, 16 February 1940 (Trinity College Library, Cambridge: JOT 4/41). 1939年6月29日，燕卜荪自昆明给迈克尔·罗伯茨写信说："有好多有趣的事，不过我总是疯疯癫癫的，必须先喝几口白兰地，然后才能做别的事。我的计划怎样取决于我恢复得如何。"（Janet Adam Smith）

28. Quoted in John King Fairbank, *Chinabound: A Fifty-Year Memoir*, New York: Harper Colophon, 1983, 197–199.

译者注
① 音译。

附录：

其他著名先辈

燕卜荪家族分支（Empson，Emmeson或Emson），自从无法纪查的时代起，便在约克郡（Yorkshire）与林肯郡（Lincolnshire）居住了，虽然，不能说他们的先辈可以追溯到远古大洪水时代。［他们家族的名字似乎最初拼作Emmeson，可能源自"艾玛之子"（son of Emma）或"埃默里之子"（son of Emery），后来简化为 Emson；那个"p"是后来加入的］。1297年在《约克郡平民补贴名册》（Yorkshire Lay Subsidy Rolls）中便有了叫燕卜荪（Emson）的人；在1379的《西赖丁人头税申报表》（West Riding Poll Tax Returns）中也有名叫燕卜荪的人；在《约克市自由民名册》（City of York Rolls of Freemen）的记录中，有几个名叫燕卜荪（Empson 或Emson）的人——最早记录在案的是，1424年伦敦的理查德·燕卜荪（Richard Emson）。

但是约克郡的燕卜荪家族，最早有记录的历史实际是始于乔治（George）与理查德（Richard）兄弟［不过似乎在之前的1594年，曾经有过一次家族内通婚，即一位威廉·杰斐逊·埃德温·燕卜荪（William Jefferson Edwin Empson）娶伊莎贝尔（Isabel）为妻，此女为约克弗利特（Yokefleet）的绅士盖尔·燕卜荪（Giles Empson）的女儿。］乔治与理查德兄弟，即上述威廉与伊莎贝尔的孙子，在内战时曾经发生冲突。生于大约1619年的乔治绅士，从祖父手里继承了索安庄园（Southam Grange），并曾经在国王的骑兵队中做中尉，与议会军对抗；他曾参加1644年的马斯顿荒原战役（Battle of Marston Moor），后来在桑德尔堡（Sandall Castle）陷落时被捕。作为对他"对抗议会所犯数项罪行"的惩戒，他的个人财产被圆颅党洗劫一空，剩余的也被罚没，并以40英镑价格出售。此外，对他的"过失"，另收罚款100镑，从他在古尔（Goole）拥有的地产上征得：那片"在这场异常战争之前"每年能够产生50镑收入的土地，在1645年则价值不超过30镑。于是，11月29日，在立下"国民誓约"与"不战誓言"之后，他递交了一份请求宽大处理的申请，声称自己"已经离开敌方阵营许久，并且在家中生活有六个月，"——但是并没有记录证实他是否得到了宽大处理。[1]不过，我们确实知道，1665年8月8日，那时据说他已46岁，他娶了伊丽莎白［舍伍德庄园（Sherwood Hall）的约翰·安比（John Anby)之女］为妻。二人育有一对子女，乔治（George）和玛丽（Mary）。伊丽莎白去世时，他们的子女尚幼，乔治后来续弦，女方名安妮(Anne，娘家姓氏不明），他的妻姐，一位名为简（Jane）的孀居女子，也搬来与他们同住。在1677年4月7日去世时，乔治显然没有多少财富，不过手里还是有些许土地，在他的遗嘱中写明分给他的遗孀（"足够她应得之资"）和儿子；分给他儿子的土地上的"第一笔收益"将被用来为玛丽"积攒部分"财产，直到儿子小乔治14岁为止。而遗孀安妮当时还很年轻，按理还会打算再嫁，于是乔治非常宽厚地在遗嘱中写明，如果安妮再嫁，不必担负教养她的两位继子女——乔治和玛丽的责任。玛丽·燕卜荪被他任命为遗嘱的共同执行人，但是她却在父亲去世后仅仅五年也过世了，终身未婚。小乔治当时只有7岁，后来直到将近40岁才结婚，妻子名玛格丽特（Margaret），是舍韦（Chevet）的弗朗西斯·尼韦尔（Francis Nevile）的遗孀。但是，只过了一年多，即1710年，这个可怜的伙计便谢世了。

不过，现在情节再转向议会派的理查德一方——"固执的迪克"——他是保皇党乔治的弟弟。从圆颅党理查德一脉，八代传到诗人和批评家威廉·燕卜荪爵士。但是有一个贯穿这个家族各代的，一直以来存在误会的事，这便是有关这个家族的纹章的真实情况。在1665年8月，达格代尔（Dugdale）的《约克郡探访》（Visitation of Yorkshire）中记载，乔治·燕卜荪——其合法居所为奥斯高德克洛斯邑（Osgodcrosse Wapentake）——曾宣称自己拥有佩戴纹章的权利，而他的纹章被描述为"三个十字架之间一个天蓝的V字形图案"——不过有个附带的条款，"需证明佩戴纹章资格，但证明并未出具"。换言之，这一支的燕卜荪家族所宣称的纹章，并未获得合法认可。同样，在立于1675年7月8日的遗嘱中，乔治·燕卜荪也曾特别申明，他的儿子应当接受"我的银印章以及雕于其上的我的纹章"。然而，另有一支发达的（也繁衍不绝的）家族分支，在整个17世纪，便一直宣称拥有同样的纹章，他们便是林肯郡的波士顿（Boston）燕卜荪家族。在1634—1635

年间的《林肯郡探访》（Visitation of Lincolnshire）中载有一份波士顿燕卜荪家族四代的族谱，称他们也获准佩戴同样的纹章［在1635年签署这份族谱的梵希斯（Francys）有一位16岁的儿子兼继承人，当时活在世上］；而一份被称作《拉金林肯郡族谱》（Larkin's Lincolnshire Pedigrees）的非官方手稿则将这一家族又有所延伸，到大约 1650年，其旁系又有所详述：家族所有成员似乎都在波士顿定居。[2] 另外，一份作者为林肯郡铁匠詹姆斯·约克（James Yorke）的名为《荣誉联盟》（*The Union of Honour*）的文件[3]，认为上述纹章是属于林肯郡燕卜荪家族的（在1832年提交这份文件的约翰·燕卜荪牧师，发现所谓他的家族纹章在这里被提及，非常高兴，因为他当时并没有意识到自己的一支，并非源自这个家族纹章的合法所有人）；[4] 而《林肯郡家谱》（*Harleian Society Publications*， vol. 50，1902）则支持纹章是波士顿的燕卜荪家族所有，而非约克郡古尔的燕卜荪家族所有。于是，从现有证据可得到一个不好的结论［正如同纹章学院官员R.P.格雷厄姆–维维安（R.P. Graham-Vivian）在1949年告诉威廉·燕卜荪的兄弟的］，即使最近的约克郡燕卜荪家族能够证明并且登记，他们是乔治·燕卜荪——那位来自古尔自称为"绅士"的先生——的直接男性一脉，也不能使他们拥有使用那枚纹章的权力——"因为他们被要求出具的证明，据我们所知，从来没有被出具过。"[5] 然而，我们可以据此设想，乔治·燕卜荪不过是继续了他所认为的祖先——那位传奇的理查德·燕卜荪爵士——开始的欺骗传统，不过这个极端的做法，倒是很符合理查德爵士的法定继承人的个性；乔治也许是满怀诚意地这样做的，而且不过是把某位并不把纹章学法律条文放在眼里的农民犯下的错误固定下来罢了。不过，几乎毋庸置疑，约克郡燕卜荪家族的后代常常是些自命不凡的角色（借用约翰神父并无恶意的话）；如果不是真正地生活在一个谎言之中，那么他们便一定是有意地要将自己的社会地位不断向上提升——到达如此的高度，以至于这个家族形成了一种对于绅士风度有着极高的敬重，最终被迫面对一个维多利亚时代的悲剧，而且从此无法从这个悲剧中复原。20世纪，约克郡燕卜荪家族开始分崩离析，分散各地。这是一个彻底的英国式的故事。

"固执的迪克"，即圆颅党理查德·燕卜荪，与乔治分道扬镳的兄弟，倒是从来没有声称拥有那枚纹章的权利，虽然他在这个国家倒是颇为成功。1649年6月19日，他从威廉·帕克（William Parker）及其太太朱迪斯（Judith）手中购买了

"位于约克郡古尔的一栋家宅或房屋"[6]，在随后几年中，他不但占有了北到乌兹河（River Ouse），南到黑水（Blackwater），东邻托马斯·雷德斯通（Thomas Redstone）爵士，西邻威廉·燕卜荪（也许是位堂兄弟）的"围地、田产、土地、沼泽、林地和其他……连带土地"，还拥有其他的围地、草场和耕地。他在大约1655年娶玛丽·克拉克（Mary Clarke）为妻，两人育有四子三女，但是玛丽先他去世，他后来另娶一妻，名安（Ann）。理查德于1675年去世。但是在遗嘱中，他却没有把财产留给大儿子，而是给了三个小儿子——科尼利厄斯（Cornelius）、查尔斯（Charles）和乔纳森（Jonathan），条件是他们要教育并抚养他的一个名字古怪的叫博诺尼（Bononi）的孙子，直到他22岁——"到此位博诺尼22岁时，他们将要给他一份价值50英镑的财产"[7]。这个颇为奇怪的名字可能暗示了这个孩子是个私生子；若果真如此，那么这个孩子到底是谁的私生子呢（他是遗嘱中提到的唯一一位孙子），以至于祖父不但以剥夺继承权威胁，要求他的儿子们把这孩子抚养成人，而且还将家族的姓氏赐予他？最有可能的答案是这位博洛尼是他的大儿子詹姆斯（James）的非婚生后代，这又解释了为什么理查德会冷落大儿子，只留给他20镑的遗产——其中最大的部分詹姆斯还必须向人索还："即，13镑18先令现在阿克沃斯（Arkworth）的托马斯·卡伍德（Thomas Cawood）处，需向其索取，另有6镑1先令6便士将由我的执行人支付给他，作为给予他的孩子的一份财产。"（而那些已婚的女儿们，原本估计会得到少于大儿子的遗产，却都得到了至少每人20镑。）理查德·燕卜荪少给了儿子六便士这件事，显示出他对于詹姆斯的下作行径的深深蔑视。无论如何，我们可以认定，理查德·燕卜荪，这位古板的议会派，有着一定的耿直与自尊——同时又深谙人性［"我给予我的女儿伊丽莎白·理查森（Elizabeth Richardson）的款项，计60英镑，在我死后40周以内支付给她，条件是她的丈夫或者丈夫的朋友，能够提供给她每年产生5到6镑收益的地产"］。显然他为自己生命中的一点很骄傲：（大概与他的那位误认为自己有着高贵身份的保皇党大哥形成反差）他不管是生来还是死去，皆为自耕农——一步也没有升高。理查德·燕卜荪是真正的约克郡燕卜荪王朝的始祖。

如果他的大儿子詹姆斯的确是家族中的不肖之子，因而受到父亲的冷落，[8]那么这就可以解释为什么詹姆斯的孩子们，以及孩子们的孩子们，为什么会感觉到被"正统的"燕卜荪家族排斥在外，以及为什么这一支往下的五代（最终没有男嗣继承香火），一位娶了这家姑娘的绅士决定改姓这家的姓氏燕卜苏。1842年，乌斯弗利特农庄（Ousefleet Grange）和古尔庄园（Goole Hall）的绅士罗伯特·科尼利厄斯·利斯特（Robert Cornelius Lister）娶了古尔庄园的贾维斯·燕卜苏（Jarvis Empson）唯一的女儿和继承人伊丽莎白，从此改名为利斯特·燕卜苏，并为他的独子取名为詹姆斯·燕卜苏·利斯特·燕卜苏（James Empson Lister Empson）。（不过，这次改名并没有得到皇家许可证认定，而是通过单务契约完成，因此他所拥有的家族纹章——燕卜苏与利斯特家族四等分的纹章——实际上便没有注册，也没有得到纹章学院的认可）。另一方面，约克弗利特庄园绅士约翰·亨利·燕卜苏（John Henry Empson），圆颅党理查德的男性直系后代中的长子与继承人，在1867年成婚时，便享有了近乎神秘的满足感，那是一种双重的满足感，因为他所选择的配偶正是自己的表妹爱丽丝·利斯特（Alice Lister），罗伯特·科尼利厄斯·利斯特（燕卜苏）的独女。这次家族内部通婚意味着一场被虔诚企盼的完满结合：它画上了一个完满的圆，将一个被分隔了两个世纪的家族重新结合在一起。不过，两年之内，正如在第一章中讲述的，所有家族的欢乐都烟消云散。

圆颅党理查德·燕卜苏的次子科尼利厄斯，在父亲去世后不久便横跨大西洋，一举青史留名。〔奇怪的是，美国历史上的第一位燕卜苏却是威廉·燕卜苏，他在大约1637年来到马里兰—巴尔的摩爵爷（Maryland—Lord Baltimore）的"种植园。"〕[9] 大约1660年出生于约克郡的古尔与豪登（Howden）之间的小村庄布斯（Booth）的科尼利厄斯，获得了西新泽西（West New Jersey）地区一块土地的所有权，于是便在1684年前往美洲。显然，他是一个有钱人，因为他虽然保留了对于西新泽西那片土地的所有权，却另外在今天的特拉华州威明顿市（Wilmington，Delaware）附近，纽卡瑟尔县的布兰迪万河（Brandywine Creek，New Castle County）购置了很大一片土地（耗资625英镑），并且在那里成为威廉·佩恩（William Penn）可资信赖的朋友。在佩恩管辖的省份定居之后，他立刻被选为政府官员：1685年，他被任命为纽卡瑟尔县的治安官和法院法官，1701年，他仍然担任法官职位。到1690年，他被任命为纽卡瑟尔县的收税官，也是宾夕法尼亚立法会的成员。此外，他还是切斯特县（Chester County）省级法院的一名法官，另外，他的公务事业的顶峰，是他在1698到1701年间，在宾夕法尼亚最高法院担任法官。1701年，科尼利厄斯与其他二十个家庭取得了一片面积为15000公顷的、名为诺丁汉区（Nottingham Tract）的土地的所有权，并且在此定居；这片土地位于特拉华（Delaware）与萨斯奎哈纳（Susquehanna）中间的地区，它最终成为马里兰的一部分。科尼利厄斯是贵格派信徒，曾经有四位妻子［他的第二位妻子，实际上是他刚刚去世的第一位妻子的妹妹，所以他所属的纽瓦克教会（Newark Meeting）将他开除，因为他未经他们的允许便娶了这第二位妻子，但是在他谴责了自己的草率之举，并且"非常高兴，非常乐意地"接受了正式的训诫之后，双方的荣誉都得到了保全］；他与四位妻子总共育有四子四女。他于1710年去世，遗嘱中所列留给他的家庭的财产中，包括数名黑奴和黑白混血奴仆。他签署自己遗嘱的地方，是他名为古尔田庄的美国宅邸，那是为了纪念他的第一个也是被他抛弃的家庭而取的名字。［在他颇有才干的后代中，在生前最为有名的大概是罗伯特·蒙哥马利·伯德（Robert Montgomery Bird，1806—1854），此人是大夫和作家，因为写作与詹姆斯·菲尼莫·库珀（James Fenimore Cooper）类似的探险故事而闻名，他创作的戏剧包括，《角斗士》（*The Gladiator*）、《波哥塔的掮客》（*The Broker of Bogota*）等，都获得了广泛的赞誉。］威廉·燕卜荪肯定知道他这位远房祖先是一位殖民者和奴隶主，也肯定从朋友博纳米·德布雷（Bonamy Dobrée）那里得到了更多关于科尼利厄斯·燕卜荪的消息，因为这位朋友曾经在1932年发表过一部有关威廉·佩恩的优秀专著。[10]

所以，在圆颅党理查德的四个儿子中，詹姆斯可能被父亲取消了继承权（而且无论如何，他的子女并没有生育男性继承人），而科尼利厄斯则去了新世界（值得注意的是，上文引用的纪要中，在家族的族谱中完全省去了科尼利厄斯的名字），于是便只剩下了查尔斯和乔纳森。而实际上，"固执的迪克"一支正是在四子乔纳森这里延续下来直到今天的，当然，此事也有值得商榷的地方，不过，我们也不能就此认为查尔斯是被自己的弟弟掠夺了财产（查尔斯的确有儿子，但是很可能先于乔纳森去世）。乔纳森发达了；他的父亲在古尔买了处"宅院"，而乔纳森则更有出息，买下了古尔庄园，（我们之所以知道这一点，是因为他得以在自己的土地上改葬他的父亲与长兄：理查德改葬于1710年，詹姆斯改葬于1715年）。所以，在这一切都说完做完之后，也许可以推知，是乔纳森觉得应当把燕卜荪家族的纹章夺到自己这一方来。然而，却是乔纳森的儿子和继承人阿玛琪亚（Amaziah，1692—1776）使家族拥有的地产达到巅峰的。作为一个成长中的富人，他对于积聚财产颇有野心，忙于在乌兹河以北的豪登教区购置土地——那是一片由"沼泽地"变成的平原，向东一直延伸到沃林沼泽（Walling Fen）——不过他通常与妻子萨拉·莱赛尔（Sarah Wressel）住在布里格（Brigg）附近的勒丁顿（Luddington）。特别值得注意的是，在1758年，他从弗朗西斯·史密斯（Francis Smith）手中购得约克弗利特庄园，那是一栋临河的古代房产［在《末日审判书》（*Domesday Book*）中曾经出现过三次，被称作"Iugufled"——名字来源于"Iugu"或"Yoke"，以及"fled"或"fleet"］，附带的还有一个渔场。乌兹河那时候出产三文鱼（据说它们"无与伦比"），以及鳟鱼、香鱼和七鳃鳗（1726年通过了一个法案来改善此河的航行，不过"没有什么足够的成果"）。[11] 在约克弗利特（Youckfleet或Yoakfleete，最初写法不同）的房产，以及随之而来的欢乐与冲突，从此便与这个家族相伴。此外，阿玛琪亚还与伦敦的卡尔特修道院（Charterhouse）积极谈判，欲购买约克弗利特下游的布莱克托夫特（Blacktoft）的房产，但是最终因为此处房产实际属于慈善机构［卡尔特修道院后来变成了苏顿医院（Sutton's Hospital）］，不能让与他人，于是，他必须经一项议会的法案"允许卡尔特修道院管理者将布莱克托夫特的庄园转卖给阿玛琪亚·燕卜荪先生"（乔治二世时期，1757年）——为此，阿玛琪亚必须支付相当大的一笔费用，计161镑10先令。[12] 这项颇为复杂的财产转让，全过程共耗时四分之一个世纪之久（阿玛琪亚不太会写字，而且有时会很刻薄），不过结果却是把家族的财产扩大到几乎两百多年之后今天的规模——计4,200公顷。最终阿玛琪亚·燕卜荪将他建造自己王国的勤勉之力，用到了另一位有着古老头衔的邻居的财产之上，这位爵士邻居名为乔治·梅瑟姆（George Metham，梅瑟姆家族自从中世纪便颇为显耀），此人是个毫无远见也颇为穷困的角色，当时也只得将梅瑟姆庄园在1769年卖给阿玛琪亚。[13] 在威廉·燕卜荪的曾祖父约翰（John）刚强的姑妈萨拉·燕卜荪（Sarah Empson）写的一份纪要中记载，阿玛琪亚在1769年3月2日，实际上买了沃特豪斯（Waterside House）农场（如今已经不在）和梅瑟姆的滩地，虽然似乎在梅瑟姆和约克弗利特的不少田地自从远古时代便在"乔治·梅瑟姆爵士和他的男性继承人们"名下，但所有这些最终都进了阿玛琪亚的嘴里。[14]

阿玛琪亚·燕卜荪的大儿子与继承人（阿玛琪亚于1776年过世，享年84岁）约翰·燕卜荪，似乎与父亲世俗的攫取欲故意唱反调，于是做了家族中第一个担任神职的人（在他继承父亲遗产的时候，已经将近50岁，而在父亲逝世后，仅仅又活了11年），约翰成为林肯郡斯考比（Scawby）的一位牧师，在那所教堂墙壁的一块石板上记载着一件对于他的后代的学生们来说颇为有趣的事。约翰·燕卜荪神父"早年"在剑桥时，"文学成就颇为优秀"，在那里他曾经是圣凯瑟琳学院的一位学者；石板上还记载着，"在此后的每一个时期"他均颇为优秀，具体表现"在他对于每一项道德和基督徒的优良品质的培养，他对于自己的布道工作的投入，对人民的安慰，对他的家庭、他的教民和他所影响的所有人的教诲"之上（威廉·燕卜荪将会高兴地评论说，不管他的牧师工作如何，他的教民们不会油滑地把"道德"与"基督徒"混为一谈的）。约翰神父于1750年与沃兹（Wath）的安·华兰（Ann Wharam）成婚，妻子为他生育了五个孩子，二子三女。但是长子在1787年，与父亲同一年去世，年仅37岁。于是以祖父——那位伟大的家族产业扩张者——的名字命名的次子阿玛琪亚，继承了家族的财产，不过，他也过着出世的生活，因为他继承了父亲的职务，做了斯考比的助理牧师，而把约克弗利特以及周围的土地租给了别人，并且获得了颇为丰厚的收益。（尽管住在林肯郡，他的官方通信地址却是约克弗利特庄园——如同当初他的父亲一样。）由他的祖父和父亲所积累，传到他的手中，又被他努力增益的财产之巨大，可以由他（于1798年签署）的遗嘱中所列内容显示出来，在这份遗嘱中，他留给妻子每年600镑的养老金，还有其他礼物以及100镑现款，并且还给予他的五个儿子斯文弗里特（Swinefleet）和里德尼斯（Reedness）的几个农场和其他祖产［位于惠特吉夫特（Whitgift）教区］，以及在科特尼斯（Cotness）、梅瑟姆、桑特夫特（Thorntoft）、布莱克托夫特、斯特拉德瑟尔普（Staddlethorpe）和毕晓普索尔（Bishopsoil）等地的土地和约克弗利特的地产。但是阿玛琪亚并没有能够长期地享受他的尘世财富，因为他在44岁上便过早辞世，留下他孤苦的妻子安［Ann，布里格的约翰·凯尔可（John Kelk）的女儿，二人于1786年成婚］，独自抚养五个年幼的孩子——正如斯考比教堂的纪念文字中所写，"慨叹他的早逝，并且教育他们要学习他的榜样"。他的长子，活泼而又古怪的"飞翔的牧师"，后来在母亲于1835年以73岁高龄去世后，在写给自己儿子的信中这样回忆他古怪的母亲——她似乎相当傻气，是个不可救药的母亲，而且患有忧郁症："因为身体上的病痛，时间和耐心对她来说当然是必须的。我母亲告诉我，在过去的50年间，她从来没有身体完全健康的时候，但是她却可以从事一个健康者所能从事的任何事，虽然她总是担心自己的健康问题，但却活过了她曾经咨询过病情的四分之三的大夫；她有足够的钱，可以去海边或者别的近水的地方旅行，而且有一栋好房子和一个好餐桌，在这些地方她可以招待宾朋，所以她从没有孤单过，而且即使独自一人也不会沮丧，每天服用各种药剂对她来说也往往是件解闷儿的事。"[15]

安这位孤孀，虽然住在乌兹沼泽边约克弗利特庄园这片颇多雾气的地方，却并没有遭受雾气之苦，这主要得益于在抚养孩子的时候，她得到了自己令人敬畏的小姑萨拉的鼎力相助。萨拉终身未婚，智慧超群，行事主动，精力充沛，硬朗的小身板令人生畏，满含嘲讽的眼睛冰冷似铁，这位无私而生活充实的女性，直到97岁高龄方才过世。萨拉姑妈对于约翰·燕卜荪牧师和他的兄弟们来说，一直是一位管教他们言行的天使。她率直而讲究常理的个性，在她于1838年侄孙约翰·威廉（John William，约翰牧师的儿子和继承人）成年之际，写给他的一封信中的如下段落可见一斑："我想所有年轻人在前往欧洲之前，都应当好好看看自己的祖国，免得他们会像已故的切斯特菲尔德（Chesterfield）勋爵那样，当被问及沃尔布鲁克圣司提反教堂（St. Stephens Walbroke）之美的时候，不得不承认自己并没有见过这座教堂。"[16]

在另一封于22年前写给他的大侄子约翰·燕卜荪牧师本人的信中，她也毫不留情地指责他，那些话四年之后还缠绕在他的心头，令他为自己的恶名倍感羞悔："很高兴听说你的妻子身体好些了，希望她还适应萨克斯比（Saxby）的生活，也希望你不要像在伦普斯顿（Rempstone）时那样，抛下她去追随那些猎犬们。如果你只把自己的眼界局限在一两个猎人身上，那可不是你的职业意义所在，因为有一整个教区需要你来关照，你该不会喜欢别人把你叫做"打猎的牧师"吧？"[17] 她是有理由因为他的行为不佳而感到急切焦虑的：她本已经在照料他既酗酒又欠债的弟弟詹姆斯了。她也关心着众兄弟中最小的一个，刚刚从剑桥毕业的理查德——在那里，他这样的摄政时代翩翩少年，几乎无法避免地患上了某种性病[18]——应当在选择职业方面有所决断。实际上，理查德适时地进入教堂，成为林肯郡斯科顿（Scotton）教区的副牧师；他后来结婚，但是没有子嗣，在43岁上去世。"我们的迪克（Dicky）没有享受多少乐子，"他的兄长约翰用满怀爱意的约克郡调子说。[19]

斯考比的牧师约翰·燕卜荪，生于1787年，那年恰好也是他的祖父约翰逝世的年份，他在剑桥的圣约翰学院获得硕士学位，毕业后在诺威奇（Norwich）和林肯做了执事和牧师，后来又被委任拉夫伯勒（Loughborough）附近的伦普斯顿洛奇（Rempstone Lodge）地方的圣职——在那里，正如他的姑妈轻蔑地指出的，他更喜欢追猎的快感，而不是拯救灵魂，于是赢得了个恰当的外号——"飞翔的牧师"（他也被称作"林肯乌鸦"或者不那么好听的"戴防水帽的人"）。在去伦普斯顿之前，他娶了玛格丽特·亨特（Margaret Hunt，此女曾受大法院监护），妻子给他生下一子约翰·威廉，另有两个女儿，幼年夭折。不过，虽然他的姑妈训导他，让他离开马鞍去照看他的家人和他的教民，他到了莱赛斯特郡（Leicestershire）后，行为上却并没有什么改变；恰恰相反，他还加入到中部地区最棒的追猎活动——阔恩，贝尔瓦，科特斯莫尔（the Quorn，Belvoir，Cottesmore）——之中，骑马打猎更起劲了，而且他的技艺被当时支持此项活动的作者们大加赞赏。盖·佩吉特（Guy Paget）少校在1934年的一篇颇为动情的专著中描述了约翰的"精彩追猎"，而他的后代们，包括威廉·燕卜荪，都忠实地订阅了一本［鲁德亚德·吉卜林（Rudyard Kipling）也订了一本］："他身体轻盈，能够骑乘极为便宜的马，虽然他养的马不过三四匹，却总是飞跑在前列，一场追猎，他只靠一匹马，比赛下来，却往往可以比很多有两匹马的还要表现出色。他出现在不少J.弗恩利（J. Ferneley）的表现运动题材的大画中"[20]——其中包括《与匹持利猎犬追猎》（*A Run with the Pytchley Hounds*，波特兰公爵收藏，第716号），在此画中，燕卜荪骑着他的名为马尔文的马在飞奔。"飞翔的牧师"是第一个骑着剪毛马参加来莱赛斯特郡追猎的人，那匹马的名字叫"剪发"，他还有其他的一些"顶级猎马"，比如"母马"、"莫文"、"幽灵"、"格罗格"和"旅人"——这些马都归一个名叫富勒的马夫（也是个话匣子）照管。

约翰·燕卜荪神父——这位精悍的牧师和运动员，具有讽刺的急智，对人不讲情面——喜欢打猎的每一个方面；常会一直喧闹到后半夜，对自己的成就夸夸其谈，他还显示出作为一个豪侠之士和临时的宫廷诗人的功夫。总之，他是老派绅士的典型代表，而当时正是一个激进思想与改革浪潮汹涌澎湃的时代。我们甚至不能以他加入神职首先是因为家族传统而非真正的职业选择为理由来为他辩解，因为在剑桥时，一个朋友便就他对于人生"地位"的非凡雄心做过这样的断言："一个很好的乡村牧师和治安官"。他对于打猎的热爱也许是青春期延长的一种症状。无论如何，他知道自己是他出生的那个年代——18世纪中期——的产物（虽然后来他会成为一个积极的辉格党）：菲尔丁笔下的威斯顿（Western）绅士可能是他的榜样。在他写下的各种文字之中，有一篇是描述优秀的运动家的，这篇文章充分地展示出他明显的怀旧情绪。

如何在猎犬后面骑马，以及如何将这件事做好

找来一个真正的运动家，不要管他的穿着，让他骑上一匹像样的老马，然后把他放到乡下猎场；让狐狸先跑，然后一群猎狗紧跟。其次，我们的朋友出发，他像箭一般冲出去，他观察着猎狗们，既不催促也不超越他们，只是让他的马紧随其后，十分钟也不抽打自己的马一下，坚持不懈但又并不强求速度，与猎狗们一起，来到一片树林，进入一条马道，在猎狗吠叫时要驰马过去，然后（如以前一样）离开，特别注意领头狗们。在出现任何暂时困难时，要观察所有狗的动作，因为他从一开始就特别小心不去尖叫、干扰，搞乱这项体育活动，追猎结束的时候，他依然如此。当狐狸被杀死时，他拉马站在距离猎狗的远处，看看表，计算一下经过地方的范围，以及这段追猎从一点到另一点的距离，事后他谈论起这件事，便特别高兴，并且彬彬有礼，颇具老式英国风度地把他的喜悦传递给他身边的人们。如果猎狗们再次出击，他便也一同追赶那第二只狐狸，最后，一天圆满收场。

我们的朋友脚步轻盈地返回家中，与家人坐在一起，共享肉食与布丁，用一杯波尔图酒，诚实、真挚的老波尔图，来敬那些猎狗的主人，国王，女性，猎狐运动和这个时代无可匹敌的猎人；然后他告辞，就寝，祝愿每一个英国人都可以享受适合于他的那份公众的闲暇活动，并且热诚地希望，那曾经统治远古时代的好脾气、仁慈心和好客之情，那曾经代表了罗杰·德柯弗利（Roger de Coverley）时代的好品质，能够早日归来。[21]

这便是他已然过时的文明理想。

不过，威廉·燕卜荪倒是有一项爱好确系家传：约翰牧师喜欢胡涂乱抹些数字，如这份1825年11月7日的材料所显示出来的。

一个猎人的风险

首先，在长长一天的追猎中，有10比1的可能，一个勇敢的好猎手会遇到任何事故。其二，假设他跌倒，那么有8比1的可能，他或者的他的马会受伤。其三，有6比1的可能，马和骑手都会受伤。其四，如果骑手受伤，则有12比1的可能，骨头不会受伤。其五，有20比1的可能，即使骨头受伤，也不会致命。

$$10 \times 8 \times 6 \times 12 \times 20 = 115,200$$

$$: 1 \times 1 \times 1 \times 1 \times 1 \times 1 = 1$$

而115,200 = 1——如此开始——证明他不摔倒的几率是 10比1，他和他的马都不受伤的几率是80比1，而马受伤而非人受伤的几率是480比1，骨头没有受伤的几率是5760比1，受伤但不致命的几率是 115,200比1。[22]

他的数学天赋在他于剑桥就读时便颇为明显，他在那里的一位朋友在与他于1808年的一次交谈之后写道：

> 就像一位因为证明了所有荣耀都毫无意义而获得不朽荣耀的雄辩家一样……他通过向我证明他为何不能成为一位数学家，而显示了他有关数学的某些知识，他说，"因为一条不变真理是，那些能够迅速获得某件东西的人，也会最快地把它忘记。而亨利·沃尔特（Henry Walter，此人是圣约翰学院的院士，林肯郡另一名牧师的儿子，也是简·奥斯汀的外甥，奥斯汀在1813年得知他"被认为是大学里最好的古典学者"时，曾表示非常高兴。）声称他从没有见过任何人能够像我那样快地记住四页的静水力学：当然我同样很快地把它们遗忘，然而要在考试中取得高分，则完全有必要把它们记住，所以，直接的结果便是，我的理解的迅速，将导致我无法在数学考试中取得高分。"[23]

他的曾孙威廉在120年之后也会有理由在剑桥说类似的话。

当然，在某种意义上，整个燕卜荪家族，从古老的先辈们到近来的牧师们，都精于算数——这一点当然在集聚土地上体现得颇为明显。这个家族特色在约翰牧师于某时呈交弟弟理查德的记录——他按照弟弟的要求到北方参加当地一个洗礼仪式的《费用明细》（'A Bill of Costs'）——中再一次显露出来。[24]

J.燕卜荪牧师呈交 R. 燕卜荪牧师	提款		
	镑	先令	便士
4月4日 前往约克弗利特，渡船等，	10	0	
4月5日 雕刻、抽烟、与T.贾克斯（T. Jacques）、 N.加德姆（N. Gardham）喝潘趣酒等	1	0	0
4月6日 与阿力（Array）一同骑马，出庭，喝潘 趣酒，从马上摔下来，扯了外套，醉酒	1	15	0
4月7日 与韦德尔（Weddall）谈话，为J.斯蒂 芬森（J. Stephenson）的孙子施洗礼， 返回	1	0	0
	4	5	0
4天无酒	1	8	0
	5	13	0
应付款项	20	10	0
	镑26	3	0

当然他是在和弟弟开玩笑——这张发票首先是个不错的恶作剧——但是我们也有理由揣测这位牧师是有可能在一定程度上把这事当真的。

燕卜荪家族中至今仍然有一幅约翰·燕卜荪牧师的画像。画中人相当威严，中等年纪，身着神职装束，有些发胖，宽宽的秃脑门，四方脸，厚实的下巴，长长的鹰钩鼻，可能鼻梁曾经断过。眼睛明亮，目光集中，似严厉而非严厉，嘴巴较小，薄嘴唇，略向一侧翘起，似乎要咆哮或者嘲讽地冷笑，或者，再看一眼的话，感觉是要窃笑，甚至（可能）是咧嘴大笑。整体而言，可以说，他的仪态是颇为自我、固执己见和傲慢的。那不是一个离经叛道的神父，一个鲁莽的副牧师，一个不负责任的丈夫和父亲的脸；那是一个严肃人物的脸。我们如何将"飞翔的牧师"以及他对于猎狐联盟，对高围栏、狂欢作乐等的热爱，与这位神父在神职工作中的庄严肃穆彼此调和呢？他为什么，而且是从什么时候开始，纠正自己的行为的呢？自从担任神职工作之初，他便被警告要远离不负责任的、享乐主义的行径——特别是他的姑妈萨拉更是反复训诫。早在1813年，他便受到下文所述的来自某位显然留心观察他的放荡行径的人士的福音训诫——那几乎是一种咒骂，这段话几乎抵得上乔纳森·爱德华〔Jonathan Edwards，或者更好是威廉·戈尔丁（William Golding）的《过渡仪式》（*Rites of Passage*）中的低教会派的詹姆斯·科利（James Colley）〕所说的话：

　　不要蔑视我，先生，我再次请求您，仔细读一读这封信，它并非一时冲动写下的，而是在严肃而真诚地挂念您的更好的那一半——那永生的、非物质的本质的永久幸福的愿望——促使之下写下的；若非因为我相信，我所信奉的，与上帝的话语以及您自己的宗教所教导的并且融入她的所有仪式之中的真理完全相合，我是不愿把我的情感强加于您的；我因为听了您在去年4月19日所作的优雅且引经据典的演讲，而认为您颇有耐心，因而更添了勇气。啊，我多么悲伤地看到，那篇告别演说所激发的希望实在太过乐观了。我徒劳地以为您在那里所表达的是，来自您那被信仰的带有倒钩的箭刺穿的灵魂的体验，以为您被感悟、被激励来宣讲纯粹的福音，来通过一个模范的生命证明，无论您周围的那些迷惑的弟兄在接受神职的严肃时刻作何伪证，您却是真正受到上帝的感召来从事这份重要的神职工作的。我多么热切地恳求慈悲的上帝，愿您在夏天的离去将会是个很好的机会，让您远离俗世的欢乐，您可以带着一颗全新的心灵返回，您已经涂抹了上帝的油膏，可以来宣讲基督的真意，宣讲他如何在那座（不信神者独占的）几乎全无神圣观念的城市里被钉上十字架，那里的居民与他们的统治者们都沉浸在声色犬马之中，指望着他们所吹嘘的些许公众慈善之事可以让他们升入天堂，却不知，天堂里居住的只能是那些生来只信神的人。

　　但是，唉，先生，我所看到的却恰恰相反！11月一到，您便立即以十足的热情投入您的享乐之中，再次卷入放纵的漩涡（请不要因这个词而恼火，因为那些令心灵远离上帝的享乐，不配得到什么好称呼）；另外，尽管，您在某段时间被给予一项任务，去照看一些灵魂，他们的幸福您也显得是挂念的，但是您却并不能以身作则，您并不重视灵魂的解救，却只在乎些书面知识。难怪从各方面来说，不管是乡野小民，还是像您这样有着远高于普通见识的人，都会把您看作一个十足的伪君子。他们欣赏您的布道，却厌恶您的实际作为；他们称赞您作为学者和演说家的才干，却责备您的所作所为；他们不敢相信您的神圣训诫会牢固地印刻在他们的心里，因为您的作为与上帝的意志是截然相反的。

　　啊，先生，您的确是上帝的长久宽恕的典范！请您思量一下您所经历的上天的厚泽吧，您一定会满怀感激承认这一点的。您还记得前年冬天您遇到的大危险吧，那次，您在参加您最喜欢的娱乐项目时掉到了一个坑里，如果在那时您的灵魂被上帝召唤离开这片世俗之地，那它会飞到哪里呢？又或者，当您正在招待与您一起打猎的伙伴，死神的铁腕抓住了您，那么到了宣讲日课的时候，该唱一首多么可耻的歌啊，那时您的命运又该如何？又或者，那无限的智慧在您从神坛下来马上转战猎狐场的那天，忽然决定召唤您的灵魂，您将作何交代？又或者，在12月22日，您出现在您的朋友的荒唐场合上，这是您为那您曾经热烈地推荐给您的聆听天国信息的听众的即将到来的圣餐礼，所作的准备吗？我认为客西马尼园应当为那个即将在救世主的降临之晨接受并掌管圣杯的人提供一个供他思考的更加高贵也更加有意义的主题；我要在这方面再提及一件事，上帝在对您的恩典是多么的丰厚，这件事，我相信，也应当在您的心里留下长久的印象。您肯定不会忘记在2月20日，上帝对您的悉心关照，然而，您却置上帝的仁慈于不顾，也不在乎他的警告，仍然走您那错误的老路；您今年的开始与您去年的结束没有什么两样，您依然玷污自己的名声，因为您把它与那些全无头脑和良心的人们放在同样的"虚荣册"上，那些人即使在"慈善"的羽翼下也无法隐藏他们的俗恶本质。

这封信就这样一直说下去，又雷烟火炮地写了六大段，足有两页半的大号纸，最后以这样的方式恰当结尾：

　　我明白自己所说过于冗长，但是希望您能原谅我，因为我所说的皆是无比重要的。将有罪之人像燃着的木头一般从地狱之火中救出，是一个人所能做的最为快乐的事。如果我有幸能够哪怕将一个有罪之人带领到神圣的以马内利的救赎之光中，我便要怀着无限的感激了。我庄严地向您保证，先生，我不会再次打扰您。但是我绝不会停止恳求我的上帝将您指引到所有的真理的方向，成为生命的风暴之海中您永不犯错的领航者，并且最终将您安全地带领到永生的港湾。

　　这封混杂了责备与过分虔诚的奇怪的信，结尾处还几乎是安抚性地签了个"与您同样的罪人"，约翰牧师肯定是把这封信看作是什么人的讨厌冒失之作，而抛于脑后，因为他在此后的几年中仍然继续扮演着热心的猎手和酒徒的角色。最终刺激了他的良心的东西，并非来自同辈们，甚至也不是来自他那位高尚的姑妈的警告，而是一件沉重地击打到了他的心的事：1820年他的妻子玛格丽特过世了，年仅27岁。"妻子的逝世对他影响巨大，" 佩吉特少校写道，"以至于1823年的时候他辞去了在莱赛斯特郡的副牧师职务，也停止了打猎，他对自己约克郡的家没有什么好感，把这个村子称作'异见者的巢穴'，把他家的房子称作'泥屋子'，他的余生都是在伦敦度过的。"妻子墓碑［在伦敦的富勒姆（Fulham）］上的祭诗是他亲自所做，笨拙而悲伤，远比传统的悼文更加意味深长：

　　　　如果紧握的双手和盈满泪水的眼睛可以
　　　　暂缓天使的脚步，我们便不会在这里失去你
　　　　我们心中的朋友，如果可怜的眼泪能够为你带来
　　　　荣耀，它们将使你的棺木也变得神圣。
　　　　亲爱的圣者，我们将要举行更为神圣的弥撒
　　　　用耐心来热爱你留给我们的记忆，
　　　　教导你那亲爱的孩子要学习
　　　　你留下的福佑的榜样；
　　　　所以，我们谦卑地希望可以重逢
　　　　在那朋友们重聚再不会恐惧别离的地方

妻子的突然逝去，最终让他明白他已然失落的妻子的价值——这种失落与一个世纪之后托马斯·哈代的失落同样沉重。虽然在任何迟来的和满怀负罪感的感情表达中总会有用情过度的成分，但是我们可以肯定，约翰牧师所经历的不是短暂的痛苦，而是将在余生中一直重压在他心头的伤感。正如上文引述的他的祭诗中所指出的，玛格丽特·燕卜荪一瞑永逝，给约翰牧师留下了一个幼子，需要他独自抚养，这就是约翰·威廉——威廉·燕卜荪的祖父——当时只有三岁。燕卜荪牧师此后又活了四十年，而他的儿子则比任何人都知道得更清楚，他的父亲多年来承受了何种的悲痛：从他为父亲的墓碑（也在富勒姆）写下的诗篇中可以看出，当死亡光顾父亲时，他显然因那份解脱、福佑而为父亲感到高兴：

> 您的朝圣之旅延续四十年
>
> 您也看到并保佑了你那亲爱儿子的儿子们
>
> 他们如今虔诚地把您疲倦、羸弱的身体
>
> 抬到这同一个坟墓——于是您
>
> 便与那些温柔、和蔼的灵魂们重逢，
>
> 并将一同关照您留在身后的那些哀悼者们

W. B.叶芝所说的一句话用来形容约翰牧师的命运似乎颇为合适："没有什么悲剧是合理的，除非它能够把某位伟大的人物指引到他最后的欢乐。"［《探索》（*Explorations*），1962，448—449］

幸运的是，那位永远值得信赖的萨拉姑妈插手来指导这孩子的早期教育。不过这并不是说，约翰牧师成了个与孩子疏远的、不闻不问、漠不关心或是粗心大意的父亲，恰恰相反，他是个非常温柔、快乐的父亲，总是想办法教育孩子，让孩子高兴，而且对孩子既慷慨又不溺爱。他也变成了一个虔诚而又实际的基督徒，因为他虽然在名义上早就是一名神职人员，在妻子过世后，他才真正经历了一番保罗式的转变。比如，1832年12月，他让当时15岁的约翰·威廉（"杰克"）——"我敬重而深爱的儿子"——注意到《旁观者》报上艾迪生（Addison）有趣而优秀的文章，特别是他关于"灵魂的不朽"的文字。然后，他又附加了自己对于这个题目的更多思索，因此他的书信便成为对孩子有益的一堂温和的有关信仰与明智仪行的课：

"不必考虑将来的存在，我认为便可以证明，在大多数的情况下，在尘世上，美德的仪行比邪恶的仪行会给人以更大的快乐；将这个对于确定的现世的快乐，加到那个仅仅将来的永恒快乐的可能性之上，于是，追求美德的仪行的动力便增加了。而且我可以坚定地证明一个将来存在的真实性，在将来的日子里，我会把证据展示在你的眼前。我不知道为什么幸福在这里不是普世的，但是我很高兴地知道，那至高无上者的主要目标，一直是，现在也是创造幸福，我肯定，今后将会有一个解释，它将证明那主宰者的正确，也将把这份信念带到被主宰者的心中。"（他相信自己拥有着怎样的有关永生的证明，我不知道。）但是他的确保持了原来的那个"飞翔的牧师"的某些敏锐、活泼的特色；他的曾孙后来会非常欣赏他在批判罗马天主教教会的腐化时灵巧地写出的那些格言警句般的话："我常和一个通情达理、思想开通，又读书颇广的天主教徒谈话，他把他的教义中很多的荒唐话都可以解释清楚，我告诉他说，因为大众没有听到，或即使听到也不认可这种解释，那么这些荒唐话的邪恶也便仍然存在，而这个系统从根本上说来是有着极端缺陷的，它实际上是给邪恶以奖金，把钱扔到神父的金库里，以获取那罪恶的俗世价钱买来的宽恕……许多天主教徒都是怀疑论者：从相信太多，到最后却什么都不相信，就像笃信加尔文派的最后却改信了索齐尼派。"

不管怎样，丧妻之痛实在太过强烈，他后来不得不远赴欧洲旅行，希望借此得以缓解。19世纪20年代中期的巴黎、米兰、那不勒斯的文化生活为他带来了很大的安慰；特别是歌剧让他颇为兴奋，他很快便被当时的杰出女高音乔蒂塔·帕斯塔（Giuditta Pasta）迷住了（约克弗利特庄园至今仍有一尊白色的帕斯塔女士半身像）。"有些表演者通过将他们自己与他们扮演的角色同化为一，为他们自然的表演增加了额外的力量。帕斯塔扮演的罗密欧源自她自己的家庭历史，"他写道，"这个角色在她心灵上的影响特别强烈，以至于艾伦（Allen）先生告诉我，在歌剧的结尾处，他经常要搀扶着她走下舞台；而纳尔迪（Naldi）小姐则说，在'坟墓'一场中，当她走到墓地时，已经泪流满面了。"我们有理由相信，他自己也融入到这刺入灵魂的死亡场景之中。约翰·燕卜荪牧师于是又以当初在莱赛斯特郡猎狐一样的热忱经常光顾歌剧院，这样他便完全变成了一个专捧女角的客人和一个戏剧与歌唱的鉴赏家。知识与经验更增加了他的乐趣和批评眼光，所以他对于某些演员的热心而又颇具洞察力的评论也便具有了一定的持久价值。例如，下面便是他对于范妮·肯布尔（Fanny Kemble）和帕斯塔女士的表演天赋所作的对比评价（时间为1830年4月12日，地点为伦敦），此文值得详细引述（虽然文章风格浮夸且批评词汇亦不够精准）。我们不必因发现帕斯塔的素养与成就——更不用提她的"姿态"——高于那位英国明星（此人他曾经在很多年前见过）而感到惊讶，因为燕卜荪承认他更喜欢舞台上的默剧而不是有声表演：

很难说迄今范妮·肯布尔扮演的哪个角色格外出色。［伊莉莎·］奥尼尔（［Eliza］O'Neill）小姐没有范妮·肯布尔的嗓子，也没有她的念白，但是她却有着极好的表情和姿态。西顿斯太太［Siddons，本名萨拉·肯布尔（Sarah Kemble），是范妮的姑妈］也是个表演矫饰的人，总是端着女演员的架子，庄严、郑重、夸张地悲悲切切，与她的侄女相比，她身上缺少的是自然，而更多的是表演。[25] 而奥尼尔小姐曾被人批评在死亡戏中表演太过真实，她咽喉中咯咯作响以及痉挛的喘息，都给观众带来不必要的痛苦。这些演员都展现了头等的才能：西顿斯太太扮演的麦克白夫人无人能比，而奥尼尔小姐扮演的茱丽叶（Juliet）则算得上最佳，但说到扮演贝尔维德拉（Belvidera），大概两人都比不过范妮·肯布尔。

范妮·肯布尔长相平平，她通过情绪的表达和姿态的力量来展现情感也不甚有力；语言的力量极为强大，不论个人或是声音如何，这一点R.霍尔（R. Hall）牧师算得明证；音乐的力量也是巨大的，不必求助于个人，甚至不必有完美的声音，这一点帕萨洛尼（Pisaroni）女士算得明证，而J. J.卢梭（J. J. Rousseau）则认为表情、动作比语言更为有力，并且举了不少例子来证明自己的观点。他认为有些情感用语言来表达远没有用表情与姿态来表达有力。范妮的一个主要优势是她的嗓音，但是，论重要性来说，它仍然应当居于次位，就嗓音本身来说，它是一种天赋，一种身体上的完美才能，然而心灵总是高于身体的，所以，我们必须把范妮这最大的优势放到她对于角色的领悟中，放到她不可复制的念白中，放到那不可超越自然界限的品味与判断力的表现之中。她的念白无与伦比，她的语气也无可挑剔，听到"慈悲的意义"等话语从她的口中说出，我可以肯定地说，没有哪个在世的布道者在讲坛上所讲授的，能够比她的话更深入人心。从她的口中道出，这篇演说便变成了一篇有关"要慈悲，要宽恕，就如同我们希望得到宽恕"的劝告的平静、权威而有力的训诫。不论是短句还是长篇，她的语调都能产生惊人的效果，她在对贝弗利（Beverley）的虚伪朋友的简短致词中加重语气，"先生，您的离开，将使我高兴"，证明此话不虚，而她扮演茱丽叶的时候所说的"流放了"那个词则要亲自听到才能体会其妙处。尽管如此，我们应当承认，那凭借着情感的表达便可给观众留下最深刻印象的人，那通过不同的面部表情，通过姿态的美，通过将这些外在形式合理结合便可最为有力地传达给别人，她扮演角色所应有的情感的人，应当在这个行业里得到首席地位。我们将努力探明这个位置应当属于何人。

通过进行这种探寻，我们将注意到某些意大利歌剧：在《赛密拉米德》［Semiramide，作者是罗西尼（Rossini），他也担任了导演工作］的第一幕，皇后爱上了阿萨斯（Arsace）；在第二幕她了解到，阿萨斯是她的儿子，于是情爱转变成了母爱。帕斯塔所呈现的这两种情感之间的细微差别是无人能及的；在前者，她通过面部表情表达出对异性之爱，而在后者，她以同样的方式，表达出母亲之爱；两者之间的差别是无法用言语有效地表达出来的。在另一部歌剧中，没有语言可以如同面部表情那样精确地传达出妮娜（Nina）的心理世界。在《奥泰罗》（Otello）的最后一幕，她的姿态与表情使所有的言语表达都显得逊色，那辩白自己无辜的话语和那对忘恩负义的谴责都显得几乎多余。在金加雷利（Zingarelli）的《罗密欧与茱丽叶》（Romeo & Juliet）的第一幕中以及二重唱"O cari palpiti"中，合适的词语与迷人的音乐，与悲剧演员们的表情相比，都显逊色，即使在见证了"Ombra adorata"所引发的兴趣和产生的感染力之后，我们仍然要说，她的表情、她的姿态和她整体的表演（心理才能的成果，同时又以最好的理解力表现出来）任何语言都全然无法产生同样的表现力。

以下所述，可以作为帕斯塔女士的才能对于同业人士影响的一个例证。《奥赛罗》在那不勒斯演出之后的第二天早晨，圣卡罗剧团（San Carlo）的乔瓦尼亚·第·维希（Giovannina di Vecchii）言之凿凿地告诉笔者说，那位伟大的悲剧演员所饰演的苔丝狄蒙娜（Desdemona）令她整晚都不能入睡；在伦敦，卡拉多莉·阿伦（Caradori Allan）告诉笔者说，当她扮演茱丽叶的时候，帕斯塔所扮演的罗密欧太过精彩，竟使她无力把她自己的角色演好。那不勒斯人将会长久地记得，在《奥赛罗》第二幕结束时，帕斯塔的演出对于一个士兵产生的影响，那士兵本来是奉命守在舞台上，不许把眼睛从皇家包厢移开的［他忘记了自己的命令，无法把眼睛从帕斯塔身上移开，他的步枪则大咧咧地搭在胳膊上］，而英国观众则不会很快忘记帕斯卡扮演的美狄亚（Medea）对于两个初次观看此剧的孩子中的一个产生的作用。［那个孩子害怕了，想要跑下舞台，但是被奶妈强迫留在原位，正如约翰牧师颇有趣味地在另一页记录的，帕斯塔"一条胳膊搭在她的脖子上，把她紧紧搂住，微笑地看着她，那个孩子先是掉了几滴眼泪，然后便笑了，后来还揪着美狄亚的腰带玩。这件小插曲给观众们留下了很深的印象，在观众看来这才是她这个角色最让人舒服的地方。"］塔尔马（Talma）的权威应当具有决定性意义了，但是，因为笔者只愿意转述他听到的当事人所说的话以及他自己所亲见的，所以他只能说，在这位名人事业的最后一年，他的健康状况越来越糟，塔尔马仍然很少错过去法瓦尔大厅看帕斯塔女士演出的任何机会。

西顿斯夫人或奥尼尔小姐，抑或是范妮·肯布尔小姐，则几乎不可能展示这样打动人心的表演。因为不管是意大利、奥地利，还是法国，演艺事业的头等位置都归属于吉迪塔·帕斯塔，于是，我们便可以断定，在表演艺术的最高层次，所有在世的从业者论起欧洲表演领域的最高荣誉，非帕斯塔莫属。

但是他对于帕斯塔女士的迷恋并没有持续下去，很快他便停止了追随帕斯塔脚步闲游欧洲各地的生活，而是在伦敦斯特兰德大街（Strand）旁边的塞西尔大街17号（no. 17 Cecil Street）安顿下来［萨沃伊酒店（Savoy Hotel）如今差不多就在这个位置］，此后的三十年他一直住在那里，过着一种隐士和业余学者的生活。（他拒绝住在约克弗利特庄园，他把那地方叫做"泥房子"。并不是那个地方令他产生什么有关他不幸的婚姻的联想，毕竟，他与妻子并没有在那里住过，而且他是在林肯长大的；他只是不喜欢那里，而特别希望住到个完全不同的地方——就像那所庄园大部分其他的主人一样。无论如何，那片不时会刮上些刺骨寒风的平坦、潮湿的土地，顶多算是后天习得的品味，虽然时而也有些乐趣，比如，阳光在河面上闪耀，鸟儿偶尔鸣叫，护墙板里老鼠窸窣，以及远处群山——林肯郡土山——的暗影隐现。）不过，他还是坚持用他那双观察入微的、特别的眼睛和一种进步性的社会道德，看待这个世界，同时，也写了许多信件和文章——下面是一篇写于1831年9月25日，热切期盼《改革法案》（Reform Bill）的文字：

> 1831年，伦敦的放荡程度比任何欧洲的大都会都要高，如今孩子们（即年少的人们）从事这个行业的人数惊人，而如今表面看来是卖水果的商店实际上却是做着别的生意，而且主要是犹太人在做，贩卖淫秽图书相当普遍，有意大利文、法文、英文等多种文字，且是公开展示，而反宗教书籍的销量倒是不大。如今，在伦敦的中心，一所小学校，与一家橱窗里摆着淫秽书籍的书店和一家妓院的距离仅有500码；一些有名的学校，如今也成了邪恶和暴政的温床，而大学里，学生们所学到的知识与他们所花费的钱财却成反比。实质上，英国的中间阶层，就像在大多数国家一样，拥有大多数的资产，而第三等级则在过去的12个月里，在政治问题方面展现出比最高等级更为正确的知识，而议会下院中第三等级的代表则作出了符合选民（人民）意愿的行动，而且也得到了国王的支持，他们必将最终战胜上院，而上院也将不太情愿地放弃一些他们曾经在一个腐败的系统中的钱财和权力的来源，这个系统的源头便是威廉·皮特（Wm. Pitt）内阁。

他的儿子约翰·威廉去牛津大学的布雷齐诺斯学院（Brasenose College）上学，并且颇有大手大脚花销的架势，他更感觉自己颇有理由对几年大学的大肆挥霍不安了。像一百年前的切斯特菲尔德似的，约翰牧师开始给儿子写一系列内容多样、睿智风趣的信：那是些点缀着幽默轶事与看法的劝诫故事。他极爱藏书，积攒了有数百本之多，包括从科芬园（Covent Garden）那里淘来的一些初版本——他把自己的收藏称为"一个像样的""古代标准作者"的"图书馆"（他对当代文学毫无兴趣——就像很快会与他成为儿女亲家的弗朗西斯·杰弗里（Francis Jeffrey）

一样——他认为那些作品"不是浮夸便是不知所云"），所以他信中满是老话与新事。比如，在1836年10月20日的一封信中，他便向儿子暗示（在这事上也许是特别用心的，因为约翰·威廉刚刚从伊顿毕业，进入牛津），"伊顿校长，亨利·沃顿（Henry Wotton）爵士1636年写信给波西米亚王后，谈到一个新任的财务大臣时说，'他身上没有坏脾气，没有乱想法，有的只是安静的头脑、耐心的关怀、平易的态度与温和的话语。'这些品格会令任何人熠熠生辉。"而后，他逐渐转向正题（这时候他们家族的数学天赋便有了用武之地），"40镑，本来可以让你住上比你在家的屋子差些的房间，但是却被花在买家具上了，那些家具也许在质量上比你屋子里的家具好些……在牛津，你可以买一件深色甘布龙布衬里暖和的狩猎服，我会给梅特（Mette）先生谈谈，给每个布雷齐诺斯学院学生做件黄色瓦伦西亚马甲，并且带有黄铜纽扣！最好把你需要的书单寄给我，那上面的书可能有些我手里就有；我们家里已经有这么多书了，我不想再购置一些多余的。你说你手里的35镑已经减少到了12镑，粗略算来，以你这一周的花销速度，那一年你就要花掉1300镑，以这样的速度，再加上别的开销，你每年的开销至少也要2000镑。我不知道这些花销，有多少是常规的或者必需的，但我知道，在英国，不管是哪个阶层，都很少有哪个需要养家糊口的男人能够数年来支撑这样的开销。"一年后，他受《老摩尔历书》（*Old Moore's Almanac*）中一系列有关"谨慎性格"问题的启发，用他典型的机智笔调，写下了一番质问不知节俭的约翰·威廉的话：

今天早晨一睁开眼，我的心中便涌现了一串关于一个在大学就读的孩子现状的问题：

1. 闪烁光芒的香槟是否是地窖中的必需物品？

2. 香槟是否应当在大学厅堂中正餐时饮用，又或者是正餐后在私人寝室，或是午餐，或晚餐时饮用？

3. 考虑到聚会的数量，请列出足够的闪烁光芒的香槟的数量。

4. 紧随香槟之后，应当喝什么红酒？

5. 请列出，要打几把惠斯特牌，谈些正经话，或者得个两科一等荣誉学位，需要多少杯何种香槟酒来清醒头脑。[26]

虽然感觉有必要训诫、督促儿子，但显然他对自己这位独子［"亲爱的蒙特雷索（Montresor）"、"亲爱的欧几里德（Euclid）"、"我亲爱的学生"］还是颇为宠爱的，给儿子的信上，他的签名总是"你的负有责任的父亲与朋友"，而且总是同时寄上一些很好的礼物，包括应季的山鸡。"要想判断猎物的成色，习惯上是分开猎物脖子上的羽毛，检查皮肤的颜色，如果皮色为白，则猎物是新鲜的，于是也就值得送去给一个大学新生享用了；所以，我便为阁下准备的这一串新鲜的山鸡，我相信，将会与这封短笺一起安全抵达布雷齐诺斯学院。"[27] 有可能正是他的慷慨促成了儿子的过分预期，因为让儿子到大学读书，看来父亲还要定期提供如下的福利：

我已经预订了货车，为你送去

3 打陈年波尔多酒

2 打棕色雪利酒

1 打白色雪利酒

为了避免因晃动使陈年波尔多酒的酒渣从瓶壁上落入酒中，使酒变稠，陈年波尔多将由旧瓶倒入新瓶，人家说，这样红酒的味道就不会因为去布雷齐诺斯学院的一路颠簸而变差。

你的忠诚、挚爱的老约翰·燕卜荪[28]

然而曾经的社交名流、罪人，如今已经改过的约翰牧师，还是时常被抑郁情绪折磨，而他则以一种哲学式的忍耐与之相抗衡。日复一日，他的善意与机智总与生活中最为可怕的无趣之感并存——有一次，他忍不住把这种感觉用过去打猎的经历来打了个比方："在我生命的四英里猎程中，第一部分，别人超越了我，第二部分，别人猎获又比我多，而最后一部分，我更是停滞不前了。"不过，作为一个天生的神学家，他总能够赋予各种痛苦以寓意，每一种痛楚在他这里都变成了智慧的源泉。例如，1836年10月19日，在他高兴地为儿子的酒窖送去上述藏品的同一天，他的情绪便发生极大变化，以至他忍不住又为儿子寄去第二封信——"私密、即拆"——描述在过去的五天里，我忍受着越来越严重的超越了任何肉体病痛的无法治愈的痛苦，最严重时，也许只有早早离世能够平息这份苦难，想到我的父亲、妻子和女儿们的早逝，我确信，上帝通过把早早他们召入天国，已经展示了对他们足够的仁慈与包容，若不是因为相信我在尘世还对你有些用处，我也情愿还没有写完这封信便去那里呢。

过去的五年里，我一直都在购买好作家的书，阅读这些书，以及探访生病的穷苦人。但是我不喜欢拜访朋友，也不愿接待访客，总是喜欢独自进餐，既不愿吃别人之请，也不愿请别人吃饭。这种离群索居的习惯源自我曾经受到一个既无原则又不知感恩的人的恶劣对待，然而，如果有一天证明了不幸总能教给人智慧，那么上天降临的厄运，也许实则是一种福气。有作家说世间的不幸实则是有益的教诲，而精神上的不幸，若能明智地领悟，则教益更多。我完全信赖上苍，听从上帝的命令，而且天生情绪高昂，因此，造成我这种长期忧郁心情的，当不是一般的考验，长期以来，我夜来梦魇，醒来幻象，这种经历，人们若是在戏剧或是小说中读来，未有不感觉痛楚的。这些梦魇、幻象、忧思，我既无力消除，也无力控制，就像我无法避免在我的窗下炸响的巨炮一样，经验告诉我必然是真实的东西，我的理智也不能让我把它们视作头脑中的虚幻。我发现考珀（Cowper）与一些别的有道德的人们都曾经被负罪感造成的抑郁情绪折磨，而这种负罪感的毒刺，上帝尚未加诸我的身上；伟大的上帝为何会使那位可亲的诗人考珀遭受痛苦，这个谜团我无权解开，但是我有权利从这痛苦之中，得出一个有关永恒的精神世界的坚不可摧的论断，在那里，精神与肉体的痛苦，以及人性弱点所造成的苦难，都将不复存在，在那里，所有邪恶都将停止它们的侵扰，所有操劳者都将得到休息，在那里，上帝将拭去他仆人眼中的泪水，并将屈尊向他的孩子们证明他的大道之公正。而关于那位老撒旦和他的臣民们，我无话可说，但是，就我们需要知道的而言，《圣经》在这方面写得已很明白，杰里米·泰勒（Jeremy Taylor）主教神圣的生活与神圣的逝去，将公正地描述出仁慈的上帝与他完美、至善的儿子的仆人们与魔鬼的宠儿之间的不同。

他的曾孙威廉·燕卜荪将会完全赞成他对于诗人考珀的赞赏（"我辈实在很难理解为什么考珀在坚信结局将会是最糟的时候，还要继续奋斗下去，"他在1955年的一次广播节目中谈道，"我们更想不出，他如何可以继续写那些俏皮而文雅的小诗。"），但是，他却从不能共享那份对于基督教上帝的信仰，也不能接受他有关此生所有苦难让人得出相信永生的充实境界的"坚不可摧的论断"的虚伪逻辑。约翰牧师给儿子寄去他有关信仰的悲伤表白，并非在他将死之际，直到25年之后，他所渴望的终曲才会为他奏响。

一年之后，即1837年，他会再次给儿子写信，重新提起一生中那些最美好的时光，不过，这却似乎令约翰·威廉感觉像是他的老父亲烦人的絮絮叨叨——然而回顾这些往事一定令他感觉精神十分振奋：

> 因为我不知道什么新面孔，所以就选择把赋闲的时光与那些老作家们共度，或与孩子们玩耍，然而我却在旧日的游戏中找不到什么快乐，与人共进晚餐，或是闲游，或是有人来访，或是拜访别人，都不能给我带来什么乐趣。我没有去看音乐会的兴致，也不愿意跟在一群猎狗后面驰骋，不过我倒是骑马跟着阿什顿·史密斯（Asheton-Smith）先生在恶劣天气里在乡间走了不少路，还去看了马斯特斯（Musters）先生演示如何科学地打猎。

> 意大利的景象，罗马的雕塑，米兰和佛罗伦萨的绘画，威尼斯、阿姆斯特丹、巴黎的某些画廊，帕斯塔的表演，帕萨洛尼的演唱，塔廖尼（拼作Taglioni）的舞蹈，马尔斯（Madlle）小姐的喜剧魅力，塔尔马先生的悲剧效果，牙医科肯（Koecken）的能力，一些可爱的孩子们的牙牙学语，温莎小教堂里失明的乔治三世（George the 3rd），站在讲坛上的我的父亲，谈论着宗教的马修·黑尔（Matthew Hale）爵士，谈论任何话题的佩利（Paley），罗布特·霍尔（Robert Hall）的雄辩、谦逊与虔诚，萨拉姑妈生活中讲求实际的基督教精神，你母亲的和蔼性格、关于她如今的和永久的幸福，我完全确定，就如同我确定任何通过我的五感得到的最根本的事实一样……有关这些东西和其他东西的想法每天都进入我的思想，然而一个父亲表现最好的时候是当他执笔在手的时候，如果他为他的孩子从最

可敬的作者的作品中转录具有普通用途或者最为重要的有用知识的时候，那么实用的基督教义将是在任何国家能够发表的作品中作为重要的部分。[29]

他没有没有自怨自艾，离别忧郁症的间歇发作，似乎同时被从不褪色的记忆，以及一种有关他的尘世职责尚未做完的意识点燃和熄灭。他的孙子，当感觉自己也受到抑郁或者神经衰弱症侵扰的时候，也将同样通过记起自己的职责来把自己拉回到正常状态。

约翰·燕卜荪的"猎程"的第三个也是最后一个阶段，注定不会仅仅是一个略带伤感而又被动的时期。虽然他讨厌住在约克郡的约克弗利特这个想法，但直到最后一刻还是一直积极地设法让这片田产得到合理经营，产出最大利润。比如，他知道，"淤灌"——定期为涨水时可达20英尺的乌兹河的人造堤开口，这样便可为低处的农田带去肥沃的淤泥——短期耗资颇大，但长期收益极佳。1844年，他的儿子与玛丽亚［Maria，伍斯特郡瑞德镇（The Rhydd in Worcestershire）的约翰·亨利·艾伦（John Henry Allen）之女］结婚不到两年，玛丽亚便生下一个儿子——以玛丽父亲的名字为名，约翰·亨利——孩子成为家族的继承者和爷爷的掌上明珠（他后来称呼儿媳为"我们的奇迹他母亲"），[30] 于是，约翰牧师便适时地对土地进行淤灌，并且要儿子与他分担这项工程的费用。但是玛丽亚，她显然在性格上颇有乔治·艾略特（George Eliot）笔下的罗莎蒙德·文西（Rosamond Vincy）的风范，却在咨询了伍斯特郡的父亲之后对公爹说，自己对约克郡的农业比他更在行，不愿让丈夫插手淤灌工程。约翰牧师对于儿媳的无理言词的尖刻回复完美地展示出他的正直与无私；他的信可谓干脆、直接的责备的典范：

伦敦，1844年5月15日

亲爱的玛丽亚：

我并非不相信你的父亲，也从没有认为他的语言或者信件不值得敬重，除非有确凿的证据，我不会对任何人有不好的看法。你说，你不希望你的好丈夫卖掉手中的证券，减少他的收入，我从没希望他的收入减少；但是，他若是卖出证券，其实是对他自己有益的，因为我希望他卖掉证券以便支付淤灌的费用，而且每年会以比他在市场上得到的利息高出一倍的利息支付给他，他是赢家，而他的本金也会和他将来要继承的我的所有财产一样安全！

　　淤灌工程是为了你的丈夫和孩子着想，而就我自己而言，我只需一笔微薄收入便可度日，不会在意自己的财产一分一毫，我只是希望我的儿子、你和我的孙子不至生活拮据。

　　　　　　　　　　　　　　　　　　挚爱你们的老约翰·燕卜荪

　　至少在约翰牧师这一边，这场口角并没有造成什么怨恨，他也不会让这件事伤害他对他挚爱的约翰·威廉的感情。

　　在离开学校和大学去度假期间，约翰·威廉总是与叔父阿玛琪亚在一起，那是约翰牧师的二弟，此人与家人住在斯佩娄山（Spellow Hill）——他在纳尔斯伯勒（Knaresborough）和伯勒布里奇（Boroughbridge）之间，北方大道附近的斯塔弗里（Staveley）做主管［在约克和韦瑟比（Wetherby）的西北］。在家族中现存的信件中，有一封是约翰·威廉写给叔叔阿玛琪亚的，他感谢叔叔送给他一支枪，且与叔叔度过了一个美好的假期，并学会使用这把枪。阿玛琪亚是个真正的乡下人，他除了在斯塔弗里有份工作外，还非常高尚地为哥哥打理约克弗利特的产业：这就意味着他要经常爬上自己的双轮马车，来回跑上大约100英里的路。这也就是说，他扮演着十足的乡绅的角色，而约克弗利特的真正主人，那个神学博士，却讨厌这地方，不愿跨足这里一步。不过，当这位品质高尚的阿玛琪亚的大女儿玛丽安（Marianne）成年之后，她在伦敦一个季度的花费，在他看来十分昂贵；同时，他的大儿子威廉·亨利（William Henry）从哈罗公学（Harrow）进入剑桥，而他的二儿子亚瑟·约翰（Arthur John）也进入了一所公学（阿玛琪亚共有五个孩子）。所有这些花销，最后迫使他不得不暂时关闭了斯佩娄山的房子，去和家人住到约克弗利特附近的布莱克托夫特庄园（那里仍然是约翰牧师的部分产业：那是他的曾祖父在七十年前通过一项议会法案购买的一块孤零零的离其他产业很远的农场）。他们过着相对简朴的生活，攒了些钱。［有趣的是，阿玛琪亚的两个大儿子都遵循家族的传统选择了神职。长子威廉·亨利在汉普郡（Hampshire）的韦洛（Wellow）做了多年的牧师，在那里他还结识了弗洛伦斯·南丁格尔（Florence Nightingale）。有两封写于19世纪60年代的信现存于大英图书馆，作者是年轻的玛丽安·燕卜荪——或许是威廉·亨利的侄女——谈到南丁格尔的榜样带给她的启迪："我一直深爱、景仰着这个名字——就像每一个普通的英国女性一样"。]

但是从前的"飞翔的牧师"约翰·燕卜荪，一定感觉他60岁的弟弟阿玛琪亚于1848年在一次打猎时死于意外这件事，对于他孤独的最后岁月来说是个特别伤心的讽刺。他被人用一块门板抬回家里，葬在了斯塔弗里。约翰牧师并不情愿地在弟弟去世后又活了13年。威廉·亨利继承了父亲阿玛琪亚的大部分产业，其中包括布莱克托夫特庄园，虽然——与他的众多先辈一样——他并不会在那里生活。他唯一存活的儿子查尔斯·威廉（Charles William），曾在剑桥大学三一学院因一篇英语文章而获得成员奖，后来又在林肯律师学院取得律师资格，此人在1919年逝世，无子嗣，于是，上述庄园又转到了他的侄辈们——约克弗利特的燕卜荪家族——手中。

---

1. *The Yorkshire Archaeological Society, Record Series vol. XV*; Yorkshire Royalist Composition Papers, I (1893), 214–215. 托马斯·燕卜荪（Thomas Empson），自耕农，在惠特吉夫特和古尔的土地被罚没，也"依附国王一方"，于是在1645年被迫向议会党的查抄人员屈服（他在1646年宣誓并立约）；1652年，他提出申辩，称自己近年来"非常衰老，身体羸弱"，从"没有用武器或任何其他方式与议会对抗，不过，为了保全性命，他确曾被迫逃到敌方要塞，以躲避兵灾，因为申辩人的一个邻居当时在自家门口被愤怒的士兵杀害；申辩人的地产已被扣押七年之久，本人所有个人财产也早被罚没，现在本人甚至无钱买饼充饥，因此恳请阁下诸位，体谅本人处境，归还本人薄产1/5，以供本人生计。"虽然在申辩中他并未扯谎，但却并未索回自己那1/5的财产：他于同年去世，而他的表弟与继承者威廉·燕卜荪则缴纳了罚款，赎回了地产——"在斯奈思（Snaith）教区的古尔的一栋家宅或房屋"。

2. *Harleian Society Publications*, 50 (1902): *Lincolnshire Pedigrees*, vol. i.

3. 虽然詹姆斯·约克（James Yorke）的职业低微，这部著作却因为其副标题而颇具权威性：《自诺曼征服至1640年以来英国国王及贵族纹章、婚配与子嗣，以及林肯郡士绅纹章》（*The Arms, Matches & Issues of Kings & of Nobility of England from the Conquest to 1640 With the Arms of the Centry of Lincolnshire*）。

4. John Empson, letter to Amaziah and Ellen Empson, 24 July 1832.

5. R. P. Graham-Vivian, letter to Arthur Empson, 19 September 1949.

6. *A Descriptive Catalogue of the Legal and Other Documents in the Archives of the Royal College of Physicians of London* (1924): Box 9, BDL. 13.

7. Will of Richard Empson of Goole, county York, yeoman, dated 20 April 1675; proved York, 27 September 1675.

8. 这个论断认为这位父亲在各个方面都是个严厉的清教徒。17世纪，并不会有很多父亲因为一个私生子而大动肝火；燕卜荪家的种子也许播撒到了整个教区。

9. Donald Lawrence Empson and Amy Eileen Empson, *The Empson Families in America* (St Paul, Minn., 1984).

10. Bonamy Dobrée, *William Penn: Quaker and Pioneer*, London: Constable & Co., 1932.

11. *History of the Church, Parish and Manor of Howden*, Howden: W. F. Pratt, 1850, 75, 79. 直到二战时期，乌兹河一直是三文鱼的主要产地。

12. C. C. Empson, letter to WE, 5 February 1982. See also Robert Thompson (Gilberdyke Local History Group), *Historic Blacktoft*, privately printed (1993), 44–45. 在家族文件中有一个纪要，另在贝弗利的县档案中也有一份纪要显示，在1761年11月24日，阿玛琪亚曾从查尔斯·佩勒姆（Charles Pelham）手中购买布莱克托夫特的庄园，但是，有可能阿玛琪亚或者购买了佩勒姆的租赁权或者是在这片土地上的"宅邸"（区别于已授权予卡尔特修道院的地产），是阿玛琪亚首先提出了为"淤灌"这片土地而开工的雄心勃勃的巨大排水工程。

13. *Handbook for Tourists in Yorkshire*, Leeds: Richard Jackson, 1891, 659.

14. "托马斯·梅瑟姆爵士，婚后曾做治安官，管辖弗洛登（Flodden）；其后代另一位托马斯爵士，婚后亦曾做治安官，在马斯顿战役中被杀。其家族在乔治爵士时已经非常穷困，乔治爵士也是家族中最后一人。他出售了地产，在北卡夫（North Cave）住了些年，并在此去世，此人既无心计，亦无远见，仅靠皇家恩赐的一点薪俸过活。（*Handbook for Tourists in Yorkshire*, 659.）约翰·燕卜荪牧师在1839年5月27日致儿子约翰·亨利的书信中说："豪顿附近历史悠久、曾负盛名的梅瑟姆家族如今绝迹，那家族中最后一位是乔治·梅瑟姆爵士，此人天性快乐，而生活奢侈，最终他的豪奢生活迫使他把地产卖给了我的曾祖父，其后代子孙所享有的大部分田产，都是因为他的勤勉得来的。（*Empson's Folly: A Collection of Letters*, ed. C. C. Empson, Seaton: Empson Publications, 2000, 309.）

15. The Revd John Empson, letter to John William Empson, 19 October 1836; *Empson's Folly*, 209.

16. Sarah Empson, letter to the Revd John Empson, 29 June 1838; *Empson's Folly*, 293.

17. Sarah Empson, letter to John Empson, 10 October 1816; quoted in *Empsons' Peace*, ed. C. C. Empson, Bishop Auckland, Durham: Pentland Press, 1996, 75.

18. JH, interview with C. C. Empson, September 1991.

19. The Revd John Empson, letter to John William Empson, 5 October 1837; *Empson's Folly*, 261.

20. Major Guy Paget, DL, and Lionel Irvine, MA, *The Flying Parson and Dick Christian*, Leicester: Edgar Backus, 1934, 4.

21. Ibid., 69–70.

22. Ibid., 91.

23. T. Cautley, letter to William Empson, 28 April 1808.

24. *Empson's Folly*, 78.

25. 那个世纪最伟大的智者悉尼·史密斯说："上苍赋予西顿斯太太的面容，百年难得一次。我很了解她，她很有品位，对我说的笑话总会会心而笑；她是个极好的人，但是，在她的专业之外，又乏善可陈，在生活中也无法摆脱悲剧对她的影响。她曾经刺着土豆说，'孩子，给我把刀'，那口气就像她在舞台上说，'致我一把匕首'一样。" *(A Memoir of the Rev. Sydney Smith by his daughter Lady Holland*, London: Longman, Green, & Co., 1855, 242.)

26. The Revd John Empson, letter to John William Empson, 5 October 1837.
27. The Revd John Empson, letter to John William Empson, 26 November 1836.
28. The Revd John Empson, letter to John William Empson, 19 October 1836.
29. The Revd John Empson, letter to John William Empson, 5 October 1837.
30. The Revd John Empson, letter to Maria, his daughter-in-law, 19 August 1844.

译后记

　　威廉·燕卜荪是与中国非常有缘的英国批评家、诗人。他两度来到中国，分别
受聘于西南联合大学（1937—1939）和北京大学（1947—1952），培养了我国外
语界多位著名学者，为我国的教育事业作出了不可磨灭的贡献。王佐良、李赋宁、
赵瑞蕻、杨周翰、周珏良等前辈都曾经撰文怀念燕卜荪教授在西南联大的经历，回
顾先生给他们的教诲，这也使得这个时期成为中国外语教育史的一个传奇时代。杨
绍军在《威廉·燕卜荪在西南联大》一文（《学术探索》，2008年第6期）中这样
写道："燕卜荪在西南联大时期的不少学生，后来都成为我国外语教育、外国文学
研究以及新诗创作方面的栋梁之材，成为这些领域的佼佼者和领军人物……可以
说，在艰苦卓绝的抗日战争时期，身为外教的燕卜荪在中国危难之际，不顾路途遥
远，依然来华执教，为我国高等教育发展作出了积极的贡献。"

　　燕卜荪的确是在抗战危难之际来到中国，随着西南联合大学的师生们在战火纷
飞中从湖南辗转到云南，度过了一段流亡生活。关于他的一些故事现在已经传为佳
话：在没有教材的困难条件下，他"凭着超人的记忆，用打字机打出莎剧《奥赛
罗》的全文，油印后供学生阅读"（李赋宁《人生历程》）。他喝醉了酒，把床板
压垮了，"腰部、背部陷落在左右两块摇摇欲坠的床板中间"，仍然呼呼大睡。还
有一次因喝醉了酒，把眼镜放入皮鞋中，第二天穿鞋时踩破了眼镜镜片，只能戴着
一个镜片的眼镜上课。（赵瑞蕻《怀念英国现代派诗人燕卜荪先生》）他上课时常
常把要讲的内容全部写在黑板上，"羞涩得不敢正眼看学生，只是一个劲地往黑板
上写——据说他教过的日本学生就是要他把什么话都写出来。"（王佐良《穆旦的
由来与归宿》）燕卜荪讲授英国现代诗歌，自己也是诗人，朗读诗歌极有韵味。但
是"他不讲自己的诗，请他解释他的晦涩的诗，他总是不肯。"（杨周翰《饮水思
源——我学习外语和外国文学的经历》）

　　在我国的学术界，只要稍微了解西南联大的人，可能都听到过这些故事，然而
燕卜荪随着西南联大流亡的细节还有很多，约翰·哈芬登的《威廉·燕卜荪传》为

读者披露了燕卜荪许多鲜为人知的生活片段和思想轨迹。特别是在关于长沙临时大学和西南联大的章节（第一卷第十五章和第十六章）中，哈芬登通过燕卜荪的日记以及其他第一手资料，为我们展示了一个国际主义的燕卜荪。在第二卷中，哈芬登讲述了燕卜荪第二次来到中国就职于北京大学的经历。他见证了新中国的成立，甚至参加了开国庆典的游行，相信共产党会给中国带来和平和繁荣。面对新中国开展的知识分子思想改造运动，他既反对西方不分青红皂白的抹黑行为，又对新中国的政治与文化走向深感不安。即便在思想改造最严峻的时刻，他仍然注意培养学生们的独立思考和批判精神。燕卜荪的中国经历构成了第二卷的核心内容（从第三章到第九章）。

即使没有这些中国经历，燕卜荪本人也是值得我们了解的一位传奇人物。他是20世纪最著名的英国批评家之一，他对文学作品的细读开创了英美文学批评的新时代，形成了一套细读文本的方法。美国"新批评"把他视为先驱，从他的批评著作中得到了重大的启示。他出身于贵族家庭，却背叛了这个家庭，思想上更加倾向于自由人文主义，对下层人民充满了同情。他来自一个基督教文明，却对佛教思想充满了好奇和热情，并且在著作中多次严厉批判基督教的所谓"折磨"崇拜。他在青年时期有同性恋倾向，并作爱情诗送给他倾慕的对象，但在成年时却改变了性取向，转向异性恋并结婚生子。他曾经因成绩优异而获得剑桥大学副院士之职，却因在宿舍私藏避孕用品而被剑桥大学开除（有人将此事与雪莱被牛津大学开除相比拟）。他曾经获得数学奖学金进入剑桥大学学习数学，被视为最有前途的数学家，但是他却改学英国文学专业，研究诗歌的语义复杂性和意义的含混，成为英国最著名的批评家之一。他师从剑桥大学著名文学批评家理查兹，但是在批评思想上却走了一条与理查兹不同或相反的道路，一生都在与理查兹进行辩论。他被美国"新批评"流派视为鼻祖，但是他却不认同"新批评"的理念，反对文学的自主性、自为性。

燕卜荪作为批评家以《复义七型》而闻名，也有人把该书翻译为《含混的七种类型》。该书考察了语义的含混，并根据含混程度的不同，由低到高分为七种类型。第一种类型指两种或更多的意义并存，意义之间可能是相似的或者相辅相存的。第七种类型，也是最后一种类型，是指两种或更多的意义并存，意义之间相互矛盾，不可调和。燕卜荪认为，这种最高级别的含混在诗歌中出现，并不是因为诗人的失误，而是语言本身的排列组合、相互连接的方式不同所造成的，它不是失误，而是语义复杂性的一种表现或语义丰富性的一种表现。因此与常人的理解不同，燕卜荪认为含混是诗歌的特性，是一种优势。它可以将多种意义，甚至相反的意义熔为一炉，实现语义的"浓缩"。

翻译该套牛津大学出版社的两卷本《威廉·燕卜荪传》不是一件容易的事情。其内容涉及到上千人物，时空跨越了东方西方和近一个世纪的时光，其中包含了无数的历史事件、轶事、传奇，还有燕卜荪自己的诗歌作品和文学批评作品。另外，作者哈芬登是著名学者和批评家，其写作风格比较学术化，遣词造句非常英国化，思维方式异常独特。因此，在思想和语言方面该书都给翻译者提出了巨大的挑战。特别是涉及到英国的贵族传统、公学制度、剑桥大学特别的学院体制、日本的文化和历史、基督教和佛教的教义、燕卜荪以晦涩而闻名的现代诗歌、各种批评思想之间的细微区别，这些都需要读者经过仔细思考和细心琢磨，才能够把握其精髓，抓住其要义。

该书的译者一共四人，他们都是英语语言文学专业的大学教师，都曾获得过英语语言文学的博士学位，第一卷《在名流中间》由北京外国语大学张剑（第1—10章）和河北科技大学王伟滨（第11—17章）翻译。第二卷《反对基督徒》由上海财经大学杨国静（第1—12章）和常州信息职业技术学院赵晨辉（第13—19章）翻译。威廉·燕卜荪年谱的翻译、后记的撰写以及全书的统稿由张剑完成。译者都是英国文学和文学批评的研究者，对20世纪英国文学批评和批评理论有着浓厚兴趣，在翻译方面也拥有许多经验，因此保证了理解的准确性和翻译的良好质量。译者本着信雅达的宗旨，力求做到译文忠实于原文，同时也力求做到中文的可读、顺畅。但是由于该书思想宏大、信息复杂，难免有疏漏之处，请广大读者批评指正。

张剑

2015年3月5日